Springer-Lehrbuch

Weitere Bände in dieser Reihe http://www.springer.com/series/1183

Maximilian Fuchs · Werner Pauker
Alex Baumgärtner

Delikts- und Schadensersatzrecht

9. Auflage

Maximilian Fuchs
Lehrstuhl für Bürgerliches Recht,
Arbeits- und Sozialrecht
Katholische Universität Eichstätt/Ingolstadt
Ingolstadt, Deutschland

Alex Baumgärtner
SRH Hochschule Berlin
Berlin, Deutschland

Werner Pauker
Partnerschaftsgesellschaft
Labbé & Partner mbB
München, Deutschland

ISSN 0937-7433
Springer-Lehrbuch
ISBN 978-3-662-52664-4   ISBN 978-3-662-52665-1 (eBook)
DOI 10.1007/978-3-662-52665-1

Die Deutsche Nationalbibliothek verzeichnet diese Publikation in der Deutschen Nationalbibliografie; detaillierte bibliografische Daten sind im Internet über http://dnb.d-nb.de abrufbar.

Springer
© Springer-Verlag Berlin Heidelberg 1995, 1997, 2001, 2003, 2004, 2006, 2009, 2012, 2017
Das Werk einschließlich aller seiner Teile ist urheberrechtlich geschützt. Jede Verwertung, die nicht ausdrücklich vom Urheberrechtsgesetz zugelassen ist, bedarf der vorherigen Zustimmung des Verlags. Das gilt insbesondere für Vervielfältigungen, Bearbeitungen, Übersetzungen, Mikroverfilmungen und die Einspeicherung und Verarbeitung in elektronischen Systemen.
Die Wiedergabe von Gebrauchsnamen, Handelsnamen, Warenbezeichnungen usw. in diesem Werk berechtigt auch ohne besondere Kennzeichnung nicht zu der Annahme, dass solche Namen im Sinne der Warenzeichen- und Markenschutz-Gesetzgebung als frei zu betrachten wären und daher von jedermann benutzt werden dürften.
Der Verlag, die Autoren und die Herausgeber gehen davon aus, dass die Angaben und Informationen in diesem Werk zum Zeitpunkt der Veröffentlichung vollständig und korrekt sind. Weder der Verlag noch die Autoren oder die Herausgeber übernehmen, ausdrücklich oder implizit, Gewähr für den Inhalt des Werkes, etwaige Fehler oder Äußerungen.

Gedruckt auf säurefreiem und chlorfrei gebleichtem Papier

Springer ist Teil von Springer Nature
Die eingetragene Gesellschaft ist Springer-Verlag GmbH Berlin Heidelberg

Vorwort zur 9. Auflage

Mit dieser 9. Aufl. des Lehrbuchs ist eine personelle Änderung in der Autorenschaft anzuzeigen. Nachdem in der 8. Aufl. mein früherer Mitarbeiter, Herr Rechtsanwalt Dr. Werner Pauker, Mitautor geworden war, ist das Autorenteam nunmehr um einen weiteren früheren Mitarbeiter, Herrn Prof. Dr. Alex Baumgärtner, erweitert worden. Über diese Entwicklung bin ich sehr glücklich. Beide haben sich bereits während ihrer Tätigkeit am Lehrstuhl in die Arbeiten an dem Lehrbuch eingeschaltet und kennen es deshalb im Hinblick auf Intention und Inhalt genau.

Die Bedeutung des Delikts- und Schadensersatzrechts ist ungebrochen, obwohl beide Gebiete zu den legislativ ruhigen Rechtsbereichen gehören. Die Dynamik entsteht neben der stets vorhandenen Gefahr menschlichen Fehlverhaltens vor allem durch die Gegebenheiten der modernen Lebenswelt und ihrer rasanten technologischen Entwicklung (schon zeichnet sich am Horizont die haftungsrechtliche Dimension ab, wenn autonom gesteuerte Fahrzeuge am Straßenverkehr teilnehmen werden). Dies stellt Anwälte und Gerichte vor immer wieder neue Aufgaben und Herausforderungen. Ob sich dies auch in der Examenspraxis nieder schlägt, bleibt abzuwarten (eine jüngere Auswertung der Rechtswissenschaftlichen Fakultät der Universität zu Köln von mehr als 200 zivilrechtlichen Examensklausuren aus dem Zeitraum 2002 bis 2013 zeigte jedenfalls, dass statistisch in fast jeder vierten Klausur deliktsrechtliche Ansprüche zu prüfen waren und das Deliktsrecht damit ähnlich häufig Gegenstand von Klausuren wie das Kauf- oder das Mobiliarsachenrecht war.

Rechtsprechung und Literatur sind bis zum 15. April 2016 berücksichtigt.

Ingolstadt, Deutschland Maximilian Fuchs
im April 2016

Vorwort zur 1. Auflage

Das Lehrbuch will einerseits die Grundlagen des Deliktsrechts vermitteln und andererseits einen Beitrag zur Bewältigung der Anforderungen leisten, die dem Bearbeiter deliktsrechtlicher Klausuren gestellt sind. Im Mittelpunkt stehen deshalb die deliktsrechtlichen Anspruchsgrundlagen. Die Behandlung einer Anspruchsnorm folgt einem durchgängigen Darstellungsschema. Einleitenden Ausführungen zur „Funktion der Vorschrift folgt jeweils ein Abschnitt „Tatbestandliche Voraussetzungen". Die wichtigsten Tatbestandselemente werden zunächst graphisch hervorgehoben und anschließend im Einzelnen erörtert.

Prägender Bestandteil der Problemdarstellung ist die starke Berücksichtigung der Rechtsprechung. Die Rechtsprechung hat das Deliktsrecht wie kaum ein anderes Rechtsgebiet des BGB geprägt. Zahlreiche Fälle aus der Rechtsprechung werden mit Sachverhalt und tragenden Entscheidungsgründen (soweit nötig in wörtlicher Wiedergabe) vorgestellt. Durch diese Einbeziehung der „Schauplätze" des Deliktsrechts soll eine lebendige und praxisnahe Präsentation des Stoffes erreicht werden. Das Lehrbuch erlangt dadurch aber gleichzeitig auch den Charakter einer Fallsammlung, in der die wichtigsten Entscheidungen zum Deliktsrecht enthalten sind.

Von einer Darstellung des § 839 BGB wurde abgesehen. Für ein richtiges Verständnis der Vorschrift ist die Kenntnis wichtiger öffentlich-rechtlicher Grundlagen und Bezüge unentbehrlich. Deren Behandlung hätte den Rahmen des Lehrbuchs gesprengt. In der Praxis des Haftungsrechts gewinnt die Gefährdungshaftung zunehmend an Bedeutung. Es schien deshalb gerechtfertigt, diesem Rechtsgebiet breiten Raum zu gewähren.

Die Literaturhinweise berücksichtigen die Standardwerke zum Deliktsrecht, die Lehrbücher des Schuldrechts und die gängigen Kommentare. Vollständigkeit der Literaturangaben wurde im Hinblick auf den Charakter des Lehrbuchs nicht angestrebt. Rechtsprechung und Literatur sind bis zum 30.11.1994 berücksichtigt.

Bei der Aufbereitung des Rechtsprechungsmaterials habe ich von meinen Mitarbeitern, den Rechtsreferendaren Annette Schneider, Hanns-Christian Bayer, Wolfgang Forster, Christian Höbusch und Frank Weber tatkräftige Unterstützung erfahren. Ihnen gilt mein herzlicher Dank für die geleistete Arbeit.

Die technische Erstellung des Manuskripts lag in den Händen von Frau Hermann. Sie hat die Aufgabe zügig und mit großer Sorgfalt erledigt. Dafür spreche ich meinen besonderen Dank aus.

Ingolstadt Maximilian Fuchs
im Dezember 1994

Inhaltsverzeichnis

**Kapitel 1: Grundlagen und Entwicklungstendenzen
des Delikts- und Schadensersatzrechts.** 1
  A. Zurechnung von Schäden 1
    I. Die Wertorientierung des Gesetzgebers. 1
    II. Die Entscheidung des BGB-Gesetzgebers 3
  B. Entwicklungstendenzen. 4
    I. Wandel der Wertorientierung 4
    II. Haftungserweiterungen. 4
      1. Inhaltliche Erweiterung der Rechtsgüter des § 823 Abs. 1. 4
      2. Objektivierung der Haftung 5
      3. Der Ausbau der Gefährdungshaftung 6
    III. Kollektivierung des Haftungsrechts 6
    IV. Grundgedanken des Schadensersatzrechts 7
  C. Reformbedarf. 9

Kapitel 2: Grundtatbestände der Verschuldenshaftung 11
  A. Der Anspruch aus § 823 Abs. 1. 11
    I. Funktion der Vorschrift 11
    II. Tatbestandliche Voraussetzungen 11
      1. Rechtsgutverletzung 12
        1.1 Leben, Körper, Gesundheit. 12
        1.2 Freiheit 20
        1.3 Eigentum. 20
          1.3.1 Eingriffe in die Rechtsstellung des Eigentümers. 21
          1.3.2 Substanzverletzung 21
          1.3.3 Funktionsbeeinträchtigungen. 31
          1.3.4 Konkurrenzen. 35
        1.4 Sonstiges Recht. 35
          1.4.1 Herrschaftsrechte. 36
          1.4.2 Familienrechte 38
          1.4.3 Recht am Arbeitsplatz 41

1.5 Das allgemeine Persönlichkeitsrecht 41
   1.5.1 Ethische und historische Voraussetzungen 41
   1.5.2 Die Anerkennung des allgemeinen
         Persönlichkeitsrechts als „sonstiges Recht" 43
   1.5.3 Schutzbereiche des allgemeinen Persönlichkeitsrechts... 45
   1.5.4 Das Erfordernis einer Interessen-
         und Güterabwägung............................. 48
   1.5.5 Rechtsträgerschaft 54
   1.5.6 Konkurrenzen.................................. 55
   1.5.7 Die Ansprüche bei Verletzung des allgemeinen
         Persönlichkeitsrechts 55
   1.5.8 Der postmortale Schutz der Persönlichkeit 62
   1.5.9 Das Recht am eigenen Bild als besondere Ausprägung
         des allgemeinen Persönlichkeitsrechts............... 65
1.6 Das Recht am eingerichteten und ausgeübten
    Gewerbebetrieb...................................... 70
   1.6.1 Begriff und Funktion 70
   1.6.2 Inhalt des Rechts am Gewerbebetrieb 73
   1.6.3 Positive Feststellung der Rechtswidrigkeit 77
   1.6.4 Fallgruppen 80
2. Zurechenbarkeit der Rechtsgutverletzung 83
   2.1 Handlung.. 83
   2.2 Haftungsbegründende Kausalität 84
   2.3 Schutzzweck der Norm.............................. 85
3. Rechtswidrigkeit.. 89
4. Verschulden.. 91
   4.1 Verschuldensfähigkeit (§§ 827, 828) 91
      4.1.1 Verschuldensfähigkeit des Minderjährigen
           (§ 828 Abs. 3 S. 1)............................ 95
      4.1.2 Der Ausschluss der Verschuldensfähigkeit
           nach § 827 98
   4.2 Verschuldensformen (Vorsatz oder Fahrlässigkeit).......... 98
III. Schadensersatz als Rechtsfolge............................. 101
   1. Inhalt des Schadensersatzanspruchs..................... 101
   2. Haftungsausfüllende Kausalität 102
   3. Schutzzweck (Schutzbereich) der Norm 104
IV. Verkehrssicherungspflichten 105
   1. Begriff und Funktion................................. 105
   2. Systematische Einordnung der Verkehrssicherungspflichten 106
   3. Tatbestand der Verletzung einer Verkehrssicherungspflicht 107
      3.1 Entstehen und Inhalt einer Verkehrssicherungspflicht 107
      3.2 Schutzbereich der Verkehrssicherungspflicht.............. 111
      3.3 Die Person des Verkehrssicherungspflichtigen............. 113

V. Beweislast	118
1. Regelungsproblem	118
2. Beweiserleichterungen	119
2.1 Beweis des ersten Anscheins (Prima-facie-Beweis)	119
2.2 Beweislastumkehr	120
VI. Produzentenhaftung	122
1. Problemstellung	122
2. Tatbestandliche Voraussetzungen der Produzentenhaftung	122
2.1 Verletzung einer Verkehrssicherungspflicht	123
2.1.1 Konstruktionsfehler	123
2.1.2 Fabrikationsfehler	127
2.1.3 Instruktionsfehler	127
2.1.4 Entwicklungsfehler (Produktbeobachtungspflicht)	132
2.2 Verschulden und Beweislastumkehr	136
2.3 Anspruchsverpflichtete	141
VII. Die negatorische Haftung	143
1. Funktion der Haftung	143
2. Tatbestandliche Voraussetzungen	145
2.1 Gegenwärtige bzw. drohende Rechts(gut)verletzung	145
2.2 Rechtswidrigkeit	146
2.3 Störer	146
2.4 Ausschluss des Anspruchs bei Duldungspflicht	148
3. Rechtsfolgen	149
B. Der Anspruch aus § 823 Abs. 2	153
I. Funktion der Vorschrift	153
II. Tatbestandliche Voraussetzungen	153
1. Verletzung eines Schutzgesetzes	154
1.1 Voraussetzungen der Schutznormqualität	154
1.2 Persönlicher Schutzbereich	157
1.3 Sachlicher Schutzbereich	159
2. Rechtswidrigkeit	165
3. Verschulden	165
III. Beweislast	166
C. Der Anspruch aus § 824	167
I. Funktion der Vorschrift	167
II. Tatbestandliche Voraussetzungen	168
1. Unwahre Tatsache	168
2. Behaupten oder Verbreiten	171
3. Eignung zur Kreditgefährdung	172
4. Rechtswidrigkeit	172
5. Verschulden	173
III. Beweislast	173
IV. Konkurrenzen	173

D. Der Anspruch aus § 826 173
   I. Funktion der Vorschrift 173
   II. Tatbestandliche Voraussetzungen 174
      1. Schaden 174
      2. Verstoß gegen die guten Sitten 175
      3. Vorsatz 176
   III. Fallgruppen 176
      1. Falsche Auskünfte, Zeugnisse, Gutachten 177
      2. Gläubigerbenachteiligung 178
      3. Verleitung zum Vertragsbruch 184
      4. Sittenwidrige Ausnutzung einer Rechtsposition 184
      5. Konkurrenzen 186

Kapitel 3: Die Haftung aus vermutetem Verschulden 187
   A. Funktion und Struktur der Anspruchsgrundlagen 187
   B. Der Anspruch aus § 831 (Geschäftsherrnhaftung) 187
      I. Funktion der Vorschrift 187
      II. Tatbestandliche Voraussetzungen 188
         1. Begriff des Verrichtungsgehilfen 188
         2. Widerrechtliche Schadenszufügung 189
         3. In Ausführung der Verrichtung 190
         4. Widerlegung der Vermutung (Entlastungsbeweis) ... 191
         5. Haftung des vertraglichen Übernehmers
            der Geschäftsherrnpflichten (§ 831 Abs. 2) 193
   C. Der Anspruch aus § 832 (Haftung Aufsichtspflichtiger) .. 195
      I. Funktion der Vorschrift 195
      II. Tatbestandliche Voraussetzungen 195
         1. Widerrechtliche Schadenszufügung 195
         2. Aufsichtspflichtige Person 195
         3. Verschuldensvermutung/Entlastungsbeweis 196
   D. Der Anspruch aus § 833 S. 2 (Nutztierhalterhaftung) 198
      I. Funktion der Vorschrift 198
      II. Tatbestandliche Voraussetzungen 199
         1. Der Begriff des „Nutz-Haustiers" 199
         2. Entlastungsmöglichkeit des Tierhalters 200
   E. Der Anspruch aus § 834 (Tierhüterhaftung) 201
      I. Funktion der Vorschrift 201
      II. Tatbestandliche Voraussetzungen 201
         1. Rechtsgutverletzung durch ein Tier 201
         2. Tierhüter 201
         3. Entlastungsbeweis 202
   F. Haftung für Schäden durch Bauwerke (§ 836 ff.) 202
      I. Der Anspruch aus § 836 202
         1. Funktion der Vorschrift 202
         2. Tatbestandliche Voraussetzungen 202

2.1. Rechtsgutverletzung.	203
2.2. Die Begriffe Gebäude, Gebäudeteil, Werk	203
2.3. Fehlerhafte Errichtung oder mangelhafte Unterhaltung als Ursache.	204
2.4. Haftung des Besitzers	204
2.5. Verschuldensvermutung/Entlastungsbeweis	204
II. Der Anspruch aus § 837	205
1. Funktion der Vorschrift.	205
2. Tatbestandliche Voraussetzungen	205
III. Der Anspruch aus § 838	205
1. Funktion der Vorschrift.	205
2. Tatbestandliche Voraussetzungen	205
G. Die Haftung nach § 18 StVG	206
I. Funktion.	206
II. Tatbestandliche Voraussetzungen	206

Kapitel 4: Billigkeitshaftung (§ 829) 209
  A. Funktion der Vorschrift 209
  B. Tatbestandliche Voraussetzungen 209
    I. Verwirklichung des objektiven Tatbestandes einer
      unerlaubten Handlung 209
    II. Fehlende Deliktsfähigkeit (§ 827, 828) 210
    III. Kein Ersatz von aufsichtspflichtigem Dritten 210
    IV. Billigkeitsmomente 211

Kapitel 5: Haftung für Drittschäden (§§ 844–846) 215
  A. Problemstellung. 215
  B. Ansprüche aus § 844 216
    I. Der Anspruch aus § 844 Abs. 1 216
      1. Tötung eines Menschen 216
      2. Verpflichtung zur Bestreitung der Beerdigungskosten 216
    II. Der Anspruch aus § 844 Abs. 2 216
      1. Funktion der Vorschrift 216
      2. Tatbestandliche Voraussetzungen. 217
      3. Der Umfang des Schadensersatzanspruches 217
        3.1. Die Ermittlung der Schadenshöhe 217
        3.2. Vorteilsausgleichung 219
      4. Mitverschulden des Getöteten 220
  C. Der Anspruch aus § 845 220
    I. Funktion der Vorschrift 220
    II. Tatbestandliche Voraussetzungen 222

Kapitel 6: Amtshaftung/Staatshaftung (§ 839) und Haftung des gerichtlichen Sachverständigen (§ 839 a) 223
  A. Problemstellung. 223
  B. Funktion und Struktur des § 839 224
  C. Der Amtshaftungsanspruch (§ 839 i. V. m. Art. 34 GG) 224

    I. Tatbestandliche Voraussetzungen........................... 224
        1. Jemand in Ausübung eines öffentlichen Amtes 225
        2. Verletzung einer drittbezogenen Amtspflicht 225
        3. Rechtswidrigkeit...................................... 228
        4. Verschulden... 228
        5. Haftungsausschluss................................... 228
            5.1. Subsidiaritätsklausel (§ 839 Abs. 1 S. 2)................ 228
            5.2. Unterlassung der Einlegung von Rechtsmitteln
                (§ 839 Abs. 3)..................................... 229
    II. Schadensersatz 230
    III. Konkurrenzen 231
D. Haftungsprivilegien bei richterlicher Tätigkeit (§ 839 Abs. 2) 232
E. Die Eigenhaftung des Beamten (§ 839 Abs. 1) 235
    I. Tatbestandliche Voraussetzungen........................... 235
        1. Beamter im staatsrechtlichen Sinne 235
        2. Verletzung einer drittbezogenen Amtspflicht 235
        3. Rechtswidrigkeit...................................... 235
        4. Verschulden... 235
        5. Subsidiaritätsklausel 235
F. Haftung des gerichtlichen Sachverständigen (§ 839 a) 236
    I. Funktion der Vorschrift 236
    II. Tatbestandliche Voraussetzungen 237
    III. Konkurrenzen 238
G. Schadensersatz bei Verstößen gegen das Unionsrecht 239
    I. Haftungsgrundlage....................................... 239
    II. Haftungsvoraussetzungen................................. 239
        1. Durchsetzung des Anspruchs nach nationalem
           Recht und Haftungsumfang 244
            1.1. Vorrang des Primärrechtsschutzes.................... 244
            1.2. Art und Umfang des Schadensersatzes 247
            1.3. Verjährung 248
        2. Anspruchsgegner..................................... 249

Kapitel 7: Immaterieller Schadensersatz (§ 253 Abs. 2) 253
A. Funktion der Vorschrift 253
B. Tatbestandliche Voraussetzungen 256
    I. Verletzung des Körpers, der Gesundheit, der Freiheit
       oder der sexuellen Selbstbestimmung 256
    II. Höhe des Schmerzensgeldes............................... 257

Kapitel 8: Mehrheit von Schädigern (§§ 830, 840) 261
A. Problemstellung... 261
B. Die Haftung von Tätern und Teilnehmern (§ 830) 261
    I. Mittäterschaft (§ 830 Abs. 1 S. 1) und Teilnahme
       (§ 830 Abs. 2)... 261
        1. Funktion der Vorschrift................................. 261
        2. Tatbestandliche Voraussetzungen 262

II. Alternativtäterschaft (§ 830 Abs. 1 S. 2). 263
   1. Funktion der Vorschrift 263
   2. Tatbestandliche Voraussetzungen 263
      2.1 Beteiligteneigenschaft 263
      2.2 Rechtswidrigkeit/Verschulden 266
C. Die gesamtschuldnerische Haftung mehrerer Schädiger
(§ 840 Abs. 1) 267
  I. Funktion der Vorschrift 267
  II. Tatbestandliche Voraussetzungen 267
D. Die Schadensverteilung zwischen den Schädigern 268

Kapitel 9: Das System der Verjährung deliktischer Ansprüche 269
A. Das bisherige Recht der Verjährung 269
B. Die Rechtslage nach der Schuldrechtsreform 269
C. Der Grundtatbestand des Verjährungsbeginns 270
  I. Tatbestandliche Voraussetzungen 270
   1. Entstehen des Anspruchs 270
   2. Subjektive Kenntnis/Kennenmüssen 271
   3. Schluss des Jahres 272
  II. Höchstfristen 272
  III. Hemmung der Verjährung nach neuem Recht 274
D. Der deliktische Bereicherungsanspruch (§ 852) 274
E. Konkurrenzen 276
F. Besonderheiten bei deliktsrechtlichen Ansprüchen wegen
Entziehung und Beschädigung von Sachen 278
  I. Zufallshaftung (§ 848) 278
  II. Verzinsungspflicht (§ 849) 279
  III. Verwendungsersatz (§ 850) 279
  IV. Gutglaubensschutz bei Schadensersatzleistung (§ 851) 280
G. Arglisteinrede (§ 853) 280

Kapitel 10: Gefährdungshaftung 281
A. Grundlagen 281
  I. Zurechnung und tatbestandliche Struktur 281
  II. Rechtspolitische Begründung 283
  III. Das Enumerationsprinzip 283
  IV. Besonderheiten der Gefährdungshaftung 284
   1. Typen der Gefährdungshaftung 284
   2. Spezifische Gefahr 285
   3. Haftungsausschluss – Haftungsminderung 285
   4. Haftungshöchstgrenzen 285
   5. Nichtvermögensschäden 286
   6. Versicherungsschutz 287
   7. Konkurrenzen 287
B. Die Gefährdungshaftungstatbestände 288

I. Die Tierhalterhaftung aus § 833 Satz 1 288
   1. Funktion der Vorschrift 288
   2. Tatbestandliche Voraussetzungen 288
      2.1 Rechtsgutverletzung 288
      2.2 Der Tierbegriff 288
      2.3 Tiergefahr – Sachlicher Schutzbereich 289
      2.4 Persönlicher Schutzbereich 290
      2.5 Der Tierhalter 292
   3. Beweislast 292
II. Die Haftung nach § 7 StVG 293
   1. Funktion der Vorschrift 293
   2. Tatbestandliche Voraussetzungen 294
      2.1 Rechtsgutverletzung bei dem Betrieb
          eines Kraftfahrzeugs 294
      2.2 Schutzzweck der Norm 298
      2.3 Höhere Gewalt (§ 7 Abs. 2 StVG) 301
      2.4 Begriff des Halters 302
   3. Besonderheiten der Haftung nach dem StVG 304
   4. Ansprüche aus VVG und PflVG 305
      4.1 Funktion der Kraftfahrzeughaftpflichtversicherung 305
      4.2 Der Direktanspruch gegen den Versicherer
          aus § 115 Abs. 1 Nr. 1 VVG 306
      4.3 Ansprüche aus § 12 PflVG 307
III. Ansprüche aus dem Haftpflichtgesetz (HPflG) 307
   1. Funktion der Regelungen 307
   2. Der Anspruch aus § 1 HPflG 308
      2.1 Rechtsgutverletzung bei dem Betrieb einer Bahn 308
      2.2 Haftungsausschluss nach § 1 Abs. 2 HPflG 309
      2.3 Betriebsunternehmer 310
   3. Die Ansprüche aus § 2 HPflG 310
      3.1 Der Anspruch aus § 2 Abs. 1 S. 1 HPflG
          (Wirkungshaftung) 311
      3.2 Der Anspruch aus § 2 Abs. 1 S. 2 HPflG
          (Zustandshaftung) 314
   4. Sonderbestimmungen des HPflG 314
IV. Die Haftung nach dem LuftVG 315
   1. Funktion und Grundlagen der Regelungen 315
   2. Der Anspruch aus § 33 LuftVG 316
   3. Der Anspruch aus § 45 oder 47 LuftVG 317
V. Ansprüche aus § 89 Wasserhaushaltsgesetz (WHG) 318
   1. Funktion der Vorschrift 318
   2. Der Anspruch aus § 89 Abs. 1 WHG (Handlungshaftung) . 318
   3. Der Anspruch aus § 89 Abs. 2 WHG (Anlagenhaftung) .. 319
   4. Besonderheiten der Ansprüche nach § 89 Abs. 1 und 2 WHG ... 322
   5. Konkurrenzen 322

VI. Haftung für Schäden aus der Anwendung von Kernenergie 323
    1. Funktion der Haftung 323
    2. Anspruchsgrundlagen 323
        2.1 Der Anspruch aus § 25 Abs. 1 AtG i. V. m. Art. 3
            Pariser Atomhaftungsübereinkommen 323
        2.2 Der Anspruch aus § 26 AtG 323
        2.3 Der Ausgleichsanspruch gem. § 38 AtG. 323
    3. Umfang der Haftung. 324
VII. Der Anspruch aus § 32 GenTG 324
    1. Funktion der Vorschrift. 324
    2. Tatbestandliche Voraussetzungen 324
    3. Umfang der Haftung. 324
    4. Konkurrenzen 325
VIII. Der Anspruch aus § 1 UmweltHG 325
    1. Funktion der Vorschrift. 325
    2. Tatbestandliche Voraussetzungen 326
        2.1 Rechtsgutverletzung 326
        2.2 Anlage. 326
        2.3 Umwelteinwirkung 326
        2.4 Ausschlussgründe (§§ 4, 5 UmweltHG) 329
        2.5 Ersatzpflichtige 329
    3. Inhalt des Schadensersatzanspruchs 329
    4. Konkurrenzen 330
IX. Der Anspruch aus § 1 ProdHaftG 332
    1. Funktion der Vorschrift. 332
    2. Tatbestandliche Voraussetzungen 333
        2.1 Rechtsgutverletzung 333
        2.2 Fehler eines Produkts 334
            2.2.1 Der Begriff des Produkts 334
            2.2.2 Der Begriff des Fehlers 334
        2.3 Der Begriff des Herstellers 341
        2.4 Ausschlusstatbestände. 345
    3. Beweislast (§ 1 Abs. 4 ProdHaftG). 346
    4. Inhalt des Schadensersatzanspruchs 347
    5. Konkurrenzen 347
    6. Verjährung und Erlöschen von Ansprüchen 349
X. Der Anspruch aus § 84 AMG 352
    1. Funktion der Vorschrift. 352
    2. Tatbestandliche Voraussetzungen 353
        2.1 Rechtsgutverletzung 353
        2.2 Arzneimittel 353
        2.3 Unvertretbare schädliche Wirkung aufgrund
            Entwicklungs- oder Herstellungsfehlers. 353
        2.4 Unzureichende Instruktion 356
        2.5 Beweislast (§ 84 Abs. 2 und 3 AMG) 356

   2.6 Auskunftsanspruch des Geschädigten (§ 84a AMG) 359
   2.7 Pharmazeutischer Unternehmer 360
  3. Schadensersatz 360
  4. Konkurrenzen 361

Kapitel 11: Haftung und Versicherung 363
 A. Einfluss der Versicherung auf den deliktischen Anspruch 363
 B. Verdrängung des deliktsrechtlichen Anspruchs durch
  Versicherungsrecht 364
  I. Die Regelungen der §§ 86 Abs. 3 VVG, 116 Abs. 6 SGB X 365
  II. Das Haftungsprivileg der §§ 104 ff. SGB VII 366

Kapitel 12: Schadensersatzrecht 371
 A. Grundlagen des Schadensersatzrechts 371
  I. Der Schadensersatzanspruch als Grundlage
   des Schadensersatzrechts 371
   1. Allgemeines 371
   2. Struktur von Schadensersatzansprüchen 371
    2.1 Tatbestand 372
    2.2 Rechtswidrigkeit 373
    2.3 Verantwortlichkeit 374
    2.4 Schaden 374
  II. Funktion des Schadensersatzrechts 375
   1. Kompensation 376
   2. Prävention 376
   3. Stellungnahme 377
   4. Straffunktion des Schadensersatzrechts? 378
 B. Schadensbegriff, Differenzhypothese und Schadensarten 378
  I. Definition des Schadens 378
   1. Natürlicher Schadensbegriff 379
   2. Differenzhypothese 379
   3. Normativer Schadensbegriff 381
  II. Schadensarten 382
   1. Materieller und immaterieller Schaden 382
   2. Erfüllungs- und Vertrauensschaden
    (Positives und negatives Interesse) 382
   3. Unmittelbarer und mittelbarer Schaden 384
 C. Grundlagen des Schadensersatzes,
  der Schadensfeststellung und Schadensberechnung 384
  I. Totalreparation 384
  II. Bereicherungsverbot 384
  III. Das Dogma vom Gläubigerinteresse 385
   1. Grundsatz und Ausnahmen 385
   2. Drittschadensliquidation 386
    2.1 Problemstellung 386
    2.2 Voraussetzungen 386

2.3 Rechtsfolge	387
2.4 Fallgruppen	387
2.4.1 Mittelbare Stellvertretung	388
2.4.2 Obhutsfälle	388
2.4.3 Obligatorische Gefahrentlastung	388
2.4.4 Treuhandverhältnisse	389
IV. Vorteilsausgleichung	389
1. Bedeutung	389
2. Voraussetzungen für die Berücksichtigung von Vorteilen	390
2.1 Vorteil	391
2.2 Adäquater Kausalzusammenhang zwischen Schadensereignis und Vorteil	391
2.3 Übereinstimmung der Vorteilsanrechnung mit dem Zweck des Ersatzanspruchs	392
2.3.1 Leistungen Dritter	393
2.3.2 § 255	393
2.3.3 Vorteile aufgrund Anstrengungen des Geschädigten zur Schadensabwehr	393
2.3.4 Ersparte Aufwendungen	394
2.3.5 Weitere Einzelfälle	394
3. Durchführung der Vorteilsausgleichung	395
D. Schadenszurechnung	396
I. Kausalität	396
1. Äquivalenztheorie	396
2. Haftungsbegründende und haftungsausfüllende Kausalität	399
II. Adäquanztheorie	400
1. Inhalt und Bedeutung der Adäquanztheorie	400
2. Beispiele	401
III. Schutzzweck der Norm	402
1. Inhalt und Bedeutung der Schutzzwecklehre	402
2. Beispiele	402
IV. Einwand rechtmäßigen Alternativverhaltens	403
V. Hypothetische Kausalität	405
1. Grundlagen	405
2. Fallgruppen	405
2.1 Schadensanlagen	405
2.2 Hypothetische Verantwortlichkeit eines Dritten	406
2.3 Differenzierung zwischen unmittelbaren und mittelbaren Schäden	407
E. Naturalrestitution und Schadenskompensation als unterschiedliche Formen des Schadensausgleichs	407
I. Überblick über die gesetzliche Regelung	407
II. Naturalrestitution	409

    1. Funktion 409
    2. Geschuldeter Herstellungserfolg 409
    3. Wahlrecht des Gläubigers zwischen Herstellung
       in Natur und Geldersatz 412
  III. Schadenskompensation 414
    1. Funktion 414
    2. Bemessungskriterien für die Höhe der Geldentschädigung 414
  IV. Vorrang der Naturalrestitution 415
F. Schadensausgleich durch Naturalrestitution gem. §§ 249, 250 415
  I. Herstellung durch den Schädiger gem. § 249 Abs. 1 415
    1. Anwendungsvoraussetzungen und Inhalt der
       Herstellungsverpflichtung 415
    2. Anwendungsbeispiele 417
       2.1 Belastung mit einer Verbindlichkeit 417
       2.2 Aufhebung eines aufklärungspflichtwidrig
           zustande gekommenen Vertrages 417
       2.3 Immaterielle Schäden 418
  II. Zahlung der erforderlichen Herstellungskosten
    gem. § 249 Abs. 2 418
    1. Funktion des Geldersatzanspruchs 418
       1.1 Unzumutbarkeit der Naturalherstellung durch
           den Schädiger 418
       1.2 Die Dispositionsfreiheit des Geschädigten 419
    2. Voraussetzungen des Geldersatzanspruchs 420
       2.1 Verletzung einer Person 420
       2.2 Beschädigung einer Sache 420
           2.2.1 „Zerstörungen" im Zusammenhang
                mit Grundstücken 420
           2.2.2 Zerstörung bei Möglichkeit der
                Ersatzbeschaffung 422
       2.3 Keine Unmöglichkeit der Herstellung 422
           2.3.1 Unmöglichkeit im schadensrechtlichen Sinne 422
           2.3.2 Veräußerung der beschädigten Sache 424
       2.4 Verlangen der Herstellungskosten durch
           den Gläubiger 428
       2.5 Erforderlichkeit des verlangten Geldbetrages 428
           2.5.1 Maßstab zur Feststellung der erforderlichen
                Herstellungskosten 428
           2.5.2 Abrechnung auf Gutachtenbasis 429
           2.5.3 Werkstatt-/Prognoserisiko bei unsachgemäßer
                Reparatur 432
           2.5.4 Wirtschaftlichkeitspostulat: Reparatur
                oder Ersatzbeschaffung? 434
           2.5.5 Umsatzsteuer 438
           2.5.6 Heilungskosten 438
  III. Geldersatz nach Fristsetzung gem. § 250 439

IV. Einzelfragen der Naturalrestitution 440
   1. Ersatz des entgangenen Gewinns (§ 252) 440
   2. „neu für alt" 442
G. Schadensausgleich durch Kompensation gem. § 251 443
   I. Geldentschädigung nach dem Wertinteresse 443
   II. Die gesetzlichen Anwendungsfälle der Schadenskompensation 443
      1. Unmöglichkeit der Herstellung (§ 251 Abs. 1 Alt. 1) 443
      2. Herstellung zur Entschädigung des Gläubigers nicht
         genügend (§ 251 Abs. 1 Alt. 2) 444
      3. Unverhältnismäßigkeit der Herstellung (§ 251 Abs. 2) 444
      4. Exkurs: Unverhältnismäßige Nacherfüllungskosten gem.
         §§ 439 Abs. 3, 635 Abs. 3 445
   III. Entgangene Gebrauchsvorteile 448
H. Mitwirkendes Verschulden des Geschädigten gem. § 254 453
   I. Grundlagen und Bedeutung 453
   II. Voraussetzungen 454
      1. Schadensrelevantes Verhalten des Geschädigten 455
         1.1 „Verschulden" i. S. v. § 254 Abs. 1 455
         1.2 Verletzung der Warnobliegenheit gem.
            § 254 Abs. 2 S. 1 Alt. 1 457
         1.3 Unterlassene Schadensabwendung bzw. -minderung
            gem. § 254 Abs. 2 S. 1 Alt. 2 458
      2. Äquivalente und adäquate Kausalität 458
      3. Schutzzweck der Norm 458
      4. Beweislast und Beweismaß 459
   III. Rechtsfolge der Mitverantwortlichkeit 460
   IV. Verantwortlichkeit des Geschädigten für Dritte,
      § 254 Abs. 2 S. 2 461

Sachverzeichnis 463

Abkürzungs- und Literaturverzeichnis

a. A.	anderer Ansicht
aaO	am angegebenen Ort
ABlEG/ABlEU	Amtsblatt der Europäischen Gemeinschaft/Europäischen Union
Abs.	Absatz
AcP	Archiv für die civilistische Praxis
AEUV	Vertrag über die Arbeitsweise der Europäischen Union
a. F.	alte Fassung
Alt.	Alternative
AMG	Arzneimittelgesetz
AnfG	Anfechtungsgesetz
Anm.	Anmerkung
Anm. d. Verf.	Anmerkung des Verfassers
Art.	Artikel
AT	Allgemeiner Teil
AtG	Gesetz über die friedliche Verwendung der Kernenergie (Atomgesetz)
Aufl.	Auflage
ausf.	ausführlich
BAG	Bundesarbeitsgericht
Bamberger/Roth-(Bearbeiter)	Heinz Georg Bamberger und Herbert Roth (Hrsg.), Kommentar zum Bürgerlichen Gesetzbuch, 3. Aufl. 2012
BB	Betriebsberater
Bekl.	Beklagte(r)
betr.	betreffend
BGB	Bürgerliches Gesetzbuch
BGBl.	Bundesgesetzblatt
BGB-RGRK-(Bearbeiter)	Das Bürgerliche Gesetzbuch mit besonderer Berücksichtigung der Rechtsprechung des Reichsgerichts und des Bundesgerichtshofes, Kommentar, herausgegeben von Mitgliedern des BGH, 12. Auf. 1974 ff.

BGH	Bundesgerichtshof
BGHZ	Entscheidungen des BGH in Zivilsachen, hrsg. von den Mitgliedern des BGH und der Bundesanwaltschaft
BImSchG	Bundes-Immissionsschutzgesetz
BJagdG	Bundesjagdgesetz
BMJ	Bundesministerium der Justiz und für Verbraucherschutz
BNotO	Bundesnotarordnung
Brand	Oliver Brand, Schadensersatzrecht, 2. Aufl. 2015
BR-Drucks.	Bundesratsdrucksache
Brox/Walker SAT	Hans Brox/Wolf-Dietrich Walker, Allgemeines Schuldrecht, 39. Aufl. 2015
Brox/Walker SBT	Hans Brox/Wolf-Dietrich Walker, Besonderes Schuldrecht, 40. Aufl. 2016
Brüggemeier	Gert Brüggemeier, Deliktsrecht, 1986
BT-Drucks.	Bundestagsdrucksache
BVerfG	Bundesverfassungsgericht
BVerfGE	Amtliche Sammlung der Entscheidungen des BVerfG
bzgl.	bezüglich
bzw.	beziehungsweise
DAR	Deutsches Autorecht
DB	Der Betrieb
ders., dies.	derselbe, dieselbe(n)
Deutsch HR	Erwin Deutsch, Haftungsrecht I, 1976
Deutsch/Ahrens UH	Erwin Deutsch/Hans-Jürgen Ahrens, Deliktsrecht, Unerlaubte Handlungen, Schadensersatz und Schmerzensgeld, 6. Aufl. 2014
d. h.	das heißt
DJT	Deutscher Juristentag
DNotZ	Deutsche Notar-Zeitschrift
DÖD	Der Öffentliche Dienst (Zeitschrift)
EFZG	Entgeltfortzahlungsgesetz
EGBGB	Einführungsgesetz zum BGB
EGMR	Europäischer Gerichtshof für Menschenrechte
Erman-(Bearbeiter)	Erman, Handkommentar zum BGB, 14. Aufl. 2014
Esser/Schmidt 1	Josef Esser/Eike Schmidt, Schuldrecht I, Allgemeiner Teil, Teilband 1, 8. Aufl. 1995
Esser/Schmidt 2	Josef Esser/Eike Schmidt, Schuldrecht I, Allgemeiner Teil, Teilband 2, 8. Aufl. 2000
Esser/Weyers	Josef Esser/Hans-Leo Weyers, Schuldrecht II, Besonderer Teil, Teilband 2, 8. Aufl. 2000
EuGH	Europäischer Gerichtshof
FamRZ	Ehe und Familie im privaten und öffentlichen Recht. Zeitschrift für das gesamte Familienrecht

f. (ff.)	folgende (mehrere folgende) Paragraphen oder Seiten
Fikentscher	Wolfgang Fikentscher/Andreas Heinemann, Schuldrecht, 10. Aufl. 2006
Filthaut	Werner Filthaut, Haftpflichtgesetz, 9. Aufl. 2015
Fn.	Fußnote
FS	Festschrift
FZV	Fahrzeug-Zulassungsverordnung
gem.	gemäß
GenTG	Gesetz zur Regelung der Gentechnik
Gernhuber/Coester-Waltjen	Joachim Gernhuber/ Dagmar Coester-Waltjen, Lehrbuch des Familienrechts, 6. Aufl. 2010
Ges. Schriften	Gesammelte Schriften
GewO	Gewerbeordnung
GG	Grundgesetz für die Bundesrepublik Deutschland
ggf.	gegebenenfalls
GoA	Geschäftsführung ohne Auftrag
Grunewald	Barbara Grunewald, Bürgerliches Recht, 9. Aufl. 2014
GWB	Gesetz gegen Wettbewerbsbeschränkungen
Hacks/Wellner/Häcker	Susanne Hacks/Wolfgang Wellner/Frank Häcker, Schmerzensgeld Beträge 2016, 34. Aufl. 2016
Heinrich	Examensrepetitorium Zivilrecht, 1. Aufl. 2016
Hentschel/König/Dauer-(Bearbeiter)	Peter Hentschel/Peter König/Peter Dauer, Straßenverkehrsrecht, 43. Aufl. 2015
HGB	Handelsgesetzbuch
h. M.	herrschende Meinung
HPflG	Haftpflichtgesetz
Hrsg.	Herausgeber
i. d. F.	in der Fassung
i. d. R.	in der Regel
i. d. S.	in diesem Sinne
InsO	Insolvenzordnung
i. S.	im Sinn(e)
i. S. d.	im Sinne des
i. S. v.	im Sinne von
i. V. m.	in Verbindung mit
IWF	Internationaler Währungsfond
JA	Juristische Arbeitsblätter
Jauernig-(Bearbeiter)	Othmar Jauernig, BGB, 16. Aufl. 2015

Jauernig/Hess	Zivilprozessrecht, 30. Aufl. 2011
JRV	Juristische Rundschau
Junker	Abbo Junker, Grundkurs Arbeitsrecht, 15. Aufl. 2016
Jura	Juristische Ausbildung
JurA	Juristische Analysen
JuS	Juristische Schulung
JZ	Juristenzeitung
Kap.	Kapitel
KG	Kommanditgesellschaft
Kl.	Kläger(in)
Kötz/Wagner	Hein Kötz/Gerhard Wagner, Deliktsrecht, 12. Aufl. 2013
krit.	kritisch
KUG	Kunsturhebergesetz
Lange/Schiemann	Hermann Lange/Gottfried Schiemann, Handbuch des Schuldrechts: Schadensersatz, 3. Aufl. 2003
Larenz SAT	Karl Larenz, Lehrbuch des Schuldrechts Band I: Allgemeiner Teil, 14. Aufl. 1987
Larenz SBT 1	Karl Larenz, Lehrbuch des Schuldrechts Band II: Besonderer Teil, Halbband 1, 13. Aufl. 1986
Larenz/Canaris SBT 2	Karl Larenz/Claus-Wilhelm Canaris, Lehrbuch des Schuldrechts Band II: Besonderer Teil, Halbband 2, 13. Aufl. 1994
Larenz/Wolf AT	Karl Larenz/Manfred Wolf, Allgemeiner Teil des Bürgerlichen Rechts, 9. Aufl. 2004
LM	Lindenmaier-Möhring, Nachschlagewerk des BGH in Zivilsachen
LMRR	Lebensmittelrecht-Rechtsprechung (Datenbank-Modul von beck-online)
LPartG	Gesetz über die Eingetragene Lebenspartnerschaft (Lebenspartnerschaftsgesetz)
LuftVG	Luftverkehrsgesetz
MDR	Monatsschrift für Deutsches Recht
Medicus/Lorenz SAT	Dieter Medicus/Stephan Lorenz, Schuldrecht, Allgemeiner Teil, 21. Aufl. 2015
Medicus/Lorenz SBT	Dieter Medicus/Stephan Lorenz Schuldrecht, Besonderer Teil, 17. Aufl. 2014
Medicus/Petersen BR	Dieter Medicus/Jens Petersen, Bürgerliches Recht, 25. Aufl. 2015
MedR	Medizinrecht (Zeitschrift)
Mertens	Hans-Joachim Mertens: Der Begriff des Vermögensschadens im Bürgerlichen Recht, 1967
Mugdan	Joachim Mugdan, Die gesamten Materialien zum BGB, 1899/1900
MüKo-(Bearbeiter)	Franz Jürgen Säcker/Roland Rixecker/Hartmut Oetker/Bettina Limperg (Hrsg.), Münchener Kommentar zum BGB, 6. Aufl. 2012 ff. / 7. Aufl. 2015 ff.

m. w. N.	mit weiteren Nachweisen
n. F.	neue Fassung
NJW	Neue Juristische Wochenschrift
NJW-RR	NJW Rechtsprechungs-Report Zivilrecht
Nr.	Nummer
NZV	Neue Zeitschrift für Verkehrsrecht
o.	oben
o. ä.	oder ähnlichem
OHG	Offene Handelsgesellschaft
OLG	Oberlandesgericht
Palandt-(Bearbeiter)	Otto Palandt, BGB, 75. Aufl. 2016
Pauker	Werner, Pauker, Unternehmen – Risiko – Haftung, Die Funktion der Geschäftsleiterhaftung vor dem Hintergrund der Steuerung und Verteilung unternehmerischer Risiken, 2008
PflVG	Gesetz über die Pflichtversicherung für Kraftfahrzeughalter (Pflichtversicherungsgesetz)
PharmR	Pharma Recht
PHi	Haftpflicht international – Recht und Versicherung
ProdHaftG	Produkthaftungsgesetz
ProdSG	Produktsicherheitsgesetz
Prütting/Wegen/ Weinreich-(Bearbeiter)	Hanns Prütting/Gerhard Wegen/Gerd Weinreich, BGB Kommentar, 11. Aufl. 2016
r + s	recht und schaden – Unabhängige Zeitschrift für Versicherungsrecht und Schadensersatz
RG	Reichsgericht
RGZ	Entscheidungen des RG in Zivilsachen, herausgegeben von den Mitgliedern des Gerichtshofs und der Reichsanwaltschaft
Rn.	Randnummer
Rs	Rechtssache
Rspr.	Rechtsprechung
RVO	Reichsversicherungsordnung
Rz.	Randziffer
s.	siehe
S.	Seite; bei Gesetzeszitaten Satz
Sachs-(Bearbeiter)	Michael Sachs, Grundgesetz, Kommentar, 7. Aufl. 2014

Schlechtriem SBT	Peter Schlechtriem, Schuldrecht, Besonderer Teil, 6. Aufl. 2008
Schlechtriem/Schmidt- Kessel SAT	Peter Schlechtriem, Schuldrecht, Allgemeiner Teil, 6. Aufl. 2005
SGB X	Sozialgesetzbuch, Teil X
Slg.	Sammlung des Gerichtshofes der Europäischen Union
Slizyk	Andreas Slizyk, Becksche Schmerzensgeldtabelle, 12. Aufl. 2016
Soergel-(Bearbeiter)	Kommentar zum BGB, 13. Aufl. 2000 ff.
sog.	sogenannte
Spickhoff	Andreas Spickhoff, Medizinrecht, 2. Aufl. 2014
SPuRt	Zeitschrift für Sport und Recht
st.	ständig
Staudinger-(Bearbeiter)	J. von Staudingers Kommentar zum BGB,13. Aufl. 1993 ff./ 14. Aufl. 1999 ff./ 15. Aufl. 2010 ff
StGB	Strafgesetzbuch
str.	strittig
StVG	Straßenverkehrsgesetz
StVO	Straßenverkehrs-Ordnung
StVZO	Straßenverkehrszulassungsordnung
Taschner/Frietsch	Hans Cl. Taschner/Edwin Frietsch, Produkthaftungsgesetz und EG-Produkthaftungsrichtlinie, 2. Aufl. 1990
u.	unten
u. a.	unter anderem
UmweltHG	Gesetz über die Umwelthaftung
USchadG	Umweltschadensgesetz
UWG	Gesetz gegen den unlauteren Wettbewerb
v.	von (vom)
Verf.	Verfasser
VersR	Versicherungsrecht (Zeitschrift)
vgl.	vergleiche
Vieweg/Werner	Klaus Vieweg/Almuth Werner, Sachenrecht, 7. Aufl. 2015
VO	Verordnung
VVG	Gesetz über den Versicherungsvertrag (Versicherungsvertragsgesetz)
Wandt	Manfred Wandt, Gesetzliche Schuldverhältnisse, 7. Aufl. 2015
Wessels/Beulke	Johannes Wessels/Werner Beulke, Strafrecht Allgemeiner Teil, 45. Aufl. 2015
WHG	Wasserhaushaltsgesetz

z. B.	zum Beispiel
ZfBR	Zeitschrift für deutsches und internationales Baurecht
ZfSch	Zeitschrift für Schadensrecht
ZGB	Zivilgesetzbuch
ZHR	Zeitschrift für das gesamte Handels- und Wirtschaftsrecht
ZIP	Zeitschrift für Wirtschaftsrecht (früher: Zeitschrift für die gesamte Insolvenzpraxis, daher die Abkürzung)
ZPO	Zivilprozessordnung
ZRP	Zeitschrift für Rechtspolitik
z. T.	zum Teil

Kapitel 1: Grundlagen und Entwicklungstendenzen des Delikts- und Schadensersatzrechts

A. Zurechnung von Schäden

I. Die Wertorientierung des Gesetzgebers

Innerhalb des schuldrechtlichen Systems sind unerlaubte Handlungen neben den Verträgen die Hauptquelle bei der Begründung von Rechtsverhältnissen.[1] Die Regelungsaufgabe, die dem Rechtsgebiet der unerlaubten Handlungen zufällt, besteht in der Entscheidung darüber, wer letztlich einen Schaden zu tragen hat (Problem der *Schadenstragung*). Man kann sich eine Rechtsordnung vorstellen, die von der Überzeugung geleitet ist, dass jeder, der einen Schaden erleidet, mit diesem Schaden selber fertig werden muss (Schaden als *Unglück* oder *Schicksalsschlag*). Dies mag man als unbefriedigend betrachten, wenn das Verhalten eines anderen für den Eintritt des Schadens ursächlich war.

Sobald man über einen Rechtszustand hinausgelangen will, der Schäden immer nur als individuelles Schicksal betrachtet, und ein Ausgleich des Schadens in rechtlich verbindlicher Weise einem anderen auferlegt werden soll, stellt sich die Frage, unter welchen Voraussetzungen dieser andere verpflichtet sein soll. Das ist

---

[1] Vgl. hierzu Coing, Bemerkungen zum überkommenen Zivilrechtsystem, in Coing, Gesammelte Aufsätze, Bd. 1, 1982, S. 299: „Die Rechtsverhältnisse – und damit die subjektiven Privatrechte im einzelnen – werden geschaffen und verändert in erster Linie durch Handlungen der Subjekte des Privatrechts, und zwar (hier erscheint erneut der Gedanke der Freiheit als Grundlage des ganzen) vor allem dadurch, dass Privatrechtssubjekte ihre Lebensbeziehungen durch Rechtsgeschäfte selbst gestalten (Prinzip der Privatautonomie) und dadurch, dass das Gesetz demjenigen, der in schuldhafter Weise bestehende Rechte anderer verletzt, Ersatzpflichten auferlegt. Rechtsgeschäfte einerseits, schuldhafte unerlaubte Handlungen andererseits erscheinen damit als die eigentlichen bewegenden Kräfte in der Gestaltung der Rechtsverhältnisse".

die zentrale Frage nach den Gründen und Kriterien der Zurechnung von Schäden an einen anderen.² *Zurechnung* ist damit das zentrale Thema des Deliktsrechts.

Wann und unter welchen Voraussetzungen eine Rechtsordnung einen eingetretenen Schaden auf einen anderen überwälzt, hängt von vielen Faktoren, nicht zuletzt von der in der jeweiligen Gesellschaft vorherrschenden Denkweise und Tradition ab. Das Delikts- und Schadensersatzrecht ist „in ganz besonderem Grade des Produkt und der Niederschlag der ethischen Überzeugungen sowie der sozialen und wirtschaftlichen Verhältnisse einer bestimmten Kulturepoche".³ In diesem Sinne lässt sich auch aus der Entstehungsgeschichte der §§ 823 ff. eine klare Wertorientierung des Gesetzgebers ausmachen. Ausgangspunkt ist für ihn, dass Schäden als Schicksal des Einzelnen begriffen werden. Dahinter steckt der römisch-rechtliche Grundsatz „casum sentit dominus". Hinter diesem Prinzip steht eine jahrhundertelange, tiefe Rechtsüberzeugung, die davon ausgeht, das Recht dürfe dem Zufall nicht in den Arm fallen und nicht ausgleichen, was das Schicksal habe ungleich machen wollen.⁴ Die Zuweisung der Verantwortung für einen Schaden an eine andere Person als die des Geschädigten war nur möglich, wenn es sich um ein von diesem begangenes Unrecht handelte. Das Verschulden (culpa) steht im Gegensatz zum Zufall (casus).

Diese Werthaltung entsprach dem Geiste des wirtschaftlichen Liberalismus.⁵ Im Mittelpunkt des Weltbildes des ökonomischen Liberalismus steht der Homo oeconomicus, der wirtschaftlich mündige und verantwortungsfähige Bürger, dessen wirtschaftlicher Entfaltungstrieb nicht durch ein Deliktsrecht gebremst werden sollte, das ihn mit Folgenverantwortung belastete.⁶ Das Verschuldensprinzip beinhaltet eine folgenreiche Grundwertung: „Im Widerstreit der Interessen an der Erhaltung der Rechtsposition und an der Freiheit zum Handeln wird die Handlungsfreiheit bevorzugt. Sie ist zum Entstehen menschlicher und sachlicher Werte erforderlich. Es ist die Bevorzugung des Werdenden vor dem Bestehenden. Der Freiheit bedarf der Mensch zur Entfaltung seiner Persönlichkeit, besonders zur Ausübung seines Berufs. Einen besonderen Bewegungsraum benötigt der junge Mensch zu seiner Entwicklung. Die Bevorzugung der Freiheit erfolgt auch nicht einseitig: Was einer Person auf der Güterseite genommen wird, ist ihr auf der Handlungsseite zurückzugeben".⁷

---

²Deutsch/Ahrens UH Rn. 2: „Zurechnung oder Zurechenbarkeit sind die allgemeinen Bezeichnungen für den rechtlichen Grund, um erlittenen Schaden auf einen anderen abzuwälzen".

³Unger, Handeln auf eigene Gefahr, Ein Beitrag zur Lehre vom Schadensersatz, 3. Aufl. 1904, S. 1.

⁴Siehe zu solchen Auffassungen Benöhr, Tijdschrift voor Rechtsgeschiedenis 1978, 8.

⁵Kötz/Wagner Rn. 22 ff. sprechen von „Weltanschauung des Liberalismus".

⁶Esser/Weyers § 53 1.

⁷Deutsch/Ahrens UH Rn. 6.

II. Die Entscheidung des BGB-Gesetzgebers

Der BGB-Gesetzgeber ist diesen gesellschaftstheoretischen und rechtsphilosophischen Prämissen gefolgt und hat es als vordringlich betrachtet, ein Deliktsrecht zu schaffen, das sich prinzipiell zugunsten der Handlungsfreiheit des Einzelnen entscheidet. Er hat sich gegen eine Ausweitung der Zurechnungsgründe ausgesprochen (insbesondere wurde eine Erweiterung der Gefährdungshaftung, wie sie im Reichshaftpflichtgesetz (RHG) angelegt war,[8] abgelehnt[9]). Namhafte Rechtslehrer haben vor den Gefahren der dadurch befürchteten Einschränkungen der Handlungsfreiheit eindringlich gewarnt.[10]

Die Verwirklichung des Verschuldensprinzips im Recht der unerlaubten Handlungen sah der BGB-Gesetzgeber ursprünglich in der Verankerung einer „großen Generalklausel". § 704 Abs. 1 des ersten Entwurfs des BGB lautete[11]: „Hat jemand durch eine widerrechtliche Handlung oder Unterlassung aus Absicht oder Fahrlässigkeit einem anderen einen Schaden zugefügt, so ist er diesem zum Schadensersatz verpflichtet".

Doch erschien diese Generalklausel letztlich als zu weitgehend.[12] Deshalb hat sich der BGB-Gesetzgeber schließlich für folgendes Konzept entschieden[13]:

Ein deliktischer Schadensersatzanspruch besteht nur, wenn der Schaden die Folge einer Rechtsgutverletzung ist (§ 823 Abs. 1). Nur auf diesem Wege war eine Ausuferung der Haftung für Schäden Dritter zu verhindern.[14]

Ein Rest an Generalisierung ist noch durch die Aufnahme des „sonstigen Rechts" in § 823 Abs. 1 erhalten geblieben.

Generalisierende Haftungsnormen waren nicht völlig verzichtbar. Eine wichtige Form der Generalisierung stellt der Tatbestand des § 823 Abs. 2 dar. Die Generalisierung besteht hier vor allem in der Anknüpfung an – auch außerhalb des BGB – angesiedelte Verhaltensgebote und -verbote, deren Missachtung die deliktsrechtliche Verantwortlichkeit begründet.[15] Die am weitesten gefasste

---

[8]Vgl. zu diesem Gesetz eingehend Ogorek, Untersuchungen zur Entwicklung der Gefährdungshaftung im 19. Jahrhundert, 1975.

[9]Vgl. Kötz/Wagner Rn. 24.

[10]Vgl. etwa Rümelin, Die Gründe der Schadenszurechnung und die Stellung des deutschen Bürgerlichen Gesetzbuchs zur objektiven Schadensersatzpflicht, 1896, S. 14: „Wenn man sagt, das tätige Prinzip habe die Folgen seiner Tat zu tragen, so wird doch die Frage erlaubt sein warum? damit sich jeder möglichst hüte, aktiv zu werden, damit die Welt dem Quietismus verfalle, damit der Grundsatz durchgeführt werde: Ruhe ist die erste Bürgerpflicht?".

[11]Vgl. zur Entstehungsgeschichte der deliktsrechtlichen Vorschriften Jacobs/Schubert (Hrsg.), Die Beratung des Bürgerlichen Gesetzbuchs, Recht der Schuldverhältnisse III, 1983, S. 872 ff. Siehe ferner Benöhr, Die Redaktion des Paragrafen 823 und 826 BGB, in: Zimmermann (Hrsg.) Rechtsgeschichte und Privatrechtsdogmatik, 1999, S. 499 ff. Katzenmeier AcP 203 (2003), 79 ff.

[12]Vgl. zu den Nachteilen und Auswirkungen Medicus/Lorenz SBT Rn. 1232, 1233.

[13]Siehe dazu Medicus/Lorenz SBT Rn. 1234.

[14]Vgl. hierzu Larenz/Canaris SBT 2 § 75 I 3 c.

[15]Larenz/Canaris SBT 2 § 75 I 3.

Generalklausel enthält § 826, der jedes vorsätzliche, sittenwidrige Verhalten als anspruchsauslösend betrachtet.

B. Entwicklungstendenzen

I. Wandel der Wertorientierung

Die Hauptaufgabe des Deliktsrechts besteht in der Gestaltung des Spannungsverhältnisses zwischen Güterschutz und Handlungsfreiheit.[16] Wie gezeigt hat der BGB-Gesetzgeber des Jahres 1896 den Schutz der Handlungsfreiheit als sein vordringliches rechtspolitisches Anliegen betrachtet.

Nach fast 100 Jahren darf man feststellen, dass sich die Gewichte mittlerweile in eine andere Richtung verschoben haben. Als Triebfeder der jüngsten, zur Gegenwart führenden Entwicklung auf dem Gebiete des Haftungsrechts begegnet uns das Sicherheitsverlangen des Bürgers und das daraus abgeleitete gesteigerte Bedürfnis nach *sozialer Sicherheit*.[17] Vom Delikts- und Schadensersatzrecht wird ein Beitrag zur Existenzsicherung und damit deren sozialstaatliche Ausgestaltung erwartet. Und in der Tat wird man darin den entscheidenden Beweggrund der aktuellen delikts- und schadensersatzrechtlichen Entwicklung sehen müssen.[18] Damit verlagert sich der Akzent weg von dem Moment der Schuld hin zu dem Moment des Ausgleichs des Schadens.[19] Diese Entwicklung hat ihren Niederschlag in den im Folgenden zu besprechenden (keineswegs als abschließend zu verstehenden) Merkmalen des aktuellen Haftungsrechts gefunden.

II. Haftungserweiterungen

1. Inhaltliche Erweiterung der Rechtsgüter des § 823 Abs. 1

Mertens hat geäußert,[20] „dass Richterrecht aus § 823 Abs. 1 eine Norm gemacht hat, die der historische Gesetzgeber des BGB kaum wieder erkennen würde". Diese Bemerkung hat einmal ihre Berechtigung für die Auslegung der in § 823

---

[16]Larenz/Canaris SBT 2 § 75 I 1; siehe im Übrigen zu den Zwecken des Haftungsrechts Deutsch HR S. 68 ff.; Katzenmeier AcP 203 (2003), 79, 113 ff.

[17]Vgl. Kötz/Wagner Rn. 48.

[18]Medicus/Lorenz SAT, 20. Aufl. 2012, Rn. 620: "Gefördert wird die Bedeutung des Schadensersatzrechts durch eine – wohl mit der Ausbreitung des Sozialstaatsgedankens zusammenhängende – Mentalitätsänderung. Sie hat die Grenze zwischen Unglück und Unrecht in dem Sinn verschoben, dass Schäden immer seltener als Unglück hingenommen werden. Vielmehr erscheint ein Schaden regelmäßig als ausgleichsbedürftig, und ein Mittel dazu ist die Annahme eines ersatzpflichtigen Unrechts".

[19]Vgl. von Bar AcP 181 (1981), 326 Schaer, Grundzüge des Zusammenwirkens von Schadensausgleichssystemen, 1984, Rn. 109.

[20]AcP 178 (1978), 229.

Abs. 1 genannten Rechtsgüter. Dies gilt für den Eigentumsbegriff, bei dem man von einer bloßen Betrachtung des Substanzwertes aus zu einer funktionellen Betrachtungsweise gelangt ist.[21] Vielleicht noch bemerkenswerter ist die erweiternde Tendenz bei den Rechtsgütern Körper und Gesundheit. Rechtsprechung und auch Lehre haben den beiden Tatbestandsmerkmalen einen begrifflichen Inhalt gegeben, der einen umfassenden Rechtsgüterschutz ermöglicht. Dieser Schutz erstreckt sich sowohl auf die körperlich-physische Existenz wie auf das psychische Element der menschlichen Gesundheit, wenngleich bei letzterem die Feststellung der Rechtsgutverletzung zusätzliche Schwierigkeiten bereitet.[22] Die konzeptionell weite Fassung der Tatbestandsmerkmale Körper und Gesundheit[23] bringt die zentrale Bedeutung zum Ausdruck, die die moderne Gesellschaft der physisch-psychischen Existenz des Menschen beimisst. Auf der Basis der Erfahrungen der Vergangenheit ist Deutsch zuzustimmen, der für die Zukunft einen noch intensiveren Schutz der Gesundheit erwartet, die weit über das hinausgeht, was mit der bloßen Körperverletzung gemeint ist.[24]

Eine bedeutsame Haftungserweiterung im Rahmen des § 823 Abs. 1 hat schließlich durch die Anerkennung eines *Rechts am eingerichteten und ausgeübten Gewerbebetrieb*[25] und des *allgemeinen Persönlichkeitsrechts*[26] stattgefunden.

2. Objektivierung der Haftung

Unter diesen Begriff lassen sich bestimmte Entwicklungen zusammenfassen, in denen die dem Verschuldensprinzip inhärente Ausrichtung auf subjektive Haftungskriterien gelockert wird. Hierzu rechnet insbesondere die Befürwortung eines *objektiven Fahrlässigkeitsmaßstabes*.[27] Weiter gehört hierher die tendenziell immer weiter voranschreitende Statuierung von Verkehrssicherungspflichten, die einen eindrucksvollen Beleg für die Entfernung von subjektiven Verschuldens- hin zu objektiven Zurechnungskriterien liefern.[28]

Nicht zu unterschätzen sind schließlich die Korrekturen, die über die Grundsätze der *Beweislast* an dem überkommenen System vorgenommen wurden. Die folgerichtige Anwendung des Verschuldensprinzips verlangt, dass der Geschädigte den Nachweis für das Vorliegen aller haftungsrechtlichen Voraussetzungen führt (Beweislast des Geschädigten). Das non liquet geht zu seinen Lasten. Die Rechtsprechung hat jedoch diese Grundsätze durch

---

[21]Siehe dazu unten 2. Kap. A. II. 1.3.3.
[22]Vgl. BGB-RGRK-Steffen § 823 Rn. 9, 11.
[23]Siehe im Einzelnen dazu unten 2. Kap. A. II. 1.1.
[24]Deutsch, 25 Jahre Karlsruher Forum, S. 97. Zur entwicklungsgeschichtlichen Bedeutung des Personenschadensrechts siehe Fuchs, Zivilrecht und Sozialrecht, 1992, S. 171 ff.
[25]Siehe dazu unten 2. Kap. A. II. 1.6.
[26]Siehe dazu unten 2. Kap. A. II. 1.5.
[27]Eingehend hierzu Medicus/Lorenz SAT Rn. 359 ff.
[28]Siehe dazu unten 2. Kap. A. IV.

Beweislasterleichterungen gelockert und in einigen wichtigen Bereichen durch die Einführung einer Beweislastumkehr aufgehoben.[29]

3. Der Ausbau der Gefährdungshaftung

Ebenfalls im Sinne der Objektivierung der Haftung ist im Laufe der Zeit ein neues haftpflichtrechtliches Gleis entstanden. Im Reichshaftpflichtgesetz von 1871 erstmals legislativ verankert ist das System der *Gefährdungshaftung* im 20. Jahrhundert zum zweiten großen Gebäude des Haftpflichtrechts geworden.[30] Industrialisierung und Technisierung sind mit Gefahren verbunden, aus denen heraus sich zwangsläufig Schäden entwickeln, auch dann, wenn alle nur denkbare Sorgfalt beachtet wird. Der Zulässigkeit risikobehafteter Aktivitäten auf der einen Seite entspricht die Notwendigkeit der Kompensation von Schäden auf der anderen Seite. Esser hat in seiner grundlegenden Studie über Grundlagen und Entwicklung der Gefährdungshaftung zutreffend die Gefährdungshaftung als Teillösung des sozialen Unglücksproblems in seiner modernen Gestalt bezeichnet.[31] Die heutigen Tatbestände der Gefährdungshaftung[32] basieren deshalb durchweg auf dem Moment der Beherrschung des Risikos. Ihr Zweck besteht ausschließlich in der Abnahme der Schadensfolgen.[33]

III. Kollektivierung des Haftungsrechts

Die ursprüngliche und zentrale Funktion des Haftungsrechts liegt in der Schadensabnahme durch die Überwälzung der Risikozuständigkeit auf den Täter.[34] Das Grundmodell der Haftung sieht demnach zwei Einzelpersonen einander gegenüberstehen, deren eine (der Schädiger) für den Ausgleich persönlich aufzukommen und somit ein eigenes, dem anderen (dem Geschädigten) unmittelbar zufließendes finanzielles Opfer zu bringen hat.[35] In diesem drohenden Übel der persönlichen Schadensersatzzahlung liegt gleichzeitig die Erwartung einer präventiven Funktion des zivilen Haftungsrechts begründet.[36]

Dieses Haftungsmodell gerät aber in Konflikt mit jenen Überzeugungen, die oben (B. I.) dargestellt wurden und die den Gedanken sozialer Rechtsstaatlichkeit

---

[29]Siehe dazu unten 2. Kap. A. V.

[30]Mit Esser können wir deshalb von der Zweispurigkeit des Haftpflichtrechts sprechen, vgl. dazu den gleichnamigen Aufsatz des Autors in JZ 1953, 129 ff.

[31]Esser, Grundlagen und Entwicklung der Gefährdungshaftung, 1941, S. 89.

[32]Siehe dazu unten 10. Kap.

[33]Vgl. Deutsch HR S. 364 f.

[34]Vgl. Deutsch HR S. 69.

[35]Kötz, Sozialer Wandel im Unfallrecht, 1976, S. 28.

[36]Zum Gedanken der Prävention im Haftungsrecht siehe insbesondere Schäfer/Ott, Lehrbuch der ökonomischen Analyse des Zivilrechts, 5. Aufl. 2012, S. 153 ff.

und Existenzsicherung als Aufgabe des Haftungsrechts betrachten. Dabei darf nicht nur die Situation des Geschädigten, sondern müssen auch die Konsequenzen der Schadenstragung für den Schädiger bedacht werden. Diesen für das heutige Delikts- und Schadensersatzrecht zentralen Aspekt haben Medicus/Lorenz auf den Punkt gebracht, wenn sie schreiben[37]: „Auf den ersten Blick scheint ein weitgehender Schadens*ausgleich* auch als sozial erwünscht. Aber ein solcher Ausgleich gelingt privatrechtlich nur, wenn man die Sache bloß vom Standpunkt des Geschädigten her sieht. Fasst man dagegen auch den ersatzpflichtigen Schädiger ins Auge, so gelingt bloß eine Schadens*verlagerung*: Was der Geschädigte erhält, muss dem Schädiger genommen werden. Sofern man als soziale Grundforderung die Wahrung des Lebensstandards ansieht, wirkt die Schadensverlagerung durch Ersatzansprüche also nur dann sozial, wenn der Schädiger den Schaden eher tragen kann als der Geschädigte.... Daher geht die moderne Entwicklung des Schadensersatzrechts dahin, den Schaden letztlich auf eine Person abzuwälzen, die ihn ohne wesentliche Beeinträchtigung tragen kann. Das sind vor allem *Solidargemeinschaften* (Versicherer). Daher ist das eigentliche Schadensersatzrecht durch ein kompliziertes System der Weiterwälzung des Schadens auf einen leistungsfähigen Schuldner überlagert worden".

Durch das Entstehen und die Ausdehnung der kollektiven Haftungs- und Vorsorgesysteme ist der individuelle Schadensausgleich in der Praxis zur Ausnahme geworden. Schädiger und Geschädigter sind sozusagen persönlich von der Bildfläche verschwunden. Regelmäßig wird nur noch darüber gestritten, ob der Schaden von einem Vorsorgeträger (als einer Gesamtheit potenziell Verletzter) oder von einem Haftpflichtversicherer (als einer Gesamtheit potenzieller Schädiger) getragen werden soll.[38] Das Haftungsrecht wird so zu einem Recht der Regressvoraussetzungen.[39] Die Auswirkungen dieser Überlagerung oder Kollektivierung des Haftpflichtrechts durch Versicherungssysteme kann hier nicht im Einzelnen dargestellt werden.[40] Im 11. Kapitel werden wichtige Auswirkungen der Versicherung auf das Deliktsrecht behandelt werden.

IV. Grundgedanken des Schadensersatzrechts

Ziel des Schadensersatzrechts sollte nach der Intention des Gesetzgebers der möglichst vollkommene Ausgleich von Schäden sein. Durch das Schadensersatzrecht sollte der Geschädigte so gestellt werden, wie er ohne das Schadensereignis gestanden haben würde.[41] Allerdings hat der Gesetzgeber hierbei in den allgemei-

---

[37]Medicus/Lorenz SAT, 20. Aufl. 2012, Rn. 621.
[38]Kötz, Sozialer Wandel im Unfallrecht, 1976, S. 28.
[39]So die Formulierung von Weyers, Unfallschäden, 1971, S. 401.
[40]Vgl. dazu etwa Fuchs AcP (1991), 318 ff. sowie unten 11. Kap.
[41]Zur Funktion des Schadensersatzrechts im Einzelnen 12. Kap. A. II.

nen schadensrechtlichen Bestimmungen der §§ 249 bis 254 nicht vorgegeben, was unter dem Begriff des (Vermögens-)Schadens zu verstehen ist, sondern er hat diese Frage wegen ihrer Komplexität der Klärung durch Wissenschaft und Praxis überlassen.[42] Von diesem Ausgangspunkt aus haben Rechtsprechung und juristisches Schrifttum normative Kriterien für die Bestimmung und Berechnung des Schadens entwickelt, z. B. die Lehre vom Schutzzweck der Norm, die Grundsätze der Vorteilsausgleichung, die wirtschaftliche Betrachtungsweise im Schadensrecht etc.[43]

Die Schadensersatzverpflichtung aufgrund deliktischer Verhaltensweisen hat keinen Strafcharakter. Steht die Haftung des Schuldners dem Grunde nach fest, hat er den gesamten Schaden zu ersetzen, der dem Gläubiger entstanden ist. Der Gesetzgeber hat sich bewusst gegen die im Preußischen Allgemeinen Landrecht verankerten Abstufungen des Umfangs der Schadensersatzpflicht nach dem Grad des Verschuldens entschieden und es zu einer generellen Maxime des Schadensersatzrechts erhoben, dass „unter der Verpflichtung zum Schadensersatz durchgehendes die Verpflichtung zur Leistung des ganzen Interesses zu verstehen ist".[44]

Dem Ersatz immaterieller Schäden stand der Gesetzgeber mit großer Zurückhaltung gegenüber, soweit es um den Ausgleich solcher Schäden in Geld ging. Man fürchtete, dass diese Haftung aufgrund nicht kontrollierbarer Ermessensentscheidungen der Richter ausufern könnte.[45] Ein Geldersatz für immaterielle Schäden wurde deswegen im Vertragsbereich abgelehnt und gem. § 847 a. F. nur bei der deliktischen Verletzung des Körpers, der Gesundheit oder der Freiheit vorgesehen.[46]

Auf dem Fundament weniger gesetzlicher Regelungen hat sich in Rechtsprechung und Literatur eine reiche Dogmatik entwickelt. Die bei einer reinen Wortlautinterpretation zu ersetzenden Schäden hätten vielfach zu enormen, sowohl für den Einzelnen wie auch für die Gesamtgesellschaft inakzeptablen Schadensvolumina geführt. Daher mussten Wertungsfilter eingebaut werden, die dieser Tendenz entgegenwirkten. Diese Wertungsfilter sind durch die Mechanismen der Adäquanztheorie, der Lehre vom Schutzzweck der Norm und der Vorteilsausgleichung gegeben, um nur die wichtigsten zu benennen.

---

[42]Mugdan, Materialien zum BGB Bd. II, S. 18 f.
[43]Siehe im Einzelnen im 12. Kap.
[44]Mugdan, Materialien zum BGB Bd. II, S. 17.
[45]Mugdan, Materialien zum BGB Bd. II, S. 22.
[46]Zur Änderung dieser Rechtslage durch das Zweite Gesetz zur Änderung schadensersatz-rechtlicher Vorschriften vom 19. Juli 2002 s. 7. Kap. A.

C. Reformbedarf

Die Vorschriften des Deliktsrechts haben seit dem Inkrafttreten des BGB im Gegensatz zu zahlreichen anderen Materien kaum Änderungen erfahren. Wenn ein Abschnitt des BGB über 100 Jahre hinweg nahezu unverändert bleibt, mag dies auf fehlenden Reformbedarf schließen lassen. Eine solche Aussage wäre freilich vorschnell. Umgekehrt scheint es aber auch wenig begründet, das Haftungsrecht in einer schlechten Verfassung zu sehen.[47] Aufgrund einer dynamischen Rechtsprechung (nicht nur deutscher Gerichte[48]) und legislativer Maßnahmen auf dem Gebiete der Gefährdungshaftung hat das Deliktsrecht im Wesentlichen seiner Aufgabe gerecht werden können.[49]

Vielleicht liegt in dieser Flexibilität auch der Grund dafür, dass frühere Vorschläge für Reformen letztlich nicht umgesetzt wurden. Frühere, sehr gründlich ausgearbeitete Reformvorschläge haben den Versuch unternommen, den Stand von Rechtsprechung und Wissenschaft in eine Gesetzesformulierung umzusetzen. Grundlegende Änderungen mit dem bestehenden Recht wären damit nicht unbedingt verbunden gewesen.[50] In einem Gutachten für den Deutschen Juristentag hat von Bar interessante Vorschläge zur Bewältigung von Massenschäden unterbreitet.[51] Es geht hierbei um die rechtliche Bewältigung von Schadensereignissen, bei denen die Rechte und Rechtsgüter einer Vielzahl von Personen betroffen werden.[52] Hier stellen sich viele Fragen, insbesondere aber Probleme der Kausalität.

Durch das am 1. Jan. 2002 in Kraft getretene Gesetz zur Modernisierung des Schuldrechts hat das Deliktsrecht eine bedeutsame Änderung seines Normenbestands erfahren. Die bisherige, in § 852 Abs. 1 u. 2 enthaltene Regelung über die Verjährung deliktsrechtlicher Ansprüche ist in das allgemeine Verjährungsrecht inkorporiert worden. Diese Transformation der Verjährungsregelung aus dem Deliktsrecht in das allgemeine Verjährungsrecht konnte leicht gelingen, weil das neue Verjährungsrecht ähnlich wie § 852 Abs. 1 und 2 a. F. einem gemischt subjektiv-objektiven System folgt.[53] Das am 1. Aug.

---

[47]So aber Brüggemeier, Prinzipien des Haftungsrechts, 1999, S. 1.

[48]Zum Einfluss des EuGH auf das Delikts- und Schadensrecht Lüttringhaus VersR 2014, 653 ff.

[49]Dies erkennt auch Brüggemeier, Prinzipien des Haftungsrechts, 1999, S. 1 an, wenn er schreibt: „Mit einem erstaunlichen Anpassungs- und Innovationsprozess hat das Haftungsrecht in Deutschland auf die grundlegenden politischen, ökonomischen und sozialen Veränderungen des 20. Jahrhunderts reagiert".

[50]Vgl. dazu etwa von Bar, Deliktsrecht, in: Gutachten und Vorschläge zur Überarbeitung des Schuldrechts, hrsg. vom Bundesminister der Justiz, Band III, 1981, S. 1681 ff.

[51]Vgl. von Bar, Empfehlen sich gesetzgeberische Maßnahmen zur rechtlichen Bewältigung der Haftung für Massenschäden? Gutachten A zum 62. Deutschen Juristentag, 1998.

[52]In Deutschland hat das tragische ICE-Unglück von Eschede das Ausmaß der Probleme sichtbar werden lassen. Das Besondere an der Schadensbewältigung war die Einschaltung eines Ombudsmannes, vgl. zu dessen Erfahrungen Reiter, Eschede und danach, 2005.

[53]Vgl. zu Entwicklung und Konzeption des neuen Verjährungsrechts Lorenz/Riehm, Lehrbuch zum neuen Schuldrecht, 2002, Rn. 36 ff.

2002 in Kraft getretene Zweite Gesetz zur Änderung schadensersatzrechtlicher Vorschriften hat die Sonderregelung über den Ersatz immateriellen Schadens in § 847 beseitigt. Da in § 253 Abs. 2 eine neue einheitliche Regelung über den Ersatz immateriellen Schadens geschaffen wurde, war für eine Sonderregelung im Deliktsrecht kein Raum mehr.

Auch wenn im Rahmen dieses Lehrbuchs das materielle Deliktsrecht ausschließlich im Mittelpunkt der Darstellung steht und deshalb rechtsvergleichende Bemerkungen sich nur sehr sporadisch finden, darf an dieser Stelle ein Hinweis auf die internationale Diskussion auf dem Gebiete des Deliktsrechts nicht fehlen.[54] Im Zuge des Fortschreitens der europäischen Integration ist auch die Frage eines einheitlichen europäischen Zivilgesetzbuches aufgeworfen worden, auf die es erste in den Kreisen von Rechtsvergleichern erarbeitete Antworten gibt.[55] In diesen Kontext reihen sich auch Bemühungen und Diskussionen ein, bei denen es um die gemeinsamen Wurzeln des Deliktsrechts der europäischen Länder geht, deren Auffinden in eine Deliktsrechtsangleichung in Europa münden könnte.[56]

---

[54]Zu einer Darstellung des Deliktsrechts auf rechtsvergleichender Grundlage siehe das Werk von Brüggemeier, Prinzipien des Haftungsrechts, 1999.

[55]Vgl. Hartkamp/Hesselink/Hondios/Joustra/du Perron (Hrsg.), Towards a European Civil Code, 2. Aufl. 1998.

[56]Vgl. dazu von Bar, Das deutsche Deliktsrecht in gemeineuropäischer Perspektive, 1999. Vgl. auch das umfangreiche Werk dieses Autors, Gemeineuropäisches Deliktsrecht I, 1996, und II, 1999. Die von der European Group on Tort Law erarbeiteten Prinzipien des europäischen Deliktsrechts werden vorgestellt von Koziol, Die „Principles of European Tort Law" der „European Group on Tort Law", ZEuP 2004, 234 ff.

Kapitel 2: Grundtatbestände der Verschuldenshaftung

A. Der Anspruch aus § 823 Abs. 1

I. Funktion der Vorschrift

Der rechtspolitische Hintergrund der Vorschrift – der Zentralnorm des Deliktsrechts[1] – wurde im Kap. 1 dargelegt. § 823 Abs. 1 enthält eine Absage an das Modell einer generalklauselartigen Fassung eines deliktischen Haftungstatbestandes. Schadensersatz soll der Geschädigte nur verlangen können, wenn der Schaden Folge einer *Rechtsgutverletzung* ist, die der Schädiger durch eine widerrechtliche und schuldhafte Handlung begangen hat.

II. Tatbestandliche Voraussetzungen

Rechtsgutverletzung
Zurechenbarkeit

- Handlung
- Haftungsbegründende Kausalität
- Schutzzweck der Norm

Rechtswidrigkeit
Verschulden (Verschuldensfähigkeit/Verschuldensform)

---

[1] Larenz/Canaris SBT 2 § 76 I 2.

Die vorgenannten tatbestandlichen Voraussetzungen lassen sich von Wortlaut und Funktion des § 823 Abs. 1 her ohne weiteres erschließen. Eine *Handlung* des Schädigers muss *kausal* für eine *Rechtsgutverletzung* des Geschädigten und diese wiederum *kausal* für den entstandenen *Schaden* geworden sein. Das Verhalten des Schädigers muss rechtswidrig und schuldhaft gewesen sein. Darüber hinaus haben Rechtsprechung und Literatur das Kriterium des Schutzzwecks der Norm im Rahmen der haftungsbegründenden und haftungsausfüllenden Kausalität entwickelt. Dabei geht es vor allem darum, einer Ausuferung der Haftung aus § 823 Abs. 1 entgegenzuwirken.

Mit Tatbestandsmäßigkeit, Rechtswidrigkeit und Verschulden ist der klassische Aufbau einer deliktischen Haftungsnorm beschrieben.[2] Das Vorliegen dieser drei Voraussetzungen ergibt den Haftungsgrund. Aus dem Bestehen des Haftungsgrundes leitet sich die Rechtsfolge, die Verpflichtung zum Schadensersatz ab.[3]

1. Rechtsgutverletzung
1.1 Leben, Körper, Gesundheit
Die Verletzung des Lebens umschreibt die Tötung eines Menschen. Der Getötete selbst kann keine Ansprüche mehr geltend machen. Der Schutz des Lebens in § 823 Abs. 1 ist aber wichtig, weil Ansprüche aus §§ 844 ff. die Erfüllung des § 823 Abs. 1 voraussetzen.

Eine Körperverletzung ist gegeben, wenn die körperliche Unversehrtheit beeinträchtigt wird. Eine Gesundheitsverletzung liegt in jedem Hervorrufen oder Steigern eines von den normalen körperlichen Funktionen nachteilig abweichenden Zustands auch ohne Schmerzen oder tief greifende Veränderung der Befindlichkeit[4] oder – knapper formuliert[5] – in der „Störung der physischen, psychischen oder mentalen Befindlichkeit eines Menschen mit Krankheitscharakter".[6] Nach h. M. ist auch der ärztliche Heileingriff, sofern er die körperliche Unversehrtheit beeinträchtigt, als Körperverletzung anzusehen.[7] Der Heileingriff wird aber meist gerechtfertigt sein (s. dazu unten 3).

---

[2]Die Grundstruktur gilt demnach für alle Anspruchsgrundlagen aus dem Recht der unerlaubten Handlungen.

[3]Grundlegend und sehr lesenswert zum Aufbau der Verschuldenshaftung Deutsch/Ahrens UH Rn. 11 ff.

[4]BGH NJW 1991, 1948.

[5]Vgl. Larenz/Canaris SBT 2 § 76 II 1 a.

[6]Allerdings wird man eine gewisse Erheblichkeit verlangen müssen, da leichteste Zustandsveränderungen im Rahmen üblicher, alltäglicher Befindlichkeiten nicht als „krank" oder Beeinträchtigung des Körpers oder der Gesundheit angesehen werden können, OLG Hamm NJW 2012, 1088 (1089).

[7]Vgl. zu den schwierigen Fragen der Verabreichung einer Bluttransfusion an eine Zeugin Jehovas, die mittels einer Patientenverfügung dies abgelehnt hatte, OLG München NJW-RR 2002, 811.

A. Der Anspruch aus § 823 Abs. 1

Typisch für die Gesundheitsverletzung ist also das „Krankmachen".[8] Aber auch die Infizierung mit einer Krankheit erfüllt den Tatbestand der Gesundheitsverletzung.[9]

Problematisch ist, ob der bloße Verdacht einer körperlichen Verletzung, welcher ärztliche Untersuchungskosten nach sich zieht, einen Schadensersatzanspruch nach § 823 Abs. 1 begründet, vgl. dazu

> *BGH NJW 2013, 3634:* Zwei Tage nach einem Autounfall begab sich die Beifahrerin des durch ein anderes Fahrzeug beschädigten Fahrzeugs in ärztliche Behandlung. Wegen des Verdachts einer Fraktur eines Halswirbelkörpers überwies sie der Arzt ins Krankenhaus. Eine dort durchgeführte MRT-Untersuchung ergab keine Anhaltspunkte für eine Fraktur oder eine Verdrehung der Wirbelsäule. Der Sozialversicherungsträger der Patientin klagte die entstandenen Untersuchungskosten gegenüber der Kfz-Versicherung des Unfallverursachers ein.

Das Berufungsgericht wies die Klage ab. Selbst wenn der Arzt zu dem Ergebnis gelangt sei, die ihm geschilderten unfallbedingten Symptome seien abklärungsbedürftig und weitere Untersuchungen naheliegend gewesen, so könnte Ersatz der dadurch entstandenen Kosten nicht verlangt werden, weil eine unfallbedingte Körperverletzung sich gerade nicht erwiesen habe. In der Konsequenz dieser Rechtsprechung würde also das Unfallopfer generell das Risiko tragen, dass eine nach erster Diagnose denkbare Verletzung nach weitergehender Untersuchung dann doch auszuschließen ist.

Der BGH bestätigte zwar den Grundsatz, dass in Fällen der Körper- oder Gesundheitsverletzung nur eine tatsächlich eingetretene Schädigung haftungsbegründend wirkt und die bloße Möglichkeit oder der Verdacht einer Schädigung nicht ausreiche (S. 3635). Er stellte aber zugleich klar, dass der Begriff der Körperverletzung weit auszulegen ist. Entscheidend sei, ob die weiteren Untersuchungen durch unfallbedingte Beschwerden veranlasst waren. Wenn dies feststehe, bestehe ein Ersatzanspruch für Kosten erfolgter medizinischer Untersuchungen und Behandlungen, soweit diese erforderlich waren (S. 3635).

Schwierigkeiten können sich bei der Abgrenzung zwischen Körper- und Eigentumsverletzung ergeben. Vgl. hierzu folgendes Beispiel:

> *BGH NJW 1994, 127:* K hat vor einer Operation, durch die er als Nebenfolge unfruchtbar werden würde, Sperma einfrieren lassen, um sich die Möglichkeit eigener Nachkommenschaft zu erhalten. Durch ein Versehen des Krankenhauses wird das Sperma vernichtet. K verlangt Schmerzensgeld.

Gemäß §§ 823 Abs. 1, 253 Abs. 2 setzt ein Anspruch auf Schmerzensgeld voraus, dass der Geschädigte eine Körper- oder Gesundheitsverletzung erlitten hat. Fraglich ist, ob ein Körperteil nach seiner Abtrennung vom Körper weiterhin diesem zuzurechnen oder als Sache zu behandeln ist, mit dem Ergebnis, dass nur eine Eigentumsverletzung in Betracht kommt. Nach Auffassung des BGH ist eine

---

[8] Medicus/Lorenz SBT Rn. 1273.
[9] Vgl. BGH NJW 1991, 1948, 1951 betr. eine HIV-Infektion: Der körperliche Normalzustand des Opfers wird tief greifend verändert.

Körperverletzung dann gegeben, wenn der abgetrennte Körperteil zu einem späteren Zeitpunkt wieder in den Körper eingegliedert werden soll (z. B. bei der Eigenblutspende). Ist die dauerhafte Trennung gewollt, z. B. bei der Organspende, so erlangt der abgetrennte Körperteil Sachqualität. Angesichts der Funktion des konservierten Spermas, die verlorene Fortpflanzungsfähigkeit zu substituieren und damit der personalen Selbstbestimmung und Selbstverwirklichung zu dienen, ist der BGH der Auffassung, dass wegen dieses personalen Bezugs der deliktische Schutz unter dem Gesichtspunkt der Gesundheit geboten ist.[10]

Verfolgt man die bei der Konkretisierung des Tatbestandsmerkmals Körper und Gesundheit in der Vergangenheit aufgetretenen Streitfälle, so lassen sich drei große Problemgruppen unterscheiden:

Vorgeburtliche Schäden. Hier geht es um die Frage des deliktischen Schutzes für Schäden, deren Ursache gesetzt wurde, als das Kind noch nicht gezeugt oder geboren war und damit noch keine Rechtsfähigkeit (§ 1) besaß:

> *BGHZ 8, 243:* Ein Kind wurde mit angeborener Lues zur Welt gebracht, da der Mutter im Krankenhaus Lues-infiziertes Blut infolge mangelnder Untersuchung des Blutspenders übertragen worden war. Das mit Schäden zur Welt gekommene Kind verlangt Schadensersatz und Schmerzensgeld.

Eine Verletzung der Mutter liegt zweifelsfrei vor. Da das Kind schon im Zeitpunkt der Empfängnis mit Lues infiziert war, könnte man das Vorliegen einer Verletzung begrifflich deshalb verneinen, weil das Kind niemals gesund war. Der BGH lehnt eine solche begriffliche Argumentation, die für Rechtsgüter wie das Eigentum sicherlich Geltung besitzt, für die Rechtsgüter Leben und Gesundheit ab, weil diese „Ausdruck der Personhaftigkeit des Menschen, ein Teil der Natur und ein Teil der Schöpfung" (S. 246 f.) sind. Für die Begründung des Schadensersatzanspruchs sei lediglich ein Kausalzusammenhang zwischen der schadenstiftenden Handlung und der eingetretenen Rechtsgutverletzung erforderlich. Diese – eher naturrechtliche – Sichtweise des BGH wird in einem späteren Fall in Richtung einer klareren Bezugnahme auf das verletzte Rechtsgut fortentwickelt:

> *BGHZ 58, 48:* Bei einem Autounfall wird eine schwangere Frau verletzt. Bei der Geburt ist das Kind spastisch gelähmt. Das Kind klagt gegen den Schädiger.

Der BGH stellt klar, dass es nicht um die Frage einer beschränkten Rechtsfähigkeit der Leibesfrucht (nasciturus) geht, sondern um den Schaden an der Gesundheit des zur Welt gekommenen Kindes. Er bejaht die Gesundheitsverletzung des Kindes (S. 49):

> Die Leibesfrucht ist dazu bestimmt, als Mensch ins Leben zu treten; sie und das später geborene Kind sind identische Wesen, eine naturgegebene Tatsache, der das Haftungsrecht Rechnung tragen muss. Verletzungen der Leibesfrucht werden daher jedenfalls mit Vollendung der Geburt zu einer Verletzung der Gesundheit des Menschen, für die der Schädiger gem. § 823 BGB Ersatz leisten muss.

---

[10]Kritisch zu diesem Urteil Laufs/Reiling NJW 1994, 775.

Verhinderte Familienplanung. Diese Fallgruppe betrifft zumeist Fehlverhalten von Ärzten im Zusammenhang mit empfängnisverhütenden Eingriffen sowie Fehler bei der Diagnose oder Aufklärung schwangerer Frauen über zu erwartende Krankheiten der Kinder. Kommt es infolge des ärztlichen Fehlers zu der Geburt eines von den Eltern nicht gewollten Kindes, so fragt sich, ob und unter welchen Voraussetzungen der Arzt haftbar gemacht werden kann. Von besonderem wirtschaftlichem Interesse ist für die Eltern dabei die Frage, ob der Arzt zum Ersatz des Unterhaltsaufwands verpflichtet werden kann. Aber nicht nur Ärzte, sondern gelegentlich auch Arzneimittelhersteller sehen sich der Geltendmachung von Ansprüchen ausgesetzt. Ein deliktsrechtlicher Anspruch auf Ersatz des Unterhaltsaufwands besteht allerdings nicht:

> *OLG Frankfurt NJW 1993, 2388:* Die Klägerin, die einen seit frühester Kindheit kranken Sohn hat, wollte keine weiteren Kinder mehr und nahm deshalb die Pille. Nach einem operativen Eingriff am Ohr verschrieb ihr der Arzt ein von der Beklagten hergestelltes Antibiotikum. Die Klägerin wurde schwanger und trug das Kind aus. Sie führt die Schwangerschaft darauf zurück, dass das Antibiotikum die Wirkung der Pille beeinträchtigt habe. Von der Beklagten verlangt sie unter anderem Ausgleich des Unterhaltsaufwands.

Da zwischen den Prozessparteien keine vertraglichen Beziehungen bestehen, kommt als Grundlage des Anspruchs insbesondere § 823 Abs. 1 in Betracht. Anknüpfungspunkt hierfür ist, dass der Beklagten als Herstellerin des Antibiotikums unter dem Gesichtspunkt der deliktsrechtlichen Produzentenhaftung möglicherweise vorgeworfen werden kann, auf die nachteiligen Wirkungen ihres Produkts nicht hingewiesen zu haben. Unterstellt man der Beklagten insoweit ein pflichtwidriges Verhalten, so folgt daraus allerdings nur dann eine deliktsrechtliche Verantwortlichkeit, wenn auch ein Rechtsgut der Klägerin i. S. des § 823 Abs. 1 verletzt worden ist. Das OLG Frankfurt hat die Möglichkeit erwogen, dass die körperlichen Beschwernisse, die mit der ungewollten Schwangerschaft und Geburt des Kindes verbunden waren, eine der Klägerin von der Beklagten zugefügte Körperverletzung sein könnten. Unter dieser Prämisse gelangt das Gericht indes zu dem Ergebnis, dass die Unterhaltspflicht, die mit der Geburt des Kindes verbunden ist, nicht diesen körperlichen Beschwerden zugerechnet werden kann. Eine Verletzung des allgemeinen Persönlichkeitsrechts – etwa in Form eines Rechts auf selbstbestimmte Familienplanung – lehnt das OLG ab: „Ein derartiges Recht ist als „sonstiges Recht" i. S. von § 823 Abs. 1 (…) nicht anzuerkennen. Denn mit ihm würden die vom Gesetzgeber gezogenen Grenzen des deliktsrechtlichen Schutzes letztlich uferlos ausgeweitet." Die Entscheidung des Gerichts befindet sich auf der Linie der ganz h. M., auch insoweit sich letztere mit der deliktsrechtlichen Arzthaftung auseinandersetzt.[11]

---

[11] Vgl. OLG Karlsruhe NJW 1979, 599, 601; OLG Köln MDR 1997, 940, 941; Staudinger-Hager § 823 Rn. B 14. Siehe auch BGHZ 124, 128, 141 f.

Die Haftung von Ärzten für die Verursachung einer ungewollten Schwangerschaft hat der BGH in zwei Leitentscheidungen vom 18.3.1980 in grundsätzlicher Hinsicht erörtert:

> *BGHZ 76, 259* (Beachte auch die Parallelsache BGHZ 76, 249): Eine Frau beschloss nach der Geburt ihres sechsten Kindes, sich sterilisieren zu lassen. Durch einen fehlerhaft durchgeführten Eingriff blieb die Ehefrau empfängnisfähig und brachte später ein siebtes Kind zur Welt. Sie verklagt den Arzt auf Schadensersatz und Schmerzensgeld.

Auf der vertraglichen Ebene, die hier aus Gründen des Sachzusammenhangs kurz skizziert werden soll, ist zu beachten, dass ein Arzt, der seine Pflichten aus dem Behandlungsvertrag schuldhaft verletzt, gemäß § 280 Abs. 1 zum Schadensersatz verpflichtet ist. Problematisch ist, worin genau der Schaden zu sehen ist. Hierzu gibt es eine höchst kontroverse Diskussion, die leider oft unter dem irreführenden Schlagwort „Kind als Schaden" geführt wird.[12] Der BGH hat sich für einen Schaden in Höhe des Unterhaltsaufwandes für das gezeugte Kind ausgesprochen, „wenn tatsächlich eine Familienplanung durchkreuzt worden ist, wenn also die Empfängnis nicht nur angesichts der vermeintlich wirksamen Sterilisation unerwartet, sondern den Eltern aus diesen Gründen unerwünscht war".[13]

Von diesem Grundsatz ausgehend hat der BGH seine diesbezügliche Rechtsprechung in der Folgezeit weiter ausgebaut. Danach ist er generell dafür, dass die mit der Geburt eines nicht gewollten Kindes für die Eltern verbundenen wirtschaftlichen Belastungen, insbesondere die Aufwendungen für dessen Unterhalt, vom Arzt als ersatzpflichtiger Schaden auszugleichen sind. Erforderlich ist, dass der Schutz vor solchen Belastungen überhaupt Gegenstand des Behandlungs- oder Beratungsvertrags war.[14] Eine solche am Vertragszweck ausgerichtete Haftung des Arztes oder auch des Krankenhausträgers hat der BGH im Grundsatz für zwei Fälle bejaht, nämlich erstens für den Fall, dass eine aus Gründen der Familienplanung gewünschte Sterilisation fehlschlägt, und zweitens für den Fall einer fehlerhaften genetischen Beratung vor Zeugung eines genetisch behinderten Kindes.[15] Die Gemeinsamkeit dieser Fälle besteht darin, dass bei pflichtgemäßem Verhalten des Arztes schon die Zeugung des Kindes unterblieben wäre.

---

[12]Siehe dazu Müller NJW 2003, 697 ff.; Losch/Radau NJW 1999, 821 ff. sowie die zahlreichen Nachweise zum Meinungsstand in MüKo-Oetker § 249 Rn. 30 ff. Siehe auch die sehr grundsätzliche Auseinandersetzung mit dieser Thematik bei Picker AcP 195 (1995), 483 ff.

[13]BGHZ 76, 249, 256. Zur Berechnung des Unterhaltsaufwands vgl. BGHZ 76, 259; BGHZ 86, 240, 247 f. (Mehrbedarf wegen Behinderung des Kindes); BGH NJW 1997, 1638, 1640 (Verdienstausfall kein erstattungsfähiger Schaden).

[14]BGHZ 124, 128, 138 f.; NJW 2000, 1782, 1783 m. Anm. Gehrlein NJW 2000, 1771; BGH NJW 2002, 2636, 2637.

[15]Siehe die Zusammenstellung in BGH NJW 2000, 1782, 1783 mit zahlreichen Nachweisen der BGH-Rspr.

A. Der Anspruch aus § 823 Abs. 1

Hiervon kann im Interesse größerer Rechtsklarheit eine zweite Fallgruppe unterschieden werden, bei der das ärztliche Fehlverhalten der Zeugung des Kindes nachfolgt und bei der die – unerwünschte – Schwangerschaft ohne das Fehlverhalten abgebrochen worden wäre. Die zuletzt genannte Fallgruppe wirft erhebliche rechtliche Probleme auf, da sie im Hinblick auf das eigene Lebensrecht des nasciturus von verfassungs- und strafrechtlichen Vorfragen stark beeinflusst wird.[16] Ursprünglich nahm der BGH unter der Geltung des früheren strafrechtlichen Indikationenmodells an, dass ein auf den indizierten Abbruch der Schwangerschaft gerichteter Arztvertrag rechtsgültig sei und Grundlage eines Schadensersatzanspruches sein könne.[17] Unter dem Gesichtspunkt des Schutzzwecks des Vertrags kam der BGH zu einer an den jeweiligen Indikationsgrund anknüpfenden differenzierenden Betrachtung, wonach insbesondere beim Misslingen eines medizinisch indizierten Schwangerschaftsabbruchs der Schaden, der den Eltern durch den Unterhaltsaufwand entsteht, im Allgemeinen nicht in den Schutzbereich des Behandlungsvertrags fiel.[18] Im Anschluss an die Entscheidung des Zweiten Senats des BVerfG vom 28.5.1993[19] nimmt der BGH nunmehr an, dass der Unterhaltsaufwand für ein nach einem fehlgeschlagenen Schwangerschaftsabbruch geborenes Kind ferner dann nicht vom Schutzzweck des Arztvertrags umfasst wird, wenn der Abbruch sich nach den vom BVerfG entwickelten Kriterien nicht als rechtmäßig, sondern lediglich als straffrei erweist, was in erster Linie die Fälle der früheren Notlagenindikation betrifft und heute in § 218a Abs. 1 StGB geregelt ist.[20]

Durch eine weitere Passage im Urteil des Zweiten Senats war die ständige Rechtsprechung des BGH zur Haftung des Arztes für den Unterhaltsaufwand sogar grundsätzlich infrage gestellt worden. Der Senat war nämlich der Ansicht, die Verpflichtung der staatlichen Gewalt, jeden Menschen um seiner selbst willen zu achten, verbiete es, die Unterhaltspflicht für ein Kind als Schaden zu begreifen.[21] Der BGH hat indes in einer ausführlich begründeten Entscheidung an seiner Auffassung festgehalten, dass in den Fällen einer aus ärztlichem Verschulden misslungenen

---

[16] Siehe nur BVerfGE 88, 203 = NJW 1993, 1755.
[17] BGHZ 86, 240, 244 ff.
[18] Vgl. BGH NJW 2000, 1782, 1783; Gehrlein NJW 2000, 1771 f.; zum Schutzzweck des Behandlungsvertrages, wenn ein Schwangerschaftsabbruch aus medizinischer Indikation in Betracht kommt vgl. BGH NJW 1985, 2749 (§ 218 a StGB a. F.) und BGH NJW 2002, 2636 (§ 218 a StGB i. d. F. des Schwangeren- und Familienhilfeänderungsgesetzes vom 21.8.1995, BGBl. I, 1050); zum differenzierenden Ansatz des BGH vgl. auch BGHZ 89, 95, 105 ff.; 95, 199, 209 ff.
[19] BVerfGE 88, 203 = NJW 1993, 1751.
[20] BGHZ 129, 178; BGH NJW 2002, 1489, 1490; NJW 2006, 1660, 1661 die Frage, ob der lediglich straffreie Schwangerschaftsabbruch die zivilrechtliche Unwirksamkeit (§§ 134, 138 BGB) des auf Vornahme des Abbruchs gerichteten Arztvertrages bedingt, hat der BGH in der zuerst genannten Entscheidung offen gelassen. Umfassend zur Problematik Müko-Wagner, § 823 Rn. 153.
[21] BVerfGE 88, 203, 295 f. = NJW 1993, 1751; kritisch Deutsch NJW 1993, 2361; Giesen JZ 1994, 286.

Sterilisation sowie eines verhinderten oder fehlgeschlagenen Schwangerschaftsabbruchs aus embryopathischer oder kriminologischer Indikation der ärztliche Vertragspartner auf Schadensersatz wegen der Unterhaltsbelastung der Eltern durch das Kind in Anspruch genommen werden kann.[22] Im Rahmen einer unter anderem gegen dieses Urteil gerichteten Verfassungsbeschwerde hat der Erste Senat des BVerfG[23] entschieden, dass die Rechtsprechung der Zivilgerichte zur Arzthaftung bei fehlgeschlagener Sterilisation und fehlerhafter genetischer Beratung vor Zeugung des Kindes (also bei der ersten Fallgruppe im obigen Sinne) nicht gegen Art. 1 Abs. 1 GG verstößt. Ob dies auch für Verträge über Schwangerschaftsabbrüche gilt, deren Durchführung fehlschlägt (zweite Fallgruppe im obigen Sinne), hat der Erste Senat offen gelassen. Auch wenn sich die zivilrechtliche Praxis an den die bisherige Rechtsprechung im Grundsätzlichen bestätigenden Vorgaben des BGH orientiert, bleibt anzumerken, dass angesichts divergierender Stellungnahmen der Senate des BVerfG die Frage der Arzthaftung für Unterhaltsschäden verfassungsrechtlich nicht abschließend geklärt ist.[24]

In Hinblick auf den oben mitgeteilten Sachverhalt (BGHZ 76, 259) ist schließlich noch die Frage zu klären, ob der Frau neben dem vertraglichen, auf den Ausgleich der Unterhaltskosten gerichteten Schadensersatzanspruch auch ein Schmerzensgeldanspruch zusteht. Das richtet sich nach § 253 Abs. 2 i. V. m. § 823 Abs. 1 bzw. § 280 Abs. 1 und hängt davon ab, ob im Falle einer unerwünschten Schwangerschaft der Tatbestand einer Körper- oder Gesundheitsverletzung vorliegt.[25] Dies wird in der Literatur häufig verneint, weil es sich bei einer Schwangerschaft und Geburt um natürliche Vorgänge handle.[26] Der BGH bejaht das Vorliegen einer Körperverletzung, ohne freilich eine überzeugende Begründung zu

---

[22]BGHZ 124, 128; bestätigend BGH NJW 1995, 2407, 2409 f.; die diesen Entscheidungen noch zugrunde liegende eigenständige Regelung der embryopathischen Indikation in § 218 a StGB ist zwischenzeitlich durch das Schwangeren- und Familienhilfeänderungsgesetz vom 21.8.1995 (BGBl. I S. 1050) aufgehoben worden. Im Falle eines behinderten Kindes ist der Schwangerschaftsabbruch nur dann nicht rechtswidrig, wenn die Voraussetzungen einer medizinischen Indikation gemäß § 218 a Abs. 2 StGB vorliegen. Entscheidend ist also, ob sich für die Mutter aus der Geburt des schwerbehinderten Kindes Belastungen ergeben, die einen Schwangerschaftsabbruch als angezeigt erscheinen lassen, um eine Gefahr für das Leben oder die Gefahr einer schwerwiegenden Beeinträchtigung des körperlichen oder seelischen Gesundheitszustandes der Schwangeren abzuwenden, und die Gefahr nicht auf eine andere für sie zumutbare Weise abgewendet werden kann. Grundlegend hierzu BGH NJW 2002, 2636 ff. m. Anm. Stürner JZ 2003, 155 ff.; BGH NJW 2006, 1660 ff.; Müller NJW 2003, 697 ff., insb. 702 ff.

[23]BVerfG 96, 375 = NJW 1998, 519; siehe hierzu auch den Beschluss des Zweiten Senats BVerfGE 96, 409 = NJW 1998, 523.

[24]Siehe dazu die Anm. zu dem Beschluss des Ersten Senats von Rehborn MDR 1998, 221.

[25]Der Ansicht, in diesem Falle ein Schmerzensgeld wegen Verletzung des „Rechts auf Familienplanung" als Ausstrahlung des allgemeinen Persönlichkeitsrecht zu gewähren, steht der BGH ablehnend gegenüber, siehe BGHZ 86, 240, 249; siehe zu dieser Frage auch Staudinger-Hager § 823 Rn. B 18 m. w. N.

[26]Vgl. etwa Schiemann JuS 1980, 709, 710.

liefern[27]: „Der erkennende Senat ist ... der Ansicht, dass die Herbeiführung einer Schwangerschaft und Geburt gegen den Willen der betroffenen Frau, auch wenn es sich um einen normalen physiologischen Ablauf ohne Komplikationen handelte, als Körperverletzung ein Schmerzensgeld rechtfertigen kann".

Besondere rechtliche Schwierigkeiten treten auf der deliktsrechtlichen Ebene ferner dann auf, wenn ein Arzt bei bestehender Schwangerschaft auf Anzeichen für die Gefahr der Missbildung des Kindes nicht aufmerksam gemacht hat und deshalb ein Schwangerschaftsabbruch unterblieben ist, vgl. dazu das Beispiel in

BGHZ 86, 240: Wegen einer vom behandelnden Arzt nicht erkannten Rötelnerkrankung während der Schwangerschaft bringt eine Frau ein schwerstbehindertes Kind zur Welt, obwohl die Eltern bei Kenntnis der Sachlage einen Schwangerschaftsabbruch hätten vornehmen lassen. Die Mutter klagt auf Schmerzensgeld wegen der schwierigen Geburt (Kaiserschnitt), das Kind auf Zahlung, weil es behindert geboren wurde.

Die Begründung einer Körperverletzung gestaltet sich hier schwieriger als in dem vorherigen Fall von BGHZ 76, 259, weil der Arzt nicht die Ursache für die Empfängnis, sondern lediglich für das Unterbleiben einer Schwangerschaftsunterbrechung gesetzt hat. In diesem Falle kommt nach Auffassung des BGH die Annahme einer Körperverletzung nur in Betracht, wenn wegen der Schädigung des Kindes etwa eine komplizierte Kaiserschnittentbindung notwendig geworden war. Allerdings müsse dann bei der Bemessung des Schmerzensgeldes berücksichtigt werden, dass der Mutter ein nicht ganz einfacher Abtreibungseingriff erspart worden ist, dem sie sich bei vertragsgemäßem Verhalten des Beklagten unterzogen hätte (S. 248 f.). Das bloße Haben eines schwer geschädigten Kindes lehnt der BGH als Grundlage eines Schmerzensgeldanspruchs ebenso ab wie ein „Recht auf Familienplanung" als Ausstrahlung des allgemeinen Persönlichkeitsrechts (S. 249).

Weil auch das behinderte Kind als Kläger aufgetreten war, hatte sich der BGH erstmals mit Rechtsproblemen auseinander zu setzen, die in der amerikanischen Rechtsprechung unter dem Terminus „wrongful life" diskutiert werden.[28] Das Befremdliche an diesen Fallgestaltungen liegt darin, dass das Kind die Gesundheitsverletzung mit seiner (vorzuziehenden!) Nichtexistenz begründen müsste. Der BGH kommt zu einer Verneinung des Anspruchs (S. 250 ff.).

Schockschäden Die Problematik, um die es hierbei geht, soll an folgendem Beispiel erläutert werden:

BGHZ 56, 163: Der Ehemann der Klägerin war bei einem vom Beklagten verschuldeten Verkehrsunfall ums Leben gekommen. Die Klägerin macht Schadensersatz für Gesundheitsschäden geltend, die sie im Zusammenhang mit der Verarbeitung des Unfalltodes ihres Mannes erlitten hat.

---

[27] BGHZ 76, 259 = VersR 1980, 558 (insoweit in der amtlichen Sammlung nicht abgedruckt); bestätigt durch BGH NJW 1995, 2407, 2408.
[28] Vgl. dazu Fuchs NJW 1981, 610, 611; zu dem Problem des „wrongful life" ausführlich Picker, Schadensersatz für das unerwünschte eigene Leben – „wrongful life", 1995; Winter JZ 2002, 330.

Bei Fällen dieser Art sind zwei grundsätzliche Probleme zu beachten. Das erste Problem verlangt nach einer Antwort auf die Frage, wann eine Gesundheitsverletzung im Zusammenhang mit Nachrichten über schlimme Ereignisse vorliegt. Menschen reagieren auf sehr unterschiedliche Weise, wenn sie von Tod oder schweren Verletzungen nahestehender Personen erfahren. Die Reaktionen reichen von Schmerz, Trauer, Wut bis zu Kreislaufzusammenbrüchen, Herzinfarkt und langfristigen depressiven Zuständen. Deshalb fragt es sich, ob jede dieser Reaktionen den Tatbestand der Gesundheitsverletzung erfüllen soll.

Der zweite Fragenkomplex betrifft die Bedeutung des die Gesundheitsverletzung auslösenden Ereignisses als auch die Nähe des Betroffenen zu diesem Ereignis. Zur Lösung der aufgeworfenen Fragen bedarf es weiterer dogmatischer Kriterien, die erst unten (2.3) erarbeitet werden. Die Beantwortung der Fragen wird deshalb zunächst zurückgestellt.

1.2 Freiheit

Der Begriff der Freiheit lässt noch nicht erkennen, in welche Richtung der deliktische Schutz gehen soll. Mit dem Wortlaut vereinbar wäre ein Verständnis von Freiheit im Sinne der allgemeinen Handlungsfreiheit. Die h. M. versteht jedoch unter Freiheit die *körperliche Bewegungsfreiheit*,[29] d. h. die Möglichkeit, einen bestimmten Ort zu verlassen.[30] Zu einer erweiterten Fassung des Freiheitsbegriffs s. Eckert JuS 1994, 625 ff.

Die in der Praxis wichtigsten Anwendungsfälle von Freiheitsverletzung sind das Einsperren einer Person, die übermäßige Fixierung von Patienten sowie die Veranlassung behördlicher Festnahme einer Person in rechtsstaatswidriger Weise.[31] Keine Freiheitsverletzung begeht derjenige, der einen Verkehrsstau schuldhaft verursacht. Denn die von dem Verkehrsstau betroffenen Beteiligten können lediglich ihr Auto nicht mehr fortbewegen, in ihrer körperlichen Bewegungsfreiheit sind sie aber nicht beeinträchtigt.[32]

1.3 Eigentum

Die Position des Eigentümers ist dadurch gekennzeichnet, dass er mit einer Sache nach Belieben verfahren und andere von jeder Einwirkung ausschließen kann (§ 903). Eingriffe in diese Befugnisse des Eigentümers stellen eine Eigentumsverletzung im Sinne des § 823 Abs. 1 dar. Dabei lassen sich verschiedene Typen von Eigentumsverletzungen unterscheiden.

---

[29]Staudinger-Hager § 823 Rn. B 53 m. w. N.
[30]Jauernig-Teichmann § 823 Rn. 5.
[31]Deutsch/Ahrens UH Rn. 244.
[32]Ebenso Larenz/Canaris SBT 2 § 76 II 2 b.

1.3.1 Eingriffe in die Rechtsstellung des Eigentümers

Typische Anwendungsfälle für diese Gruppe von Eigentumsverletzungen[33] ergeben sich aus der Möglichkeit gutgläubigen Erwerbs (z. B. §§ 932 ff.). Wer als Nichtberechtigter über eine bewegliche Sache nach §§ 929 ff. verfügt und einem gutgläubigen Dritten Eigentum verschafft, begeht eine Eigentumsverletzung.[34] Eine Eigentumsverletzung liegt auch in einer unberechtigten Zwangsvollstreckungsmaßnahme[35] sowie in der Verursachung einer behördlichen Beschlagnahme.[36]

1.3.2 Substanzverletzung

Ein häufiger Fall von Eigentumsverletzung liegt in der Zerstörung oder Beschädigung einer Sache.[37]

Ob Schäden an einer Sache eine Eigentumsverletzung darstellen, ist vor allem dann schwer zu beurteilen, wenn diese Schäden auf einem Sachmangel im Sinne des Gewährleistungsrechts beruhen. Damit ist eine äußerst umstrittene Problematik angesprochen, die herkömmlicherweise unter dem Stichwort „Weiterfresserschäden" diskutiert wird. Wesensmerkmal dieser Fallgruppe ist es, dass sich die Sache selbst aufgrund des Mangels beim Abnehmer weiter verschlechtert. Unter dem bis zum 31.12.2001 geltenden Schuldrecht war die Frage, unter welchen Voraussetzungen sachmangelbedingte Schäden an der Kaufsache bzw. Werkleistung zugleich eine Eigentumsverletzung darstellen, aus verjährungsrechtlichen Gründen oft von entscheidender Bedeutung. Soweit dem Käufer bzw. Besteller wegen des Sachmangels Gewährleistungsansprüche gemäß §§ 459 ff., 633 ff. a. F. zustanden, unterlagen diese einer kurzen Verjährungsfrist, die bei beweglichen Sachen grundsätzlich nur 6 Monate dauerte (§§ 477, 638 a. F.). Weil sich Sachmängel oft erst nach einem halben Jahr zeigen, konnten Gewährleistungsansprüche wegen der zwischenzeitlich eingetretenen Verjährung nicht mehr durchgesetzt werden. Da die Verjährungsfrist für Schadensersatzansprüche aus §§ 823 ff. hingegen kenntnisabhängig 3 Jahre betrug (§ 852 a. F.), versuchten die Geschädigten mit der Behauptung, durch die Lieferung der mangelhaften Sache in ihrem Eigentum verletzt zu sein, einen deliktischen Schadensersatzanspruch durchzusetzen. Infolge der weit reichenden Angleichung der unterschiedlichen Verjährungsregeln durch das Gesetz zur Modernisierung des Schuldrechts (vgl. dazu unten Kap. 9 B.) hat sich die Problematik der „Weiterfresserschäden" zwar entschärft, weil solche Schäden

---

[33]Deutsch/Ahrens UH Rn. 245 sprechen von Zuordnungsverletzungen.

[34]Eine Eigentumsverletzung liegt auch dann vor, wenn der Verlust des Eigentums erst durch die Genehmigung der Verfügung des Nichtberechtigten eintritt, vgl. BGH DB 1976, 815.

[35]BGHZ 118, 201,205.

[36]BGHZ 105, 346: K, ein Fischzüchter, bezieht Fischfutter von B. Im Rahmen einer Lebensmittelkontrolle zeigt sich, dass das Fischfutter und auch der Fischbestand mit einem Breitbandantibiotikum belastet sind. Daraufhin wird ein zeitlich begrenztes Verkaufsverbot von Fischen erlassen.

[37]Auch die Verletzung der Integrität von Daten (Software) kann eine Substanzverletzung darstellen, vgl. Spindler NJW 2004, 3145, 3146; Bamberger/Roth-Förster, § 823 Rn. 141 f.

nunmehr in größerem Umfang über das Vertragsrecht liquidiert werden können, sie hat sich damit jedoch nicht erledigt. Zum einen bleibt rechtlich die Frage zu klären, unter welchen Voraussetzungen „Weiterfresserschäden" eine Eigentumsverletzung darstellen. Zum anderen kann diese Frage weiterhin praktische Bedeutung erlangen. Auch nach dem neuen Schuldrecht können Sachmängelansprüche einer kürzeren Verjährungsfrist unterliegen als konkurrierende deliktische Ansprüche.[38] Aber auch andere Konstellationen sind zu berücksichtigen, z. B. Fälle, in denen zwar ein Ausschluss der Gewährleistung vereinbart ist, Ansprüche aus Delikt davon jedoch nicht umfasst werden[39] oder Fälle, in denen der Weiterfresserschaden dem Delikt einer vom Verkäufer verschiedenen Person (z. B. dem Hersteller) zugerechnet werden kann.

Ausgangspunkt der Überlegungen zum „Weiterfresserschaden" ist die Feststellung, dass die Lieferung einer mangelhaften Sache bzw. die Erstellung eines mangelhaften Werks selbst noch keine Eigentumsverletzung darstellt:

> *BGHZ 39, 366:* Der Kläger ließ vom beklagten Bauunternehmer ein Haus errichten. Beim Einbau der Decken verwendete dieser Beton mit unzureichender Festigkeit. Weit nach Ablauf der Gewährleistungsfristen werden die Mängel festgestellt, sodass der Kläger wegen Einsturzgefahr die Decken erneuern lassen muss. Die Kosten hierfür verlangt er vom Beklagten.

Der BGH verneint hier zu Recht und mit klarer Begründung eine Eigentumsverletzung (S. 367):

> Das bebaute Grundstück aber hat ... nie in mangelfreiem Zustand im Eigentum der Klägerin gestanden. Ihr Eigentum erstreckte sich mit dem Fortschreiten des Baus auf den jeweils vollendeten Gebäudeteil so, wie er erstellt wurde, mit seinen durch das Einbauen der Baustoffe erzeugten Eigenschaften und Mängeln. Die Verschaffung eines mit Mängeln behafteten Bauwerks zu Eigentum ist aber keine Verletzung schon vorhandenen Eigentums.

Diese klare Konzeption des BGH, die von einer richtigen Funktionstrennung von Vertrags- und Deliktsrecht ausgeht, ist leider in zahlreichen Fällen aufgeweicht worden. Das im Folgenden vorgestellte Entscheidungsmaterial soll die wichtigsten Stationen in der Entwicklung der Argumentation des BGH aufzeigen.

> *BGHZ 67, 359 (Schwimmerschalter):* B stellt Reinigungs- und Entfettungsanlagen für Industrieerzeugnisse her. Dies geschieht mittels Erhitzens und Verdampfens einer reinigenden Flüssigkeit. Das Aufheizen erfolgt durch Heizdrähte in der Flüssigkeit, welche von dieser bedeckt sein müssen. Gewährleistet soll das durch einen sog. „Schwimmerschalter" werden, der auf der Flüssigkeit schwimmt und, falls diese unter einen bestimmten Pegel sinkt, den Strom für die Heizdrähte abstellt. Bei K, der eine solche Maschine gekauft hat, fängt die Reinigungsmaschine Feuer, weil der Schwimmerschalter versagte und so die Heizdrähte überhitzten und das abgewaschene Öl entzündeten. K klagt gegen B wegen der Kosten für die Reparatur der Reinigungsanlage auf Schadensersatz.

---

[38]Diese Frage ist hinsichtlich der „Weiterfresserschäden" allerdings umstritten (vgl. Kap. 9 E).
[39]BGHZ 67, 359, 366 ff.

A. Der Anspruch aus § 823 Abs. 1

Da ein möglicher Sachmängelanspruch bereits verjährt war, konnte ein Schadensersatz nur noch wegen Eigentumsverletzung nach § 823 Abs. 1 in Betracht kommen. Der BGH bejahte eine Eigentumsverletzung. Zur Begründung seines Ergebnisses nimmt der BGH Bezug auf die vorbesprochene Entscheidung[40] und hebt hervor, dass kennzeichnend für die dortige Fallgestaltung war, dass der Mangel der übereigneten Sache von vornherein *insgesamt* anhaftete, die Sache damit für den Eigentümer von Anfang an schlechthin unbrauchbar war und sich der Mangel mit dem geltend gemachten Schaden deckte. Damit sollte gleichzeitig der Unterschied zu dem zur Entscheidung anstehenden Fall deutlich gemacht sein, wo die Beklagte dem Kläger Eigentum an einer Anlage verschafft hat,

> die im Übrigen einwandfrei war und lediglich ein – funktionell begrenztes – schadhaftes Steuerungsgerät enthielt, dessen Versagen nach der Eigentumsübertragung einen weiteren Schaden an der gesamten Anlage hervorgerufen hatte. In einem solchen Fall kommt es aber auf den Umstand, dass nach formaler Betrachtungsweise der Erwerber von vornherein nur ein mit einem Mangel behaftetes Eigentum erworben hat …, nicht an. Entscheidend ist vielmehr, dass die in der Mitlieferung des schadhaften Schalters liegende Gefahrenursache sich erst nach Eigentumsübergang zu einem über diesen Mangel hinausgehenden Schaden realisiert hat und dadurch das im Übrigen mangelfreie Eigentum des Erwerbers an der Anlage insgesamt verletzt worden ist.[41]

Der BGH spricht hier davon, dass sich ein anfänglich vorhandener begrenzter Mangel nach der Übereignung durch „Weiterfressen" ausgedehnt und nachträglich die gesamte Sache erfasst habe (S. 365).

Gegen ablehnende Kritik in der Literatur[42] hat der BGH in der Folgezeit an seiner Rechtsprechung festgehalten:

> *BGH NJW 1978, 2241:* K hatte einen Sportwagen von B gekauft, der mit Reifen ausgerüstet war, die für den Wagen und für die Felgen zu schmal sowie für eine zu niedrige Geschwindigkeit ausgelegt waren. Infolgedessen platzte später einer der Reifen, wodurch der Wagen beschädigt wurde.

Der BGH betont die Notwendigkeit, diesen Fall nach den gleichen Kriterien wie im Schwimmerschalter-Fall zu behandeln. Wichtig ist die neue Entscheidung deshalb, weil in dieser erstmals der Begriff der *Stoffgleichheit* auftaucht[43]:

---

[40]BGHZ 39, 366.

[41]BGHZ 67, 359, 364.

[42]Vgl. etwa Lieb JZ 1977, 342; zu weiteren Stimmen in der Lit. siehe die zusammenfassende Darstellung bei Dauner-Lieb/Langen-Katzenmeier, BGB-AnwKomm, Band 2, 2005, § 823 Rn. 51 ff.

[43]BGH NJW 1978, 2241, 2242 f.

Zwar ist der Pkw, den der Kläger bei der Beklagten erwarb, im Hinblick auf die hintere Bereifung mangelhaft. Der Wagen blieb aber als ganzes ein wertvolles Vermögensstück. Erst nach Eigentumsübergang hat sich eine aus diesem Mangel entspringende Gefahrenursache zu einem im Vergleich zu diesem Mangel anderen und ungleich höheren Schaden infolge eines Unfalls in einer konkreten Verkehrssituation realisiert. Bei anderweitigem Verlauf, insbesondere bei rechtzeitigem Auswechseln der Reifen, wäre dieser, mit den unvorschriftsmäßigen Reifen nicht *stoffgleiche* Schaden vermieden worden.[44]

Wegen Stoffgleichheit hat der BGH die Eigentumsverletzung in folgendem Falle verneint:

BGH NJW 1983, 812 (Hebebühne): K kauft bei V eine von B hergestellte Hebebühne. Diese bricht zu einem späteren Zeitpunkt zusammen, wobei ein auf ihr ruhender Pkw beschädigt wird. Ursache war ein Konstruktions- und Fabrikationsfehler an tragenden Teilen der Hebebühne. K klagt gegen B auf Schadensersatz.

Die Stoffgleichheit lag nach Auffassung des BGH darin, dass aufgrund der fehlerhaften Konstruktion die Hebebühne von Anfang an insgesamt zweckuntauglich war, der Defekt sich also nicht auf eine bestimmte Stelle konzentrierte, von wo aus er sich hätte „weiterfressen" können. Auf die Einwände in der Literatur, dass sich für das Merkmal der Stoffgleichheit keine tragfähigen Kriterien finden ließen, antwortete der BGH in der folgenden Entscheidung:

BGHZ 86, 256: K kaufte bei V einen von B hergestellten Pkw. Bei diesem Pkw verkantete sich bisweilen der Gaszug, sodass der Wagen auch ohne Betätigen des Gaspedals beschleunigte. Dadurch kam es zu zwei Unfällen, bei denen der Pkw beschädigt wurde.

Hinter dem Gesichtspunkt der Stoffgleichheit steckt die – sicherlich unbestrittene – Notwendigkeit, Vertrags- und Deliktsrecht voneinander abzugrenzen und zu verhindern, dass die Delikthaftung die Vertragsordnung aus den Angeln hebt. Ein deliktischer Schutz des Eigentums kann nur beansprucht werden, wenn ein über das *Nutzungs-* und *Äquivalenzinteresse* (das vom Sachmängelrecht geschützt wird) hinausgehendes und deshalb der Delikthaftung zugängliches *Integritätsinteresse* des Eigentümers verletzt ist.[45] Der BGH räumt ein, dass in der Praxis die Abgrenzung hinsichtlich der Stoffgleichheit Schwierigkeiten aufwerfen kann. Das veranlasst das Gericht, Kriterien zur Orientierung zu benennen. Das in der Schwimmerschalter-Entscheidung benutzte Kriterium der funktionellen Begrenzung wird weiterhin als tauglich angesehen, ohne allerdings das einzige Abgrenzungskriterium zu sein. Zur Lösung des Problems schlägt das Gericht vor (S. 262):

---

[44]In einem ähnlich gelagerten Fall verweist der BGH auf diese Entscheidung, vgl. BGH NJW 2004, 1032.
[45]BGHZ 86, 256, 260.

A. Der Anspruch aus § 823 Abs. 1

Die Frage, ob „Stoffgleichheit" zwischen dem geltend gemachten Schaden und dem von Anfang an der Sache anhaftenden Mangelunwert besteht, kann vielfach schon durch eine natürliche bzw. wirtschaftliche Betrachtungsweise beantwortet werden. ... Diese Frage muss danach z. B. in den Fällen bejaht werden, in denen das mit dem Fehler behaftete Einzelteil mit der Gesamtsache bzw. dem später beschädigten anderen Teil zu einer nur unter Inkaufnahme von erheblichen Beschädigungen trennbaren Einheit verbunden ist ..., sowie in den Fällen, in denen der Mangel nicht in wirtschaftlich vertretbarer Weise behoben werden kann.[46]

In BGH NJW 1985, 2420 hat der BGH ferner darauf hingewiesen, dass bei der Ermittlung des Mangelunwerts und damit des Äquivalenzschadens die Grundsätze des § 472 Abs. 1 a. F. (jetzt § 441 Abs. 3) herangezogen werden können. In dieser Entscheidung lehnt der BGH auch die in der Literatur genannten Kriterien, wonach der Schaden durch einen Unfall entstehen oder sich in einer gewaltsamen Beschädigung oder Zerstörung verwirklichen müsse, ebenso als unbedeutend ab wie die Unterscheidung danach, ob die mit einem Teilmangel behaftete Sache nur „produktgefährdend" ist oder auch „umweltgefährdend", d. h. auch andere Rechtsgüter des Produktbenutzers oder Dritte gefährdet (S. 2421).

In der Pflegebetten-Entscheidung,[47] in der es um die Reaktionspflichten des Herstellers auf die von seinen Produkten ausgehenden Gefahren ging, ist der BGH auch im Hinblick auf die Pflicht des Herstellers zur Erhaltung der von ihm hergestellten Sachen seiner Linie zu den Weiterfresserschäden treu geblieben. Einen Anspruch der klagenden Pflegeversicherung auf Übernahme der Nachrüstungskosten aus § 823 Abs. 1 unter dem Gesichtspunkt der Eigentumsverletzung verneinte der BGH. So mag zwar die Gefahr bestanden haben, dass der Mangel der Pflegebetten (Möglichkeit des Eindringens von Feuchtigkeit in die elektrische Antriebseinheit) durch Brand zur (weiteren) Beschädigung der Betten führe. Diese im Zeitpunkt der eigenen Nachrüstung der Betten durch die klagende Pflegeversicherung bestehenden Sicherheitsrisiken decken sich aber mit dem Unwert, welcher der Sache wegen ihrer Mangelhaftigkeit schon bei Erwerb anhaftet.[48] Hier verhält es sich im Ergebnis nicht anders als bei den anderen durch eine solche Brandgefahr bedrohten Rechtsgütern (etwa Leib und Leben der Bettenbenutzer). Voraussetzung für einen Ersatz der Nachrüstungskosten ist jedenfalls eine auf andere Weise nicht zu verhindernde Verletzung der durch § 823 Abs. 1 geschützten Rechtsgüter. Da aber der Schadenseintritt schon dadurch vermeidbar war, dass der umfassend informierte Abnehmer oder Benutzer auf die Benutzung der gefährlichen Sache zukünftig verzichtet, betrifft der sich aus der Nichtnutzbarkeit ergebende Nachteil allein das deliktisch nicht geschützte Nutzungsinteresse.[49]

---

[46]Im konkreten Falle konnte der BGH die Stoffgleichheit deshalb verneinen, weil der Defekt des Gaszuges bei rechtzeitiger Entdeckung ohne besonderen wirtschaftlichen Aufwand und ohne Beschädigung anderer Teile des Fahrzeugs hätte behoben werden können, sodass es nicht zu einem „Weiterfressen" gekommen wäre.
[47]BGH NJW 2009, 1080 ff. Zum Sachverhalt s. unten VI. 2.1.4 (S. 134).
[48]BGH NJW 2009, 1080, 1083.
[49]BGH NJW 2009, 1080, 1083.

Zusammenfassung der Grundsätze des BGH
Eine Eigentumsverletzung liegt nicht bei Stoffgleichheit vor. Stoffgleichheit ist gegeben, wenn sich der Schaden mit dem im Zeitpunkt des Eigentumsübergangs der Sache anhaftenden Mangelunwert deckt. Bei der Ermittlung der Stoffgleichheit sind folgende Faktoren heranzuziehen:

- Liegt eine funktionelle Begrenzung des Mangels auf einen Teil der Sache vor (sodass der Mangel „punktuell" behebbar ist) und ist der Schaden an anderen Teilen oder der Sache insgesamt eingetreten, dann keine Stoffgleichheit. Gleich zu behandeln ist der Fall, dass ein fehlerhaftes Teil im Wege der Reparatur zu Schäden an anderen Teilen führt. Keine Rolle spielt, ob der Schadenseintritt gewaltsam, plötzlich oder allmählich erfolgt.
- Ist eine Reparatur am Einzelteil nicht möglich oder wirtschaftlich unvertretbar, liegt Stoffgleichheit vor (bei der Bestimmung des Äquivalenzschadens kann auf § 441 Abs. 3 zurückgegriffen werden).
- Hat der Mangel von Anfang an der gesamten Sache angehaftet, ist Stoffgleichheit zu bejahen.

In der Literatur stößt die Rechtsprechung überwiegend auf Ablehnung, wobei vor allem die dogmatische Aufweichung der Funktionsbereiche von Vertragsrecht und Deliktsrecht kritisiert wird.[50] Diese Problematik ist durch das Schuldrechtsmodernisierungsgesetz um eine weitere Nuance bereichert worden. Hintergrund ist die Neuordnung der kaufrechtlichen Gewährleistungsansprüche. Der Käufer wird primär auf einen Nacherfüllungsanspruch verwiesen (§ 439), dem spiegelbildlich ein Recht des Verkäufers zur Nacherfüllung entspricht.[51] Dieses muss erst versucht werden, zu realisieren, bevor der Käufer auf andere Rechtsbehelfe (§ 437 Nr. 2, 3) zurückgreifen und insbesondere Schadensersatz statt der Leistung verlangen kann. Da der Anspruch auf Nacherfüllung auch den Weiterfresserschaden umfasst,[52] trifft das Kaufrecht die Wertung, dass dem Käufer der Anspruch auf Schadensersatz so lange versperrt ist, als sich der Verkäufer auf sein Nachbesserungsrecht berufen kann. Dieses Nachbesserungsrecht läuft indes leer, weil der Käufer unabhängig hiervon gemäß § 823 Abs. 1 sogleich Schadensersatz verlangen kann. Der Verkäufer kann dadurch z. B. um die Möglichkeit gebracht werden, einen Ersatzgegenstand kostengünstiger zu beschaffen als es dem Käufer möglich ist. Dieses Ergebnis wäre freilich nach dem Grundsatz hinzunehmen, dass miteinander konkurrierende vertragliche Schadensersatzansprüche und solche aus unerlaubter Handlung nach ihren Voraussetzungen und Rechtsfolgen selbstständig zu beurteilen sind.[53] Im Hinblick darauf, dass der Weiterfresserschaden einen fragwürdigen

---

[50]Esser/Weyers § 6 III; Tettinger JZ 2006, 641; Müko-Wagner § 823 Rn. 193 ff. m. w. N.
[51]Zur Reichweite der Nacherfüllung im Kaufrecht bei Weiterfresserschäden Schollmeyer NJW 2009, 2724.
[52]Bamberger/Roth-Faust § 439 Rn. 15; Klose MDR 2003, 2015 f.
[53]BGHZ 55, 392, 395; 61, 203, 204.

Fall der Eigentumsverletzung im Grenzbereich zwischen Vertrags- und Deliktsrecht darstellt, wird die „Umgehung" des Nachbesserungsrechts durch den deliktischen Schadensersatzanspruch als korrekturbedürftig angesehen. Um einen Wertungswiderspruch zwischen Kaufrecht und Deliktsrecht zu vermeiden, ist u. a. vorgeschlagen worden, Weiterfresserschäden auch nach Deliktsrecht nur dann als ersatzfähig zu betrachten, wenn das Nacherfüllungsrecht des Verkäufers erloschen, insbesondere die Frist zur Nacherfüllung ergebnislos abgelaufen ist.[54]

Eine weitere, für die Rechtspraxis äußerst bedeutsame Fallgruppe der Eigentumsverletzung bewegt sich ebenfalls im Grenzbereich von Vertrags- und Delikthaftung. Im weitesten Sinne geht es um Sachverhalte, in denen der Eigentümer mangelfreier Sachen von einer anderen Person mangelhafte Gegenstände hinzuerwirbt und diese zusammen mit jenen verarbeitet, verbindet oder in sonstiger Weise benutzt, sodass auch die ursprünglich unversehrten Sachen bzw. die aus vorhandenen und erworbenen Einzelteilen hergestellte Gesamtsache einen Schaden davontragen. In der Rechtsprechung des BGH ist eine Eigentumsverletzung insbesondere in Fällen bejaht worden, in denen Schäden an Kraftfahrzeugen, Maschinen oder sonstigen Geräten dadurch eintraten, dass ein später eingebautes Ersatzteil oder eine Zusatzanlage mit Fehlern behaftet war und infolgedessen Schäden an anderen, bereits vorhandenen fehlerfreien Teilen des Geräts entstanden.[55] Ebenso hat der BGH die häufig vorkommenden Fälle entschieden, bei denen in Bauwerke – z. B. in einen nur teilweise, aber mangelfrei errichteten Rohbau – mangelhafte Teile eingefügt wurden.[56] Im Übrigen können die Beispiele dieser Fallgruppe erheblich variieren. Eine Eigentumsverletzung ist etwa auch dann angenommen worden, wenn zum Verschluss ungeeignete Korken eine nachteilige Beschaffenheitsänderung des abgefüllten Weines bedingen[57] oder wenn verunreinigtes Torfsubstrat das Wachstum von Azaleenstecklingen stört.[58]

Fälle der vorgenannten Art haben nach ihrem äußeren Erscheinungsbild eine gewisse Ähnlichkeit mit der Fallgruppe des weiterfressenden Mangels, insbesondere dann, wenn nach der Verbindung mangelfreier mit mangelhaften Bestandteilen zu einer Gesamtsache diese einen weiteren Schaden nimmt. Wohl deswegen werden diese Fälle verbreitet mit den Kategorien der „Stoffgleichheitsdogmatik" assoziiert.[59] Aber dies geschieht mehr intuitiv und von Fall zu Fall, als dass dem

---

[54] Bamberger/Roth-Faust § 437 Rn. 199 unter Berufung auf BGHZ 96, 221, 229 f.; zu einem anderen Vorschlag siehe Klose MDR 2003, 2015, 1217; für die Aufgabe der Figur des „Weiterfresserschadens" Tettinger JZ 2006, 641.

[55] BGHZ 117, 183 (188) mit Hinweis auf BGHZ 55, 392 (394 f.) – Achsaggregat; BGH LM BGB § 635 Nr. 25 – Leckanzeigesicherungsgerät; BGH NJW 1979, 2148 – Kartonmaschine.

[56] BGHZ 117, 183 (188) mit Hinweis auf BGH NJW 1981, 2250 – Asbestzementplatten; BGH VersR 1984, 1151 – Dachabdeckfolie.

[57] BGH NJW 1990, 908 (909) – Weinkorken II; auf die Tatsache, dass die Korken außerdem zur Schimmelbildung neigten, der Wein deshalb unverkäuflich und ein Neuabfüllung unwirtschaftlich war, konnte wegen Stoffgleichheit kein deliktischer Schadensersatzanspruch gegründet werden.

[58] BGH NJW 1999, 1028 (1029); vgl. auch BGH NJW-RR 1993, 1113 – Primelerde.

[59] Siehe hierzu und zum Folgenden Brüggemeier JZ 1999, 99, 100.

eine homogene und durchschaubare konzeptionelle Grundlage zugeschrieben werden könnte. Gerade deshalb ist es wichtig, sich den zentralen Unterschied zur Konstellation des weiterfressenden Mangels klar zu machen. Diese ist nämlich dadurch gekennzeichnet, dass sich der Mangel, welcher der gelieferten Sache anhaftet, in seiner zerstörerischen oder sonst weiterfressenden Wirkung auf eben diese Sache beschränkt. Bei der hier erörterten Fallgruppe greift hingegen der Mangel von den zugelieferten Teilen auf solche Gegenstände über, die der Abnehmer bereits zuvor in unversehrtem Zustand zu Eigentum hatte, mögen sie durch die Verbindung auch ihre selbstständige sachenrechtliche Existenz verloren haben.[60] Angesichts dieser Besonderheit stiftet der Gedanke, die Frage der Eigentumsverletzung hänge *irgendwie* auch von der Feststellung ab, Schaden und Mangelunwert seien stoffungleich, mehr Verwirrung als Nutzen. Die Rechtsprechung lässt insoweit die letzte Klarheit vermissen. Der BGH begründet das Vorliegen einer Eigentumsverletzung selbst zwar zumeist nicht mit dem Kriterium der Stoffungleichheit, aber es existieren in dieser Frage auch abweichende oder nicht eindeutig zuzuordnende Urteile.[61]

Im Kontext der eben dargestellten Fallgruppe ist auch die jüngere Rechtsprechung des BGH zu sehen, die mit dem Kondensatorurteil ihren Ausgang nimmt:

> *BGHZ 117, 183:* K stellt Kondensatoren her. B, der Regler für ABS-Bremssysteme herstellt, bezieht für diese Regler von K Kondensatoren. Als diese sich als schadhaft herausstellen, müssen sie aus den Reglern ausgebaut werden, wobei andere Bestandteile der Regler beschädigt werden. Für die dadurch bedingten Nachteile verlangt B Schadensersatz.

In Hinblick auf eine Eigentumsverletzung unterscheidet der BGH danach, ob es um die funktionsunfähige Gesamtsache (Regler) oder um die einzelnen Bestandteile geht, die im Zuge des Ausbaus der Kondensatoren beschädigt worden sind.

Eine Eigentumsverletzung bezüglich der Gesamtsache lehnt der BGH ab. Die fehlerhaften Kondensatoren haben zwar die Funktionsuntauglichkeit der Regler verursacht, jedoch ist insoweit nur das Nutzungs- und Äquivalenzinteresse am Erhalt gebrauchstauglicher Kondensatoren betroffen. Der durch den Einbau der mangelhaften Kondensatoren eingetretene Unwert an den Reglern haftete diesen bereits seit ihrer Herstellung an und ist mit dem bei B eingetretenen „Reparaturschaden" stoffgleich.

Bezüglich der beim Ausbau der Kondensatoren beschädigten Einzelteile befürwortet der BGH hingegen eine Eigentumsverletzung. Auf den ersten Blick liegt eine Beeinträchtigung des Eigentums wegen der hier gegebenen Verletzung der Sachsubstanz nahe. Diese Substanzverletzung ließ sich allerdings nicht wie bei

---

[60]Siehe auch BGH NJW 1979, 2148 – JZ 1979, 401 f. – Kartonmaschine.
[61]Bedenklich BGH VersR 1984, 1151 (1152); NJW 1999, 1028 (1029) – Torfsubstrat.

A. Der Anspruch aus § 823 Abs. 1

den bis dato entschiedenen Fällen unmittelbar auf die Verbindung mangelhafter mit einwandfreien Teilen zu einer neuen Gesamtsache zurückführen, sondern beruhte auf einer zusätzlichen, die Beschädigung in Kauf nehmenden Handlung des Anspruchstellers, nämlich auf dem Ausbau der Kondensatoren durch B. Dies ist nicht unproblematisch. Vor allem aber lässt das Kondensator-Urteil die sich geradezu zwangsläufig stellende Frage offen, wie zu entscheiden ist, wenn sich der Hersteller aus vertretbaren wirtschaftlichen Gründen zu einer vollständigen Neuherstellung der funktionsuntauglichen Gesamtsache und nicht bloß zu ihrer Reparatur entschließt. Die Frage wurde im Transistorenfall entscheidungserheblich:

> *BGHZ 138, 230:* Die Klägerin produziert Zentralverriegelungen für Personenkraftwagen. In die Steuergeräte für diese Verriegelungen baute sie von der Beklagten hergestellte Transistoren ein, nachdem sie diese mit anderen Bestandteilen auf Leiterplatinen aufgelötet und die Platinen sodann mit einem Schutzlack überzogen hatte. Da die Transistoren fehlerhaft waren, traten bei den später in Verkehr gegebenen Steuergeräten Funktionsstörungen auf. Die Klägerin musste für die schadhaften Steuergeräte Ersatzgeräte liefern, welche sie neu anfertigte, da eine Reparatur der alten Geräte mit wirtschaftlich vertretbarem Aufwand nicht durchführbar war. Hierfür verlangt die Klägerin von der Beklagten Schadensersatz.

Wie schon im Kondensator-Urteil lehnt der BGH eine Eigentumsverletzung an der funktionsuntauglichen Gesamtsache (Steuergeräte) unter dem Aspekt der Stoffgleichheit ab.[62] Schwieriger gestaltet sich die Frage, ob eine Eigentumsverletzung bezüglich der Einzelteile vorliegt, welche die Klägerin mit den schadhaften Transistoren verbunden hat. Insoweit fehlt es nämlich an einer Verletzung der Sachsubstanz, da die Klägerin aus vernünftigen Gründen auf eine diese Teile beschädigende Reparatur der Steuergeräte verzichtet hat. Nach Auffassung des BGH kommt es darauf nicht an:

> Zunächst ist zu beachten, dass nach ständiger Rechtsprechung des BGH die Verletzung des Eigentums an einer Sache nicht zwingend einen Eingriff in die Sachsubstanz voraussetzt; sie kann auch durch eine nicht unerhebliche Beeinträchtigung der bestimmungsgemäßen Verwendung der Sache erfolgen. Eine solche Beeinträchtigung der Klägerin in der Verwendbarkeit ihrer vor dem Zusammenbau mit den Transistoren funktionstüchtigen anderen Einzelteile der Steuergeräte ist hier durch die Zusammenfügung eingetreten. Denn diese Teile können ... nicht mit wirtschaftlich vertretbarem Aufwand aus den funktionsuntüchtigen Steuergeräten wieder ausgebaut und deshalb von der Klägerin nicht mehr in anderer Weise genutzt werden.

Im Anschluss hieran betont der BGH nochmals, dass die Eigentumsverletzung bereits durch die Verbindung der fehlerfreien mit den fehlerhaften Bestandteilen der Gesamtsache eingetreten ist. Deswegen komme es nicht auf die Frage an,

---

[62] Es verwundert allerdings, dass der BGH in anderem Zusammenhang unter II 2b cc der Gründe eine „völlige Stoffgleichheit" verneint.

ob und gegebenenfalls unter welchen Umständen bei der Prüfung der rechtlichen Auswirkungen einer solchen Beeinträchtigung der Verwendbarkeit beim Zusammenbau mehrerer Einzelteile auf diese einzelnen Teile geschaut werden darf oder ob insoweit allein auf die Möglichkeit zu einer Nutzung der Gesamtsache abzustellen ist. ... Sind nämlich zuvor unversehrt im Eigentum des Herstellers der Gesamtsache stehende Einzelteile durch ihr unauflösliches Zusammenfügen mit fehlerhaften Teilen *nicht nur in ihrer Verwendbarkeit, sondern erheblich in ihrem Wert beeinträchtigt worden, hier sogar gänzlich wertlos geworden,* so ist bereits dadurch ebenso wie bei der Zerstörung ihrer Substanz eine Eigentumsverletzung eingetreten (Hervorhebung nicht im Original).

Die soeben dargestellte deliktsrechtliche Haftung des Zulieferers auf die Einzelteile einer zusammengesetzten Sache wird in der Literatur weithin kritisiert.[63] Vor allem wird es als widersprüchlich empfunden, in Hinblick auf die Gesamtsache eine Eigentumsverletzung wegen Stoffgleichheit abzulehnen, bei den einzelnen Bestandteilen dieser Sache jedoch zur gegenteiligen Annahme zu gelangen und dafür – unter Verzicht auf eine Substanzverletzung – eine Funktionsbeeinträchtigung genügen zu lassen. Im einen wie im anderen Falle liege lediglich ein Vermögensschaden vor, dessen Ersatz nicht nach Deliktsrecht, sondern in erster Linie nach Vertragsrecht verlangt werden könne. Wie problematisch es ist, bezüglich der in eine mangelhafte Sache eingebauten Einzelteile eine Eigentumsverletzung anzunehmen, lässt sich an dem folgenden Fall veranschaulichen:

BGH NJW 2001, 1346: Die Bekl. hatte ein der Stadt S gehörendes Grundstück mit Elektroofenschlacke aufgefüllt. Nachdem die Kl. das Grundstück von S erworben und teils bebaut, teils mit einer Asphaltdecke befestigt hatte, zeigten sich Risse und andere Schäden im Mauerwerk, an den Decken und Böden. Die Asphaltdecke im Hof riss und wölbte sich auf. Die Schäden beruhten darauf, dass sich die Schlacke unter dem Einfluss von Wasser in ihrem Volumen vergrößert hatte.

Der BGH hat eine Eigentumsverletzung bezüglich des Grundstücks einschließlich der darauf errichteten Gebäude und Hofbefestigung unter Bezugnahme auf das Kriterium der Stoffgleichheit verneint. Auch wenn dies durch das Gericht nicht mehr zu entscheiden war, stellt sich die weitere Frage, ob die Bekl. das Eigentum des Kl. an seinen ursprünglich unversehrten Baumaterialien verletzt hat. Das setzt voraus, dass das Eigentum des Kl. an den Baumaterialien auch noch im Zeitpunkt der Beeinträchtigung fortdauerte. Entscheidend ist nun, dass sich der Mangel des Grundstücks den Baumaterialien erst mit ihrem Einbau in das Grundstück mitteilte. Dadurch verloren die Baumaterialien jedoch zugleich ihre sachenrechtliche Selbstständigkeit (§§ 93, 94) und folgten dem Eigentumsrecht an dem Grundstück

---

[63]Vgl. die Urteilsanmerkungen von Brüggemeier/Herbst, JZ 1992, 802 ff.; Brüggemeier JZ 1999, 99 ff.; ferner Bremenkamp VersR 1998, 1064 ff.; Hinsch VersR 1992, 1053 ff.; ders. VersR 1998, 1353. Die Rechtsprechungsentwicklung zusammenfassend Graf v. Westphalen MDR 1998, 805 ff. Es sollte allerdings klar sein, dass die Ersatzpflicht des Zulieferers nur die Beschädigung der ursprünglich unversehrt im Eigentum des Geschädigten stehenden Materialien umfasst. Das führt in der Regel dazu, dass der Zulieferer den Wert der „vergeudeten" Materialien ersetzen muss; vgl. OLG Stuttgart NJW-RR 2002, 25, 26; Kullmann NJW 2002, 30, 31.

(§ 946), bezüglich dessen der BGH eine Eigentumsverletzung aber gerade abgelehnt hat. Der BGH stellt hierzu selbst treffend fest (S. 1349), dass

> nach den vom RG (JW 1905, 367) aufgestellten Grundsätzen anzunehmen (wäre), dass die schädigende Einwirkung diese Materialien nicht mehr als selbständige und von daher einer Eigentumsverletzung zugängliche Sachen getroffen hat, sondern erst in Gestalt der neuen Gesamtsache, die durch die Bebauung bzw. Befestigung des Grundstücks – und zwar von Anfang an mangelbehaftet – hergestellt worden ist.

Ob man sich – wie vom BGH erwogen[64] – über diese sachenrechtlichen Überlegungen durch eine schadensrechtliche Betrachtung hinwegsetzen kann, erscheint zweifelhaft. Es ist zwar richtig, dass sachenrechtliche Zuordnungsvorschriften für das Schadensrecht nicht in jedem Falle maßgeblich sind. Aber warum die auf der Tatbestandsseite zu klärende Frage der Eigentumsverletzung von einer schadensrechtlichen Betrachtung abhängen soll und mit welcher Maßgabe dies geschehen soll, ist nach wie vor völlig offen.

Eine weitere das Verhältnis von Vertrags- und Deliktsrecht berührende Problematik trifft man bei Fällen an, in denen es um die Haftung für wirkungslose Sachen oder Präparate geht, die zu Schäden an der zu schützenden Sache führen.[65] Der wichtigste Fall aus der Rechtsprechung hierzu ist

BGHZ 80, 186: K, ein Obstbauer, kauft ein Spritzmittel gegen Apfelschorf. Trotz Verwendung des Mittels werden die Bäume von Apfelschorf befallen, weil sich resistente Pilzstämme gebildet haben.

Der BGH bejaht eine Eigentumsverletzung, weil eine Verkehrspflicht des Warenherstellers in diesem Falle bestehe, die Integritätsinteressen des Verbrauchers an seinen Rechtsgütern zu schützen. Grundlage solcher Delikthaftung sei die durch das Produkt geweckte Gebrauchs- und Sicherheitserwartung des Verkehrs in Bezug auf den Integritätsschutz des der Ware ausgesetzten Schutzguts.[66]

1.3.3 Funktionsbeeinträchtigungen

Die unter dieser Gruppe zu besprechenden Fälle zeichnen sich dadurch aus, dass Eigentumsrecht und Substanz der Sache unangetastet bleiben. Die Rechtsprechung[67] hat seit langem den Grundsatz aufgestellt, dass auch ohne Eingriff in die Sachsubstanz eine Eigentumsverletzung vorliegen könne, wenn

---

[64] Vgl. BGHZ 138, 230, 237; BGH NJW 2001, 1346, 1349.
[65] Siehe dazu Medicus/Petersen BR Rn. 650 c.
[66] Die Klage hatte dennoch wegen mangelnden Verschuldens keinen Erfolg, siehe zu dieser Entscheidung auch unten VI. 2.1. Zu einer die Grundsätze bestätigenden Entscheidung siehe BGH NJW 1996, 2224 (untaugliches Schmierfett im „Leitrad" eines Schiffes).
[67] Zuletzt BGH NJW 2015, 1174 Rn. 18 m. w. N.; dazu Picker NJW 2015, 2304 mit beachtlicher Kritik zum Differenzierungskriterium der „unmittelbaren Einwirkung"; zur Problematik ausf. Picker JZ 2010, 541.

- eine nicht unerhebliche Beeinträchtigung der bestimmungsgemäßen Verwendung der Sache vorliegt
- und diese Beeinträchtigung auf einer unmittelbaren Einwirkung auf die Sache selbst beruht, wobei diese Einwirkung tatsächlicher oder – wie bei einem Nutzungsverbot – rechtlicher Natur sein kann.

Im Einzelnen sind sehr unterschiedliche Fallgestaltungen betroffen.

Einmal gehören hierher die Fälle, in denen ein Produkt oder eine Dienst-/Werkleistung einen nachhaltig negativen Einfluss auf die bestimmungsgemäße Verwendung einer anderen Sache hat. Beispiele: Blumenerde behindert das organische Wachstum von Blumen.[68] In BGH NJW 1994, 517 hatte ein Installateur beim Zuschneiden von Gewinden für Rohrverbindungen ein Gewindeschneidemittel verwendet, welches nicht geschmacks- und geruchsneutral war und deshalb schwer lösliche Rückstände an den bearbeiteten Rohren hinterließ. Nach Inbetriebnahme des Leitungsnetzes wies das Wasser einen ekelerregenden Geruch und Geschmack auf, der erst nach aufwendigen Spülungen der Rohrleitungen mit Chemikalien verschwand. Der BGH bejaht eine Eigentumsverletzung. Die Grundlage solcher Delikthaftung sieht er in der mit dem Produkt berechtigterweise verbundenen Gebrauchs- und Sicherheitserwartung des Verkehrs in Bezug auf den Integritätsschutz des der Ware ausgesetzten Gegenstandes.[69] Vgl. auch BGH NJW 1990, 908, wo Schimmel an Korken dazu geführt hatte, dass Wein die amtliche Prüfnummer verlor und deshalb für den Verkauf erheblich wertgemindert war. Die Entscheidung ist auch unter dem Aspekt der Stoffgleichheit lesenswert (s. dazu oben 1.3.2)!

Eine interessante, regelmäßig aber nicht zur Bejahung einer Eigentumsverletzung führende Fallgruppe bilden die Stromkabelfälle, vgl. als Beispiel hierfür

BGHZ 29, 65: Der Baggerführer des beklagten Tiefbauunternehmens hatte ein auf dem Grundstück der Firma M befindliches, unterirdisches Stromkabel beschädigt. Das Stromkabel führte vom Grundstück der M zum Fabrikbetrieb des Klägers. Deshalb fiel dort der Strom für etliche Zeit aus und brachte den Betrieb zum Stillstand.

Es ist nicht ohne weiteres einleuchtend, warum der BGH hier eine Eigentumsverletzung verneint. Denn man könnte sagen, dass auch hier der bestimmungsgemäße Gebrauch der Maschinen in der Fabrik aufgehoben war. Dennoch nimmt der BGH keine Eigentumsverletzung an, sondern lediglich einen Vermögensschaden.[70] Unausgesprochen geht es dem BGH wohl darum, eine Ausuferung von Schadensersatzansprüchen zu verhindern. Man denke nur daran, für wie viele Betriebe, aber auch private Haushalte die Unterbrechung der Stromzufuhr Auswirkungen hat. Die

---

[68]BGH NJW-RR 1993, 793.
[69]BGH NJW 1994, 517, 518.
[70]BGHZ 29, 65, 70.

A. Der Anspruch aus § 823 Abs. 1

Bejahung eines Schadensersatzanspruches würde für den Schädiger zu enormen Belastungen führen.[71]

Beachte: Von der vorbesprochenen Fallgestaltung ist jene andere Fallkonstellation zu unterscheiden, die der nachstehend besprochenen Entscheidung des BGH zugrunde lag:

> *BGHZ 41, 123:* Bei dem Kläger, dem Betreiber einer Hühnerzucht, fiel der Strom aus, weil der Beklagte fahrlässig eine Stromleitung beschädigt hatte. Dadurch fiel der Brutapparat für die Eier aus, sodass nur verkrüppelte Hühner ausschlüpften.

Der BGH grenzt diesen Fall ausdrücklich von dem Fall BGHZ 29, 65 ab und bejaht eine eigene Eigentumsverletzung (S. 126):

> Bedarf eine Sache zur Erhaltung ihrer Substanz der ständigen Zufuhr von Wasser, Strom oder dergleichen, so bewirkt (im Rechtssinne) auch derjenige ihre Zerstörung, der sie durch Abschneiden dieser Zufuhr vernichtet. ... Wird dieser Verderb durch eine schuldhafte Durchtrennung der Stromkabel herbeigeführt und sinkt oder entfällt dadurch der Verkaufswert der Produkte, so ist dieser Vermögensverlust lediglich ein aus der Eigentumsverletzung hervorgehender Folgeschaden, der im Rahmen von § 823 Abs. 1 BGB zu ersetzen ist.

Eine weitere Fallgruppe könnte man mit dem Stichwort *Immobilisierung von Transportmitteln* (Schiffen, Autos etc.) kennzeichnen. Ausgangsfall hierzu ist

> *BGHZ 55, 153:* Der Kläger, ein Reeder, beliefert eine an einem Fleet liegende Mühle. Infolge eines Verschuldens der Beklagten stürzt die Ufermauer ein, der Kanal ist fast ein Jahr nicht mehr passierbar. Ein Schiff des Klägers, die MS „Christel", wird innerhalb des Fleetes eingeschlossen, andere Schiffe (sog. Schuten), deren Bestimmungsort die Mühle am Fleet gewesen wäre, können diese nicht erreichen. Der Kläger verlangt Schadensersatz dafür, dass die Schiffe nicht bestimmungsgemäß eingesetzt werden können.

Bei der Lösung des Falles ist zwischen der eingeschlossenen MS „Christel" und den Schuten zu unterscheiden. Zur Bejahung der Eigentumsverletzung hinsichtlich des eingeschlossenen Schiffes führt der BGH aus (S. 159):

> Die Verletzung des Eigentums an einer Sache kann nicht nur durch eine Beeinträchtigung der Sachsubstanz, sondern auch durch eine sonstige die Eigentümerbefugnisse treffende tatsächliche Einwirkung auf die Sache erfolgen. ... Im Streitfall ergibt sich eine Verletzung ... daraus, dass das Schiff an der Verladestelle der Mühle wegen der Sperrung des Fleets liegen bleiben musste. ... Es war damit als Transportmittel praktisch ausgeschaltet, seinem bestimmungsgemäßen Gebrauch entzogen. Die ‚Einsperrung' des Schiffes stellte sich demnach als eine die Eigentümerbefugnisse der Klägerin treffende tatsächliche Einwirkung auf dieses Fahrzeug dar. Sie ist mithin eine Eigentumsverletzung.

---

[71] Zustimmend zur Entscheidung des BGH insbesondere unter dem Aspekt der Erlangung von Versicherungsschutz durch die Beteiligten Kötz/Wagner Rn. 148. Zur Frage, ob ein Eingriff in das Recht am Gewerbebetrieb vorliegt, siehe unten 1.6.2.

Dagegen wird die Eigentumsverletzung hinsichtlich der Schuten verneint (S. 160):

> Eine Eigentumsverletzung liegt insoweit deshalb nicht vor, weil die Schuten durch die Sperrung des Fleets in ihrer Eigenschaft als Transportmittel nicht betroffen und damit ihrem natürlichen Gebrauch nicht entzogen wurden. An dieser Beurteilung ändert sich nichts dadurch, dass die Klägerin die Schuten während der Sperrung des Fleets nicht zur Verladestelle der Mühle fahren lassen konnte. Darin ist kein Eingriff in das Eigentum an den Schuten zu sehen, sondern eine Behinderung der Klägerin in der Ausübung des ihr wie jedem Schifffahrtstreibenden an dem Fleet zustehenden Gemeingebrauchs.

Ganz auf dieser Linie liegt auch die Entscheidung BGHZ 86, 152, in der die Betreiberin eines Hafens, der auf dem Wasserweg nur über einen Kanal zu erreichen ist, Schadensersatz dafür verlangt, dass der Kanal infolge eines Dammbruchs nicht befahrbar ist. Seine die Eigentumsverletzung verneinende Auffassung begründet der BGH wie folgt (S. 154 f.):

> Gewiss liegt daher auf ihrer Seite (die Klägerin, Anm. d. Verf.) ein Vermögensschaden vor. Dagegen kommt eine Verletzung ihres Eigentums nicht in Betracht. Weder hat der Dammbruch (und seine Folgen) in die Sachsubstanz der Lagerei und Umschlagsanlagen eingegriffen, noch deren technische Brauchbarkeit beschränkt oder beseitigt. Vielmehr hat er nur bewirkt, dass die auch über Land (Straße, Gleisanschluss) erreichbaren Anlagen für die Dauer der Sperrung des Elbe-Seitenkanals von Schiffen, also von Kunden, nicht angefahren werden konnten.

Ein letzter, viel besprochener Fall sei hier erwähnt, weil er die grundsätzliche Problematik noch einmal verdeutlicht und gleichzeitig die Fragwürdigkeit der Argumente offenbart:

> *BGH NJW 1977, 2264:* Auf dem Grundstück des Beklagten brach, von diesem verschuldet, ein Brand aus. Wegen der Gefahr einer Ausweitung des Feuers musste auch das benachbarte Betriebsgrundstück des Klägers für zwei Stunden geräumt werden. Danach waren für weitere drei Stunden Lieferfahrzeuge des Klägers an der Zufahrt (Auf- bzw. Abfahrt) von dem Grundstück gehindert. Dafür verlangt der Kläger Schadensersatz.

Für die Dauer der Räumung bejaht der BGH eine Eigentumsverletzung mit der bekannten Begründung, dass auch die mit keiner Beschädigung oder Zerstörung verbundene Einwirkung auf die Sache, die deren Benutzung verhindert, eine Eigentumsverletzung darstellen könne. Für die Zeit der anschließenden Blockade meint der BGH, es wäre abwegig, in der kurzfristigen Störung des öffentlichen Verkehrs auf den Zufahrtswegen zum Grundstück eine selbstständige Beeinträchtigung des Eigentums am Betriebsgrundstück zu erblicken, und er verweist auf den „offensichtlichen" Unterschied zu dem monatelangen Einsperren eines Binnenschiffes im Fleet-Fall.[72]

---

[72]Dem BGH zustimmend Larenz/Canaris SBT 2 § 76 II 3 c; krit. Medicus/Petersen BR Rn. 613; Kötz/Wagner Rn. 147.

1.3.4 Konkurrenzen

Das Eigentum wird auch in anderen Bereichen des BGB geschützt, und an seine Verletzung werden Schadensersatzansprüche geknüpft. In diesem Falle entstehen Konkurrenzfragen. Ganz besonders sind in diesem Zusammenhang der Bereich des Eigentümer-Besitzer-Verhältnisses und die Ansprüche aus §§ 987 ff. hervorzuheben.[73] Die Probleme können hier nicht im Einzelnen behandelt werden, vielmehr muss hierzu auf die einschlägige sachenrechtliche Literatur hingewiesen werden.[74]

1.4 Sonstiges Recht

Vom Wortlaut her könnte man zu dem Schluss verleitet sein, mit dem sonstigen Recht werde jede Rechtsposition des Geschädigten einem deliktischen Schutz unterstellt. Damit wäre aber aus § 823 Abs. 1 eine „große Generalklausel" geworden, die jedoch der Gesetzgeber gerade verhindern wollte. Die Aufnahme des sonstigen Rechts in § 823 Abs. 1 sollte aber nur eine „kleine Generalklausel" beinhalten.

Deshalb entspricht es ganz einheiliger Meinung, dass als sonstiges Recht nur solche Rechte in Betracht kommen, die in ihrer Qualität dem Eigentum und den übrigen in § 823 Abs. 1 ausdrücklich genannten Rechtsgütern entsprechen. D. h. sie müssen wie das Eigentum (§ 903) durch ihre *positive Zuweisungsfunktion* (Nutzungsbefugnis) und durch ihre *negative Ausschlussfunktion* geprägt sein.[75]

Als sonstige Rechte kommen deshalb nur *absolute Rechte* in Betracht, d. h. solche, die gegenüber jedermann wirken. Deshalb fällt das Vermögen als solches nicht unter die sonstigen Rechte. Die Verletzung eines Forderungsrechtes macht daher nicht schadensersatzpflichtig. Beispiel: Verletzt jemand einen Arbeitnehmer, so kann der Arbeitgeber wegen des Ausfalls der Arbeitsleistung keinen Schadensersatzanspruch gegen den Schädiger geltend machen.

Zum Teil werden Eingriffe in die Forderungszuständigkeit[76] als Verletzung eines sonstigen Rechtes angesehen.[77]

Mit dem Argument, dass der Inhaber einer Internetadresse lediglich ein relativ wirkendes vertragliches Nutzungsrecht von regelmäßig unbestimmter Dauer erwirbt, lehnte der BGH daher konsequenter Weise ein absolutes Recht an dem zur Internetadresse gehörenden Domainnamen ab. Die ausschließliche Stellung, die darauf beruhe, dass ein Domainname nur einmal vergeben wird, sei allein technisch bedingt. Eine derartige, rein faktische Ausschließlichkeit begründe aber kein absolutes Recht.[78]

---

[73] Vgl. zur Konkurrenzproblematik einschließlich der Aufbaufragen Medicus/Lorenz SBT Rn. 1278 ff.

[74] Vgl. etwa Vieweg/Werner § 8 Rn. 61.

[75] Coester-Waltjen Jura 1992, 210; Larenz/Canaris SBT 2 § 76 II 4 a.

[76] Z. B. bei Zahlung einer Forderungssumme an den Nichtberechtigten mit befreiender Wirkung (§ 407!).

[77] Larenz/Canaris § 76 II 4 g. Dagegen Medicus/Petersen BR Rn. 610.

[78] BGH NJW 2012, 2034, 2036.

1.4.1 Herrschaftsrechte

Zu den sonstigen Rechten gehören alle Herrschaftsrechte.[79] Darunter fallen die *beschränkt dinglichen Rechte* (Sachpfandrechte, Dienstbarkeiten[80]), *Aneignungsrechte* (§ 958 Abs. 2, Jagd-, Fischereirechte) und *Immaterialgüterrechte* (Patent-, Urheber-, Warenzeichen- und Gebrauchsmusterrechte). Als sonstiges Recht ist auch das *Anwartschaftsrecht* anzuerkennen.[81]

Umstritten ist der deliktische Schutz des *Besitzes*. Der Besitz als solcher bezeichnet nur ein tatsächliches Verhältnis (§ 854 Abs. 1) und scheidet deshalb als sonstiges Recht aus.[82] Ein deliktsrechtlicher Besitzschutz kommt aber dort in Betracht, wo mit dem Besitz Rechtspositionen verbunden sind, die dem Besitzer eine eigentumsähnliche Stellung verleihen.[83] Anerkannt ist deshalb der deliktsrechtliche Schutz des (unmittelbaren) berechtigten Besitzes, also des aufgrund eines obligatorischen Rechts ausgeübten Besitzes. Siehe z. B.

> *BGH NJW 1998, 377:* Die klagende Gemeinde plante für ihr Gemeindegebiet die Errichtung eines Gewerbeparks. Gegen dieses Vorhaben wandte sich eine Bürgerinitiative. Mit der Durchführung der Erschließungsarbeiten war unter anderem das Bauunternehmen U beauftragt. An dem Tag, an dem die Erschließungsarbeiten beginnen sollten, und am darauf folgenden Tag kam es zu Behinderungen durch Demonstranten aus dem Kreis der Bürgerinitiative. Teilnehmer der Demonstration hielten sich so in der Nähe der Baumaschinen auf, dass eine gefahrlose Inbetriebnahme nicht möglich war. U tritt an die Klägerin heran und macht geltend, durch die zweitägige Blockade in seinem berechtigten Besitz an den Baumaschinen beeinträchtigt worden zu sein. Auf die Schadensersatzforderung des U hat die Klägerin rund 63.000 DM gezahlt. Aus abgetretenem Recht geht sie nunmehr gegen vier Mitglieder der Bürgerinitiative vor.

Das Begehren der Klägerin ist begründet, wenn sie aufgrund der Abtretung Inhaberin eines Schadensersatzanspruches gemäß § 823 Abs. 1 geworden ist. Dafür müsste infolge des demonstrationsbedingten Ausfalls der Baumaschinen ein entsprechender Anspruch von U entstanden sein. Als Rechtsgutverletzung kommt – da U nicht Eigentümer der Maschinen war – ein Eingriff in seinen berechtigten Besitz in Betracht. Der BGH führt hierzu aus (S. 380):

> In der Rechtsprechung ist anerkannt, dass eine Eigentumsverletzung auch darin bestehen kann, dass der Berechtigte an der Benutzung der Sache gehindert und diese ihrem bestimmungsgemäßen Gebrauch entzogen wird. Entsprechendes muss auch für die Beeinträchtigung des berechtigten Besitzes an einer Sache gelten: Soll der berechtigte Besitz gerade dazu dienen, eine bestimmte Nutzung der Sache zu ermöglichen, so stellt es eine Rechtsgutverletzung i. S. des § 823 I BGB dar, wenn der Besitzer an eben dieser Nutzung durch einen rechtswidrigen Eingriff in relevanter Weise gehindert wird. Der

---

[79] Coester-Waltjen Jura 1992, 210.
[80] Das Recht einen Grundstücksstreifen von 8 m Breite zum Verlegen und Betreiben einer Gasfernleitung zu nutzen (beschränkt persönliche Dienstbarkeit, § 1090 BGB) stellt ein sonstiges Recht i. S. d. § 823 BGB dar, BGH VersR 2012, 447.
[81] BGHZ 55, 20; 114, 161.
[82] Larenz/Canaris SBT 2 § 76 II 4 f.
[83] Siehe dazu Medicus/Petersen BR Rn. 607.

A. Der Anspruch aus § 823 Abs. 1

bestimmungsgemäße Gebrauch von Baumaschinen, wie sie seitens der Bauunternehmen am Morgen des 22.4.1991 auf das für den Gewerbepark vorgesehene Gelände verbracht wurden, bestand im Einsatz für Bau- und Erschließungsarbeiten, die seinerzeit in Angriff genommen werden sollten. Verhaltensweisen, wie sie das BerGer. zugrunde legt, die dazu führen, dass die Maschinen auf dem Gelände vollständig blockiert werden und zwei volle Arbeitstage lang nicht eingesetzt werden können, sind geeignet, in den berechtigten Besitz an den Maschinen im Sinne einer deliktischen Rechtsgutverletzung einzugreifen; einer derartigen Blockade käme auch von ihrer zeitlichen Dauer her ein hinreichendes Gewicht zu, da es sich nicht nur um eine irrelevante kurzfristige Störung handeln würde.

Die Beeinträchtigung des berechtigten Besitzes bzw. der bestimmungsgemäßen Verwendung einer Sache muss ihren Grund in einer unmittelbaren Einwirkung auf die Sache selbst haben (vgl. dazu unter B. II. 1.2. den Beispielsfall mit den Einnahmeverlusten einer Rastanlage infolge einer Autobahnsperrung).

Die Rechtmäßigkeit des Besitzes genügt nicht in jedem Fall für einen deliktischen Schutz des Besitzes. Dies hat der BGH im Verhältnis des mittelbaren Besitzers zum unmittelbaren Besitzer festgestellt.

> *BGHZ 32, 194:* K beauftragte B mit dem Transport eines gemieteten Krans zu einer Baustelle. Durch ein Verschulden des B wird der Kran beim Transport beschädigt. K klagt gegen B auf Schadensersatz.

Da K den Kran nur gemietet hatte, kam in seiner Person nur ein Anspruch wegen Besitzverletzung in Betracht. K war aufgrund des Transportvertrages mittelbarer Besitzer (§ 868). Der BGH verneinte zu Recht einen Schadensersatzanspruch aus § 823 Abs. 1 (S. 204 f.):

> Soweit der Besitz in Rechtsprechung und Schrifttum den durch § 823 Abs. 1 BGB geschützten „sonstigen Rechten" zugerechnet wird, geschieht dies im Wesentlichen aufgrund der Erwägung, dass er zwar kein Recht sei, jedoch gleich einem ausschließlichen Recht gegen jedermann geschützt sei. ... Die Anwendbarkeit des § 823 Abs. 1 BGB begegnet Bedenken, soweit diese Erwägung nicht Platz greift, d. h. soweit der in anderen Vorschriften normierte Schutz des Besitzes in bestimmter Richtung relativiert ist. Der mittelbare Besitzer ... wird zwar durch § 868 BGB dem unmittelbaren Besitzer weitgehend gleichgestellt. Ihm stehen auch die in § 861, 862 BGB geregelten Besitzschutzrechte zu, wenn ein Dritter verbotene Eigenmacht gegen den unmittelbaren Besitzer verübt. Dagegen sehen die den Besitz regelnden Vorschriften des Bürgerlichen Gesetzbuchs keinen Schutz des mittelbaren Besitzers vor, während auf der anderen Seite dieser auch gegenüber dem mittelbaren Besitzer Besitzschutz genießt. ... Nach alledem kann nicht aus den Vorschriften über die Rechtsstellung des mittelbaren Besitzers der Schluss gezogen werden, es ergebe sich daraus ein auch gegen den unmittelbaren Besitzer sich auswirkendes absolutes Recht oder eine ihm gleichzusetzende Position. Es kann deshalb auch nicht auf dem Wege über § 823 Abs. 1 BGB ein Schutz des mittelbaren Besitzers gegen den unmittelbaren Besitzer aus jenen Vorschriften hergeleitet werden, die einen solchen Schutz gerade nicht schaffen wollen und nicht geschaffen haben.

Im Übrigen ist umstritten, ob nur der berechtigte Besitzer oder auch der nicht berechtigte Besitzer im Falle verbotener Besitzentziehung oder Besitzbeeinträchtigung Anspruch auf Schadensersatz hat.[84] Soweit der Besitzer einen Schaden in

---

[84] Vgl. zum Meinungsstand Vieweg/Werner § 2 Rn. 70.

Form des Nutzungsschadens geltend macht, kommt es nach Auffassung des BGH darauf an, ob ein Recht auf die Nutzung bestanden habe, vgl.

> *BGHZ 73, 355:* Der Eigentümer B einer Stute nimmt diese ohne Wissen des Besitzers K, der kein Recht zum Besitz hat, an sich. K klagt gegen B auf Schadensersatz für den Nutzungsentgang.

Der BGH lässt die Frage, ob der deliktische Besitzschutz von der Berechtigung oder Nichtberechtigung des Besitzers abhängt, offen. Er verneint aber Schadensersatz für den Nutzungsausgang aus folgenden Gründen (S. 362):

> Der Kläger macht hier den Schaden geltend, der in der Beeinträchtigung der Möglichkeit liegt, die Sache zu gebrauchen. Ersatz eines solchen Schadens kann derjenige, dem ein Recht auf Nutzung nicht zustand, von dem zur Nutzung Berechtigten nicht verlangen, auch wenn dieser ihm den Besitz im Wege verbotener Eigenmacht entzogen hat. Denn in einem solchen Fall war der Besitzer verpflichtet, die Nutzungen zu unterlassen und dem Berechtigten die Nutzungsmöglichkeit einzuräumen.

1.4.2 Familienrechte

Strittig ist, inwieweit Eingriffe in Familienrechte Verletzungen eines sonstigen Rechts darstellen können. Entsprechend den allgemeinen, zum sonstigen Recht entwickelten Grundsätzen kann ein Deliktsschutz nur dann in Betracht kommen, wenn dem verletzten Familienrecht Ausschließlichkeitscharakter zukommt. Das ist beispielsweise für das Recht der elterlichen Sorge (§ 1626 ff.) zu bejahen, vgl. dazu

> *BGH NJW 1990, 2060:* Die Eheleute A und B leben getrennt. Durch richterliche Anordnung ist das Sorgerecht für die Kinder der B zugesprochen worden. A ist nicht bereit, die Kinder an B herauszugeben und verschweigt den Aufenthaltsort. Deshalb schaltet B Detektive ein. B verlangt von A Ersatz der Kosten des Detektivbüros.

Der BGH hat den Schadensersatzanspruch bejaht. Er sieht das Recht der elterlichen Sorge als ein absolutes Recht im Sinne des § 823 Abs. 1 an. Zur Begründung verweist er auf die Bestimmung des § 1632, wonach die Personensorge das Recht umfasst, die Herausgabe des Kindes von jedem zu verlangen, der es den Eltern oder einem Elternteil widerrechtlich vorenthält (Abs. 1), und den Umgang des Kindes mit Wirkung für und gegen Dritte zu bestimmen (Abs. 2).

Viel schwieriger gestaltet sich die Frage, ob ehewidrige Beziehungen zu einem deliktischen Schadensersatzanspruch des ehetreuen Partners führen. Der BGH lehnt grundsätzlich einen Anspruch aus § 823 Abs. 1 gegen den ehewidrig handelnden Ehepartner ab.[85] Auch Ansprüche gegen den Dritten (Ehestörer) hat der BGH stets

---

[85] Abgelehnt wurde ein Anspruch auf Ersatz der Scheidungskosten (BGH NJW 1956, 1149), der Kosten der Ehelichkeitsanfechtung (BGHZ 23, 215), der Unterhaltsaufwendungen für das Kind sowie Entbindungskosten (BGHZ 26, 217). Beachte aber die Möglichkeit, nach anderen Anspruchsgrundlagen Ersatz zu bekommen, vgl. BGHZ 26, 217 (Leistungskondiktion bezüglich der Entbindungskosten!).

A. Der Anspruch aus § 823 Abs. 1

abgelehnt.[86] Die Argumente des BGH[87]: Die Ehe stehe außerhalb der Rechtsverhältnisse, deren Verletzung allgemeine Ansprüche auf Ersatz von Vermögensschäden auslösen könne. Für das Verhältnis zwischen den Ehegatten seien ausschließlich die familienrechtlichen Vorschriften einschlägig. Der Schutzzweck des § 823 Abs. 1[88] erfasse auch nicht die störenden Eingriffe Dritter in den familienrechtlichen Bereich der Ehe. Es sei nicht gerechtfertigt, von den beiden Teilnehmern an einem Ehebruch nur den Dritten, nicht aber den ungetreuen Ehegatten als schadensersatzpflichtig anzusehen. Eine Mithaftung des ungetreuen Ehegatten sei aber mit der abschließenden Regelung der Verletzung ehelicher Pflichten im BGB nicht vereinbar. Außerdem bleibe unklar, wie der Umfang der Schadensersatzansprüche begrenzt werden solle. Der BGH hat es auch abgelehnt, in dem ehewidrigen Verhalten eine Verletzung des allgemeinen Persönlichkeitsrechtes zu sehen.[89] Behauptet ein Dritter gegenüber dem Ehemann, dessen Gattin sei nicht beim Tennis, sondern bei ihm (dem Dritten) gewesen, kann die Ehefrau einen Unterlassungsanspruch nach §§ 823 Abs. 1, 1004 nicht auf eine Verletzung (bzw. Gefährdung) der Ehe, sondern allenfalls ihrer persönlichen Ehre stützen.[90]

Im Hinblick auf die Gründe der Ablehnung ist es konsequent, dass der BGH die Möglichkeit eines deliktischen Schadensersatzanspruches aber bei folgender Fallgestaltung bejaht:

> *BGHZ 80, 235:* Eine Frau spiegelt einem Mann vor Eingehung der Ehe vor, dass eine bestehende Schwangerschaft nur auf die Beziehung mit diesem zurückgehen könne.

Das Berufungsgericht hat in Anwendung der oben besprochenen Grundsätze die Schadensersatzklage des Mannes abgewiesen. Der BGH hob das Urteil auf. Es gehe hier nicht um den Ersatz von Vermögensnachteilen, die ihren Grund in dem Bestehen der Ehe hätten. Insofern greife der Vorrang des Familienrechts nicht. Denkbar seien deshalb Ansprüche nach § 823 Abs. 2 i. V. m. § 263 StGB und § 826. Vgl. auch BGH NJW 1990, 706: Nach Verurteilung zum Unterhalt hatte ein Mann mehrere Jahre Unterhalt gezahlt. Seine frühere Ehefrau hatte ihm vorgespiegelt, dass die Kinder von ihm stammten. Nach erfolgreicher Ehelichkeitsanfechtungsklage verklagte der Mann die frühere Ehefrau auf Schadensersatz. In diesem Falle hält der BGH die Anwendung des § 826 für möglich (S. 708):

> Wenn auch die Vorschriften des Ehe- und Familienrechts die allgemeinen Deliktsansprüche wegen der Folgen eines begangenen Ehebruchs verdrängen, schließt dies doch nicht aus, dass bei Hinzutreten weiterer schädigender Umstände die besondere Deliktsregel des § 826 BGB als eine ‚Rechtsnorm höherer Art' zur Anwendung kommen kann. ... § 826 BGB kann demnach auch im Bereich der Störung der innerehelichen,

---

[86] BGHZ 23, 279.
[87] Zusammengefasst in BGHZ 57, 229, 231 f.
[88] Zum Schutzzweck siehe unten 2.3.
[89] BGH JZ 1973, 668.
[90] BGH NJW 2014, 1243.

geschlechtlichen Beziehungen zwischen den Ehegatten, insbesondere durch einen Ehebruch, dann ausnahmsweise eingreifen, wenn zu dem Ehebruch ein weiteres, sittenwidrig schädigendes Verhalten des Ehegatten hinzutritt und dieser dabei mit – gegebenenfalls bedingtem – Vorsatz handelt. ... Die Voraussetzungen für eine Anwendbarkeit des § 826 BGB sind mithin dann eröffnet, wenn sich die Wertmaßstäbe für das Sittenwidrigkeitsurteil nicht aus der ehelichen Lebensgemeinschaft, sondern aus eigenständigen Wertungsbereichen ergeben.

Mangels Offenbarungspflicht eines Ehebruchs genügt für einen Schadensersatzanspruch nicht schon, dass die Ehefrau den begangenen Ehebruch nicht von sich aus offenlegt und den Ehemann damit in dem Glauben lässt, das Kind stamme von ihm. Sie muss beispielsweise die Zweifel des Ehemanns an der Abstammung des Kindes durch unzutreffende Angaben bzw. durch ausdrückliches Leugnen des Ehebruchs zerstreuen.[91]

Eine wichtige Ausnahme von der Ablehnung eines Anspruchs aus § 823 Abs. 1 wegen Ehestörung macht der BGH für den sogenannten räumlich-gegenständlichen Bereich der Ehe, vgl. dazu

BGHZ 6, 360: Der Ehemann hatte seine Freundin in die eheliche Wohnung aufgenommen. Die Ehefrau erhob Unterlassungsklage gegen die Freundin des Ehemannes.

Hierzu betont der BGH, dass der Vorrang der familienrechtlichen Vorschriften und damit der Ausschluss deliktsrechtlicher Ansprüche nur dann in Betracht komme, soweit der persönliche Bereich der Ehe betroffen sei. Daneben existiere ein räumlich-gegenständlicher Bereich, der der Entfaltung der Persönlichkeit der Ehegatten dienen soll und der den Schutz des Art. 6 GG genieße. Eine Unterlassungsklage wegen Beeinträchtigung dieses räumlich-gegenständlichen Bereichs stelle keinen Verstoß gegen § 888 Abs. 3 ZPO dar, da es nicht um die Wiederherstellung eines § 1353 BGB entsprechenden Zustandes gehe, sondern um die Aufrechterhaltung des räumlich-gegenständlichen Bereichs. Aus dem Urteil geht indes nicht hervor, ob der Anspruch auf § 823 Abs. 1 oder § 823 Abs. 2 i. V. m. Art. 6 GG gestützt wird.[92] Zum deliktischen Schutz der Ehe folgt die Literatur überwiegend dem BGH.[93] Einige Autoren vertreten demgegenüber die Auffassung, dass im Verhältnis zu Dritten der Ehe aber absolute Wirkung zuerkannt werden soll.[94] Ersetzt werden soll aber nur das *Abwicklungsinteresse*[95] nicht das Bestandsinteresse.[96]

---

[91]BGH NJW 2013, 2108 im Anschluss an BGH NJW 1990, 706.

[92]Nach h. M. soll die Klage auch gegen den Ehegatten gerichtet werden können und das Urteil nach § 890 ZPO vollstreckbar sein, vgl. Gernhuber-Coester-Waltjen, Lehrbuch des Familienrechts, § 17 II.

[93]Vgl. etwa Esser/Weyers § 55 I 2 d.

[94]Medicus/Petersen BR Rn. 618; Gernhuber-Coester-Waltjen, Lehrbuch des Familienrechts, § 17 I.

[95]Also vor allem Ersatz der Scheidungs-, Ehelichkeitsanfechtungs- und Unterhaltskosten.

[96]Also keine Unterlassungsklage gegen den Dritten. Vollstreckungszwang gegen den Ehestörer wäre unmittelbarer Zwang gegen den Ehegatten, was einen Verstoß gegen § 888 Abs. 3 ZPO darstellen würde.

A. Der Anspruch aus § 823 Abs. 1

1.4.3 Recht am Arbeitsplatz
In der Literatur, aber auch in der Rechtsprechung ist umstritten, ob ein Recht am Arbeitsplatz als sonstiges Recht i. S. d. § 823 Abs. 1 anzuerkennen ist, vgl. dazu

> *BAG NJW 1999, 164:* Der Kläger K (leitender Angestellter) nimmt die Beklagten (Arbeitnehmer, Mitarbeiter der Arbeitnehmervertretung) gesamtschuldnerisch auf Schadensersatz in Anspruch. Die Beklagten hatten sich über einen längeren Zeitraum wegen des Verhaltens von K bei der Betriebsleitung beschwert und schließlich verlangt, dass sich diese von K trenne. Der Arbeitgeber kam diesem Verlangen nach und sprach gegenüber K, dem ordentlich nicht gekündigt werden konnte, eine außerordentliche Kündigung aus. Nachdem der Kündigungsprozess mit einem Vergleich zwischen dem Arbeitgeber und K geendet hatte, wollte sich K an den Beklagten schadlos halten.

Da andere deliktsrechtliche Anspruchsgrundlagen (§§ 823 Abs. 2, 824 und 826) tatbestandlich nicht gegeben waren, hätte sich der geltend gemachte Schadensersatzanspruch nur über § 823 Abs. 1 begründen lassen. Das BAG hat unter Hinweis auf die höchst kontrovers diskutierte Frage, ob ein absolutes Recht auf den Arbeitsplatz anzuerkennen sei, ausgeführt, warum es der verneinenden Auffassung zuneige, wonach weder das „Recht am Arbeitsplatz" im Sinne eines räumlich-gegenständigen Bereichs noch das „Recht am Arbeitsverhältnis" im Sinne eines alleinigen Verfügungsrechts des Arbeitnehmers als absolutes Recht im Sinne von § 823 Abs. 1 BGB anzuerkennen sei. Das BAG vermisst insbesondere den Ausschlusscharakter, der absoluten Rechten i. S. d. § 823 Abs. 1 eigen ist.

Das BAG hat den Meinungsstreit aber nicht entschieden und die Frage offen gelassen (S. 166):

> Denn würde das Recht am Arbeitsplatz als sonstiges absolutes Recht im Sinne von § 823 Abs. 1 BGB anerkannt, könnte allein die Verletzung dieses Rechts die Rechtswidrigkeit nicht begründen. Die Rechtswidrigkeit wird nicht durch den Verletzungserfolg indiziert. Die Rechtsprechung des BGH hat hinsichtlich der durch die Rechtsprechung entwickelten sonstigen Rechte im Sinne von § 823 Abs. 1 BGB, nämlich des allgemeinen Persönlichkeitsrechts und des Rechts am eingerichteten und ausgeübten Gewerbebetrieb, entschieden und überzeugend begründet ..., dass die Rechtswidrigkeit erst aus der zu missbilligenden Art der Schädigung abzuleiten ist.

Nachdem das BAG im konkreten Falle festgestellt hatte, dass die Beklagten berechtigte Interessen für ihr Vorgehen hatten, wäre auch bei Anerkennung des Rechts am Arbeitsplatz als sonstiges Recht der Anspruch des Klägers zu verneinen gewesen.

1.5 Das allgemeine Persönlichkeitsrecht
1.5.1 Ethische und historische Voraussetzungen
Das allgemeine Persönlichkeitsrecht[97] ist heute gesicherter Bestandteil der Privatrechtsordnung und als absolutes Recht anerkannt. Seine ethische Grundlage ist ein Menschenbild, das den Einzelnen als Person und damit als ein Wesen begreift, dem ein unbedingter Selbstwert zu eigen ist und dessen Dasein schon für sich

---

[97] Siehe hierzu die umfassende Studie von Hubmann, Das Persönlichkeitsrecht, 2. Aufl. 1967.

genommen einen Zweck darstellt.[98] Dieses Verständnis des Person-Seins führt zu der Forderung, der Person einen selbstbestimmten Bereich eigener Entfaltung zuzugestehen und hieran das für jedermann geltende moralische Gebot zu knüpfen, die persönliche Sphäre eines jeden Menschen zu respektieren. Rechtspolitisch wirft das die Frage auf, inwieweit diesem Gebot auch rechtliche Geltung zu verschaffen ist.

Die Verfasser des Bürgerlichen Gesetzbuchs vertrauten in dieser Hinsicht stark auf die verhaltenssteuernde Wirkung von Sitte und Moral und sahen deshalb davon ab, die menschliche Persönlichkeit als solche zu einem deliktsrechtlich geschützten Rechtsgut zu erheben.[99] Statt ein *allgemeines* Persönlichkeitsrecht zu schaffen, wurden lediglich einzelne Aspekte der Persönlichkeit zu absoluten Rechten ausgeformt, die jeweils für sich den Tatbestand eines *besonderen* Persönlichkeitsrechts bilden. Hierzu gehören vor allem die auf die physischen Voraussetzungen der menschlichen Existenz verweisenden Rechtsgüter Leben, Gesundheit, Körper und Freiheit.[100] Auch das Namensrecht gem. § 12 ist als ein besonderes Persönlichkeitsrecht konzipiert, welches als sonstiges Recht i. S. d. § 823 Abs. 1 anerkannt ist. Demgegenüber wurde die Ehre entgegen ursprünglichen Überlegungen nicht in den Tatbestand des § 823 Abs. 1 aufgenommen, weil man – vorbehaltlich der Regelung des § 824 – zivilrechtlich nicht über den schon durch die strafrechtlichen Vorschriften über die Beleidigung gewährten Schutz hinausgehen wollte, zumal es sich insoweit um Schutzgesetze handelte, die gem. § 823 Abs. 2 Grundlage eines Schadensersatzanspruches sein konnten.[101] Fahrlässige Beeinträchtigungen des Rufs einer Person blieben damit nach bürgerlichem Recht ohne Sanktion. Der zivilrechtlich nur bruchstückhaft geregelte Schutz der Persönlichkeit ließ erhebliche Lücken offen, die auch durch andere, insbesondere strafrechtliche Vorschriften nicht geschlossen werden konnten.[102]

Das ursprüngliche Vertrauen auf die verhaltenssteuernde Wirkung von Sitte und Moral stieß indes schon bald sichtbar an seine Grenzen. Die Entwicklung der Fotografie gegen Ende des 19. Jahrhunderts und die stetige Verbesserung ihrer technischen Voraussetzungen, insbesondere die Verkürzung der Belichtungszeit, ermöglichten es, Personen schnell – und das hieß ggf. auch ohne deren Einverständnis – abzulichten und das Bild öffentlich zu verbreiten.[103] Noch vor Inkrafttreten des BGB war die Problematik offen zutage getreten, nachdem zwei Journalisten heimlich in das Sterbezimmer Bismarcks eingedrungen waren und von der Leiche Fotografien hergestellt hatten.[104] Der Gesetzgeber schuf vor diesem Hintergrund im KUG vom 9.1.1907 ein weiteres besonderes Persönlichkeitsrecht,

---

[98]Näher Larenz/Wolf AT, 9. Aufl., § 2 Rn. 2 ff.
[99]Larenz/Wolf AT, 9. Aufl., § 2 Rn. 7.
[100]Kötz/Wagner Rn. 367.
[101]Mugdan, Materialien zum BGB Bd. II, 1897, S. 1076 f., 1073; Körner NJW 2000, 241, 243.
[102]Siehe zu den Schutzlücken auch Larenz/Wolf AT, 9. Aufl., § 8 Rn. 4.
[103]Helle, Besondere Persönlichkeitsrechte im Privatrecht, Tübingen 1991, § 4 I (S. 45).
[104]Dazu Seifert NJW 1999, 1889 f.; der Fall beschäftigte auch das RG, siehe RGZ 45, 170.

nämlich das in §§ 22–24, 33, 38, 42–44, 48, 50 KUG ausgeformte „Recht am eigenen Bild", welches die Verbreitung oder öffentliche Zurschaustellung von Bildnissen grundsätzlich nur mit Einwilligung des Abgebildeten erlaubt.[105]

Das RG hat sich bei seiner Rechtsprechung zum Persönlichkeitsschutz strikt an die vorhandenen Gesetzesbestimmungen gehalten. In gewissem Umfang hat es zwar einen ergänzenden Persönlichkeitsschutz über § 826 BGB zugelassen, aber ein allgemeines Persönlichkeitsrecht zur Schließung verbliebener Schutzlücken nicht anerkannt: „Ein allgemeines subjektives Persönlichkeitsrecht ist dem geltenden bürgerlichen Rechte fremd. Es gibt nur besondere, gesetzlich geregelte Persönlichkeitsrechte, wie das Namensrecht, das Warenzeichenrecht, das Recht am eigenen Bilde, die persönlichkeitsrechtlichen Bestandteile des Urheberrechts".[106] Für diesen äußerst restriktiven Standpunkt wurde unter anderem geltend gemacht, dass der Umfang des schützenswerten Persönlichkeitsbereichs keine klaren, für den Rechtsverkehr offenkundigen Grenzen aufweise.[107] Damit blieb der Schutz wesentlicher Bestandteile der Persönlichkeit dem häufig genug versagenden Anstandsgefühl überantwortet.

1.5.2 Die Anerkennung des allgemeinen Persönlichkeitsrechts als „sonstiges Recht"

Die Missachtung der menschlichen Persönlichkeit und ihres Eigenwertes in der Zeit des Nazi-Regimes hat die Unentbehrlichkeit eines effektiven – und das heißt vor allem auch eines *rechtlichen* – Schutzes der Persönlichkeit besonders krass hervortreten lassen. Das Grundgesetz hat dem Rechnung getragen, indem es in Art. 1 Abs. 1 GG die Unantastbarkeit der menschlichen Würde und in Art. 2 Abs. 1 GG das Recht auf freie Entfaltung der Persönlichkeit an die Spitze der Verfassung stellt und alle Staatsgewalt hierauf verpflichtet (Art. 1 Abs. 1 und 3 GG). Vor dem Hintergrund dieser veränderten Rechtslage bot sich dem BGH in der Leserbrief-Entscheidung vom 25. Mai 1954 die Gelegenheit, der zivilrechtlichen Diskussion um ein allgemeines Persönlichkeitsrecht die entscheidende Wende zu bescheren.

BGHZ 13, 334 (Leserbrief): B publizierte in ihrer Wochenzeitung einen Artikel über den früheren Reichsbankpräsidenten Schacht. Der Artikel setzte sich unter anderem mit dem politischen Wirken Schachts während des Nationalsozialismus auseinander. Der von Schacht daraufhin beauftragte Rechtsanwalt K schrieb an B einen Brief, in dem er Berichtigungen zu dem Zeitungsartikel verlangte. B veröffentlichte dieses anwaltliche Schreiben in gekürzter Form unter der Rubrik „Leserbriefe". Durch diese Art der Veröffentlichung konnte der Eindruck entstehen, es handle sich um eine private Stellungnahme zu dem um die Person Schachts geführten Meinungsstreit und nicht um ein dienstlich veranlasstes Schreiben. K verlangte von B den Widerruf der Behauptung, er habe einen Leserbrief an B gesandt.

---

[105]Hierzu ausführlich Helle, Besondere Persönlichkeitsrechte im Privatrecht, Tübingen 1991, S. 45 ff.
[106]RGZ 69, 401, 403 – Nietzsche-Briefe.
[107]So noch Erman-Ehmann, 10. Aufl. 2000, Anhang zu § 12 Rn. 3.

Im Unterschied zum Landgericht, das der Klage des K aus § 823 Abs. 2 i. V. m. §§ 186, 187 StGB stattgegeben hatte, erachtete das OLG die objektiven Voraussetzungen dieser Normen nicht für gegeben. Die Beeinträchtigung eines Persönlichkeitsrechts des K ließ es ungeprüft, obwohl nach der engherzigen Rechtsprechung des RG ein Veröffentlichungsschutz immerhin dann gewährt wurde, wenn ein Eingriff in das Urheberpersönlichkeitsrecht vorlag. Der BGH bricht indes mit der restriktiven Rechtsprechung des RG, indem er nunmehr ein allgemeines Persönlichkeitsrecht anerkennt (S. 338):

> Nachdem nunmehr das Grundgesetz das Recht des Menschen auf Achtung seiner Würde (Art. 1 GG) und das Recht auf freie Entfaltung seiner Persönlichkeit auch als privates, von jedermann zu achtendes Recht anerkennt, soweit dieses Recht nicht die Rechte anderer verletzt oder gegen das Sittengesetz verstößt (Art. 2 GG), muss das allgemeine Persönlichkeitsrecht als ein verfassungsmäßig gewährleistetes Grundrecht angesehen werden.

Die vom BGH später bekräftigte These, es handle sich um ein Grundrecht, „das sich nicht nur gegen den Staat und seine Organe richtet, sondern auch im Privatrechtsverkehr gegenüber jedermann gilt"[108], ist auf berechtigte Kritik gestoßen, weil im GG eine unmittelbare Drittwirkung der Grundrechte nicht angelegt ist.[109] Demgegenüber hat das Ergebnis, nämlich die Anerkennung des allgemeinen Persönlichkeitsrechts als ein deliktsrechtliches Schutzgut, weithin Zustimmung gefunden, auch wenn die seit BGHZ 24, 72 geübte Qualifizierung als „sonstiges Recht" nicht immer geteilt wird.[110]

Im Leserbrief-Fall verhalf das allgemeine Persönlichkeitsrecht dem Widerrufsbegehren des K zum Erfolg. Die Art der Veröffentlichung unter Weglassung wesentlicher Teile des Schreibens verletzte persönlichkeitsrechtliche Interessen des K, die der BGH verallgemeinernd wie folgt charakterisiert hat (S. 338 f.):

> Jede sprachliche Festlegung eines bestimmten Gedankeninhalts ist, und zwar auch dann, wenn der Festlegungsform eine Urheberschutzfähigkeit nicht zugebilligt werden kann, Ausfluss der Persönlichkeit des Verfassers. Daraus folgt, dass grundsätzlich dem Verfasser allein die Befugnis zusteht, darüber zu entscheiden, ob und in welcher Form seine Aufzeichnungen der Öffentlichkeit zugänglich gemacht werden. ... Während eine ungenehmigte Veröffentlichung privater Aufzeichnungen – in der Regel – einen unzulässigen Eingriff in die jedem Menschen geschützte Geheimsphäre darstellt, verletzt eine veränderte Wiedergabe der Aufzeichnungen die persönlichkeitsrechtliche Eigensphäre des Verfassers deshalb, weil solche vom Verfasser nicht gebilligten Änderungen ein falsches Persönlichkeitsbild vermitteln können. Unzulässig sind im allgemeinen nicht nur vom Verfasser nicht genehmigte Streichungen wesentlicher Teile seiner Aufzeichnungen, sondern auch Zusätze, durch die seine nur für bestimmte Zwecke der Veröffentlichung freigegebenen Aufzeichnungen eine andere Färbung oder Tendenz erhalten, als er sie durch die von ihm gewählte Fassung und die Art der von ihm erlaubten Veröffentlichung zum Ausdruck gebracht hat.

---

[108]BGHZ 24, 72, 76.

[109]Vgl. Larenz/Canaris SBT 2 § 80 I 3; Grimm, Persönlichkeitsschutz im Verfassungsrecht, in: Karlsruher Forum 1996, S. 3 (20 ff.).

[110]Zuletzt wieder BGHZ 143, 214, 218 – Marlene Dietrich; krit. Medicus/Petersen BR Rn. 615.

1.5.3 Schutzbereiche des allgemeinen Persönlichkeitsrechts

Welche Lebensbedingungen das allgemeine Persönlichkeitsrecht in seinen Schutzbereich aufnimmt, lässt sich auf keine einheitliche oder gar subsumtionsfähige Formel bringen. Es handelt sich um einen unbestimmten Tatbestand, dessen inhaltliche Ausfüllung in besonderem Maße von den ethischen Voraussetzungen zehrt, denen er seine Existenz verdankt. Vor diesem Hintergrund haben sich Rechtsprechung und Schrifttum bemüht, dem Schutzgehalt des allgemeinen Persönlichkeitsrechts schärfere Konturen zu verleihen, um eine sichere und klare Rechtsanwendung zu gewährleisten. Hierfür sind verschiedene Schutzbereiche bzw. Fallgruppen voneinander abgegrenzt worden. Während einige Autoren wenige, aber große Fallgruppen bilden[111], bevorzugen andere eine stärkere Differenzierung[112], ohne dass damit sachliche Unterschiede verbunden sind. Im Folgenden wird zunächst eine keineswegs abschließend zu verstehende Dreiteilung des Schutzbereichs vorgenommen. Sodann ist auf die immer wichtiger werdende Aufspaltung des Persönlichkeitsrechts in ideelle und vermögenswerte Bestandteile einzugehen.

(1) Eindringen in die Privatsphäre eines anderen. Für die Entfaltung der menschlichen Persönlichkeit ist es eine Grundbedingung, dass der Einzelne über einen Lebensbereich verfügt, in den er das Vertrauen setzen kann, dass die Angelegenheiten dieses Bereichs vor einer eigenmächtigen Kenntnisnahme durch Dritte abgeschirmt bleiben. Dieser als Privatsphäre charakterisierte Lebensbereich weist unterschiedliche Schutzrichtungen auf.

Von besonderer Bedeutung ist die Gewährleistung eines räumlichen Bereichs, in den sich der Einzelne alleine oder zusammen mit anderen zurückziehen kann, um dort in Ruhe gelassen zu werden. In diesem Rückzugsbereich soll sich der Einzelne frei von öffentlicher Beobachtung und der von ihr erzwungenen Selbstkontrolle verhalten sowie die für die Persönlichkeitsentfaltung notwendigen Phasen des Alleinseins und des Ausgleichs verwirklichen können.[113] Der durch das Persönlichkeitsrecht gewährte Schutz einer räumlichen Sphäre betrifft jedenfalls den häuslichen Bereich, ist nach zutreffender Auffassung aber nicht hierauf beschränkt. Die Persönlichkeit des Menschen entfaltet sich eben nicht nur innerhalb der eigenen vier Wände, sondern auch außerhalb dieses Bereichs. Deswegen ist es geboten, den Einzelnen auch außerhalb des häuslichen Bereichs vor fremder Neugier zu schützen, sofern diesem Bereich ein privater Charakter anhaftet.[114] Ob ein Ort außerhalb des eigenen Hauses der Privatsphäre zugerechnet werden kann, hängt von den objektiven Gegebenheiten der Örtlichkeit zum fraglichen Zeitpunkt ab. Entscheidend ist, ob der Einzelne eine ortsgebundene Situation vorfindet oder schafft, in der er begründetermaßen und somit auch für Dritte erkennbar davon

---

[111] Medicus/Lorenz SBT Rn. 1310.
[112] Larenz/Canaris SBT 2 § 80 II.
[113] BVerfG NJW 2000, 1021, 1022.
[114] Grundlegend BVerfG NJW 2000, 1021 und BGHZ 131, 332.

ausgehen darf, den Blicken der Öffentlichkeit nicht ausgesetzt zu sein.[115] Diese Voraussetzung liegt insbesondere dann vor, wenn sich der Einzelne in eine von der breiten Öffentlichkeit abgeschiedene Örtlichkeit begibt, wo er objektiv erkennbar in Ruhe gelassen werden will.[116]

Verhaltensweisen oder sonstige Angelegenheiten der Person, die nicht schon deswegen Persönlichkeitsschutz genießen, weil sie sich in der räumlichen Privatsphäre abspielen, können ebenfalls der dem „Blick von außen" entzogenen Privatsphäre zuzuordnen sein. Welche Angelegenheiten dies im Einzelnen sind, ist letztlich eine Wertungsfrage. In den Schutzbereich fallen etwa Fragen der Sexualität, Daten über das Bestehen von Krankheiten oder der Inhalt von Tagebüchern.[117]

Da es bei der Gewährleistung der Privatsphäre darum geht, einen Lebensbereich von der Öffentlichkeit abzuschirmen, stellt jedes Hineinsehen und jedes Hineinhören in diesen Bereich, sei es mit oder ohne Zuhilfenahme von technischen Einrichtungen, eine Beeinträchtigung des allgemeinen Persönlichkeitsrechts dar, wenn nicht der Betroffene hiermit einverstanden war.[118] Auch die Vergegenständlichung des Eindringens in die fremde Privatsphäre durch Foto- oder Tonbandaufnahme gehört hierher.

(2) Den Privatheitsanspruch beeinträchtigende Darstellung in der Öffentlichkeit durch Weitergabe personenbezogener Angelegenheiten (Informationelle Selbstbestimmung). Soweit es eben um das unbefugte Eindringen in die Privatsphäre ging, genügte es, sich diese Sphäre als einen mehr oder weniger in sich geschlossenen Bereich eigener Lebensgestaltung vorzustellen, in den sich niemand „hineingesellen" darf. Die Privatsphäre weist indes eine weitere Dimension auf, weil dem Menschen wegen seines unbedingten Selbstwerts schlechthin die Privatheit seiner Person zusteht. Der Mensch hat, bildlich gesprochen, einen Anspruch darauf, dass seine Person in der Privatsphäre belassen und nicht aus ihr heraus in das Licht der Öffentlichkeit gezerrt wird. Ob und inwieweit die Person zum Gegenstand des öffentlichen Interesses gemacht werden darf, muss im Ausgangspunkt der Selbstbestimmung des Einzelnen überlassen bleiben. Man spricht in diesem Zusammenhang zu Recht von der Befugnis des Einzelnen, selbst darüber zu entscheiden, welche Informationen, die sich auf seine Person beziehen, der Öffentlichkeit preisgegeben werden und wie sie zu verwenden sind, oder anders ausgedrückt: Der Einzelne muss grundsätzlich selbst entscheiden können, wie er sich Dritten oder der Öffentlichkeit gegenüber durch die Preisgabe persönlicher

---

[115]So BVerfG NJW 2000, 1021, 1023; ähnlich bereits BGHZ 131, 332, 339 f., allerdings mit der nicht zutreffenden Einschränkung, dass die Konstituierung einer geschützten Privatsphäre voraussetzt, dass sich der Betroffene in einer Weise verhält, wie er es vor der breiten Öffentlichkeit nicht täte, in dem er sich z. B. persönlichen Regungen hingäbe oder sich gehen lasse; siehe hierzu auch die zurückhaltende Stellungnahme des BVerfG NJW 2000, 1021, 1025.

[116]BGHZ 131, 332, 339 f.; BGH NJW 2004, 762, 763; BVerfG NJW 2000, 1021, 1022.

[117]BVerfG NJW 2000, 1021, 1022 m. w. N.

[118]Esser/Weyers § 55 I 1 d.

A. Der Anspruch aus § 823 Abs. 1

Informationen als Person darstellen will.[119] In Anlehnung an die Rechtsprechung des BVerfG bezeichnet der BGH diesen Schutzbereich als Recht des Einzelnen auf informationelle Selbstbestimmung und sieht hierin eine besondere Ausprägung des allgemeinen Persönlichkeitsrechts.[120]

Beispiele aus der Rechtsprechung betreffen vor allem die Darstellung privater oder sonst personenbezogener Angelegenheiten von – meist prominenten – Personen in den Medien.[121]

(3) Ehren- und Identitätsschutz. Die Entfaltung der eigenen Persönlichkeit spielt sich in gewichtigem Umfang in den sozialen Bezügen der Person zu ihrer Umwelt ab. Die Entfaltungsmöglichkeiten der Person hängen in diesem sozialen Beziehungsgeflecht entscheidend davon ab, welchen Eindruck die Person bei anderen bzw. in der Öffentlichkeit hinterlässt und welche Wertschätzung sie genießt. Angesichts dieser Abhängigkeit erfordert ein effektiver Schutz der Persönlichkeit, dass der Einzelne vor herabwürdigenden und verfälschenden Darstellungen in der Öffentlichkeit geschützt wird. Dies geschieht im Rahmen des allgemeinen Persönlichkeitsrechts in zweierlei Hinsicht, nämlich durch den Schutz der Ehre einerseits und den Schutz der sozialen Identität andererseits. Bezogen auf die Ehre erfasst das allgemeine Persönlichkeitsrecht über den bereits durch § 823 Abs. 2 i. V. m. §§ 185, 186 StGB gewährleisteten Schutz hinaus auch fahrlässige Ehrverletzungen.

Demgegenüber geht es beim Identitätsschutz darum, die Person generell davor zu schützen, dass Tatsachenbehauptungen über sie verbreitet werden, die das Persönlichkeitsbild verfälschen, mögen diese auch nicht ehrverletzend sein. Dieses Schutzanliegen hängt eng mit der bereits in der zweiten Fallgruppe erwähnten Befugnis des Einzelnen zusammen, selbst darüber zu entscheiden, wie er sich anderen gegenüber als Person darstellen und insoweit seine soziale Identität beeinflussen will.[122] Während das Problem dort jedoch durch die Missachtung der Privatsphäre geprägt ist und insofern die Verbreitung wahrer Tatsachen betrifft, geht es hier darum, das Persönlichkeitsbild vor verfälschenden, erlogenen oder sonst *unwahren Tatsachenbehauptungen* zu schützen.[123] Die bereits dargestellte *Leserbriefentscheidung* (BGHZ 13, 334) bietet hierfür ein Beispiel. Dem Identitätsschutz unterfällt auch der vom BVerfG entschiedene Fall, in dem das technisch manipulierte Bild einer Person verbreitet wurde, welches jedoch den Anschein erweckte, ein authentisches Abbild dieser Person zu sein.[124]

---

[119]Vgl. Sachs-Murswiek Art. 2 GG Rn. 71.

[120]BGH NJW 2014, 768 Rn. 11.

[121]BGH NJW 1999, 2893 (Veröffentlichung des Scheidungsgrundes (Ehebruch) eines Angehörigen des Hochadels); BGH NJW 2004, 762, 765 (Veröffentlichung einer genauen Wegbeschreibung zur Finca einer Prominenten auf Mallorca).

[122]Z. T. wird deshalb zwischen diesen beiden Fallgruppen kein Unterschied gemacht, vgl. Grimm, Karlsruher Forum 1996, 10 ff.

[123]Erman-Klass Anh. zu § 12 Rn. 104.

[124]BVerfG NJW 2005, 3271 zur vorgehenden Entscheidung des BGH NJW 2004, 596; zu dem der Entscheidung des BVerfG nachfolgenden Urteil des BGH siehe NJW 2006, 603.

(4) Aufspaltung des Persönlichkeitsrechts in einen ideellen und einen vermögensrechtlichen Schutzbereich. Die ethischen und historischen Grundlagen des allgemeinen Persönlichkeitsrechts zielen auf den Schutz des Wert- und Achtungsanspruchs des Menschen, also auf den Schutz ideeller Interessen ab. Aufgrund verbesserter technischer Möglichkeiten und der fortschreitenden Entwicklung der Massenmedien können Persönlichkeitsmerkmale, insbesondere prominenter Personen, in erheblichem Umfang wirtschaftlich nutzbar gemacht werden.[125] Der BGH hat deswegen schon früh vermögenswerte Bestandteile des allgemeinen Persönlichkeitsrechts anerkannt und diese neben den ideellen Interessen in den Schutzbereich aufgenommen. Im Sinne einer grundsätzlichen Stellungnahme ist der BGH auf diese Differenzierung aber erst in seinem Marlene-Dietrich-Urteil eingegangen. Zu den vermögenswerten Interessen einer Person heißt es dort (BGHZ 143, 214, 219)[126]:

> Der Abbildung, dem Namen sowie sonstigen Merkmalen der Persönlichkeit wie etwa der Stimme kann ein beträchtlicher wirtschaftlicher Wert zukommen, der im Allgemeinen auf der Bekanntheit und dem Ansehen der Person in der Öffentlichkeit – meist durch besondere Leistungen etwa auf sportlichem oder künstlerischem Gebiet erworben – beruht. Die bekannte Persönlichkeit kann diese Popularität und ein damit verbundenes Image dadurch wirtschaftlich verwerten, dass sie Dritten gegen Entgelt gestattet, ihr Bildnis oder ihren Namen, aber auch andere Merkmale der Persönlichkeit, die ein Wiedererkennen ermöglichen, in der Werbung für Waren oder Dienstleistungen einzusetzen. Durch eine unerlaubte Verwertung ihrer Persönlichkeitsmerkmale etwa für Werbezwecke werden daher häufig weniger ideelle als kommerzielle Interessen der Betroffenen beeinträchtigt, weil diese sich weniger in ihrer Ehre und ihrem Ansehen verletzt fühlen, als vielmehr finanziell benachteiligt sehen.

Die Aufspaltung des Persönlichkeitsrechts bedeutet aber nicht, dass die vermögenswerten Bestandteile gegenüber den ideellen Bestandteilen völlig verselbstständigt werden könnten. Dies hat der BGH für den Bereich des postmortalen Persönlichkeitsschutzes ausdrücklich festgestellt (S. 226 f.; s. unten 1.5.8).

1.5.4 Das Erfordernis einer Interessen- und Güterabwägung

Nach h. M. indiziert die Verletzung eines der in § 823 Abs. 1 ausdrücklich genannten Rechtsgüter die Rechtswidrigkeit der Verletzungshandlung.[127] Dies lässt sich mit der Ranghöhe dieser Rechtsgüter sowie damit begründen, dass sie – auch wegen ihrer wahrnehmbaren Verkörperung – einen klar abgrenzbaren, über den Einzelfall

---

[125] BGHZ 143, 214, 223 unter Hinweis auf Helle RabelsZ 60 (1996) 448, 459 f.

[126] Zum Sachverhalt: Die Klägerin ist das einzige Kind und die Alleinerbin der im Jahre 1992 verstorbenen Schauspielerin Marlene Dietrich. Der Beklagte produzierte im Jahre 1993 ein nicht sehr erfolgreiches Musical über das Leben der Schauspielerin. Er war der alleinige Geschäftsführer einer in diesem Zusammenhang gegründeten GmbH. Zu seinen Gunsten ist eine Marke „Marlene" eingetragen. Die GmbH gestattete gegen eine Gegenleistung einigen Herstellern, ihre Produkte mit dem Schriftzug „Marlene" bzw. einem Bildnis von Marlene Dietrich zu versehen. Wegen dieser und ähnlicher Aktivitäten nimmt die Klägerin den Beklagten insbesondere auf Unterlassung und Feststellung seiner Schadensersatzpflicht in Anspruch.

[127] Siehe dazu unten 3.

A. Der Anspruch aus § 823 Abs. 1

hinaus feststehenden Schutzbereich aufweisen.[128] Im Unterschied dazu handelt es sich bei dem allgemeinen Persönlichkeitsrecht um einen offenen Tatbestand, dem zwar gleichfalls ein ranghohes Rechtsgut zugrunde liegt, das aber auf gleicher Ebene mit den Persönlichkeitsrechten anderer Personen konkurriert. Deswegen indiziert die bloße Beeinträchtigung des allgemeinen Persönlichkeitsrechts nicht die Rechtswidrigkeit. Hierzu bedarf es vielmehr einer Güter- und Interessenabwägung, die im Einzelfall über die Reichweite des Persönlichkeitsschutzes bestimmt.[129] Wegen dieser tatbestandlichen Offenheit seines Schutzbereiches hat es sich eingebürgert, das allgemeine Persönlichkeitsrecht als ein *Rahmenrecht* zu qualifizieren.[130]

Das Persönlichkeitsrecht wird besonders häufig dadurch beeinträchtigt, dass Informationen über eine Person ohne oder gegen ihren Willen ermittelt und öffentlich verbreitet werden.[131] Die Interessenabwägung wird in der Praxis daher von Fällen geprägt, bei denen zugunsten des Verletzers die gleichfalls grundrechtlich verbürgte Meinungs- und Pressefreiheit (Art. 5 GG) in die Waagschale zu werfen ist. Freilich kommt es auch insoweit zu keiner unmittelbaren Drittwirkung der Grundrechte. Die Belange der Meinungsfreiheit sind vielmehr „interpretationsleitend" bei der Auslegung und Anwendung des § 193 StGB und damit bei der Frage zu berücksichtigen, ob die Verletzung des Persönlichkeitsrechts unter dem Aspekt der *Wahrnehmung berechtigter Interessen* rechtmäßig ist.[132] Die strafrechtliche Norm des § 193 StGB findet auch im Zivilrecht Anwendung, und zwar vermittelt über § 823 Abs. 2, wenn eines der Schutzgesetze der §§ 185 ff. StGB anspruchsbegründend ist, sonst ihrem Rechtsgedanken nach.[133]

Für die im Rahmen des § 193 StGB vorzunehmende Abwägung zwischen dem allgemeinen Persönlichkeitsrecht und den Belangen der Meinungsfreiheit haben sich für bestimmte, wiederkehrende Sachprobleme typische Abwägungskriterien und Prüfungsmerkmale herausgebildet.[134] Für diese Maßstabsbildung müssen im

---

[128] Larenz/Canaris SBT 2 § 76 I 1b.

[129] Siehe bereits BGHZ 13, 334, 338 sowie BGHZ 24, 72, 79 f.

[130] So zuerst Fikentscher § 103 Rn. 1216.

[131] Willigt die betroffene Person in die Beeinträchtigung ihres Persönlichkeitsrechts ein, so ist die Rechtswidrigkeit schon auf Grund dieser Einwilligung ausgeschlossen. Im Einzelfall ist dann aber noch zu klären, ob der konkrete Eingriff von der Einwilligung tatsächlich gedeckt ist. Das Einverständnis einer Person, von ihr während eines Reitturniers Pressefotos zu fertigen, beinhaltet nicht ohne weiteres auch die Einwilligung, diese Fotos im Zusammenhang mit einer anderen als das Reitturnier betreffenden Berichterstattung zu veröffentlichen (siehe BGH NJW 2004, 56, 57).

[132] BVerfG NJW 1999, 1322, 1323 f. – Helnwein.

[133] St. Rspr. des BVerfG und des BGH, vgl. BVerfG NJW 1999, 1322, 1323 – Helnwein; BVerfG NJW 2000, 3485, 3486; BGHZ 132, 13, 23; BGHZ 139, 95, 105 – Stolpe.

[134] Ausführlich zum Konflikt zwischen Persönlichkeitsrecht und Meinungs- und Pressefreiheit Hager AcP 196 (1996), 168 ff.

Ausgangspunkt Äußerungen danach differenziert werden, ob sie ein Werturteil oder eine Tatsachenbehauptung beinhalten.[135] Sodann gilt Folgendes:

1. Bei Werturteilen geht der Persönlichkeitsschutz regelmäßig der Meinungsfreiheit vor, wenn sich die Äußerung als Angriff auf die Menschenwürde, als Schmähkritik oder als Formalbeleidigung darstellt.[136] Für eine Schmähkritik ist es kennzeichnend, dass „bei der Äußerung nicht mehr die Auseinandersetzung in der Sache, sondern die Diffamierung der Person im Vordergrund steht, die jenseits polemischer und überspitzter Kritik persönlich herabgesetzt und gleichsam an den Pranger gestellt werden soll".[137] Das Vorliegen dieser Voraussetzungen wird häufig bei satirischen Darstellungen geltend gemacht. Bei der Frage, ob es sich wirklich um Schmähkritik handelt, ist prüfungstechnisch zunächst die Trennung zwischen dem Aussagegehalt und dem vom Verfasser gewählten satirischen Gewand erforderlich, damit der eigentliche Inhalt der Satire ermittelt werden kann. Dieser Aussagekern und seine Einkleidung sind sodann gesondert daraufhin zu überprüfen, ob sie eine Kundgabe der Missachtung gegenüber der betroffenen Person beinhalten.[138] Dabei ist zu beachten, dass die satirische Einkleidung nach der Rechtsprechung anderen und in der Regel weniger strengen Prüfungsmaßstäben unterliegt, als sie für die Beurteilung des Aussagekerns gelten, weil es der Satire wesenseigen ist, mit Übertreibungen, Verzerrungen und Verfremdungen zu arbeiten.[139]
2. Beruht die Beeinträchtigung des Persönlichkeitsrechts auf der Behauptung einer Tatsache, so ist zunächst zu berücksichtigen, dass auch die *Tatsachenbehauptung mit Meinungsbezug* in den Schutzbereich des Grundrechts aus Art. 5 GG fällt.[140] Nur bewusst unwahre Tatsachenbehauptungen und solche, deren Unwahrheit bereits im Zeitpunkt der Äußerung unzweifelhaft feststeht, liegen außerhalb des Schutzbereichs. In diesem Fall kann die Verletzung des Persönlichkeitsrechts grundsätzlich nicht wegen Wahrnehmung berechtigter Interessen rechtmäßig sein.[141] Allerdings ist zu berücksichtigen, dass nicht schon jede unwahre Tatsachenbehauptung in den Schutzbereich des Persönlichkeitsrechts

---

[135]Zur Abgrenzung kann auf die insoweit gleich gelagerte Problematik im Rahmen des § 824 verwiesen werden, vgl. dazu unten C. II. 1.

[136]BVerfG NJW 1999, 1322, 1324 – Helnwein (Lesen! Der Beschwerdeführer, ein bekannter Künstler, hatte in dem zivilgerichtlichen Ausgangsverfahren zwei Vereine auf Unterlassung verklagt, weil diese ihm in einem offenen Brief an Medien und Politiker enge Verbindungen zur Scientology-Sekte vorgeworfen hatten. Soweit seine Klage abgewiesen wurde, legte der Beschwerdeführer gegen das Zivilurteil Verfassungsbeschwerde ein.); BGHZ 143, 199, 208 f.

[137]BGHZ 143, 199, 209 m. w. N.; zur Schmähkritik auch BVerfG NJW 1991, 95, 96; NJW 2004, 277, 278 m. w. N.

[138]BGHZ 143, 199, 209; BVerfG NJW 1998, 1386, 1387.

[139]BGH NJW 2004, 596, 597; siehe auch BGHZ 143, 199, 210 f.; BVerfG NJW 1998, 1386, 1387.

[140]Vgl. BVerfG NJW 1999, 1322, 1324 – Helnwein; BGHZ 132, 13, 21.

[141]BVerfG NJW 1999, 1322, 1324 – Helnwein; BGH NJW 2014, 2029 Rn. 23 f.

A. Der Anspruch aus § 823 Abs. 1

eingreift, insbesondere dann nicht, wenn die Äußerung für die soziale Identität des Betroffenen ohne Relevanz ist.[142]

3. Bei der Statuierung einer Regel, wonach die Behauptung wahrer Tatsachen regelmäßig hingenommen werden müsse, ist indes Vorsicht geboten, da sich die verbreiteten Informationen häufig auf die Privatsphäre i. S. der ersten und zweiten Fallgruppe beziehen. Gerade hier kommt die tatbestandliche Offenheit des allgemeinen Persönlichkeitsrechts zum Tragen, sodass anhand der Umstände des Einzelfalls zu entscheiden ist, ob die Mitteilung der Tatsache aufgrund der Wahrnehmung berechtigter Interessen geschieht.[143]

4. Besonders problematisch gestaltet sich die Abwägung bei der sog. Verdachtsberichterstattung, also wenn der Wahrheitsgehalt einer behaupteten Tatsache im Zeitpunkt ihrer Verbreitung zweifelhaft ist und sich die Behauptung später womöglich sogar als falsch erweist.[144] Es würde den Kommunikationsprozess und die Funktion der Presse erheblich beeinträchtigen, wenn solche Äußerungen im Nachhinein ausnahmslos mit Sanktionen belegt werden könnten.[145] Andererseits muss der von der Behauptung Betroffene davor geschützt werden, dass andere mit der Wahrheit leichtfertig umgehen. Der BGH[146] versucht, einen Ausgleich der widerstreitenden Interessen dadurch herzustellen, dass er demjenigen eine Sorgfaltspflicht auferlegt, der eine nicht erweislich wahre Tatsachenbehauptung aufstellt. Es hängt dann von der Erfüllung dieser Sorgfaltspflicht ab, ob sich der Äußernde auf die Wahrnehmung berechtigter Interessen berufen kann. Die Anforderungen hängen von den Gegebenheiten des Einzelfalls ab und richten sich beispielsweise danach, in welchem Ausmaß bereits Beweistatsachen vorliegen, die für die Wahrheit der Behauptung sprechen, welche Aufklärungsmöglichkeiten bestehen und inwieweit diese ausgeschöpft wurden, welche Bedeutung der Angelegenheit für die Öffentlichkeit zukommt und in welchem Maße der Betroffene durch die Beeinträchtigung seines Persönlichkeitsrechts belastet wird. Dabei gilt für die Medien ein strengerer Maßstab als für Privatleute, die sich ihrerseits aus den Medien informieren. Ein häufig auftretender Fall, bei dem die sog.

---

[142] BGH NJW 2006, 609 (bestätigt von BVerfG NJW 2008, 747); BGH VersR 2008, 695.

[143] Siehe zu diesem Problemkreis BVerfG NJW 1999, 1322, 1324 – Helnwein; BGH NJW 1999, 2893 (Veröffentlichung des Scheidungsgrunds eines Angehörigen des Hochadels); BVerfG NJW-RR 2007, 1191 (Berichterstattung über einen Sexualstraftäter mit voller Namensnennung anlässlich einer Mehrlingsgeburt durch dessen Ehefrau und Übernahme der Ehrenpatenschaft durch den Regierenden Bürgermeister Berlins).

[144] Zur Verteilung der Darlegungs- und Beweislast für den Wahrheitsgehalt einer Tatsachenbehauptung siehe BGH VersR 2008, 971, 972 f.

[145] BVerfG NJW 1999, 1322, 1324 – Helnwein; BGHZ 143, 199, 204.

[146] Ausf. BGH NJW 2014, 2029 Rn. 25 – 36; im Übrigen vgl. BGHZ 132, 13, 23 f.; 143, 199, 203 f.; BGH NJW 2013, 790 Rn. 25 ff.; BVerfG NJW 1999, 1322, 1324 – Helnwein; NJW 2006, 207, 210 – Stolpe.

pressemäßigen Sorgfaltsanforderungen zum Tragen kommen, betrifft die Presseberichterstattung über ein strafrechtliches Ermittlungsverfahren.[147]

5. Für das Ergebnis der Interessenabwägung ist es von ausschlaggebender Bedeutung, dass der Sinngehalt einer Äußerung, die in das Persönlichkeitsrecht eines anderen eingreift, zutreffend ermittelt wird. Insoweit ist der objektive Sinngehalt der Äußerung festzustellen. Die Rechtsprechung hat hierfür die folgenden Grundsätze aufgestellt.[148] Maßstab der Deutung ist weder die subjektive Absicht des Äußernden noch das subjektive Verständnis des Betroffenen, sondern das Verständnis eines unvoreingenommenen und verständigen Publikums. Die Deutung darf sich nicht nur auf den umstrittenen Teil der Äußerung beschränken, sondern muss den gesamten Inhalt der Äußerung einbeziehen. Neben dem Wortlaut der Äußerung sind auch die erkennbaren Begleitumstände, unter denen sie fällt, zu berücksichtigen. Können einer Äußerung nach diesen Kriterien mehrere sich nicht gegenseitig ausschließende Deutungen beigemessen werden, so ist nach neuerer Rechtsprechung des BVerfG[149] danach zu differenzieren, worauf der Äußernde in Anspruch genommen wird. Werden gegen den Äußernden zivilrechtliche Sanktionen wegen in der Vergangenheit erfolgter Äußerungen geltend gemacht, so ist bei mehrdeutigem Aussagegehalt die Deutung zugrunde zu legen, die dem in Anspruch Genommenen günstiger ist und den Betroffenen weniger beeinträchtigt. Deswegen verstößt ein die Verurteilung zum Schadensersatz, zum Widerruf oder zur Berichtigung aussprechendes zivilgerichtliches Urteil gegen Art. 5 Abs. 1 S. 1 GG, wenn der Wortlaut oder die Umstände der Äußerung eine das Persönlichkeitsrecht nicht verletzende Deutung zulassen. Würde man hingegen dem Äußernden die ihm ungünstigste Auslegung zurechnen, steht nach Ansicht des BVerfG zu befürchten, dass über die Beeinträchtigung der individuellen Meinungsfreiheit hinaus negative Auswirkungen auf die generelle Ausübung des Grundrechts der Meinungsfreiheit einträten, weil der Äußernde damit rechnen müsste, wegen einer Deutung, die den gemeinten Sinn verfehlt, mit staatlichen Sanktionen belegt zu werden. Die damit verbundene einschüchternde Wirkung könnte die freie Rede und die freie Meinungsbildung empfindlich beeinträchtigen. Soll der Äußernde hingegen auf die Unterlassung zukünftiger Äußerungen in Anspruch genommen werden, fällt bei mehrdeutigen Aussagen nach Ansicht des BVerfG der Schutz des Persönlichkeitsrechts stärker ins Gewicht (BVerfG NJW 2006, 207, 209):

---

[147]Zusammenfassend BGHZ 143, 199 = JZ 2000, 618 mit Anm. von Kübler.

[148]Vgl. BVerfG NJW 2006, 207, 208 – Stolpe; BGH NJW 2004, 598, 599.

[149]Grundlegend BVerfG NJW 2006, 207, 208 ff. – Stolpe (Das vorgehende Urteil des BGH, BGHZ 139, 95, wurde insoweit aufgehoben); NJW 2006, 3769, 3772 f.; zustimmend Hochhuth NJW 2006, 189.

> Hier ist im Rahmen der rechtlichen Zuordnung von Meinungsfreiheit und Persönlichkeitsschutz zu berücksichtigen, dass der Äußernde die Möglichkeit hat, sich in der Zukunft eindeutig auszudrücken und damit zugleich klar zu stellen, welcher Äußerungsinhalt der rechtlichen Prüfung einer Verletzung des Persönlichkeitsrechts zugrunde zu legen ist. (…) Ist der Äußernde nicht bereit, der Aussage einen eindeutigen Inhalt zu geben, besteht kein verfassungsrechtlich tragfähiger Grund, von einer Verurteilung zum Unterlassen nur deshalb abzusehen, weil die Äußerung mehrere Deutungsvarianten zulässt, darunter auch solche, die zu keiner oder nur einer geringeren Persönlichkeitsverletzung führen. Der Abwägung mit dem Persönlichkeitsrecht sind vielmehr alle nicht entfernt liegenden Deutungsvarianten zugrunde zu legen, die dieses Recht beeinträchtigen.

Dieser Grundsatz bei der Überprüfung mehrdeutiger Äußerungen in dem Fall, dass ein Anspruch auf Unterlassung künftiger Persönlichkeitsbeeinträchtigungen geltend gemacht wird, ist nicht nur auf Tatsachenaussagen begrenzt, sondern ebenso maßgeblich, wenn ein das Persönlichkeitsrecht beeinträchtigendes Werturteil infrage steht.[150]

Besondere Schwierigkeiten ergeben sich, wenn eine Äußerung zu beurteilen ist, die sich formal als Fragesatz darstellt. Da eine echte Frage selbst keine Aussage – also weder eine Tatsachenbehauptung noch ein Werturteil – beinhaltet, ist sie nicht geeignet, das Persönlichkeitsbild des Betroffenen zu verfälschen. Eine echte Frage ist dadurch gekennzeichnet, dass sie für verschiedene Antworten offen und auf die Beantwortung durch einen Dritten gerichtet ist. Erfüllt ein Fragesatz diese Voraussetzung nicht, handelt es sich um eine „rhetorische Frage", die gerade keine Frage, sondern eine Aussage darstellt, die entweder auf die Abgabe einer Tatsachenbehauptung oder eines Werturteils gerichtet ist.[151]

Die vorstehenden Maßstäbe bilden für die Lösung von Rechtsfällen eine wichtige Orientierungshilfe. Stets kommt es aber auf eine fallbezogene Abwägung an, die für die Klausurbearbeitung eingeübt werden muss. Zu diesem Zweck sei insbesondere die Lektüre der folgenden Entscheidungen empfohlen:

> *BGHZ 132, 13* (In einer Buchveröffentlichung enthaltene Verdächtigung eines Polizeibeamten, Beziehungen zur „Rotlichtszene" zu unterhalten); BGHZ 143, 199 (Verdachtsberichterstattung, Schmähkritik); BVerfG NJW 1998, 2889 (Abwägung widerstreitender Persönlichkeitsrechte sowie der Meinungsfreiheit bei öffentlicher Nennung des eigenen Namens im Fall des sexuellen Missbrauchs durch den Vater).

---

[150] BVerfG NJW 2006, 3769, 3773; kritisch Hochhuth NJW 2007, 192.
[151] BGH NJW 2004, 1034 f. unter Hinweis auf das BVerfG NJW 1992, 1442, 1443 f. Im entschiedenen Fall titelte eine Boulevard-Zeitung in großer Schrift: „U im Bett mit Caroline?" verbunden mit einem kleiner gedruckten Untertitel: „In einem Playboy-Interview antwortet er eindeutig zweideutig". Auf Klage der in früheren Jahren mit dem Unterhaltungskünstler U befreundeten Frau erkannten die Gerichte in der Schlagzeile eine Tatsachenbehauptung.

1.5.5 Rechtsträgerschaft

Das allgemeine Persönlichkeitsrecht ist grundsätzlich für natürliche Personen gedacht. Inwieweit außer diesen auch juristische Personen Träger des allgemeinen Persönlichkeitsrechts sein können, ist umstritten.

Jedenfalls juristische Personen des öffentlichen Rechts können sich nicht auf ein allgemeines Persönlichkeitsrecht berufen.[152]

Nach h. M.[153] soll demgegenüber den juristischen Personen des Privatrechts sowie den Personengesellschaften, aber auch dem rechtsfähigen und dem nicht rechtsfähigen Verein, das allgemeine Persönlichkeitsrecht grundsätzlich zustehen. Während das allgemeine Persönlichkeitsrecht bei natürlichen Personen jedoch universelle Geltung beansprucht, gewährt es den privatrechtlichen Verbänden einen begrenzten Schutz, dessen äußerer Rahmen durch den Zweck und die Aufgabe des Verbands entsprechend der Verbandssatzung abgesteckt wird.[154] Innerhalb dieses Rahmens wird der soziale Geltungsanspruch des Verbands als Arbeitgeber und als Wirtschaftsunternehmen und allgemein das (unternehmerische) Ansehen des Verbands in der Öffentlichkeit geschützt,[155] und zwar unabhängig davon, ob das Ansehen des Verbands durch eine Meinungsäußerung oder durch eine Tatsachenbehauptung betroffen ist.[156]

Unklar ist, ob bei Verbänden, deren Tätigkeit auf Gewinnerzielung gerichtet ist, der Eingriff in das Unternehmenspersönlichkeitsrecht voraussetzt, dass dieser geeignet sein muss, dem Unternehmen wirtschaftlichen Schaden zuzufügen.[157] Dafür spricht, dass die Verbandspersönlichkeit nur im Rahmen der Zweckbestimmung des Verbands geschützt wird, wozu die Gewinnerzielungsabsicht gehört. Dagegen spricht, dass eine so weitreichende Differenzierung zwischen werbenden und nicht werbenden Verbänden im Hinblick auf den Schutz des „Rufes" nicht gerechtfertigt ist. Richtig ist ein für beide Verbandstypen gleichermaßen zu beschreitender Mittelweg: Der Umstand, ob und inwieweit eine Äußerung geeignet ist, wirtschaftlichen Schaden anzurichten, ist bei der Gesamtabwägung im Rahmen der Prüfung der Rechtswidrigkeit zu berücksichtigen. Hierin besteht auch ein wesentlicher Unterschied zum Schutzniveau bei natürlichen Personen. Während sich die Verbände als „Zweckschöpfungen des Rechts"[158] eine Relativierung des Integritätsanspruchs unter Abwägung wirtschaftlicher Aspekte gefallen lassen müssen, scheidet dies bei natürlichen Personen aufgrund ihres unbedingten Selbstwerts jedenfalls im Bereich der geschützten ideellen Interessen aus. Ein weiterer

---

[152] BGH NJW 2006, 601, 620 im Fall eines katholischen Erzbistums sowie BGH NJW 2008, 2262 Rn. 28 im Falle des Bundeskriminalamts; MüKo-Rixecker Anhang zu § 12 Rn. 34.

[153] BGH NJW 1986, 2951; NJW 2008, 2110 Rn. 9; NJW 2016, 56 Rn. 27; Bamberger/Roth-Bamberger § 12 Rn. 131–133; a. A. MüKo-Rixecker Anhang zu § 12 Rn. 30 ff.

[154] BGH NJW 1986, 2951 ff.; Bamberger/Roth-Bamberger § 12 Rn. 131.

[155] BGH NJW 1986, 2951; NJW 2016, 56 Rn. 27.

[156] BGH NJW 2008, 2110 Rn. 9.

[157] In einigen Entscheidungen des BGH klingt dies an, z. B. NJW 1986, 2951, 2952; NJW 2008, 2110 Rn. 9.

[158] BGH NJW 1986, 2951.

A. Der Anspruch aus § 823 Abs. 1

Unterschied besteht darin, dass Verbänden bei Verletzung der ideellen Interessen ihrer Verbandspersönlichkeit anders als natürlichen Personen kein Anspruch auf Geldentschädigung zustehen kann.[159]

1.5.6 Konkurrenzen

Grundsätzlich ist keine Subsidiarität des Tatbestandes der Persönlichkeitsverletzung zu anderen Regelungen, die ebenfalls Persönlichkeitsrechte schützen, gegeben.[160] Stets ist aber der Grundsatz der Spezialität zu beachten. Soweit sich eine Regelung als abschließend versteht, kann daneben nicht ein Anspruch aus § 823 Abs. 1 in Betracht kommen.[161]

1.5.7 Die Ansprüche bei Verletzung des allgemeinen Persönlichkeitsrechts

Zum Schutz des allgemeinen Persönlichkeitsrechts können dem Betroffenen eine Reihe von Ansprüchen zur Seite stehen.[162] Diese Ansprüche setzen in jedem Falle einen rechtswidrigen Eingriff in das allgemeine Persönlichkeitsrecht voraus.[163] Weitere Voraussetzungen können sich aus der jeweiligen Anspruchsgrundlage ergeben. Da insoweit z. T. Besonderheiten zu beachten sind, werden diese Ansprüche schon im Zusammenhang mit der Rechtsgutverletzung erörtert.

(1) Ersatz des materiellen Schadens. Führt die Beeinträchtigung des Persönlichkeitsrechts dazu, dass der Verletzte eine Vermögenseinbuße erleidet, so ist dieser materielle Schaden gem. § 823 Abs. 1 i. V. m. §§ 249 ff. zu ersetzen, wenn dem Verletzer auch ein Verschulden zur Last fällt. Allerdings ist zu differenzieren, da die Rechtsprechung das Persönlichkeitsrecht in ideelle und vermögenswerte Bestandteile aufspaltet. Verletzt der Schädiger die vermögenswerten Bestandteile des Persönlichkeitsrechts, so kann bereits diese Verletzung unmittelbar zu einer Vermögenseinbuße unter dem Gesichtspunkt einer entgangenen Lizenzgebühr und damit zu einem materiellen Schaden führen.[164] Demgegenüber führt die Verletzung der ideellen Bestandteile des Persönlichkeitsrechts nicht unmittelbar zu einem materiellen Schaden. Jedoch können Folgeschäden entstehen, die ihrerseits den für materielle Schäden geltenden Regeln unterfallen. Wehrt sich der Verletzte gegen den Eingriff z. B. durch „Gegenmaßnahmen", sind diese zu ersetzen, wobei allerdings auf die Erforderlichkeit zu achten ist.[165] Bei den möglichen Schadenspositionen ist insbesondere auch an den Verdienstausfall zu denken. Wird das

---

[159] BGH NJW 1980, 2807, 2810; MüKo-Rixecker Anhang zu § 12 Rn. 3a.

[160] In diesem Sinne auch Larenz/Canaris SBT 2 § 80 I 6.

[161] Vgl. BGHZ 80, 311, 319 zu Regelungen des Bundesdatenschutzgesetzes.

[162] Ansprüche aus ungerechtfertigter Bereicherung bleiben hier außer Betracht.

[163] Zur Bewertung des Rechtswidrigkeitsmerkmals beim Unterlassungs- und Beseitigungsanspruch siehe näher unten VII 2.2. und 2.4.

[164] Siehe nachfolgend unter (3).

[165] Vgl. BGHZ 66, 182 (Anzeigenkampagne in überregionaler Tageszeitung).

Ansehen einer Person öffentlich beschädigt, kann dies nämlich dazu führen, dass der davon Betroffene kündigungsbedingt seinen Arbeitsplatz verliert oder arbeitsunfähig wird, weil er den enormen seelischen Belastungen körperlich nicht standzuhalten vermag.[166]

(2) Ersatz des immateriellen Schadens. Die Anerkennung des allgemeinen Persönlichkeitsrechts verfolgt in erster Linie ein ideelles Anliegen (Wert und Achtung des Menschen). Deshalb lassen sich die Nachteile, die aus einer Verletzung des Persönlichkeitsrechts resultieren können, mit der an ökonomischen Gegebenheiten orientierten Kategorie des Vermögensschadens nur höchst unvollkommen einfangen. Eine Norm, derzufolge im Falle der Persönlichkeitsverletzung auch der Schaden zu ersetzen ist, der kein Vermögensschaden ist (immaterieller Schaden), existiert indes nicht. Der BGH stand deshalb schon kurz nach seiner Leserbriefentscheidung vor der Frage, ob bei einer Verletzung des allgemeinen Persönlichkeitsrechts oder auch eines sich darauf gründenden besonderen Persönlichkeitsrechts entgegen § 253 BGB der Ersatz des immateriellen Schadens begehrt werden kann.

BGHZ 26, 349 (Herrenreiter): K, Mitinhaber einer Brauerei, betätigt sich als Herrenreiter auf Turnieren. B ist Herstellerin eines pharmazeutischen Präparats, das nach der Vorstellung weiter Bevölkerungskreise auch der Hebung der sexuellen Potenz dient. Zur Werbung für dieses Mittel hat sie ohne Einwilligung des K ein Plakat verbreitet, auf dem K in der Pose des Herrenreiters abgebildet ist. K verlangt von B Schadensersatz.

Die Vorinstanz hatte B gem. § 823 Abs. 2 i. V. m. § 22 KUG unter dem Gesichtspunkt der entgangenen Lizenzgebühr zum Ersatz des entstandenen materiellen Schadens verurteilt. Der BGH ist dem nicht gefolgt. K sah sich nämlich durch die Plakataktion in eine demütigende und lächerliche Lage gebracht, in die er durch den Abschluss eines Lizenzvertrages nicht eingewilligt hätte. Der BGH verneint es deswegen, dass dem K ein Vermögensschaden zugefügt worden sei.[167] K gehe es vielmehr um eine Genugtuung für die erlittene Persönlichkeitsminderung, also einen immateriellen Schaden. Zu dessen Ersatzfähigkeit führt der BGH aus (S. 356):

> Nachdem nunmehr das Grundgesetz einen umfassenden Schutz der Persönlichkeit garantiert ... und damit die Auffassung des ursprünglichen Gesetzgebers des Bürgerlichen Gesetzbuches, es gäbe kein bürgerlichrechtlich zu schützendes allgemeines Persönlichkeitsrecht, berichtigt hat und da ein Schutz der „inneren Freiheit" ohne das Recht auf Ersatz auch immaterieller Schäden weitgehend unwirksam wäre, würde es eine nicht erträgliche Missachtung dieses Rechts darstellen, wollte man demjenigen, der in der Freiheit der Selbstentschließung über seinen persönlichen Lebensbereich verletzt ist, einen Anspruch auf Ersatz des hierdurch hervorgerufenen immateriellen Schadens versagen. (...) Bei Beeinträchtigungen der vorliegenden Art ... kann der nach dem Grundgesetz gebotene wirksame Rechtsschutz, solange es an einer gesetzlichen Sonderregelung fehlt,

---

[166] BGH NJW 1997, 1148, 1150; Müller VersR 2000, 797, 801.
[167] BGHZ 26, 349, 352 f.; vgl. MüKo-Rixecker, Anh. zu § 12 Rn. 36.

A. Der Anspruch aus § 823 Abs. 1

tatsächlich nur durch ihre Einbeziehung in die in § 847 BGB[168] angeführten Verletzungstatbestände erzielt werden, weil ihre Schadensfolgen auf Grund der Natur des angegriffenen Rechtsguts zwangsläufig in erster Linie auf immateriellem Gebiet liegen.

Inwieweit die Aussage im Herrenreiterurteil, ein Anspruch auf Ersatz materiellen Schadens scheide bei fehlender Lizenzbereitschaft des Verletzten aus, zukünftig noch Bestand haben wird, ist durch die Entscheidung des I. Zivilsenats des BGH vom 26.10.2006 zweifelhaft geworden (dazu ausführlich nachfolgend unter [3]). Dies ändert aber nichts an der grundlegenden Bedeutung des Herrenreiterurteils als Ausgangspunkt der Rechtsprechung zum Ersatz des immateriellen Schadens bei Persönlichkeitsrechtsverletzungen. In weiteren Entscheidungen hat der BGH seine diesbezügliche Rechtsprechung fortentwickelt. Besonders wichtig ist, dass der BGH die zur Begründung des Ersatzanspruchs herangezogene Analogie zu § 847 a. F. aufgegeben hat und nunmehr eine „Geldentschädigung" gem. § 823 Abs. 1 i. V. m. Art. 1 und 2 GG zubilligt.[169] Bei dieser Neuorientierung handelt es sich nicht lediglich um Rechtskosmetik. Der BGH hat dem auf eine neue Anspruchsgrundlage gestützten Entschädigungsanspruch nicht nur eine Genugtuungsfunktion, sondern offen auch eine Präventionsfunktion attestiert.[170] Dies hat Folgen für die Höhe der beanspruchbaren Geldentschädigung. An sich müsste die Entschädigung, um einen präventiven, von der Rechtsverletzung abschreckenden Effekt zu erreichen, so bemessen werden, dass sie für den Störer „fühlbar" wird. Wie weit diese Maxime in einzelnen Fallgestaltungen wirklich trägt, welchen Einschränkungen sie unterliegt und wie sie sich zur Genugtuungsfunktion verhält, bleibt für die Praxis abzuwarten. Jedenfalls bei rücksichtsloser Zwangskommerzialisierung der Persönlichkeit eines Menschen wirkt sich der Präventionsgedanke anspruchserhöhend aus:

BGH NJW 1996, 984: Die Klägerin (Caroline von Monaco) hat die Beklagte auf Zahlung einer Geldentschädigung in Höhe von DM 100.000 verklagt, weil diese in der von ihr herausgegebenen Wochenzeitschrift in einem Beitrag den Eindruck erweckt habe, die Klägerin leide an Brustkrebs. Die Vorinstanz hatte lediglich ein Schmerzensgeld in Höhe von DM 15.000 zugesprochen, weil ein höherer Betrag über die für ein Schmerzensgeld maßgebliche Ausgleichs- und Genugtuungsfunktion hinausgehe.

Die Vorinstanz ist unzutreffenderweise von einer Begründung des Anspruchs aus § 847 a. F. analog ausgegangen. Sie hat damit den für die Schmerzensgeldbemessung

---

[168] § 847 ist durch das Zweite Gesetz zur Änderung schadensersatzrechtlicher Vorschriften vom 19.07.2002 aufgehoben und durch die umfassende Regelung in § 253 Abs. 2 ersetzt worden; ausführlich hierzu 7. Kap. A.

[169] Vgl. BGHZ 128, 1, 14 f. – Erfundenes Exklusivinterview; BGH NJW 1996, 984, 985.

[170] BGHZ 128, 1,15; BGH NJW 1996, 984, 985; hierzu Prinz NJW 1996, 953 ff.; entgegen kritischer Stimmen aus der Literatur hat der BGH in einer grundlegenden Entscheidung seine Rspr. verteidigt, siehe BGH NJW 2005, 215, 216 f. m. w. N.; jüngst wieder BGH NJW 2014, 2029 Rn. 38; zum unterschiedlichen Zweck der Geldentschädigung bei Persönlichkeitsrechtsverletzungen einerseits und des „Schmerzensgeldes" andererseits siehe BGH VersR 2006, 673, 674.

maßgeblichen Ausgleichsgedanken einschränkend berücksichtigt, obwohl dieser bei der zutreffenden Anspruchsgrundlage aus § 823 Abs. 1 i. V. m. Art. 1 und 2 GG zugunsten des Präventionsgedankens zurücktritt. Der BGH meint vor diesem Hintergrund, dass der von der Klägerin verlangte Betrag nicht den Rahmen dessen übersteige, was zu einer wirksamen Prävention als angemessen in Betracht komme (S. 985).

> Im Streitfall wäre die Klägerin ... ohne eine für die Beklagte fühlbare Geldentschädigung einer rücksichtslosen Zwangskommerzialisierung ihrer Persönlichkeit weitgehend schutzlos ausgeliefert. „Fühlbar" in diesem Sinne ist eine Geldentschädigung entgegen der Auffassung des BerGer. aber *nicht* schon dann, wenn sie in der der Klägerin zuerkannten Höhe unmittelbar den Gewinn der Beklagten schmälert, vielmehr ist sie erst dann geeignet, den aus dem Persönlichkeitsrecht des Opfers heraus gebotenen Präventionszweck zu erreichen, wenn sie der Höhe nach ein Gegenstück auch dazu bildet, dass hier das Persönlichkeitsrecht zum Zwecke der Gewinnerzielung verletzt worden ist. Das bedeutet zwar ... nicht, dass eine „Gewinnabschöpfung" vorzunehmen ist, wohl aber dass ... im Fall einer rücksichtslosen Vermarktung einer Persönlichkeit wie hier die Erzielung von Gewinnen aus der Rechtsverletzung als Bemessungsfaktor in die Entscheidung über die Höhe der Geldentschädigung mit einzubeziehen ist. In solchen Fällen muss von der Höhe der Geldentschädigung ein echter Hemmungseffekt ausgehen; als weiterer Bemessungsfaktor kann die Intensität der Persönlichkeitsrechtsverletzung berücksichtigt werden.

Die rücksichtslose Zwangskommerzialisierung einer Persönlichkeit ist bislang die einzige Fallgruppe, bei der der BGH anerkannt hat, dass die Präventionsfunktion der Geldentschädigung im Vordergrund steht, sodass von der Höhe der Entschädigung ein echter Hemmungseffekt ausgehen muss. Im Übrigen betont der BGH, dass bei der Abwägung der Einzelfallumstände zur Bemessung der Geldentschädigung diese nicht eine Höhe erreichen darf, die die Pressefreiheit unverhältnismäßig einschränkt.[171]

Der Anspruch auf Geldentschädigung aus § 823 Abs. 1 i. V. m. Art. 1 und 2 GG unterscheidet sich von dem „gewöhnlichen" deliktischen Anspruch nicht nur dadurch, dass er den Ersatz immaterieller Schäden erfasst, sondern auch dadurch, dass er über das Verschuldenserfordernis hinaus weiteren einschränkenden Tatbestandsmerkmalen unterliegt. Erstens löst nicht schon eine geringfügige, sondern nur eine *schwerwiegende Verletzung* des allgemeinen Persönlichkeitsrechts einen Anspruch auf Geldentschädigung aus. Ob dies der Fall ist, hängt insbesondere von der Bedeutung und Tragweite des Eingriffs, von Anlass und Beweggrund des Handelnden sowie von dem Grad des Verschuldens ab.[172] Und zweitens setzt der Entschädigungsanspruch auch voraus, dass die Beeinträchtigung nicht in anderer Weise befriedigend ausgeglichen werden kann, z. B. weil ein Widerruf

---

[171] BGH NJW 2014, 2029 Rn. 38, 49.

[172] Grundlegend BGHZ 35, 363, 368 f. – Ginseng; seither st. Rspr., siehe insbes. BGH NJW 2014, 2029 Rn. 38 ff.; im Übrigen vgl. BGHZ 132, 13, 27; BGHZ 143, 214, 218; BGH NJW 1996, 985, 986; NJW 2005, 215, 217; NJW 2012, 1728 Rn. 15; bestätigt durch BVerfG NJW 2004, 591, 592; siehe auch Erman-Klass Anh. zu § 12 Rn. 316.

ausgeschlossen ist oder unzureichend wäre.[173] Die zuletzt genannte Voraussetzung liegt insbesondere auch dann vor, wenn das Persönlichkeitsrecht durch die ungenehmigte Veröffentlichung von Bildern der Person verletzt worden ist.[174] Denn ohne den Anspruch auf Geldentschädigung bliebe die Rechtsverletzung sanktionslos: Ein auf Beseitigung gerichteter Anspruch wie er z. B. bei einer das Persönlichkeitsrecht verletzenden Äußerung in Form eines Widerrufs möglich ist, scheidet bei einer bereits veröffentlichten Fotografie aus. Der Anspruch auf Unterlassung schützt nur vor zukünftig drohenden Persönlichkeitsrechtsverletzungen, sanktioniert aber nicht die bereits geschehene Rechtsgutverletzung.

Da sich bei Verletzungen des Persönlichkeitsrechts der Anspruch auf immateriellen Schadensersatz aus § 823 Abs. 1 i. V. m. Art. 1 und 2 GG ergibt, wird dieser Anspruch von der Aufhebung des § 847 durch das Zweite Gesetz zur Änderung schadensersatzrechtlicher Vorschriften nicht berührt. Fraglich ist, ob bei Verletzungen des Persönlichkeitsrechts § 253 Abs. 2 analog anzuwenden ist, sodass der Ersatz des immateriellen Schadens insbesondere auch im Rahmen der Vertragshaftung geltend gemacht werden kann.[175] Dagegen spricht an sich, dass gemäß § 253 Abs. 1 der Ersatz eines immateriellen Schadens nur in den gesetzlich bestimmten Fällen verlangt werden kann, das allgemeine Persönlichkeitsrecht aber in § 253 Abs. 2 nicht genannt ist.[176] Allerdings hat sich der BGH schon einmal über die in § 253 Abs. 1 enthaltene Beschränkung der Ersatzfähigkeit immaterieller Schäden hinweggesetzt. Es ist daher nicht auszuschließen, dass der BGH unter dem Gesichtspunkt eines effektiven Schutzes der Persönlichkeit den Entschädigungsanspruch auf die Vertragshaftung ausdehnen wird, beispielsweise dann, wenn es entscheidend auf die Anwendung des § 278 ankommen sollte.

Nach Ansicht des BGH ist der Geldentschädigungsanspruch, der bei einer schweren Persönlichkeitsverletzung in Betracht kommt, nicht vererblich, weil bei diesem Anspruch regelmäßig der Genugtuungsgedanke im Vordergrund stehe und dieser Zweck nicht mehr erreicht werden kann, wenn der Verletzte stirbt, bevor sein Entschädigungsanspruch erfüllt worden ist.[177]

(3) Schadensersatz bei der Verletzung vermögenswerter Interessen des Persönlichkeitsrechts. Gemäß § 823 Abs. 1 ist derjenige zum Schadensersatz verpflichtet, der unbefugt den Namen, die Stimme, das Bild oder ein sonstiges Merkmal einer regelmäßig prominenten Person verbreitet und dadurch die *vermögenswerten* Bestandteile des allgemeinen Persönlichkeitsrechts beeinträchtigt. Da es um die Verletzung eines Vermögenswerts geht, ist der Anspruch von vornherein auf den Ersatz eines materiellen Schadens gerichtet. Er unterliegt deshalb nicht den

---

[173]St. Rspr. des BGH, z. B. BGHZ 143, 214, 218; NJW 2005, 215, 217; NJW 2014, 2029 Rn. 43 f.; bestätigt durch BVerfG NJW 2004, 591, 592; zu Fällen, in denen die Widerrufsmöglichkeit als unzulänglich bewertet wurde siehe BGHZ 128, 1, 16; BGHZ 132, 13, 29.

[174]BGH NJW 2005, 215, 216, 217.

[175]Befürwortend Däubler JuS 2002, 625, 627.

[176]MüKo-Oetker § 253 Rn. 27.

[177]BGH NJW 2014, 2871 m. N. zum Streitstand; a. A. Staake/von Bressensdorf JuS 2015, 777, 780.

besonderen Einschränkungen, die bei dem Entschädigungsanspruch aus § 823 Abs. 1 i. V. m. Art. 1 und 2 GG zu beachten sind. Die Berechnung des Schadens wird dadurch erleichtert, dass der Anspruchsteller eine angemessene Vergütung unter dem Gesichtspunkt der entgangenen Lizenzgebühr verlangen kann,[178] auf die auch bereicherungsrechtlich (Eingriffskondiktion) ein verschuldensunabhängiger Anspruch besteht.[179]

Da der Anspruch nur dann entsteht, wenn der Störer in die vermögenswerten Bestandteile des Persönlichkeitsrechts eingegriffen hat, kann im Einzelfall die Abgrenzung zu dem die ideellen Interessen verteidigenden Schutzbereich problematisch werden. Entscheidend ist deshalb, unter welchen Voraussetzungen man einem Bestandteil des Persönlichkeitsrechts Vermögenswert zuerkennt. Im Herrenreiterurteil[180] hatte der BGH den Anspruch auf materiellen Schadensersatz an die Lizenzbereitschaft des Geschädigten geknüpft. Ist der Geschädigte nicht bereit, bestimmte Aspekte seiner Persönlichkeit durch den Abschluss eines Lizenzvertrages zu vermarkten, kann auch nicht angenommen werden, dass ihm als Schaden eine fiktive Lizenzgebühr entgangen ist. Gerade deswegen ist der BGH im Herrenreiterurteil auf die Ersatzfähigkeit des immateriellen Schadens ausgewichen. Von dieser Rechtssprechung ist der I. Zivilsenat des BGH abgewichen:

> *BGH NJW 2007, 689:* Der Kläger war Bundesfinanzminister und trat von diesem Amt wenige Monate nach seiner Ernennung zurück. Die Beklagte, ein Unternehmen, warb ohne Einwilligung des Klägers in einer Tageszeitung mit einer Großanzeige, welche die Porträtaufnahmen der 16 Mitglieder der Bundesregierung einschließlich des Klägers zeigte. Das Bild des Klägers war durchgestrichen. Der Werbeslogan lautete: „S. verleast auch Autos für Mitarbeiter in der Probezeit." Der Kläger hat die Beklagte auf Zahlung einer fiktiven Lizenzgebühr in Höhe von rund 125.000 € in Anspruch genommen.

Die Beklagte hat sich gegen ihre Inanspruchnahme damit verteidigt, dass der Kläger wegen des für Bundesminister geltenden Verbots anderer besoldeter Tätigkeiten gem. Art. 66 GG und aus Gründen der politischen Glaubwürdigkeit an der eigenen kommerziellen Verwertung seines Bildnisses gehindert gewesen sei. Der BGH hält dies unter Aufgabe des Herrenreiterurteils für unerheblich:

> Die unbefugte kommerzielle Nutzung eines Bildnisses stellt einen Eingriff in den vermögensrechtlichen Zuweisungsgehalt des Rechts am eigenen Bild wie auch des allgemeinen Persönlichkeitsrechts dar und begründet grundsätzlich – neben dem Verschulden voraussetzenden Schadensersatzanspruch – einen Anspruch aus Eingriffskondiktion auf Zahlung der üblichen Lizenzgebühr. (…) Wer das Bildnis eines Dritten unberechtigt für kommerzielle Zwecke ausnutzt, zeigt damit, dass er ihm einen wirtschaftlichen Wert beimisst. An der damit geschaffenen vermögensrechtlichen Zuordnung muss sich der Verletzer

---

[178]Grundlegend BGHZ 20, 345, 352 ff.; zuletzt BGHZ 143, 214, 232; vgl. auch Staudinger-Hager § 823 Rn. C 290; zur Schadensberechnung s. auch Staake/von Bressensdorf JuS 2015, 777, 778.

[179]BGH NJW 2009, 3032 Rn. 34; NJW 2013, 793 Rn. 41 ff. – Gunter Sachs.

[180]Dazu ausführlich oben unter (2).

A. Der Anspruch aus § 823 Abs. 1

festhalten lassen und einen der Nutzung entsprechenden Wertersatz leisten. Dies gilt unabhängig davon, ob der Abgebildete bereit und in der Lage gewesen wäre, die Abbildung gegen Zahlung einer angemessenen Lizenzgebühr zu gestatten; denn der Zahlungsanspruch fingiert nicht eine Zustimmung des Betroffenen, er stellt vielmehr den Ausgleich für einen rechtswidrigen Eingriff in eine dem Betroffenen ausschließlich zugewiesene Dispositionsbefugnis dar. Soweit sich der Rechtsprechung des BGH entnehmen lässt, dass ein Schadens- oder Bereicherungsausgleich auf der Grundlage einer angemessenen Lizenzgebühr ein grundsätzliches Einverständnis des Abgebildeten mit der Vermarktung seines Rechts am eigenen Bild voraussetze, wird daran nicht festgehalten.[181]

Dieses Urteil hat Zustimmung[182], aber auch Widerspruch erfahren. Gegen die Entscheidung wird in Anlehnung an das Herrenreiterurteil insbesondere eingewandt, dass ohne die Lizenzbereitschaft des Rechtsträgers ein Vermögenswert nicht entstehen kann. Dem Rechtsträger die Befugnis zur Entscheidung über die Kommerzialisierung seines Persönlichkeitsrechts abzusprechen und anderen Mächten zu übertragen, sei mit dem Wesen des Persönlichkeitsrechts und der Menschenwürde nicht zu vereinbaren.[183]

Folgt man der Ansicht des I. Zivilsenats, dass ein Schadensersatzanspruch bei einer unbefugten kommerziellen Nutzung von Persönlichkeitsmerkmalen auch ohne grundsätzliche Lizenzbereitschaft des Verletzten in Betracht kommt, stellt sich die Frage, in welchem Verhältnis der Anspruch auf materiellen Schadensersatz zu dem auf immateriellen Schadensersatz steht. Richtigerweise hat der Verletzte dann ein Wahlrecht, welchen Schaden er liquidieren will. Ein Vorrang des Anspruchs auf materiellen Schadensersatz wäre nicht zu begründen und würde seinerseits einen rechtswidrigen staatlichen Eingriff in das Persönlichkeitsrecht des Betroffenen darstellen.

Auch soweit Ansprüche wegen der Verletzung vermögenswerter Bestandteile des Persönlichkeitsrechts zu prüfen sind, hat der BGH wiederholt die Eigenart des Persönlichkeitsrechts als eines Rahmenrechts betont, dem es an einem absoluten Schutzbereich fehlt, sodass der Schutzumfang jeweils durch eine Abwägung mit den schutzwürdigen Interessen der anderen Seite bestimmt werden muss.[184] Die Feststellung, dass ein bestimmter Aspekt des Persönlichkeitsrechts „an sich" einen Vermögenswert hat, genügt also nicht, um an den Eingriff in diesen Vermögenswert Rechtsfolgen, insbesondere Schadensersatzansprüche, zu knüpfen. Vielmehr muss anhand einer Güter- und Interessenabwägung geprüft werden, inwieweit mit dem Vermögenswert ein Dritte ausschließender Zuweisungsgehalt verbunden ist und der Eingriff in die vermögenswerten Bestandteile des Persönlichkeitsrechts gerechtfertigt sein kann. Bei der Abwägung kommt es vor allem darauf an, ob die regelmäßig bekannte Persönlichkeit ohne ihren Willen für die Geschäftsinteressen

---

[181] BGH NJW 2007, 689 Rn. 12; seither st.Rspr., vgl. BGH NJW 2013, 793 Rn. 42 – Gunter Sachs.
[182] Balthasar NJW 2007, 664 f.; siehe auch Müller VersR 2008, 1141, 1152 f.
[183] Helle JZ 2007, 444, 449.
[184] BGH NJW 2007, 684, 685– Kinski; NJW 2007, 689, 690 f.

eines anderen dienstbar gemacht wird, insbesondere für Zwecke der Werbung missbraucht wird, oder ob es um eine Berichterstattung geht, die dem Schutz der Meinungs- und Pressefreiheit unterliegt.[185]

(4) Unterlassung und Widerruf. Droht eine Verletzung des Persönlichkeitsrechts – etwa aufgrund einer angekündigten Presseveröffentlichung –, so kann der Störer auf Unterlassung dieser Rechtsverletzung in Anspruch genommen werden. Grundlage des Unterlassungsanspruchs ist eine Analogie zu den §§ 12 S. 2, 862 Abs. 1 S. 2, 1004 Abs. 1 S. 2. Der Anspruch setzt kein Verschulden voraus, wohl aber, dass eine Beeinträchtigung des Persönlichkeitsrechts „zu besorgen" ist. Es muss also mit hinreichend großer Wahrscheinlichkeit entweder eine Erstbegehungs- oder Wiederholungsgefahr angenommen werden können. Der Anspruch kann sich sowohl auf die Unterlassung drohender Werturteile richten als auch auf Tatsachenbehauptungen abzielen.[186]

Der Widerrufsanspruch analog §§ 12 S. 1, 862 Abs. 1 S. 1, 1004 Abs. 1 S. 1 ist dagegen auf die Beseitigung einer fortdauernden Beeinträchtigung des Persönlichkeitsrechts gerichtet.[187] Er kommt in Betracht, wenn unwahre Tatsachen über eine Person verbreitet worden sind.[188] Abträgliche Werturteile werden dagegen vom Widerrufsanspruch generell nicht erfasst.[189] Der Widerrufsanspruch setzt kein Verschulden voraus. Auf die Probleme, die mit der Bestimmung des beanspruchbaren Inhalts des Widerrufs und der Form seiner Veröffentlichung verbunden sind, kann hier nur hingewiesen werden.[190]

1.5.8 Der postmortale Schutz der Persönlichkeit

Bei dem allgemeinen Persönlichkeitsrecht handelt es sich um ein höchstpersönliches Rechtsgut. Auf den ersten Blick liegt es deshalb nahe, den Schutz dieses Rechtsguts an die Existenz des Rechtsträgers zu binden. Dies hätte insbesondere zur Folge, dass das Persönlichkeitsrecht mit dem Tod des Menschen unterginge. Die Rechtsprechung hat es bei einer solchen, sich stark an Rechtsbegriffen („höchstpersönliches Recht", „Rechtsfähigkeit") orientierenden Betrachtungsweise nicht belassen. Sie geht davon aus, dass die durch das allgemeine Persönlichkeitsrecht geschützten Persönlichkeitsgüter auch nach dem Tode ihres Inhabers

---

[185]BGH NJW 2007, 684, 685 f. – Kinski; NJW 2007, 689, 690 f.; NJW 2013, 793 Rn. 14 ff. – Gunter Sachs; siehe auch BGH NJW-RR 1995, 789; NJW 1996, 593, 594 f.; Müller VersR 2008, 1141, 1153 f.

[186]Näheres zu den Voraussetzungen des Unterlassungsanspruchs bei Seyfarth NJW 1999, 1287, 1288 ff.

[187]BGHZ 128, 1, 6; z. T. abweichend Seyfarth NJW 1999, 1287, 1293.

[188]Staudinger-Hager § 823 Rn. C 273 ff., dort auch zur Frage des Widerrufs von Behauptungen, deren Unwahrheit nicht feststeht.

[189]H. M., Seyfarth NJW 1999, 1287, 1293.

[190]Näheres bei Erman-Klass Anh. zu § 12 Rn. 297 ff.; MüKo-Rixecker Anh. zu § 12 Rn. 299 ff.; zu den Mängeln der hergebrachten Rechtsbehelfe bei Verletzung des Persönlichkeitsrechts durch die Medien und zur Entwicklung eines medienrechtlichen Rückrufanspruchs siehe Paschke/Busch NJW 2004, 2620 ff.

A. Der Anspruch aus § 823 Abs. 1

zu beachten sind, da andernfalls die Wertentscheidung des Grundgesetzes nicht ausreichend zur Geltung käme.[191] Dies wirft – von rechtskonstruktiven Problemen ganz abgesehen – eine Reihe von Fragen auf, insbesondere welches Rechtssubjekt sich zur Verteidigung der fremden Persönlichkeitsgüter aufschwingen darf und welche Einschränkungen sich für den Schutz dieser Persönlichkeitsgüter daraus ergeben, dass der ursprüngliche Träger des Persönlichkeitsrechts nicht mehr existiert. Die Beantwortung dieser Fragen hängt entscheidend davon ab, ob es um den Schutz ideeller Interessen der verstorbenen Person oder um die vermögenswerten Bestandteile des Persönlichkeitsrechts geht.

(1) Postmortaler Schutz ideeller Interessen. Soweit das Persönlichkeitsrecht dem Schutz ideeller Interessen dient, ist es unauflöslich an die Person ihres Trägers gebunden und daher weder übertragbar noch vererblich.[192] Ein postmortaler Schutz dieser Interessen ist deswegen nur dadurch zu erreichen, dass eine andere Person zwar die Befugnis erhält, Ansprüche wegen Verletzung des Persönlichkeitsrechts geltend zu machen, aber selbst nicht Träger des verletzten Rechts wird. Da der Erbe als solcher diese Person nicht sein kann, ist als Wahrnehmungsberechtigter in erster Linie der vom Verstorbenen zu Lebzeiten Berufene anzusehen; ferner kommen in Analogie zu § 22 S. 3 und 4 KUG die nahen Angehörigen des Verstorbenen in Betracht.[193]

In sachlicher Hinsicht unterliegt die Rechtsverfolgung mehreren Einschränkungen.

- Zum Schutz des allgemeinen Wert- und Achtungsanspruchs des Verstorbenen, insbesondere seines fortwirkenden Lebensbildes, kann der Wahrnehmungsberechtigte zwar Unterlassungs- und Beseitigungsansprüche geltend machen, nicht aber den auf Geldentschädigung gerichteten Anspruch aus § 823 Abs. 1 i. V. m. Art. 1 und 2 GG.[194]
- Der postmortale Persönlichkeitsschutz währt nicht zeitlich unbegrenzt. Seine Dauer hängt letztlich von den Umständen des Einzelfalls ab. Insoweit kommt es vor allem auf die Intensität der Beeinträchtigung sowie die Bekanntheit und die Bedeutung des Persönlichkeitsbildes des Verstorbenen an.[195] Im Fall Emil Noldes hielt der BGH einen Persönlichkeitsschutz auch noch 30 Jahre nach dem Tod des Malers für berechtigt.
- Schließlich legen die Formulierungen einiger Urteile den Schluss nahe, dass der BGH den postmortalen Schutz des fortbestehenden Wert- und Achtungsanspruchs – zumindest im Grundsatz – auf schwerwiegende Verletzungen beschränkt sieht.[196]

---

[191] BGHZ 50, 133, 138 f. – Mephisto.
[192] BGHZ 50, 133, 137 – Mephisto; BGHZ 143, 214, 220 – Marlene Dietrich.
[193] Grundlegend BGHZ 50, 133, 139 f. – Mephisto.
[194] BGH NJW 1974, 1371; NJW 2006, 605, 606 f.
[195] BGHZ 107, 384, 392 f. – Emil Nolde.
[196] BGHZ 50, 133; BGHZ 107, 384, 391; BGHZ 143, 214, 223; ausdrücklich OLG Düsseldorf NJW-RR 2000, 321.

Auf der Ebene des Schutzbereichs ist zu beachten, dass infolge des Tods des ursprünglichen Rechtsträgers der dynamische Prozess der Persönlichkeitsentfaltung als Schutzgut ausscheidet. Das postmortale Persönlichkeitsrecht schützt die Person unter dem Aspekt der Menschenwürde gem. Art. 1 Abs. 1 GG, aber nicht mehr unter dem Aspekt der Handlungsfreiheit gem. Art. 2 Abs. 1 GG:

> Postmortal geschützt wird zum einen der allgemeine Achtungsanspruch, der dem Menschen als solchem zusteht, zum anderen der sittliche, personale und soziale Geltungswert, den die Person durch ihre eigene Lebensleistung erworben hat. Steht fest, dass eine Handlung das postmortale Persönlichkeitsrecht beeinträchtigt, ist zugleich ihre Rechtswidrigkeit geklärt. Der Schutz kann nicht etwa im Zuge einer Güterabwägung relativiert werden.[197]

(2) Postmortaler Schutz der vermögenswerten Bestandteile des Persönlichkeitsrechts. In dem *Marlene-Dietrich-Urteil*[198] hat der BGH ausdrücklich entschieden, dass die vermögenswerten Bestandteile des Persönlichkeitsrechts vererblich sind.[199] Da der Erbe Inhaber der vermögenswerten Bestandteile des Persönlichkeitsrechts wird, wirft die Frage der „Wahrnehmungsberechtigung" anders als bei den ideellen Bestandteilen keine besonderen Probleme auf.

Werden die auf den Erben übergegangenen vermögenswerten Bestandteile des Persönlichkeitsrechts unbefugt den Geschäftsinteressen Dritter dienstbar gemacht, so kann der Erbe aus eigenem Recht auf Unterlassung und Widerruf klagen. Darüber hinaus kann der Erbe Ersatz des materiellen Schadens insbesondere unter dem Gesichtspunkt einer entgangenen fiktiven Lizenzgebühr verlangen. Dadurch unterscheidet sich die Beeinträchtigung der vermögenswerten Bestandteile des postmortalen Persönlichkeitsrechts von Eingriffen in dessen ideellen Schutzbereich, bei denen die h. M. einen Anspruch auf immateriellen Schadensersatz versagt. Nach Ansicht des BGH wäre „es unbillig, den durch die Leistungen des Verstorbenen geschaffenen und in seinem Bildnis, seinem Namen oder seinen sonstigen Persönlichkeitsmerkmalen verkörperten Vermögenswert nach seinem Tode dem Zugriff eines jeden beliebigen Dritten Preis zu geben, statt diesen Vermögenswert seinen Erben oder Angehörigen oder anderen Personen zukommen zu lassen".[200] Deswegen hängt der Anspruch des Erben auf materiellen Schadensersatz nach ganz h. M. auch nicht davon ab, ob der Verstorbene zu seinen Lebzeiten vermarktungs- und lizenzbereit gewesen wäre, zumal der Erbe bei der Verletzung vermögenswerter Bestandteile des Persönlichkeitsrechts anders als der Verstorbene zu seinen Lebzeiten keine Wahlmöglichkeit hat, immateriellen Schadensersatz zu verlangen.

---

[197] BGH NJW 2009, 751 Rn. 16.

[198] BGHZ 143, 214; siehe dazu bereits oben unter 1.5.3.; vgl. auch die dieses Urteil bestätigenden Entscheidungen des BGH in NJW 2000, 2201 und NJW 2002, 2317; aus verfassungsrechtlicher Sicht BVerfG NJW 2006, 3409.

[199] Kritisch zu diesem Urteil Schack JZ 2000, 1060 ff.

[200] BGH NJW 2006, 605, 607; BGHZ 143, 214, 224 – Marlene Dietrich.

Die Rechtsstellung des Erben ist aber nicht nur dadurch gekennzeichnet, dass er sich gegen die rechtswidrige Verletzung seiner ererbten Vermögenswerte zur Wehr setzen kann, sondern auch und vor allem dadurch, dass er die nach dem Tode des Erblassers (fort) bestehenden Vermarktungsmöglichkeiten aktiv nutzen darf. Die Rechtsmacht des Erben über die vermögenswerten Bestandteile des Persönlichkeitsrechts besteht allerdings nicht uneingeschränkt. Da sich die Befugnisse des Erben vom Träger des Persönlichkeitsrechts ableiten, dürfen diese nicht gegen den erklärten oder mutmaßlichen Willen des Erblassers eingesetzt werden, insbesondere kann der Erbe die Persönlichkeit des Verstorbenen nicht aktiv vermarkten, wenn sich letzterer zu Lebzeiten gegen eine solche Selbstvermarktung ausgesprochen hat.[201] Außerdem ist an den Fall zu denken, dass der Erbe nicht zugleich auch befugt ist, die ideellen Bestandteile des Persönlichkeitsrechts wahrzunehmen. Der Erbe bedarf dann der Zustimmung der wahrnehmungsberechtigten Person, sofern sich seine Maßnahmen auf die ideellen Interessen auswirken.[202]

Ob und inwieweit der Schutz für die vermögenswerten Bestandteile des postmortalen Persönlichkeitsrechts zeitlich begrenzt ist, ist umstritten. Nach Ansicht des BGH erlischt der Schutz in entsprechender Anwendung der Frist gem. § 22 S. 3 KUG nach Ablauf von 10 Jahren.[203]

1.5.9 Das Recht am eigenen Bild als besondere Ausprägung des allgemeinen Persönlichkeitsrechts

Das Recht am eigenen Bild ist eine gesetzlich besonders ausgeformte Fallgruppe des allgemeinen Persönlichkeitsrechts. Die Flut höchstrichterlicher Rechtsprechung in diesem Bereich ist kaum noch überschaubar. Das beweist die enorme praktische Relevanz des Rechts am eigenen Bild. Die Unterhaltungspresse bedient sich im großen Stil der Fotografien prominenter Personen, um zusammen mit belanglosen Begleittexten aus der Privatsphäre dieser Personen die Neugier des Publikums gleichermaßen zu wecken wie zu befriedigen. In den letzten Jahren haben sich die davon betroffenen bekannten Persönlichkeiten zunehmend gegen die Verletzung ihres Privatheitsanspruchs zur Wehr gesetzt, zumal die veröffentlichten Fotografien ohne ihr Wissen und häufig aus weiter Distanz heimlich angefertigt wurden.

Die Verletzung des Rechts am eigenen Bild fällt häufig mit einer Beeinträchtigung der (insbesondere räumlichen) Privatsphäre des Abgebildeten zusammen. Gleichwohl müssen beide Aspekte des Persönlichkeitsrechts auseinander gehalten werden. Wie das Bundesverfassungsgericht[204] ausgeführt hat, gewährleistet das Recht am eigenen Bild dem Einzelnen Einfluss- und Entscheidungsmöglichkeiten,

---

[201] BGHZ 143, 214, 226 – Marlene Dietrich; BGH NJW 2007, 684, 685 – Kinski; Helle JZ 2007, 444, 452.
[202] BGHZ 143, 214, 226 f. – Marlene Dietrich.
[203] BGH NJW 2007, 684, 685 f. m. w. N. – Kinski.
[204] BVerfG NJW 2000, 1021, 1022.

soweit es um die Anfertigung und Verwendung von Fotografien seiner Person durch andere geht. Das Schutzbedürfnis ergibt sich vor allem aus der Möglichkeit, das Erscheinungsbild eines Menschen in einer bestimmten Situation von diesem abzulösen, datenmäßig zu fixieren und jederzeit vor einem unüberschaubaren Personenkreis zu reproduzieren. Demgegenüber bezieht sich der Schutz der Privatsphäre aufgrund des allgemeinen Persönlichkeitsrechts auf Umstände und Ereignisse, die entweder wegen ihres Informationsgehalts als *persönlich* gelten (Tagebuchnotizen, Krankheiten, Sexualität usw.) oder bei denen sich der Betroffene bewusst aus der Öffentlichkeit zurückgezogen hat, um in einem Raum örtlicher Abgeschiedenheit für sich zu sein. Bei dem Recht am eigenen Bild und dem Schutz der Privatsphäre handelt es sich also um unterschiedliche Schutzrichtungen, die nicht miteinander vermengt werden dürfen.

Das Recht am eigenen Bild ist im KUG, insbesondere in den §§ 22, 23 KUG geregelt.[205] Danach vollzieht sich der Schutz des Einzelnen vor einer Verbreitung ihn betreffender Bildnisse auf drei Stufen (so genanntes „abgestuftes Schutzkonzept"[206]):

Auf der ersten Stufe bestimmt § 22 KUG, dass Bildnisse nur mit Einwilligung des Abgebildeten verbreitet oder öffentlich zur Schau gestellt werden dürfen.

Auf der zweiten Stufe regelt § 23 Abs. 1 KUG, dass unter bestimmten Voraussetzungen Bildnisse auch ohne Einwilligung verbreitet werden dürfen, und zwar gem. Nr. 1 dieser Regelung insbesondere dann, wenn es sich um „Bildnisse aus dem Bereiche der Zeitgeschichte" handelt.

Auf der dritten Stufe bestimmt § 23 Abs. 2 KUG, dass sich die Befugnis zur Verbreitung und Schaustellung ohne Einwilligung des Abgebildeten nicht auf Bildnisse erstreckt, deren Verbreitung und Schaustellung ein berechtigtes Interesse des Abgebildeten verletzen würde. Auf die Prüfung der dritten Stufe kommt es aber nur dann an, wenn man auf der zweiten Stufe die Voraussetzungen bejaht hat, unter denen ausnahmsweise die Verbreitung eines Bildnisses ohne Einwilligung des Abgebildeten zulässig ist.[207]

Bei der gerichtlichen Anwendung dieses abgestuften Schutzkonzepts ist durch das Urteil des EGMR vom 24.06.2004 ein bedeutender Meilenstein in Richtung auf einen größeren Schutz der Persönlichkeit gesetzt worden:

EGMR NJW 2004, 2647 ff.; vorgehend BVerfG NJW 2000, 1021 ff.; BGHZ 131, 332 ff.:
Die Klägerin, Caroline von Hannover, ist die älteste Tochter des zwischenzeitlich verstorbenen Regierenden Fürsten Rainier Romain III. von Monaco. Die Beklagte ist Verlegerin mehrerer Erzeugnisse der Unterhaltungspresse. Gegenstand des Verfahrens vor dem EGMR waren noch zahlreiche Fotoaufnahmen, mit denen verschiedene Presseartikel über die Klägerin bebildert waren: Ein Foto zeigte die Klägerin beim Reiten auf einer Pferdekoppel, auf weiteren Fotos war die Klägerin zu sehen, als sie Einkäufe macht, ein Restaurant besucht, auf dem Markt einkaufen geht und sich im Skiurlaub in Österreich befindet.

---

[205]Zur Entstehungsgeschichte s. o. 1.5.1.

[206]Siehe z. B. BGH NJW 2007, 1977, 1978; Anwendung dieses Schutzkonzepts im Rahmen einer Fallbearbeitung Staake/von Bressensdorf JuS 2015 683, 687.

[207]BGH NJW 2007, 1977, 1980.

A. Der Anspruch aus § 823 Abs. 1

> Weitere Fotografien zeigten die Klägerin zusammen mit dem Prinzen Ernst-August von Hannover, als sie die Wohnung der Klägerin bei Paris verlassen, zusammen Tennis spielen und ihre Fahrräder abstellen. Sämtliche Fotografien wurden heimlich und teilweise aus großer Entfernung angefertigt.

Die Klägerin hat die Beklagte darauf verklagt, es zu unterlassen, die in der Zeitschrift der Beklagten abgedruckten Fotografien erneut zu veröffentlichen. Der BGH hat die Klage insoweit abgewiesen. Nach Ansicht des BVerfG war die Klageabweisung aus spezifisch verfassungsrechtlichen Gründen nicht zu beanstanden. In Übereinstimmung mit der h. M. differenzierten beide Gerichte bei der Anwendung des § 23 Abs. 1 Nr. 1 KUG (zweite Stufe des abgestuften Schutzkonzepts) danach, ob die von der Veröffentlichung einer Fotografie betroffene Person eine „absolute" oder „relative" Person der Zeitgeschichte war. Absolute Personen der Zeitgeschichte ragen unabhängig von einzelnen Ereignissen aufgrund ihres Status und ihrer Bedeutung aus der Allgemeinheit heraus und befinden sich deshalb dauerhaft im Blickpunkt der Öffentlichkeit. Bei Fotografien mit ihrem Abbild handelte es sich nach früher h. M. schon deswegen um „Bildnisse aus dem Bereiche der Zeitgeschichte".[208] Im Unterschied hierzu treten relative Personen der Zeitgeschichte nur im Zusammenhang mit einem bestimmten Ereignis in das Blickfeld der Öffentlichkeit, weshalb diese Personen gem. § 23 Abs. 1 Nr. 1 KUG ohne ihre Einwilligung nur im Zusammenhang mit diesem Ereignis abgebildet werden dürfen.[209] Da die Klägerin nach Ansicht des BGH eine absolute Person der Zeitgeschichte war, durften ihre Bildnisse gem. § 23 Abs. 1 Nr. 1 KUG ohne ihre Einwilligung veröffentlicht werden. Auf der dritten Stufe war demnach gem. § 23 Abs. 2 KUG nur noch darüber zu befinden, ob die Veröffentlichung der Fotografien gegen ein berechtigtes Interesse der Klägerin verstieß. Dies verneinte der BGH mit dem Argument, die Fotografien würden die Klägerin nicht an einem Ort der Abgeschiedenheit zeigen, an den sich die Klägerin habe zurück ziehen wollen, vielmehr habe sich die Klägerin selbst in die Öffentlichkeit begeben und sei damit ein Teil dieser Öffentlichkeit geworden.[210]

Nach Auffassung des EGMR verletzt das deutsche Recht in dieser Auslegung Art. 8 EMRK, jedenfalls soweit es um den Schutzanspruch so genannter „absoluter Personen der Zeitgeschichte" geht. Nach Ansicht des EGMR ist entscheidend (S. 2650 f.),

> dass im vorliegenden Fall die Veröffentlichung der umstrittenen Fotos und Artikel nur die Neugier eines bestimmten Publikums über das Privatleben der Beschwerdeführerin befriedigen wollte und trotz des hohen Bekanntheitsgrades der Beschwerdeführerin nicht als Beitrag zu irgendeiner Diskussion von allgemeinem Interesse für die Gesellschaft angesehen werden kann. Unter diesen Umständen ist die Freiheit der Meinungsäußerung weniger weit auszulegen …

---

[208] BVerfG NJW 2000, 1021, 1025; BGHZ 131, 332, 336 f.; BGH NJW 2007, 1977, 1978; Schulz/Jürgens JuS 1999, 770, 771, m. w. N.
[209] BGH NJW 2007, 1977, 1978; Schuz/Jürgens JuS 1999, 770, 771.
[210] BGHZ 131, 338 ff., 343.

Der Schutz des Privatlebens aber ist von grundlegender Bedeutung für die Entfaltung der Persönlichkeit eines jeden, ein Schutz, der, wie schon gesagt, über den intimen Kreis der Familie hinausgeht und auch eine soziale Dimension hat. Jede Person, selbst wenn sie in der Öffentlichkeit bekannt ist, muss eine berechtigte Erwartung auf Schutz und Achtung ihres Privatlebens haben können ...

Die im vorliegenden Fall von den deutschen Gerichten angewandten Kriterien[211] reichten daher nicht aus, das Privatleben der Beschwerdeführerin wirksam zu schützen. Als ‚absolute' Person der Zeitgeschichte kann sie – wegen der Pressefreiheit und des Interesses der Öffentlichkeit – Schutz ihres Privatlebens nur in Anspruch nehmen, wenn sie sich in örtlicher Abgeschiedenheit befindet, unter Ausschluss der Öffentlichkeit, und wenn es ihr außerdem gelingt, dies zu beweisen, was schwierig sein kann. Sie muss es hinnehmen, dass man sie fast zu jeder Zeit systematisch fotografiert und die Aufnahmen anschließend weiterverbreitet, selbst wenn sich die Fotos und die Begleittexte, wie im vorliegenden Fall, ausschließlich auf Einzelheiten ihres Privatlebens beziehen. ... Wie oben festgestellt, muss der entscheidende Umstand bei dem Ausgleich, der zwischen dem Schutz des Privatlebens und der Freiheit der Meinungsäußerung herzustellen ist, der Beitrag sein, den die veröffentlichten Fotoaufnahmen und Artikel zu einer Diskussion von allgemeinem Interesse leisten. Im vorliegenden Fall aber fehlte es an einem solchen Beitrag, da die Beschwerdeführerin keine offiziellen Aufgaben wahrnimmt und die umstrittenen Fotos und Artikel sich ausschließlich auf Einzelheiten ihres Privatlebens beziehen. Die Öffentlichkeit hat trotz der allgemeinen Bekanntheit der Beschwerdeführerin auch kein berechtigtes Interesse daran, zu wissen, wo sie sich befindet und wie sie sich allgemein in ihrem Privatleben verhält, selbst wenn sie sich an Orten aufhält, die man nicht immer als abgeschieden bezeichnen kann.

Diesem Urteil des EGMR ist zuzustimmen. Nach der Rechtsprechung des BGH waren prominente Persönlichkeiten Freiwild der Paparazzi, sofern sich der Prominente nur irgendwie in der Öffentlichkeit bewegte und sich nicht in eine örtliche Abgeschiedenheit zurückgezogen hatte. Diese Fehlentwicklung der Rechtsprechung beruhte darauf, dass dogmatisch nicht hinreichend zwischen dem Recht am eigenen Bild als besonderem Persönlichkeitsrecht und dem Schutz der (räumlichen) Privatsphäre aufgrund des allgemeinen Persönlichkeitsrechts als solchem unterschieden wurde. Für die Frage, ob der Schutzbereich des allgemeinen Persönlichkeitsrechts betroffen ist, spielt es eine entscheidende Rolle, ob in die Privatsphäre des Beeinträchtigten eingegriffen worden ist, wobei sich die Privatsphäre über den häuslichen Bereich hinaus jedenfalls auch auf Räume örtlicher Abgeschiedenheit erstrecken kann.[212] Demgegenüber verfolgt das Recht am eigenen Bild einen eigenständigen speziellen Schutzzweck, nämlich dem Einzelnen Einfluss- und Entscheidungsmöglichkeiten hinsichtlich der Anfertigung und Veröffentlichung von Bildnissen seiner Person zu gewährleisten. Für diesen Schutzzweck ist es jedoch unerheblich, ob die Bildnisse ohne Einwilligung des Abgebildeten in der Öffentlichkeit oder in Räumen örtlicher Abgeschiedenheit angefertigt werden.[213]

---

[211]Damit nimmt der EGMR Bezug auf den Begriff der „absoluten Personen der Zeitgeschichte" sowie auf das Merkmal der „örtlichen Abgeschiedenheit".

[212]S. o. 1.5.3.

[213]So BVerfG NJW 2000, 1021, 1022, ohne jedoch die hieraus gebotenen Konsequenzen zum Schutz des Persönlichkeitsrecht zu ziehen.

Der BGH hat in mehreren Folgeentscheidungen das Urteil des EGMR aufgegriffen. Wesentliche Konsequenz ist, dass Bildnisse so genannter absoluter Personen der Zeitgeschichte nicht per se dem „Bereiche der Zeitgeschichte" gem. § 23 Abs. 1 Nr. 1 KUG unterfallen, sondern nur dann, wenn eine Abwägung der widerstreitenden Rechte der abgebildeten Person einerseits und der Presse andererseits ergibt, dass eine Zuordnung des Bildnisses zum Bereich der Zeitgeschichte gerechtfertigt ist.[214] Der Begriff „absolute Person der Zeitgeschichte" ist damit seiner Rechtsbedeutung entkleidet. Vielmehr kommt es nach der neuen Rechtsprechung des BGH auf den in § 23 Abs. 1 Nr. 1 KUG verwendeten Begriff des Zeitgeschehens an.[215] Der Schutz des Rechts am eigenen Bild kann daher nicht allein deswegen versagt werden, weil sich der Abgebildete bei seiner Ablichtung in der Öffentlichkeit bewegt hat. Im Einzelnen sind bei der Prüfung des Rechts am eigenen Bild folgende Kriterien entscheidend[216]:

- *Erste Prüfungsstufe (§ 22 KUG):* Liegt für die Verbreitung eines Bildnisses die Einwilligung des Berechtigten vor?
- *Zweite Prüfungsstufe (§ 23 Abs. 1 Nr. 01 KUG):* Darf das Bildnis ausnahmsweise ohne Einwilligung des Berechtigten verbreitet werden, weil es sich um ein Bildnis aus dem Bereich der Zeitgeschichte handelt?[217]
Ausschlaggebend für die Auslegung dieses Ausnahmetatbestands ist der Begriff der Zeitgeschichte. Der Begriff darf nicht eng verstanden werden. Er umfasst nicht nur Vorgänge von historisch-politischer Bedeutung, sondern alle Fragen von allgemeinem gesellschaftlichen Interesse. Zur Entscheidung der Frage, ob ein Bildnis dem Bereich des Zeitgeschehens zugeordnet werden kann, muss eine Interessenabwägung zwischen dem Informationsinteresse der Öffentlichkeit und der Presse- und Meinungsfreiheit einerseits und dem Interesse des Abgebildeten an dem Schutz seiner Privatsphäre andererseits stattfinden. Dabei ist zu berücksichtigen, dass die Presse einen ausreichenden Spielraum besitzen muss, innerhalb dessen sie nach ihren eigenen publizistischen Kriterien entscheiden kann, was öffentliches Interesse beansprucht, sodass sich ggf. erst im Meinungsbildungsprozess herausstellt, was eine Angelegenheit von öffentlichem Interesse ist. Andererseits ist es unumgänglich, den Informationswert eines veröffentlichten Bildnisses zu gewichten, um beurteilen zu können, ob der mit der Veröffentlichung verbundene Eingriff in die Privatsphäre des Betroffenen gerechtfertigt ist. Das ergibt sich ohne weiteres aus § 23 Abs. 1 Nr. 1 KUG, demzufolge ein Informationswert von „zeitgeschichtlicher" Bedeutung vorhanden sein muss. Bei der Gewichtung des Informationswerts der Abbildung ist die zugehörige Wortberichterstattung zu berücksichtigen.

---

[214] BGH NJW 2007, 1977, 1978; NJW 2008, 749, 750 f.
[215] BGH NJW 2008, 749, 750; NJW 2008, 3134, Rn. 15 ff.
[216] BGH NJW 2007, 1977, 1979 f., bestätigt von BVerfG JZ 2008, 627 ff.
[217] Im Folgenden nach BGH NJW 2007, 1977, 1980; NJW 2008, 3134 Rn. 15 f.; NJW 2009, 754 Rn. 11 ff.

- *Dritte Prüfungsstufe (§ 23 Abs. 2 KUG):* Ist die Verbreitung des Bildnisses, obwohl es der Zeitgeschichte zuzuordnen ist, ohne Einwilligung des Berechtigten unzulässig, weil dadurch die berechtigten Interessen des Abgebildeten verletzt werden?

Auf dieser dritten Prüfungsstufe werden einseitig die Interessen des Abgebildeten in den Vordergrund gerückt. Da die Abwägung der gegenläufigen Interessen zwischen dem Informationsrecht der Presse und dem Informationsbedürfnis der Allgemeinheit einerseits und der Privatsphäre des Abgebildeten andererseits schon auf der zweiten Stufe, also bei der Prüfung der zeitgeschichtlichen Bedeutung i. S. d. § 23 Abs. 1 Nr. 1 KUG erfolgt, ist davon auszugehen, dass eine Bildveröffentlichung wohl nur in besonderen Ausnahmefällen wegen entgegenstehender berechtigter Interessen des Abgebildeten gem. § 23 Abs. 2 KUG nicht in Betracht kommt. Nach der Rechtsprechung könnte hier von Bedeutung sein, ob und inwieweit die Aufnahme unter Ausnutzung von Heimlichkeit oder von technischen Mitteln zustande gekommen ist.[218]

Dieses am Wortlaut des KUG orientierte Schutzkonzept ist in der Sache zwar richtig, aber in seiner Prüfungsreihenfolge nicht stimmig. Denn systematisch wäre die dritte Stufe vor der zweiten Stufe zu prüfen. Wenn nämlich berechtigte Interessen des Abgebildeten einer Verbreitung des Bildnisses auch dann entgegenstehen, wenn es sich um ein Bildnis aus dem Bereich der Zeitgeschichte handelt, erübrigt sich die Prüfung der zweiten Stufe.

1.6 Das Recht am eingerichteten und ausgeübten Gewerbebetrieb
1.6.1 Begriff und Funktion

Das Recht am eingerichteten und ausgeübten Gewerbebetrieb ist eine Schöpfung der Rechtsprechung. Deshalb liegt es nahe, zu den Ursprüngen dieser Entwicklung zurückzugehen:

> *RGZ 58, 24:* Für die Beklagte waren in der Gebrauchsmusterrolle drei Gebrauchsmuster[219] eingetragen. Deshalb untersagte die Beklagte dem Kläger die Nachbildung ihrer Gebrauchsmuster. Außerdem schickte sie Warnschreiben an zwei Webemeister des Klägers. Die Klägerin stellte daraufhin die Herstellung (von Juteplüsch) ein. Die Klägerin stützt ihren Schadensersatzanspruch darauf, dass die Gebrauchsmuster zur Zeit ihrer Anmeldung bereits allgemein bekannt gewesen und deshalb nicht gebrauchsmusterschutzfähig gewesen seien.

Der Kläger hat hier ohne Frage durch die Produktionseinstellung einen Vermögensschaden erlitten. Dieser ist aber nach § 823 Abs. 1 nur ersatzfähig, wenn er

---

[218] BGH NJW 2007, 1977, 1981.

[219] Nach § 1 GebrMG werden als Gebrauchsmuster Erfindungen geschützt, die neu sind, auf einem erfinderischen Schritt beruhen und gewerblich anwendbar sind.

A. Der Anspruch aus § 823 Abs. 1

Folge einer Rechtsgutverletzung ist. Eine Verletzung des Eigentums oder der Freiheit war nicht gegeben.[220] Wohl lag auch kein vorsätzliches Handeln seitens der Beklagten vor, sodass ein Anspruch aus § 826 ausschied. Als – im Gesetz nicht genanntes – Rechtsgut kam das Recht am eingerichteten und ausgeübten Gewerbebetrieb in Betracht. Hierzu äußert das RG (S. 29 f.):

> Denn dass, im Gegensatze zu der rechtlichen Möglichkeit, ein Gewerbe zu betreiben, wie sie der § 1 GewO allgemein gewährt, an dem bereits eingerichteten und ausgeübten Gewerbebetrieb ein subjektives Recht anzuerkennen sei, das unmittelbar verletzt werden könne, ist schon in mehreren Entscheidungen verschiedener Senate angenommen worden (Anm. d. Verf.: das RG zitiert sodann einige Urteile, aus denen sich ergab, dass „der Gewerbebetrieb Gegenstand der Rechtsverfolgung nach § 823 Abs. 1 BGB sein kann") ... Der erkennende Senat glaubt sich grundsätzlich auf den gleichen Boden stellen zu sollen. Dadurch, dass es sich bei dem bestehenden selbstständigen Gewerbebetriebe nicht bloß um die freie Willensbetätigung des Gewerbetreibenden handelt, sondern dieser Wille darin bereits seine gegenständliche Verkörperung gefunden hat, ist die feste Grundlage für die Annahme eines subjektiven Rechts an diesem Betriebe gegeben. Störungen und Beeinträchtigungen, welche sich unmittelbar gegen den Gewerbebetrieb richten, dürfen deshalb als eine unter § 823 Abs. 1 fallende Rechtsverletzung angesehen werden. Ein derartiger, gegen den Gewerbebetrieb selbst gerichteter Eingriff ist es offenbar, wenn aufgrund eines angeblich entgegenstehenden gewerblichen Schutzrechts die rechtliche Zulässigkeit dieses Betriebs in bestimmtem Umfange verneint und deshalb seine Einschränkung verlangt wird.

Aus dieser Entscheidung wird die Funktion der Anerkennung eines Rechts am Gewerbebetrieb[221] deutlich. Überwunden werden soll die Enge des Ersatzes reiner Vermögensschäden, die durch das System der §§ 823 Abs. 1 und Abs. 2, 826 bedingt ist.[222] Seit dem Constanze-Urteil[223] ist auch in der ständigen Rechtsprechung des BGH das Recht am Gewerbebetrieb als absolutes Recht im Sinne des § 823 Abs. 1 anerkannt.[224] Die Literatur stand der Entwicklung meist skeptisch gegenüber. Zum Teil wird die Notwendigkeit der Anerkennung des Rechts am Gewerbebetrieb verneint.[225]

Durch den Vorlagebeschluss des I. Senats BGH vom 12. Aug. 2004[226] an den Großen Senat schien Bewegung in der Rechtsprechung zur Frage zu kommen, ob eine unbegründete Verwarnung aus einem Kennzeichenrecht bei schuldhaftem

---

[220] Zu Recht verneinend RGZ 58, 24, 27 f.
[221] In der Folge wird der Einfachheit halber abgekürzt vom Recht am Gewerbebetrieb gesprochen.
[222] Kötz/Wagner Rn. 164; Larenz/Canaris SBT 2 § 81 I 1 a.
[223] BGHZ 3, 270.
[224] Vgl. zu dieser Rechtsprechung auch Schmidt JuS 1993, 985 ff.
[225] Vgl. etwa Medicus/Petersen BR Rn. 614. Eine umfassende und grundsätzliche Kritik haben Larenz/Canaris SBT 2 § 81 II vorgelegt. Die Argumente sind gewichtig und überzeugend. Für die Annahme eines absoluten Rechtes fehle es an der Zuweisungs- und Ausschlussfunktion. Anhand der von der Rechtsprechung anerkannten und entwickelten Hauptgruppen werde festgestellt, dass kein Bedürfnis für ein Recht am Gewerbebetrieb bestehe. Deshalb wird zu einer Rückkehr zum BGB-Modell aufgefordert und eine Lösung über § 826 angestrebt (§ 81 IV 1).
[226] BGH NJW 2004, 3322.

Handeln wie bisher als rechtswidriger Eingriff in den eingerichteten und ausgeübten Gewerbebetrieb gem. § 823 Abs. 1 zu werten ist oder ob sich eine Schadensersatzpflicht – falls § 826 nicht eingreift – nur aus dem Recht des unlauteren Wettbewerbs (§§ 3, 4 Nr. 1, 8, und 10; § 9 UWG) ergibt. Der Entscheidung lag folgender Sachverhalt zugrunde:

> *BGH NJW 2004, 3322:* Die Klägerin verlangte gegenüber der Beklagten nach erfolgloser Abmahnung die Abgabe einer strafbewehrten Unterlassungserklärung, weil sie der Auffassung war, deren Strahlregler verletzten ihre Klagemarken. Die Beklagte wies diese Forderung als unberechtigt zurück, beantragte beim Deutschen Patent- und Markenamt die Löschung der Klagemarken und beanspruchte schließlich im Rahmen einer Widerklage die Kosten der tatsächlich erfolgten Löschung. Diese Kosten seien ein durch die unberechtigte Schutzrechtsverwarnung verursachter Schaden.

Der Große Senat wurde angerufen, weil der I. und der X. Zivilsenat des BGH in der Rechtsfrage, ob bei (unbegründeten) Schutzrechtsverwarnungen ein Eingriff in den eingerichteten und ausgeübten Gewerbebetrieb vorliegt, unterschiedlicher Ansicht sind:

Der I. Zivilsenat wollte an der Jutepl üsch-Rechtsprechung nicht mehr festhalten und begründete dies damit, dass eine Behinderung, die sich aus der rechtmäßigen Ausübung von Schutzrechten ergeben, grundsätzlich wettbewerbskonform und dementsprechend von dem betroffenen Mitbewerber hinzunehmen sei. Ebenso sei die gerichtliche und außergerichtliche Geltendmachung von Ansprüchen aus Schutzrechten, auch wenn sich diese (letztlich) als unbegründet erweisen, grundsätzlich nicht rechtswidrig. Wer ein staatliches, gesetzlich eingerichtetes und geregeltes Verfahren einleite und betreibe, greife bei subjektiver Redlichkeit nicht rechtswidrig in ein geschütztes Gut seines Verfahrensgegners ein, auch wenn sein Begehren sachlich nicht gerechtfertigt sei und dem anderen Teil aus dem Verfahren über dieses hinaus Nachteile erwüchsen.

Der X. Zivilsenat hat sich demgegenüber dafür ausgesprochen, an der ständigen höchstrichterlichen Rechtsprechung festzuhalten. Insbesondere im Hinblick auf die Abnehmerverwarnung sei diese Haftung unerlässlich, um zu verhindern, dass die gesetzlichen Grenzen des Schutzes von Patenten und anderen Schutzrechten von deren Inhaber vorsätzlich oder fahrlässig zulasten des freien Wettbewerbs ausgedehnt würden und der Schutzrechtsinhaber hieraus nahezu risikolosen Gewinn ziehen könne.

Der Große Senat[227] hat sich für die Beibehaltung der Rechtsprechung ausgesprochen und erneut auf folgenden entscheidenden Gesichtspunkt hingewiesen, dem nach wie vor Rechnung zu tragen ist:

> Das dem Schutzrechtsinhaber verliehene Ausschließlichkeitsrecht schließt jeden Wettbewerber von der Benutzung des nach Maßgabe der jeweiligen gesetzlichen Vorschriften definierten Schutzgegenstandes aus. Diese einschneidende, die Freiheit des Wettbewerbs begrenzende Wirkung des Ausschließlichkeitsrechts verlangt nach einem Korrelat, welches sicherstellt, dass der Wettbewerb nicht über die objektiven

---

[227] BGH NJW 2005, 3141.

A. Der Anspruch aus § 823 Abs. 1

Grenzen hinaus eingeschränkt wird, durch die das Gesetz den für schutzfähig erachteten Gegenstand und seinen Schutzbereich bestimmt. Dieser notwendige Ausgleich zwischen dem durch Art. 14 GG verfassungsrechtlich geschützten Interesse des Schutzrechtsinhabers, sein Recht geltend machen zu können, und dem gleichfalls als Ausfluss der allgemeinen Handlungsfreiheit durch das Grundgesetz geschützten Interesse des Wettbewerbs, sich außerhalb des Schutzbereichs bestehender Rechte unter Beachtung der Gesetzes frei entfalten zu können, wäre nicht mehr wirksam gewährleistet, wenn es dem Schutzrechtsinhaber gestattet wäre, aus einem Schutzrecht Schutz in einem Umfang zu beanspruchen, der ihm nicht zusteht, und wenn er den wirtschaftlichen Nutzen aus einer schuldhaften Verkennung des Umfangs des ihm zustehenden Schutzes ziehen dürfte, ohne für einen hierdurch verursachten Schaden seiner Mitbewerber einstehen zu müssen.

1.6.2 Inhalt des Rechts am Gewerbebetrieb

Mit Kötz/Wagner könnte man die mit dem Recht am Gewerbebetrieb geschaffene Generalklausel wie folgt zusammenfassen[228]: „Wer einem anderen im kaufmännischgewerblichen Verkehr in rechtswidriger und schuldhafter Weise einen Schaden zufügt, ist dem anderen zum Ersatze des Schadens verpflichtet". Die Autoren weisen aber sofort darauf hin, dass eine solche Formulierung für sich genommen nichtssagend ist. Bei einem offenen Tatbestand wie dem Recht am Gewerbebetrieb kommt es darauf an, über die Reichweite des deliktischen Schutzes und die Verhaltensweisen eine Verständigung herbeizuführen, die eine Verletzung des Rechts am Gewerbebetrieb darstellen sollen. Dies geschieht in mehreren Schritten.

Um den Anwendungsbereich des Rechts am Gewerbebetrieb zu begrenzen, wird dieses als Auffangtatbestand verstanden.[229] Denn das Recht am Gewerbebetrieb soll nur bestehende Haftungslücken ausfüllen. Diese Subsidiarität des Anspruchs ist richtigerweise so zu verstehen, dass andere Regelungen nicht unterlaufen werden dürfen und diese im Zweifel als Lex specialis anzusehen sind.[230] Deshalb sind Eingriffe in den Gewerbebetrieb, die aus Gründen des Wettbewerbs erfolgen, ausschließlich nach den einschlägigen wettbewerbsrechtlichen Vorschriften zu beurteilen.[231] In diesem Falle darf nicht ergänzend auf das Recht am Gewerbebetrieb zurückgegriffen werden. Die klausurtechnische Umsetzung dieses Prinzips bedeutet, dass vorrangig immer andere Anspruchsgrundlagen geprüft werden müssen, z. B. die Verletzung des Eigentums nach § 823 Abs. 1 oder die Kreditschädigung nach § 824. Eine Ausnahme von diesen Grundsätzen will der BGH bei vorsätzlichen Eingriffen in den Gewerbebetrieb machen. Hier ist § 826

---

[228] Kötz/Wagner, Deliktsrecht 9. Aufl. 2001, Rn. 84.
[229] BGHZ 36, 252, 256 f.; 69, 128, 138: „Der Schutz des eingerichteten und ausgeübten Gewerbebetriebs bildet allerdings einen „Auffangtatbestand", der nur zur Anwendung kommen soll, wenn andere Schutzvorschriften nicht durchgreifen". Zuletzt wieder BGHZ 138, 311, 315.
[230] So zutreffend Larenz/Canaris SBT 2 § 81 I IV a.
[231] Vgl. MüKo-Wagner § 823 Rn. 260 mit Rechtsprechungsnachweisen.

nicht als Spezialnorm anzusehen, vielmehr darf eine Beurteilung des Anspruchs anhand von § 823 Abs. 1 vorgenommen werden.[232]

Zur Konkretisierung und Präzisierung des Rechts am Gewerbebetrieb verlangt die Rechtsprechung einen *betriebsbezogenen Eingriff* in einen *Gewerbebetrieb*. Gewerbebetrieb definiert der BGH wie folgt:

> Unter dem Begriff des Gewerbebetriebes im Sinne des § 823 Abs. 1 BGB ist alles das zu verstehen, was in seiner Gesamtheit den Gewerbebetrieb zur Entfaltung und Betätigung in der Wirtschaft befähigt, also nicht nur Betriebsräume und -grundstücke, Maschinen und Gerätschaften, Einrichtungsgegenstände und Warenvorräte, sondern auch Geschäftsverbindungen, Kundenkreis und Außenstände. Durch den dem eingerichteten und ausgeübten Gewerbetrieb von der Rechtsprechung gewährten und nach und nach erweiterten Schutz soll das Unternehmen in seiner wirtschaftlichen Tätigkeit, in seinem Funktionieren vor widerrechtlichen Eingriffen bewahrt bleiben ... . Das Recht am Unternehmen ist dabei nicht auf Gewerbebetriebe im handelsrechtlichen Sinn beschränkt, sondern steht auch den Angehörigen freier Berufe zu.[233]

Es wird deutlich, dass der Begriff des Gewerbebetriebs im zivilrechtlichen Kontext des § 823 Abs. 1 letztlich weit zu fassen und eher zweckgerichtet zu begreifen ist.[234]

Das Kriterium des betriebsbezogenen Eingriffs hat der BGH eingehend anhand der Entscheidung BGHZ 29, 65 entwickelt.[235] Da der BGH zu Recht das Vorliegen einer Eigentumsverletzung verneint hatte, war der Weg für eine Prüfung des Falles unter dem Gesichtspunkt der Verletzung des Rechts am Gewerbebetrieb frei. Bei der Beurteilung der Frage verweist der BGH zunächst auf die Rechtsprechung des Reichsgerichts. Dieses hatte den Schadensersatzanspruch daran geknüpft, dass ein Eingriff in den *Bestand des Gewerbebetriebs* vorlag, d. h. der Betrieb tatsächlich behindert, seine Unzulässigkeit behauptet oder seine Einschränkung oder Einstellung gefordert wurde. Ferner reichten Handlungen nicht aus, die den Gewerbebetrieb nur mittelbar schädigten, z. B. der Entzug wirtschaftlichen Gewinns oder die schädigende Einwirkung auf Lieferanten.

Im ersten Punkt folgt der BGH dem Reichsgericht nicht. Vielmehr sei unter dem Begriff des Gewerbebetriebes alles zu verstehen, was in seiner Gesamtheit den Gewerbebetrieb zur Entfaltung und Betätigung in der Wirtschaft befähigt (s.o.). Geschützt werden soll der Gewerbebetrieb in seinem Bestande *und* in seinen Ausstrahlungen, soweit es sich um gerade dem Gewerbebetrieb in seiner wirtschaftlichen und wirtschaftenden Tätigkeit wesensgemäße und eigentümliche

---

[232]Vgl. zur Begründung BGHZ 69, 128, 138 f.

[233]BGH NJW 2012, 2579, 2580 (im Fall ging es um einen Sporttrainer, dem wegen seiner früheren Tätigkeit für das Ministerium für Staatssicherheit von der Bundeswehr verwehrt wurde, Sportsoldaten zu trainieren).

[234]Zur öffentlich-rechtlichen Perspektive auf den Eigentumsschutz des eingerichteten und ausgeübten Gewerbebetriebs vgl. Badura AöR 1998, Heft 2, S. 11 ff.

[235]Bezüglich des Sachverhalts dieser Entscheidung siehe oben 1.3.3.

A. Der Anspruch aus § 823 Abs. 1

Erscheinungsformen und Beziehungen handelt (S. 70). Insoweit rückt der BGH von einem bloßen Bestandsschutz ab.

Festhalten will der BGH aber an dem Erfordernis des unmittelbaren Eingriffs in den Bereich des Gewerbebetriebes.[236] Den Begriff der Unmittelbarkeit bestimmt der BGH wie folgt (S. 74):

> Unmittelbare Eingriffe in das Recht am bestehenden Gewerbebetrieb... sind nur diejenigen, die irgendwie gegen den Betrieb als solchen gerichtet, also *betriebsbezogen* sind und nicht vom Gewerbebetrieb ohne weiteres ablösbare Rechte oder Rechtsgüter betreffen.

Die Frage, ob die Beschädigung eines Stromkabels und der damit bedingte Produktionsausfall bei der Klägerin einen betriebsbezogenen Eingriff darstellt, verneint der BGH (S. 74):

> Ebenso wenig wie etwa die Verletzung eines Angestellten oder die Beschädigung oder Zerstörung eines Betriebskraftwagens steht aber die Unterbrechung des zum Unternehmen der Klägerin führenden Stromkabels durch den Beklagten bzw. seinen Baggerführer in Beziehung gerade zum Gewerbebetrieb der Klägerin; denn der Baggerführer hat ein Stromkabel beschädigt, das zwar außer den Betrieben M gleichsam zufälligerweise nur noch den Betrieb der Klägerin mit Strom versorgt, genauso gut aber für die Stromlieferung an andere Abnehmer hätte bestimmt sein können.

Mit der gleichen Argumentation hat der BGH in den Fällen, in denen es um die Immobilisierung von Schiffen ging,[237] die Betriebsbezogenheit des Eingriffs verneint.[238] Ebenfalls verneinte der BGH die Betriebsbezogenheit des Eingriffs, wenn ein Unternehmen nach einem Verkehrsunfall seines verletzten Angestellten gegenüber dem Schädiger nicht den nach dem Entgeltfortzahlungsgesetz übergegangenen Anspruch auf Ersatz des Verdienstausfallschadens, sondern einen aufgrund Einsatz eines Ersatzfahrers entstandenen, eigenen Schadenersatzanspruch geltend macht.[239] Dagegen wurde in dem nachfolgenden Fall ein betriebsbezogener Eingriff in den Gewerbebetrieb bejaht:

> *BGH NJW 1999, 279:* Die Klägerin betreibt in O eine Autovermietung. In diesen Betrieb fällt auch das Unfallersatzgeschäft, also die Autovermietung an Kunden, die aufgrund eines unfallbedingten Ausfalls des eigenen Fahrzeuges auf Ersatz angewiesen sind. Die Beklagte ist ein großes Versicherungsunternehmen, das auch in O Leistungen als Kfz-Haftpflichtversicherer erbringt. Bei der Abwicklung von Kfz-Haftpflichtschäden hat sich die Beklagte an die jeweiligen Geschädigten gewandt, die einen Mietwagen bei der Klägerin angemietet hatten, und sie darauf hingewiesen, dass es Probleme mit der Abrechnung der Mietwagenpreise der Klägerin geben könne. In diesem Zusammenhang hat die Beklagte empfohlen, das bei der Klägerin angemietete Fahrzeug zurückzugeben und

---

[236] Hierin sieht der BGH die Grundhaltung der herrschenden Rechtsprechung, „eine übermäßige Ausweitung des Schutzes des Rechts am eingerichteten und ausgeübten Gewerbebetrieb zu vermeiden, die dem deutschen Rechtssystem der in kasuistischer Art geregelten Deliktstatbestände zuwiderlaufen würde" (BGHZ 29, 65, 73).
[237] BGHZ 55, 153 (Fleetfall); BGHZ 86, 152 (Elbe-Seiten-Kanal), siehe dazu oben 1.3.
[238] Ausführlich und kritisch hierzu Medicus/Petersen BR Rn. 613.
[239] BGH NJW 2009, 355, 356.

stattdessen ein gleichwertiges Fahrzeug bei einem günstiger anbietenden Unternehmen anzumieten. Die Klägerin verlangt von der Beklagten für die Zukunft Unterlassung dieses Verhaltens.

Anspruchsgrundlage für das Unterlassungsbegehren ist § 823 Abs. 1 i. V. m. § 1004 Abs. 1 S. 2, wenn die Beklagte das Recht des Klägers am Gewerbebetrieb verletzt hat.[240] Da die Geschäftsbeziehungen und der Kundenkreis vom Schutzgehalt des Rechts am Gewerbebetrieb grundsätzlich erfasst werden, könnte die Beklagte dieses Recht durch ihr Verhalten gegenüber den Kunden der Klägerin verletzt haben. Der Kundenkreis eines Gewerbebetriebes ist aber nicht schlechthin vor störenden Beeinträchtigungen geschützt, sondern – wie dargelegt – nur vor solchen Beeinträchtigungen, die auf einem betriebsbezogenen Eingriff beruhen. Insbesondere die den Geschädigten gegebene Empfehlung genügt dieser Voraussetzung (S. 282):

> Vorliegend geht es ... um ein gezieltes Vorgehen der Beklagten als eines führenden Versicherungsunternehmens, das – will die Beklagte ihr Ziel erreichen, dass die Geschädigten nur beim billigsten Anbieter ein Fahrzeug mieten – zwangsläufig zu einer erheblichen Beeinträchtigung der Klägerin im Unfallersatzwagengeschäft führen muss. Das Vorgehen der Beklagten ist darauf gerichtet, den Geschädigten unter Einsatz der Position des Haftpflichtversicherers bei der Schadensregulierung dazu zu bestimmen, sich im Rahmen der bereits bestehenden Geschäftsbeziehungen zur Klägerin zu deren Lasten zu verhalten.[241]

Entscheidend war, dass das Versicherungsunternehmen mit seiner Empfehlung den nach damaliger Rechtslage unzutreffenden Eindruck erweckte, es müsse als Kfz-Haftpflichtversicherer grundsätzlich nur die Mietwagenkosten ersetzen, die durch Anmietung eines Ersatzfahrzeugs zum billigsten am Markt erhältlichen Mietpreis entstünden. In einem sehr ähnlich gelagerten Sachverhalt entschied der BGH[242] nachfolgend, wegen Änderung der Rechtslage, nun zugunsten des Kfz-Haftpflichtversicherers. Ein Hinweis des Versicherers auf die Möglichkeit der Anmietung eines kostengünstigeren Ersatzfahrzeugs sei jedenfalls immer dann als zulässig anzusehen, wenn berechtigte gegenläufige Interessen des Geschädigten dadurch nicht berührt werden. Dies sei regelmäßig auch dann der Fall, wenn der Versicherer den Geschädigten, der ein Ersatzfahrzeug bei einem örtlichen Autovermieter angemietet hat oder anmieten möchte, auf das Angebot eines überörtlich tätigen Autovermieters hinweist, der mit dem Versicherer zusammenarbeitet.

---

[240]Etwaige Unterlassungsansprüche der Klägerin aus §§ 1, 3 UWG ließ der BGH aus verfahrensrechtlichen Gründen unberücksichtigt, sodass insoweit eine Subsidiarität des Rechts am Gewerbebetrieb nicht in Betracht kam; kritisch Helle JZ 1999, 628 f.
[241]Der BGH bewertete die Vorgehensweise der Beklagten auch als rechtswidrig, siehe NJW 1999, 279, 281, 282; kritisch Helle JZ 1999, 628, 630 ff.
[242]BGH NJW 2012, 3241.

Aufgrund der mittlerweile erfolgten Fallbildung ist entgegen früherer Kritik das Merkmal der Betriebsbezogenheit auch in der Literatur allgemein akzeptiert.[243]

1.6.3 Positive Feststellung der Rechtswidrigkeit

Nach h. M. indiziert die Verletzung eines Rechtsgutes die Rechtswidrigkeit.[244] Ebenso wie beim allgemeinen Persönlichkeitsrecht gilt auch für das Recht am Gewerbebetrieb, dass bei Eingriffen die Rechtswidrigkeit *nicht* indiziert ist. Andernfalls würde man dem Charakter dieses Rechts, das einen offenen Tatbestand beinhaltet und daher ein *Rahmenrecht* darstellt, nicht Rechnung tragen.[245] Die Rechtswidrigkeit ist deshalb erst durch eine Abwägung der Rechte anderer zu begründen.[246] Vgl. hierzu das folgende Beispiel:

> *BGHZ 45, 296 (Höllenfeuer)*: K ist Verlegerin der Illustrierten „stern". In diesem erschien ein Artikel mit dem Titel: „Brennt in der Hölle ein Feuer? Was von den Illusionen über die Einheit der Christen übrigbleibt". In diesem Beitrag setzte man sich kritisch mit der katholischen Amtskirche auseinander. B ist Herausgeberin einer Zeitschrift, in der in einem Beitrag der Artikel des „stern" besprochen wird. Darin heißt es u. a., der „stern" nehme die Straße zum Maßstab, dem er sich seit Jahren unterwerfe, die Überschrift des Artikels komme einem Dummenfang gleich, die dort vertretenen Thesen seien dreist und theologisch sowie kirchenrechtlich falsch, zudem werde Konfessionshetze betrieben. K sieht darin eine Verletzung des Rechts am eingerichteten und ausgeübten Gewerbebetrieb.

Ein Eingriff in den Gewerbebetrieb der K ist sicher hier gegeben, da sich der beanstandete Artikel gezielt gegen das Unternehmen der K richtete. In einem nächsten Schritt bedarf es der positiven Feststellung der Rechtswidrigkeit:

> Der erkennende Senat ist ferner in zunehmendem Maße dazu übergegangen, bei dem in der Rechtsprechung herausgebildeten „Auffangtatbestand" der rechtswidrigen Beeinträchtigung der gewerblichen Tätigkeit und bei der Verletzung des allgemeinen Persönlichkeitsrechts die Rechtswidrigkeit erst aus der zu missbilligenden Art der Schädigung abzuleiten, so dass es der Berufung des Täters auf einen besonderen Rechtfertigungsgrund jedenfalls nicht immer bedarf. ... Die weitere Rechtsentwicklung auf diesem Gebiet ist sodann entscheidend durch die Rechtsprechung des Bundesverfassungsgerichts zur Tragweite des Art. 5 GG und zum Einfluss dieses Grundrechts auf die Auslegung privatrechtlicher Normen beeinflusst worden. ... Misst das Grundgesetz der rechtlichen Sicherung der Freiheit der Meinungsäußerung eine überragende Bedeutung bei, so liegt dem die Vorstellung zugrunde, dass der mündige und zum eigenen Urteil im Kampf der Meinungen aufgerufene Bürger in der freiheitlichen Demokratie selbst fähig ist zu erkennen, was von einer Kritik zu halten ist, die auf eine Begründung verzichtet und in hämisch-ironischer oder schimpfend-polternder Art die Gegenmeinung angreift. Gegenüber diesem „Wagnis der Freiheit" ... ist es hinzunehmen, dass das Recht dem Betroffenen nicht gegenüber jeder unangemessen scharfen Meinungsäußerung Schutz gewährt.

---

[243] Vgl. etwa Deutsch/Ahrens Rn. 260.
[244] Siehe dazu unten 3.
[245] Siehe zur vergleichbaren Problematik beim allgemeinen Persönlichkeitsrecht oben 1.5.4.
[246] Medicus/Lorenz SBT Rn. 1241.

Im konkreten Fall führt diese Güter- und Interessenabwägung dazu, dass die Klägerin die – zugegeben scharfe – Kritik hinnehmen musste, zumal sie selbst erhebliche Kritik an der katholischen Kirche geäußert hatte, der die Beklagte nahe steht.

Außerhalb politischer und weltanschaulicher Meinungsauseinandersetzungen hat sich die Notwendigkeit einer Interessen- und Güterabwägung vor allem bei gewerblichen Warentests gezeigt, vgl. dazu:

> *BGHZ 65, 325:* Die Stiftung Warentest hatte einen Vergleichstest von Ski-Sicherheitsbindungen vorgenommen, zu dem auch eine Bindung des Herstellers K herangezogen wurde. Der Test wurde vom TÜV durchgeführt, das Testergebnis später veröffentlicht. K, dessen Produkte schlechte Testergebnisse erzielten, klagt gegen die Stiftung auf Unterlassung weiterer Veröffentlichung, Widerruf des Testergebnisses und Schadensersatz.

Bei Fällen dieser Art ist vor einer Prüfung der Verletzung des Rechts am Gewerbebetrieb die Frage nach einer spezielleren einschlägigen Regelung zu beantworten. In Betracht kommt hier § 824. Die Anwendbarkeit dieser Vorschrift hängt davon ab, ob es sich bei den veröffentlichten Testergebnissen um Tatsachenbehauptungen (dann § 824) oder um Werturteile (dann § 823 Abs. 1) handelt.[247] Der BGH sah in dem Testbericht wesentlich Werturteile (S. 328 ff.), sodass die Verletzung des Rechts am Gewerbebetrieb zu prüfen war. Im Mittelpunkt stand die Güter- und Pflichtenabwägung zwischen den Prozessparteien (S. 331 f.):

> Der Gewerbebetrieb muss sich einer Kritik seiner Leistung stellen. Daher ist eine gewerbeschädigende Kritik – jedenfalls außerhalb von Wettbewerbsverhältnissen wie hier – nicht schon grundsätzlich unzulässig ... Diese Auffassung entspricht gefestigter Rechtsprechung. Von ihr ist auch für den Fall eines vergleichenden Warentests, der wie hier untersuchte Waren und Leistungen kritisch bewertet, grundsätzlich auszugehen ... Verbraucheraufklärung, wie sie von der Erstbeklagten betrieben wird, ist zur Gewinnung von Markttransparenz unerlässlich, und zwar nicht nur im Interesse der Verbraucher, sondern schlechthin unter volkswirtschaftlichen Gesichtspunkten. ... Dieser ihr im allgemeinen Interesse übertragenen Aufgabe kann sie aber nur gerecht werden, wenn ihr für die Veröffentlichungen und ihre Untersuchungsmethoden sowie die vorgenommenen Wertungen ein angemessener Spielraum zur Verfügung steht.

Der BGH entscheidet sich also für die grundsätzliche Zulässigkeit von Warentests im Interesse der Verbraucher. Gewerbebetriebe müssen damit verbundene Kritik an ihren Produkten hinnehmen. Die Zumutbarkeit dieser Kritik für die Unternehmen setzt aber nach Auffassung des BGH voraus, dass die Warentests Ergebnis sorgfältiger Prüfung sind. Deshalb müssen Untersuchungen neutral vorgenommen werden und objektiv sein, wobei nicht die objektive Richtigkeit des gewonnenen

---

[247] Zu Einzelheiten dieser Abgrenzung siehe unten C. II. 1.

A. Der Anspruch aus § 823 Abs. 1

Ergebnisses verlangt wird, sondern das Bemühen um diese Richtigkeit, was sachkundige und methodische Untersuchungen voraussetzt (S. 334).[248]

Schwieriger sind die Fälle zu beurteilen, in denen die eigene Bewertung eines Produkts weniger sachlich und nüchtern vorgetragen wird. Dann kann sich, wie oben im Zusammenhang mit dem allgemeinen Persönlichkeitsrecht bereits erörtert (A. II. 1.5.4), die Frage stellen, ob die Äußerung schon insoweit nicht durch die Meinungsfreiheit gedeckt ist, als sie als eine sogenannte Schmähkritik zu werten ist, vgl. dazu

> *BGH NJW 2015, 773:* Die Klägerin stellt Hochleistungsmagneten her, deren Einsatz bei Heizungsanlagen zur Einsparung von fossilen Brennstoffen beitragen soll. Der Beklagte, ein Wirtschaftsjournalist, bestreitet diese Eigenschaft und teilte dies in einem Schreiben gegenüber einer Kundin des Klägers mit. Er sprach darin unter anderem von *„eine[m] groß angelegten Schwindel"* und dass die angegebene wissenschaftliche Begründung *„völliger Unsinn"* sei. Er bat um Unterstützung bei der Sachverhaltsaufklärung. Außerdem warnt er, dass sich die Adressatin *„durch die Bereitstellung des Anwenderberichts zu Werbezwecken für dieses Scharlatanerieprodukt (...) gegenüber dadurch beeinflussten weiteren Opfern des Betrugs eventuell schadensersatzpflichtig macht. ..."*. Die Klägerin verlangt vom Beklagten die Unterlassung derartiger Äußerungen.

Auch wenn die Aussagen des Beklagten im Ergebnis zum Ausdruck bringen, dass den Magneten eine Energie einsparende Wirkung fehlt, was eher für eine Tatsachenbehauptung spricht, sieht der BGH die Äußerungen in ihrem Gesamtzusammenhang als Meinungsäußerungen, wodurch die Anwendung des § 824 BGB ausscheidet[249]. Die Äußerungen brächten in erster Linie die Missbilligung des geschäftlichen Verhaltens der Klägerin durch den Beklagten zum Ausdruck und enthielten damit eine subjektive Wertung, die mit den tatsächlichen Bestandteilen der Äußerungen untrennbar verbunden sei (S. 774).

Dem Berufungsgericht folgend bejaht der BGH einen Eingriff sowohl in den Schutzbereich des allgemeinen Persönlichkeitsrechts (Beeinträchtigung des unternehmerischen Ansehens) wie auch des Rechts am eingerichteten und ausgeübten Gewerbebetrieb (Interesse, dass die wirtschaftliche Stellung nicht durch inhaltlich unrichtige Informationen oder Wertungen, die auf sachfremden Erwägungen beruhen oder herabsetzend formuliert sind, geschwächt wird).

Allerdings sieht der BGH – anders als das Berufungsgericht – in den Äußerungen des Klägers keine Schmähkritik, die eine Rechtfertigung durch die Meinungsfreiheit von vornherein ausschließen würde. Eine wertende Kritik an der gewerblichen Leistung eines Wirtschaftsunternehmens sei in der Regel selbst dann von Art. 5 Abs. 1 GG gedeckt, wenn sie scharf und überzogen formuliert sei. Zwar handele es sich bei den Äußerungen um polemische und überspitzte Kritik. Diese habe aber eine sachliche Auseinandersetzung zur Grundlage. Dem Beklagten

---

[248]Vgl. auch die Entscheidungen BGH NJW 1989, 1923 und BGHZ 90, 113 f. sowie BGHZ 138, 311.
[249]Siehe dazu unten C. II. 1.

ginge es erkennbar darum, die aus seiner Sicht gegebene völlige Wirkungslosigkeit der Produkte der Klägerin aufzudecken und zur Unterrichtung der Marktteilnehmer und zur Markttransparenz beizutragen. Bei Äußerungen, in denen sich wie hier wertende und tatsächliche Elemente in der Weise vermengen, dass die Äußerung insgesamt als Werturteil anzusehen sind, falle bei der Abwägung zwischen den widerstreitenden Interessen der Wahrheitsgehalt der tatsächlichen Bestandteile ins Gewicht. Ein erwiesen falscher oder bewusst unwahrer Tatsachenkern müsse nicht hingenommen werden, anders verhalte es sich bei wahren Tatsachenbehauptungen, die selbst dann hingenommen werden müssten, wenn sie scharf formuliert und nachteilig für den Betroffenen sind (S. 774 f.).

1.6.4 Fallgruppen

Wie bei anderen offenen Tatbeständen erfolgt die Konkretisierung des Rechts am Gewerbebetrieb und des Verletzungstatbestandes durch die Bildung von Fallgruppen. Das erleichtert die Rechtsanwendung und führt zu zusätzlicher Rechtssicherheit. Ohne Anspruch auf Vollständigkeit können im Wesentlichen folgende Fallgruppen unterschieden werden:

- **Schutzrechtsverwarnungen**

  In dieser Gruppe werden jene Fälle erfasst, bei denen jemand unter Berufung auf ein Schutzrecht (Marke, Patent etc.) einen anderen erfolgreich veranlasst, von der Aufnahme oder Fortsetzung der Herstellung eines Produktes Abstand zu nehmen.[250] Fälle dieser Art waren die Geburtsstunde der Anerkennung des Rechts am eingerichteten und ausgeübten Gewerbebetrieb.[251] Eine gewisse Erweiterung erfährt diese Fallgruppe mit der Frage, ob nicht der Inhaber solcher Schutzrechte seinerseits einem Eingriff in den eingerichteten und ausgeübten Gewerbebetrieb ausgesetzt ist, wenn ihm gegenüber ohne Aufforderung vorbeugend eine Unterlassungserklärung abgegeben wird, vgl. dazu

  BGH NJW 2013, 2760: Der Beklagte war von einer Kanzlei mit dem Vorwurf konfrontiert worden, von seinem Internetanschluss seien Urheberrechtsverletzungen in Filesharing-Netzwerken ausgegangen. Daraufhin gab er auch gegenüber einer anderen Kanzlei, die mit der Durchsetzung von Urheberrechten anderer Unternehmen betraut ist, ohne aufgefordert zu sein und ohne Anerkennung einer Rechtspflicht, eine mit Vertragsstrafe bewehrte Unterlassungserklärung ab. Aus abgetretenem Recht des Mandanten klagte die Kanzlei auf Erstattung der Kosten für die Bearbeitung der unverlangt zugesandten Unterlassungserklärung.

---

[250]Grundlegend die Entscheidung des Großen Senats in Zivilsachen, BGH NJW 2005, 3141 mit Anm. Wagner/Thole NJW 2005, 3470; siehe auch die Folgeentscheidung BGH JZ 2006, 362; Schmidt JuS 1993, 985, 989.

[251]Vgl. dazu oben 1.6.1. Auch der BGH hat zum Ausdruck gebracht, dass gerade wegen der Besonderheiten der unberechtigten Schutzrechtsverwarnung das Recht am eingerichteten und ausgeübten Gewerbebetrieb entwickelt worden ist, vgl. BGHZ 38, 200, 205.

A. Der Anspruch aus § 823 Abs. 1

Der BGH ließ ausdrücklich offen, ob – wie von der Vorinstanz angenommen – ein tatbestandlicher Eingriff in den eingerichteten und ausgeübten Gewerbebetrieb vorliegt, weil dieser jedenfalls nicht rechtswidrig sei. Dem Interesse des Beklagten an einer vorbeugenden Verteidigung seiner Rechtsposition stünden keine überwiegend schutzwürdigen Interessen der von der Klägerin vertretenen Rechtsinhaber gegenüber. Das in der Unterlassungserklärung enthaltene Vertragsangebot könne vom betroffenen Unternehmen auch einfach ignoriert werden und – in Abgrenzung zu den Fällen der unverlangten Zusendung von Werbe-E-Mails (s. u.) – gehöre die Entgegennahme von Vertragsstrafeversprechen zur Geschäftstätigkeit eines Unternehmens, das gegen Verletzung der urheberrechtlichen Nutzungsrechte im Internet vorgehe (S. 2761). Begreift man mit dem BGH die Entgegennahme einer vorbeugenden Unterlassungserklärung als Teil der Geschäftstätigkeit des Unternehmens, wird man im Regelfall konsequenter Weise bereits den Eingriff in den eingerichteten und ausgeübten Geschäftsbetrieb verneinen müssen.

- **Gewerbeschädigende Werturteile**
Erfasst werden solche Fallgestaltungen, bei denen die Abwägung zwischen dem Recht am Gewerbebetrieb und dem Recht auf Meinungsäußerung bzw. der Pressefreiheit ergibt, dass von letzterer in unzulässiger Weise[252] Gebrauch gemacht wurde.[253] Lesenswert ist in diesem Zusammenhang die Entscheidung des BGH[254] im Rechtsstreit Kirch gegen die Deutsche Bank und ihren ehemaligen Vorstandssprecher Breuer.

- **Boykott**
Erfolgt der Boykott zu Wettbewerbszwecken, so richtet sich die Frage des Schadensersatzes ausschließlich nach Wettbewerbsrecht.[255] Verfolgt der Boykott dagegen nichtwirtschaftliche Interessen, so kommt eine Verletzung des Rechts am Gewerbebetrieb in Betracht, vgl.

BGH NJW 1985, 1620: Die K verwaltet teilweise in ihrem Eigentum stehende Mietwohnungen. In der Zeitung B erscheint ein Aufruf in der Aufmachung einer Anzeige, in dem die Mieter der K aufgefordert werden, ihre Miete aus Protest gegen die Wohnungspolitik der K für einen Monat auf ein Sperrkonto zu überweisen. Etwa 0,1 % der Mieter folgen diesem Aufruf. K verlangt von B Unterlassung des Aufrufs sowie dessen Widerruf.

Der BGH bejaht zu Recht einen betriebsbezogenen Eingriff. Denn von dem Boykottaufruf geht eine Schadensgefahr für den Betrieb und die unternehmerische Entscheidungsfreiheit aus, die über eine bloße Belästigung oder eine

---

[252] Zu den Kriterien dieser Prüfung siehe oben 1.6.3.
[253] Vgl. zu Einzelheiten bei Erman-Schiemann § 823 Rn. 71 ff.
[254] BGH NJW 2006, 830, insbes. 839 ff., 842 ff., ausführlich dazu unten 2. Kap. C. II. 1.
[255] §§ 1 UWG, 26, 33 GWB.

sozialübliche Behinderung hinausgeht. Zur mangelnden Rechtfertigung des Verhaltens der B führt der BGH aus (S. 1621):

> Der Grundrechtsschutz kommt aber hier nicht zum Tragen, weil die Zweitbeklagte ihre Ziele mit Mitteln durchzusetzen suchte, die der Grundrechtsschutz nicht deckt. Ihr Ziel war die Bekämpfung der „Wohnungspolitik" der Klägerin. Art. 5 Abs. 1 GG gab ihr zwar das Recht, sich für dieses Ziel innerhalb der Schranken des Art. 5 Abs. 2 GG publizistisch einzusetzen. Dabei setzten ihr aber die Grundrechte in der Wahl der Mittel der Zielverfolgung Grenzen. Sie beschränkten sie auf den Einsatz von Argumenten. ... Der Rechtsbruch, sei es auch in Form des Vertragsbruchs, ist kein von Art. 5 Abs. 1 GG geschützter Weg, die eigene Überzeugung durchzusetzen.[256]

Wie wichtig die Prüfung der Umstände des konkreten Einzelfalles und eine darauf bezogene Interessenabwägung im Rahmen der Widerrechtlichkeit des Eingriffs sind, mag im Vergleich der folgende Fall veranschaulichen.

BGH NJW-RR 2014, 1508: Ein Unternehmen bot im Internet einen Routenplaner an, dessen Nutzung lediglich eine auf den ersten Blick scheinbar kostenlose Anmeldung voraussetzte. Diese entpuppte sich aber entsprechend einem kaum wahrnehmbaren Hinweis als Abschluss eines kostenpflichtigen Zweijahresvertrages. Ein Verbraucherschutzverein, der zunächst im Namen eines betroffenen Verbrauchers die Anfechtung des geschlossenen Vertrages erklärt und vergeblich gegen eine Mahnung interveniert hatte, bat die Bank des Unternehmens um Mithilfe. Wegen des Geschäftsgebarens sei die Kündigung und Sperrung des Kontos gerechtfertigt. Das Unternehmen klagte gegen den Verbraucherschutzverein auf Unterlassung solcher Aufforderungen.

Gefolgt ist der BGH in seiner Entscheidung dem Berufungsgericht in der Annahme, es bestehe ein tatbestandsmäßiger Eingriff in das Recht am eingerichteten und ausgeübten Gewerbebetrieb. Allerdings sah der BGH in der Aufforderung zur Sperrung und Kündigung des Girokontos eine durch Art. 5 Abs. 1 geschützte Meinungsäußerung. Zwar führe ein solcher Aufruf wegen der besonderen Bedeutung der Kontoverbindung für die durch Art. 12 Abs. 1 GG geschützte Ausübung eines Geschäftsbetriebs im Regelfall zur Unverhältnismäßigkeit, wenn die durch den Aufruf geschützten Interessen auch im Klagewege durchgesetzt werden können. Aber aufgrund des „bewusst an der Durchsetzung eines auf systematische Täuschung des Verbrauchers angelegten Geschäftsmodells" war das Interesse des Unternehmens an der Erhaltung der Kontoverbindung als nicht hinreichend schutzbedürftig einzuordnen (S. 1511).
- **Rechtswidrige Streiks** Rechtswidrige Streiks stellen eine Verletzung des Rechts am Gewerbebetrieb dar.[257] Bezüglich der Einzelheiten muss auf die arbeitsrechtliche Literatur und Rechtsprechung verwiesen werden.[258] Beachte:

---

[256]Vgl. auch BGHZ 59, 30 zur Blockade der Auslieferung einer Zeitung.
[257]BAGE 41, 209, 222.
[258]Vgl. etwa Junker § 9 Rn. 625.

A. Der Anspruch aus § 823 Abs. 1

Trotz der Rechtmäßigkeit eines Streiks können einzelne im Rahmen des Streiks vorgenommene Aktivitäten das Recht am eingerichteten und ausgeübten Gewerbebetrieb verletzen.[259]

- **Sonstige Fälle**
Bereits die einmalige unverlangte Zusendung einer Werbe-E-Mail kann nach der Rechtsprechung des BGH einen rechtswidrigen Eingriff in das Recht am Gewerbebetrieb darstellen.[260] Dem gegenüber soll nach Ansicht des BAG die ohne Zustimmung des Arbeitgebers erfolgte Zusendung von E-Mails an die betrieblichen E-Mail-Adressen der Arbeitnehmer durch die tarifzuständige Gewerkschaft kein Eingriff in das Recht am Gewerbebetrieb sein (zweifelhaft), jedenfalls sei diese Vorgehensweise aufgrund der verfassungsrechtlich geschützten Betätigungsfreiheit der Gewerkschaften nicht rechtswidrig.[261]

2. Zurechenbarkeit der Rechtsgutverletzung

Die Schadensersatzpflicht aus § 823 Abs. 1 trifft den Schädiger („wer ... verletzt"). Die Rechtsgutverletzung muss also von ihm stammen, sie muss – wie wir juristisch-technisch sagen – ihm zugerechnet werden.[262] Die Zurechnung wirft häufig keine Probleme auf. Wer einen anderen mit einem Messer sticht, verletzt dessen Körper in offenkundiger Weise. Es gibt aber viele Fallgestaltungen, in denen die Zurechnung der Rechtsgutverletzung nicht so einfach gelingt. Dann benötigen wir zusätzliche Kriterien, die eine Zurechnung zum Schädiger erlauben.[263] Entscheidend ist das Vorliegen einer *Verletzungshandlung*, die für die Rechtsgutverletzung *kausal* geworden ist (*haftungsbegründende Kausalität*). Ergänzend muss für einige Problemsituationen auf den *Schutzzweck der Norm* zurückgegriffen werden.

2.1 Handlung

In der deliktischen Haftung kommt die Verantwortlichkeit des Schädigers für ein Verhalten zum Ausdruck, das seinem Willen entspricht.[264] Die Verwirklichung des Tatbestandes des § 823 Abs. 1 setzt daher stets eine menschliche *Handlung* voraus. Eine wichtige begriffliche Klärung des Handlungsbegriffes finden wir in

BGHZ 39, 103: Bei einem Kegelabend kommt es zu einem Streit zwischen A und B. Im Verlauf der Auseinandersetzung wird C von einer Bowling-Kugel, die A zuvor in der Hand gehalten hatte, am Kopf getroffen und verletzt. C verklagt A auf Schadensersatz.

---

[259] Vgl. dazu BAG NJW 1989, 57: Im Rahmen eines rechtmäßigen Streiks werden von Streikposten Personal- und Kundeneingänge sowie die Warenannahme versperrt.
[260] BGH NJW 2009, 2958.
[261] BAG 2009, 1990, Rn. 23–29, 31 ff.
[262] Zur Zurechnung als zentraler Kategorie des Haftungsrechts vgl. 1. Kap. A. I.
[263] Bezüglich der einzelnen Elemente der Zurechenbarkeit der Rechtsgutverletzung vgl. Jauernig-Teichmann § 823 Rn. 20 ff.; Medicus JuS 2005, 289.
[264] Deutsch/Ahrens UH Rn. 31: „Haftung bedeutet Zurechnung eines Geschehens zum Willen einer Person. Der Wille einer Person prägt sich regelmäßig in ihrem Verhalten aus. Das Verhalten bildet damit den Urgrund der Haftung und ist allgemeines Tatbestandsmerkmal".

Es konnte nicht festgestellt werden, ob A die Kugel bewusst geworfen hatte oder sie ihm durch einen Schlag des B entfallen war.

Bei der zuletzt genannten Alternative wäre eine Handlung zu verneinen gewesen (S. 106):

> Erste Voraussetzung für den Schadensersatzanspruch aus unerlaubter Handlung ... ist eine Handlung der in § 823 BGB bezeichneten Art. Das ist ein menschliches Tun, das der Bewusstseinskontrolle und Willenslenkung unterliegt und somit beherrschbar ist. ... Keine Handlung sind daher körperliche Bewegungen, die unter physischem Zwang ausgeführt oder als unwillkürlicher Reflex durch fremde Einwirkung ausgelöst werden.[265]

Für das Vorliegen einer haftungsbegründenden Handlung kommen zwei Anknüpfungspunkte in Betracht. Die Handlung kann in einem *positiven Tun* oder in einem *Unterlassen* liegen. Das Unterlassen ist aber nur dann haftungsbegründend, wenn eine Rechtspflicht zum Handeln bestanden hat.[266]

2.2 Haftungsbegründende Kausalität

Zwischen der Verletzungshandlung und der Rechtsgutverletzung muss ein Ursachenzusammenhang bestehen (*haftungsbegründende Kausalität*). Zur Prüfung der Kausalität muss in einem ersten Schritt auf die – im Strafrecht geltende – Äquivalenzformel (Condicio-sine-qua-non-Formel) zurückgegriffen werden. Mit ihrer Hilfe gelingt es, solche Verhaltensweisen auszuscheiden, die keine ursächliche Beziehung für den Verletzungserfolg darstellen. Die Äquivalenzformel ist sozusagen der erste Kausalitätsfilter.

Die Feststellung äquivalenter Kausalität genügt für die Bejahung der Zurechenbarkeit jedoch nicht. Aufgrund ihrer rein naturwissenschaftlichen Ausrichtung bezieht sie auch solche Verhaltensweisen ein, die zur Rechtsgutverletzung nur einen sehr entfernten Bezug aufweisen. Die notwendige Beschränkung auf haftungsrechtlich relevante Ursachen erfolgt mithilfe der *Adäquanztheorie*.[267] Danach ist ein Ereignis nur dann als ursächlich anzusehen, „wenn das Ereignis im allgemeinen und nicht nur unter besonders eigenartigen, unwahrscheinlichen und nach dem gewöhnlichen Verlauf der Dinge außer Betracht zu lassenden Umständen geeignet ist, einen Erfolg dieser Art herbeizuführen".[268] Dabei soll es für das Wahrscheinlichkeitsurteil nach Auffassung der Rechtsprechung auf das Wissen oder die Erkennbarkeit eines *„optimalen Beobachters"* im Zeitpunkt des

---

[265] Wenn der BGH für den Handlungsbegriff als wesentlich die willensmäßige Beherrschbarkeit ansieht, zeigt sich, dass der Handlungsbegriff nicht ontologisch, sondern auf juristische Bedürfnisse abgestimmt ist (Jauernig-Teichmann § 823 Rn. 20).

[266] Im Rahmen des § 823 Abs. 1 spielt diese Problematik insbesondere bei den Verkehrssicherungspflichten eine zentrale Rolle, siehe dazu unten IV. Bezüglich weiterer Einzelheiten der Unterlassung wird auf die Lehrbücher zum Schuldrecht Allgemeiner Teil verwiesen vgl. etwa Esser/Schmidt 2 § 25 III 2.

[267] Zur Adäquanztheorie siehe unten Kap. 12 D. II.

[268] BGHZ, 198, 204.

A. Der Anspruch aus § 823 Abs. 1

schädigenden Ereignisses ankommen.[269] Streng genommen handelt es sich bei der Adäquanztheorie nicht um eine Kausalitätslehre, sondern um ein Kriterium der Schadenszurechnung aufgrund einer wertenden Betrachtung.[270]

2.3 Schutzzweck der Norm

Als weiteres Korrektiv der Schadenszurechnung wird seit langem die Lehre vom Schutzzweck der Norm benutzt. Diese Lehre ist ursprünglich nur bei § 823 Abs. 2 zur Anwendung gekommen.[271] Dass der Gedanke des Schutzzwecks der Norm auch im Rahmen des § 823 Abs. 1 Gültigkeit besitzt, ist insbesondere im Schrifttum unterstrichen worden.[272]

Seit der Entscheidung BGHZ 27, 137 ist die Notwendigkeit, den Ursachenzusammenhang zwischen Rechtsgutverletzung und Verletzungshandlung auch unter dem Aspekt des Schutzzwecks der Norm zu beurteilen, allgemein anerkannt.[273] Hinter der Schutzzwecklehre stehen folgende Überlegungen. Mit dem Schadensersatzanspruch aus § 823 Abs. 1 hat der Gesetzgeber ganz bestimmte Vorstellungen über Verletzungen und Schäden verbunden, um deren Vermeidung es ihm ging. Bei Verletzungen oder Schadensfolgen, die außerhalb dieses „Schadensausgleichsprogramms" liegen, fehlt es an einem dem Verursacher zuzurechnenden Zusammenhang.[274] Demnach muss die Zurechnung der haftungsbegründenden Rechtsgutverletzung dem Zweck der vom Schädiger verletzten Verhaltensnorm entsprechen.[275] Wegen dieses Erfordernisses der Entsprechung von Verletzung und Schutzzweck des Gesetzes kann man die Schutzzwecklehre letztlich als eine teleologische (auf den Zweck abstellende) Auslegung des § 823 Abs. 1 betrachten.[276]

Ein wichtiges Anwendungsfeld der Lehre vom Schutzzweck der Norm bilden die sog. *Schockschäden*, vgl. dazu

---

[269]BGHZ 3, 261, 266. Kritisch hierzu Medicus/Lorenz SAT Rn. 681.

[270]BGHZ 30, 154, 157; Brox/Walker SAT § 30 Rn. 8. Streitig ist, ob das Adäquanzerfordernis weiterhin im Rahmen der haftungsbegründenden Kausalität beachtet werden soll oder ob es auf den Bereich der haftungsausfüllenden Kausalität zu beschränken ist, vgl. dazu BGHZ 57, 25, 27 mit Literaturnachweisen (der BGH hat die Frage offen gelassen).

[271]Siehe dazu unten B. II.

[272]Ausführlich dazu unten 12. Kap. D. III.

[273]Der der Entscheidung des BGH zugrunde liegende Sachverhalt betraf allerdings Fragen des Schadensumfangs, siehe dazu unten III. 3.

[274]Esser/Weyers § 55 IV.

[275]Stoll, Kausalzusammenhang und Normzweck im Deliktsrecht, 1968, S. 47. Damit wird ein Element des verhaltensorientierten § 823 Abs. 2 in die Auslegung des § 823 Abs. 1 hineingetragen (Erman-Schiemann § 823 Rn. 2). Zur Zurechnung nach Adäquanztheorie und Schutzzwecklehre bei Zweitschädigung durch ärztliche Behandlung s. Wertenbruch NJW 2008, 2962 ff.

[276]So Medicus/Lorenz SAT Rn. 682.

BGHZ 56, 163: Der Ehemann der Klägerin wurde durch den Pkw des Beklagten tödlich verletzt. Die Klägerin verlangt Ersatz für Gesundheitsschäden, die sie im Zusammenhang mit der seelischen Verarbeitung des Unfalltodes des Ehemannes erlitten hat.

Der BGH bejaht die Möglichkeit eines Schadensersatzanspruches wegen zugefügter seelischer Schmerzen, sofern diese Auswirkungen der Verletzung des (eigenen) Körpers oder der (eigenen) Gesundheit sind (S. 164 f.). Dies gelte auch, wenn diese ungewöhnlichen Erlebnisreaktionen nur auf der Grundlage einer vorgegebenen organischen oder seelischen Labilität beruhen. Diese Grundsätze müssen aber mit einer wichtigen Einschränkung versehen werden (S. 165 f.):

> Andererseits gilt es zu beachten, dass nach allgemeiner Erkenntnis und Erfahrung ein starkes negatives Erlebnis, das Empfindungen wie Schmerz, Trauer und Schrecken hervorruft, regelmäßig physiologische Abläufe und seelische Funktionen in oft sehr empfindlicher Weise stört. Schon solche Störungen als Gesundheitsbeschädigungen im Sinne der Vorschrift des § 823 Abs. 1 BGB anzuerkennen, wäre mit der verbindlichen Entscheidung des Gesetzes nicht vereinbar. Vielmehr ist jedenfalls bei den Fällen, in denen die psychisch vermittelte gesundheitliche Beeinträchtigung vom Täter nicht gewollt war, *unabhängig von der herkömmlichen Adäquanzformel* (Hervorhebung d. Verf.) eine Beschränkung auf solche Schäden erforderlich, die nicht nur in medizinischer Hinsicht, sondern auch nach der allgemeinen Verkehrsauffassung als Verletzung des Körpers oder der Gesundheit betrachtet werden. ... Deshalb müssen unter Umständen auch Beeinträchtigungen ersatzlos bleiben, die zwar medizinisch erfassbar sind, aber nicht den Charakter eines solchen „schockartigen" Eingriffs in die Gesundheit tragen; so können die oft nicht leichten Nachteile für das gesundheitliche Allgemeinempfinden, die erfahrungsgemäß mit einem tief empfundenen Trauerfall verbunden sind, regelmäßig keine selbstständige Grundlage für einen Schadensersatzanspruch bilden.

Der BGH benutzt in dieser Entscheidung nicht den Begriff des Schutzzwecks der Norm. Seine Argumentation lässt aber keinen Zweifel daran, dass in der Sache („unabhängig von der herkömmlichen Adäquanzformel") Schutzzwecküberlegungen den (möglichen) Ausschluss des Anspruchs begründen.[277]

Als Ergebnis dieser mehrfach bestätigten Rechtsprechung[278] kann für die Tatbestandsmäßigkeit einer Gesundheitsverletzung festgehalten werden: Psychische Beeinträchtigungen, die durch den Erhalt der Nachricht von der schweren Verletzung, häufig von dem Tod einer nahe stehenden Person ausgelöst werden, stellen keine Gesundheitsverletzung i. S. v. § 823 Abs. 1 dar, wenn sie nicht über die gesundheitlichen Beeinträchtigungen hinausgehen, denen die Betroffenen bei dem Erhalt einer solchen Nachricht erfahrungsgemäß ausgesetzt sind (allgemeines Lebensrisiko). Trauer und seelischer Schmerz, selbst wenn sie medizinisch relevant sind, können nur dann eine Gesundheitsverletzung darstellen, wenn „es zu

---

[277]Zu der Auffassung, dass die Lehre vom Schutzzweck der verletzten Norm den richtigen dogmatischen Rahmen bildet, siehe auch Kötz/Wagner Rn. 195.

[278]BGH NJW 1989, 2317; NJW 2015, 1451; 2015, 2246 Rn. 9 u. 19 f.

A. Der Anspruch aus § 823 Abs. 1

gewichtigen psychopathologischen Ausfällen von einiger Dauer kommt"[279]. Diese die Tatbestandsmäßigkeit einer Gesundheitsverletzung einschränkende Rechtsprechung gilt aber nicht, wenn der „Schockgeschädigte" unmittelbar an dem Unfall beteiligt war bzw. diesen miterlebt, die Gesundheitsverletzung also nicht nur die Folge des Erhalts der schockierenden Nachricht war.[280] Die Schutzzwecklehre ist bei Schockschäden auch im Hinblick auf den Kreis der Ersatzberechtigten fruchtbar zu machen. Es leuchtet ein, dass nicht jeder, der mit schlimmen Nachrichten konfrontiert wird, einen Anspruch aus § 823 Abs. 1 haben kann. Wenn ein Politiker durch vorsätzliche oder fahrlässige Fremdeinwirkung zu Tode kommt, mag dies viele, die diesem Politiker besonders nahe gestanden oder ihn geschätzt haben, besonders treffen. Aber selbst wenn dieses „Betroffensein" sich in einer Weise auswirkt, dass wir von einer Gesundheitsverletzung im Sinne des § 823 Abs. 1 sprechen können, können die Betroffenen keinen Schadensersatzanspruch geltend machen. Unter Schutzzweckaspekten ist vielmehr der Anspruch bei solchen Schockschäden auf den Personenkreis naher Angehöriger zu beschränken.[281] Demzufolge hat es der BGH[282] abgelehnt, Polizeibeamten allein deswegen Schadensersatzansprüche gegen einen Unfallverursacher zuzusprechen, weil sie mit ansehen mussten, wie die Insassen von Unfallfahrzeugen verbrannten. Für die dadurch bedingten psychischen Gesundheitsbeeinträchtigungen fehlte es nach Ansicht des Gerichts am „haftungsrechtlichen Zurechnungszusammenhang". Auch der durch die Tötung eines Tieres psychisch vermittelte Gesundheitsschaden ist dem von der Rechtsprechung anerkannten Ausnahmetatbestand der Verletzung oder Tötung naher Angehöriger nicht gleich zu stellen und begründet deswegen keinen Schmerzensgeldanspruch des Tierhalters.[283]

Eine weitere wichtige Fallgruppe, die mittels der Schutzzwecklehre zu behandeln ist, bilden die sog. *Herausforderungsfälle*.[284]

> **Beispiel (BGHZ 57, 25)**
> K, ein Kontrollbeamter der Bundesbahn verfolgt B, der ohne Fahrausweis angetroffen wurde und sich der Feststellung seiner Personalien durch Flucht zu entziehen suchte. K stürzt auf einer Treppe und verletzt sich. K verlangt von B Schadensersatz.

Der BGH bejaht zu Recht einen adäquaten Ursachenzusammenhang zwischen dem Verhalten des B und der Körperverletzung des K (S. 28 f.). Zugleich betont der BGH aber auch, dass Fälle dieser Art sich allein mit Adäquanzüberlegungen

---

[279] BGH NJW 1989, 2317, 2318.
[280] BGH NJW 2015, 1451 Rn. 8 ff.; 2015, 2246 Rn. 9 u. 19 f.
[281] BGHZ 93, 351; Diederichsen NJW 2013, 641, 647.
[282] BGH VersR 2007, 1093.
[283] BGH NJW 2012, 1730.
[284] Vgl. hierzu Medicus/Petersen BR Rn. 653 ff.; Strauch VersR 1992, 932 ff.

nicht abschließend erfassen lassen. Erstmals nimmt der BGH in dieser Entscheidung auf den Meinungsstreit im Schrifttum darüber Bezug, ob die Adäquanz im Rahmen der haftungsbegründenden Kausalität entbehrlich sei, ihr vielmehr nur im Bereich der haftungsausfüllenden Kausalität ein Platz zukomme. Der BGH lässt die Frage offen (S. 27 f.). Die den Fall entscheidende Begründung des BGH zeigt aber unmissverständlich, dass bei Fällen dieser Art ergänzend Schutzzweckaspekte zur Begründung der Zurechenbarkeit der Rechtsgutverletzung zum Verhalten des in Anspruch Genommenen unverzichtbar sind (S. 29 f.). Die Notwendigkeit hierzu ergibt sich bei den „Verfolgerfällen" daraus, dass die Körperverletzung auch auf dem eigenen freien Willensentschluss des Geschädigten beruht (S. 30):

> Bei solcher Lage erscheint eine Zurechnung der Schadensfolge allerdings dann nicht gerechtfertigt, wenn der Entschluss des Verletzten (Dritten), der eine neue Gefahr schafft, durch den haftungsbegründenden Vorgang nicht herausgefordert ist, wenn das Verhalten des die erste Ursache Setzenden lediglich den äußeren Anlass und nur die Gelegenheit für den Verletzten (Dritten) darstellt, sich zusätzlich einem unfallfremden Risiko auszusetzen. Wird aber der selbstständige Entschluss des Verletzten (Dritten) durch den haftungsbegründenden Vorgang herausgefordert, so ist in der Regel die Verantwortlichkeit nicht schon wegen des Dazutretens des Verletzten (Dritten) ausgeschlossen.

Das entscheidende Kriterium für die Zurechenbarkeit ist also darin zu sehen, dass der Geschädigte sich zu seinem Entschluss herausgefordert fühlen durfte. Dies ist ein sinnvolles Kriterium, weil dadurch die Möglichkeit besteht, den Entschluss auf seine Vernünftigkeit hin zu kontrollieren und auch das eingegangene Risiko gegen das Gewicht des Anlasses abzuwägen.[285] Zur Beantwortung der Frage, wann sich der Geschädigte herausgefordert fühlen durfte, hat die Rechtsprechung mittlerweile folgende Voraussetzungen herausgearbeitet (BGH NJW 1990, 2885)[286]:

> In der Rechtsprechung ist allerdings anerkannt, dass jemand, der durch *vorwerfbares Tun* einen anderen zu *selbstgefährdendem Verhalten herausfordert,* diesem anderen dann, wenn dessen Willensentschluss auf einer mindestens im Ansatz *billigenswerten Motivation* beruht, aus unerlaubter Handlung zum Ersatz des Schadens verpflichtet sein kann, der infolge des durch die Herausforderung *gesteigerten Risikos* entstanden ist.

In der Vergangenheit betraf das Gros der Fälle Situationen, in denen sich jemand pflichtwidrig der Feststellung der Personalien durch Polizeibeamte oder andere dazu befugte Personen durch Flucht zu entziehen versuchte. Der BGH hat aber mittlerweile längst klargestellt, dass in den sogenannten Verfolgungsfällen ein auf rechtlichen Wertungen beruhendes Zurechnungsverständnis zum Ausdruck kommt, das allgemein gilt.[287] Entscheidend sei, dass sich in dem Unfall eine *gesteigerte Gefahrenlage* ausgewirkt hat, für die der Schädiger verantwortlich

---

[285]Medicus/Petersen BR Rn. 653.
[286]Zuletzt bestätigt BGH NJW 2012, 1952; die wesentlichen Prüfungselemente werden im nachfolgenden Zitat durch Kursivdruck hervorgehoben.
[287]BGH NJW 1993, 2234; NJW 2002, 2232.

ist.[288] Mit dieser Begründung hat der BGH auch einen Schadensersatzanspruch einer Mutter bejaht, die ihrer Tochter eine Niere gespendet hatte, nachdem ein Arzt schuldhaft die einzige Niere des Kindes entfernt hatte.[289]

Klarzustellen ist, dass die Zurechenbarkeit der Rechtsgutverletzung zu dem Verhalten des „Herausforderers" nicht voraussetzt, dass dieser die alleinige Schadensverantwortung trägt.[290] D. h., ein mitwirkendes Verschulden des Opfers führt nicht ohne weiteres zu einer Unterbrechung des Zurechnungszusammenhangs, sondern zumeist nur zu einer Schadensteilung gemäß § 254 Abs. 1.

Abschließend sei zu der hier besprochenen Problematik der Herausforderungsfälle noch ein wichtiger Hinweis gegeben, der allerdings die Ebene des Verschuldens[291] betrifft. Wie aus dem vorangegangenen Zitat (BGH NJW 1990, 2885) hervorgeht, setzt die Haftung des Schädigers voraus, dass er den Verfolger in vorwerfbarer Weise zu der selbstgefährdenden Reaktion herausgefordert hat. Dies bedeutet (S. 2885):

> Dabei muss sich das Verschulden insbesondere auch auf die Verletzung eines der in § 823 Abs. 1 BGB genannten Rechtsgüter erstrecken, d. h. der Fliehende muss sich bewusst gewesen sein oder zumindest fahrlässig nicht erkannt und bei der Einrichtung seines Verhaltens pflichtwidrig nicht berücksichtigt haben, dass sein Verfolger oder durch diesen ein unbeteiligter Dritter infolge der durch die Verfolgung gesteigerten Gefahr einen Schaden erleiden könnte.[292]

3. Rechtswidrigkeit

Nur die widerrechtliche Rechtsgutverletzung löst den Schadensersatzanspruch nach § 823 Abs. 1 aus. Das Erfordernis der Rechtswidrigkeit leuchtet ohne weiteres ein. Wenn sich der Verletzte rechtmäßig verhält, darf er nicht mit der Last eines Schadensersatzanspruches belegt werden.[293]

Die Rechtswidrigkeit bereitet bei den meisten Fällen keine Schwierigkeiten. Denn es gilt der Grundsatz, dass die Tatbestandsmäßigkeit die Rechtswidrigkeit *indiziert*. Die Verletzung eines Rechtsgutes ist also stets rechtswidrig, soweit nicht

---

[288]Eine solche gesteigerte Gefahrenlage hat der BGH etwa verneint, wenn ein Feuerwehrmann nach Beendigung der Löscharbeiten eines vom Beklagten schuldhaft verursachten Brandes mit dem Fuß umknickt und sich dabei verletzt, vgl. BGH NJW 1993, 2234.

[289]Vgl. BGHZ 101, 215.

[290]BGH NJW 1996, 1533, 1535.

[291]Zum Verschulden allgemein siehe unten 4.

[292]Wegen Fehlens dieser Voraussetzungen hat der BGH den Anspruch von Polizeibeamten verneint, die den Fahrer eines Kraftfahrzeugs, das wegen starker Geräuschentwicklung und eines defekten Rücklichts aufgefallen war, verfolgt hatten und dabei zu Schaden gekommen waren. Es konnte nämlich nicht nachgewiesen werden, dass der Fahrer gewusst hatte oder fahrlässig nicht gewusst hatte, dass er von der Polizei (es handelte sich um ein Zivilfahrzeug) verfolgt wurde. Anders dagegen BGH JZ 1967, 639: Dort war der Schadensersatzanspruch eines Polizisten bejaht worden, weil der Schädiger absichtlich floh, da er keine Fahrerlaubnis besaß.

[293]Ausnahme: Gefährdungshaftung. Für diese spielt die Rechtswidrigkeit keine Rolle, vgl. dazu unten 10. Kap.

ein besonderer Rechtfertigungsgrund eingreift. Das ist der Inhalt der sog. Lehre vom *Erfolgsunrecht*.[294] Der Grundsatz der Indikation der Rechtswidrigkeit gilt nicht für Rahmenrechte. Bei diesen bedarf es einer ausdrücklichen Feststellung der Rechtswidrigkeit.[295] Ebenso muss bei Unterlassungen die Verletzung einer Pflicht geprüft werden.[296]

Die Rechtswidrigkeit ist zu verneinen, wenn dem Schädiger ein Rechtfertigungsgrund zur Seite steht. Als Rechtfertigungsgründe kommen insbesondere Notwehr, rechtfertigender Notstand, rechtfertigende Einwilligung des Verletzten sowie Wahrnehmung berechtigter Interessen in Betracht.[297]

Unter dem Gesichtspunkt der Rechtswidrigkeit wird insbesondere die Frage erörtert, unter welchen Voraussetzungen ein Sportler haftet, wenn er bei der Ausübung des Sports einen anderen Sportler verletzt.[298] Hierbei ist zu berücksichtigen, dass es bei bestimmten Sportarten, nämlich den Kampfsportarten (in Abgrenzung zu den Parallelsportarten) wie z. B. dem Fußball, immer wieder zu unvermeidbaren Verletzungen kommt, mit deren Eintritt jeder Spieler rechnet und bezüglich derer er davon ausgeht, dass auch der sportliche Gegner diese Gefahr in Kauf nimmt.[299] In diesen Fällen kommt es nach der Rechtsprechung des BGH für eine deliktische Haftung entscheidend darauf an, ob bei der Handlung, die zu der Verletzung geführt hat, die geltenden Spielregeln eingehalten wurden. Dies lässt sich damit begründen, dass in den Spielregeln zum Ausdruck kommt, in welchem Umfang jeder Spieler das mit dem Spiel eingegangene Risiko einer Verletzung übernommen hat. Erst mit regelwidriger Verhaltensweise des Gegners geht das Risiko auf diesen über.[300] Dass bei einem Fußballspiel ein Spieler einen anderen Spieler verletzt, begründet für sich gesehen noch keinen

---

[294]Diese Lehre entspricht der ganz h. M. Im Gegensatz hierzu steht die sog. Lehre vom Handlungsunrecht (vgl. dazu Kötz/Wagner Rn. 103 ff.). Die Befürworter dieser Ansicht lehnen die Indizierung der Rechtswidrigkeit durch den Verletzungserfolg ab, wenn der Schädiger nicht vorsätzlich gehandelt hat. Nicht vorsätzliches Verhalten, das zu einer Rechtsgutverletzung geführt habe, sei erst dann rechtswidrig, wenn die allgemein geforderte Sorgfalt nicht beachtet wurde. Der Sorgfaltspflichtverstoß ist also ein Merkmal der Rechtswidrigkeit, sodass nach dieser Lehre die Rechtswidrigkeit positiv festgestellt werden muss (vgl. Esser/Weyers § 55 II 3 b-d). Da die praktische Bedeutung des Meinungsstreites äußerst gering ist (vgl. dazu Kötz/Wagner Rn. 107; Larenz/Canaris SBT 2 § 75 II 5), wird der Meinungsstreit im Rahmen dieses Lehrbuchs nicht weiter verfolgt.

[295]Vgl. dazu oben 1.5.3 und 1.6.3.

[296]Vgl. dazu insbesondere die Problematik der Verkehrssicherungspflichten (unten IV.) und der Produzentenhaftung (unten VI.).

[297]Bezüglich der Einzelheiten zu diesen Rechtfertigungsgründen wird auf die Lehrbuchliteratur zum Allgemeinen Teil und zum Schuldrecht Allgemeiner Teil verwiesen.

[298]Eingehend zu den Besonderheiten der Haftung für Verletzungen im Sport Meier VersR 2014, 800 ff.

[299]BGHZ 63, 140, 143.

[300]BGHZ 63, 140, 146. Der BGH hatte offen gelassen, ob dies auch gelten soll, wenn geringfügig gegen eine dem Schutz der Spieler dienende Regel verstoßen wird, dies aber aus Spieleifer, Unüberlegtheit, technischem Versagen usw. geschehen ist. Dies ist mit neueren Entscheidungen des BGH zu bejahen, vgl. BGH NJW 2003, 2018; 2008, 1591.

A. Der Anspruch aus § 823 Abs. 1

Sorgfaltspflichtverstoß.[301] Höchst umstritten ist allerdings die Frage, bei welchem Tatbestandsmerkmal im Deliktsaufbau die eben dargestellten Grundsätze zur Anwendung zu bringen sind.[302] Der BGH hat sich zu Recht gegen die Annahme gewandt, die im Spiel erfolgte Verletzung sei durch eine rechtfertigende Einwilligung gedeckt, wenn die geltende Spielordnung beachtet wurde. Er hat die Haftungsfreistellung bei spielordnungsgemäßem Verhalten bei § 242 und dort bei dem Verbot des widersprüchlichen Verhaltens angesiedelt.[303] In einer späteren anlässlich von Schädigungen im Zusammenhang mit einem Autorennen ergangenen Entscheidung hat der BGH ausgeführt, dass diese Grundsätze „allgemein für Wettkämpfe mit nicht unerheblichem Gefahrenpotenzial (gelten), bei denen typischerweise auch bei Einhaltung der Wettkampfregeln oder geringfügiger Regelverletzung die Gefahr gegenseitiger Schadenszufügung besteht".[304] Sind die Risiken des sportlichen Wettbewerbs hingegen durch eine Haftpflichtversicherung gedeckt, besteht nach zutreffender Ansicht des BGH kein Grund für die Annahme, dass die Teilnehmer gegenseitig auf etwaige Schadensersatzansprüche verzichten wollen, sodass es nicht treuwidrig ist, wenn der Geschädigte den durch die Versicherung gedeckten Schaden geltend macht.[305]

4. Verschulden

Die letzte Ebene im dreiteiligen Deliktsaufbau ist das Verschulden. Ohne Verschulden darf dem Schädiger die Last der Schadenstragung nicht auferlegt werden. Die Verantwortung zur Schadenstragung setzt einmal voraus, dass der Schädiger überhaupt verschuldensfähig ist. So wie die Teilnahme am rechtsgeschäftlichen Verkehr Geschäftsfähigkeit voraussetzt, verlangt das Einstehenmüssen für unerlaubte Handlungen das Vorliegen von Verschuldens- oder Deliktsfähigkeit. Erst wenn diese in der Person des Schädigers bejaht werden kann, ist zu prüfen, ob er schuldhaft gehandelt hat, d. h. sein Verhalten vorsätzlich oder fahrlässig gewesen ist.

4.1 Verschuldensfähigkeit (§§ 827, 828)

Die Rechtsfolgen deliktischer Haftung können dem Einzelnen nur auferlegt werden, wenn ihm ein persönlicher Schuldvorwurf gemacht werden kann. Dieser setzt in der Person des Schädigers ein bestimmtes Maß an geistig-intellektueller Leistungsfähigkeit voraus, aus der wir die persönliche Verantwortlichkeit ableiten

---

[301] BGH NJW 2010, 537, 538 f.
[302] Ausführlich Looschelders JR 2000, 265, 267 ff.
[303] BGHZ 63, 140, 144 ff. Von den „Kampfsportarten" sind die sog. „Parallelsportarten" zu unterscheiden, für die grundsätzlich die allgemeinen Haftungsgrundsätze gelten; vgl. Fuchs SPuRt 1999, 133, 136.
[304] BGH NJW 2003, 2018, 2020. Zur Haftungsbeschränkung auf Vorsatz und grobe Fahrlässigkeit bei einem Unfall während einer Motocross-Trainingsfahrt vgl. BGH NJW-RR 2009, 812.
[305] BGH NJW 2008, 1591, 1592.

dürfen. Man bezeichnet diese Eigenschaft als Verschuldens- oder Deliktsfähigkeit. Wer darüber nicht verfügt, kann nicht haftbar gemacht werden.[306]

Der BGB Gesetzgeber von 1900 hatte sich bei der Lösung des Problems der Verschuldensfähigkeit primär am Lebensalter des Schädigers orientiert und die Verschuldensfähigkeit in bewusster Parallele zu den Vorschriften über die Geschäftsfähigkeit (§§ 106 ff.) ausgestaltet.[307] Das bedeutete (vgl. § 828 a. F.), dass vor Vollendung des 7. Lebensjahres keine deliktsrechtliche Verantwortlichkeit bestand und mit Vollendung des 18. Lebensjahres die uneingeschränkte Verschuldensfähigkeit gegeben war. In der Lebensphase dazwischen kam es darauf an, ob der minderjährige Schädiger die zur Erkenntnis der Verantwortlichkeit erforderliche Einsicht hatte.

Mit dem Zweiten Gesetz zur Änderung schadensersatzrechtlicher Vorschriften vom 19.07.2002[308] haben diese Grundsätze eine gewisse Modifikation im Hinblick auf bestimmte Altersgruppen und deren Verhalten im Straßenverkehr erfahren. Bei im Übrigen völliger Aufrechterhaltung der ursprünglichen Grundsätze (vgl. § 828 Abs. 1 und 3 n. F.) bestimmt nunmehr § 828 Abs. 2 n. F., dass der Minderjährige, der das siebente, aber nicht das zehnte Lebensjahr vollendet hat, für Schäden, die er einem anderen bei einem Unfall mit einem Kraftfahrzeug, einer Schienenbahn oder einer Schwebebahn zufügt, grundsätzlich nicht verantwortlich ist, es sei denn er hat die Verletzung vorsätzlich herbeigeführt.

Der Gesetzgeber hat es als ein wichtiges Ziel des neuen Rechts angesehen, die haftungsrechtliche Situation von Kindern im motorisierten Verkehr nachhaltig zu verbessern.[309] Die Gesetzesbegründung verweist auf die Erkenntnisse der Entwicklungspsychologie, wonach Kinder aufgrund ihrer physischen und psychischen Fähigkeiten regelmäßig frühestens ab Vollendung des zehnten Lebensjahres imstande sind, die besonderen Gefahren des motorisierten Straßenverkehrs zu erkennen und sich den erkannten Gefahren entsprechend zu verhalten. Dies führt zum völligen Ausschluss der Verantwortlichkeit in dieser Lebensphase. Freilich bedürfe diese Regelung der Einschränkung dahin gehend, dass die vorsätzliche Herbeiführung nicht auf entwicklungspsychologische Überlegungen zurückgeführt werden kann, sodass es hier bei der Beurteilung der Verantwortlichkeit nach § 828 Abs. 3 verbleibt.[310] Zu beachten ist, dass die Neuregelung ihre Auswirkungen vor allem auch im Hinblick auf den Mitverschuldenseinwand (§ 254 und andere Mitverschuldensregelungen wie § 9 StVG, § 4 HPflG) hat.[311]

---

[306] Ausnahme: Billigkeitshaftung, siehe dazu unten 4. Kap.

[307] Vgl. dazu Motive II, 732.

[308] BGBl. I S. 2674.

[309] Vgl. dazu BT-Drucks. 14/7752, S. 16. Zu den Neuregelungen im Einzelnen siehe Heß/Jahnke, Das neue Schadensrecht 2002, S. 46 ff.

[310] Vgl. das Beispiel bei Wagner NJW 2002, 2049, 2060: Neunjährige werfen von einer Brücke Steine auf die Autobahn.

[311] Darauf hat der Gesetzgeber ausdrücklich hingewiesen, vgl. BT-Drucks. 14/7752, S. 16. Zu Beispielen der Bewertung des Mitverschuldens in der Rspr. vgl. Grüneberg NJW 2013, 2705 ff.

A. Der Anspruch aus § 823 Abs. 1

Nach Inkrafttreten der Neuregelung entstand Streit darüber, ob die Bestimmung auch bei Unfällen mit parkenden Kraftfahrzeugen zur Anwendung kommen sollte,[312] vgl. dazu folgenden Fall:

> *BGH NJW 2005, 354:* Der neunjährige Beklagte veranstaltete mit Kameraden auf der Fahrbahn einer Straße ein Wettrennen mit Kickboards. Der Beklagte, der ein geübter Kickboardfahrer war, stürzte aus Unachtsamkeit, so dass sein Kickboard den ordnungsgemäß am rechten Straßenrand geparkten Pkw des Klägers beschädigte.

Bezüglich der im Schrifttum entstandenen Kontroverse über die Anwendung des § 828 Abs. 2 S. 1 in solchen Fällen entwickelt der BGH seine Lösung im Hinblick auf den Zweck der Vorschrift, den er unter Bezugnahme auf die Gesetzesmaterialien wie folgt ermittelt (S. 354 f.):

> Aus ihnen ergibt sich mit der erforderlichen Deutlichkeit, dass das Haftungsprivileg des § 828 II 1 BGB nach dem Sinn und Zweck der Vorschrift nur eingreift, *wenn sich bei der gegebenen Fallkonstellation eine typische Überforderungssituation des Kindes durch die spezifischen Gefahren des motorisierten Verkehrs realisiert hat (Hervorhebung d. Verf.).* Mit der Einführung der Ausnahmevorschrift in § 828 II BGB wollte der Gesetzgeber dem Umstand Rechnung tragen, dass Kinder regelmäßig frühestens ab Vollendung des 10. Lebensjahres im Stande sind, die besonderen Gefahren des motorisierten Straßenverkehrs zu erkennen, insbesondere Entfernungen und Geschwindigkeiten richtig einzuschätzen, und sich den Gefahren entsprechend zu verhalten ... Allerdings wollte er die Deliktsfähigkeit nicht generell und nicht bei sämtlichen Verkehrsunfällen erst mit der Vollendung des 10. Lebensjahres beginnen lassen. Er wollte die Heraufsetzung der Deliktsfähigkeit vielmehr auf im motorisierten Straßen- und Bahnverkehr plötzlich eintretende Schadensereignisse begrenzen, bei denen die altersbedingten Defizite eines Kindes, wie z. B. Entfernungen und Geschwindigkeiten nicht richtig einschätzen zu können, regelmäßig zum Tragen kommen. Für eine solche Begrenzung sprach, dass sich Kinder im motorisierten Verkehr durch die Schnelligkeit, die Komplexität und die Unübersichtlichkeit der Abläufe in einer besonderen Überforderungssituation befinden. Gerade in diesem Umfeld wirken sich die Entwicklungsdefizite von Kindern besonders gravierend aus. Demgegenüber weisen der nichtmotorisierte Straßenverkehr und das allgemeine Umfeld von Kindern gewöhnlich keine vergleichbare Gefahrenlage auf. Diese Erwägungen zeigen, dass Kinder nach dem Willen des Gesetzgebers auch in dem hier maßgeblichen Alter von 7 bis 9 Jahren für einen Schaden haften sollen, wenn sich bei dem Schadensereignis nicht ein typischer Fall der Überforderung des Kindes durch die spezifischen Gefahren des motorisierten Verkehrs verwirklicht hat und das Kind deshalb von der Haftung freigestellt werden soll.

Der BGH weist im Übrigen darauf hin, dass dem Wortlaut des § 828 Abs. 2 S. 1 nicht zu entnehmen ist, der Gesetzgeber habe bei diesem Haftungsprivileg zwischen dem fließenden und dem ruhenden Verkehr unterscheiden wollen, wenn es auch im fließenden Verkehr häufiger als im sogenannten ruhenden Verkehr eingreifen mag. Das schließe deshalb nicht aus, dass sich in besonders gelagerten Fällen auch im ruhenden Verkehr eine spezifische Gefahr des motorisierten Verkehrs

---

[312] Vgl. dazu Jaklin/Middendorf VersR 2004, 104 ff.

verwirklichen könne.[313] So entschied der BGH in einem Fall, in dem eine Achtjährige mit ihrem Fahrrad gegen ein mit geöffneten und von den Insassen bewegten Hintertüren am Fahrbahnrand stehendes Fahrzeug fuhr, dass § 828 Abs. 2 anzuwenden sei und stellte das Kind von seiner Haftung frei.[314] Dem BGH zufolge habe eine Fallkonstellation der Überforderung des Kindes durch Schnelligkeit, Komplexität und Unübersichtlichkeit der Abläufe im motorisierten Straßenverkehr vorgelegen, nicht zuletzt deshalb, weil die beiden hinteren Fahrzeugtüren zum Unfallzeitpunkt offen gestanden seien und das Fahrzeug zum Unfallzeitpunkt nicht ordnungsgemäß geparkt gewesen sei.

Die Beweislast für das Fehlen der typischen Überforderungssituation des Kindes liegt beim Geschädigten, vgl.:

> *BGH NJW 2009, 3231:* Die achtjährige B befuhr mit ihrem Fahrrad einen Gehweg und stieß dabei, nachdem sie einige geparkte Fahrzeuge passiert hatte, gegen die linke Heckseite des Pkw von K. K nimmt B auf Schadenersatz in Anspruch.

Einen Schadensersatzanspruch gegen B verneinte der BGH aufgrund eines Ausschlusses gemäß § 828 Abs. 2. § 828 Abs. 2 gehe im Regelfall von der fehlenden Verantwortlichkeit des Minderjährigen unter den dort genannten Voraussetzungen aus und enthalte somit eine Vermutung für die Deliktsunfähigkeit des Minderjährigen im Alter zwischen 7 und 10 Jahren im motorisierten Straßenverkehr. Eine Ausnahme von der Anwendung des § 828 Abs. 2 komme erst dann in Betracht, wenn die erforderliche besondere Überforderungssituation fehle. Der Geschädigte, der sich auf das Fehlen der Haftungsfreistellung berufe, müsse jedoch beweisen, dass sich nach den Umständen des konkreten Falles die besondere Überforderungssituation nicht verwirklicht habe. Dies sei auch im Hinblick auf die Beweisschwierigkeiten des Kindes interessengerecht, da § 828 Abs. 2 ansonsten häufig nicht greife.[315]

Die vom Gesetzgeber eingeführte sektorale Bestimmung der Deliktsfähigkeit für das Verkehrsgeschehen, die auch den Einwand des Mitverschuldens abschneidet, wird – auch darauf hat der Gesetzgeber hingewiesen[316] – zu einer vermehrten Kostentragung des anderen, unter Umständen schutzlosen, Unfallbeteiligten führen. Sich gegen dieses Risiko zu schützen, kann einmal durch den Abschluss einer entsprechenden Versicherung erfolgen. Zum anderen kann die Billigkeitshaftung

---

[313]Der BGH hat seine Rechtsposition in weiteren Urteilen bestätigt, vgl. BGH NJW 2005, 356; NJW-RR 2005, 327; vgl. zu den hier besprochenen Urteilen auch JuS 2005, 374 und JA 2005, 405.

[314]BGH NJW-RR 2009, 95.

[315]Weiterführend zur Unzurechnungsfähigkeit von Kindern in Verkehrssituationen Oechsler NJW 2009, 3185 ff.

[316]BT-Drucks. 14/7752, S. 16.

A. Der Anspruch aus § 823 Abs. 1

nach § 829 (siehe dazu unten Kap. 4) im Einzelfall einen Ausweg darstellen. Vertreten wird auch die Möglichkeit der Intensivierung der Aufsichtspflicht der Eltern mit der Haftungsfolge des § 832 als Korrektiv für § 828 Abs. 2.[317] Eine über den Wortlaut hinausgehende allgemeine Milderung des Haftungsmaßstabs für Minderjährige im Straßenverkehr ist mit der Neuregelung nicht verbunden.[318]

4.1.1 Verschuldensfähigkeit des Minderjährigen (§ 828 Abs. 3 S. 1)

Zur Begründung der Verschuldensfähigkeit stellt § 828 Abs. 3 S. 1 auf die „zur Erkenntnis der Verantwortlichkeit erforderliche Einsicht" ab. Hierfür genügt die Erkenntnis einer allgemeinen Gefahr und eines allgemeinen Schadens bzw. das allgemeine Verständnis dafür, dass das Verhalten in irgendeiner Weise Verantwortung begründen kann.[319] Auf das Vorliegen der nötigen Reife, um sich dieser Einsicht gemäß zu verhalten, kommt es im Rahmen des § 828 Abs. 3 nicht an.[320] Die Frage der Steuerungsfähigkeit des Minderjährigen ist aber für die Anspruchsprüfung nicht irrelevant, sie kommt erst im Rahmen der Prüfung des Verschuldens zur Geltung.[321]

Der Gesetzeszweck, aber auch die Formulierung des § 828 Abs. 3 zeigen, dass ab Vollendung des siebten Lebensjahres grundsätzlich vom Bestehen der Verschuldensfähigkeit ausgegangen werden darf.[322] Mangelnde Einsichtsfähigkeit ist vom Schädiger deshalb darzulegen und zu beweisen.[323]

Die deliktische Verantwortlichkeit nach § 828 Abs. 3 führt dazu, dass auch Minderjährige in vollem Umfange in Anspruch genommen werden können, wenn die Haftungsvoraussetzungen im Übrigen vorliegen. Diese Haftung kann existenzvernichtende Ausmaße annehmen. Deshalb stellt sich die Frage, ob nicht § 828 Abs. 3 einer verfassungsrechtlich gebotenen Korrektur bedarf. Hierzu

---

[317] Erman-Schiemann § 832 Rn. 7; ablehnend OLG Oldenburg JA 2005, 324, 325, wonach die durch § 828 Abs. 2 zum Ausdruck gebrachte gesetzgeberische Wertung, die Risiken der Teilnahme von Kindern bis zu zehn Jahren am Straßenverkehr dem haftpflichtversicherten Kraftfahrer zuzuweisen, nicht dadurch wieder rückgängig gemacht werden kann, dass die Elternhaftung ausgedehnt wird. Eltern können nicht für die entwicklungsspezifischen Defizite ihrer Kinder verantwortlich gemacht werden. Es sei zudem unabdingbar, dass sich Kinder eigenständig im Straßenverkehr bewegen und ihre eigenen Erfahrungen sammeln. Dass dabei Unfälle passieren, gehöre zum allgemeinen Lebensrisiko der übrigen Verkehrsteilnehmer.

[318] Daher hält der BGH auch daran fest, dass ein an einem Unfall mit einem Kfz beteiligtes Kind oder ein Jugendlicher im Rahmen der Haftungsabwägung alleine haften kann, Beschl. v. 30.5.2006 - VI ZR 184/05, zitiert nach Juris.

[319] BGH NJW-RR 2005, 327.

[320] Vgl. dazu eingehend BGH NJW 1970, 1038, 1039 unter Bezugnahme auf die Gesetzesbegründung; vgl. auch BGH NJW 1984, 1958, wonach die Richtigkeit dieser Auffassung und die damit gegebene Abweichung zum Strafrecht damit zusammenhänge, dass es dem Zivilrecht stärker darauf ankomme, dem Geschädigten das Schadensrisiko abzunehmen.

[321] Vgl. dazu unten 4.2.

[322] BGH NJW 1984, 1958; OLG Köln MDR 1993, 739.

[323] BGH VersR 1970, 467.

BerlVerfGH NJW-RR 2010, 1141: Die damals zwölfjährige M führte den Pudel ihrer Nachbarin aus, als der Fahrradfahrer F auf seinem Arbeitsweg mit dem Fahrrad auf dem Radweg fuhr und ihm der Pudel ins Vorderrad sprang. Der Fahrradfahrer wurde dabei erheblich verletzt. M wurde wegen eines schuldhaften Verstoßes gegen die mit Ausführen des Hundes übernommene Verkehrssicherungspflicht zur Zahlung des Sachschadens sowie Schmerzensgeld verurteilt.

Der BerlVerfGH sieht in dieser Entscheidung eine Verletzung des aus Art. 7 i. V. m. Art. 6 BerlVerf resultierenden allgemeinen Persönlichkeitsrechts der M. Denn das allgemeine Persönlichkeitsrecht der Minderjährigen aus Art. 7 i. V. m. Art. 6 BerlVerf verpflichte die Gerichte, eine Begrenzung der Minderjährigenhaftung zu prüfen. Eine unbegrenzte Haftung Minderjähriger begegne verfassungsrechtlichen Bedenken, da durch die Auferlegung finanzieller Verpflichtungen in erheblichem Maße die Grundbedingungen freier Entfaltung und Entwicklung und damit nicht nur einzelne Ausformungen allgemeiner Handlungsfreiheit, sondern die engere persönliche Lebenssphäre junger Menschen betroffen werde. Die volle zivilrechtliche Haftung eines Kindes, auch wenn sie noch nicht existenzvernichtende Wirkung habe, sei geeignet, zu einer solchen grundrechtsrelevanten Einschränkung seiner freien Entfaltung und Entwicklung zu führen. Eine Grundrechtsverletzung komme dann in Betracht, wenn dem Jugendlichen kein Raum bleibe, um sein weiteres Leben selbst und ohne unzumutbare Belastungen zu gestalten, die er nicht zu verantworten habe. Härten, die sich aus dem Grundsatz der Totalreparation ergeben, könnten durch Rückgriff auf § 242 abgemildert werden. Bei der Bemessung der Höhe des Schmerzensgeldes nach § 253 Abs. 2 biete das Tatbestandsmerkmal der „billigen" Entschädigung die Möglichkeit, die Situation des Schädigers, insbesondere den Grad seines Verschuldens, seine finanzielle Leistungsfähigkeit und das Fehlen einer Haftpflichtversicherung zu berücksichtigen.

Das OLG Celle[324] hatte einen Fall zu entscheiden, in dem die beiden 15 und 16 Jahre alten Beklagten in einer Halle mit Holzfußboden ein Telefonbuch angezündet und dadurch das Abbrennen der gesamten Halle verursacht hatten. Die Feuerversicherung des Geschädigten nahm die beiden Beklagten in Höhe von 330.000 DM nebst 8 % Zinsen in Anspruch. Das OLG Celle hielt § 828 Abs. 2 (jetzt Abs. 3) jedenfalls in den Fällen für mit Art. 1, 2, 6 Abs. 2 GG unvereinbar, in denen die Haftung des nur leicht fahrlässig handelnden Minderjährigen zu dessen Existenzvernichtung führen würde, obwohl die Entschädigung des Opfers von dritter Seite gewährleistet ist. Da die Parteien in dem Rechtsstreit einen Vergleich abschlossen, erledigte sich eine verfassungsgerichtliche Klärung des Problems.[325] Erst aufgrund eines Vorlagebeschlusses des Landgerichts Dessau wurde das BVerfG mit der hier interessierenden Frage konfrontiert:

---

[324]OLG Celle JZ 1990, 294.
[325]Ahrens VersR 1997, 1064, 1065.

A. Der Anspruch aus § 823 Abs. 1

BVerfG NJW 1998, 3557 (Vorlagebeschluss LG Dessau NJW-RR 1997, 214): Ein 16 Jahre alter Junge (J), der nicht haftpflichtversichert war, nahm mit einem unversicherten Moped am Straßenverkehr teil, ohne im Besitz einer Fahrerlaubnis zu sein. Auf dem Soziussitz saß die 13-jährige S. J verursachte schuldhaft einen Verkehrsunfall. S. erlitt schwere Verletzungen. Die Krankenkasse, auf die der deliktische Anspruch der S gem. § 116 SGB X übergegangen war, nimmt den J in Höhe von zunächst rund 150 000 DM in Anspruch.

Das BVerfG hielt die Richtervorlage für unzulässig. Dennoch beinhaltet das Urteil wichtige Hinweise für das hier interessierende Problem. Das BVerfG bestätigt, dass die unbegrenzte Haftung Minderjähriger verfassungsrechtlichen Bedenken ausgesetzt ist. Das muss aber nicht notwendig die Verfassungswidrigkeit des § 828 Abs. 2 S. 1 (jetzt Abs. 3) zur Folge haben. Das BVerfG wirft dem LG Dessau vor, sich nicht ausreichend mit der Frage beschäftigt zu haben, welche einfachrechtlichen Möglichkeiten zur Korrektur der Minderjährigenhaftung zur Verfügung stehen. Zu denken sei etwa an die Möglichkeit eines Forderungserlasses gem. § 76 Abs. 2 Nr. 3 SGB IV.[326] Auch die Frage, inwieweit mit Mitteln der neuen Insolvenzordnung der Gefahr einer lebenslangen Überschuldung begegnet werden kann, muss nach Auffassung des Gerichts in die Betrachtung einbezogen werden.[327] Vor allem betont das Gericht, dass der Anwendbarkeit des § 242 – und damit einer Einschränkung der Minderjährigenhaftung aus Billigkeitsgründen – aus verfassungsrechtlicher Sicht weder der Wille des vorkonstitutionellen Gesetzgebers noch der Wortlaut des § 828 Abs. 2 (jetzt Abs. 3) entgegenstehen. Im Anschluss hieran formuliert das BVerfG den an die Zivilgerichte gerichteten Auftrag (S. 3558):

> Ob eine solche Einschränkung nach § 242 im konkreten Fall geboten ist, haben die für den Zivilrechtsstreit zuständigen Gerichte zu entscheiden.

Für die Zukunft ist daher zu erwarten, dass die verfassungsrechtlich gebotene Einschränkung der Minderjährigenhaftung über eine Anwendung des § 242 erfolgen wird.[328] Unter welchen Voraussetzungen die Geltendmachung der Minderjährigenhaftung den Tatbestand einer unzulässigen Rechtsausübung erfüllt, ist noch nicht geklärt.[329] Insoweit hat das OLG Celle in seinem Urteil bereits bedenkenswerte Kriterien genannt. Im Schrifttum werden z. T. darüber hinausgehende Einschränkungen der Minderjährigenhaftung im Hinblick auf das verfassungsrechtliche Übermaßverbot befürwortet.[330]

---

[326] Vgl. in diesem Sinne Ahrens AcP 189 (1989), 526 ff.; ders. VersR 1997, 1064; kritisch Rolfs JZ 1999, 233, 235 f.
[327] Kritisch Rolfs JZ 1999, 233, 236 f.
[328] So bereits Canaris JZ 1987, 993, 1001; ders. JZ 1990, 679 ff.; kritisch Medicus AcP 192 (1992), 65 ff., der das Problem eher dem Vollstreckungsschutzrecht überantworten will.
[329] Vgl. zu dieser Frage Goecke NJW 1999, 2305 ff.; Rolfs JZ 1999, 233, 240 f.
[330] Z. B. Canaris JZ 1990, 679, 681.

4.1.2 Der Ausschluss der Verschuldensfähigkeit nach § 827

Die Grundlage der Verschuldensfähigkeit ist die Einsicht in das Verbotensein des Handelns oder Unterlassens. Fehlt es an dieser Voraussetzung, weil beim Schädiger die Möglichkeit zur Bildung dieser Einsicht und zur freien Willensbestimmung nicht vorhanden war, so muss die Verschuldensfähigkeit verneint werden. Dies ist der Inhalt der Regelung des § 827 S. 1.

Dieses Verständnis des § 827 S. 1 liefert gleichzeitig die Erklärung für den Ausnahmetatbestand des § 827 S. 2. Hat der Schädiger durch den Genuss geistiger Getränke oder anderer Mittel die Ursache für den Ausschluss der Einsichtsfähigkeit gesetzt, so muss er wenigstens so behandelt werden wie jemand, der fahrlässig gehandelt hat. Wer sich also in einen Rauschzustand versetzt hat, muss für in diesem Zustand begangene Schäden haften. Unter strengen Verschuldensgesichtspunkten kann dies freilich nur dann gelten, wenn der Schädiger für die das Bewusstsein ausschließende Lage verantwortlich ist. Ist dies zu verneinen, so ist er nicht verschuldensfähig (§ 827 S. 2 2. Hs.). Beispiel[331]: Ein Patient ist vom Arzt nicht über die berauschende Wirkung eines Medikaments unterrichtet worden.

Im Strafrecht werden mit der Rechtsfigur der *actio libera in causa* ähnliche Probleme behandelt. Auch bei dieser knüpft der Schuldvorwurf an das Verhalten, durch das der Täter den Schuld ausschließenden Defektzustand herbeiführt.[332] Allerdings sollte der Unterschied zu § 827 S. 2 gesehen werden. Diese Vorschrift begründet schon dann eine Haftung, wenn der Schädiger den Zustand durch das Konsumieren der dort genannten Mittel herbeigeführt hat.[333] Die strafrechtliche actio libera in causa verlangt demgegenüber, dass der Täter den maßgeblichen Defekt vorsätzlich oder fahrlässig herbeiführt und mindestens damit rechnet, nach dem Genuss von Mitteln eine bestimmte Straftat zu verwirklichen.

4.2 Verschuldensformen (Vorsatz oder Fahrlässigkeit)

Als Verschuldensformen kennt das Schuldrecht Vorsatz und Fahrlässigkeit (§ 276). Bezüglich der Einzelheiten kann insoweit auf die Lehrbücher des Schuldrechts Allgemeiner Teil verwiesen werden. Lediglich zwei Aspekte der Fahrlässigkeit sollen hier herausgehoben werden.

Fahrlässigkeit ist gem. § 276 Abs. 2 durch die Außerachtlassung der im Verkehr erforderlichen Sorgfalt gekennzeichnet. Wichtig ist zu wissen, dass der Fahrlässigkeitsbegriff des Zivilrechts *objektiv* zu verstehen ist.[334] D. h. persönliche Unzulänglichkeiten des Schädigers entlasten diesen nicht. Ein Arzt zu Beginn seiner chirurgischen Facharztausbildung, der eine schwierige Herzoperation vornehmen wollte, kann sich nachträglich nicht damit entschuldigen, dass er noch nicht über das

---

[331]Nach Deutsch/Ahrens UH Rn. 174.

[332]Vgl. Wessels/Beulke/Satzger, Strafrecht, Allgemeiner Teil, 45. Aufl. 2015, § 13 III 4.

[333]Ihn trifft gewissermaßen die Verkehrspflicht, einen solchen Zustand zu vermeiden, vgl. Erman-Schiemann § 827 Rn. 3.

[334]Kurz und prägnant hierzu Medicus/Lorenz SAT Rn. 359.

A. Der Anspruch aus § 823 Abs. 1

nötige Wissen verfügt habe. Im Zweifel darf er eben eine bestimmte Tätigkeit nicht vornehmen.

Während die Geltung eines objektiv-typisierten Fahrlässigkeitsmaßstabes[335] unbestritten ist, ist sehr umstritten, ob im Rahmen der Sorgfalt zwei Elemente zu unterscheiden sind, die sog. *äußere Sorgfalt* und die *innere Sorgfalt*, und ob nur bei Vorliegen beider ein Verschulden bejaht werden kann.[336] Äußere Sorgfalt meint sachgemäßes Verhalten.[337] Wer sich nicht so verhält, handelt pflichtwidrig. Die innere Sorgfalt zielt auf das subjektive Erkennen der Sorgfaltsanforderung und die subjektive Vermeidbarkeit ihrer Verletzung.

Im Schrifttum mehren sich die Stimmen, die das Element der inneren Sorgfalt als verzichtbar ansehen.[338] Der BGH hat die Unterscheidung zwischen äußerer und innerer Sorgfalt seinen Entscheidungen immer wieder zugrunde gelegt.[339] Allerdings ist die praktische Relevanz der Unterscheidung äußerst gering. Denn Rechtsprechung und Literatur gehen davon aus, dass bei Vorliegen eines Verstoßes gegen die Anforderungen der äußeren Sorgfalt der Verstoß gegen die innere Sorgfalt indiziert wird.[340] Deshalb gibt es nur äußerst wenige Fälle, in denen die Unterscheidung praktische Relevanz erhält, vgl. dazu etwa

> *BGH NJW 1985, 620:* Der Kläger nimmt die Beklagte (Schleppliftunternehmen) wegen eines im November 1981 erlittenen Skiunfalls auf Schadensersatz in Anspruch. Der Kläger fuhr neben dem Lift der Beklagten zu Tal, als eine Windböe Pulverschnee aufwirbelte. Er bog nach links in Richtung zum Lift, machte einen Schneepflug, um seine Fahrt abzubremsen, und hielt sich den rechten Arm schützend vor das Gesicht. Dabei verlor er das Gleichgewicht, stürzte und prallte mit Kopf und Körper gegen die vierkantige eiserne Stütze des zweiten Pfeilers des Schlepplifts und zog sich schwerste Verletzungen zu.

Nach einer eingehenden Erörterung der Verkehrssicherungspflichten von Skiliftbesitzern, wobei insbesondere auch die Pflichten der Skiläufer zur Eigensicherung mitbedacht wurden, kam der BGH zu dem Ergebnis, dass im konkreten Falle eine Verkehrssicherungspflicht der Beklagten dahin gehend bestanden hatte, die Stützen des Skilifts durch Strohballen oder dergleichen abzupolstern. Trotz dieses objektiven Verstoßes gegen die Verkehrssicherungspflicht verneinte der BGH eine Haftung der Beklagten, weil ihr (im Jahre 1981!) das Erkennen dieser Sicherungspflicht nicht möglich gewesen war und deshalb ein Verschulden zu verneinen sei (S. 621):

---

[335] Deutsch/Ahrens UH Rn. 143.
[336] Vgl. zum Meinungsstreit Deutsch JZ 1984, 993 ff.
[337] Deutsch/Ahrens UH Rn. 135.
[338] Brüggemeier Rn. 113; vgl. Kötz/Wagner Rn. 119, 120.
[339] BGH NJW 1984, 1958; BGHZ 80, 186.
[340] Vgl. BGH NJW 1986, 2757, 2758: „Die Verletzung der äußeren Sorgfalt indiziert entweder die der inneren Sorgfalt oder es spricht ein Anscheinsbeweis für die Verletzung der inneren Sorgfalt"; ebenso Deutsch/Ahrens UH Rn. 138.

Jedoch muss dem Verkehrssicherungspflichtigen der Pflichtverstoß bei Anwendung verkehrserforderlicher Sorgfalt erkennbar gewesen sein, wobei Bewertungszweifel über die Pflichtmäßigkeit oder Pflichtwidrigkeit des schädlichen Verhaltens zu seinen Lasten gehen. Hier fällt ins Gewicht, dass Entscheidungen deutscher Gerichte zur Sicherung von Liftstützen zum Schutze der Skiläufer bei derartigen Pistenverhältnissen im Unfallzeitpunkt, soweit ersichtlich, nicht ergangen waren. Eine solche Sicherungspflicht lag auch nicht ohne weiteres in der Tendenz der bis dahin ergangenen Rechtsprechung zur Pistensicherungspflicht, die vielmehr, wie schon gesagt, in Richtung auf eine Beschränkung der Sicherung auf atypische und verdeckte Gefahren ging, um die es sich im Streitfall nicht handelt.

Hier liegt also ein Fall vor, in dem sich die Unterscheidung zwischen äußerer und innerer Sorgfalt als relevant erweist. Trotz des objektiven Sorgfaltsverstoßes ist ein Verschulden mangels Erkennbarkeit der Sorgfaltspflicht verneint worden.[341]

Die zur Fahrlässigkeit entwickelten Grundsätze gelten im Prinzip auch bei der Bewertung des Verhaltens Minderjähriger. Bei der Behandlung des § 828 Abs. 3 wurde darauf hingewiesen, dass Reife und Steuerungsfähigkeit auf die Beurteilung der Deliktsfähigkeit des Minderjährigen keinen Einfluss haben.[342] Diese Faktoren spielen vielmehr bei der Frage des Verschuldens eine Rolle. Bei der Prüfung der Fahrlässigkeit ist also zu fragen, ob der Minderjährige nach dem allgemeinen Stande der Entwicklung seiner *Altersgruppe* die zur Bejahung seiner Fahrlässigkeit erforderliche Reife besaß.[343] Dabei ist der Begriff der Fahrlässigkeit nach objektiven und nicht nach personalen Merkmalen zu bestimmen. D. h. es kommt nicht auf das Maß an Sorgfalt an, das gerade von dem konkreten jugendlichen Schädiger gefordert werden musste und konnte, sondern auf das seiner Altersgruppe.[344]

Ein besonders anschauliches Lehrbeispiel für die Anforderungen hinsichtlich der Verschuldensfähigkeit und des Verschuldens bei Minderjährigen ist

BGH NJW 1984, 1958: Zwei zehnjährige, in ihrer Entwicklung zurückgebliebene Kinder wollten in einer Strohbude innerhalb einer Scheune eine Kerze anzünden, um den Raum zu beleuchten. Die Kerze stürzte auf den Boden, das Stroh fing Feuer und die gesamte Scheune brannte ab. Der Feuerversicherer des Landwirts nimmt die Kinder aus übergegangenem Recht in Anspruch.

Infrage stand nur das Verschulden der Kinder. Erstes Prüfungselement war dabei die Verschuldensfähigkeit (§ 828 Abs. 3). Entsprechend dem Grundsatz, dass es für § 828 Abs. 3 nicht auf die geistige Reife, sondern auf die Einsichtsfähigkeit in das Verbotensein des Handelns ankommt, wurde die Verschuldensfähigkeit bejaht. Denn die beiden Kinder hatten die Gefährlichkeit des Handelns erkennen und sehen können, dass daraus Schäden resultieren würden.

---

[341] Zu einem ähnlich gelagerten Fall siehe BGH NJW 1995, 2631.
[342] Vgl. oben 4.1.1.
[343] BGHZ 39, 281, 283.
[344] BGH NJW 1970, 1038, 1039.

A. Der Anspruch aus § 823 Abs. 1

Das Berufungsgericht hatte das Vorliegen von Fahrlässigkeit verneint, weil die beiden Kinder aufgrund ihres Reifezustandes so in ihr „Beleuchtungsspiel" vertieft gewesen seien, dass sie alles andere „vergessen" hätten. Diese Rechtsauffassung weist der BGH zurück (S. 1958 f.):

> Richtig ist allerdings der Ausgangspunkt des BerGer., dass bei Prüfung der Fahrlässigkeit die Verstandesreife von Kindern, die allgemein in der entsprechenden Altersgruppe zu erwarten ist, zugrunde zu legen ist (sog. *Gruppenfahrlässigkeit*). Auch steht es mit der Rechtsprechung im Einklang, dass das Berufungsgericht bei Prüfung der Fahrlässigkeit besondere Umstände eines spontan-emotionalen Vorgangs, wie er ganzen Altersgruppen von Jugendlichen eigen ist, berücksichtigt, so beispielsweise die Motorik des Spielbetriebs, den Forschungs- und Erprobungsdrang, den Mangel an Disziplin, Rauflust, Impulsivität und Affektreaktionen. War unter solchen Umständen das schädigende Verhalten für den Minderjährigen *typischerweise* nicht vermeidbar und fehlt es deshalb an der personalen (subjektiven) Seite der Fahrlässigkeit, an der „inneren Sorgfalt", dann liegt kein fahrlässiges Verhalten vor. Die *individuelle Steuerungsfähigkeit* des Täters hat dagegen *außer Betracht* zu bleiben (kursive Hervorhebungen d. Verf.).

In Anwendung dieser Grundsätze war zu entscheiden, ob zehnjährigen Kindern typischerweise ein sorgfältiges Verhalten in der konkreten Situation möglich gewesen wäre oder ob mangelnde Verstandesreife sie daran gehindert hätte, das zur Vermeidung von Gefahren Notwendige zu beachten. Der BGH bejaht – im Gegensatz zum Berufungsgericht – bei Kindern ab 8 Jahren die Fähigkeit zu normgerechtem Verhalten bei Fällen der vorliegenden Art. Dass aufgrund der individuellen Situation die beiden Kinder dazu nicht in der Lage waren, war nicht entscheidend.

III. Schadensersatz als Rechtsfolge

1. Inhalt des Schadensersatzanspruchs

Als Rechtsfolge ordnet § 823 Abs. 1 den Ersatz des aus der Rechtsgutverletzung entstehenden Schadens an. Zu ersetzen sind alle Vermögensschäden gem. § 249 ff.[345] Beruht die Schadensersatzpflicht auf der Verletzung eines der in § 253 Abs. 2 genannten Rechtsgüter, so sind nach dieser Vorschrift auch Nichtvermögensschäden zu ersetzen.[346]

Für den Personalschaden bestehen Sondervorschriften in den §§ 842, 843. § 842 hat lediglich klarstellenden Charakter. Denn ein Ersatz aller konkreten Erwerbsschäden folgt bereits aus § 252.[347]

§ 843 enthält eine Sonderregelung für *Dauerschäden* aus einer Körper- oder Gesundheitsverletzung. Sie bezweckt den Ausgleich langfristiger Schäden, die aus

---

[345] S. dazu unten 12. Kap. F. G. H.
[346] Siehe dazu unten 7. Kap.
[347] Erman-Schiemann § 842 Rn. 1.

einem völligen oder teilweisen Verlust der Erwerbsfähigkeit herrühren. Das Deliktsrecht entfaltet insoweit soziale Vorsorgefunktion.[348] In der Praxis wird diese Funktion aber meist durch öffentliche (Sozialversicherung!) oder private Vorsorgeträger erfüllt. § 843 erlangt dann nur mittelbar über den Regress dieser Versicherungsträger Bedeutung.[349]

§ 843 Abs. 1 sieht Schadensersatz auch bei einer *Vermehrung* der *Bedürfnisse* des Geschädigten vor. Hierunter sind insbesondere zusätzliche Aufwendungen zu verstehen, die etwa bei Notwendigkeit besonderer Ernährung oder behindertengerechter Einrichtung oder Ausstattung anfallen.

Einen wichtigen schadensersatzrechtlichen Grundsatz enthält § 843 Abs. 4. Die Bestimmung ist Ausdruck des allgemeinen Rechtsgedankens der *versagten Vorteilsausgleichung*. Dem Schädiger darf es nicht zugute kommen, dass ein anderer dem Verletzten Unterhalt leistet. Über den Wortlaut hinaus wird § 843 Abs. 4 auch bei anderen Zahlungen Dritter angewendet, wenn dadurch beim Geschädigten keine Vermögensverringerung eintritt.[350]

2. Haftungsausfüllende Kausalität

Ersetzt werden nur solche Schäden, die aus der Rechtsgutverletzung herrühren. Diesen Zusammenhang bezeichnet man als *haftungsausfüllende Kausalität*. Es geht dabei um die Frage, welche Schäden der Rechtsgutverletzung zugerechnet werden sollen. Auch hierbei ist eine Betrachtung unter dem Gesichtspunkt, welche Schadensfolgen äquivalent zur Rechtsgutverletzung sind, nicht ausreichend. Vielmehr muss die Adäquanztheorie als „juristisches Korrektiv zum Ausfiltern unbilliger Schadensersatzansprüche"[351] eingesetzt werden.[352]

Kurios, aber lehrreich der Fall des

BGH NJW 1997, 865: K war bei einem Überholversuch mit seinem Pkw auf der Gegenfahrbahn mit einem Geldtransporter der H-GmbH kollidiert. Dabei kam der Transporter von der Fahrbahn ab, überschlug sich mehrfach und blieb auf dem Dach in einem Straßengraben liegen. Eine am Tag nach dem Unfall vorgenommene Überprüfung ergab, dass zwei Geldkoffer mit Bargeld im Wert von rund 260.000 DM fehlten. Die Kläger, zwei Versicherungsunternehmer, behaupteten, das Geld sei am Unfallort von einem Dritten entwendet worden. Der beklagte Haftpflichtversicherer der K behauptet, das Geld sei erst entwendet worden, nachdem die Polizei das Transportfahrzeug in Verwahrung genommen habe.

Zur Frage, ob dem K haftungsrechtlich auch der Schaden zuzurechnen ist, der in dem Verlust der Geldkoffer besteht, führt der BGH aus:

---

[348]Erman-Schiemann § 843 Rn. 1.

[349]Vgl. dazu unten 11. Kap.

[350]Jauernig-Teichmann § 843 Rn. 6.

[351]Jauernig-Teichmann Vor §§ 249–253 Rn. 27.

[352]Bezüglich der Einzelheiten hierzu und zu den typischen Fallgestaltungen vgl. unten 12. Kap. D. II.

A. Der Anspruch aus § 823 Abs. 1

Der vorliegende Sachverhalt ist dadurch geprägt, dass K selbst durch ein schuldhaftes Verhalten für die Fracht des Geldtransporters nur eine Gefährdung herbeigeführt hat, während der Schaden – die Entwendung der beiden Geldtransportkoffer – erst durch einen Dritten verwirklicht worden ist. Für die haftungsrechtliche Würdigung derartiger Fallgestaltungen hat der Senat Beurteilungsgrundsätze entwickelt. Danach kann dann, wenn ein Schaden zwar bei rein naturwissenschaftlicher Betrachtung mit der Handlung des Schädigers in einem kausalen Zusammenhang steht, dieser Schaden jedoch entscheidend durch ein völlig ungewöhnliches und unsachgemäßes Verhalten einer anderen Person ausgelöst worden ist, die Grenze überschritten sein, bis zu der dem Erstschädiger der Zweiteingriff und dessen Auswirkungen als haftungsausfüllender Folgeschaden seines Verhaltens zugerechnet werden können. Insoweit ist eine wertende Betrachtung geboten. Hat sich aus dieser Sicht im Zweiteingriff nicht mehr das Schadensrisiko des Ersteingriffs verwirklicht, war dieses Risiko vielmehr schon gänzlich abgeklungen und besteht deshalb zwischen beiden Eingriffen bei wertender Betrachtung nur ein „äußerlicher" gleichsam „zufälliger" Zusammenhang, dann kann vom Erstschädiger billigerweise nicht verlangt werden, dem Geschädigten auch für die Folgen des Zweiteingriffs einstehen zu müssen.

Nach Ansicht des BGH wäre im Falle des Klägervortrags der Zurechnungszusammenhang zu bejahen, im Falle des Beklagtenvortrages hingegen zu verneinen. Der Rechtsstreit wurde deshalb zum Zwecke weiterer Feststellungen an das Berufungsgericht zurückverwiesen.

Hinsichtlich des Verschuldens ist anzumerken, dass sich die Vorhersehbarkeit nicht auf die Art und Weise der Verletzung, die zur haftungsausfüllenden Kausalität gehört, erstrecken muss, vgl. dazu

BGH VersR 1993, 230: Zwischen K und B kam es auf der Straße vor einer Gaststätte zu einer vom äußeren Erscheinungsbild her harmlosen Rauferei. Möglicherweise bedingt durch eine Unebenheit im Straßenpflaster kam K aber ins Stolpern und stürzte rücklings mit dem Kopf auf das Pflaster, wobei er sich den fünften Halswirbel brach. Es kam zu einer teilweisen Lähmung der oberen und unteren Gliedmaßen sowie einer Blasen- und Mastdarmlähmung. Der Kläger ist seitdem auf ständige Pflege und Betreuung angewiesen.

Das Berufungsgericht hatte hier ein Verschulden des B verneint, weil der Kläger nicht mit ernsthaften Körperverletzungen habe rechnen müssen. Dagegen argumentiert der BGH zu Recht (S. 231):

Entgegen der Ansicht des Berufungsgerichts ist es, um einen für die Haftung ausreichenden Schuldvorwurf gegen den Beklagten zu begründen, nicht erforderlich, dass dieser damit rechnen musste, der Kläger werde sich bei einem Sturz auf die Straße so schwer verletzen, wie es hier geschehen ist. Nach ständiger Rechtsprechung braucht sich die Vorhersehbarkeit nicht darauf zu erstrecken, wie sich der Schadenshergang im Einzelnen abspielt und in welcher Weise sich der Schaden verwirklicht. Es genügt vielmehr, dass der Schädiger die Möglichkeit des Eintritts eines schädigenden Erfolgs im Allgemeinen hätte voraussehen können. ... Im vorliegenden Fall wird daher die Fahrlässigkeit des Beklagten bereits dadurch begründet, dass er vorhersehen konnte, dass der Kläger bei der Rauferei auf das Pflaster stürzen und sich dabei verletzen könne; dagegen kommt es für den Schuldvorwurf nicht darauf an, ob der Beklagte damit rechnen musste, der Kläger könne sich bei einem Sturz einen Halswirbelbruch und eine Querschnittslähmung zuziehen. *Dieser Schadensverlauf gehört zur haftungsausfüllenden Kausalität, die vom Verschulden nicht umfasst zu werden braucht* (Hervorhebung d. Verf.).

3. Schutzzweck (Schutzbereich) der Norm

Auch im Rahmen der Begründung des Schadensersatzes reicht die Feststellung der Adäquanz nicht immer aus. Häufig ist auch hier die Frage nach dem Schutzzweck oder – was nur ein anderer Ausdruck ist[353] – dem Schutzbereich der Norm zu stellen. Zur Bedeutung dieses Aspektes vgl. die grundlegende Entscheidung in

> BGHZ 27, 137: K stieß mit seinem Motorrad mit dem Pkw des Ehemannes der B zusammen. Gegen beide Fahrer wurden Strafverfahren eingeleitet. Der Ehemann der B verstarb aus unfallunabhängigen Gründen. Das Strafverfahren gegen K endete mit einem Freispruch mangels Beweises. K verlangt von B Ersatz der Kosten, die ihm durch seine Verteidigung in dem Strafverfahren entstanden sind.

Vorausgesetzt, die tatbestandlichen Voraussetzungen des § 823 Abs. 1 liegen vor, stellt sich in diesem Falle die Frage, ob auch Kosten des Strafverfahrens Teil des von § 823 Abs. 1 vorgesehenen Schadensersatzes sind. Dass solche Schäden adäquat kausal sind, wird man bejahen müssen.

Der BGH nahm den Fall zum Anlass, die dogmatische Beurteilung dieses Problems auf eine zuvor im Schrifttum entwickelte[354] Grundlage zu stellen (S. 139 f.):

> Die bisherige Betrachtungsweise, die die Frage der Haftungsbegrenzung nur unter dem Gesichtspunkt des adäquaten Kausalzusammenhanges sieht, ist nicht immer geeignet, das Problem der Begrenzung der Haftung in geeigneter Weise zu lösen. ... Auf der Suche nach anderen Wegen hat von Caemmerer ... mit Recht die Frage ins Licht gerückt, ob die Tatfolge, für die Ersatz begehrt wird, innerhalb des Schutzbereichs der verletzten Norm liegt. Diese Fragestellung ist für die Haftung aus Verletzung eines Schutzgesetzes (§ 823 Abs. 2 BGB) geläufig und anerkannt. ... Voraussetzung der Haftung (ist), dass der Schaden im Rahmen der durch das Schutzgesetz geschützten Interessen liegt, dass also der Schaden aus der Verletzung eines Rechtsgutes entstanden ist, zu dessen Schutz die Rechtsnorm erlassen worden ist. Diese Begrenzung gilt aber nicht minder, wenn wie hier Ersatzansprüche aus § 823 Abs. 1 BGB hergeleitet werden. Auch im Rahmen dieser Bestimmung muss zunächst gefragt werden, ob der geltend gemachte Schaden innerhalb des Schutzzweckes dieser Vorschrift liegt. M. a. W. ob es sich dabei um Folgen handelt, die in den Bereich der Gefahren fallen, um derentwillen die Rechtsnorm erlassen wurde.

In Anwendung dieser Grundsätze kommt der BGH zu einer Verneinung des Anspruchs. Wird bei einem Unfall die Person und die Sache verletzt bzw. beschädigt, so liegen innerhalb des Schutzzweckes des § 823 Abs. 1 sicherlich die Kosten für die Wiederherstellung der Gesundheit bzw. Instandsetzung des Fahrzeugs einschließlich Verdienstausfall und Nutzungsausfall. Anders verhält es sich dagegen mit den Kosten für das Strafverfahren (S. 141). Insoweit sind durch den Unfall keine Gefahren verwirklicht worden, die das Gesetz verhüten will. Sie haben mit

---

[353]Die beiden Begriffe werden meist synonym benutzt. Für eine begriffliche Trennung aber Deutsch/Ahrens UH Rn. 114.

[354]Vgl. insbesondere von Caemmerer, Das Problem des Kausalzusammenhangs im Privatrecht 1956 = Gesammelte Schriften (1968) I, S. 395 ff.; ders. NJW 1956, 569 f. S. zur Problematik auch unten 12. Kap. D. II.

A. Der Anspruch aus § 823 Abs. 1

der Körperverletzung bzw. Sachbeschädigung nichts zu tun, sondern sind vielmehr Folge des Verdachtes, eine strafbare Handlung begangen zu haben. Diese Gefahr liegt im Rahmen eines allgemeinen Risikos, das jeden Staatsbürger trifft.[355]

Danach bleibt festzuhalten: Ob ein nach § 823 Abs. 1 ersatzfähiger Schaden vorliegt, hängt davon ab, ob der Schaden adäquat kausal verursacht ist und der Schaden im Schutzbereich der Norm liegt.[356] Die Lehre vom Schutzzweck oder Schutzbereich der Norm hat für alle Anspruchsnormen des Deliktsrechts, einschließlich der Gefährdungshaftung, Bedeutung erlangt.[357] Deshalb wird uns der Schutzzweckgedanke im Rahmen der Besprechung der einzelnen Anspruchsgrundlagen immer wieder begegnen.

IV. Verkehrssicherungspflichten

1. Begriff und Funktion

Entstehungsgeschichtlich ist das dogmatische Konzept der Verkehrssicherungspflichten eng mit zwei Entscheidungen des RG aus den Jahren 1902 und 1903 verbunden. In RGZ 52, 373 hatte der Kläger den Beklagten (Fiskus) auf Schadensersatz verklagt, weil er durch einen morschen, auf einem dem Beklagten gehörenden öffentlichen Wege stehenden Baum verletzt worden war. In RGZ 54, 53 hatte der Kläger die beklagte Stadtgemeinde auf Schadensersatz in Anspruch genommen, weil er auf einer dem öffentlichen Verkehr dienenden steinernen Treppe gestürzt war und die Beklagte es bei der damals herrschenden Schneeglätte unterlassen hatte, für das Säubern und Bestreuen derselben zu sorgen.

Das RG musste sich mit der zu dieser Zeit weit verbreiteten Vorstellung auseinandersetzen, dass „begrifflich einer bloßen Unterlassung niemals eine Kausalität in Ansehung eines entstandenen Schadens zugeschrieben werden könne".[358] Gegen diese auch auf römisch-rechtliche Auffassungen gestützte Rechtsmeinung setzt das RG den Standpunkt des BGB, wie er in § 836[359] zum Ausdruck gekommen ist. Das RG sieht in dieser Bestimmung keinen singulären, sondern den „allgemeinen Grundsatz, dass entgegen dem prinzipiellen Standpunkt des römischen Rechts jetzt ein jeder auch für Beschädigung durch seine Sachen insoweit aufkommen sollte, als er dieselbe bei billiger Rücksichtnahme auf die Interessen des anderen hätte verhüten müssen".[360] Die Verantwortlichkeit des Eigentümers für verkehrssi-

---

[355] Zu einer ähnlichen Argumentation siehe BGHZ 107, 364: Kommt es im Anschluss an einen Verkehrsunfall mit Sachschaden zu einem Streit über das Verschulden zwischen den Beteiligten und erleidet einer deshalb einen Schlaganfall, so soll dieser Schaden nicht in den Schutzbereich der Norm fallen (str., vgl. zur Entscheidung Lipp JuS 1991, 809 ff.).

[356] Zur Notwendigkeit der doppelten Prüfung siehe Deutsch/Ahrens UH Rn. 56.

[357] Deutsch hat geäußert, man könne mit Fug die letzten 30 Jahre als Zeitalter des Schutzbereichs der Norm im Haftungsrecht bezeichnen, vgl. JZ 1992, 97.

[358] RGZ 52, 373, 376.

[359] Siehe dazu unten 3. Kap. F.

[360] RGZ 54, 53, 58.

chere Beschaffenheit wird vom RG namentlich für öffentliche Wege, Plätze, Häfen, Gebäude oder sonstige Räume anerkannt oder ganz allgemein gesprochen, wenn „ein Verkehr für andere eröffnet" worden ist.[361]

Mit diesen beiden Entscheidungen wurde der Grundstein für eine Entwicklung gelegt, deren praktische und quantitative Bedeutung sich schon bei einem ersten Blick auf die Kommentierungen der Verkehrssicherungspflichten bei § 823 erschließt.[362] Rechtssoziologisch drückt sich in dem ständig voranschreitenden Ausbau von Verkehrssicherungspflichten die eingangs beschriebene[363] sozialstaatliche Mentalität aus, die nach weitgehender Absicherung von Rechtsgüter- und Vermögensinteressen trachtet.[364]

Die Rechtsprechung hat die Verkehrssicherungspflichten über den ursprünglichen Bereich des Verkehrs im technischen Sinne hinaus fortentwickelt und auf andere Bereiche ausgedehnt. Deshalb wird heute auch von Verkehrspflichten gesprochen und die Verkehrssicherungspflichten werden als Unterfall der Verkehrspflichten betrachtet.[365] Sachliche Folgen ergeben sich aus dieser unterschiedlichen Terminologie nicht.

Die zentrale Funktion der Haftung wegen Verletzung einer Verkehrssicherungspflicht besteht in der Gefahrvermeidung und -abwendung.[366] Der Einzelne soll in den von ihm beherrschten Bereichen alles tun, um Schäden von Dritten abzuwenden.

2. Systematische Einordnung der Verkehrssicherungspflichten

Zum Teil wird die Auffassung vertreten, dass Verkehrssicherungspflichten (funktional) als Schutzgesetze im Sinne des § 823 Abs. 2 zu betrachten seien.[367] Rechtsprechung und h. M. in der Literatur verorten die Verkehrssicherungspflichten im Rahmen des § 823 Abs. 1.[368] Aufbaumäßig wird die Prüfung der Verkehrssicherungspflichten zum Teil bei der Rechtswidrigkeit vorgenommen.[369] Vorzuziehen ist jedoch eine Prüfung bereits auf der Tatbestandsebene,[370] am besten gemeinsam mit der haftungsbegründenden Kausalität bei der Zurechnung des tatbestandsmäßigen

---

[361] RGZ 54, 53, 57.

[362] Vgl. etwa Palandt-Sprau § 823 Rn. 186 ff. Instruktiv auch Edenfeld VersR 2002, 272 ff.

[363] Siehe oben 1. Kap. B. I.

[364] Deutsch/von Bar MDR 1979, 536: „Das Lebensgefühl von Menschen, die sich an den Wohlstand gewöhnt haben, strebt nach einer Idealordnung totaler Gefahrlosigkeit und davon kann die Rechtsentwicklung nicht unbeeinflusst bleiben".

[365] Vgl. dazu von Bar JuS 1988, 169.

[366] Larenz/Canaris SBT 2 § 76 III 1 d.

[367] Von Bar JuS 1988, 169, 171; Deutsch/Ahrens UH Rn. 358 und 360.

[368] BGH NJW 1987, 2671, 2672; Larenz/Canaris SBT 2 § 76 III 2 b.

[369] Esser/Weyers § 55 II 3 e.

[370] Larenz/Canaris SBT § 76 III 2 c. Präzise hierzu Raab JuS 2002, 1041 ff.

A. Der Anspruch aus § 823 Abs. 1

unvorsätzlichen Verletzungserfolgs zu einer bestimmten Person.[371] Sachliche Auswirkungen ergeben sich aufgrund dieser unterschiedlichen Auffassungen nicht.

3. Tatbestand der Verletzung einer Verkehrssicherungspflicht
3.1 Entstehen und Inhalt einer Verkehrssicherungspflicht

Hinsichtlich des Bestehens einer Verkehrssicherungspflicht ist von der Rechtsprechung als zentraler Anknüpfungspunkt das Schaffen und Unterhalten einer Gefahr betrachtet worden:[372]

> Inhalt der Verkehrssicherungspflicht ist es nicht nur, für einen verkehrssicheren Zustand von Grundstücken, Hauseingängen usw. zu sorgen, also dafür, dass ein Grundstück usw. benutzender Verkehrsteilnehmer nicht zu Schaden kommt. Es gilt vielmehr der allgemeine, seit Jahren von der Rechtsprechung entwickelte Grundsatz, dass derjenige, der Gefahrenquellen ‚schafft', d. h. sie selbst hervorruft oder andauern lässt ... alle nach Lage der Verhältnisse erforderlichen Sicherungsmaßnahmen zum Schutze anderer Personen zu treffen hat.

Dementsprechend kann man als Verkehrspflicht die Pflicht dessen bezeichnen, der eine Gefahrenquelle schafft oder unterhält, die notwendigen und zumutbaren Vorkehrungen zu treffen, um Schäden anderer zu verhindern.[373]

Der Inhalt der Verkehrssicherungspflichten lässt sich nicht mit einfachen Formeln erfassen. Kriterien sind die Folgen der aus einer bestimmten Situation drohenden Unfälle, die Wahrscheinlichkeit dieser Unfälle, die Erkennbarkeit der Gefahr für den Rechtsverkehr, sowie die Möglichkeit und Zumutbarkeit unfallverhütender Maßnahmen.[374]

Nicht schon jede bloß theoretische Möglichkeit einer Gefährdung löst Sicherungspflichten aus. Vielmehr müssen sich für den Sicherungspflichtigen konkrete Anhaltspunkte für eine Gefährdung ergeben, vgl. dazu

> *BGH NJW 1990, 1236:* Die Klägerin K, die eine von sieben Wohnungen im Hause der Beklagten B bewohnte, die von der Bundesrepublik zur Deckung des Wohnbedarfs der britischen Soldatenfamilien angemietet worden waren, verklagte B auf Schadensersatz, weil sie nachts vor der Haustür in einen 1,20 m tiefen Lichtschacht gefallen war, dessen Abdeckrost mutwillig entfernt worden war.

Das Berufungsgericht hat der Klage stattgegeben, weil eine Verkehrssicherungspflicht von B mit dem Inhalt bestanden habe, die Abdeckroste vor Wegnahme zu schützen, da erfahrungsgemäß in solchen Mietwohnungen die Gefahr mutwilliger

---

[371] In diesem Sinne mit ausführlicher Begründung Medicus/Petersen BR Rn. 642 ff.; zur Bedeutung der Verkehrspflichten und ihrer systematischen Stellung im Deliktsrecht lesenswert Raab JuS 2002, 1041 ff.
[372] Vgl. BGH NJW 1975, 108; s. dazu auch BGH NJW-RR 2001, 1208.
[373] So die Formulierung von Brox/Walker SBT § 45 Rn. 33; BGH NJW 2004, 1449, 1450.
[374] Vgl. Kötz/Wagner Rn. 185; BGH VersR 2008, 1083, 1084.

Beseitigung von Abdeckrosten bestehe. Der BGH hat diese Auffassung bestätigt (S. 1236 f.):

> Nach anerkannten Rechtsgrundsätzen hat jeder, der Gefahrenquellen schafft oder unterhält, die nach Lage der Verhältnisse erforderlichen Vorkehrungen zum Schutze anderer Personen zu treffen. ... Diese Sicherungspflicht wird freilich nicht schon durch jede bloß theoretische Möglichkeit einer Gefährdung ausgelöst. Da eine jegliche Schadensfall ausschließende Verkehrssicherung nicht erreichbar ist und auch die berechtigten Verkehrserwartungen nicht auf einen Schutz vor allen nur denkbaren Gefahren ausgerichtet sind, beschränkt sich die Verkehrssicherungspflicht auf das Ergreifen solcher Maßnahmen, die nach den Gesamtumständen zumutbar sind und die ein verständiger und umsichtiger, in vernünftigen Grenzen vorsichtiger Mensch für notwendig und ausreichend hält, um andere vor Schaden zu bewahren. Haftungsbegründend wird demgemäß die Nichtabwendung einer Gefahr erst dann, wenn sich vorausschauend für ein sachkundiges Urteil die naheliegende Möglichkeit ergibt, dass Rechtsgüter anderer Personen verletzt werden. ... Unter dieser Voraussetzung umfasst die Pflicht eines Eigentümers und Vermieters, die von seinem Grundstück oder einem darauf befindlichen Gebäude ausgehenden Gefahren abzuwenden, prinzipiell auch solche Gefährdungen, die sich erst aus dem vorsätzlichen Eingreifen eines Dritten ergeben.

Wichtig ist, nicht vorschnell aus der Eröffnung einer Gefahrenquelle auf die Verletzung einer Verkehrssicherungspflicht zu schließen. Es kommt entscheidend darauf an, welches Gefahrpotenzial besteht und welche Schutzmaßnahmen vor diesem Hintergrund zumutbar sind und daher erwartet werden durften. Der BGH hat dazu folgende Grundsätze aufgestellt:[375]

> Zu berücksichtigen ist jedoch, dass nicht jeder abstrakten Gefahr vorbeugend begegnet werden kann. Ein allgemeines Verbot, andere nicht zu gefährden, wäre utopisch. Eine Verkehrssicherung, die jede Schädigung ausschließt, ist im praktischen Leben nicht erreichbar. Haftungsbegründend wird eine Gefahr erst dann, wenn sich für ein sachkundiges Urteil die nahe liegende Möglichkeit ergibt, dass Rechtsgüter anderer verletzt werden. Deshalb muss nicht für alle denkbaren Möglichkeiten eines Schadenseintritts Vorsorge getroffen werden. Es sind vielmehr nur die Vorkehrungen zu treffen, die geeignet sind, die Schädigung anderer tunlichst abzuwenden. Der im Verkehr erforderlichen Sorgfalt ist genügt, wenn im Ergebnis derjenige Sicherheitsgrad erreicht ist, den die in dem entsprechenden Bereich herrschende Verkehrsauffassung für erforderlich hält. Daher reicht es anerkanntermaßen aus, diejenigen Sicherheitsvorkehrungen zu treffen, die ein verständiger, umsichtiger, vorsichtiger und gewissenhafter Angehöriger der betroffenen Verkehrskreise für ausreichend halten darf, um andere Personen vor Schäden zu bewahren, und die den Umständen nach zuzumuten sind.

Zur besseren Veranschaulichung bzw. situationsbezogenen Konkretisierung dieser Grundsätze seien nochmals zwei klassische Konstellationen angesprochen[376], die auch Gegenstand der beiden oben geschilderten Konstellationen des Reichsgerichts waren, nämlich Gefahren, die von Bäumen ausgehen können oder infolge Eisglätte entstehen:

---

[375] BGH NJW 2013, 48 f.

[376] Einen Überblick zu praxisrelevanten Fallgruppen der Verkehrssicherungspflichten geben Mergner/Matz NJW 2014, 186 ff. und NJW 2015, 197 ff.

A. Der Anspruch aus § 823 Abs. 1

So ist beispielsweise bei Bäumen der Eigentümer des an einer öffentlichen Straße liegenden Waldgrundstücks mit Rücksicht auf den Straßenverkehr verpflichtet, von den Bäumen ausgehende schädliche Einwirkungen auf die Verkehrsteilnehmer zu verhindern.[377] Ein Waldbesitzer haftet hingegen selbst bei viel frequentierten Waldwegen generell nicht für waldtypische Gefahren (wie das Herabfallen von Ästen). Denn mit solchen Gefahren muss ein Waldbesucher rechnen. Sie sind Teil des allgemeinen Lebensrisikos. Anders verhält es sich wiederum bei atypischen Gefahren, mit denen ein Waldbesucher nicht zu rechnen braucht, etwa einem nicht gesicherten Holzstapel.[378]

Ähnlich verhält es sich mit der Gefahr der Eisglätte im Winter:

> Die winterliche Räum- und Streupflicht beruht auf der Verantwortlichkeit durch Verkehrseröffnung und setzt eine konkrete Gefahrenlage, d. h. eine Gefährdung durch Glättebildung bzw. Schneebelag voraus. Grundvoraussetzung für die Räum- und Streupflicht auf Straßen oder Wegen ist das Vorliegen einer allgemeinen Glätte und nicht nur das Vorhandensein einzelner Glättestellen … Ist eine Streupflicht gegeben, richten sich Inhalt und Umfang nach den Umständen des Einzelfalls … . Bei öffentlichen Straßen und Gehwegen sind dabei Art und Wichtigkeit des Verkehrswegs ebenso zu berücksichtigen wie seine Gefährlichkeit und die Stärke des zu erwartenden Verkehrs. Die Räum- und Streupflicht besteht also nicht uneingeschränkt. Sie steht vielmehr unter dem Vorbehalt des Zumutbaren, wobei es auch auf die Leistungsfähigkeit des Sicherungspflichtigen ankommt ….[379]

Gerade im Hinblick auf Gefahren für Kinder hat die Rechtsprechung den Anwendungsbereich der Verkehrssicherungspflichten sehr weit gezogen, vgl. als Beispielsfall

> *BGH JZ 1989, 249:* Der Kläger K macht gegen den Beklagten B Ersatz der Kosten für die Beerdigung seines Sohnes geltend, der in einem Baggersee ertrunken ist. Der Beklagte (ein Zweckverband) hatte die Aufgabe, das den Baggersee einschließende Gebiet als Erholungsgebiet zu planen, auszubauen, zu betreiben und zu unterhalten. Im südöstlichen Teil des Sees hatte B bereits einen Badestrand ausgebaut. Außerhalb dieses Gebiets, im nordöstlichen Teil begab sich der Sohn, der nicht schwimmen konnte, in das Wasser. An dieser Stelle war das Wasser wegen eines halbrunden Plateaus nur 10–20 cm tief. Neben dem Plateau fällt der See bis zu einer Tiefe von 18 m steil ab. In diesem Bereich ertrank der Sohn des Klägers.

Das Berufungsgericht wies die Klage ab, weil der Beklagte nicht für jede denkbare Möglichkeit eines Badeunfalls hafte, und B keine Vorkehrungen außerhalb des freigegebenen Badestrandes zuzumuten seien. Diese Auffassung weist der BGH als unrichtig zurück (S. 250):

> Zwar ist dem Berufungsgericht darin beizupflichten, dass es im Streitfall nicht um Sicherungsmaßnahmen geht, die der Beklagte in Bezug auf den von ihm angelegten Badestrand

---

[377] Zum Umfang der Untersuchungspflichten BGH VersR 1974, 88; VersR 2014, 722.

[378] Vgl. zu diesen Grundsätzen BGH NJW 2013, 48 m. w. N.

[379] Diese Grundsätze aus der Rechtsprechung zusammenfassend BGH NJW 2012, 2727 (zur besseren Lesbarkeit wurde die vom BGH zitierte Rspr. nicht wiedergegeben); vgl. zu den Grenzen der Verkehrssicherungspflicht bei Glatteis auch Carl VersR 2012, 414 ff.

zu erfüllen hatte, bei dem ... damals bereits der Verkehr eröffnet war. Der Sohn des Klägers zählte nicht zu den Badegästen des Strandbads. Unstreitig hat sich der Unfall außerhalb des ausgebauten Strandes ereignet. ... Andererseits kann der für einen Baggersee Verkehrssicherungspflichtige nicht gänzlich die Augen vor den Gefahren „wilden" Badens verschließen, wenn er erkennen muss, dass der See – auch außerhalb von dazu ausdrücklich eröffneten Stellen – zum Baden benutzt zu werden pflegt. Das gilt jedenfalls für Stellen, die wie hier deshalb besonders gefährlich sind, weil sie durch die Beschaffenheit des Seebodens selbst für Menschen, die nicht schwimmen können, Gefahrlosigkeit geradezu vortäuschen und daher auch diese besonders gefährdeten Personen zum Aufsuchen des Wassers an einer Stelle anlocken, an der Untiefen verborgen sind. Hier hat der Verkehrssicherungspflichtige Maßnahmen vor allem zum Schutz von – insbesondere kleineren – Kindern zu treffen, von denen er Einsicht in die spezifischen Gefahren eines Baggersees ohnehin nicht im selben Maß wie von Erwachsenen erwarten darf. Insoweit kommen die Erwägungen zum Tragen, die nach der Rechtsprechung auch sonst zu gesteigerten Verkehrssicherungspflichten Kindern gegenüber führen. Wo besonderer Anreiz für den kindlichen Spielbetrieb besteht, muss der Gefahr, die das Kind nicht erkennen kann, durch entsprechende Sicherungsmaßnahmen begegnet werden.[380]

Nach Auffassung des BGH (S. 251) hätte B zumindest durch entsprechend klare – am besten bildlich gestaltete – Schilder, die auch kleinere Kinder ohne weiteres verstehen können, vor den tückischen Gefahren des „flachen" Baggersees warnen müssen und hat deshalb der Klage stattgegeben.[381]

Die unterschiedlichen von der Rechtsprechung gebildeten Verkehrssicherungspflichten lassen sich nur schwer kategorisieren. Mit Larenz/Canaris[382] können im Wesentlichen drei Gruppen von Zurechnungsgründen der Verkehrssicherungspflichten unterschieden werden:

- Haftung für die Sicherheit des eigenen Bereichs *(Bereichshaftung)*
- Haftung für die Übernahme einer Aufgabe *(Übernahmehaftung)*
- Haftung für *vorangegangenes,* besonders gefährliches Tun *(Ingerenz)*

Zur ersten Gruppe gehören die „klassischen" Fälle der Verkehrseröffnung. Darüber hinaus lässt sich als übergreifendes Prinzip das Einstehenmüssen einer Person für die Sicherheit von Bereichen formulieren, deren Gefahren von dieser Person

---

[380] Vgl. BGH VersR 1978, 739; 762, 763.

[381] Vgl. zu einer ähnlichen Fallgestaltung BGH NJW 1995, 2631: Die beklagte Deutsche Bahn darf sich nicht darauf verlassen, dass sich Kinder nicht unbefugt in einen Gefahrenbereich begeben, wenn dieser besonderen Anreiz für den kindlichen Spieltrieb bietet und damit verbundene Gefahren für ein Kind nicht ohne weiteres erkennbar sind. Konkret reichten Blitzpfeile zur Warnung vor den Gefahren der Oberleitung nicht aus! Zum Verschulden in diesem Fall siehe oben II. 4.2. Wenn sich hingegen eine Gefahr offensichtlich aufdrängt, sodass man erwarten kann, dass sich Kinder und Jugendliche dieser Gefahr aus ihrem natürlichen Angstgefühl nicht bewusst aussetzen, so soll dies bei der Bestimmung der zumutbaren Sicherheitsvorkehrungen zugunsten des Verkehrssicherungspflichtigen berücksichtigt werden können, BGH NJW 1999, 2364; vgl. auch BGH NJW 1997, 582, 583. Zum Inhalt der Verkehrssicherungspflicht bei Wasserrutschen in Schwimmbädern siehe BGH NJW 2004, 1449 = JuS 2004, 628; VersR 2005, 279.

[382] Larenz/Canaris SBT 2 § 76 III 3.

beherrscht werden können und aus denen sie auch die Vorteile zieht.[383] Hierher gehört auch die Problematik der Produzentenhaftung (s. dazu unten VI.).

Mit der Haftung für die Übernahme einer Aufgabe sind vor allem Fälle erfasst, in denen die Einhaltung beruflicher Standards auch gegenüber Dritten verlangt wird. Beispiel (BGHZ 65, 211): Ein Architekt hatte Reihenhäuser abreißen lassen und dabei die dinglich geschützten Interessen (§ 1134!) von Grundpfandgläubigern verletzt. Der BGH (S. 215) argumentiert, dass die gegenüber dem Bauherrn übernommene Rolle des Architekten sich auch „nach außen" auf seine (deliktische) Pflichtenstellung auswirke.[384]

Die Haftung für vorangegangenes gefährliches Tun (Ingerenz) ist mit dem Gedanken verbunden, dass der Betroffene Schutzmaßnahmen ergreifen muss, da er eine erhöhte Risikolage geschaffen hat, vgl. dazu

BGH NJW 1968, 1182: Eine Hausfrau verwahrte in der Wohnung eine Reinigungszwecken dienende ätzende Lauge, die in einer Bierflasche abgefüllt war. Ein von ihr bestellter Maler trank aus Verwechslung mit seiner eigenen Bierflasche einen Schluck Lauge und erlitt dabei innere Verletzungen.

Der BGH bejaht eine Verletzung der Verkehrssicherungspflicht (S. 1183): „Ist der Gebrauch einer Flüssigkeit mit so erheblichen Gefahren verbunden, wie es bei der hier in Rede stehenden Natronlauge der Fall ist, so ergibt sich aus der allgemeinen Verkehrssicherungspflicht, dass der Besitzer der gefährlichen Flüssigkeit verpflichtet ist, die erforderlichen Vorkehrungen zu treffen, damit Dritte nicht in schadenstiftender Weise mit diesem Mittel in Berührung kommen können".

3.2 Schutzbereich der Verkehrssicherungspflicht

Verkehrssicherungspflichten bestehen nicht in jedem Falle gegenüber allen Personen, die mit der Gefahrenlage in Berührung kommen. Es stellt sich deshalb das Problem des Schutzbereichs der Verkehrssicherungspflichten. Dieses dogmatische Erfordernis ist ohne weiteres einleuchtend, wenn man die Verkehrssicherungspflichten als einen eigenen Tatbestand ansieht, welcher der Schutzgesetzverletzung des § 823 Abs. 2 an die Seite zu stellen ist.[385]

---

[383] Larenz/Canaris SBT 2 § 76 III 3 a.
[384] Vgl. auch BGH NJW 1973, 615: Abgabe eines Unkrautvernichtungsmittels an Minderjährige. Zur Problematik der Verkehrssicherungspflichten von (psychiatrischen) Kliniken zur Verhinderung des Selbstmords von Patienten siehe BGH NJW 2000, 3425 f. Zunehmende Bedeutung erlangt der Umfang von Verkehrssicherungspflichten in Pflegeheimen. Der BGH betont, dass auch hier Maßstab das Erforderliche und das für die Heimbewohner und das Pflegepersonal Zumutbare sei. Dabei müssten aber auch die Würde, Interessen und Bedürfnisse der Bewohner und die Selbstständigkeit, Selbstbestimmung und Selbstverantwortung der Heimbewohner Berücksichtigung finden, vgl. BGH NJW 2005, 1937.
[385] So etwa Deutsch/Ahrens UH Rn. 358.

Ihm ist auch dann zu entsprechen, wenn man den Standort der Verkehrssicherungspflicht im Rahmen des § 823 Abs. 1 belässt:

BGH NJW 1987, 2671: Der Kläger K war auf dem Nachhauseweg gegen 22.00 Uhr auf dem Hausgrundstück des Beklagten B, auf dem dieser eine Diskothek betrieb, infolge Glätte gestürzt. Nach geltendem Ortsrecht bestand für B um 22.00 Uhr keine Pflicht zur Beseitigung von Schnee oder Eisglätte mehr. Zu entscheiden war einmal die Frage, ob bei Annahme einer Verkehrssicherungspflicht K überhaupt als Inhaber eines Anspruchs nach § 823 Abs. 1 in Betracht kam, da er gar nicht beabsichtigte, die Diskothek zu besuchen. Zum anderen ging es darum zu entscheiden, ob das im Hinblick auf bestehende Pflichten zur Beseitigung von Schnee- oder Eisglätte korrekte Verhalten von B die Verletzung einer Verkehrssicherungspflicht ausschloss.

Das Berufungsgericht hatte die Klage abgewiesen, da eine gesteigerte Verkehrssicherungspflicht von B dem K gegenüber nicht obliegen habe, weil dieser nicht den Willen gehabt habe, die Diskothek aufzusuchen. Diese Auffassung weist der BGH zurück (S. 2672):

Richtig ist auch insoweit die Ausgangserwägung des BerGer., dass derjenige, der einen mit besonderen Gefahren verbundenen Verkehr eröffnet oder unterhält, deshalb noch nicht in jedem Falle gegenüber der Allgemeinheit, d. h im Verhältnis zu sämtlichen Personen, die mit der Gefahrenlage in Berührung kommen können, zur Gefahrenabwehr verpflichtet ist. Ist er befugt, den Verkehr in seinem räumlichen Herrschaftsbereich zu beschränken, und macht er davon durch Absperrungen, Verbotsschilder oder in ähnlicher geeigneter Weise Gebrauch, dann trifft ihn prinzipiell auch nur eine entsprechend begrenzte Verkehrssicherungspflicht; gegenüber den von ihm nicht zum Verkehr zugelassenen, „unbefugten" Personen ist er ... nicht gehalten, Maßnahmen zur Gefahrenabwehr zu ergreifen. ... Dabei ist es im Ergebnis ohne Bedeutung, ob dogmatisch in solchen Fällen als Schutzsubjekte der Verkehrssicherungspflicht von vornherein nur die zum Verkehr zugelassenen Personen anzusehen sind oder ob eine Sicherungspflicht prinzipiell gegenüber allen gefährdeten Personen besteht, diese Pflicht aber gegenüber dem vom Pflichtenträger in seinem Herrschaftsbereich nicht erwünschten Personenkreis schon durch dessen unmissverständlichen Ausschluss vom Verkehr als erfüllt erachtet wird. ... Eine Eingrenzung des Schutzzwecks der Verkehrssicherungspflichten setzt auch nicht voraus, dass diese Pflichten, wie von manchen Autoren vertreten, den Schutzgesetzen des § 823 Abs. 2 BGB zuzuordnen wären (...); die Ausgrenzung des von der verletzten Verkehrssicherungspflicht geschützten Personenkreises wie die Prüfung der Frage, ob gerade das verletzte Rechtsgut des Geschädigten unter das geschützte Interesse fällt, sind vielmehr auch dann erforderlich, wenn man, wie der erkennende Senat in ständiger Rechtsprechung, von der abzugehen er keinen Anlass sieht, die Verkehrs(sicherungs)pflichten allein als durch die Schutzgüter des § 823 Abs. 1 BGB festgelegte, auf den sozialen Umgang bezogene Verhaltenspflichten versteht.

Unter Zugrundelegung dieser Auffassung zum Schutzbereich von Verkehrssicherungspflichten bejaht der BGH im Ausgangsfalle die Frage, ob der gestürzte Passant in den Schutzbereich der Verkehrssicherungspflicht einbezogen war:

Dass er (der Kläger, Anm. d. Verf.), bei seinem Weg über den Bürgersteig vor dem Grundstück des Beklagten nicht die Absicht hatte, die Diskothek aufzusuchen, ließ ihn aus dem Schutzbereich der Verkehrssicherungspflicht der Beklagten nicht herausfallen; denn das Fehlen eines solchen Willens ist in derartigen Fällen nach Auffassung des Senats kein geeignetes Kriterium zur Ausgrenzung eines dann insoweit ungeschützten

A. Der Anspruch aus § 823 Abs. 1

Personenkreises. Das zeigt sich schon darin, dass manche Passanten den Wunsch, eine Gaststätte oder Diskothek aufzusuchen, erst verspüren, wenn sie sich, möglicherweise gerade durch Hinweisschilder, Werbung, Musik o. ä. angelockt, bereits vor dem Grundstück befinden, auf dem das betreffende Lokal betrieben wird. Den sicheren Zugang zu seiner Gaststätte auch solchen Personen zu gewähren, liegt im Interesse des Gastwirts, der sie zu seinen Gästen machen will. Schon das Geschäftsinteresse des Wirts spricht deshalb dafür, einem Straßenpassanten als potenziellen Besucher des Lokals bereits mit dem Betreten des Bürgersteigs vor dem Gaststättengrundstück den Schutz der gesteigerten Verkehrssicherungspflicht zukommen zu lassen und nicht erst von dem Augenblick an, zu dem er sich gegebenenfalls entschließt, das Lokal tatsächlich aufzusuchen.

Der BGH untermauerte sein Ergebnis mit einem weiteren Gesichtspunkt, der bei der Begründung von Verkehrssicherungspflichten in zunehmendem Maße eine Rolle spielt, nämlich die Vertrauenserwartungen des Geschädigten[386]:

Nach allgemeiner Verkehrsanschauung bestehen vielmehr auch berechtigte Vertrauenserwartungen der Straßenpassanten dahin, dass Gastwirte oder Inhaber anderer für die Allgemeinheit geöffneter Lokale die ihnen gegenüber ihren Kunden obliegenden besonderen Verkehrssicherungspflichten erfüllen, mit der Folge, dass sich gerade zur Winterzeit viele Fußgänger dazu entschließen, wegen der erhofften größeren Sicherheit ihren Weg über den Bürgersteig vor solchen Geschäftslokalen zu nehmen.

3.3 Die Person des Verkehrssicherungspflichtigen

Die Verkehrssicherungspflicht trifft in der Regel den Eigentümer der Sache, von dem die Gefahr ausgeht. Sie richtet sich aber auch an solche Personen, die die Bestimmungs- oder Verfügungsgewalt über die Sache haben, z. B. den Mieter.[387]

Umstritten ist, inwieweit vertragliche Abmachungen zwischen dem primär Verkehrssicherungspflichtigen und einem anderen, der diesem gegenüber die Erledigung der Sicherungspflichten übernimmt, die deliktische Haftungslage verändern.

> **Beispiel (in Anlehnung an BGH NJW 1976, 46)**
> Ein Unternehmen der Petrochemie lässt Mineralölabfälle durch die Einschaltung eines selbstständigen Unternehmens für Tank- und Bodenschutz beseitigen. Die Abfallbeseitigung geschieht nicht ordnungsgemäß, sodass dem Wasserwerk einer Stadt infolge Gewässerverunreinigung Schäden entstehen. Haftet das petrochemische Unternehmen?

Zunächst ist festzuhalten, dass dem Chemieunternehmen die allgemeine Verkehrssicherungspflicht obliegt, dafür zu sorgen, dass sich durch die Industrieabfälle

---

[386]Vgl. dazu von Bar JuS 1988, 169, 170.
[387]Etwa Kaufmann oder Gastwirt, der in den gemieteten Räumen einen allgemeinen Verkehr für sein Geschäft eröffnet hat, BGH NJW 1961, 455.

keine Schäden für Dritte ergeben. Es ist unbestritten, dass sich bei dieser Aufgabe das Unternehmen auch Dritter bedienen darf.[388] Allein mit der vertraglichen Abwälzung der Erledigung der Pflichten auf einen anderen kann der primär Verkehrssicherungspflichtige aber noch nicht entlastet sein. Die deliktische Entlastung kann sich nur nach deliktsrechtlichen Kriterien vollziehen. D. h. eine schuldhafte Verletzung der Verkehrssicherungspflicht kann ihm nur dann nicht entgegengehalten werden, wenn er den Vertragspartner sorgfältig ausgewählt und ihn bei der Durchführung der Arbeiten ordnungsgemäß überwacht hat. Bei Zweifeln an der korrekten Durchführung der Aufgabe muss er notfalls intervenieren.[389]

Beachte: Hat sich jemand gegenüber dem Verkehrssicherungspflichtigen vertraglich verpflichtet, die Sicherungsmaßnahmen durchzuführen, so kann er seinerseits dem Verkehrssicherungspflichtigen gegenüber haftbar sein, wenn dieser bei nicht ordnungsgemäßer Erledigung der Aufgabe verletzt wird:

> **Beispiel (nach BGH NJW-RR 1989, 394)**
> Eine Wohnungseigentümergemeinschaft hat, vertreten durch ihren Verwalter, die Reinigung des Gehweges auf ein Reinigungsunternehmen übertragen. Ein Wohnungseigentümer kommt auf dem Gehweg zu Fall, weil fauliges Laub nicht weggeräumt worden war.

Zur Haftung des Reinigungsunternehmens führt der BGH (S. 395) aus:

> Entscheidend ist, dass der in die Verkehrssicherungspflicht Eintretende faktisch die Aufgabe der Verkehrssicherung in dem Gefahrenbereich übernimmt und im Hinblick hierauf Schutzvorkehrungen durch den primär Verkehrssicherungspflichtigen unterbleiben. ... Aufgrund dieser von ihm mitveranlassten neuen Zuständigkeitsverteilung ist der Beauftragte für den Gefahrenbereich nach allgemeinen Deliktsgrundsätzen verantwortlich. ... Insofern ist seine Verkehrssicherungspflicht nicht abgeleiteter Natur. Vielmehr erfährt sie mit der Übernahme durch den Beauftragten in seine Zuständigkeit eine rechtliche Verselbständigung. Er ist es fortan, dem unmittelbar die Gefahrenabwehr obliegt und der dafür zu sorgen hat, dass niemand zu Schaden kommt. ... Damit aber kommt auch der ursprünglich selbst Verkehrssicherungspflichtige in den Genuss der Verkehrssicherungspflicht des nunmehr Verantwortlichen.

Dass sich der primär Verkehrssicherungspflichtige durch Einschaltung eines Dritten bei dessen sorgfältiger Auswahl und Überwachung deliktsrechtlich von seiner

---

[388] BGH NJW 1976, 47; vgl. MüKo-Wagner § 823 Rn. 375.

[389] BGH NJW 1976, 47; NJW 1999, 3633, 3634 (Der Eigentümer und Verpächter eines Hotels darf im allgemeinen darauf vertrauen, dass der Pächter den ihm übertragenen Verpflichtungen auch nachkommt, solange nicht konkrete Anhaltspunkte bestehen, die dieses Vertrauen erschüttern); OLG Zweibrücken NJW-RR 2012, 94 (Haftung des Generalunternehmers gegenüber einem Arbeitnehmer des Subunternehmers wegen Absturzes von einem nicht hinreichend gesicherten Baugerüst); Larenz/Canaris SBT 2 § 76 III 5 c. Im Hinblick auf diese rechtlichen Erfordernisse ist es wenig glücklich, in diesen Fällen von einer Delegation der Verkehrssicherungspflicht zu sprechen (so aber BGH NJW-RR 1989, 394, 395).

A. Der Anspruch aus § 823 Abs. 1

Haftung befreien kann, ist nicht unproblematisch, wenn man das Insolvenzrisiko mitberücksichtigt. Ist der Dritte zahlungsunfähig, so geht der Geschädigte leer aus. Deswegen wird in der Literatur zum Teil verlangt, dass das Risiko durch einen Versicherungsschutz abgedeckt werden muss.[390]

Die Komplexität der Fallgestaltungen, wenn mehrere Verkehrssicherungspflichtige in Betracht kommen, veranschaulicht folgender Fall:

> *BGH NJW 2015, 940:* Für eine zu errichtende Halle hatte der Bauherr (im Folgenden B) ein Unternehmen (im Folgenden U) mit den Bauarbeiten betraut. U wiederum übertrug einem seiner Mitarbeiter, einem Architekten (im Folgenden A), die Bauüberwachung. An ein weiteres Unternehmen (im Folgenden E) waren von B die Elektroarbeiten vergeben worden. Der von diesem Unternehmen mit der Durchführung dieser Arbeiten betraute Leiharbeiter (im folgenden L) stürzte infolge fehlender Absicherung der so genannten Absturzkanten in die Tiefe und verletzte sich schwer. Aus abgetenem Recht klagte die Trägerin der gesetzlichen Unfallversicherung gegen U sowie dessen Mitarbeiter A.

Augenscheinlich ist, dass sich mit dem Absturz eine durch die Baustelle geschaffene besondere Gefahr verwirklicht hat. Bei der Frage, wer seine Verkehrssicherungspflicht verletzt hat, differenziert der BGH. *Primär* verkehrssicherungspflichtig für eine Baustelle ist der Bauunternehmer. Unfallverhütungsvorschriften der Berufsgenossenschaften wenden sich nur an ihn, der die Versicherten beschäftigt. Danach trifft die primäre Verkehrssicherungspflicht also E, für den der L als Leiharbeiter auf der Baustelle tätig wurde (S. 941).

Den mit der örtlichen Bauaufsicht betrauten Architekten treffen – ebenso wie den Bauherrn als mittelbarem Veranlasser der Bauausführung – nur so genannte *sekundäre* Verkehrssicherungspflichten. Unmittelbar selbst verkehrssicherungspflichtig werde der Architekt erst dann, wenn Anhaltspunkte dafür vorliegen, dass der Unternehmer in dieser Hinsicht nicht genügend sachkundig oder zuverlässig ist, wenn er Gefahrenquellen erkannt hat oder wenn er diese bei gewissenhafter Beobachtung der ihm obliegenden Sorgfalt hätte erkennen können. Im Fall stand fest, dass A die fehlende Absicherung erkannt hatte. Der somit begründeten eigenen Verkehrssicherungspflicht konnte er nicht mit einem bloßen Hinweis auf die Gefahr gegenüber E genügen. Es hätte einer ausdrücklichen und eindeutigen Anweisung und Kontrolle ihrer Umsetzung bedurft (S. 941).

Ob auch U haftet, konnte der BGH mangels ausreichender Feststellungen des Berufungsgerichts nicht entscheiden. Er stellte aber klar, dass U gegenüber L ebenfalls nur eine sekundäre Verkehrssicherungspflicht trifft (S. 941).

Hinsichtlich der Rechtsfolge sei an dieser Stelle darauf hingewiesen, dass, wenn Mehrere ihre Verkehrssicherungspflicht verletzen, zwischen ihnen eine Gesamtschuld besteht. Haftet einer der mehreren Schädiger gegenüber dem Geschädigten privilegiert – wie hier der E nach § 104 Abs. 1 S. 1 SGB VII – so sind die Grundsätze der gestörten Gesamtschuld zu beachten[391].

---

[390] Vgl. Kötz/Wagner Rn. 281.
[391] Zu den Einzelheiten BGH NJW 2015, 940, 942 ff.

Nach umstrittener Rechtsprechung des BGH können auch die Mitglieder der Geschäftsführungsorgane juristischer Personen verkehrssicherungspflichtig sein.[392] Das betrifft namentlich die Geschäftsführer von GmbHs sowie die Vorstandsmitglieder von Aktiengesellschaften und Vereinen. Die eigene Verkehrssicherungspflicht der Mitglieder von Geschäftsführungsorganen ist vor dem Hintergrund des § 31 zu sehen. Die Vorschrift geht davon aus, dass juristische Personen unmittelbar nicht handlungs- und demzufolge weder verschuldens- noch deliktsfähig sind. Da die juristische Person als solche kein Delikt begehen kann, ordnet § 31 ihre Mithaftung für ein Delikt an, welches ihre Organwalter in eigener Person vollständig verwirklicht haben.[393] Daraus folgt, dass eine Deliktshaftung der juristischen Person wegen der Verletzung von Verkehrssicherungspflichten nur in Betracht kommt, soweit sich auch die Organperson wegen der Verletzung von Verkehrssicherungspflichten haftbar machen kann. Mit diesem Thema hat sich der BGH in seinem wegweisenden Baustoff-Urteil auseinandergesetzt, dem folgender Sachverhalt zugrunde lag:

> *BGHZ 109, 297:* Die Klägerin, eine Baustoffgroßhandlung, nahm den Beklagten als ehemaligen Geschäftsführer einer zwischenzeitlich aufgelösten GmbH, die ein Bauunternehmen betrieben hatte, auf Schadensersatz in Anspruch. Die Klägerin hatte der GmbH Baumaterialien unter verlängertem Eigentumsvorbehalt geliefert, der jedoch ins Leere ging, weil in dem Bauvertrag mit dem Auftraggeber der GmbH ein Abtretungsverbot enthalten war (§ 354a HGB war seinerzeit noch nicht in Kraft).

Ein Schadensersatzanspruch kommt gem. § 823 Abs. 1 deswegen in Betracht, weil das Vorbehaltseigentum der Klägerin an den gelieferten Baumaterialien verletzt worden sein könnte. In der Regel verliert der Vorbehaltseigentümer von Baumaterialien sein Eigentum gem. § 946, wenn die Baumaterialien – insbesondere bei der Errichtung von Häusern – mit dem Grundstück verbunden werden. Um sich vor diesem Risiko zu schützen, kann der Vorbehaltseigentümer mit dem Käufer vereinbaren, dass letzterer nur dann zum Einbau gem. § 946 ermächtigt ist, wenn er dem Vorbehaltseigentümer zugleich die Forderungen abtritt, die ihm durch den Einbau der Baumaterialien gegenüber seinem Auftraggeber zustehen. Dieser Schutzmechanismus versagt jedoch, wenn der Käufer der Baumaterialien mit seinem Auftraggeber wirksam ein Abtretungsverbot vereinbart hat. Baut der Käufer trotz des Abtretungsverbots die Baumaterialien in das Grundstück seines Auftraggebers ein und verliert deswegen der Vorbehaltslieferant sein Eigentum an den Baumaterialien, stellt dies eine Eigentumsverletzung dar.[394]

Nach Ansicht des BGH war für den Eigentumsverlust der Beklagte als Geschäftsführer der GmbH, welche die Baumaterialien empfangen hatten, verantwortlich. Die Verpflichtung zur ordnungsgemäßen Geschäftsführung besteht gem.

---

[392]Grundlegend das „Baustoff-Urteil" des BGH vom 05.12.1989, BGHZ 109, 297; ebenso BGH NJW 1996, 1535; OLG Stuttgart NJW 2008, 2514; zur Kritik aus dem Schrifttum vgl. Lutter ZHR 157 (1993), 464, 469 ff.; Medicus ZGR 1998, 570, 584 f.; ders. GmbHR 2002, 809, 813 ff.

[393]Vgl. Altmeppen ZIP 1995, 881, 888; Brüggemeier AcP 191 (1991), 33, 38, 63 f.

[394]BGHZ 109, 297, 300.

A. Der Anspruch aus § 823 Abs. 1

§ 43 Abs. 1 und 2 GmbHG zwar nur gegenüber der Gesellschaft und nicht gegenüber Dritten. Das schließt es aber nicht aus, dass den Geschäftsführer eine Garantenstellung zum Schutz fremder Rechtsgüter trifft (S. 303 f.):

> Anderes gilt aber, wenn mit den Pflichten aus der Organstellung gegenüber der Gesellschaft Pflichten einhergehen, die von dem Geschäftsführer nicht mehr nur für die Gesellschaft als deren Organ zu erfüllen sind, sondern die ihn aus besonderen Gründen persönlich gegenüber dem Dritten treffen. Dies kann im außervertraglichen, deliktischen Bereich insbesondere wegen einer dem Geschäftsführer als Aufgabe zugewiesenen oder von ihm jedenfalls in Anspruch genommenen Garantenstellung zum Schutz fremder Schutzgüter i. S. des § 823 Abs. 1 BGB der Fall sein, die ihre Träger der Einflußsphäre der Gesellschaft anvertraut haben. Hier kann über die Organstellung hinaus eine mit der Zuständigkeit für die Organisation und Leitung und der daraus erwachsenden persönlichen Einflussnahme auf die Gefahrenabwehr bzw. -steuerung verbundene persönliche Verantwortung des Organs den betroffenen Außenstehenden gegenüber zum Tragen kommen. In dieser Beziehung gilt für die Eigenhaftung des Geschäftsführers im Grundsatz nichts anderes als für jeden anderen Bediensteten der GmbH, soweit dessen Aufgabenbereich sich auf die Wahrung deliktischer Integritätsinteressen Dritter erstreckt. Es ist deshalb in Rechtsprechung und Literatur anerkannt, daß die Verantwortlichkeit für die einer juristischen Person zuzurechnenden Schädigung unter besonderen Voraussetzungen auch die zu ihrem Organ bestellten Personen trifft, selbst wenn diese nicht eigenhändig geschädigt haben, aber die Ursache für die Schädigung in Versäumnissen bei der ihnen übertragenen Organisation und Kontrolle zu suchen ist. Voraussetzung ist allerdings auch hier, daß zur Abwehr der sich in dieser Weise aktualisierenden Gefahrenlage der Geschäftsführer gerade in seinem Aufgabenbereich gefordert ist; keineswegs haftet er nach außen für jede unerlaubte Handlung aus dem Tätigkeitsbereich seiner Gesellschaft schon deshalb, weil er etwa durch Anstellung eines Gehilfen oder durch dessen Einsatz zu dieser Verrichtung die Schädigung erst möglich gemacht hat. Geschäftsherr auch im deliktischen Bereich ist grundsätzlich allein die GmbH; die Organstellung läßt den Geschäftsführer nicht schon in die Pflichtstellung des § 831 Abs. 1 BGB einrücken.

Auf der Grundlage dieser BGH-Rechtssprechung hat das OLG Stuttgart[395] auch den Geschäftsführer einer GmbH & Co. KG als verkehrssicherungspflichtig betrachtet. Die GmbH & Co. KG betrieb eine Diskothek. Auf dem Parkplatz der Diskothek trat eine Besucherin auf einen im Boden eingelassenen Kanaldeckel, der unter der Belastung zu Bruch ging, stürzte in den Kanalschacht und verletzte sich erheblich. Nach Ansicht des OLG Stuttgart kommt eine persönliche Haftung des Geschäftsführers gem. § 823 Abs. 1 in Betracht. Es war nämlich nicht auszuschließen, dass der Geschäftsführer die ihn treffende Verkehrssicherungspflicht verletzt hatte, die innerbetrieblichen Abläufe so zu organisieren, dass Schädigungen Dritter vermieden werden. Dazu gehört im konkreten Fall, dass die vorhandenen Kanaldeckel in einem solchen Zustand gehalten werden, dass Besucher der Diskothek bei Befahren oder Betreten des Parkplatzes keinen Schaden erleiden. Der Geschäftsführer hat sein Personal zu diesem Zweck entsprechend zu instruieren und zu überwachen. Versäumt er dies, ist er dem Geschädigten persönlich zum Schadensersatz verpflichtet.

---

[395] OLG Stuttgart NJW 2008, 2514.

Verallgemeinernd lässt sich mit dem BGH für die Frage der persönliche Haftung von Mitgliedern der Geschäftsführung (bzw. des Vorstands) gegenüber Dritten für deliktische Handlungen der von ihnen vertretenen Gesellschaft folgender Grundsatz festhalten: Eine Haftung kommt nur in Betracht, wenn sie den Schaden selbst durch eine unerlaubte Handlung herbeigeführt haben bzw. eine Beteiligung durch positives Tun vorliegt oder wenn sie die deiktischen Handlungen aufgrund einer nach allgemeinen Grundsätzen des Deliktsrechts begründeten Garantenstellung hätten verhindern müssen.[396]

V. Beweislast

1. Regelungsproblem

Sind die tatbestandlichen Voraussetzungen des § 823 Abs. 1 erfüllt, ist der Schadensersatzanspruch begründet. Liegt dagegen auch nur ein Tatbestandsmerkmal nicht vor, ist der Anspruch zu verneinen. Für den Richter ist die Entscheidung über einen Anspruch aus § 823 Abs. 1 einfach, wenn der Sachverhalt eindeutig feststeht. In vielen Fällen ist aber auch nach einer Beweisaufnahme nicht geklärt, ob das eine oder andere Tatbestandsmerkmal vorliegt. Dann entsteht das Problem, zu wessen Lasten die Nichtaufklärbarkeit des Sachverhaltes (man spricht von einer sogenannten Nonliquet-Lage) gehen soll. Denn der Richter muss auf jeden Fall eine Entscheidung treffen.

Die Frage, wer im Rahmen des § 823 Abs. 1 die sog. objektive Beweislast, also das Risiko der Beweislosigkeit trägt, wird nach einer Grundregel der Beweislastverteilung, die auf Rosenberg zurückgeht,[397] beantwortet: Jede Partei trägt die Beweislast für die tatsächlichen Voraussetzungen der ihr günstigen Rechtsnorm. Danach trägt der Gläubiger eines deliktischen Schadensersatzanspruches die Beweislast für die tatbestandlichen Voraussetzungen.[398]

Grundsätzlich gilt demnach für § 823 Abs. 1 Folgendes: Die Handlung des Schädigers und die Rechtsgutverletzung einschließlich des haftungsbegründenden Kausalzusammenhangs hat der Geschädigte zu beweisen. Die Rechtswidrigkeit wird durch die Rechtsgutverletzung indiziert. Für das Fehlen der Rechtswidrigkeit trägt demnach der Schädiger die Beweislast. Das Verschulden wiederum muss der Anspruchsteller beweisen. Die Vorschrift des § 280 Abs. 1 S. 2 kommt nicht zur Anwendung. Schließlich muss der Geschädigte den Schaden nachweisen.

Hinsichtlich der haftungsbegründenden Tatsachen einschließlich der haftungsbegründenden Kausalität, ist beweisrechtlich die volle richterliche Überzeugung (§ 286 ZPO) erforderlich. Dagegen ist bei der Frage, ob ein Schaden entstanden ist, wie hoch der Schaden ist und ob zwischen dem schädigenden Ereignis und

---

[396] Vgl. dazu BGHZ 194, 26; 201, 344.
[397] Vgl. dazu Jauernig/Hess, Zivilprozessrecht, § 50 III und IV.
[398] BGH VersR 1990, 205, 206.

A. Der Anspruch aus § 823 Abs. 1

dem eingetretenen Schaden ein Kausalzusammenhang besteht (haftungsausfüllende Kausalität), das Beweismaß herabgesetzt (§ 287 Abs. 1 ZPO).[399]

Diese Grundsätze entsprechen der Konzeption eines Haftungsrechts, das auf Verschulden basiert. Auf der anderen Seite ist nicht zu übersehen, dass es einzelne Situationen und Bereiche geben kann, in denen der Geschädigte bei strenger Handhabung der allgemeinen Beweislastgrundsätze vor unüberwindlichen Schwierigkeiten steht. Deshalb hilft die Rechtsprechung seit langem unter genau abgegrenzten Voraussetzungen mit Milderungen der Beweislast.

2. Beweiserleichterungen
2.1 Beweis des ersten Anscheins (Prima-facie-Beweis)

Der von der Rechtsprechung entwickelte Beweis des ersten Anscheins[400] gestattet dem Anspruchsteller, den Beweis dadurch zu erbringen, dass er einen Sachverhalt vorträgt, der aufgrund der allgemeinen Lebenserfahrung auf einen bestimmten typischen Geschehensablauf schließen lässt. Wenn dieser Sachverhalt so das Gepräge des Üblichen und Gewöhnlichen trägt, dass die Umstände des Einzelfalls in ihrer Bedeutung zurücktreten[401], kann bei dem typischen Geschehensablauf auf einen bestimmten Kausalzusammenhang oder ein Verschulden im Rahmen des § 823 Abs. 1 geschlossen werden.

> **Beispiel: (BGH NJW 1991, 1948)**
> Der Klägerin wurde von dem beklagten Krankenhaus eine mit dem HIV-Virus kontaminierte Blutkonserve verabreicht, sodass sie mit dem HIV-Virus infiziert wurde.

Grundsätzlich oblag es der Klägerin, den Beweis für die Kausalität zwischen Bluttransfusion und HIV-Infektion zu erbringen. Der BGH erkannte hier die Voraussetzungen des Anscheinsbeweis als gegeben an (S. 1949).[402] Wenn einem Patienten, der zu keiner HIV-gefährdeten Risikogruppe gehört und auch durch die Art seiner Lebensführung keiner gesteigerten HIV-Infektionsgefahr ausgesetzt ist, Blut eines Spenders übertragen wird, der an Aids erkrankt ist, und bei ihm und bei anderen Empfängern dieses Blutes später eine Aids-Infektion festgestellt wird, so spricht ein Anscheinsbeweis dafür, dass er vor der Bluttransfusion noch nicht HIV-infiziert war und ihm das HIV-Virus erst mit der Transfusion übertragen wurde.

Der BGH musste sich schließlich auch noch mit dem Argument der Revision auseinandersetzen, dass die Grundsätze des Anscheinsbeweises hier schon deshalb

---

[399] Vgl. dazu BGH NJW 1983, 998; Jauernig/Hess, Zivilprozessrecht, § 49 IV 2; Grunsky, Zivilprozessrecht, 12. Aufl. 2006, Rn. 179.
[400] Vgl. dazu Jauernig/Hess, Zivilprozessrecht, § 50 V.
[401] BGHZ 100, 214, 216.
[402] Bestätigung dieser Rechtsprechung durch BGH NJW 2005, 2614.

nicht herangezogen werden könnten, weil es sich um die Bewertung individueller Verhaltensweisen handle, die einer Typisierung nicht zugänglich seien. In der Tat ist ein Anscheinsbeweis nicht möglich, wenn individuelle Verhaltensweisen zu beurteilen sind.[403] Einen solchen Ausnahmetatbestand sah der BGH aber zu Recht hier nicht als gegeben an, weil es nicht um eine Aussage über den individuellen Lebenswandel der Klägerin, sondern allein um die Möglichkeiten einer Übertragung des HIV auf Personen ging, die unstreitig keiner Risikogruppe angehört haben, denen aber HIV-verseuchtes Blut transfundiert worden war.

In einem weiteren Fall hat der BGH diese Grundsätze bestätigt und erweitert.[404] Klägerin war in diesem Falle eine HIV-infizierte Frau, deren Ehemann nach einem Motorradunfall 1985 große Mengen Frischblut übertragen worden waren und den sie 1994 geheiratet hatte. Zugunsten der Klägerin hatte der BGH auch hier die vorbesprochenen Grundsätze des Beweis des ersten Anscheins zur Anwendung gebracht. Da der damals verunglückte Ehemann aufgrund des Unfalls nicht ansprechbar war, kam eine Aufklärung über das Infektionsrisiko infolge der Blutübertragung nicht in Betracht. Der BGH bejaht jedoch eine nachträgliche Pflicht, auf eine mögliche HIV-Infektion hinzuweisen und zu einem HIV-Test zu raten (nachträgliche Sicherungsaufklärung). Ein eigener Anspruch der Klägerin aus § 823 Abs. 1 wurde indes erst dadurch möglich, dass der BGH die Klägerin in den Schutzbereich der Pflicht zur nachträglichen Sicherungsaufklärung über die Gefahr einer transfusionsassoziierten HIV-Infektion einbezogen sah.

Der Schädiger kann seinerseits die Grundlage des Beweises des ersten Anscheins aufheben, indem er die ernsthafte Möglichkeit eines untypischen Geschehensablaufs vorbringt. Z. B. kann der Schädiger, der einen Auffahrunfall verursacht hat, bei dem nach den Grundsätzen des Anscheinsbeweises von seinem Verschulden auszugehen ist, das Vorliegen eines untypischen Ablaufs dartun, z. B. dass die Bremsen versagt haben.[405] Gelingt ihm dies, so liegt die Beweislast wieder völlig beim Geschädigten.

2.2 Beweislastumkehr
In einigen Fällen ist die Rechtsprechung zu einer Beweislastumkehr gelangt. Die wichtigsten Anwendungsfälle sind die Beweislastumkehr bei der Produzentenhaftpflicht[406] und bei der Arzthaftpflicht.[407]

---

[403]Vgl. etwa BGHZ 104, 256, 259: aus bestimmten Verhaltensweisen und Eigenschaften einer Person kann nicht darauf geschlossen werden, dass sie vorsätzlich einen Brand gelegt hat.

[404]BGH NJW 2005, 2614 mit Anm. Katzenmeier NJW 2005, 3391 ff.

[405]Siehe zu diesem Beispiel Medicus/Lorenz SBT Rn. 1340. Vgl. auch OLG Zweibrücken NJW-RR 2002, 749 (Anschein fehlerhaften Daches durch herunterfallende Ziegel kann durch Berufung auf außerordentliche Naturereignisse erschüttert werden).

[406]Siehe dazu unten VI. 2.2.

[407]Vgl. dazu etwa Schmid NJW 1994, 767, 771 ff.; Müller NJW 1997, 3049, 3052 ff.; Katzenmeier JZ 2004, 1030 ff; zur Entwicklung des Arztrechts 2010/2011 siehe Spickhoff NJW 2011, 1651 ff.

A. Der Anspruch aus § 823 Abs. 1

Hinsichtlich der Voraussetzungen der Arzthaftpflicht kommt dem geschädigten Patienten eine Beweislastumkehr bei sogenannten Dokumentationsmängeln zugute. Hat der Arzt seine Behandlungsschritte nicht, nur unvollkommen oder unrichtig dokumentiert, ist im Zweifel davon auszugehen, dass nicht dokumentierte Maßnahmen auch nicht getroffen wurden.[408] Ferner kommt es zu einer Beweislastumkehr hinsichtlich der Kausalität eines ärztlichen Fehlers für den Gesundheitsschaden, wenn ein sog. grober Behandlungsfehler vorliegt.[409] Dies ist der Fall, wenn der Arzt eindeutig gegen bewährte ärztliche Behandlungsregeln oder gesicherte medizinische Erkenntnisse verstößt und einen Fehler begangen hat, der aus objektiver ärztlicher Sicht nicht mehr verständlich und verantwortbar erscheint, also schlechterdings nicht unterlaufen darf.[410] Gesicherte medizinische Erkenntnisse, deren Missachtung einen Behandlungsfehler als grob erscheinen lassen kann, sind nicht nur die Erkenntnisse, die Eingang in Leitlinien, Richtlinien oder anderweitige ausdrückliche Handlungsanweisungen gefunden haben. Hierzu zählen vielmehr auch die elementaren medizinischen Grundregeln, die im jeweiligen Fachgebiet vorausgesetzt werden.[411] Auch liegt ein grober Behandlungsfehler vor, wenn der behandelnde Arzt eine medizinisch gebotene Befunderhebung unterlässt.[412] Ein einfacher Befunderhebungsfehler kann zu einer Umkehr der Beweislast hinsichtlich der Kausalität des Behandlungsfehlers für den eingetretenen Gesundheitsschaden führen, wenn sich bei der gebotenen Abklärung mit hinreichender Wahrscheinlichkeit ein reaktionspflichtiges positives Ergebnis gezeigt hätte und sich die Verkennung dieses Befunds als fundamental oder die Nichtreaktion hierauf als grob fehlerhaft darstellen würde.[413] Für die von der Rechtsprechung vorgenommenen Korrekturen der Beweislast wird man Verständnis aufbringen können. Dennoch muss immer wieder ins Bewusstsein gerufen werden, dass Beweislastumkehrungen zugunsten des Geschädigten nicht ausufern dürfen. Denn diese gehen auf Kosten des Verschuldensprinzipes.[414]

---

[408] BGH NJW 1988, 2949; zum Umfang der ärztlichen Dokumentationspflicht anhand von Beispielen aus der Rechtsprechung siehe Strohmeier VersR 1998, 416 ff.
[409] BGH JZ 2004, 1029. Für die Umkehr der Beweislast reicht aus, dass der grobe Behandlungsfehler geeignet ist, den eingetretenen Schaden zu verursachen; nahe liegen oder wahrscheinlich machen muss der Fehler den Schaden hingegen nicht.
[410] BGH NJW 2012, 227.
[411] BGH NJW 2011, 3442.
[412] BGH NJW-RR 2010, 833, 834. Zur Abgrenzung des Diagnosefehlers vom Befunderhebungsfehler BGH VersR 2012, 493 (nur Leitsätze).
[413] BGH NJW 2011, 3441.
[414] Stoll AcP 176 (1976), 161 hat von einer Haftungsverlagerung mit beweisrechtlichen Mitteln gesprochen.

VI. Produzentenhaftung

1. Problemstellung
Erleidet ein Verbraucher durch ein Produkt einen Schaden, kann die Realisierung eines Schadensersatzanspruches aufgrund vertraglicher oder deliktischer Bestimmungen mit erheblichen Schwierigkeiten verbunden sein. Hat er das Produkt durch Kauf erworben, sind möglicherweise gegebene Gewährleistungsansprüche bereits verjährt. Soweit Schadensersatzansprüche Verschulden voraussetzen, scheiden diese häufig deshalb aus, weil den Verkäufer kein Verschulden trifft, allenfalls den Hersteller. Gegen den Hersteller vorzugehen setzt die Beachtung der deliktsrechtlichen Gegebenheiten voraus. Der Geschädigte wird oft nicht in der Lage sein, dem Hersteller ein Verschulden nachzuweisen. Dies gilt umso mehr, als industrielle Massenproduktion regelmäßig die Beteiligung mehrerer an der Produktherstellung (Zulieferer!) bedeutet. Sind Schäden auf ein Fehlverhalten von Personal zurückzuführen, kann der Schadensersatzanspruch an einer erfolgreichen Exkulpation nach § 831 Abs. 1 S. 2[415] scheitern.

Diese für den Geschädigten oft unüberwindbaren Schwierigkeiten haben zu Vorschlägen in der Literatur geführt, dem Geschädigten mit vertraglichen oder vertragsähnlichen Ansprüchen gegen den Hersteller zu helfen.[416] Solche Lösungsvorschläge haben sich in der Rechtsprechung nicht durchsetzen können. Der BGH lehnt die Haftung eines außerhalb vertraglicher Beziehungen stehenden Dritten mithilfe vertragsrechtlicher Konstruktionen ab und betont, dass andernfalls die durch den Vertrag gezogene Abgrenzung zwischen schuldrechtlichem und deliktischem Haftungsbereich in folgenschwerer Weise durchbrochen würde.[417] Sedes materiae der Haftung für fehlerhafte Produkte sind demnach die §§ 823 ff., vor allem § 823 Abs. 1. Die Rechtsprechung hat einen umfassenden Komplex von Grundsätzen entwickelt, der die Produzentenhaftung zu einer in gewisser Weise eigenständigen Materie innerhalb des Deliktsrechts gemacht hat. Und es scheint die Bemerkung zutreffend, wonach die durch die höchstrichterliche Rechtsprechung geförderte Entwicklung des Produzentenhaftungsrechts, jedenfalls so weit es die Haftung an §§ 823 ff. betrifft, im Wesentlichen abgeschlossen ist.[418]

2. Tatbestandliche Voraussetzungen der Produzentenhaftung
Da – wie gleich zu zeigen sein wird – der Grund für die Haftung des Produzenten in der Verletzung einer Verkehrssicherungspflicht liegt, folgt die Anspruchsprüfung den hierzu besprochenen Grundsätzen (s. dazu oben IV.). Besonderheiten ergeben sich vor allem im Hinblick auf die Beweislast.

---

[415]Siehe dazu unten 3. Kap. B. II. 4.

[416]Vgl. dazu statt vieler Simitis, Grundfragen der Produzentenhaftung, 1965, insbesondere S. 27 ff.; sehr lesenswert auch BGHZ 51, 91, 93 ff.

[417]BGHZ 51, 91,101.

[418]So die Äußerung von Kullmann NJW 2003, 1908.

2.1 Verletzung einer Verkehrssicherungspflicht
Haftungsauslösender Grund für die Produzentenhaftung ist die *Verletzung* einer *Verkehrssicherungspflicht*. Haftungsvoraussetzung ist daher, dass das Produkt nicht so konstruiert, nicht so hergestellt oder nicht mit solchen Instruktionen in den Verkehr gebracht wurde, wie man das von einem sorgfältigen Hersteller verlangen muss.[419]

Die Verkehrssicherungspflichten des Herstellers werden danach herkömmlicherweise im Hinblick auf bestimmte Produktfehler kategorisiert und deshalb Konstruktions-, Fabrikations- und Instruktionsfehler unterschieden. Die vierte Kategorie der Verletzung einer Verkehrssicherungspflicht des Herstellers ist darin zu sehen, dass er nach Inverkehrgabe eines Produkts dessen Bewährung in der Praxis nicht im Auge behält, um auf dort erst zutage tretende Gefahren und Mängel reagieren zu können (sog. Produktbeobachtungspflicht).[420] Diese vier Kategorien sollen durch die folgenden Fallbeispiele näher erläutert werden.

2.1.1 Konstruktionsfehler
Ein *Konstruktionsfehler* liegt vor, wenn das Produkt schon seiner Konzeption nach unter dem gebotenen Sicherheitsstandard bleibt.[421] Ein anschauliches Beispiel dafür liefert

> *BGH NJW 1990, 906:* Die Beklagte ist Herstellerin von Pferdeboxen. Die Trennwände dieser Boxen sind insgesamt 2,2 m hoch. Als oberen Abschluss der Trennwände hat die Beklagte ein nach oben offenes, scharfkantiges U-Eisen verwendet. Der Kläger begründet seinen Schadensersatzanspruch damit, dass sich das Pferd verletzt habe, indem es beim Aufstellen auf die Hinterhand mit dem linken Vorderhuf an dem oberen Rand des U-Eisens der Box hängen geblieben sei. Die Box sei fehlerhaft gewesen, weil bei einer richtigen Konstruktion das nach oben offene scharfkantige U-Eisen mit einem Kantholz ausgefüllt, umgedreht oder durch eine andere Abschlusskonstruktion hätte ersetzt werden müssen.

Der BGH gab dem Kläger recht. Produkte müssen so konstruiert werden, dass Rechtsgüter anderer nicht verletzt werden. Bei der Frage, welche Sicherungsmaßnahmen ergriffen werden müssen, ist auf die *Verkehrserwartung* abzustellen. Es kommt also darauf an, was ein durchschnittlicher Benutzer objektiv an Sicherheit bei einem Produkt erwartet bzw. erwarten kann.[422] Wichtig ist der vom BGH genannte Aspekt der Preisgestaltung, der Teil der Verkehrserwartung ist. Denn der durchschnittliche Benutzer erwartet von einem teuren Produkt derselben Produktart im allgemeinen mehr Sicherheit als von einer vergleichsweise billigeren Ausführung. Im konkreten Falle wäre die sicherere Konstruktion ohne großen

---
[419] Vgl. Kötz/Wagner Rn. 615 ff. Zur Haftung der Zigarettenhersteller für durch Rauchen verursachte Gesundheitsschäden Langer/Grunewald NJW 2004, 3657 ff.

[420] Nur vereinzelt wird in diesem Zusammenhang auch von Produktbeobachtungsfehler gesprochen, so etwa Kullmann, in: Kullmann/Pfister, Produzentenhaftung I, 2010, KzA 1520, S. 7.

[421] BGH NJW 2009, 2952, 2953 m. w. N.

[422] BGH NJW 1990, 906, 907.

Kostenaufwand möglich gewesen, sodass eine Verletzung der Konstruktionspflichten bejaht wurde.

Ein zweiter wichtiger Faktor für das Vorliegen eines Konstruktionsfehlers ist neben der Verkehrserwartung die *Zumutbarkeit* von Sicherungsmaßnahmen für den Hersteller, vgl. dazu

> *BGHZ 181, 253:* Der Kläger begehrte von der Beklagten, einer namhaften deutschen Herstellerin von Automobilen, u. a. Schmerzensgeld wegen eines erlittenen Hirninfarkts. Ursache sei eine fehlerhafte Auslösung der beiden Seitenairbags an der Fahrerseite beim Durchfahren eines Schlaglochs bzw. beim Ausweichen auf das unbefestigte Fahrbahnbankett gewesen.

Der BGH betonte, dass bei der Frage, welche Sicherungsmaßnahmen im Rahmen der Konzeption und Planung des Produkts erforderlich sind, maßgebend ist, was nach dem im Zeitpunkt des Inverkehrbringens neuesten Stand von Wissenschaft und Technik konstruktiv überhaupt möglich ist, unabhängig von dem in der Branche Üblichen. So ist etwa bei der Kfz-Produktion der Einsatz von sicherheitstechnisch besseren Alternativkonstruktionen nur dann erforderlich, wenn sie zum Serieneinsatz bereits reif sind, nicht hingegen, wenn es sich bislang nur um rein theoretische Konzepte handelt oder jedenfalls deren Erprobung noch nicht abgeschlossen ist. Es kommt aber nicht nur auf die Erforderlichkeit einer Sicherungsmaßnahme an, sondern auch auf deren Zumutbarkeit für den Hersteller. Bei der Zumutbarkeitsprüfung müssen laut BGH sämtliche Umstände des Einzelfalls einbezogen werden, insbesondere die Intensität der von der Konstruktion ausgehenden Gefahren und welche Rechtsgüter davon betroffen sind. Eine Rolle spielt darüber hinaus auch die Betrachtung der wirtschaftlichen Auswirkungen denkbarer Sicherungsmaßnahmen. Dabei sind insbesondere Verbrauchergewohnheiten, Produktionskosten, Absatzchancen eines veränderten Produkts sowie die Kosten-Nutzen-Relation zu berücksichtigen.[423]

Restrisiken, die durch zumutbare konstruktive Maßnahmen nicht vermieden werden können, haben nach Auffassung des BGH nicht zwangsläufig zur Folge, dass das Produkt nicht in den Verkehr gebracht werden darf. Es bedarf vielmehr einer Abwägung zwischen Art und Umfang der verbleibenden Risiken, der Wahrscheinlichkeit ihrer Verwirklichung und des mit dem Produkt verbundenen Nutzens. Ergibt diese Abwägung, dass das Produkt trotz Restrisikos in den Verkehr gebracht werden darf, so trifft den Hersteller eine Instruktionspflicht hinsichtlich des verbleibenden Gefahrenpotenzials. Der Produktverwender kann dann selbst entscheiden, ob er um der Vorteile des Produkts willen sich auch den mit der Verwendung verbundenen Gefahren aussetzen will.[424]

In der Sache hielt der BGH zusammenfassend fest, dass im Hinblick auf die Gefahren für Leib und Leben der Nutzer und Dritter, Automobilhersteller das Risiko von Fehlauslösungen von Airbags in den Grenzen des technisch Möglichen

---

[423] BGHZ 181, 253, 258 ff.
[424] BGHZ 181, 253, 262 ff.

und wirtschaftlich Zumutbaren mittels konstruktiver Maßnahmen auszuschalten haben.[425]

In der Praxis ist es üblich, Produkte durch offizielle Stellen zertifizieren oder mit einem Gütesiegel versehen zu lassen. Es stellt sich die Frage, ob im Falle der Erteilung einer solchen offiziellen Zertifizierung der Hersteller seiner Produktverantwortung entsprochen hat, vgl. dazu

> *OLG Celle NJW 2003, 2544:* Die Klägerin begehrt Schadensersatz wegen eines Unfalls in einem für Kinder bestimmten Spielgerät, das in dem von der Beklagten betriebenen Freizeitpark aufgestellt ist. Bei dem Spielgerät handelte es sich um eine zu den Seiten offene Innenlauftrommel, die ähnlich wie ein „Hamsterlaufrad" funktioniert. Sie wird durch die eigenen Laufbewegungen zum Drehen gebracht. Das Laufrad entsprach den damaligen Anforderungen des deutschen Gerätesicherheitsgesetzes (GSG) und wurde auf Übereinstimmung mit den dafür geltenden DIN-Normen zuletzt ein Jahr vor dem Unfall geprüft.

Der BGH hatte bereits mehrfach darauf hingewiesen, dass ein Hersteller, der seine Produkte selbst konstruiert, nicht ohne weiteres von der Haftung für Schäden durch konstruktive Mängel seines Produkts freigestellt ist, wenn eine Prüfstelle es überprüft und derartige Mängel nicht festgestellt hat.[426] In einer weiteren Entscheidung hat der BGH judiziert, dass für andere in den Herstellungsprozess und den Vertrieb von Industrieprodukten eingeschaltete Unternehmer, die im Bezug auf Konstruktionsgefahren geringere Sorgfaltspflichten als der eigentliche Hersteller und Konstrukteur des Produkts zu erfüllen haben, etwas anderes gelte. So könne sich ein Importeur unter Umständen damit entlasten, dass er das eingeführte Gerät durch einen Sachverständigen überprüfen oder es nach den Bestimmungen des GSG von einer zugelassenen Prüfstelle auf ihre Sicherheit untersuchen lässt.[427] Auch in der Literatur wird zu Recht betont, dass Zertifikate oder auch öffentlich-rechtliche Genehmigungen den zivilrechtlich Verkehrspflichtigen noch nicht entlasten können. Behörden und Institutionen sind oft nicht in der Lage, die nach dem Stand der Technik möglichen Maßnahmen oder Risiken zu überschauen.[428]

Das schließt aber nicht aus, dass man die Einhaltung technischer Normen und Standards im Wege von Beweiserleichterungen berücksichtigt. In diesem Sinne sah das OLG Celle im vorliegenden Fall eine (widerlegliche) Vermutung für die konstruktive Fehlerfreiheit des Produktes als gegeben an, da es den Sicherheitsstandards des GSG entsprach. Die Kläger hätten deshalb substanziiert darlegen müssen, weshalb trotz Einhaltung der Anforderung des GSG ein

---

[425]BGHZ 181, 253, 260.

[426]Vgl. BGHZ 99, 167, 177. Ein neueres anschauliches Beispiel aus dieser Kategorie zeigt die Entscheidung des OLG Hamm NJW-RR 2011, 893, in der es um einen Konstruktionsfehler des Ventils einer Flasche mit Sicherheitsbrennpaste geht, für das eine vom TÜV durchgeführte Prüfung ergeben hatte, dass es der einschlägigen DIN-Norm entspricht.

[427]Vgl. BGH VersR 1990, 532, 533.

[428]So zutreffend Bamberger/Roth-Spindler § 823 Rn. 253. Zu etwaigen Haftungsansprüchen gegen die Zulassungsstelle s. unten B. II. 1.1.

Konstruktionsmangel vorgelegen habe. An die Stelle des GSG ist zwischenzeitlich das Produktsicherheitsgesetz (ProdSG) getreten.[429] Verletzt der Hersteller die im Produktsicherheitsrecht geregelten öffentlich-rechtlichen Sicherheitspflichten kann auch ein Anspruch aus § 823 Abs. 2 in Betracht kommen (vgl. dazu unten B. II. 1.1).

Um einen Konstruktionsfehler geht es auch in der Entscheidung des OLG Schleswig vom 19.10.2007.[430] Eine Geschirrspülmaschine heizte sicht infolge des Ausfalls der Thermostatschalter auf, wodurch die Kücheneinrichtung erheblich beschädigt wurde. Der Hersteller wehrte sich gegen seine Inanspruchnahme vor allem mit dem Argument, die Verhinderung der mit dem Betrieb einer Geschirrspülmaschine verbundenen Restrisiken sei mit einem wirtschaftlich vertretbaren Aufwand nicht möglich. Das war jedoch der falsche Ansatz, da der Hersteller nicht erfüllbare Sicherheitserwartungen des Rechtsverkehrs unterstellte. Für das Gericht war folgendes maßgeblich:

> Bei einer Geschirrspülmaschine besteht eine berechtigte Erwartungshaltung darin, dass diese möglichst keine Fehler aufweist, die zu einer Fehlfunktion oder Zerstörung des Geräts führen; zumindest aber – angesichts der sich aus dem Zusammenwirken von Strom und Wasser ergebenden gravierenden Eigentums- und sogar Gesundheits- und lebensbedrohende Gefahren – sollte dann dieser Fehler auf das defekte Teil selbst beschränkt bleiben und nicht durch Hitze, Brand oder ähnliches auf weitere Rechtsgüter des Benutzers übergreifen.

Da die hier schadensursächliche Hitze- und Dampfentwicklung durch den Einbau eines Fehlerstromschutzschalters (FI-Schalter) hätte vermieden werden können und hierfür allenfalls Mehrkosten in Höhe von € 30,00 angefallen wären, ist das Gericht von einem Konstruktionsfehler ausgegangen.

In den letzten Jahren hat sich auch in Deutschland eine Tendenz bemerkbar gemacht, dass Kläger Schadensersatz wegen Erkrankungen von Herstellern von Lebens- oder Genussmitteln verlangten. In einem Falle, der der Entscheidung des OLG Düsseldorf[431] zugrunde lag, machte der Kläger den Hersteller von Schokoladenriegeln, die er über Jahre hinweg konsumiert hatte und die etwa zur Hälfte aus raffiniertem Zucker bestanden, für die bei ihm aufgetretene Diabetes mellitus Typ II b verantwortlich. Unter dem Aspekt eines Konstruktionsfehlers vertrat das OLG Düsseldorf die Auffassung, dass der Hersteller von Nahrungsmitteln nicht gehalten sei, diese so zu konstruieren, dass sie in möglichst hohem Maß der Gesundheit zugute kommen. Vielmehr sei der Einzelne selbst verantwortlich für eine seinen Interessen entsprechende Nahrung zu sorgen. Mit der gleichen Begründung hat das OLG Hamm[432] die Klage eines Rauchers gegen einen Zigarettenhersteller

---

[429]Das GSG war zum 1. Mai 2004 im Geräte- und Produktsicherheitsgesetz (GPSG) aufgegangen, an dessen Stelle dann zum 1. Dezember 2011 dann das ProdSG trat.
[430]OLG Schleswig NJW-RR 2008, 691.
[431]OLG Düsseldorf VersR 2003, 912.
[432]NJW 2005, 295.

A. Der Anspruch aus § 823 Abs. 1

abgewiesen. Die Tatsache, dass eine Zigarettenproduktion ohne jegliche Zusatzstoffe zur Herstellung eventuell ungefährlicher Zigaretten möglich sei und durch das Weglassen von Zusatzstoffen die zur Abhängigkeit führende Wirkung von Zigaretten reduziert werden könnte, könne keinen Konstruktionsfehler begründen. Angesichts der allgemein bekannten Gefahren des Rauchens sei es nicht möglich, dass der Kläger in der Beifügung zulässiger und in der Zigarettenindustrie allgemein gebräuchlicher Zusatzstoffe einen Produktfehler geltend mache und damit die Folgen seines Rauchens auf den Zigarettenhersteller abwälzen könne.[433]

2.1.2 Fabrikationsfehler

Während Konstruktionsfehler den Bauplan des Produkts betreffen und sich bei Massenproduktion zwangsläufig auf die ganze Serie auswirken[434], rühren *Fabrikationsfehler* aus Unzulänglichkeiten im Fertigungsprozess her. Ein *Fabrikationsfehler* lag der – später noch ausführlicher zu besprechenden – für die Produzentenhaftung richtungsweisenden Entscheidung des BGH in

BGHZ 51,91 zugrunde: Ein Tierarzt hatte Hühner mittels eines von der Beklagten bezogenen Impfstoffes gegen Hühnerpest geimpft. Dennoch brach in der Hühnerfarm des Klägers die Krankheit aus. Untersuchungen ergaben, dass einige Flaschen des Serums nicht ausreichend gegen Viren immunisiert worden waren.

In diesem Falle gab es keine Einwände gegen den Impfstoff als solchen. Die meisten Impfstoffchargen waren in Ordnung. Bei der Herstellung hat es aber einzelne Kontrollfehler gegeben. Dies kennzeichnet den Fabrikationsfehler, bei dem sich im Zuge der Fertigung des Produkts planwidrige Abweichungen von der Sollbeschaffenheit[435] ergeben. Die Verletzung der Verkehrssicherungspflicht besteht hier also in Organisationsdefiziten des Fertigungsprozesses.[436]

2.1.3 Instruktionsfehler

Gefahren können von Produkten nicht nur daher rühren, dass sie mangelhaft konstruiert oder hergestellt wurden. Die Vermeidung von Schäden setzt häufig voraus, dass mit einem Produkt sachgerecht umgegangen wird. Deshalb muss der Hersteller dem Benutzer entsprechende Anleitungen und Informationen an die Hand geben. Tut er dies nicht oder unzureichend, liegt ein *Instruktionsfehler* vor. Eine Entscheidung, die auch in der Öffentlichkeit großes Aufsehen erregt hat, ist

BGHZ 116, 60 (Nuckelflasche): Wegen Kariesbefalls seines Milchzahngebisses verlangt der Kläger von der Beklagten, einer Herstellerin von Säuglings- und Kindernahrungsmitteln, Schadensersatz. Diese produziert verschiedene Instant-Tee-Pulver mit einem

---

[433] Ebenso LG Bielefeld NJW 2000, 2514. Zur Abweisung einer Klage gegen den Hersteller von Coca-Cola LG Essen NJW 2005, 2713; zur Abweisung einer Klage gegen den Hersteller von Lakritzprodukten OLG Köln NJW 2005, 3292.
[434] Wagner, in: MünchKomm-BGB, 5. Aufl. (2009), § 823 Rdnr. 628.
[435] Kötz/Wagner Rn. 627.
[436] Zum Verhältnis der Qualitätskontrolle zur Fertigungsorganisation Bamberger/Roth-Spindler § 823 Rn. 499.

bestimmten Zuckeranteil. Für diese Getränke vertreibt sie außerdem Plastiktrinkflaschen (sog. Saug- oder Nuckelflaschen). Wie bei anderen Kindern kam es auch beim Kläger zu einem sog. Baby-Bottle-Syndrom, d. h. durch Dauernuckeln an der Flasche wirkt der Zucker ständig auf die Zähne ein, so dass es zur Kariesbildung kommt. Der Vorwurf gegenüber der Beklagten bestand darin, über diese Gefahren zunächst gar nicht, später in unzureichender Weise (im Rahmen der Zubereitungshinweise) gewarnt zu haben.

Der BGH hat in bemerkenswerter Klarheit – auch unter Bezugnahme auf bisherige Urteile – die Anforderungen an die Instruktionspflichten von Herstellern zusammengefasst (S. 65 ff.):

> Zutreffend hält das Berufungsgericht den Hersteller eines industriellen Erzeugnisses für verpflichtet, die Verbraucher vor denjenigen Gefahren zu warnen, die aus der Verwendung des Produkts entstehen können (BGH VersR 1987, 102 f. – Verzinkungsspray), soweit die Verwendung noch im Rahmen der allgemeinen Zweckbestimmung des Produkts liegt (BGHZ 105, 346, 351 – Fischfutter). Unter Umständen muss insoweit sogar vor einem naheliegenden Missbrauch des Produkts gewarnt werden (BGHZ 106, 273, 283 – Asthma Spray). Die Pflicht des Herstellers zur Warnung entfällt nur, wenn und soweit er davon ausgehen kann, dass sein Produkt nur in die Hand von Personen gelangt, die mit den Produktgefahren vertraut sind (BGH VersR 1986, 653 – Überrollbügel). ... Das Berufungsgericht hebt mit Recht hervor, dass an die Pflicht zur Aufklärung und Warnung besonders *strenge Anforderungen* zu stellen sind, wenn die Verwendung des Produkts mit *erheblichen Gefahren* für die *Gesundheit von Menschen* verbunden ist. Nach der Rechtsprechung des erkennenden Senats müssen in solchen Fällen wichtige Hinweise über Produktgefahren und deren Anwendung *deutlich* erfolgen; sie dürfen z. B. *nicht* zwischen Teilinformationen und Darreichungsformen, Werbeaussagen usw. *versteckt* werden. ... Inhaltlich müssen die Hinweise so abgefasst sein, dass darin die bestehenden Gefahren für das Verständnis des Verbrauchers plausibel werden. Das wird nur erreicht, wenn die Art der drohenden Gefahr deutlich herausgestellt wird, damit der Produktverwender sie nicht erst durch eigenes Nachdenken, möglicherweise erst aufgrund von Rückschlüssen voll erfassen kann (Hervorhebungen d. Verf.).[437]

In einer Folgeentscheidung zur selben Sachverhaltsproblematik hat der BGH die Instruktionspflicht des Warenherstellers im Hinblick auf den Adressatenkreis präzisiert. In BGH NJW 1994, 932 hatte die beklagte Herstellerin das Bestehen einer Instruktionspflicht gegenüber dem Kläger bzw. dessen Eltern deshalb verneint, weil im Zeitpunkt der Schädigung den Eltern das Problem und die Gefahren des Dauernuckelns mit gesüßtem Tee bekannt gewesen seien. Das dieser Verteidigung zugrunde liegende Argument hat für den BGH Gewicht. Zwar betont das Gericht (S. 933), dass der Hersteller Inhalt und Umfang seiner Instruktionen

---

[437]Eingehend zu dieser Entscheidung Fahrenhorst JuS 1994, 288 ff. Zu einer weiteren Präzisierung der Erfüllung der Instruktionspflicht in Kariesfällen vgl. BGH JZ 1995, 901 m. Anm. Brüggemeier. Das BVerfG hat die Maßstäbe des BGH gebilligt, siehe NJW 1997, 249. Zu einer neueren Entscheidung betreffend die Instruktionsverpflichtung des Herstellers von Kindertee siehe OLG Frankfurt OLGR Frankfurt 2004, 191. Auch bei Lieferung von Frischbeton an einen nicht gewerblichen Abnehmer wird wegen der Verätzungsgefahr bei unmittelbarem Hautkontakt eine Aufklärungspflicht des Herstellers in der Rspr. angenommen (OLG Düsseldorf NJW-RR 1991, 288; OLG Celle, VersR 2004, 864; OLG Bamberg NJW-RR 2010, 902).

A. Der Anspruch aus § 823 Abs. 1

nach der am wenigsten informierten und damit nach der gefährdetsten Benutzergruppe auszurichten hat, wenn sein Produkt von Benutzern mit unterschiedlichen Gefahrenkenntnissen verwendet wird und die Vertriebswege nicht getrennt sind. Andererseits ist jedoch eine Warnung nicht erforderlich, wenn und soweit der Produktanwender über die sicherheitsrelevanten Informationen verfügt und sie ihm im konkreten Fall gegenwärtig sind. Kennt der den Schadensfall erleidende Produktverwender persönlich die Gefahren und erübrigt sich deshalb ihm gegenüber eine Warnung, so ist der beklagte Hersteller auch dann nicht zur Haftung verpflichtet, wenn er gegenüber anderen Klägern, deren Eltern keine Kenntnis von der bestehenden Gefahr hatten, schadensersatzpflichtig gewesen sein sollte.

Nach der Rechtsprechung des BGH erübrigt sich eine Instruktion aber nicht nur für den Fall, dass ein bestimmter Produktverwender über das erforderliche Gefahrenwissen verfügt, sondern auch dann, wenn die Gefahrenquelle offensichtlich ist.[438] Das Gleiche soll gelten, wenn es um die Verwirklichung von Gefahren geht, die sich aus einem vorsätzlichen oder äußerst leichtfertigen Fehlgebrauch ergeben.[439] Mit diesen Begriffen allein lassen sich problematische Fälle freilich kaum befriedigend lösen, da geklärt werden muss, unter welchen Voraussetzungen eine Gefahrenquelle „offensichtlich" oder ein Fehlgebrauch „äußerst leichtfertig" ist. Insofern kommt es, wie generell bei der Instruktionspflicht, darauf an, ob und inwieweit der Produktverwender in der Lage ist, die Produktgefahren selbstverantwortlich zu steuern.[440] Siehe z. B.

BGH NJW 1999, 2815: Die Klägerin begehrt Schadensersatz, weil sie sich an einem von der Beklagten hergestellten Papierreißwolf eine schwerwiegende Handverletzung zugezogen hat. Die knapp 2 Jahre alte Klägerin besuchte einen Nachbarn ihrer Eltern, der im Besitz eines Aktenvernichters war. Der Papiereinführungsschlitz dieses Aktenvernichters war 22,5 cm lang und an der Öffnung 8 mm breit. Die Öffnung verjüngte sich nach innen auf 6,5 mm. Der Abstand der Messerwalzen vom Einführungsschlitz betrug 2 cm. Die Messerwalzen wurden bei Durchbrechung einer Lichtschranke ohne weiteres im Stand-by-Modus in Bewegung gesetzt. Der Unfall ereignete sich dadurch, dass die Klägerin, vom Nachbarn unbeobachtet, mit ihrer linken Hand in den Einführungsschlitz des

---

[438] BGH NJW 1995, 2631, 2632; NJW 1999, 2815, 2816. Vgl. dazu auch den Fall OLG Düsseldorf VersR 2003, 912, 914, wo eine Instruktionspflicht (zur Frage der Konstruktionspflicht bereits oben) über mögliche Gesundheitsschäden beim Genuss von zuckerhaltigen Schokoladenriegeln abgelehnt wird, weil die gesundheitlichen Gefahren regelmäßigen und hohen Zuckerkonsums durch Süßigkeiten allgemein bekannt sind und jeder die Verantwortung für die eigene Lebensführung trägt, sich derartiger Mechanismen bewusst zu werden und sich gegebenenfalls eine insgesamt gesündere Lebensweise anzueignen. Mit ähnlicher Begründung hat das OLG Hamm Aufklärungs- und Warnpflichten des Zigarettenherstellers hinsichtlich der möglichen Gesundheitsschäden des Rauchens (OLG Hamm NJW, 295; ebenso OLG Frankfurt NJW-RR 2001, 1471) sowie einer Brauerei hinsichtlich der Gefahren übermäßigen Alkoholkonsums durch Hinweise auf Bierflaschen (OLG Hamm NJW 2001, 1654) abgelehnt. Vgl. demgegenüber OLG Bremen VersR 2004, 207, das zu Recht eine Bedienungsanleitung mit Hinweisen auf Risiken bei einer Faltschachtelverpackungsanlage verlangte.

[439] BGH NJW 1981, 2514; NJW 1999, 2815, 2816; zu einer weiteren Einschränkung der Instruktionspflicht siehe oben die zitierte Stelle von BGHZ 116, 60 65 ff. – Nuckelflasche.

[440] Vgl. zu diesem Aspekt allgemein BGH NJW 1994, 932, 933.

Aktenvernichters griff, wodurch die Messerwalzen in Betrieb gesetzt wurden. Weder auf dem Gerät selbst noch in der Bedienungsanleitung ist auf die Gefahr einer Verstümmelung der Finger hingewiesen worden.

Rein begrifflich scheint die Annahme, dass die von einem betriebsbereiten Papierreißwolf ausgehende Gefahr für die Finger eines Produktverwenders „offensichtlich" ist, nichts entgegen zu stehen. Eine solche Betrachtungsweise würde dem Problem aber nicht gerecht. Ohne Zweifel war die Klägerin zu einer selbstverantwortlichen Gefahrensteuerung nicht in der Lage. Deshalb ist die Frage entscheidend, ob die Beklagte unter dem Aspekt einer „offensichtlichen" Gefahrenlage erwarten durfte, eine Gefährdung von Kleinkindern werde sich nicht ereignen, weil die Gerätebesitzer auch ohne ausdrücklichen Warnhinweis die erforderlichen Vorkehrungen zum Schutz von Kindern vornehmen würden.

In dieser klaren Form hat sich der BGH dem Problem allerdings nicht zugewandt (S. 2816). Für ihn war ausschlaggebend, dass die Messerwalzen nicht nur von den Fingern eines Kindes, sondern auch von besonders dünnen Fingern eines Erwachsenen erreicht werden konnten. Nach Ansicht des BGH war diese Gefahr nicht erkennbar, weil die gefährlichen Betriebsteile im Innern des Geräts verborgen waren und weil die Messer allein schon durch ein Hineinlangen in den Papiereinführungsschlitz in Gang gesetzt werden konnten.[441] Deshalb, so der BGH, hätte die Beklagte in geeigneter Weise auf die Gefahr einer Verstümmelung der Finger hinweisen müssen.[442] Stimmt man dem BGH insoweit zu, so schließt sich allerdings auch der Kreis zu der oben formulierten Frage, welche Vorsichtsmaßnahmen die Beklagte von den Geräteabnehmern erwarten durfte. Kann nämlich der bestimmungsgemäße Produktverwender noch nicht einmal die Gefahren für sich selbst erkennen, so ist er auch nicht in der Lage, für gefährdete Kleinkinder Schutzvorkehrungen zu treffen.

Der Kreis der Personen, die der Hersteller über etwaige Gefahren instruieren muss, die mit der Verwendung seines Produkts verbunden sind, ist entgegen dem ersten Anschein nicht auf die Gruppe der Konsumenten beschränkt. Dies zeigt der Fall von

BGH NJW 1998, 2905 (Feuerwirbel): Der zehnjährige T kaufte am Kiosk des V eine Packung der Kleinstfeuerwerkskörper mit der Artikelbezeichnung Feuerwirbel, die von I nach Deutschland importiert und hier vertrieben wurden. Die Packung wies folgende Aufschrift auf: „Ganzjahresfeuerwerk. Abgabe an Personen unter 18 Jahren erlaubt. Nur im Freien verwenden. Gebrauchsanweisung: Kreisel auf den Boden legen. Am äußersten Ende der Zündschnur anzünden und sich rasch entfernen". T steckte beim Spiel mit Freunden mehrere der Feuerwerkskörper in seine Hosentasche. Auf nicht näher geklärte Weise kam es zur Entzündung dieser Feuerwerkskörper, wodurch T erhebliche Verbrennungen erlitt, da sich das entflammte Schwarzpulver auf etwa 2200 °C erhitzte. T verlangt von V und I Schadensersatz.

---

[441] A.A. Littbarski NJW 2000, 1161, 1162, der von einer Offenkundigkeit der Gefahrenquelle ausgeht; vgl. demgegenüber Möllers VersR 2000, 1177, 1182.

[442] Im Ergebnis zustimmend Möllers VersR 2000, 1177, 1181 ff., der allerdings die Beurteilungskriterien des BGH kritisiert.

Auch wenn sich T die Verbrennungen selbst zugefügt hat, schließt dies eine Haftung von V und I nicht von vornherein aus. Die Rechtsgutverletzung kann V und I zugerechnet werden, wenn sie die Selbstschädigung des T wegen Verletzung einer Verkehrssicherungspflicht ermöglicht haben. Zwar treffen den Letztverkäufer V keine herstellerspezifischen Verkehrssicherungspflichten, wohl aber trifft ihn die allgemeine Verkehrssicherungspflicht, „auf die Abgabe eines an sich frei verkäuflichen Produkts an Kinder zu verzichten, wenn mit der naheliegenden Gefahr zu rechnen ist, dass die Kinder die auf den Umgang mit diesem Produkt beruhenden Risiken nicht in gebotener Weise zu beherrschen vermögen und sich oder Dritte in ihren geschützten Rechtsgütern verletzen können".[443] Eine Haftungsbegründung unter diesem Gesichtspunkt setzt allerdings voraus, dass die Gefahrenlage für den Verkäufer erkennbar war.[444] Diese Erkennbarkeit sah der BGH hier nicht als gegeben an, da die Verpackungshinweise geeignet waren, die mit der Feuerkraft und der enormen Hitzeentwicklung verbundenen Risiken zu verharmlosen (S. 2908). Mithin war dem V die Rechtsgutverletzung nicht zurechenbar. An dieser Stelle wird deutlich, dass ein wirksamer Rechtsgüterschutz es erfordert hätte, bereits den Letztverkäufer V über das erhebliche Gefahrenpotenzial zu instruieren, damit die Abgabe der gefährlichen Feuerwerkskörper an Kinder, insbesondere wenn sich diese noch im Grundschulalter befinden, unterbleibt. Zur Instruktionspflicht des Herstellers gegenüber dem Letztverkäufer führt der BGH aus (S. 2907):

> Auch Feuerwerkskörper sind Produkte, die in der Regel ein erhebliches Gefahrenpotenzial für die Rechtsgüter der Benutzer wie auch unbeteiligter Dritter aufweisen; ... Vor allem in der Hand von Kindern und Jugendlichen erhöht sich erfahrungsgemäß die Gefahrenlage; das gilt um so mehr, je jünger sie sind, zumal angesichts des bei diesem Benutzerkreis herabgesetzten Risikobewusstseins und im Hinblick auf den Spieltrieb eher mit unvorsichtiger und unsachgemäßer Handhabung zu rechnen ist. Eine derartige Gefahrenlage für (möglicherweise auch unvorsichtige) Kinder bei Feuerwerkskörpern ... hat der Hersteller durch entsprechende Instruktionen und Hinweise nicht nur an den Endverbraucher, sondern auch an den Letztverkäufer so weit wie möglich zu verringern; ... Die erforderlichen Hinweise müssen dem Letztverkäufer, der häufig nicht über Fachkenntnisse im Umgang mit pyrotechnischen Produkten verfügen wird, verdeutlichen, dass eine Abgabe an Kinder nur infrage kommt, wenn zusätzliche Sicherheitsanforderungen erfüllt sind. Dies wird bei Kindern im Grundschulalter, von denen noch nicht in jeder Hinsicht die nötige Gefahreneinsicht erwartet werden kann, grundsätzlich bedeuten, dass ihnen Feuerwerkskörper dieser Art in der Regel nur ausgehändigt werden dürfen, wenn konkret davon ausgegangen werden kann, dass sie sie nur unter der Aufsicht Erwachsener verwenden.

I war zwar nicht der Hersteller der Feuerwerkskörper. Nach Auffassung des BGH oblag ihm aber als Importeur ebenfalls die herstellerspezifische Instruktionspflicht.[445] Da I diese Pflicht verletzt hatte, war ihm die Selbstschädigung des T zurechenbar, sodass I auf Schadensersatz haftete.

---

[443]BGHZ 139, 43, 47; bestätigt durch BGH NJW 1998, 2905, 2908 (insoweit in BGHZ 139, 79 nicht abgedruckt).
[444]BGHZ 139, 43, 48 ff.; BGH NJW 1998, 2905, 2908.
[445]Dazu sogleich unter 2.3.

2.1.4 Entwicklungsfehler (Produktbeobachtungspflicht)

Ob ein Konstruktions-, Fabrikations- oder Instruktionsfehler vorliegt, entscheidet sich im Zeitpunkt des Inverkehrbringens des Produkts. Ist in diesem Zeitpunkt alles getan worden, was der Stand von Wissenschaft und Technik verlangt, aber auch möglich macht, so kann es keine Haftung des Herstellers geben, weil diesem kein Vorwurf gemacht werden kann (hier zeigt sich die Logik der Produzentenhaftung als Verschuldenshaftung!). Konnte ein den Schaden verursachender Fehler bzw. die potenzielle Gefährlichkeit des Produkts im Zeitpunkt des Inverkehrbringens nach dem damaligen Stand von Wissenschaft und Technik nicht erkannt werden, weil die Erkenntnismöglichkeiten (noch) nicht weit genug fortgeschritten waren (sog. Entwicklungsfehler), so fehlt die objektive Pflichtwidrigkeit.[446]

So einleuchtend die Verneinung einer Haftung für Entwicklungsgefahren ist, so selbstverständlich ist mittlerweile auch die Auffassung geworden, dass der Warenhersteller mit der Inverkehrgabe eines Produkts von weiterer Verantwortung nicht entlastet ist. Vielmehr muss er die Anwendung des Produktes weiter verfolgen und in geeigneter Weise intervenieren, wenn sich Produktgefahren zeigen oder gar verwirklicht haben. Das ist die Verpflichtung, die hinter der sogenannten *Produktbeobachtungspflicht* steckt. Die Produktbeobachtungspflicht hat der BGH eingehend begründet, vgl. hierzu

> *BGHZ 80, 199 (Apfelschorf II):* Der Kläger, ein Obstbauer, verlangt vom Hersteller eines Pestizids Schadensersatz. Der Kläger hatte erhebliche Ernteausfälle bei Bäumen, die mit dem Pestizid behandelt worden waren. Das Mittel hatte sich als unwirksam erwiesen, da im Laufe der Zeit immer mehr Pilzstämme gegenüber dem Pflanzenschutzmittel resistent wurden. Über diesen Sachverhalt habe – so der Kläger – der Hersteller nicht informiert und gewarnt, obwohl in der wissenschaftlichen Forschung darüber berichtet worden sei.

In dem Rechtsstreit ging es nicht darum, dass das Pestizid ursprünglich fehlerhaft gewesen sei, sondern darum, dass später durch häufige Anwendung Resistenzprobleme aufgetreten seien. Die Pflicht des Herstellers zur Beobachtung des Produkts nach dem Zeitpunkt des Inverkehrbringens umreißt der BGH wie folgt (S. 202 f.):

> Ein Warenhersteller kann seine Verkehrssicherungspflichten auch durch unzureichende Beobachtung seines Produkts in der praktischen Verwendung verletzen. Seine Sicherungspflichten enden nicht mit der Freigabe seiner Waren für Dritte. ... Das RG hatte bereits ausgesprochen, ein Hersteller, der erst nach dem Inverkehrbringen seines Produkts erfährt, dass dieses Gefahren erzeugen kann, sei verpflichtet, alles zu tun, was ihm nach den Umständen zumutbar ist, um sie abzuwenden. ... Der Warenhersteller ist daher, vor allem bezüglich seiner aus der Massenproduktion hervorgegangenen und in Massen verbreiteten Erzeugnisse, auch der Allgemeinheit gegenüber verpflichtet, diese Produkte sowohl auf noch nicht bekannte schädliche Eigenschaften hin zu beobachten, als sich auch über deren sonstige, eine Gefahrenlage schaffende Verwendungsfolgen zu informieren. ... Er ist gehalten, laufend den Fortgang der Entwicklung von Wissenschaft und Technik auf dem einschlägigen Gebiet zu verfolgen. Dazu gehört bei Unternehmen von der Größe der Beklagten, die ihre Produkte in der ganzen Welt vertreiben, die Verfolgung der Ergebnisse

---

[446]BGH NJW 2009, 2952, 2955.

A. Der Anspruch aus § 823 Abs. 1

wissenschaftlicher Kongresse und Fachveranstaltungen sowie die Auswertung des gesamten internationalen Fachschrifttums.

Stellt ein Hersteller fest, dass sein Produkt Gefahren für Rechtsgüter der Benutzer birgt, kann ihn u. a. eine Pflicht zum Rückruf treffen. Welche Reaktionspflichten den Hersteller als Folge seiner Produktbeobachtung treffen, ist noch nicht abschließend geklärt.[447] Der BGH hat dazu in zwei Entscheidungen wichtige Grundsätze formuliert. Zunächst hinsichtlich der Reaktionspflichten des Herstellers im Rahmen der Produktion:

BGH NJW 1994, 3349 (Atemüberwachungsgerät): Die Beklagte, Herstellerin von Atemüberwachungsgeräten, wurde von der klagenden Haftpflichtversicherung einer Klinik in Regress genommen. In der Klinik hatte eine Krankenschwester im Januar 1988 beim Einsatz eines von der Beklagten hergestellten Atemüberwachungsgeräts die Steckerverbindungen verwechselt und versehentlich das Patientenkabel statt an die Buchse der Überwachungsleitung in die Steckvorrichtung der Netzleitung gesteckt. Der Patient erhielt dadurch einen Stromschlag. Die Klinik hatte Schadensersatz für die erlittene schwere Gehirnschädigung zu leisten. Der Regressanspruch gegen die Herstellerin des Atemüberwachungsgeräts stützte sich vor allem darauf, dass ihr bekannt war, dass sich schon 1986 ähnliche Vorfälle ereignet hatten.

Der BGH hob zunächst die allgemeine Verpflichtung des Herstellers hervor, im Rahmen des Zumutbaren alle Gefahren abzuwenden, die von den von ihm hergestellten Produkten ausgehen und von denen er im Rahmen der ihm obliegenden Produktbeobachtung Kenntnis erlangt. Die Beklagte sei insoweit auch verpflichtet gewesen, die Verwechslungsgefahr nach Möglichkeit abzuwenden, die von den von ihr zwar nicht hergestellten, aber mitgelieferten Kabeln ausging. Diese Verpflichtung besteht nach Auffassung des BGH unabhängig davon, ob die Kabel einer DIN-Norm entsprechen. Denn die Erfüllung von DIN-Normen genügt nicht, wenn die technische Entwicklung zwischenzeitlich darüber hinausgeht oder sich erst bei der Gerätenutzung Gefahren gezeigt haben, die in den DIN-Normen noch gar keine Berücksichtigung finden konnten.[448]

Die Pflicht der Herstellerin verwechslungssichere Kabel zur Verfügung zu stellen, hing nach Auffassung des BGH davon ab, ob solche damals überhaupt zur Verfügung standen. Von der Beklagten als reiner Geräteherstellerin konnte jedenfalls nicht verlangt werden, solche Kabel selbst kurzfristig herzustellen. Den Endprodukteherstellern trifft insoweit nur die Pflicht, den Zulieferer auf sicherheitsrelevante Mängel aufmerksam zu machen, auf die Einsatz- und Funktionsanforderungen des Zulieferprodukts hinzuweisen und ihn zu veranlassen, sichere Produkte herzustellen. Erforderlichenfalls muss der Endprodukthersteller, wenn die Konstruktion eines gefahrlosen Produkts technisch leicht machbar ist und er erkennt, dass sein bisheriger Zulieferer eine Produktionsumstellung

---

[447]Vgl. die zutreffende Bemerkung bei MüKo-Wagner § 823 Rn. 675: „Die Frage wie diese Reaktion im Einzelnen beschaffen sein muss, markiert einen der Brennpunkte des aktuellen Produkthaftungsrechts". Vgl. zu solchen Reaktionspflichten auch § 6 Abs. 2 ProdSG.
[448]BGH NJW 1994, 3349, 3350.

verzögert, den Zulieferer wechseln. Außerdem ist der Endprodukthersteller im Rahmen des Möglichen verpflichtet, durch Warnhinweise die Gefahren der Produktbenutzung so gering wie möglich zu halten. Eine Haftung kommt aber auch unter diesem Gesichtspunkt nur in Betracht, wenn der Schaden durch entsprechende Hinweise überhaupt hätte verhindert werden können.[449]

Mit der Frage, ob der Hersteller auch verpflichtet ist, im Rahmen der deliktischen Haftung Mängel zu beseitigen, um Gefahren der von ihm gelieferten Produkte abzuwehren, befasste sich der BGH in einer weiteren Entscheidung, vgl.

> *BGH NJW 2009, 1080 (Pflegebetten):* Die Klägerin, eine gesetzliche Pflegekasse, nahm die Beklagte auf Ersatz der Kosten für eine Nachrüstung der von dieser hergestellten Pflegebetten in Anspruch. An den Betten hatten sich infolge konstruktiver Mängel Sicherheitsrisiken ergeben (Brand- und Einklemmungsgefahr). Die Beklagte hatte sich an sämtliche Kunden gewandt und einen Nachrüstsatz zum Kauf angeboten.

Der BGH betonte, dass es bei der Frage, wie weit die Gefahrabwendungspflichten des Herstellers reichen, allgemein darauf ankommt, ob unter Berücksichtigung sämtlicher Umstände des Einzelfalles eine bestimmte Maßnahme erforderlich ist, um Produktgefahren effektiv abzuwehren, die durch § 823 Abs. 1 geschützten Rechtsgütern der Benutzer oder unbeteiligter Dritter drohen. Es kann eine bloße Warnung genügen, wobei Inhalt, Umfang und Zeitpunkt wesentlich vom jeweils gefährdeten Rechtsgut und der Gefahrenintensität abhängen. Der Hersteller darf nicht abwarten, bis erhebliche Schadensfälle eingetreten sind und eine Gefahr muss auch nicht schon konkret greifbar sein. Über eine bloße Warnung hinausgehende Sicherungspflichten können den Hersteller etwa dann treffen, wenn eine bloße Warnung den Nutzern die Gefahren nicht hinreichend verdeutlichen könnte oder Grund zur Annahme besteht, diese würden sich – auch bewusst – über eine Warnung hinwegsetzen und dadurch Dritte gefährden. Das ausgelieferte Produkt muss dann möglichst effektiv aus dem Verkehr gezogen oder anderweitig sichergestellt werden, dass es nicht mehr benutzt wird.[450]

In scharfer Abgrenzung des Delikts- zum Gewährleistungsrecht war dem BGH dabei vor allem wichtig klarzustellen, dass der Hersteller auch beim Produktrückruf nur die vom fehlerhaften Produkt ausgehenden Gefahren so effektiv wie möglich und zumutbar ausschalten muss, er aber regelmäßig nicht das Sicherheitsrisiko durch Nachrüstung oder Reparatur auf eigene Kosten beseitigen müsse. Während nämlich das Deliktsrecht das Integritätsinteresse schütze, bleibe der Schutz des Äquivalenzinteresses grundsätzlich der Vertragsordnung vorbehalten.

Vor diesem Hintergrund lehnte der BGH die Ansprüche der klagenden Pflegekasse ab, weil nach den Umständen des Streitfalles eine Nachrüstung durch den Hersteller im Interesse der Effektivität der Gefahrenabwehr nicht geboten

---

[449]BGH NJW 1994, 3349, 3351.
[450]BGH NJW 2009, 1080, 1081.

A. Der Anspruch aus § 823 Abs. 1

war.[451] Die Pflegebetten-Entscheidung hat zu einer lebhaften Diskussion in der Literatur über die Voraussetzungen von Produktrückrufen geführt.[452] Die Frage der Gebotenheit einer Nachrüstung hat sich in jüngerer Vergangenheit auch wiederholt im Zusammenhang mit Herzschrittmachern gestellt.[453]

Jeder Hersteller ist grundsätzlich nur für sein eigenes Produkt verantwortlich. Da aber häufig Produkte mit anderen Produkten versehen oder kombiniert werden, stellt sich die Frage, inwieweit ein Hersteller auch für die daraus resultierenden Gefahren und Schäden haftbar gemacht werden kann. Besonders instruktiv zu dieser Fallgestaltung ist

> *BGHZ 99, 167 (Honda):* Der Sohn der Kläger fuhr mit einem Motorrad Honda Goldwing zur Mittagszeit bei trockenem Wetter auf der Autobahn mit einer Geschwindigkeit von 140–150 km/h. Am Auslauf einer leicht abschüssigen Kurve kam die Maschine ohne Einwirkung Dritter ins Schleudern und prallte seitlich gegen die Mittelleitplanke. Er verstarb an der Unfallstelle.

Im Prozess gegen den beklagten Motorradhersteller kam heraus, dass der Unfall nicht auf Konstruktions- oder Fabrikationsmängel des Motorrades, sondern auf eine Verminderung der Fahrstabilität durch den Anbau einer Lenkerverkleidung zurückzuführen war. Diese Lenkerverkleidung war von einer Kraftfahrzeugzubehör-Vertriebs-GmbH hergestellt worden und vom Voreigentümer des Motorrads angebracht worden. Diesen Typ der Lenkerverkleidung gab es zur Zeit der Herstellung des Motorrads noch nicht. Der TÜV Bayern hatte die allgemeine Betriebserlaubnis für die Lenkerverkleidung erteilt. Der ADAC hatte aufgrund von Untersuchungen in einem Film auf Pendelerscheinungen infolge der Lenkerverkleidung hingewiesen. Aufgrund von Untersuchungen, die die beklagte Motorradherstellerfirma durchführte, aber auch auf Hinweise von Motorradbenutzern hin gab sie an alle persönlich bekannten Motorradfahrer ein Schreiben mit dem Hinweis auf die Gefährlichkeit der Lenkerverkleidung heraus. Diese Schreiben wurden am Tag vor dem Unfall des Sohnes der Kläger abgeschickt; diesen erreichte das Schreiben nicht mehr.

Im Mittelpunkt der Entscheidung stand die Produktbeobachtungspflicht hinsichtlich eines Zubehörs, das nicht vom Hersteller stammte und von dessen Existenz dieser zunächst gar nichts wusste. Außerdem waren beide Produkte für sich genommen nicht fehlerhaft, sondern stellten erst in ihrer Kombination eine

---

[451] BGH NJW 2009, 1080, 1081 f. Anders entschied das OLG Nürnberg (BeckRS 2013, 06837) bei einem sehr ähnlichen Sachverhalt (technischer Defekt und dadurch Brandgefahr/Funktionslosigkeit des automatischen Öffnungsmechanismus von Brandschutztüren), allerdings mit der wenig überzeugenden Begründung, dass von Privaten – anders als von Trägern der öffentlichen Hand wie im Pflegebettenurteil – auf einen Warnhinweis hin eigene Nachrüstarbeiten nicht oder jedenfalls nicht zeitnah gewährleistet seien. Daher sei die Nachrüstung Teil des Integritätsinteresses.

[452] Vgl. dazu etwa Wagner JZ 2009, 908 ff.; Klindt BB 2009, 792 ff.; Molitoris NJW 2009, 1049 ff.; Burckhardt Phi 2009, 47 ff.

[453] Siehe dazu unten 10. Kap. B. IX. 2.2.2.

Gefahr dar. Der BGH hat anlässlich des Falles folgende Grundsätze entwickelt (S. 172 ff.). Eine Produktbeobachtungspflicht besteht für

- notwendiges Zubehör (also solches, das nötig ist, um ein Fahrzeug erst funktionstüchtig zu machen);
- Zubehör, dessen Anbringung der Hersteller schon durch entsprechende Vorkehrungen ermöglicht hat. Hier muss er den Zubehörmarkt überprüfen, besondere Zubehörprodukte empfehlen und vor Missbrauch warnen.
- allgemein gebräuchliches Zubehör: Dies ist nach Auffassung des BGH nötig, weil bei allgemeinem Usus eben sich die Unverträglichkeit von Produkt und Zubehör aufgrund der Verbrauchergewohnheiten ergeben könne. Außerdem sei die Produktbeobachtungspflicht in ihrem Inhalt und Umfang gesteigert, wenn es sich um Produkte handle, bei denen nicht nur mit Sachschäden zu rechnen sei, sondern die Gefährdung von Gesundheit und Leben auf dem Spiel stehe. In diesem Falle müsse der Hersteller hinsichtlich des Zubehörs jedenfalls die Erzeugnisse der Marktführer einer eingehenden Prüfung unterziehen.

Pflichten zur Produktbeobachtung können sich insbesondere auch aus dem öffentlichen Produktsicherheitsrecht ergeben (vgl. etwa § 6 Abs. 2 ProdSG). Ihre Verletzung bedeutet regelmäßig zugleich die Verletzung einer Verkehrssicherungspflicht. Außerdem kommt eine Haftung aus § 823 Abs. 2 in Betracht (s. B. II. 1.1). Bei der Beurteilung, welche Reaktionspflichten (insb. Produktrückruf) aus dem Produktsicherheitsrecht herzuleiten sind, ist allerdings der öffentlich-rechtliche Kontext zu beachten. Das Produktsicherheitsrecht sieht den Vollzug durch Behörden vor, weswegen eine Pflicht zum Produktrückruf an eine behördliche Anordnung gekoppelt ist.[454]

2.2 Verschulden und Beweislastumkehr

Eine Rechtsgutverletzung infolge eines Verstoßes gegen eine Verkehrssicherungspflicht macht den Hersteller nur schadensersatzpflichtig, wenn ihm ein Verschulden vorzuwerfen ist. Insoweit gelten die allgemeinen Grundsätze über Vorsatz und Fahrlässigkeit. Auf einen Aspekt soll jedoch besonders hingewiesen werden. Hersteller verteidigen sich häufig mit dem Hinweis darauf, dass auch andere Hersteller bezüglich gleichartiger Produkte die gleiche Konstruktion, Fabrikation oder Instruktion wählten. So hat sich in dem oben (2.1) besprochenen Pferdeboxenfall der verklagte Hersteller damit verteidigt (NJW 1990, 907), dass ca. 37,5 % der Hersteller von Pferdeboxen ebenfalls Trennwände mit nach oben offenem Profil herstellten. Der BGH hat diesen Einwand nicht gelten lassen. Denn damit sei lediglich die Anwendung der „üblichen" Sorgfalt bewiesen. Dem Fahrlässigkeitsvorwurf könne sich aber nur entziehen, wer die im Verkehr *erforderliche* Sorgfalt

---

[454]Umfassend zum Verhältnis von öffentlich-rechtlichen Produktbeobachtungspflichten und privatrechtlicher Haftung Wagner VersR 2014, 908 ff. Zu Amtshaftungsansprüchen wegen rechtswidriger Produktwarnungen vor dem Hintergrund des ProdSG s. Tremml/Luber NJW 2013, 262 ff.

A. Der Anspruch aus § 823 Abs. 1

angewendet habe. Und erforderlich war im Streitfall gewesen, die konstruktionsbedingt aufgetretenen Gefahrenmomente zu beseitigen.

Die bedeutsamste Abweichung von den allgemeinen deliktsrechtlichen Grundsätzen hat die Rechtsprechung hinsichtlich des Verschuldens auf der Ebene der Beweislast vollzogen. Nach allgemeinen Grundsätzen müsste der durch ein Produkt Geschädigte die tatbestandsmäßigen Voraussetzungen einschließlich des Verschuldens im Rahmen des § 823 Abs. 1 beweisen. Angesichts komplexer und komplizierter Produktionsvorgänge kann der Geschädigte dabei in erhebliche Beweisnöte geraten. Denn er hat regelmäßig keine Kenntnis von den Produktionsvorgängen des Herstellers, kennt die möglicherweise bestehenden verschiedenen Produktionsstufen bei verschiedenen Herstellern nicht und ist deshalb häufig außerstande, den Verschuldensvorwurf des Herstellers zu begründen.

Deshalb hat die Rechtsprechung mit einer *Beweislastumkehr* hinsichtlich des *Verschuldens* geholfen. Die grundlegende Entscheidung hierzu ist

BGHZ 51, 91 (Hühnerpest). Der Sachverhalt wurde oben mitgeteilt.[455]

Außer Streit war, dass einige Chargen bakteriell verunreinigt waren. Es konnte aber in der Beweisaufnahme nicht geklärt werden, ob die Verunreinigung auf ein Verschulden des beklagten Impfstoffherstellers zurückzuführen war. Anhand dieses Falles hat der BGH beweisrechtliche Grundsätze zur Produzentenhaftung entwickelt, die bis heute für diesen Bereich Gültigkeit behalten haben (S. 104 f.):

> Zwar hat in aller Regel der Geschädigte, der sich auf § 823 Abs. 1 BGB stützt, nicht nur die Kausalität zwischen seinem Schaden und dem Verhalten des Schädigers darzutun und notfalls zu beweisen, sondern auch dessen Verschulden. ... Jedoch hängt die Möglichkeit dieses Nachweises der subjektiven Voraussetzungen erheblich davon ab, inwieweit der Geschädigte den objektiven Geschehensablauf in seinen Einzelheiten aufklären kann. Das aber ist vor allem dann mit besonderen Schwierigkeiten verknüpft, wenn es um Vorgänge geht, die sich bei der Herstellung des Produkts im Betriebe abgespielt haben. ... Allzu oft wird der Betriebsinhaber die Möglichkeit dartun, dass der Fehler des Produkts auch auf eine Weise verursacht worden sein kann, die den Schluss auf sein Verschulden nicht zulässt – ein Nachweis, der zumeist wiederum auf Vorgängen im Betriebe des Schädigers beruht, daher vom Geschädigten schwer zu widerlegen ist. Infolgedessen kann der Hersteller dann, wenn es um Schäden geht, die aus dem Gefahrenbereich seines Betriebes erwachsen sind, noch nicht dadurch als entlastet angesehen werden, dass er Möglichkeiten aufzeigt, nach denen der Fehler des Produkts auch ohne ein in seinem Organisationsbereich liegendes Verschulden entstanden sein kann. Dies gebieten in den Fällen der Produzentenhaftung die schutzbedürftigen Interessen des Geschädigten – gleich ob Endabnehmer, Benutzer oder Dritter; andererseits erlauben es die schutzwürdigen Interessen des Produzenten, von ihm den Nachweis seiner Schuldlosigkeit zu verlangen. ... Diese Beweisregel greift freilich erst ein, wenn der Geschädigte nachgewiesen hat, dass sein Schaden im Organisations- und Gefahrenbereich des Herstellers, und zwar durch einen objektiven Mangel oder Zustand der Verkehrswidrigkeit ausgelöst worden ist.

---

[455] Siehe oben 2.1.

Im Ergebnis wird demnach bei Vorliegen eines Produktfehlers eine für diesen kausale objektive Pflichtverletzung[456] und ein Verschulden des Herstellers vermutet, was die Produkthaftung in die Nähe der Gefährdungshaftung rückt.[457] Als typische Gründe für die Entlastung nennt der BGH in der Hühnerpest-Entscheidung die mangelnde Vorwerfbarkeit beim sog. Ausreißer und beim sog. Entwicklungsfehler (Fehler, der im Zeitpunkt der Inverkehrgabe noch nicht erkannt werden konnte). Zur Entlastung beim Entwicklungsfehler hat der BGH in der Airbag-Entscheidung[458] klargestellt, dass es für die Erkennbarkeit der potenziellen Gefährlichkeit eines Produkts zum einen nicht auf den konkreten Fehler des schadensstiftenden Produkts ankommt, sondern auf das mit der Konzeption allgemein verbundene Fehlerrisiko, und zum anderen das objektiv zugängliche Gefahrenwissen entscheidend ist und nicht die subjektiven Erkenntnismöglichkeiten des einzelnen Herstellers. So hängt die Entlastungsmöglichkeit des Herstellers der Airbags also davon ab, ob im Zeitpunkt des Inverkehrbringens des Unfallfahrzeugs Erkenntnisse über mögliche Fehlauslösungen von Seitenairbags mit elektronischen Sensoren objektiv verfügbar waren. Für die Annahme eines vom Hersteller zu beweisenden Entwicklungsfehlers reicht jedenfalls nicht die unzutreffende Annahme des Herstellers aus, eine bekannte Gefahr sei durch konstruktive Verbesserungen des bestehenden Systems behoben worden.[459]

Zusammenfassung der Beweislast: Der Geschädigte trägt die Beweislast für die Rechtsgutverletzung, das Vorliegen eines Produktfehlers und die Ursächlichkeit des Fehlers für den erlittenen Schaden. Der Hersteller muss beweisen, dass ihn kein Verschulden trifft. Soweit bei fahrlässigem Handeln zwischen äußerer und innerer Sorgfalt unterschieden wird,[460] hat der BGH klargestellt, dass sich die Beweislastumkehr sowohl auf die äußere als auf die innere Sorgfalt bezieht.[461]

Von dem Grundsatz, dass den Geschädigten die Beweislast für das Vorliegen eines Fehlers aus dem Verantwortungsbereich des Herstellers trifft, hat der BGH – allerdings unter sehr engen Voraussetzungen – eine Ausnahme gemacht:

BGHZ 104, 323 (Mehrwegflasche): Die Beklagte stellt kohlensäurehaltige Erfrischungsgetränke her, die sie in Einheits-Mehrwegflaschen abfüllt und in den Handel bringt. Die Eltern des Klägers bezogen bei einem Getränkehändler einen aus der Produktion der

---

[456]Vgl. BGH NJW 1996, 2507, 2508, wo betont wird, dass der Geschädigte nicht nur von dem Beweis des Verschuldens, sondern auch von dem Beweis der objektiven Pflichtwidrigkeit des Herstellers entlastet ist, wenn er nachgewiesen hat, dass sein Schaden durch einen objektiven Mangel des Produkts ausgelöst worden ist. Vgl. dazu auch Fuchs/Baumgärtner, JuS 2011, 1057, 1060.

[457]Medicus/Lorenz SBT Rn. 342.

[458]S. oben 2.1.

[459]BGH NJW 2009, 2952, 2955 f. Mit der Airbag-Entscheidung setzen sich auseinander Klindt/Handorn NJW 2010, 1105 ff.; Burckhardt VersR 2009, 1592 ff.

[460]Siehe dazu oben II. 4.2.

[461]BGHZ 80, 186, 196 f. Vgl. dazu auch Fuchs/Baumgärtner, JuS 2011, 1057, 1060.

A. Der Anspruch aus § 823 Abs. 1

Beklagten stammenden Kasten Limonade. Als der Kläger zwei Tage später im Keller des Wohnhauses der Eltern eine Flasche Limonade aus dem Getränkekasten nahm, zerbarst diese, wobei er teilweise erblindete. Im Prozess ließ sich nicht aufklären, ob der das Zerbersten verursachende Haarriss in der Flasche schon vor dem Inverkehrbringen bei dem Hersteller oder erst danach auf dem Vertriebsweg entstanden war.[462]

Das Berufungsgericht hatte die Klage abgelehnt, weil die vom BGH zur Produzentenhaftung entwickelte Beweislastumkehr sich weder auf die Fehlerhaftigkeit des Produkts noch auf die haftungsbegründende Kausalität zwischen Fehler und Schaden, sondern ausschließlich auf das Verschulden beziehe. Die unklare Beweissituation hinsichtlich des Fehlers ging demnach zulasten des Klägers.

Der BGH hob das Urteil auf und verwies zurück.[463] Er sah den Beklagten im Wege einer Beweislastumkehr als beweispflichtig dafür an, dass der Produktfehler nicht in seinem Verantwortungsbereich entstanden ist. Der BGH begründet seine Auffassung in Parallele zum Arzthaftungsrecht. Danach ist der Arzt zur Dokumentation und *Befundsicherung* verpflichtet. Unterlässt er diese, so ist ihm die Beweislast auferlegt, wenn dadurch die Aufklärung eines wahrscheinlichen Ursachenzusammenhangs zwischen ärztlichem Behandlungsfehler und dem Gesundheitsschaden erschwert oder vereitelt wird und die Befundsicherung gerade wegen des erhöhten Risikos des infrage stehenden Verlaufs geschuldet war.[464]

Wegen der Vergleichbarkeit des Interessenkonflikts überträgt der BGH diese Grundsätze auf die vorliegende Fallgestaltung (S. 344 f.):

> Die Beklagte hat mit der Einheitsmehrwegflasche ein Produkt in den Verkehr gebracht, das wegen seiner Eigenart (Glasbehälter, der mehrfach verwendet wird und unter starkem Innendruck steht) eine besondere Schadenstendenz aufweist. Für solche Getränkeflaschen, bei denen nach dem – oft mehrfachen und langjährigen – Gebrauch eine Vorschädigung und die damit verbundene Berstgefahr nicht auszuschließen ist, trifft die Beklagte als Herstellerin die Prüfungs- und Befundsicherungspflicht dahin, den Zustand des Glases jeder Flasche vor ihrer Inverkehrgabe auf seine Berstsicherheit hin zu ermitteln und sich darüber zu vergewissern, dass nur unbeschädigte Flaschen den Herstellerbetrieb verlassen.

Wie der BGH in einer späteren – bestätigenden – Entscheidung ausgeführt hat,[465] setzt „diese Pflicht zur ‚Statussicherung' ein Produkt voraus, das erhebliche Risiken für den Verbraucher in sich trägt, die in der Herstellung geradezu angelegt

---

[462]Das Problem hat eine ausdrückliche Lösung im ProdHaftG (siehe dazu unten 10. Kap. IX.) erfahren. § 1 Abs. 4 S. 2 i. V. m. § 1 Abs. 2 Nr. 2 ProdHaftG spricht die Vermutung aus, dass der Fehler bereits vorlag, als der Hersteller es in den Verkehr brachte. Der Hersteller kann dann den Gegenbeweis antreten. Bei § 823 Abs. 1 fehlt eine solche Regelung. Der Einzelhändler kann i. d. R schon mangels Verkehrspflichtverletzung nicht für Körperschäden infolge Zerberstens einer kohlensäurehaltigen Mehrwegflasche verantwortlich gemacht werden, auch wenn es in seinen Verkaufsräumen zur Explosion kommt, siehe BGH NJW 2007, 762 mit Anm. Rothe NJW 2007, 740.

[463]Das Verfahren ist später rechtskräftig zugunsten des Klägers abgeschlossen worden, vgl. BGH VersR 1993, 845.

[464]Siehe dazu oben V. 2.2.

[465]BGH VersR 1993, 367, 368.

sind und deren Beherrschung deshalb einen Schwerpunkt des Produktionsvorgangs darstellt, so dass über die übliche Warenendkontrolle hinaus besondere Befunderhebungen des Herstellers erforderlich sind, weil dieser den Verbraucher nicht sehenden Auges solchen Gefahren seiner Produktionsentscheidung aussetzen darf". Die Beweislastumkehr tritt ein, wenn der Geschädigte nachweist, dass der Hersteller dieser Pflicht zur Statussicherung nicht hinreichend nachgekommen ist. Diese vorbesprochenen Entscheidungen müssen als eine auf enge Sachverhalte beschränkte Modifizierung jener Beweislastgrundsätze verstanden werden, die von BGHZ 51, 91 entwickelt worden waren.[466] Str. ist, ob die Rspr. des BGH zur Befundsicherungspflicht auch für Einwegflaschen gilt.[467]

Die Beweislastumkehr ist ursprünglich für den Fall des Fabrikationsfehlers entwickelt worden. Ihre Geltung wurde später auf Konstruktionsfehler ausgedehnt.[468] Mittlerweile hat der BGH ausdrücklich betont, dass die Grundsätze der Beweislastumkehr auch für Instruktionsfehler gelten.[469]

Eine Einschränkung gilt lediglich für den Fall, dass dem Hersteller für den Zeitpunkt des Inverkehrbringens seines Produkts keine unzureichende Instruktion anzulasten ist, dass der Produktgeschädigte ihm vielmehr nur einen erst nach neueren Erkenntnissen aufgedeckten Instruktionsfehler vorwerfen kann, vgl. hierzu:

> *BGHZ 80, 186 (Apfelschorf I):* Der Kläger, ein Obstbauer, verlangt von der Beklagten Schadensersatz, weil sich das von dieser hergestellte und seit 1971 vertriebene Spritzmittel im Jahre 1974 bei der Bekämpfung des Apfelschorfs als unwirksam erwiesen hat. Die Parteien streiten darum, ob die Beklagte aufgrund ihrer Produktbeobachtung und der dabei gewonnenen Erkenntnisse über das Auftreten von Resistenzen bereits Anfang 1974 bestimmte Warnhinweise hätte geben müssen. Es ging also nicht um die Frage, ob ein Produkt mit fehlerhafter Instruktion in den Verkehr gebracht wurde, sondern ob nach dem Inverkehrbringen aufgrund der Produktbeobachtungspflicht zu einem bestimmten Zeitpunkt eine Warnpflicht entstanden war.

Der BGH lehnt für diesen Fall die Auffassung ab, dass den Hersteller die Beweislast für die Pflichtwidrigkeit hinsichtlich einer nicht gegebenen Information treffe (S. 197 ff.):

> Dass der Senat dem Geschädigten die Beweislast abgenommen hat, beruht jedoch wesentlich auf dem Gedanken, dass er Vorgänge aufklären müsste, die sich bei der Herstellung des Produkts im Betriebe des Produzenten abgespielt haben, wie sich das am deutlichsten bei Fabrikationsfehlern zeigt. Geht es aber – wie im Streitfall – darum, ob der Hersteller

---

[466]Mittlerweile liegt ein weiteres Urteil zu Schäden aus einer explodierten Mineralwasserflasche vor: BGH NJW 1995, 2162. Das Urteil bringt zur Produzentenhaftung keine neuen Gesichtspunkte, wohl aber zur Haftung aus § 1 ProdHaftG, sodass die Entscheidung im 10. Kap. B IX. 2.5 behandelt wird. Der BGH hält eine Befundsicherungspflicht auch bei anderen Fallkonstellationen für denkbar, siehe NJW 1999, 1028, 1029; skeptisch Kullmann NJW 2000, 1912, 1916.

[467]Bejahend LG Augsburg NJW-RR 2001, 594 (Urteil bestätigt durch OLG München – 244 U 830/99). Ablehnend OLG Braunschweig VersR 2005, 417.

[468]Vgl. BGHZ 67, 359, 361 – Schwimmerschalter, siehe zu dieser Entscheidung oben II. 1.3.2.

[469]Vgl. BGHZ 116, 60, 72 f. – Nuckelflasche.

nach Inverkehrbringen seines Produkts durch allgemein zugängliche Veröffentlichungen und durch Erfahrungen, die dessen Benutzer mit dem Produkt inzwischen gemacht haben, und die er kennen musste, Anlass zu Warnungen hatte, so lässt sich in der Regel nicht sagen, der Geschädigte hätte Vorgänge aufzuklären, die sich in einem Bereich zugetragen haben, der allein dem Produzenten, nicht aber dem Benutzer zugänglich war. Infolgedessen fehlt es an einem ausreichenden Grund, die Benutzer einer Ware gegenüber deren Herstellern entgegen der nach dem Gesetz grundsätzlich geltenden Beweisregel besser zu stellen. ... Ein Produktgeschädigter muss, wenn er dem Hersteller lediglich einen erst nach neueren Erkenntnissen aufgedeckten ‚Instruktionsfehler' vorwerfen kann, den Nachweis führen, dass dieser objektiv seine Instruktionspflicht verletzt hat, muss also dem Hersteller nachweisen, dass nach dem für dessen Handeln maßgebenden Stand der Wissenschaft, der Technik usw. die Gefahr erkennbar war und zumutbare Möglichkeiten der Gefahrenabwehr vorhanden waren. ... Hat der Geschädigte diesen Beweis geführt, dann kann er, soweit es um die Verletzung der ‚inneren' Sorgfalt geht, für diesen Nachweis, also für die Frage, ob dieser Hersteller die entsprechenden Erkenntnismöglichkeiten hatte oder sich hätte verschaffen müssen, von der weiteren Beweisführung entlastet werden.[470]

Bei Verstößen gegen die Instruktionspflicht taucht regelmäßig ein weiteres Beweislastproblem auf. Wer soll die Beweislast dafür tragen, dass bei sachgemäßer Instruktion die Rechtsgutverletzung und damit der Schaden nicht eingetreten wäre? Für den Ursachenzusammenhang zwischen dem Unterlassen von Anleitungen und der Rechtsgutverletzung trägt grundsätzlich der Geschädigte die Beweislast. Daran will auch der BGH nicht rütteln.[471] Doch kann nach Auffassung des BGH eine tatsächliche Vermutung dafür bestehen, dass dann, wenn auf bestimmte Gefahren deutlich und für den Adressaten plausibel hingewiesen worden ist, dies auch beachtet worden wäre. Der Warnpflichtige kann diese Vermutung dann entkräften.

2.3 Anspruchsverpflichtete

Der Schadensersatzanspruch richtet sich gegen den Hersteller des Produkts. Bestehen zwischen dem Geschädigten und dem Hersteller gleichzeitig vertragliche Beziehungen, so gelten dennoch die für die Produzentenhaftung entwickelten Grundsätze.[472] Für einen Fabrikationsfehler des Zulieferers haftet der Endproduktehersteller nicht, wenn dieser für ihn trotz aller zumutbarer Vorkehrungen unvermeidbar war („Ausreißer"). So verneinte das OLG Düsseldorf die Haftung eines Endproduktherstellers, der den Zulieferer, einen der weltgrößten Zulieferer, zunächst in einem umfangreichen Auswahlverfahren für die Fertigung eines Bauteils ausgewählt und anschließend im Freigabeverfahren geprüft hatte, ob das Bauteil ordnungsgemäß konstruiert ist und in Serie produziert werden kann. Und der

---

[470]Vgl. auch Kötz/Wagner Rn. 641 ff.; dass sich der Geschädigte im Verhältnis zum Hersteller in einer wesentlich größeren Beweisnot befindet, sollte jedoch nicht unberücksichtigt bleiben.

[471]BGHZ 116, 60, 73.

[472]Dies hat der BGH in der Schwimmerschalterentscheidung ausdrücklich klargestellt, vgl. BGHZ 67, 359, 363.

schließlich ein anerkanntes Qualitätssicherungssystem eingeführt hatte, das auch eine Eingangskontrolle aller gelieferten Produkte gewährleisten soll.[473]

Ungeklärt war lange Zeit, ob die Grundsätze zur Umkehr der Beweislast im Bereich des Verschuldens bei der Produzentenhaftung auch auf die Inhaber von Kleinbetrieben Anwendung finden.[474] In der Entscheidung BGH ZIP 1992, 410 (ein Gastwirt hatte der Hochzeitsgesellschaft Pudding serviert, in dem sich Salmonellenkeime befanden) hat der BGH die Frage bejaht (S. 412):

> Der Grundgedanke, der zur Umkehr der Beweislast bei der Produzentenhaftung Anlass gegeben hat, nämlich die schwerere Durchschaubarkeit der Herstellungsvorgänge und der Organisationssphäre im Betrieb des Produzenten für den Verbraucher, gilt ganz allgemein, gleichgültig ob es sich um einen Groß- oder einen Kleinbetrieb, um industrielle Fabrikation oder handwerkliche Herstellung handelt.

Die Grundsätze der Produzentenhaftung mit der Beweislastumkehr treffen allein den Unternehmer, weil er der „Herr des Organisationsbereiches"[475] ist. Sie gelten deshalb grundsätzlich nicht für Betriebsangehörige. Allerdings will der BGH Ausnahmen zulassen, wenn der Betriebsangehörige aufgrund seiner besonderen Stellung im Betrieb als Repräsentant des Unternehmens betrachtet werden kann. Deshalb hat der BGH die Regeln über die Produzentenhaftung auf einen für die Produktion verantwortlichen Geschäftsleiter, der als Kommanditist an dem Herstellungsunternehmen beteiligt war, zur Anwendung gebracht.[476] Von der h. M. in der Literatur wird diese Auffassung abgelehnt, weil in der Person eines – auch leitenden – Mitarbeiters nicht alle unternehmerischen Voraussetzungen erfüllt sind, deretwegen die Beweislastumkehr legitimiert wurde.[477]

Nach einhelliger Auffassung treffen den *Händler* (soweit er nicht gleichzeitig auch Hersteller ist) nicht die Verkehrssicherungspflichten des Herstellers und es finden die Produzentenhaftungsregeln auf ihn deshalb keine Anwendung.[478] Von diesem Grundsatz gibt es aber eine Reihe von Ausnahmen.[479] Der Händler trägt nur für diejenigen Gefahrpotenziale die Verantwortung, die seine spezifischen Händleraktivitäten mit sich bringen. Dazu gehören vor allem Fragen der Lagerung und des Transportes des Produkts. Ein Gebrauchtwagenhändler muss bei einem

---

[473] OLG Düsseldorf ZfSch 2010, 433; in Zurückweisung der Nichtzulassungsbeschwerde bestätigt durch BGH ZfSch 2010, 435.

[474] Offen gelassen in BGHZ 51, 91, 107.

[475] BGH ZIP 1992, 410, 413.

[476] BGH JZ 1976, 524 m. abl. Anm. Lieb = NJW 1975, 1827. Das OLG Frankfurt (OLGR Frankfurt 2004, 191) hat Vorstandsmitglieder einer AG als deliktsrechtlich verantwortlich angesehen, zu deren Aufgabenbereich die Abteilung Forschung und Entwicklung bzw. Marketing und Vertrieb gehören.

[477] Vgl. etwa Medicus/Petersen BR, 23. Aufl. 2011, Rn. 650a.

[478] Kössmann NJW 1984, 1664. Vgl. dazu aus der neueren Rspr. etwa OLG Stuttgart NJW-RR 2010, 933, 934 und OLG Hamm NJW-RR 2012, 355, jeweils auch im Zusammenhang mit den vertraglichen Ansprüchen.

[479] Vgl. dazu Fuchs JZ 1994, 533, 538 ff.

kurz zuvor von einem Reifenfachhändler erworbenen neuen Reifen auf die DOT-Nummer (die das Alter des Reifens erkennen lässt) achten, wenn der Reifen ein Profil aufweist, das seit Jahren nicht mehr hergestellt wurde und der verkaufte Gebrauchtwagen auf sehr hohe Geschwindigkeit ausgelegt ist.[480] Soweit der Händler das Produkt noch auf individuelle Bedürfnisse des Endabnehmers ausrichtet, können daraus spezifische Verkehrssicherungspflichten erwachsen.[481] Jeder Händler, auch der Einzelhändler, muss dafür sorgen, dass der Käufer die richtige Bedienungsanleitung und etwa erforderliche Warnhinweise erhält. Eine weitergehende Instruktionspflicht betont der BGH für den Alleinvertreiber. Er muss wie der Hersteller durch entsprechende Warnhinweise darauf hinwirken, dass durch die Produktverwendung keine Gefahren für die Benutzer entstehen.[482]

Die Rechtsprechung hat es auch stets abgelehnt, solche Händler, die vom äußeren Erscheinungsbild her den Anschein eines Herstellers erwecken (sog. Quasi-Hersteller), den Grundsätzen der Produzentenhaftung zu unterwerfen.[483] Diese Problematik soll erst später im Vergleich mit der Haftung nach dem ProdHaftG vertieft werden.[484] Die Rechtsprechung hat die Beweislastgrundsätze der Produzentenhaftung auf Industrieimmissionen ausgedehnt.[485]

VII. Die negatorische Haftung

1. Funktion der Haftung

Nach § 1004 Abs. 1 kann der Eigentümer, wenn sein Eigentum in anderer Weise als durch Entziehung oder Vorenthaltung des Besitzes (dann kommt nämlich § 985 in Betracht) beeinträchtigt wird, die Beseitigung der Beeinträchtigung vom Störer verlangen. Sind weitere Beeinträchtigungen zu besorgen, besteht ein Unterlassungsanspruch. Entsprechende Regelungen finden sich in § 12 zum „Recht am eigenen Namen" und in § 862 zur Besitzstörung. Die gemeinsame Grundlage dieser Ansprüche besteht in der Verfolgung präventiver Zwecke. Dieses Ziel tritt beim Unterlassungsanspruch besonders deutlich hervor. Ohne ihn wäre der Geschädigte auf Rechtsbehelfe angewiesen, die bloß repressiv wirken, indem sie dem Geschädigten z. B. einen Anspruch auf Schadensersatz gewähren. Für den Einzelnen ist

---

[480] BGH NJW 2004, 1032.

[481] Ein gängiges Beispiel hierfür ist das Einstellen von Skibindungen, siehe dazu auch MüKo-Mertens, 3. Auflage, § 823 Rn. 280.

[482] BGH JZ 1995, 902, 904.

[483] BGH NJW 1994, 517.

[484] Vgl. dazu unten 10. Kap. IX. 2.4. Siehe im Übrigen zu den verschiedenen Personen, die an der Herstellung eines Produktes beteiligt sind, und ihrer deliktsrechtlichen Verantwortlichkeit Bamberger/Roth-Spindler § 823 Rn. 524 ff.

[485] Vgl. dazu BGHZ 92, 143 (Kupolofenfall). Zu dieser Entscheidung J. Hager Jura 1991, 30 ff.

aber ein Rechtsschutz effektiver, der bereits vor dem Schadensfall eingreift und die drohende Rechtsgutverletzung nach Möglichkeit abwendet. Im Fall der Unterlassung wird dieses Ziel dadurch erreicht, dass dem Störer bestimmte Verhaltensweisen, die das Eigentum, das Namensrecht oder die Besitzposition eines anderen gefährden oder verletzen würden, untersagt werden. In diesem Zusammenhang ist es wichtig, sich auch die vollstreckungsrechtliche Seite des Unterlassungsgebots zu vergegenwärtigen. Hält sich der Störer nicht an seine Unterlassungspflicht, verwirkt er nach § 890 ZPO ein Ordnungsgeld, vorausgesetzt allerdings, über die Unterlassungspflicht ist rechtskräftig entschieden worden. Das drohende Ordnungsgeld soll auf den Willen des Störers einwirken, indem es einen Anreiz schafft, vom Rechtsbruch abzusehen. Eine präventive Funktion kommt nicht nur dem Unterlassungsanspruch, sondern auch dem Beseitigungsanspruch zu. Dieser Anspruch gibt dem Schuldner zwar die Pflicht zur Beseitigung einer bereits eingetretenen Beeinträchtigung auf. Damit ist aber auch ein präventiver Effekt verbunden, da mit der Beseitigung der Beeinträchtigung zugleich die Quelle für in Zukunft drohende Nachteile aus der Welt geschafft wird.

Für die Funktion des Unterlassungs- und Beseitigungsanspruchs ist ferner wesentlich, dass ein Verschulden nicht vorausgesetzt wird. Über § 1004 wird eben kein Schadensersatz zugesprochen, sodass der für die Schadensverteilung maßgebliche Gesichtspunkt des Verschuldens keine Relevanz besitzt. Leitgedanke des § 1004 ist vielmehr, die Handlungsfreiheit des Einzelnen dort sinnvoll zu begrenzen, wo sie auf den Rechtskreis anderer Rechtssubjekte trifft. Wer die Rechtspositionen eines anderen stört, ohne dass dieser andere zur Duldung des Eingriffs in seinen Rechtskreis verpflichtet ist, hat eben kein Recht auf die Inanspruchnahme dieser Rechtspositionen und soll deshalb für seine Störung verantwortlich gemacht werden. Für das Verständnis des § 1004 kann es hilfreich sein, sich die Nähe dieses Anspruchs zu § 985 zu verdeutlichen. Beide Vorschriften haben eine ähnliche Funktion. § 1004 regelt in seinem Anwendungsbereich die Ausschließungsbefugnis des Eigentümers aus § 903 S. 1 ebenso wie § 985 für den Fall, dass dem Eigentümer der Besitz vorenthalten wird.[486]

Vor diesem Hintergrund liegt es nahe zu fragen, ob dem für § 1004 bestimmenden Rechtsgedanken nicht auch im Deliktsrecht Geltung verschafft werden kann. Schon der Gesetzgeber verweist umfänglich in anderen Normen auf § 1004, um die Integrität von Rechten zu schützen (siehe z. B. §§ 1027, 1090, 1065, 1227). Darüber hinaus ist kein einleuchtender Grund ersichtlich, warum unter den Schutzgütern des § 823 Abs. 1 nur das Eigentum, nicht aber das Leben, der Körper, die Gesundheit, die Freiheit oder die sonstigen Rechte einen besonderen präventiven Schutz erfahren sollen. Es entspricht daher allgemeiner Ansicht, auch diese Rechtsgüter und Rechte in Analogie entweder allein zu § 1004 oder in Verbindung mit §§ 12, 862 zu schützen. Die Analogie geht sogar über § 823 Abs. 1 hinaus und erfasst auch andere, insbesondere im Rahmen der §§ 823 Abs. 2, 824,

---

[486]Jauernig-Berger § 1004 Rn. 1; Erman-Ebbing § 1004 Rn. 1.

825, 826 deliktsrechtlich geschützte Interessen.[487] Verbreitet wird der auf § 1004 analog i. V. m. einem deliktsrechtlichen Tatbestand gestützte Anspruch als quasi-negatorischer Abwehranspruch bezeichnet (in Abgrenzung zum negatorischen Abwehranspruch unmittelbar aus § 1004 einschließlich der auf ihn verweisenden Normen), die Terminologie ist aber nicht immer einheitlich.[488]

2. Tatbestandliche Voraussetzungen
2.1 Gegenwärtige bzw. drohende Rechts(gut)verletzung

Anknüpfungspunkt für den Unterlassungs- und Beseitigungsanspruch ist die Beeinträchtigung eines Rechts bzw. Rechtsguts. Der Beseitigungsanspruch zielt seinem Inhalt nach auf die Abwehr einer gegenwärtigen Beeinträchtigung ab. Hierin unterscheidet er sich vom Unterlassungsanspruch, der bereits Schutz vor einer drohenden Beeinträchtigung gewährt. § 1004 Abs. 1 S. 2 bringt dies durch die Formulierung zum Ausdruck, dass „weitere Beeinträchtigungen zu besorgen" sind. Diese Formulierung erweckt den Anschein, als ob der Unterlassungsanspruch nicht schon vor der ersten Gefahr einer Beeinträchtigung schütze, sondern erst vor der Gefahr einer wiederholten Beeinträchtigung (sog. Wiederholungsgefahr), wenn eine gleichartige Beeinträchtigung bereits zuvor stattgefunden hat. Ein solches Verständnis wäre mit dem Normzweck unvereinbar. Der Unterlassungsanspruch schützt seiner Funktion entsprechend vielmehr schon vor der Gefahr einer ersten Rechtsverletzung, also im Fall der sog. Erstbegehungsgefahr.[489] Entscheidend für das Bestehen des Unterlassungsanspruchs ist, ob eine Beeinträchtigung zu besorgen ist, gleichgültig, ob es sich um eine erste oder um eine weitere Beeinträchtigung handelt. Eine Beeinträchtigung ist zu besorgen, wenn die auf Tatsachen gestützte nahe Gefahr nicht zu duldender Störungen besteht.[490] Für die Frage, ob diese Voraussetzungen vorliegen, macht es allerdings einen Unterschied, ob der Beeinträchtigte eine Erstbegehungsgefahr darlegen muss oder ob er sich auf eine Wiederholungsgefahr berufen kann. Im Fall der Erstbegehungsgefahr ist der Anspruchsteller für die Besorgnis einer Beeinträchtigung voll darlegungs- und beweispflichtig. Im Wiederholungsfall muss der Anspruchsteller in der Regel nicht mehr unmittelbar die Besorgnis einer Beeinträchtigung darlegen und beweisen, sondern es genügt der oft einfacher zu führende Nachweis, dass bereits eine (rechtswidrige, so die h. M.) Beeinträchtigung stattgefunden hat. Die Besorgnis einer (weiteren) Beeinträchtigung wird sodann vermutet.[491] Es liegt dann an dem Störer nachzuweisen, dass trotz der vorangegangenen Beeinträchtigung weitere

---

[487]Vgl. Medicus/Petersen BR Rn. 628; Larenz/Canaris SBT 2 § 86 I 1 a; BGH NJW 1993, 1580 (zu § 823 Abs. 2).

[488]Vgl. Bamberger/Roth-Fritzsche § 1004 Rn. 4; Schmidt JuS 1993, 773; Medicus/Petersen BR Rn. 628.

[489]Bamberger/Roth-Fritzsche § 1004 Rn. 79; Medicus/Petersen BR Rn. 628.

[490]Vgl. Jauernig-Berger § 1004 Rn. 11; Bamberger/Roth-Fritzsche § 1004 Rn. 79.

[491]BGH NJW 1986, 2503, 2505; 1999, 356, 358 f.; Bamberger/Roth-Fritzsche § 1004 Rn. 83.

Störungen nicht zu besorgen sind. An diesen Nachweis sind hohe Anforderungen zu stellen. Bloß verbale Beteuerungen genügen nicht. Das Versprechen, die störende Handlung künftig zu unterlassen, ist nur dann geeignet, die Wiederholungsgefahr auszuräumen, wenn es uneingeschränkt ausgesprochen und mit einer Vertragsstrafe gesichert wird.[492]

2.2 Rechtswidrigkeit

Nach h. M. setzen die Ansprüche voraus, dass die Beeinträchtigung rechtswidrig ist,[493] wobei die Rechtswidrigkeit in der Regel (Ausnahmen bestehen insbes. bei den sog. Rahmenrechten) durch die gegenwärtige oder drohende Beeinträchtigung indiziert wird. Das ist zweifelhaft.[494] Betrachtet man die Rechtswidrigkeit als anspruchsbegründende Voraussetzung, so entsteht eine Schieflage zu § 1004 Abs. 2. Denn nach dieser Vorschrift liegt es an dem Störer einzuwenden, dass der Beeinträchtigte zur Duldung verpflichtet, die Störung mithin nicht rechtswidrig ist. Ferner spricht die parallele Rechtslage bei § 985 gegen die h. M. Unstreitig spielt es für die Voraussetzungen des Anspruchs aus § 985 keine Rolle, ob dem Eigentümer die Sache rechtswidrig vorenthalten wird. Auch hier obliegt es dem „Störer" (Besitzer) einzuwenden, zum Besitz berechtigt zu sein (§ 986). Betrachtet man die Rechtswidrigkeit der Beeinträchtigung gleichwohl als Anspruchsvoraussetzung, muss man auf ihren Bezugpunkt achten: Rechtswidrig muss nicht die Handlung sein, die zur Beeinträchtigung führt, sondern der durch sie geschaffene, dem Inhalt des Eigentums widersprechende Störungszustand.[495]

2.3 Störer

Anspruchsverpflichtet ist derjenige, dem die Beeinträchtigung als Störer zugerechnet werden kann. Die Störereigenschaft ist mithin eine Frage der Zurechnung. Die h. M. differenziert bei den Zurechnungsgründen zwischen Handlungs- und Zustandshaftung.[496] Handlungsstörer ist, wer die Beeinträchtigung durch seine Handlung oder sein pflichtwidriges Unterlassen adäquat verursacht hat.[497] Er ist unmittelbarer Störer, wenn er selbst durch sein eigenes Handeln oder pflichtwidriges Unterlassen die Beeinträchtigung herbeigeführt hat.[498] Handlungsstörer ist

---

[492] Palandt-Bassenge § 1004 Rn. 32.

[493] Der BGH knüpft die Vermutung für das Vorliegen der Wiederholungsgefahr an eine vorangegangene rechtswidrige Beeinträchtigung, siehe NJW 1986, 2503, 2505; 1987, 2225, 2227; Bamberger/Roth-Fritzsche § 1004 Rn. 53.

[494] Siehe zur Kritik auch Münzberg JZ 1967, 689, 690 ff.; Larenz/Canaris SBT 2 § 86 IV 1a; Jauernig-Berger § 1004 Rn. 21.

[495] Vgl. Bamberger/Roth-Fritzsche § 1004 Rn. 53; BGHZ 66, 37, 39.

[496] Larenz/Canaris SBT 2 § 86 III 1.

[497] Palandt-Bassenge § 1004 Rn. 16.

[498] Palandt-Bassenge § 1004 Rn. 17.

A. Der Anspruch aus § 823 Abs. 1

aber auch der mittelbare Störer, also derjenige, der die Beeinträchtigung durch einen anderen in adäquater Weise durch seine Willensbetätigung verursacht hat,[499] wobei die Verantwortlichkeit des mittelbaren Handlungsstörers auch unter Zumutbarkeitskriterien bestimmt wird.[500] Die Abgrenzung kann anhand folgender Entscheidung verdeutlicht werden:

> *BGH NJW 2000, 2901:* Der Kläger ist Eigentümer eines im Bahnhofsviertel gelegenen, zur gewerblichen Nutzung bebauten Grundstücks. Die Beklagten betreiben auf einem Nachbargrundstück ein Drogenhilfezentrum. Infolgedessen betreten Nutzer des Drogenhilfezentrums auch das Grundstück des Klägers, bilden dort Menschenansammlungen, die das Betreten des Grundstücks erschweren und lassen dort gebrauchte Spritzen zurück.

Zur Störereigenschaft führt der BGH folgendes aus (S. 2902):

> Die Beeinträchtigungen sind den Beklagten als Störer zuzurechnen. Allerdings werden die Übergriffe auf das Grundstück des Klägers und die Behinderung des Zugangs nicht unmittelbar durch Handlungen der Beklagten bewirkt. Unmittelbare Handlungsstörer sind die Teilnehmer der Drogenszene, die sich vor den benachbarten Grundstücken bildet. Handlungsstörer i. S. des § 1004 Abs. 1 BGB ist aber auch derjenige, der die Beeinträchtigung durch einen anderen in adäquater Weise durch seine Willensbetätigung verursacht (mittelbarer Störer). Ein adäquater Zusammenhang besteht dann, wenn eine Tatsache im Allgemeinen und nicht nur unter besonders eigenartigen, unwahrscheinlichen und nach dem gewöhnlichen Verlauf der Dinge außer Betracht zu lassenden Umständen geeignet ist, einen Erfolg dieser Art herbeizuführen.

Bei der Zustandshaftung wird primär nicht an die Handlungen einer Person angeknüpft, sondern an den Zustand einer Sache, insbesondere eines Grundstücks.[501] In den Mittelpunkt rückt dann die Frage, ob und ggf. welche Person für den störenden Zustand der Sache verantwortlich gemacht werden kann. Der BGH betont, dass der Umstand allein, dass die Beeinträchtigung von einem bestimmten Grundstück ausgeht, den Eigentümer dieses Grundstücks noch nicht zum Störer macht; notwendig sei vielmehr, dass die Beeinträchtigung wenigstens mittelbar auf den Willen des Eigentümers zurückgeht.[502] Auch der Besitzer einer Sache kommt als Zustandsstörer in Betracht, insbesondere wenn er sich weigert, Maßnahmen zur Beseitigung der Störung zu dulden.[503] Störungen, die von einem Grundstück ausschließlich aufgrund des Wirkens von Naturkräften ausgehen, erfüllen nicht den Tatbestand des § 1004.[504] Auch die bestimmungsgemäße Nutzung des eigenen Grundstücks kann eine Haftung gem. § 1004 nach sich ziehen. Insoweit kann es

---

[499] BGH NJW 2000, 2901, 2902, NJW 2016, 56 Rn. 34.
[500] BGH WM 2007, 845, 846 m. w. N.
[501] Sehr deutlich BGH NJW 1998, 3273.
[502] BGHZ 120, 239, 254; BGH NJW-RR 2001, 232; NJW 2005, 1366, 1368; NJW 2012, 3781 Rn. 7.
[503] BGH NJW 2007, 432.
[504] BGHZ 90, 255, 266; 114, 183, 187; 122, 283, 284 (Umstürzen an sich widerstandsfähiger Bäume infolge eines ungewöhnlich heftigen Sturms).

genügen, dass die Störung auf Umständen beruht, auf die grundsätzlich nur der Störer Einfluss nehmen konnte.[505] Im Anschluss an diese Rechtsprechung ist nach einer Definition der Literatur Zustandsstörer derjenige, der „durch seine Willensbetätigung mittelbar adäquat (also nicht unmittelbar durch eine Handlung) einen beeinträchtigenden Zustand herbeigeführt hat, sofern er den Zustand beseitigen oder verhindern kann."[506] Beispiel: Wer auf seinem Grundstück einen Gartenteich anlegt und unterhält, an dem sich später Frösche ansiedeln, ist Störer hinsichtlich der durch sie verursachten Lärmeinwirkung.[507] Selbstverständlich kann sich der Zustandsstörer seiner Verantwortlichkeit nicht dadurch entziehen, dass er auf sein störendes Eigentum verzichtet.[508] Wird die störende Sache hingegen veräußert, führt dies grundsätzlich zum Erlöschen des Anspruchs gegenüber dem Veräußerer und zur Haftungsbegründung des Erwerbers.[509]

Sind mehrere Personen an einer Störung beteiligt, kommt es für die Störereigenschaft nicht darauf an, ob diese Personen gleichzeitig oder zeitlich versetzt zur Störung beigetragen haben oder ob sie als Mittäter oder Gehilfen in Betracht kommen oder ob überhaupt ein (bewusstes) Zusammenwirken vorliegt. Ausreichend ist, dass der (Mit-)Störer

> in irgendeiner Weise willentlich und adäquat kausal an der Herbeiführung der rechtswidrigen Beeinträchtigung mitgewirkt hat, sofern der in Anspruch Genommene die rechtliche Möglichkeit zur Verhinderung dieser Handlung hatte.[510]

Die Frage, wer Störer ist, stellt – wie eingangs betont – ein Zurechnungsproblem dar. Ein solches Problem lässt sich nicht begrifflich klären, sondern erfordert eine wertende Betrachtung, bei der die Interessen der beteiligten Personen abgewogen werden müssen.[511] Die Differenzierung zwischen Handlungs- und Zustandsstörung bietet eine sachgerechte Orientierung, sie darf aber nicht als zwingendes Korsett missverstanden werden, zumal die Übergänge zwischen den beiden Zurechnungsmustern fließend sind.

2.4 Ausschluss des Anspruchs bei Duldungspflicht
Nach § 1004 Abs. 2 ist der Abwehranspruch ausgeschlossen, wenn der Anspruchsteller zur Duldung der Störung verpflichtet ist. Die Vorschrift begründet eine rechtshindernde Einwendung, deren Voraussetzungen vom Störer zu beweisen sind. Nach h. M. entscheidet sich an dieser Stelle, ob es dem Störer gelingt, den

---

[505] BGH NJW 1999, 2896, 2897; NJW 2005, 1366, 1369 m. w. N.
[506] Jauernig-Berger § 1004 Rn. 17; ähnlich Bamberger/Roth-Fritzsche § 1004 Rn. 20.
[507] BGHZ 120, 239.
[508] BGH VersR 2007, 1230, 1231.
[509] Vgl. BGH NJW 1998, 3273; VersR 2007, 1230, 1231.
[510] BGH NJW 2013, 2348 Rn. 24.
[511] Vgl. BGH NJW 1999, 2896, 2897; NJW 2012, 3781 Rn. 7; ausführlich Wenzel NJW 2005, 241 ff.

Vorwurf der in der Regel vermuteten Rechtswidrigkeit auszuräumen. Nach der hier vertretenen Position ist das Problem etwas anders zu formulieren: Unter dem Aspekt der Duldungspflicht ist zu fragen, ob derjenige, der in eine fremde Rechtssphäre eingedrungen ist oder einzudringen droht, geltend machen kann, hierzu berechtigt zu sein, weil der andere dies aufgrund besonderer Umstände zu dulden habe. Duldungspflichten können sich aus allgemeinen Rechtfertigungsgründen (z. B. §§ 227–229, 904; § 193 StGB) oder aus sonstigen gesetzlichen Regelungen ergeben, wobei für die Eigentumsbeeinträchtigung § 906 von besonderer Bedeutung ist. Selbstverständlich können Duldungspflichten auch rechtsgeschäftlich begründet werden. Wegen der Relativität von Schuldverhältnissen ist allerdings zu beachten, dass die aufgrund Einzelrechtsnachfolge in das Eigentum an dem beeinträchtigten Gegenstand nachfolgende Person nicht an die bloß schuldrechtliche Duldungsverpflichtung ihres Rechtsvorgängers gebunden ist.[512] Öffentlich-rechtliche Duldungspflichten sind im Hinblick auf ihre privatrechtlichen Auswirkungen differenziert zu betrachten.[513]

3. Rechtsfolgen

Je nachdem, ob sich der Beeinträchtigte gegen eine gegenwärtige, fortdauernde oder gegen eine drohende Störung wendet, kann er von dem Verantwortlichen die Beseitigung der Störung oder deren Unterlassung verlangen. Da § 1004 Abs. 1 S. 1 keinen Zahlungsanspruch gewährt, kann sich ein solcher nur im Zusammenwirken mit anderen Normen ergeben, insbesondere aus Bereicherungsrecht oder Geschäftsführung ohne Auftrag, wenn der Beeinträchtigte die Störung auf eigene Kosten beseitigt hat.

An sich legt der Begriff „Unterlassung" den Schluss nahe, dass der Störer seine Verpflichtung durch ein bloßes Unterlassen erfüllen kann. Das ist auch häufig der Fall, z. B. bei lautem Musizieren oder bei Äußerungen beleidigenden Inhalts. Mitunter muss der Störer aber auch aktiv werden, um seiner Unterlassungspflicht zu genügen. Das ergibt sich vor allem dann, wenn die Störung auf einem bestimmten Zustand beruht, der immer wieder zu Beeinträchtigungen führt, z. B. bei wiederkehrenden Geräuschbelästigungen durch eine industrielle Anlage. Der Anlagenbetreiber muss dann Maßnahmen zur Senkung des Schalldruckpegels auf das zulässige Maß ergreifen. Wichtig ist zu erkennen, dass der Unterlassungsgläubiger auf solche Maßnahmen gleichwohl keinen Anspruch hat. Das unterscheidet den Unterlassungsanspruch gerade vom Beseitigungsanspruch. Der Unterlassungsgläubiger kann also in den Fällen, in denen der Störer die drohende Beeinträchtigung nur durch ein aktives Tun abwenden kann, lediglich Unterlassung der Störung verlangen, sodass es dem Störer überlassen bleibt, zwischen verschiedenen zur Abhilfe geeigneten Maßnahmen zu wählen. Nur ausnahmsweise kann der Unterlassungsgläubiger eine bestimmte Maßnahme verlangen, wenn nur sie gewährleistet, dass die drohende Beeinträchtigung nicht eintritt. Das Gleiche gilt,

---

[512] BGH VersR 2008, 1117.
[513] Einzelheiten bei Bamberger/Roth-Fritzsche § 1004 Rn. 109 f. mit Verweis auf § 903 Rn. 43 ff.

wenn andere Maßnahmen zwar möglich sind, vernünftigerweise aber nicht ernsthaft in Betracht kommen.[514]

Zu den „ungelösten Problemen des Beseitigungsanspruchs"[515] gehört die Frage, in welchem Umfang der Störer zur Wiederherstellung des Zustands verpflichtet ist, der ohne die Störung bestünde. Angesprochen ist damit das Verhältnis des Beseitigungsanspruchszum Schadensersatzanspruch. Für das Schadensersatzrecht gilt der Grundsatz, dass der Schädiger nur dann zum Schadensersatz verpflichtet ist, wenn ihn ein Verschulden trifft. Das in diesem Grundsatz enthaltene haftungsbeschränkende Element würde partiell außer Kraft gesetzt, wenn man den Störer schon aufgrund des verschuldensunabhängigen Beseitigungsanspruchs für verpflichtet hielte, in vollem Umfang den Zustand wieder herzustellen, der ohne den störenden Eingriff bestünde. Vor diesem Hintergrund ist man sich weithin einig, dass es einer Abgrenzung bedarf, welche der im Zusammenhang mit einer Störung stehenden Nachteile von der Beseitigungspflicht umfasst werden und welche Nachteile nur unter der Voraussetzung des Verschuldens oder des Eingreifens eines Tatbestands der Gefährdungshaftung als Schaden zu ersetzen sind. Die h. M. bedient sich für die Abgrenzung der Formel, dass die zu beseitigende Beeinträchtigung nur in der primären Störungsquelle zu sehen sei, nicht aber in den von ihr ausgehenden weiteren Störungsfolgen.[516] Diese Formel bringt zwar kein Abgrenzungskriterium hervor, das in jedem Fall eine eindeutige Zuordnung ermöglicht, aber sie bietet eine gewisse Orientierung, indem sie klarstellt, dass nur der unmittelbar durch den Eingriff herbeigeführte störende Zustand rückgängig zu machen ist. Im Übrigen sind die im Einzelfall bestehenden Schwierigkeiten bei der Abgrenzung zwischen Beseitigungs- und Schadensersatzhaftung durch eine wertende Betrachtungsweise zu lösen. Das ist angesichts der damit verbundenen Rechtsunsicherheit zwar unbefriedigend, letztlich aber unumgänglich, solange sich keine eindeutigen Kriterien durchgesetzt haben. Die Abgrenzung soll im Folgenden verdeutlicht werden.

Im Sinne eines von § 1004 Abs. 1 S. 1 geregelten Normalfalls kann das Beispiel eines umstürzenden Baums gelten. Wer als Eigentümer eines Grundstücks einen altersschwachen Baum unterhält, der später auf ein Nachbargrundstück stürzt, ist aufgrund der Beseitigungspflicht unproblematisch verpflichtet, den umgestürzten Baum zu entfernen.[517] Kommt der Störer dieser Pflicht nicht unverzüglich nach, stellt sich die Frage, ob er – unabhängig vom Vorliegen der Verzugsvoraussetzungen – gem. § 1004 verpflichtet ist, Gras neu anzusäen, welches durch das längere Aufliegen des Baumes eingegangen ist. Nach der Formel der h. M. ist

---

[514] BGH VersR 2004, 797, 798.
[515] BGH NJW 1996, 845, 846.
[516] Jauernig-Berger § 1004 Rn. 7; Larenz/Canaris SBT 2 § 86 VI 1.
[517] In solchen Fällen ist zu beachten, dass auch die Verletzung einer Verkehrssicherungspflicht mit der Folge einer Schadensersatzpflicht in Betracht kommen kann, siehe BGH NJW 2003, 1732.

die Frage zu verneinen, weil es sich um eine durch die Störungsquelle (umgestürzter Baum) verursachte weitere Rechtsverletzung handelt. Will man keinen Wertungswiderspruch heraufbeschwören, muss das Gleiche in dem Fall gelten, dass der Rasen unmittelbar durch das Umstürzen des Baumes zerstört wird. Im Grunde kann es dann auch keinen Unterschied machen, ob der Baum nur den Rasen, oder eine Gartenlaube oder gar das Nachbarhaus beschädigt hat.

Kann der Baum nur durch den Einsatz schweren Geräts auf dem Nachbargrundstück beseitigt werden, so stellt sich die Frage, ob der Störer auch die dadurch verursachten weiteren Schäden zu beseitigen hat. Ohne die Heranziehung wertender Aspekte führt die Formel der h. M. zu keiner unmittelbar einleuchtenden Antwort. Im Ergebnis wird man die Frage bejahen müssen. Das Gesetz hat dem Störer die Verantwortung dafür auferlegt, die Beeinträchtigung zu beseitigen. Wegen dieser Verantwortung muss der Störer auch diejenigen Beeinträchtigungen beseitigen, die *zwangsläufig* durch die Beseitigung der anspruchsauslösenden Erstbeeinträchtigung entstehen.[518] Der Störer hat die Beeinträchtigung auf seine Kosten zu beseitigen. Dass ein Teil dieser Kosten durch eine Inanspruchnahme von Vermögenswerten des Beeinträchtigten verursacht wird, kann den Störer nicht entlasten. Auch der BGH[519] sieht Beeinträchtigungen, die aus der Störungsbeseitigung selbst resultieren, nach dem Zweck des § 1004 Abs. 1 S. 1 ohne weiteres von der Beseitigungspflicht umfasst. Wer z. B. als Störer verpflichtet ist, von ihm verunreinigtes Erdreich von einem anderen Grundstück zu entfernen und zu entsorgen, ist auch zur Wiederherstellung des ursprünglichen Zustands verpflichtet.

Dass die Abgrenzung zwischen Beseitigungs- und Schadensersatzhaftung eine wertende Betrachtung erfordert, zeigt auch das folgende Beispiel:

BGH NJW 1996, 845: Die Kläger erwarben ein Grundstück. Während sie auf dem Grundstück einen Neubau errichten ließen, wurde eine starke Bodenverunreinigung durch Chemikalien festgestellt. Die Kläger ließen das verseuchte Erdreich abtragen und entsorgen. Die dadurch verursachten Kosten in Höhe von 300.000 € verlangen sie von der Beklagten, die auf einem Nachbargrundstück einen Gewerbebetrieb unterhält.

Ob den Klägern ein Schadensersatzanspruch gem. § 22 Abs. 2 WHG (jetzt: § 89 Abs. 2 WHG) zusteht, hat der BGH offen gelassen, weil das Zahlungsbegehren aus § 812 Abs. 1 S. 1[520] bzw. aus §§ 677, 683 S. 1, 670[521] gerechtfertigt sein konnte.[522] Im Rahmen dieser Anspruchsgrundlagen kommt es darauf an, ob die Beklagte gem. § 1004 Abs. 1 S. 1 verpflichtet war, das verseuchte Erdreich abzutragen und zu entsorgen. Das Dilemma dieses Falles besteht darin, dass die

---

[518] Vgl. BGH NJW 2005, 1366, 1368.
[519] BGH NJW 2005, 1366, 1368 m. w. N.; Wenzel NJW 2005, 241, 243.
[520] Siehe dazu BGHZ 97, 231, 234.
[521] Siehe dazu BGHZ 110, 313, 315.
[522] Zum Konkurrenzverhältnis dieser Ansprüche zu § 89 WHG siehe 10. Kap. B V 5.

Beklagte streng genommen allenfalls zur Beseitigung der chemikalischen Stoffe verpflichtet sein konnte, die sich auf dem Grundstück der Kläger befanden. Diese Stoffe konnten indes nicht ohne das von der Verseuchung betroffene Erdreich entsorgt werden. Die Formel der h. M., derzufolge nur die Störungsquelle zu beseitigen ist, ist für den Fall nicht ergiebig. Der BGH stand vor dem Problem, entweder den Beseitigungsanspruch auf die Entfernung des Erdreichs zu erstrecken oder – um diese nicht unbedenkliche Erweiterung des Anspruchsinhalts zu vermeiden – schon im Ansatz einen Anspruch auf Beseitigung der in das Erdreich eingedrungenen chemikalischen Stoffe zu verneinen. Tatsächlich wird letzteres im Schrifttum vertreten. Das hängt mit dem Verständnis zusammen, das ein Teil der Lehre dem § 1004 Abs. 1 S. 1 entgegenbringt. Der Zweck des Anspruchs wird konsequent darauf begrenzt, einen Rechtsbehelf zu schaffen, mit dem der Berechtigte die seinem Eigentumsrecht widersprechende Inanspruchnahme seines Eigentums verhindern bzw. beenden kann.[523] In den Bodenverseuchungsfällen besteht indes kein dem Eigentumsrecht widersprechender Zustand, weil der Störer nach § 946 das Eigentum an den Schadstoffen an den Grundstückseigentümer verliert und mithin kein fremdes Eigentum in Anspruch nimmt.[524] Dieser Ansicht ist der BGH nicht gefolgt (S. 846 f.)[525]:

> Soweit in der Literatur gerade im Hinblick auf Bodenverseuchungen teilweise eine andere Auffassung vertreten wird, kann der Senat dem nicht folgen. Dass der Störer verpflichtet sein soll, Sachen zu entfernen, die sich unrechtmäßig auf einem Grundstück des Anspruchstellers befinden, andererseits eine solche Beseitigungspflicht für eingedrungene Stoffe (Öl u. a.) nicht bestehen soll, ist eine Unterscheidung, die nicht einleuchtet.
> … Der Senat verkennt nicht, dass in Fällen einer Bodenkontaminierung eine enge Verbindung zwischen dem Boden und den eingedrungenen Stoffen besteht, derzufolge dieser Zustand nun als Folgeschaden aus dem störenden Eingriff in das Grundeigentum erscheinen könnte. Der Beseitigungsanspruch der Kl. kann aber nicht daran scheitern, dass die isolierte Entfernung der vorhandenen Schadstoffe technisch nicht durchführbar, dies vielmehr nur über einen Bodenaushub mit entsprechender Entsorgung möglich ist. Der beeinträchtigte Eigentümer kann seinen Anspruch aus § 1004 I BGB nämlich nicht deshalb verlieren, weil der Störer nach den technischen Gegebenheiten eine erweiterte Leistung erbringen muss als zur Beseitigung der reinen Störung an sich erforderlich wäre. Wenn das eine nicht ohne das andere möglich ist, so muss sich der Beseitigungsanspruch eben auch auf die Entfernung des Erdreichs und dessen Entsorgung erstrecken.

---

[523]Picker, FS Gernhuber, S. 315, 332 im Anschluss an seine grundlegende Untersuchung „Der negatorische Beseitigungsanspruch", 1972; Staudinger-Gursky § 1004 Rn. 136. Zu dieser sogenannten „Usurpationstheorie" siehe auch Neuner JuS 2005, 385, 388 f.

[524]Picker AcP 1976, 28, 50 mit Fn. 69; Lobinger JuS 1997, 981, 983; Staudinger-Gursky § 1004 Rn. 141.

[525]Dem BGH zustimmend z. B. Bamberger/Roth-Fritzsche § 1004 Rn. 58. Siehe auch die weitere Grundsatzentscheidung BGH NJW 2005, 1366, 1367 m. w. N.

B. Der Anspruch aus § 823 Abs. 2

I. Funktion der Vorschrift

§ 823 Abs. 2 verpflichtet denjenigen zum Schadensersatz, der schuldhaft gegen ein Schutzgesetz verstößt. Anders als § 823 Abs. 1 verlangt die Vorschrift nicht die Verletzung eines bestimmten, ausdrücklich genannten Rechtsgutes. Haftungsauslösendes Element ist vielmehr der Verstoß gegen ein Schutzgesetz. Insofern enthält § 823 Abs. 2 eine „kleine" deliktische Generalklausel.[526]

In vielen Fällen kommt § 823 Abs. 2 gegenüber § 823 Abs. 1 keine eigenständige praktische Bedeutung zu. Beispiel: A ohrfeigt B. Dann ist A nach § 823 Abs. 1 schadensersatzpflichtig, weil er Körper bzw. Gesundheit des B verletzt hat. A hat aber auch den Tatbestand des § 823 Abs. 2 verwirklicht, weil er gegen ein Schutzgesetz (§ 223 StGB) verstoßen hat. In einem solchen Falle hat § 823 Abs. 2 nur eine Verdeutlichungs- und Präzisierungsfunktion.[527] Dennoch ist in einer Klausur § 823 Abs. 2 neben § 823 Abs. 1 zu behandeln.

Die eigentliche Regelungsaufgabe und der wesentliche Unterschied zu § 823 Abs. 1 zeigt sich darin, dass § 823 Abs. 2 auch den Ersatz sog. reiner Vermögensschäden einschließt. § 823 Abs. 1 sieht demgegenüber den Ersatz von Vermögensschäden nur vor, wenn diese auf eine Rechtsgutverletzung zurückzuführen sind.

Eine besondere Bedeutung kommt § 823 Abs. 2 insbesondere bei abstrakten Gefährdungsdelikten zu (s. dazu unten III). Der Anspruch aus § 823 Abs. 2 kann im Übrigen für den Geschädigten im Hinblick auf Beweiserleichterungen „angenehmer" sein als der Anspruch aus § 823 Abs. 1 (s. dazu unten III.).

II. Tatbestandliche Voraussetzungen

Schutzgesetzverletzung

- Schutznormqualität
- Persönlicher Schutzbereich
- Sachlicher Schutzbereich

Rechtswidrigkeit
Verschulden

---

[526] Medicus/Lorenz SBT Rn. 1316. Siehe dazu und zur dogmatischen Struktur des § 823 Abs. 2 Coester-Waltjen JURA 2002, 102 ff.
[527] So Larenz/Canaris SBT 2 § 77 I 1 a.

1. Verletzung eines Schutzgesetzes
1.1 Voraussetzungen der Schutznormqualität
Unter Gesetz im Sinne des BGB ist gem. Art. 2 EGBGB jede Rechtsnorm zu verstehen. Es kommen deshalb nicht nur Gesetze im formellen Sinne, sondern auch im materiellen Sinne (Verordnungen, Satzungen) in Betracht. Sehr umstritten ist die Frage, mit welcher Maßgabe behördliche Verwaltungsakte bei der Schutznormqualität zu berücksichtigen sind.[528] Der Verwaltungsakt als solcher stellt jedenfalls kein Schutzgesetz dar, weil ihm die Gesetzesqualität fehlt.[529] Andererseits ist zu beachten, dass Verwaltungsakte auf einer gesetzlichen Ermächtigungsgrundlage beruhen. Vor diesem Hintergrund prüft der BGH, ob in der Ermächtigungsgrundlage schutzgesetzliche Elemente angelegt sind.[530] Trifft das zu, so hat die in dem Verwaltungsakt enthaltene Regelung Teil an dem Schutzgesetzcharakter der Ermächtigungsnorm. Denn der Verwaltungsakt vollzieht die Regelung der Ermächtigungsnorm, indem er die im Einzelfall zu erlassenden Ge- und Verbote konkretisiert.[531] Im Falle einer durch Verwaltungsakt konkretisierungsbedürftigen Norm des Verwaltungsrechts ergibt sich das Schutzgesetz also aus einer kombinierten Betrachtung sowohl des Gesetzes als auch des Verwaltungsakts.

Wann einem Gesetz der Charakter eines Schutzgesetzes im Sinne von § 823 Abs. 2 zukommt, lässt sich nicht immer einfach beantworten. Entscheidendes Kriterium für die Schutznormqualität ist, dass das betreffende Gesetz dem sich auf § 823 Abs. 2 Berufenden einen *Individualschutz* gewähren will.[532] Das Kriterium des Individualschutzes steht im Gegensatz zum Schutz der Allgemeinheit. Eine Vorschrift, die nur den Schutz der Allgemeinheit bezweckt, wäre als Schutzgesetz im Sinne des § 823 Abs. 2 nicht geeignet. Schützt eine Norm die Allgemeinheit, dann kommt sie als Schutzgesetz nur in Betracht, wenn sie daneben auch den Geschädigten schützen will.

Um diese Abgrenzungskriterien zu verstehen, muss man sich Folgendes verdeutlichen: § 823 Abs. 2 hat keine ordnungspolizeilichen Aufgaben. Als deliktsrechtliche Norm will sie den individuellen Schutz eines einzelnen Geschädigten.[533] Hinzu kommen haftungssystematische Aspekte, die das Verhältnis zu § 823 Abs. 1 betreffen. Der Gesetzgeber hat in § 823 Abs. 1 eine klare Entscheidung dahin gehend getroffen, dass Vermögensschäden nur dann ersatzfähig sind, wenn sie Folge einer Rechtsgutverletzung sind. Es muss deshalb verhindert werden, dass über eine (ausufernde) Anwendung des § 823 Abs. 2 indirekt ein Instrument für einen umfassenden Schutz vor Vermögensschäden geschaffen und damit eine

---

[528]Vgl. MüKo-Wagner § 823 Rn. 400 ff.; Bamberger/Roth-Spindler § 823 Rn. 153 f.
[529]BGHZ 122, 1, 3.
[530]BGHZ 122, 1, 4.
[531]BGH NJW 2004, 356, 357; vgl. auch BGHZ 62, 265, 266; 122, 1, 4; BGH NJW 1997, 55.
[532]BGH NJW 1973, 1541; BGHZ 66, 388, 390.
[533]Deutsch/Ahrens UH Rn. 277.

B. Der Anspruch aus § 823 Abs. 2

Aushöhlung des § 823 Abs. 1 betrieben wird. Die Problematik soll an nachstehendem Fall verdeutlicht werden:

> *BGHZ 66, 388:* Bei Baggerarbeiten auf einem Privatgrundstück hat die Beklagte das Kabel eines Stromversorgungsunternehmens beschädigt. Deshalb lag der Fertigungsbetrieb der Klägerin für einige Zeit still. Die Klägerin fordert Ersatz ihres Schadens durch Produktionsausfall. Sie stützt ihren Anspruch u. a. auf § 823 Abs. 2 i. V. m. § 18 Abs. 3 der Landesbauordnung („öffentliche Verkehrsflächen, Versorgungs-, Abwasser- und Meldeanlagen ... sind für die Dauer der Bauausführung zu schützen und, soweit erforderlich, unter den notwendigen Sicherheitsvorkehrungen zugänglich zu halten").

Zur Frage warum hier ein Anspruch aus § 823 Abs. 1 ausscheidet, s. oben A. II. 1.3.3.

Der BGH hat den Schutzgesetzcharakter von § 18 Abs. 3 der LBauO des betreffenden Landes verneint. Für dieses Ergebnis waren folgende Überlegungen bestimmend[534]: Es sei kaum eine öffentlich-rechtliche Norm denkbar, die nicht im wenigstens allgemeineren Sinn Schutz und Förderung einzelner Bürger bewirke oder bezwecke. Diese allgemeine Schutzfunktion könne aber noch nichts darüber besagen, in welchem Falle ein Schutzgesetz im Sinne des § 823 Abs. 2 vorliege und welche Interessen es schützen solle. Zum Schutzgesetz werde eine Norm erst dann, wenn sie einen Individualschutz gewähre.

Die Feststellung eines solchen individuell begünstigenden Schutzzwecks einer Norm könne – insbesondere wenn die Gesetzesmaterialien keinen eindeutigen Aufschluss ergeben – im Einzelfall erhebliche Schwierigkeiten bereiten. Die Prüfung müsse dann immer auf die Frage ausgerichtet sein, ob die Schaffung eines individuellen Schadensersatzanspruches in diesen Fällen sinnvoll und im Lichte des haftpflichtrechtlichen Gesamtsystems tragbar erscheint. Nur auf diese Weise lasse sich die Gefahr vermeiden, dass Ansprüche eher auf § 823 Abs. 2 gestützt werden und damit die Entscheidung des Gesetzgebers gegen eine allgemeine Haftung für Vermögensschäden unterlaufen werde.

In Anwendung dieser Grundsätze auf die einschlägige Bestimmung der LBauO kommt der BGH zu dem Ergebnis, dass es bei dieser Vorschrift nur um eine Zusammenfassung der bei den vom Gesetz geregelten Arbeiten vor allem zu treffenden Vorsichtsmaßnahmen gehe, die eine Ahndung von Verstößen ermöglichen sollte. Nichts spreche dafür, dass ein dem Bundesrecht fremder und gerade in diesem Bereich willkürlicher Individualschutz der Stromabnehmer Sinn und Zweck der baurechtlichen Regelung sei.

Vor diesem Hintergrund hat die Rechtsprechung folgende Standarddefinition entwickelt[535]:

> Schutzgesetz ist nach ständiger Rechtsprechung eine Rechtsnorm dann, wenn sie – sei es auch neben dem Schutz der Allgemeinheit – gerade dazu dienen soll, den Einzelnen oder einzelne Personenkreise gegen die Verletzung eines Rechtsgutes zu schützen. Dabei

---

[534]Vgl. im folgenden BGHZ 66, 388, 389 ff.
[535]Vgl. BGH NJW 1992, 241, 242; ebenso BGH NJW 2006, 2110, 2112.

kommt es nicht auf die Wirkung, sondern auf Inhalt und Zweck des Gesetzes sowie darauf an, ob der Gesetzgeber bei Erlass des Gesetzes gerade einen Rechtsschutz, wie er wegen der behaupteten Verletzungen in Anspruch genommen wird, zugunsten von Einzelpersonen oder bestimmten Personenkreisen gewollt oder doch mitgewollt hat. Es genügt, dass die Normen auch das Interesse des Einzelnen schützen soll, mag sie auch in erster Linie das Interesse der Allgemeinheit im Auge haben.

Diese Grundsätze sind im Hinblick auf eine Einschränkung zu ergänzen, die in der Rechtsprechung entwickelt wurde. Grundlegend hierfür ist folgende Entscheidung:

BGH NJW 1980, 1792: Der Beklagte hatte nach Ablauf des Versicherungsschutzes für sein Kfz dieses nicht mehr benutzt, jedoch entgegen § 29d StVZO den Fahrzeugschein nicht bei der Zulassungsstelle abgegeben und das Kennzeichen nicht entstempeln lassen. Über seinen Tankwart ließ er das Fahrzeug verkaufen, wobei er auf den fehlenden Versicherungsschutz hinwies. Der Käufer des Fahrzeugs verursachte mit dem Kfz einen Verkehrsunfall. Seiner Verpflichtung, vor Inbetriebnahme des Kfz einen Versicherungsschutz herbeizuführen, war er nicht nachgekommen. Da er vermögenslos ist, nimmt der Geschädigte den Beklagten gem. § 823 Abs. 2 i. V. m. §§ 27 Abs. 3 S. 1, 29d Abs. 1 StVZO a. F. (entspricht §§ 14 Abs. 1, 25 FZV) in Anspruch.

Bei unbefangener Betrachtung scheint kein Zweifel daran zu bestehen, dass die genannten Vorschriften der StVZO (bzw. jetzt der FZV) den Schutz von Verkehrsopfern bezwecken. Denn dadurch soll verhindert werden, dass Kraftfahrzeuge am Straßenverkehr teilnehmen, für die kein Versicherungsschutz besteht und damit möglicherweise ein geschädigter Verkehrsteilnehmer leer ausgeht. Demgegenüber meint der BGH, dass der Gesetzgeber nicht beabsichtigt habe, über die Verhängung einer Geldbuße (§ 69a Abs. 2 Nr. 2 StVZO a. F., entspricht § 48 Nr. 8 FZV) hinaus an den Verstoß gegen die Anzeigepflichten auch deliktische Schadensersatzansprüche zu knüpfen. Als wesentliches Argument dient dem BGH der Hinweis darauf, dass der Geschädigte auf anderem Wege seinen Schaden geltend machen könne. Der BGH denkt dabei an die Eintrittspflicht der Versicherung gem. § 3 Nr. 5 PflVG i. V. m. § 158c Abs. 3–5 VVG (Eintrittspflicht des Versicherers bei unterbliebener Meldung des Versicherungsablaufs an der Kfz-Zulassungsstelle jetzt § 117 Abs. 2 VVG) sowie notfalls bei Fehlverhalten der Zulassungsstelle an einen Anspruch aus § 839 BGB.[536]

Dies entspricht mittlerweile ständiger Rechtsprechung des BGH. Danach gilt, dass bußgeldbewehrte (nicht: strafbewehrte!) Vorschriften nicht als Schutzgesetze anerkannt werden, wenn die schützenswerten Interessen des Beeinträchtigten anderweitig ausreichend abgesichert sind.[537]

Im Rahmen der deliktischen Haftung für Produkte können Schutznormen des öffentlichen Produktsicherheitsrechts eine Rolle spielen. Neben dem Produktsicherheitsgesetz (ProdSG) als gewissermaßen „Allgemeiner Teil"[538] treten je nach

---

[536]Früher noch uneingeschränkt zustimmend zur Entscheidung des BGH Medicus BR, 21. Aufl., 2007, Rn. 621.

[537]Zuletzt BGHZ 116, 7, 14. Kritisch zu diesem Argument der „Subsidiarität des Anspruchs aus § 823 Abs. 2" Larenz/Canaris SBT 2 § 77 II 3.

[538]Wagner VersR 2014, 905, 908.

Produktart und Gefahrpotenzial weitergehende Spezialregelungen, wie etwa das Arzneimittelgesetz (AMG). § 3 Abs. 2 ProdSG bestimmt, dass ein Produkt i. S. v. § 2 Nr. 22 ProdSG (beachte aber die Einschränkungen des Anwendungsbereichs für bestimmte Produkte in § 1 ProdSG) grundsätzlich nur bereitgestellt (s. § 2 Nr. 4 ProdSG) werden darf, wenn es bei bestimmungsgemäßer oder vorhersehbarer Verwendung die Sicherheit und Gesundheit von Personen nicht gefährdet. Bei dieser Bestimmung handelt es sich um ein Schutzgesetz, das nicht nur den Hersteller und Quasi-Hersteller (s. § 2 Nr. 14 ProdSG), sondern auch den Importeur (s. § 2 Nr. 8) und den Händler (s. § 8 Nr. 12 ProdSG) verpflichtet (s. zu diesen Pflichten § 6 ProdSG).[539]

Die praktische Bedeutung öffentlich-rechtlicher Sicherheitspflichten zur Begründung zivilrechtlicher Haftungsansprüche (über § 823 Abs. 2) ist aber wohl deshalb bislang gering geblieben, weil die Verletzung korrespondierender Verkehrssicherungspflichten auch zu Ansprüchen nach § 823 Abs. 1 führt.[540]

Besonders streng sind die gesetzlichen Sicherheitsanforderungen bei Medizinprodukten. Das Medizinproduktegesetz (MPG) sieht in Umsetzung der Richtlinie 93/42/EWG vor, dass vor dem Inverkehrbringen bestimmter Produkte ein sogenanntes Konformitätsbewertungsverfahren durchzuführen ist. Der Hersteller des Medizinprodukts beauftragt dazu die „benannte Stelle", eine der staatlich autorisierten Institutionen, sein Qualitätssicherungssystem sowie die von ihm vorzulegende Produktauslegungsdokumentation zu prüfen und auch nach dem Inverkehrbringen des Produkts die Anwendung des Qualitätssicherungssystems zu überwachen. Misst man diesen weitreichenden Pflichten der „benannten Stelle" drittschützende Wirkung bei, so steht bei Produktfehlern die Haftung gegenüber geschädigte Patienten nach § 823 Abs. 2 im Raum. Eine Klärung wird das Verfahren einer geschädigten Patientin gegen den TÜV bringen, der als „benannte Stelle" nicht erkannte, dass bei den Silikonimplantaten minderwertiges Industriesilikon zum Einsatz kam.[541]

1.2 Persönlicher Schutzbereich

Der Geschädigte kann sich auf die Verletzung des Schutzgesetzes nur dann erfolgreich berufen, wenn er zu dem Personenkreis gehört, den die verletzte Norm schützen wollte. Vgl. hierzu

BGH VersR 1991, 196: Ein Jugendlicher verlieh sein Mokick an einen anderen Jugendlichen H, obwohl er wusste, dass dieser nicht im Besitz der erforderlichen Fahrerlaubnis war. H gab dann das Mokick weiter an B, die ebenfalls keinen Führerschein hatte, was sowohl er als auch der Halter des Mokicks wussten. B verunglückte mit dem Mokick. Die Krankenversicherung der B nimmt aus übergegangenem Recht (§ 116 SBG X) den Halter des Mokicks aus § 823 Abs. 2 i. V. m. § 21 Abs. 1 Nr. 2 StVG in Anspruch.

---

[539]Instruktiv BGH NJW 2006, 1589 zur entsprechenden Vorläuferregelung in § 3 Abs. 1 GSG. Vgl. dazu auch Wagner VersR 2014, 908, 913.
[540]Vgl. dazu Wagner VersR 2014, 908, 916.
[541]EuGH-Vorlage des BGH VersR 2015, 995 (beim EuGH anhängig als Rs C-219/15).

Die verletzte B fällt nicht unter den persönlichen Schutzbereich des § 21 Abs. 1 Nr. 2 StVG. Denn diese Norm will – ausweislich der Gesetzesbegründung – vor Gefahren schützen, die anderen Personen von Verkehrsteilnehmern drohen, welche im Straßenverkehr ohne Fahrerlaubnis ein Kfz führen. § 21 Abs. 1 Nr. 2 StVG will aber nicht denjenigen schützen, der selbst unter Verstoß gegen diese Bestimmung ein Kfz ohne Fahrerlaubnis führt. Ähnlich gelagert ist die folgende Entscheidung, die verdeutlicht, welche Probleme die Haftungsbegründung bei nur mittelbar Geschädigten bereitet:

> *BGH NJW 2015, 1174:* Der Kläger betreibt eine Rastanlage nahe der Autobahn. Nachdem ein Sattelzug einen Brückenpfeiler gerammt hatte, musste ein Teilstück der Autobahn für mehrere Tage gesperrt werden. Auch wenn die Rastanlage des Klägers nicht unmittelbar an dem gesperrten Teilstück lag, so musste er doch Einnahmeeinbußen hinnehmen, weil infolge der Sperrung im Verkehrsfunk empfohlen worden war, den gesperrten Bereich großräumig zu umfahren. Von der Haftpflichtversicherung des Sattelzuges begehrt er Ersatz für Einnahmeausfälle.

Ansprüche aus §§ 7, 18 StVG scheitern an einer „Beschädigung". Für einen Anspruch aus § 823 Abs. 1 fehlt es an einer Rechtsgutsverletzung. Der berechtigte Besitz (an der Rastanlage) kommt zwar als sonstiges Recht in Betacht. Die erforderliche nicht unerhebliche Beeinträchtigung der bestimmungsgemäßen Verwendung der Sache müsste aber ihren Grund in einer unmittelbaren Einwirkung auf die Sache selbst haben, was nicht der Fall war. Die „vorübergehende Einengung der wirtschaftlichen Nutzung der Anlage" lässt der BGH nicht genügen (S. 1176). Für eine Verletzung des ebenfalls als sonstigem Recht i. S. v. § 823 Abs. 1 anerkannten Rechts am eingerichteten und ausgeübten Gewerbebetrieb fehlt es an der Betriebsbezogenheit des Eingriffs. Bleiben die mit der Beschädigung der Brücke einhergehenden Verstöße gegen die StVO. Ob den in Betracht zu ziehenden Vorschriften Schutznormcharakter zukommt, ließ der BGH dahinstehen (S. 1175):

> Denn soweit die genannten Vorschriften der StVO nach ihrem Sinn und Zweck den Straßenverkehr selbst vor Störungen schützen wollen, dienen sie allein dem öffentlichen Interesse und nicht auch den Vermögensinteressen derjenigen, die von einer Verkehrsstörung und der daraus folgenden Beschränkung der Nutzbarkeit einer Straße besonders betroffen sind.

Geht es um den Schutz der Verkehrsteilnehmer, sollte der persönliche Schutzbereich der Vorschriften der StVO aber nicht zu eng gezogen werden, wie folgender Fall zeigt:

> *BGH NJW 2006, 2110:* Der Fußgänger F wollte die Straße an einer Stelle überqueren, an der sich auf der gegenüber liegenden Seite eine Bushaltebucht befand. Dort hielt gerade ein Linienbus. Fahrgäste stiegen ein und aus. F wurde beim Überqueren der Straße vom Fahrzeug des B erfasst. Ist B schadensersatzpflichtig, auch wenn F nicht die Absicht hatte, den haltenden Bus zu erreichen?

Der Schadensersatzanspruch des F könnte sich aus § 823 Abs. 2 i. V. m. § 20 Abs. 1 StVO ergeben. Nach § 20 Abs. 1 StVO darf an Omnibussen des

B. Der Anspruch aus § 823 Abs. 2

Linienverkehrs, die an Haltestellen halten, auch im Gegenverkehr nur vorsichtig vorbeigefahren werden. Hierbei handelt es sich um ein Schutzgesetz, gegen das B wegen überhöhter Geschwindigkeit verstoßen hat. Fraglich war nur, ob F in den persönlichen Schutzbereich der Vorschrift fällt, da er das öffentliche Verkehrsmittel nicht benutzen wollte. Nach Ansicht des BGH kommt es hierauf nicht entscheidend an (S. 2112):

> Der Wortlaut von § 20 Abs. 1 StVO unterscheidet nicht zwischen einsteigenden oder ausgestiegenen Fahrgästen einerseits und sonstigen Fußgängern andererseits. Für das Verhalten der vorbeifahrenden Fahrzeugführer ist eine solche Unterscheidung nach dem Sinn und Zweck der Vorschrift auch nicht geboten. Sie ist auch weder möglich noch zweckmäßig. Ein wirksamer Schutz der einsteigenden und ausgestiegenen Fahrgäste ist vielmehr nur dann zu erreichen, wenn es auf die Frage ihrer Fahrgasteigenschaft nicht ankommt.

Dem ist zuzustimmen. Denn der Haltestellenbereich öffentlicher Verkehrsmittel ist insgesamt unübersichtlich, sodass es gerechtfertigt ist, auch solche Fußgänger in den Schutzbereich der Norm einzubeziehen, denen die Fahrgasteigenschaft fehlt.

1.3 Sachlicher Schutzbereich

Schutzgesetze wollen in aller Regel nur bestimmten Rechtsgütern Schutz verleihen. Deshalb sollen auch nur solche Schäden von § 823 Abs. 2 erfasst werden, deren Vermeidung Gegenstand des Schutzgesetzes ist. Fällt ein Schaden nicht unter den so gezogenen Schutzbereich der verletzten Norm, so ist seine Ersatzfähigkeit zu verneinen.

> **Beispiel (BGHZ 39, 366)**
> K ließ von B ein Haus errichten. An den Decken traten Risse auf. K behauptet, die Decken seien einsturzgefährdet und müssten erneuert werden. Diese Kosten verlangt K von B als Schadensersatz.

Da Gewährleistungsansprüche verjährt waren und eine Eigentumsverletzung nach § 823 Abs. 1 nicht gegeben ist, versuchte der Geschädigte Schadensersatz über § 823 Abs. 2 i. V. m. § 319 StGB zubekommen.

Der Anspruch blieb zu Recht versagt. Der Tatbestand der Baugefährdung (§ 319 StGB) will schon von seinem Wortlaut her nur Leib oder Leben anderer schützen. Unter dem Aspekt der Schutzgesetzverletzung sind deshalb in den sachlichen Anwendungsbereich nur solche Schäden einzubeziehen, die sich als Verletzung von Körper oder Gesundheit darstellen. Die Reparaturkosten betreffen aber ausschließlich vermögensrechtliche Interessen.

Die Frage nach dem Schutzzweck der Norm stellt sich häufig im Straßenverkehrsrecht (s. bereits oben unter 1.1 und 1.2), insbesondere im Zusammenhang mit der StVO. Dies überrascht angesichts der Unfallträchtigkeit dieses Lebensbereiches nicht. Für die Lösung der dabei auftauchenden Probleme ist der folgende Fall äußerst lehrreich:

BGH NJW 2004, 356: Der Kläger, ein Bauunternehmer, beabsichtigte, zum Zwecke von Bauarbeiten auf einem Privatgrundstück einen Kran- und Schwerlasttransport durchzuführen. Wegen der Größe des Krans war dazu die Sperrung der Straße notwendig. Mit Genehmigung der Stadt hatte der Kläger daher ein Halteverbot durch Zeichen Nr. 283 zu § 41 StVO eingerichtet. Trotzdem parkte die Beklagte mit ihrem PKW im Halteverbot und verhinderte dadurch die Anfahrt des Krans. Der Kläger verlangt Schadensersatz, weil er den Kraneinsatz wegen des Parkens der Beklagten erst mit erheblicher Zeitverzögerung durchführen konnte.

Zunächst ist klarzustellen, dass ein Schadensersatzanspruch aus § 823 Abs. 1 ausscheidet (siehe S. 358 der BGH-Entscheidung). Eine Eigentumsverletzung unter dem Aspekt der Funktionsbeeinträchtigung liegt nicht vor (dazu näher oben A. II. 1.3.3). Die Verletzung des eingerichteten und ausgeübten Gewerbebetriebs des Klägers scheitert daran, dass die Blockade des Krans keinen betriebsbezogenen Eingriff darstellt (dazu näher oben A. II. 1.6.2). Somit kommt es entscheidend darauf an, ob die Beklagte durch das verbotswidrige Parken gegen ein Schutzgesetz verstoßen hat. Insoweit ist zunächst das einschlägige Schutzgesetz zu bestimmen. Es wäre allerdings unzutreffend, hierbei schlicht auf das ein Halteverbot regelnde Verkehrszeichen abzustellen. Als Allgemeinverfügung stellt das Verkehrszeichen gemäß § 35 S. 2 VwVfG einen Verwaltungsakt dar, der als solcher keine Gesetzesqualität hat. Ausschlaggebend ist vielmehr, ob in der verwaltungsrechtlichen Ermächtigungsnorm ein Individualschutz angelegt ist (s. oben 1.1). Ermächtigungsgrundlage ist hier § 45 Abs. 1 S. 1 StVO: „Die Straßenverkehrsbehörden können die Benutzung bestimmter Straßen oder Straßenstrecken aus Gründen der Sicherheit oder Ordnung des Verkehrs beschränken oder verbieten und den Verkehr umleiten." Diese Vorschrift dient – dem ordnungsrechtlichen Charakter des Straßenverkehrsrechts entsprechend – der Abwehr typischer Gefahren, die vom Straßenverkehr für dessen Sicherheit und Leichtigkeit ausgehen und die dem Straßenverkehr von außen oder durch Verkehrsteilnehmer erwachsen.[542] Die Gewährleistung der Sicherheit und Leichtigkeit des Straßenverkehrs liegt im allgemeinen Interesse. Polizei- und ordnungsrechtlichem Sprachgebrauch entsprechend umfasst der Begriff „Sicherheit" aber auch Individualrechtsgüter des Einzelnen, zu denen neben Leben, Gesundheit, körperlicher Unversehrtheit und Eigentum auch reine Vermögensinteressen gehören können.[543] Daraus folgt, dass in § 45 Abs. 1 S. 1 StVO ein Individualschutz angelegt ist. Im vorliegenden Fall wird das Schutzgesetz also durch § 45 Abs. 1 S. 1 StVO gebildet, konkretisiert durch die Halteverbotsregelung des Verwaltungsaktes (§ 12 Abs. 1 Nr. 6a i. V. m. dem Zeichen 283 zu § 41 StVO a. F., entspricht Spalte 3 der Anlage 2 StVO zu Zeichen 283). Somit fragt sich, ob das vom Kläger geltend gemachte Vermögensinteresse vom Schutzzweck der Norm umfasst wird. Auf den ersten Blick spricht dafür, dass der Bauunternehmer von der Halteverbotsregelung in besonderem Maße profitiert.

---

[542] BGH NJW 2004, 356, 357 m. w. N.

[543] Vgl. BVerwG NJW 1986 2655; 2656; NJW 1987, 1096; Steiner-Schenke, Besonderes Verwaltungsrecht, 8. Aufl. 2006, II Rn. 30.

B. Der Anspruch aus § 823 Abs. 2

Nach Auffassung des BGH handelt es sich insoweit aber nur um einen Reflexvorteil (S. 357 f. mit umfassendem Nachweis des Meinungsstands):

> Soweit Befürworter eines Schadensersatzanspruchs wegen erlittener Vermögenseinbußen argumentieren, das Halteverbot diene vor allem dem Schutz des Bauunternehmers, da es die ungehinderte Durchführung der Bauarbeiten gewährleisten solle, wird dies dem in § 45 Abs. 1 StVO genannten Zwecke nicht gerecht. Aus Wortlaut und Sinn dieser Norm ergibt sich vielmehr eine Befugnis zum Aufstellen von Halteverbotsschildern, um sicherzustellen, dass der Straßenverkehr durch die Bauarbeiten nicht über Gebühr beeinträchtigt wird, indem etwa wartende Baustellenfahrzeuge die Fahrbahn blockieren oder der Verkehrsablauf durch die Baumaßnahmen länger als unbedingt erforderlich behindert wird. Deshalb handelt es sich bei den Vorteilen für den Bauunternehmer nur um einen Reflex der im Allgemeininteresse getroffenen Maßnahmen.

Die Entscheidung liegt auf der Linie der bisherigen Rechtsprechung, die der Ersatzfähigkeit reiner Vermögensschäden auf der Grundlage verkehrsregelnder Normen generell eher ablehnend gegenübersteht. Der BGH[544] hat bereits früher darauf hingewiesen, dass dem Verkehrsteilnehmer, der durch eine auf einem Verkehrsverstoß beruhende Verkehrsstockung einen Vermögensschaden erleidet, in Ansehung dieses Schadens kein Ersatzanspruch aus § 823 Abs. 2 i. V. m. der verletzten Verkehrsvorschrift zusteht. Derlei Beeinträchtigungen müssten vielmehr von jedem Benutzer öffentlicher Straßen als schicksalhaft ersatzlos hingenommen werden.

Inwieweit die in der Praxis sehr wichtige Verpflichtung zur Stellung eines Insolvenzantrags gem. § 15a InsO[545] ein Schutzgesetz darstellt, ist in der Literatur nach wie vor umstritten. Für die Rechtspraxis ist diese Frage durch eine gefestigte, noch zu § 64 Abs. 1 GmbHG a. F. ergangene höchstrichterliche Rspr. weitgehend geklärt:

> *BGHZ 126, 181:* Der Beklagte ist Geschäftsführer einer GmbH. Er bestellte im Rahmen der Gesellschaft bei der Klägerin Waren im Gesamtwert von rund 50.000.- €. Kurz darauf wurden der GmbH die Gegenstände unter Eigentumsvorbehalt geliefert. Ca. 3 Monate nach der Bestellung beantragte der Beklagte die Eröffnung des Insolvenzverfahrens über das Vermögen der GmbH. Die Klägerin, die auf die Warenlieferungen keine Bezahlung erhielt, behauptet, dass sie im Insolvenzverfahren voraussichtlich in Höhe von 45.000.- € ausfallen wird. In dieser Höhe begehrt die Klägerin von dem Beklagten Schadensersatz. Sie behauptet, die GmbH sei bereits zum Zeitpunkt der Bestellung überschuldet und zahlungsunfähig gewesen, was der Beklagte gewusst habe.

Fälle dieser Art werfen über die Auslegung des § 15a InsO hinaus ein ganzes Bündel schwieriger Rechtsfragen auf, die hier wegen des engen Sachzusammenhangs kurz angeschnitten werden sollen. Vertragliche Ansprüche zwischen der Klägerin und dem Beklagten scheiden aus, weil die Klägerin den Vertrag ausschließlich mit der GmbH geschlossen hat. Damit rückt die Prüfung gesetzlicher Schuldverhältnisse in

---

[544]BGH NJW 2004, 356, 357 mit Hinweis auf BGH VersR 1977, 965, 967.

[545]Am 01.11.2008 ist das Gesetz zur Modernisierung des GmbH-Rechts und zur Bekämpfung von Missbräuchen (MoMiG) in Kraft getreten. Mit diesem Gesetz wurden die früher gesellschaftsrechtlich begründeten Insolvenzantragspflichten, insbesondere § 64 Abs. 1 GmbHG und § 92 Abs. 2 AktG, aufgehoben und in die InsO übernommen.

den Blick. Zunächst ist unter dem Gesichtspunkt der culpa in contrahendo an ein vorvertragliches Schuldverhältnis zu denken. Aus einem solchen Schuldverhältnis könnte sich nämlich für den einen Verhandlungspartner die Pflicht ergeben, die andere Partei über eine die Vertragsdurchführung gefährdende Vermögenskrise aufzuklären. Der Klägerin hilft das aber nur, wenn der Beklagte Hauptpartei eines vorvertraglichen Schuldverhältnisses geworden ist. Grundsätzlich kommt ein vorvertragliches Schuldverhältnis nur zwischen den Personen zustande, die auch selbst Vertragspartei werden sollen (§ 311 Abs. 2). Das trifft für den Beklagten indes nicht zu. Für die Frage, ob der Beklagte überhaupt Partei eines vorvertraglichen Schuldverhältnisses geworden ist, kommt es deswegen entscheidend auf die Voraussetzungen des § 311 Abs. 3 an. Der Beklagte müsste also entweder ein hinreichendes wirtschaftliches Eigeninteresse am Geschäft zwischen der GmbH und der Klägerin gehabt oder bei den Vertragsverhandlungen ein besonderes persönliches Vertrauen der Klägerin in Anspruch genommen haben. Der BGH hat diese Voraussetzungen allerdings so eng formuliert (S. 183 ff.), dass die Hauptmasse der Insolvenzverschleppungsfälle von § 311 Abs. 3 nicht erfasst wird.[546] Schadensersatzansprüche können sich zwar auch aus § 826 oder § 823 Abs. 2 i. V. m. § 263 StGB ergeben. In der Regel werden sie aber an den strengen subjektiven Erfordernissen scheitern.

Die Suche nach einer die Gläubiger vor einer insolventen GmbH schützenden Regelung konzentriert sich damit auf eine Auslegung des § 15a InsO. Nach dieser Vorschrift sind u. a. die Geschäftsführer einer GmbH verpflichtet, unverzüglich die Eröffnung des Insolvenzverfahrens zu beantragen, wenn die Gesellschaft zahlungsunfähig oder überschuldet ist. Wenn man den Sinngehalt dieser Pflicht erfassen möchte, muss man sich zwei Dinge vor Augen führen. Zunächst gilt es zu erkennen, dass der Eintritt eines Insolvenzgrundes den Zeitpunkt markiert, ab dem das Unternehmen der Gesellschaft wirtschaftlich gescheitert ist. Das ist im Falle der Zahlungsunfähigkeit (§ 17 Abs. 2 InsO) evident, im Falle der Überschuldung (§ 19 Abs. 2 InsO) aber nicht anders zu beurteilen. Es mag sein, dass eine überschuldete Gesellschaft noch über eine gewisse Zeitspanne hinweg in der Lage wäre, ihre fälligen Zahlungspflichten zu erfüllen. Aber ihr Scheitern ist vorprogrammiert. Denn angesichts der bestehenden Überschuldung können ihr keine hinreichenden Überlebenschancen ausgerechnet werden. Nunmehr kommt ein zweiter Aspekt hinzu. Er betrifft die Frage, auf wessen Kosten das Unternehmen der Gesellschaft eigentlich betrieben wird. Insoweit ist festzustellen, dass sich infolge der Insolvenz das Risiko der unternehmerischen Betätigung der Gesellschaft zusehends bei ihren Gläubigern verdichtet, obwohl diese das erhöhte Geschäftsrisiko einer insolventen Gesellschaft in der Regel gar nicht mittragen wollen. Bei dieser Risikobetrachtung ist zu bedenken, dass sich die Haftung für die Unternehmensverbindlichkeiten auf das Vermögen der Gesellschaft beschränkt (§ 13 Abs. 2 GmbHG). Ist dieses Vermögen wegen der Insolvenz verwirtschaftet,

---

[546]Vgl. MüKo-Emmerich § 311 Rn. 175; kritisch Flume ZIP 1994, 337, 338 f.

B. Der Anspruch aus § 823 Abs. 2

bedeutet die Fortführung des Unternehmens eine einseitige Spekulation auf Kosten der Gläubiger. Dabei lehrt die Erfahrung, dass sich die Vermögenssituation der Gesellschaft im Zuge der Insolvenzverschleppung weiter verschlechtert, sodass sich für die Gläubiger das Ausfallrisiko verschärft.

Vor dem Hintergrund dieser Interessenlage hat der BGH schon früh anerkannt, dass § 64 Abs. 1 GmbHG a. F. ein Schutzgesetz darstellt, in dessen persönlichen Schutzbereich die Gläubiger der Gesellschaft fallen, und zwar unabhängig davon, ob sie bereits vorhanden waren, als die Eröffnung des Insolvenzverfahrens pflichtgemäß hätte beantragt werden müssen (sog. Altgläubiger) oder ob sie erst nach diesem Zeitpunkt hinzugetreten sind (sog. Neugläubiger)[547]:

> Mit diesen Bestimmungen sollen ersichtlich auch die Gläubiger der Gesellschaft geschützt werden. Gerade sie erleiden durch das Unterlassen oder Verzögern des Konkursantrages regelmäßig Schaden. Es liegt daher auf der Hand, dass die Antragspflicht des § 64 Abs. 1 GmbHG auch ihrem Schutz dienen soll. Dieser Schutz der Gläubiger ist um so mehr angebracht, als die Gesellschafter einer GmbH für die Verbindlichkeiten der Gesellschaft nicht persönlich haften.[548]

Im Hinblick auf den sachlichen Schutzbereich des § 64 Abs. 1 GmbHG a. F. hatte der BGH ursprünglich nur die Gefahren im Blick, die den Befriedigungsaussichten der Gläubiger aufgrund der Fortführung des Unternehmens einer insolventen Gesellschaft drohten. Demzufolge wurde der Schutzzweck der Insolvenzantragspflicht darin gesehen zu verhindern,

> dass das zur Befriedigung der Gläubiger erforderliche Gesellschaftsvermögen diesem Zweck entzogen wird. Das Gesellschaftsvermögen soll vielmehr den Gläubigern erhalten bleiben, damit sie daraus ihre Befriedigung erlangen können und vor übermäßigen Konkurseinbußen bewahrt bleiben.[549]

Unter dieser Voraussetzung fällt in den sachlichen Schutzbereich der Insolvenzantragspflicht nur der Ersatz des sog. Quotenschadens. Für die Altgläubiger bedeutet dies, dass sie den Betrag ersetzt verlangen können, um den sich ihre Insolvenzquote, die sie bei rechtzeitiger Insolvenzanmeldung erlangt hätten, durch die Verzögerung der Antragsstellung verringert hat.[550] Da die Neugläubiger zu dem Zeitpunkt, zu dem der Geschäftsführer rechtzeitig Insolvenz hätte anmelden müssen, noch nicht vorhanden waren, ist für die Berechnung ihres Quotenschadens ein anderer Zeitpunkt entscheidend, nämlich der Zeitpunkt, zu dem ihre Forderungen jeweils entstanden sind. Das hat zur Folge, dass für jeden einzelnen Neugläubiger ermittelt werden muss, wie sich seine Quote ab dem Zeitpunkt der Forderungsbegründung durch die weitere Insolvenzverschleppung verringert

---

[547] Grundlegend BGHZ 29, 100, 104; bestätigt durch BGHZ 126, 181, 190 f.
[548] BGHZ 29, 100, 102 f.
[549] BGHZ 29, 100, 105; ebenso BGHZ 100, 19, 23.
[550] BGHZ 126, 181, 190. Wegen § 92 InsO können die Altgläubiger ihren deliktischen Anspruch auf Ersatz des Quotenschadens allerdings nur dann selbst geltend machen, wenn kein Insolvenzverfahren stattfindet.

hat.[551] Dieses mühsame und wenig Erfolg versprechende Unterfangen hat sich seit der Entscheidung BGHZ 126, 181 ff. jedenfalls für die vertraglichen Neugläubiger erübrigt (für die Altgläubiger bleibt es beim Ersatz des Quotenschadens). Sie sollen den Ersatz ihres gesamten Vertrauensschadens, also des Schadens verlangen können, der ihnen dadurch entstanden ist, dass sie in Rechtsbeziehung zu einer überschuldeten oder zahlungsunfähigen Gesellschaft getreten sind. Der BGH hat dieses Ergebnis mit einer Erweiterung des sachlichen Schutzbereichs der Insolvenzantragspflicht begründet (S. 194 ff.):

> Der Normzweck der gesetzlichen Konkursantragspflichten besteht darin, konkursreife Gesellschaften mit beschränktem Haftungsfond vom Geschäftsverkehr fernzuhalten, damit durch das Auftreten solcher Gebilde nicht Gläubiger geschädigt oder gefährdet werden. ... Für juristische Personen mit beschränkter Haftungsmasse besteht nicht nur der zusätzliche Konkursgrund der Überschuldung; nur für sie gibt es auch überhaupt eine – von ihren Organen zu erfüllende – Pflicht zur Konkursanmeldung. Das beruht darauf, dass die Beschränkung der Haftung auf das Vermögen der Gesellschaft (§ 13 Abs. 2 GmbHG) diese Legitimation verloren hat, wenn dieses Vermögen vollständig verwirtschaftet ist. Die Konsequenz besteht nach dem Gesetz nicht in einer nunmehr einsetzenden persönlichen Haftung der Gesellschafter, sondern darin, dass die für die Geschäftsführung verantwortlichen Personen durch Konkursanmeldung für eine rechtzeitige Beseitigung der Gesellschaft zu sorgen haben. Die Konkursantragspflicht ergänzt damit den mit den Kapitalaufbringungs- und -erhaltungsvorschriften bewirkten Gläubigerschutz; zusammen mit diesen stellt sie die Rechtfertigung für das Haftungsprivileg der Gesellschafter dar. ... Den Neugläubigern ist deshalb gegen die Geschäftsführer bei schuldhaftem Verstoß gegen die Konkursantragspflicht ein Anspruch auf Ausgleich des Schadens zuzubilligen, der ihnen dadurch entsteht, dass sie in Rechtsbeziehung zu einer überschuldeten oder zahlungsunfähigen Gesellschaft getreten sind.

Was den Schaden der Neugläubiger betrifft, ist fraglich, ob die Schadensersatzforderung um die Insolvenzquote zu kürzen ist. Das Problem besteht darin, dass die auf den Neugläubiger entfallende Insolvenzquote erst nach Abschluss des Insolvenzverfahrens feststeht. Der Neugläubiger könnte seinen Schaden also bis zu diesem Zeitpunkt nicht errechnen und wäre deshalb an einer Geltendmachung seines Anspruchs gehindert. Zur Lösung dieses Problems weist der BGH folgenden Weg:

> Der gegen § 64 Abs. 1 GmbH-Gesetz verstoßende Geschäftsführer ist verantwortlich dafür, dass es zu der Kreditgewährung des Neugläubigers an die insolvenzreife Gesellschaft überhaupt gekommen ist. Es wäre deshalb sachlich nicht gerechtfertigt, den Neugläubiger darauf zu verweisen, dass er mit der Geltendmachung seines Schadensersatzanspruchs gegen den Geschäftsführer bis zum Abschluss des Insolvenzverfahrens zuwarten müsse. Vielmehr ist dem in voller Höhe ersatzpflichtigen Geschäftsführer entsprechend § 255 BGB – Zug um Zug gegen Zahlung seiner Ersatzleistung – ein Anspruch auf Abtretung der Insolvenzforderung des Neugläubigers gegen die Gesellschaft zuzubilligen, um dem schadensersatzrechtlichen Bereicherungsverbot Rechnung zu tragen.[552]

---

[551]Vgl. BGHZ 29, 100, 107; BGHZ 138, 211, 214.
[552]BGH BB 2007, 791, 973; Altmeppen ZIP 1997, 1173, 1181.

Ob nach den vorstehenden Grundsätzen auch die gesetzlichen Neugläubiger (Fiskus, Sozialversicherungsträger, Delikts- und Bereicherungsgläubiger, Geschäftsführer ohne Auftrag) den Ersatz ihres Vertrauensschadens verlangen können, ist umstritten. Im Schrifttum wird das vor allem für Deliktsgläubiger befürwortet, weil sie die Entstehung ihrer Gläubigerposition nicht verhindern können und deshalb besonders schutzbedürftig sind.[553] Die überwiegend vertretene Gegenposition lehnt diesen Standpunkt u. a. mit der Begründung ab, die Insolvenzantragspflicht schütze die berechtigte Erwartung des Geschäftsverkehrs, dass eine insolvente Gesellschaft als Werbende rechtzeitig vom Markt genommen werde. Diese Erwartung sei zwar für den Vertragsgläubiger bestimmend, scheide aber beim Deliktsgläubiger von vornherein aus.[554] Dieser Ansicht hat sich nunmehr auch der BGH angeschlossen.[555] Die Insolvenzantragspflicht hat nämlich nicht den Zweck, potenzielle Deliktsgläubiger davor zu bewahren, nach Insolvenzreife noch Opfer eines Delikts zu werden. Nach Ansicht des Gerichts bedarf es eines solchen Schutzes in Form der Insolvenzverschleppungshaftung auch nicht. Denn für das Delikt als solches haftet der Geschäftsführer der Gesellschaft ggf. unmittelbar nach der einschlägigen deliktischen Norm.

2. Rechtswidrigkeit
Für die Rechtswidrigkeit ergeben sich keine Besonderheiten gegenüber § 823 Abs. 1. Sie wird durch die Verletzung des Schutzgesetzes indiziert.

3. Verschulden
Die Anforderungen hinsichtlich des Verschuldens bestimmen sich grundsätzlich nach dem Schutzgesetz bzw. den Grundsätzen, die für den Bereich gelten, dem das Schutzgesetz entstammt. Verlangt etwa eine strafrechtliche Norm das Vorliegen von Vorsatz, so kann § 823 Abs. 2 nur bei vorsätzlichem Verhalten verwirklicht sein. Auch hinsichtlich eines Verbotirrtums gelten die strafrechtlichen Grundsätze[556]: „Zwar gilt im Zivilrecht grundsätzlich die Vorsatztheorie, wonach zum Vorsatz auch das Bewusstsein der Rechtswidrigkeit gehört, so dass bei einem Verbotsirrtum die Haftung entfällt. Handelt es sich allerdings um ein Schutzgesetz aus dem Straf- bzw. Ordnungswidrigkeitenrecht, wonach der Verbotsirrtum nur entlastet, wenn er unvermeidbar war (§§ 17 StGB, 11 Abs. 2 OWiG), so gilt dasselbe auch im Anwendungsbereich des § 823 Abs. 2 BGB".

---

[553]Vgl. Reiff/Arnold ZIP 1998, 1893, 1896 ff.; vgl. Lutter/Hommelhoff-Kleindiek, GmbHG, 17. Aufl. 2009, Anh zu § 64 Rn. 76; GroßKommAktG-Spindler, Band 2, 3. Aufl. 2008, § 92 Rn. 51.
[554]In diesem Sinne Altmeppen ZIP 1997, 1173, 1179; siehe ferner Roth/Altmeppen, GmbHG, 6. Aufl. 2009, Vorb. zu § 64 Rn. 135.; Schmidt NJW 1993, 2934; Medicus GmbHR 2000, 7, 9 (zur Anspruchsberechtigung der Sozialversicherungsträger).
[555]BGH NJW 2005, 3137, 3140.
[556]Vgl. BGH NJW 1985, 134.

Falls das Schutzgesetz selbst kein Verschulden fordert, verlangt § 823 Abs. 2 S. 2 jedoch das Vorliegen von Verschulden nach zivilrechtlichen Maßstäben. Beispiel: Wenn man § 858 als Schutzgesetz ansieht,[557] dann ist eine Haftung aus § 823 Abs. 2 i. V. m. § 858 nur bei schuldhafter verbotener Eigenmacht möglich.

III. Beweislast

Zur Durchsetzung seines Anspruches muss der Geschädigte wie bei § 823 Abs. 1 die Anspruchsvoraussetzungen im Streitfalle beweisen. Dabei kommen ihm allerdings wichtige Beweiserleichterungen zugute.

Hinsichtlich der Kausalität gilt: Steht fest, dass gegen das Schutzgesetz verstoßen wurde und sich eine von dieser Norm umfasste typische Gefahr verwirklicht hat, spricht grundsätzlich der Beweis des ersten Anscheins dafür, dass der Verstoß für den Schadenseintritt ursächlich war.[558] Aus dieser Beweiserleichterung hinsichtlich der Kausalität können sich bedeutsame Unterschiede in der Anspruchsrealisierung im Verhältnis zu § 823 Abs. 1, insbesondere bei abstrakten Gefährdungsdelikten, ergeben:

> *BGHZ 103, 197 ff.:* Der Kläger verlangt vom Beklagten Schadensersatz wegen des Verlustes seines Rechts auf Unterhalt gegen seinen Vater, der bei einer Schlägerei, an der der Beklagte mit fünf anderen Tätern beteiligt war, getötet worden ist. Der Beklagte wurde u. a. wegen Beteiligung an einer Schlägerei (§ 231 StGB) rechtskräftig verurteilt. Der Beklagte wehrt sich gegen den Schadensersatzanspruch mit der Begründung, er habe dem Vater des Klägers lediglich Fausthiebe und Fußtritte versetzt, habe an der Schlägerei nicht mehr teilgenommen, als es zu dem tödlichen Messerstich gekommen sei.

Für die Begründung eines auf § 823 Abs. 1 gestützten Schadensersatzanspruchs reichte die bloße Verurteilung nach § 231 StGB nicht aus. Denn der Anspruchsteller ist hinsichtlich der Kausalität beweisverpflichtet.

Auch für die deliktische Haftung nach § 823 Abs. 2 ist ein Zurechnungszusammenhang zwischen dem vorwerfbaren Verhalten des Schädigers und der Schädigung erforderlich. Dies gilt auch in den Fällen der Verletzung von Schutzgesetzen, die einen abstrakten Gefährdungstatbestand normieren. Nach Auffassung des BGH (S. 202) entspricht dem strafrechtlichen Normgehalt des § 231 StGB im Rahmen des § 823 Abs. 2 eine sich auf das gesetzliche Schutzanliegen berufende Vermutung, dass der jeweilige Teilnahmebeitrag an der Schlägerei für die durch sie verursachte schwere Verletzungsfolge nicht nur in einem kausalen, sondern auch in einem rechtlich wertenden Zusammenhang mit seinem Unrechtsgehalt gestanden hat. Diese Vermutung muss derjenige, der den Tatbestand des abstrakten Gefährdungsdeliktes verwirklicht hat, durch einen Entlastungsbeweis widerlegen.

---

[557]Vgl. zu dieser Frage Medicus/Petersen BR Rn. 621.
[558]BGH NJW 1984, 432, 433; NJW 1994, 945, 946.

Andernfalls haftet er nach § 823 Abs. 2. Auch bei einer Inanspruchnahme aus § 823 Abs. 2 i. V. m. § 263 StGB wegen eines Eingehungsbetrugs durch fehlerhafte Beratung verbleibt die Darlegungs- und Beweislast für den Fortbestand des Irrtums beim Anspruchsteller.[559]

Hinsichtlich des Verschuldens gilt: Grundsätzlich indiziert die Verletzung des objektiven Tatbestandes eines Schutzgesetzes das Verschulden des Schädigers. Er muss deshalb in der Regel Umstände darlegen und beweisen, die geeignet sind, die Annahme eines Verschuldens auszuräumen. Das gilt aber nur, wenn das Schutzgesetz das geforderte Verhalten bereits so konkret umschreibt, dass mit der Verwirklichung des objektiven Tatbestandes der Schluss auf einen subjektiven Schuldvorwurf nahe liegt. Beschränkt sich das Schutzgesetz dagegen darauf, einen bestimmten Verletzungserfolg zu verbieten, so löst die bloße Verwirklichung einer solchen Verbotsnorm keine Indizwirkung in Bezug auf das Verschulden aus.[560]

C. Der Anspruch aus § 824

I. Funktion der Vorschrift

Der Schutz der Ehre ist vom BGB-Gesetzgeber nur mit Zurückhaltung ausgeformt worden.[561] § 824 bezieht sich ausschließlich auf den Bereich der Geschäftsehre.[562] Die Vorschrift bezweckt die Verhinderung von beruflichen und geschäftlichen Nachteilen durch falsche Tatsachenäußerungen. Dieser Schutzzweck wird zum Teil bereits über § 823 i. V. m. § 186 f. StGB angestrebt. Doch setzen diese strafrechtlichen Vorschriften Kenntnis der Unrichtigkeit der Tatsache voraus, während für § 824 fahrlässige Unkenntnis ausreicht. Aber diese Parallelität der Schutzrichtung zeigt, dass § 824 Abs. 1 seiner dogmatischen Struktur nach einem Schutzgesetz im Sinne von § 823 Abs. 2 entspricht[563] und damit den Ersatz reiner Vermögensschäden bei geschäftsschädigenden Äußerungen ermöglicht.

---

[559]BGH NJW-RR 2011, 1661.
[560]Vgl. BGHZ 116, 104, 114 f.: Der BGH lehnte die Indizwirkung bei § 8 LMBG, der das Herstellen und Inverkehrbringen gesundheitsschädlicher Lebensmittel verbietet, ab, weil konkrete Verhaltensanweisungen in dieser Vorschrift nicht enthalten sind.
[561]Siehe dazu oben A. II. 1.5.1.
[562]Vgl. Medicus/Lorenz SBT Rn. 1295.
[563]Larenz/Canaris SBT 2 § 79 I 1 a.

II. Tatbestandliche Voraussetzungen

Unwahre Tatsache
Behaupten oder Verbreiten
Eignung zur Kreditgefährdung
Rechtswidrigkeit
Verschulden

1.Unwahre Tatsache
§ 824 schützt nur vor unwahren Tatsachenbehauptungen. Das Tatbestandsmerkmal Tatsache steht im Gegensatz zum Werturteil. Die Abgrenzung zwischen beiden Begriffen ist entscheidend für den Betroffenen. Liegt keine Tatsachenbehauptung vor, scheidet § 824 Abs. 1 als Anspruchsgrundlage aus. Ein Schadensersatzanspruch lässt sich dann nur noch über § 823 Abs. 2 i. V. m. § 186 StGB oder über die Verletzung eines Rahmenrechtes[564] begründen.

Tatsachen sind alle konkreten Geschehnisse oder konkreten Zustände der Gegenwart oder der Vergangenheit, die sinnlich wahrnehmbar in Erscheinung getreten und daher dem Beweis – zumindest theoretisch – zugänglich sind.[565] Tatsachen zeichnen sich also durch ihren primär deskriptiv-empirischen Gehalt aus.[566]

Werturteile sind dagegen Äußerungen, die eine subjektive Bewertung aus der Sichtweise des Äußernden beinhalten.[567] Das Werturteil zeichnet sich also durch die Wiedergabe subjektiver Überzeugungen aus, wie dies für Billigung, Missbilligung oder Stellungnahmen typisch ist.[568]

Mit dieser begrifflichen Fassung lassen sich aber noch nicht alle Abgrenzungsfragen lösen. Problematisch sind vor allem Äußerungen, in denen sich Tatsachen- und Wertungselemente gleichzeitig finden. Die Abgrenzung darf nicht allein nach begrifflich-definitorischen Gesichtspunkten erfolgen. Vielmehr ist eine funktionale, am Schutzzweck des § 824 Abs. 1 orientierte Betrachtungsweise geboten. D. h. sie ist vor dem Hintergrund der beteiligten Interessen und der Entscheidung des Gesetzgebers in § 824 Abs. 1 vorzunehmen. Das Interesse des von der Aussage Betroffenen spricht für eine weite Auslegung des Begriffs der Tatsache. In die entgegengesetzte Richtung geht das Interesse der äußernden Person, die die Meinungsfreiheit für Werturteile beansprucht.[569] Bei der Bewertung dieses Interessenkonflikts ist die gesetzgeberische Entscheidung zu berücksichtigen. Nur Tatsachen wollte der Gesetzgeber als haftungsrechtlichen Anknüpfungspunkt in

---

[564]Siehe oben A. II. 1.5 und 1.6.
[565]RGZ 101, 335, 337; BGH NJW 1993, 930, 931.
[566]Larenz/Canaris SBT 2 § 79 I 2 a.
[567]RGZ 101, 335, 337; BGHZ 3, 270, 274.
[568]Larenz/Canaris SBT 2 § 79 I 2 a.
[569]Zu dieser Interessenkonstellation Erman-Schiemann § 824 Rn. 2.

C. Der Anspruch aus § 824

§ 824 Abs. 1 nehmen, weil diese im Gegensatz zu Werturteilen für die Geschäftsehre regelmäßig gefährlicher sind.[570] Danach kommt es bei Äußerungen, die sowohl Tatsachenbehauptungen als auch Meinungsäußerungen oder Werturteile enthalten, auf den Kern oder die Prägung der Aussage an, insbesondere ob die Äußerung insgesamt durch ein Werturteil geprägt ist und ihr Tatsachengehalt gegenüber der subjektiven Wertung in den Hintergrund tritt oder aber ob überwiegend, wenn auch vermischt mit Wertungen, über tatsächliche Vorgänge oder Zustände berichtet wird.[571]

Vor diesem Hintergrund ist die Tendenz der Rechtsprechung zu verstehen, eher zur Annahme eines Werturteils zu gelangen, um den verfassungsrechtlich gewährleisteten Meinungswettstreit zu ermöglichen, vgl. etwa

> *BVerfG NJW 1992, 1439:* In einem Flugblatt hieß es über den Chemiekonzern B: Gefahren für die Demokratie. In ihrer grenzenlosen Sucht nach Gewinnen und Profiten verletzt B demokratische Prinzipien, Menschenrechte und politische Fairness. Missliebige Kritiker werden bespitzelt und unter Druck gesetzt, rechte und willfährige Politiker werden unterstützt und finanziert.

Das BVerfG lehnt die Auffassung der Vorinstanzen, wonach eine Tatsachenbehauptung i. S. d. § 824 Abs. 1 vorgelegen habe, ab (S. 1439):

> In solchen Fällen ist der Begriff der Meinung im Interesse eines wirksamen Grundrechtsschutzes weit zu verstehen: Sofern eine Äußerung, in der Tatsachen und Meinungen sich vermengen, durch die Elemente der Stellungnahme, des Dafürhaltens und Meinens geprägt ist, wird sie als Meinung von dem Grundrecht geschützt. Das gilt insbesondere dann, wenn eine Trennung der wertenden und der tatsächlichen Gehalte den Sinn der Äußerung aufhöbe oder verfälschte. Würde in einem solchen Fall das tatsächliche Element als ausschlaggebend angesehen, so könnte der grundrechtliche Schutz der Meinungsfreiheit wesentlich verkürzt werden.

Allerdings darf bei aller Betonung der Meinungsfreiheit nicht der Eindruck entstehen, dass etwa eine Vermutung für das Vorliegen eines Werturteils spreche. Es ist stets sorgfältig zu prüfen, ob die Tatsachensubstanz innerhalb einer umfassenderen Äußerung so stark von den dahinter stehenden Wertungen überlagert wird, dass sie in diesen Wertungen aufgeht.[572]

---

[570] Sehr treffend hierzu BGB-RGRK-Steffen § 824 Rn. 12: „Die Tatsachen-Aussage ist haftungsrechtlich hervorgehoben, weil sie für den Kredit des Betroffenen gefährlicher ist als das Werturteil und weil die grundsätzliche Gleichwertigkeit von Bewahrungsinteresse des Unternehmens und Kritikerfreiheit diese Haftungsbeschränkung nötig macht. Die unwahre Tatsachenaussage gefährdet den wirtschaftlichen Ruf des Betroffenen mehr als das ungerechte Werturteil. Sie nimmt in Anspruch, dass das Behauptete objektiv kontrollierbar (beweisbar) ist und man sich ihm daher anvertrauen kann. Demgegenüber gibt sich das Werturteil als bloße subjektive Stellungnahme des Kritikers zu erkennen; es stellt sich selbst unter einen Irrtumsvorbehalt der persönlichen Überzeugung".

[571] BGHZ 166, 84, 100.

[572] Vgl. dazu den instruktiven Fall BGH NJW 1994, 2614 (Bericht eines Nachrichtenmagazins über einen Börsenjournalisten mit der Bemerkung, er habe schon zweimal Pleite gemacht).

Eine wichtige Rolle spielt die Abgrenzung von Tatsache und Werturteil bei *Warentests*. In dem Warentesturteil[573] hatte der BGH die Auffassung vertreten, dass Testberichte in der Regel als Werturteile anzusehen sind.[574] Obwohl in solchen Testberichten auch Fakten und Tatsachen enthalten sind, komme durch die Herausstellung der Testergebnisse mit Noten, Prädikaten usw. der vorrangig wertende Charakter zum Ausdruck. Das Resümee des BGH (S. 336):

> In jedem Fall wäre aber zu beachten, dass ein Testbericht im allgemeinen als Gesamtheit rechtlich zu beurteilen ist. Liegt wie bei dem vorliegenden Testbericht der Schwerpunkt in wertenden Äußerungen und werden die Grundlagen des Testverfahrens und die bei der Gewichtung berücksichtigten Gesichtspunkte offengelegt, dann wird, wenn sich der Betroffene dadurch beeinträchtigt fühlt, größte Zurückhaltung gegenüber der Behandlung als selbständige tatsächliche Äußerungen im Rechtssinne geboten sein. Nur wenn einer Äußerung jeder Wertungscharakter abgeht und in ihrem tatsächlichen Gehalt im Rahmen des Testberichts eigenständige Bedeutung zukommen sollte, kann das anders sein.[575]

Insgesamt kann man die Position der Rechtsprechung bei Äußerungen, die Tatsachen- und Wertungselemente enthalten, dahin gehend zusammenfassen, dass es darauf ankommt, ob der Tatsachen- oder der Wertungscharakter überwiegt.[576] Insofern kann man von einer *Schwerpunkttheorie* sprechen.[577]

Ebenfalls relevant ist die Abgrenzung von Tatsache und Werturteil bei *Bonitätsbeurteilungen*. Beispielsweise hatte der BGH über die negative Bonitätsbeurteilung einer beklagten Wirtschaftsauskunftei zu urteilen aufgrund derer sich der Kläger in seinen Rechten verletzt fühlte.[578] Einen Anspruch des Klägers aus § 824 lehnte der BGH jedoch ab. Er begründete dies damit, dass es sich bei einer Bonitätsbeurteilung um ein Werturteil handele; diesem lägen wahre Tatsachen zugrunde. Nur wenn die Beurteilung auf einer falschen Tatsachengrundlage beruhe, komme ein Anspruch aus § 823 Abs. 1 wegen Eingriffs in den eingerichteten und ausgeübten Gewerbebetrieb in Betracht. Dies verneinte der BGH im entschiedenen Fall.[579]

---

[573] BGHZ 65, 325. Zum Sachverhalt siehe oben A. II. 1.6.3.

[574] Zum prominenten Fall einer Tatsachebehauptung („Wir haben den chemisch hergestellten Aromastoff Piperonal nachgewiesen") bei der Schokolade Ritter Sport Voll-Nuss OLG München NJW-RR 2015, 422.

[575] Die Eigenständigkeit und damit den Tatsachencharakter eines Testberichts hat der BGH in einem Falle bejaht (vgl. BGH NJW 1989, 1923), in dem Lautsprecherboxen getestet wurden. Anhand von Abbildungen wurden Lautsprecherklemmen und -kabel als zu klein kritisiert, obwohl die klägerische Firma schon vor dem Testbericht solche Boxen nicht mehr an den Handel auslieferte, sondern Modelle mit dickeren Kabeln und Klemmen herstellte.

[576] Jauernig-Teichmann § 824 Rn. 4.

[577] So Larenz/Canaris SBT 2 § 79 I 2 d, die deswegen eine Trennungslösung befürworten, nach der zwischen den Tatsachen- und den Wertungselementen einer Äußerung zu differenzieren ist.

[578] BGH DB 2011, 873.

[579] BGH DB 2011, 873, 874.

C. Der Anspruch aus § 824

Die verbreiteten Tatsachen müssen *unwahr* sein. Die Unwahrheit muss sich aus dem Gesamtcharakter der Äußerung ergeben.[580]

Aufsehen nicht nur in juristischen Fachkreisen hat der Rechtsstreit Kirch gegen Deutsche Bank und ihrem damaligen Vorstandsvorsitzenden Breuer erregt.[581] In der Sache ging es um ein Interview, das Breuer gegeben hatte. Auf die angespannte Situation der Kirch-Gruppe, einem Medienunternehmen, angesprochen, hatte dieser erklärt: „Was alles man darüber lesen und hören kann ist ja, dass der Finanzsektor nicht bereit ist, auf unveränderter Basis noch weitere Fremd- oder gar Eigenmittel zur Verfügung zu stellen." Fast genau zwei Monate später stellte die Kirch Media Insolvenzantrag. Während im Verhältnis zur Deutschen Bank eine vertragliche Haftung wegen Verletzung des Bankgeheimnisses in Betracht kam, konnte deren Vorstandsvorsitzender nur aus deliktsrechtlichen Gründen haftbar gemacht werden. Damit rückt vorrangig § 824 in den Blick. Insoweit bereitet schon die Feststellung des Aussagegehalts Schwierigkeiten. Handelt es sich nur um eine Meinungsäußerung, weil der Erklärende Schlussfolgerungen daraus zieht, was man „alles lesen und hören kann"? Oder beinhaltet die Äußerung eine Tatsachenbehauptung, nämlich dass die Kirch-Gruppe kreditunwürdig sei? Dafür spricht die berufliche Position des Erklärenden, kraft derer er über ein besonderes Wissen verfügt und kraft derer er selbst dem Finanzsektor zuzurechnen ist, über dessen weitere Finanzierungsbereitschaft er sich äußert. Oder erschöpft sich die Tatsachenbehauptung darin, was der Erklärende gelesen und gehört hat? Das OLG München ist von einer Tatsachenbehauptung ausgegangen, die es unter den beiden soeben aufgezeigten Aspekten für wahr gehalten hat. Im Ergebnis hat das Gericht einen Anspruch gegen den Vorstandsvorsitzenden der Deutschen Bank sowohl nach § 824 als auch nach § 823 Abs. 1 (eingerichteter und ausgeübter Gewerbebetrieb) verneint.[582] Der BGH sah in den Äußerungen keine Tatsachenbehauptung, sondern eine Meinungsäußerung. Er musste die Streitfrage aber nicht endgültig entscheiden, weil bei Annahme einer Tatsachenbehauptung diese als wahr anzusehen war.[583] Der BGH bejahte indes einen Anspruch aus eingerichtetem und ausgeübtem Gewerbebetrieb.[584]

2. Behaupten oder Verbreiten

Behaupten ist die Mitteilung einer Tatsache als Gegenstand eigenen Wissens oder eigener Überzeugung.

Verbreiten einer Tatsache ist die Weitergabe der Behauptung eines Dritten, ohne dass sich der Weitergebende mit dieser Äußerung identifiziert.

---

[580] BGH NJW 1987, 1403.
[581] OLG München NJW 2004, 224; dazu Petersen, Das Bankgeheimnis zwischen Individualschutz und Institutionsschutz, 2004, S. 47.
[582] OLG München NJW 2004, 224.
[583] BGHZ 166, 84, 102.
[584] Zur Anwendbarkeit der Grundsätze der eingerichteten und ausgeübten Gewerbebetriebe siehe unten IV.

3. Eignung zur Kreditgefährdung

Der Inhalt der Tatsache muss geeignet sein, dass andere aufgrund der Kenntnis dieser Tatsache die Kreditwürdigkeit des Betroffenen schlechter einstufen oder sonst negative Verhaltensweisen mit Auswirkungen beruflicher oder geschäftlicher Art für den Betroffenen zeigen. Nicht ausreichend ist es, wenn Tatsachen über Produkte behauptet werden, die von mehreren Herstellern angeboten werden.[585] Namentliche Nennung ist aber nicht erforderlich, wenn nur der Betroffene durch andere Umstände von einem Teil des Adressatenkreises identifiziert werden kann.[586]

§ 824 Abs. 1 gilt nicht für die hoheitliche Tätigkeit des Staates, wohl aber für solche staatlichen Behörden oder Unternehmen, die wie ein Privatmann am Wirtschaftsleben teilnehmen.[587] Den Schutzbereich des § 824 Abs. 1 sieht der BGH nicht mehr als gegeben an, wenn Tatsachenäußerungen gemacht werden, aufgrund derer Nachteile nicht von „Geschäftspartnern" im weitesten Sinne (Kreditgeber, Abnehmer und Lieferanten, Auftrag- und Arbeitgeber) zu erwarten sind, sondern von „Außenstehenden".[588]

4. Rechtswidrigkeit

Unwahre Behauptungen sind grundsätzlich rechtswidrig. Die Rechtswidrigkeit ist zu verneinen, wenn die Voraussetzungen des § 824 Abs. 2 vorliegen. Die dogmatische Einordnung dieser Bestimmung, die vom BGB-Gesetzgeber im Interesse von Auskunfteien geschaffen wurde[589], ist umstritten. Von der (wohl) herrschenden Meinung wird sie als Rechtfertigungsgrund betrachtet.[590] Eine andere Auffassung sieht in der Vorschrift einen Entschuldigungsgrund.[591] Der Streit hat praktische Auswirkungen für die Frage des Widerrufs einer unwahren Behauptung bei Vorliegen berechtigter Interessen.[592]

Die Feststellung berechtigter Interessen verlangt eine umfassende Abwägung zwischen den Interessen der Betroffenen und den öffentlichen und privaten Kommunikationsinteressen. Die h. M. verlangt auch eine Prüfung der Zuverlässigkeit der Erkenntnisquellen.[593]

---

[585] BGH NJW 1963, 1871.

[586] BGH NJW 1992, 1312, 1313 (was im konkreten Falle aber zu verneinen war).

[587] BGHZ 90, 113, 117: Bejaht für die Bundesbahn.

[588] BGHZ 90, 113, 119 ff. Im konkreten Falle ging es um Behauptungen einer als Verein organisierten Bürgerinitiative gegen Pläne der Bundesbahn zum Neubau einer Schnellverbindung. Dass aufgrund dieser Behauptungen Kommunen oder Bürger gegen das Vorhaben vorgingen, seien Gefährdungen, denen § 824 nicht begegnen will (str., vgl. Erman-Schiemann § 824 Rn. 6).

[589] Prot. II 638.

[590] Kritisch dazu Soergel-Beater § 824 Rn. 40.

[591] Larenz/Canaris SBT 2 § 79 I 4 d.

[592] Denn wenn Rechtswidrigkeit zu bejahen ist, lediglich ein Entschuldigungsgrund vorliegt, ist dennoch ein Unterlassungsanspruch gegeben. Dieses Ergebnis lässt sich aber auch auf der Basis der h. M. erreichen, vgl. dazu Erman-Schiemann § 824 Rn. 10.

[593] Vgl. Erman-Schiemann § 824 Rn. 11; BGH NJW 1987, 1403.

5. Verschulden

Das Verschulden muss sich sowohl auf die Unwahrheit der Tatsache wie die Eignung zur Kreditgefährdung beziehen.

III. Beweislast

Der Geschädigte muss alle haftungsbegründenden Voraussetzungen, insbesondere die Unwahrheit der Tatsache und das Verschulden des Täters, beweisen. Dieser trägt dagegen die Beweislast für das Vorliegen von berechtigten Interessen (§ 824 Abs. 2).

IV. Konkurrenzen

§ 824 wird durch wettbewerbsrechtliche Vorschriften nicht verdrängt, was insbesondere für die Verjährung Bedeutung haben kann.[594] § 824 ist aber Spezialnorm gegenüber § 823 Abs. 1, soweit ein Eingriff in das Recht am eingerichteten und ausgeübten Gewerbebetrieb wegen unwahrer Tatsachenbehauptungen infrage steht.[595] Stehen wahre Tatsachen im Raum oder Werturteile und Meinungen, die die wirtschaftliche Wertschätzung, also Kredit, Erwerb und Fortkommen eines konkret Betroffenen beeinträchtigen, kommt ein Anspruch wegen Verletzung des Rechts am eingerichteten und ausgeübten Gewerbebetriebs in Betracht.[596]

D. Der Anspruch aus § 826

I. Funktion der Vorschrift

Neben § 823 Abs. 1 („sonstiges Recht") und § 823 Abs. 2 ist § 826 die dritte „kleine Generalklausel" im Deliktsrecht des BGB.[597] Entsprechend seiner Konzeption als „Generaltatbestand"[598] verlangt § 826 nicht die Verletzung eines Rechtsguts, vielmehr sind auch reine Vermögensschäden ersatzfähig.

Auf diese Weise erfüllt § 826 gegenüber § 823 eine wichtige *Ergänzungsfunktion*.[599] Indem § 826 die Haftung an eine sittenwidrige

---

[594] Vgl. BGB-RGRK-Steffen § 824 Rn. 9.
[595] BGHZ 138, 311, 315.
[596] BGHZ 166, 84, 108.
[597] Medicus/Lorenz SBT § 150. Siehe auch oben 1. Kap. A. II.
[598] Esser/Weyers § 56 II 1.
[599] Larenz/Canaris SBT 2 § 78 I 2 a.

Schädigung knüpft, erfüllt die Vorschrift gleichzeitig eine Legitimationsfunktion für die richterliche Rechtsfortbildung.[600] Ähnlich wie § 138 für den rechtsgeschäftlichen Bereich eröffnet § 826 für das Deliktsrecht die Möglichkeit, deliktsrechtlich relevantes Verhalten an den Maßstäben der vorherrschenden Wertvorstellungen zu messen.

Mit seinen strengen Voraussetzungen (vorsätzliche und sittenwidrige Schädigung) trägt § 826 gleichzeitig dem gesetzgeberischen Anliegen Rechnung, eine Ausuferung der Deliktshaftung zu vermeiden.[601] Insofern können wir von einer Begrenzungsfunktion[602] des § 826 sprechen.

Der Flexibilität des Tatbestandes des § 826 entsprechen naturgemäß erhebliche Probleme in der praktischen Konkretisierung der Vorschrift.[603] In der dogmatischen Arbeit wurde deshalb versucht, durch Zusammenfassung verschiedener Fälle zu Fallgruppen eine Orientierungshilfe bei der Anwendung der Vorschrift zu geben.

II. Tatbestandliche Voraussetzungen

Schaden
Verstoß gegen die guten Sitten
Vorsatz

1. Schaden

Es empfiehlt sich, die Prüfung der Anspruchsvoraussetzungen des § 826 mit dem Merkmal der Schadenszufügung zu beginnen, da sich die subjektiven Elemente des Tatbestandes auf den Schaden beziehen müssen. Für Inhalt und Umfang des Schadensersatzes gelten die §§ 249 ff. Wie für § 823 gilt auch für § 826, dass der Schaden innerhalb des Schutzzweckzusammenhanges liegen muss.[604] Beispiel[605]: Wer ein Kfz durch sittenwidrige Täuschung verkauft hat, haftet dem Käufer nicht für Schäden aus einem Unfall, der mit der Täuschung nichts zu tun hat.

Am Vorliegen eines Schadens kann es fehlen, wenn sich dieser aus dem Abschluss eines nachteiligen Rechtsgeschäfts ergeben könnte, welches zwar auf einer arglistigen Täuschung durch den Schädiger beruht, aber nach § 138 nichtig ist oder gem. § 123 BGB angefochten wurde.[606]

---

[600]Larenz/Canaris SBT 2 § 78 I 2 b.

[601]Siehe dazu oben 1. Kap. A. II.

[602]So Larenz/Canaris SBT 2 § 78 I 2 c.

[603]Medicus/Lorenz SBT Rn. 1336: „Der Anwendungsbereich des § 826 reicht ebenso weit wie die menschliche Bosheit".

[604]Larenz/Canaris SBT 2 § 78 II 3.

[605]Nach Erman-Schiemann § 826 Rn. 16.

[606]Zur selbstständigen Bedeutung des § 826 gegenüber § 138 vgl. Medicus/Petersen BR Rn. 626.

2. Verstoß gegen die guten Sitten

Bei diesem Tatbestandsmerkmal sind *objektive* und *subjektive Erfordernisse* zu unterscheiden.[607] Das Verhalten des Schädigers muss objektiv einen Verstoß gegen die guten Sitten darstellen. Die größten Schwierigkeiten im Rahmen des § 826 bereitet die Konkretisierung des unbestimmten Rechtsbegriffs der guten Sitten. Einig ist man sich, dass es nicht auf eine bestimmte religiöse oder philosophische Ethik ankommen kann.[608] Zum Teil wird die Konkretisierung des Begriffs unter Bezug auf *soziale Wertvorstellungen* verlangt, die innerhalb des betreffenden gesellschaftlichen Teilbereichs unbestritten sind.[609] Wegen der Schwierigkeit, die sozialethischen Wertvorstellungen zu erfassen, schlagen andere Autoren vor, auf spezifisch *rechtliche Wertungen* zurückzugreifen.[610]

Die einzelnen Positionen dürfen nicht als gegensätzlich verstanden werden. Denn auch gesetzliche Wertungen sind häufig nicht ohne Bezugnahme auf die dahinter stehenden gesellschaftlichen Wertvorstellungen zu bestimmen. Sicherlich nicht ausreichend ist, die lange Zeit im Anschluss an RGZ 48, 124 benutzte Formel vom „Anstandsgefühl aller billig und gerecht Denkenden" zur Bestimmung der Sittenwidrigkeit heranzuziehen. Denn diese Formel löst das Problem nicht, verweist vielmehr erst wiederum auf die Entwicklung entscheidungsrelevanter Maßstäbe. Wichtig ist, den Zweck des § 826 stets im Auge zu behalten. § 826 hat die schadensrechtliche Sanktionierung verwerflichen Verhaltens zum Gegenstand. Ziel ist es also, zu verhindern, dass jemand allgemein akzeptierte Verhaltensstandards ignoriert. Diese Verhaltensstandards können wir als ein von jedermann akzeptiertes Minimum verstehen, das sich sowohl aus sozialethischen wie rechtsethischen Elementen zusammensetzt. In negativer Abgrenzung genügt nach der Rspr. des BGH für die Sittenwidrigkeit im Allgemeinen nicht schon, dass der Handelnde vertragliche Pflichten oder das Gesetz verletzt oder bei einem anderen einen Vermögensschaden hervorruft. Aus dem verfolgten Ziel, den eingesetzten Mitteln, der zutage tretenden Gesinnung oder den eingetretenen Folgen muss sich in solchen Fällen eine besondere Verwerflichkeit seines Verhaltens ergeben.[611] Durch die Herausbildung von Fallgruppen[612], in denen sich Wertungserfahrungen verdichten[613], kann die Rechtssicherheit gefördert werden.

Steht objektiv ein Verstoß gegen die guten Sitten fest, so müssen zusätzlich subjektive Elemente in der Person des Schädigers geprüft werden. Allerdings wird nicht verlangt, dass der Schädiger das Bewusstsein der Sittenwidrigkeit gehabt habe. Dies wäre eine Begünstigung solcher Schädiger, denen es an einem

---

[607] Vgl. Jauernig-Teichmann § 826 Rn. 4 f.
[608] Vgl. Larenz/Canaris SBT 2 § 78 II 1 a.
[609] So Brüggemeier, Deliktsrecht, Rn. 844.
[610] Larenz/Canaris SBT 2 § 78 II 1 a.
[611] Zusammenfassend BGH NJW 2014, 1380.
[612] Siehe dazu unten III.
[613] Erman-Schiemann § 826 Rn. 5.

Verständnis für ein sozialethisches oder rechtsethisches Minimum mangelt.[614] Vielmehr wird verlangt, dass der Schädiger die *tatsächlichen Umstände* gekannt hat, aus denen sich die Sittenwidrigkeit ergibt.[615]

Handelt jemand in dieser Weise sittenwidrig, so ist damit gleichzeitig die Rechtswidrigkeit zu bejahen. Dem Merkmal der Rechtswidrigkeit kommt deshalb für den Anspruch aus § 826 keine besondere Bedeutung zu.[616]

3. Vorsatz

§ 826 verlangt *vorsätzliche Schadenszufügung*. Damit unterscheidet sich diese Vorschrift klar von § 823 Abs. 1 (und auch § 823 Abs. 2). Bei § 823 Abs. 1 steht der Schaden nur auf der Rechtsfolgenseite, sodass sich das Verschulden nur auf die Rechtsgutverletzung, nicht aber auf den Eintritt des Schadens beziehen muss.[617] Demgegenüber verlangt § 826, dass der Schaden vom Vorsatz des Schädigers umfasst wird. Es genügt allerdings bedingter Vorsatz (dolus eventualis), d. h. der Handelnde muss den Schadenseintritt voraussehen und ihn billigend in Kauf nehmen.[618]

Der Schadensverlauf muss nicht in allen Einzelheiten vom Vorsatz umfasst sein, es genügt eine allgemeine Vorstellung hinsichtlich der Schadensentwicklung.[619] Entscheidend ist, dass der Schädiger Art und Richtung des Schadensverlaufs in seine Vorstellungen mit aufgenommen hat.[620] Bei der Annahme bedingten Vorsatzes des Erstverkäufers gegenüber Geschädigten, die den Gegenstand im Wege der Weiterveräußerung erlangt haben, ist die Rspr. zurückhaltend.[621]

III. Fallgruppen

Unter II. 2. wurde bereits darauf hingewiesen, dass die Fallgruppenbildung einen wesentlichen Beitrag bei der Konkretisierung des Rechtsbegriffs der guten Sitten leistet und damit die Rechtssicherheit fördert. In bestehende Fallgruppen lassen sich neue Sachverhalte „kraft innerer Gleichheit oder schrittweiser Fortentwicklung schon bestehender Regeln mit nur gelegentlichen Schwierigkeiten einordnen".[622] Im folgenden sollen die wichtigsten Fallgruppen vorgestellt werden. Vollständigkeit kann hierbei nicht angestrebt werden. Bezüglich weiterer Fallgruppen und Einzelheiten ist auf die Kommentarliteratur zu verweisen.

---

[614] BGH NJW 1988, 1967.
[615] Vgl. Erman-Schiemann § 826 Rn. 11 mit Rechtsprechungsnachweisen.
[616] Jauernig-Teichmann § 826 Rn. 9.
[617] Medicus/Petersen BR Rn. 623.
[618] Kötz/Wagner Rn. 269. Ausführlich zum subjektiven Tatbestand des § 826 Sach NJW 2006, 945 ff. Zur Abgrenzung von bedingtem Vorsatz und Fahrlässigkeit BGH NJW-RR 2012, 404.
[619] Medicus/Lorenz SBT Rn. 1332.
[620] BGH NJW 1991, 634 f.
[621] Vgl. OLG Braunschweig NJW 2007, 609, 610.
[622] Esser/Weyers § 56 II 2.

1. Falsche Auskünfte, Zeugnisse, Gutachten

Die heutige Gesellschaft ist mehr denn je auf verlässliche Informationen angewiesen. Solche Informationen sind häufig in Dokumenten enthalten, in die die Empfänger erhöhtes Vertrauen setzen.[623] Ein solches Dokument ist beispielsweise das Dienstzeugnis (§ 630) bzw. Arbeitszeugnis (§ 109 GewO). So haftet ein Arbeitgeber, der seinen Mitarbeiter im Arbeitszeugnis leichtfertig als zuverlässig und verantwortungsbewusst bezeichnet, obwohl dieser im Betrieb ein Vermögensdelikt begangen hat, nach § 826 gegenüber dem neuen Arbeitgeber, der auf die Richtigkeit des vorgelegten Arbeitszeugnisses vertraut und bei dem der Mitarbeiter dann ebenfalls ein Vermögensdelikt begeht.[624]

Auch der Staat ist bei der Vergabe öffentlicher Mittel auf die Richtigkeit der in einem Antragsformular abverlangten Auskünfte angewiesen. Wer wissentlich in Anträgen auf zweckgebundene öffentliche Mittel falsche Angaben macht oder solche Anträge in Kenntnis von deren Unrichtigkeit an die zuständige Stelle weiterleitet und damit erreicht, dass zweckgebundene Mittel ausbezahlt werden, ohne dass der erstrebte Zweck verwirklicht wird, haftet regelmäßig nach § 826.[625]

Zunehmende Bedeutung gewinnt § 826 derzeit für den Bereich des Kapitalmarkts. Neben seiner bisherigen Relevanz, etwa für Fälle falscher Auskünfte über die Kreditwürdigkeit einer Person[626], ist § 826 im Hinblick auf die Problematik von Fehlinformationen im Vorfeld von Kapitalanlageentscheidungen in den Fokus der höchstrichterlichen Rechtsprechung gerückt.[627] Investitionsentscheidungen des Anlegers können durch vielfältige Informationsquellen beeinflusst werden. Soweit Art und Umfang solcher Informationen gesetzlich geregelt sind – wie etwa beim Verkaufsprospekt zum Börsengang im Vermögensanlagengesetz (VermAnlG) oder Ad-hoc-Mitteilungen im Wertpapierhandelsgesetz (WpHG) – hat der Gesetzgeber in diesem Zusammenhang teilweise auch spezielle Haftungsgrundlagen für Fälle der Fehlinformation geschaffen (etwa §§ 20 ff. VermAnlG und §§ 37b, 37c WpHG). Allerdings sind diese Regelungen fragmentarisch und lassen weitergehende Ansprüche aufgrund vorsätzlicher unerlaubter Handlungen ausdrücklich unberührt (vgl. § 20 Abs. 6 VermAnlG; §§ 37b Abs. 4, 37c Abs. 4 BörsenG), so

---

[623]Erman-Schiemann § 826 Rn. 38 äußert deshalb, dass es bei dieser Fallgruppe häufig nicht so sehr um den Schutz Betroffener vor Verstößen gegen das sozialethische Minimum gehe als um die Sicherung der Funktion bestimmter für die moderne Gesellschaft wesentlicher Institutionen wie die Verlässlichkeit von Dienstzeugnissen oder Bilanztestaten.
[624]BGH NJW 1970, 2291.
[625]BGH NJW-RR 2005, 611.
[626]Dazu etwa BGH NJW 1984, 921.
[627]Zu fehlerhaften Ad-hoc-Mitteilungen: BGH NJW 2004, 2971 (Infomatec); OLG Frankfurt BB 2005, 1648 (Comroad); BGH NJW 2005, 2451 (EM.TV). Zu fehlerhaften Anlagebroschüren (auch in Abgrenzung zu Emissionsprospekten): BGH NJW-RR 2005, 556, 751; NJW-RR 2003, 923. Zur Haftung wegen Bestätigungsvermerks und Expertenhaftung von Wirtschaftsprüfern BGH NJW 2013, 1877, NJW-RR 2013, 536 und NJW 2014, 383. Zur Haftung des Geschäftsführers einer als Emissionshaus tätigen GmbH wegen Abgabe eines Garantieversprechens BGH NJW-RR 2013, 550.

dass § 826 in diesem Bereich auch weiterhin eine eigenständige Funktion zukommen wird.[628]

Schwierigkeiten im Rahmen der Fallgruppe fehlerhafter Auskünfte rühren oft daher, dass der Schädiger falsche Informationen nicht immer mit dem Bewusstsein der Unrichtigkeit weitergegeben hat. Die Rechtsprechung bejaht hierbei Sittenwidrigkeit schon dann, wenn die Information leichtfertig und gewissenlos gegeben worden ist.[629] Daraus darf aber nicht geschlossen werden, dass schon die bloße Fehlerhaftigkeit einer Information und die Fahrlässigkeit des Informationsgebers zur Bejahung des § 826 ausreichen. In einem Fall, in dem ein Grundstückskäufer durch ein fehlerhaftes Gutachten eines Sachverständigen geschädigt worden war (das Grundstück war entgegen dem Gutachten nicht bebaubar), hatte der BGH zur Anwendung des § 826 ausgeführt[630]:

> Dass der Sachverständige ein fehlerhaftes Gutachten erstattet hat, reicht dazu nicht aus. Erforderlich ist vielmehr, dass der Sachverständige sich etwa durch nachlässige Ermittlungen zu den Grundlagen seines Auftrages oder gar durch „ins Blaue" gemachte Angaben der Gutachtensaufgabe leichtfertig entledigt und damit eine Rücksichtslosigkeit gegenüber dem Adressaten des Gutachtens und den in seinem Informationsbereich stehenden Dritten an den Tag gelegt hat, die angesichts der Bedeutung, die das Gutachten für deren Entschließungen hatte und der von ihm in Anspruch genommenen Kompetenz als gewissenlos bezeichnet werden muss. ... Derartiges liegt etwa vor, wenn der Handelnde damit einen eigenen Vorteil ohne Rücksicht auf die Belange Dritter sucht, wenn er sich über bereits geltend gemachte Bedenken hinwegsetzt oder ihm es aus sonstigen Gründen gleichgültig ist, ob und gegebenenfalls welche Folgen sein leichtfertiges Verhalten hat.

Der BGH hat in einer weiteren Entscheidung klargestellt, dass ein Gutachter, der sich erfolglos um eine Tatsachenfeststellung bemüht habe, sein Gutachten auch auf Unterstellungen aufbauen dürfe, ohne sich der Haftung nach § 826 auszusetzen, sofern er dies in geeigneter Form kenntlich mache.[631] Für gerichtlich bestellte Sachverständige wurde durch das Zweite Schadensersatzänderungsgesetz mit § 839a eine eigenständige Anspruchsgrundlage geschaffen.[632]

2. Gläubigerbenachteiligung
Bei dieser Fallgruppe geht es um im Einzelnen sehr unterschiedliche Formen von Fehlverhalten des Schädigers, durch das der Gläubiger des Schädigers oder (meist) Dritte zu Schaden kommen.

---

[628]Vgl. MüKo-Wagner § 826 Rn. 78; Möllers JZ 2005, 75.
[629]BGH WM 1976, 476, 498.
[630]BGH NJW 1991, 3282, 3283.
[631]BGH JA 2004, 98.
[632]Vgl. dazu 6. Kap., Abschnitt E.

D. Der Anspruch aus § 826

Ein wichtiger Anwendungsfall ist die Kredittäuschung, insbesondere durch Banken.[633] Täuscht etwa eine Bank gegenüber anderen Kreditgebern die Kreditwürdigkeit eines Schuldners vor, so macht sich die Bank gegenüber diesen Kreditgebern nach § 826 schadensersatzpflichtig. Ebenso macht sich eine Bank nach § 826 schadensersatzpflichtig, wenn sie einen Kunden zu einem Verhalten im Lastschriftverfahren veranlasst, um sich zulasten anderer Gläubiger Vermögensvorteile zu verschaffen.[634]

Auch die sog. „Existenzvernichtungshaftung" des GmbH-Gesellschafters stellt eine Gläubigerbenachteiligung mit der Folge der Schadensersatzverpflichtung nach § 826 BGB dar. Es handelt sich hierbei um Sachverhalte, bei denen die Gesellschafter einer meist in wirtschaftliche Schieflage geratenen GmbH Vermögenswerte entziehen und dadurch die Insolvenz der Gesellschaft verursachen. Die Manipulationsmöglichkeiten der Gesellschafter sind vielfältig. Beim typischen existenzvernichtenden Eingriff werden der Gesellschaft die Finanzmittel entzogen, die sie zur Begleichung ihrer laufenden Verbindlichkeiten benötigt.[635] Im Zusammenhang mit der Existenzvernichtungshaftung werden aber auch weniger offensichtliche Fälle diskutiert, wie z. B. der Entzug des Kundenstamms der Gesellschaft und dessen Verlagerung auf ein anderes Unternehmen.[636] Generell liegt nach der Rechtsprechung des BGH ein existenzvernichtender Eingriff des Gesellschafters vor,

> wenn er auf die Zweckbindung des Gesellschaftsvermögens keine Rücksicht nimmt und der Gesellschaft durch offene oder verdeckte Entnahmen ohne angemessenen Ausgleich Vermögenswerte entzieht, die sie zur Erfüllung ihrer Verbindlichkeiten benötigt (sog. existenzvernichtender Eingriff).[637]

Um die Existenzvernichtungshaftung dogmatisch richtig einordnen zu können, ist es zunächst erforderlich, die Konzeption des Gläubigerschutzes bei der GmbH zu verstehen. Durch die Gründung einer GmbH ist es den Gesellschaftern möglich, ihr unternehmerisches Risiko auf das Gesellschaftsvermögen zu beschränken. Für die Verbindlichkeiten der Gesellschaft haftet nämlich ausschließlich das GmbH-Vermögen. Anders als bei der offenen Handelsgesellschaft (§ 128 HGB) haftet den Gesellschaftsgläubigern das Privatvermögen der Gesellschafter nicht. Zur Rechtfertigung dieses Haftungsprivilegs verpflichtet das GmbHG die Gesellschafter, ein bestimmtes Nennkapital aufzubringen und gem. §§ 30, 31 GmbHG für die Lebensdauer der Gesellschaft zu erhalten.[638] Aus diesen Vorschriften folgt,

---

[633] Vgl. hierzu Erman-Schiemann § 826 Rn. 31.
[634] Vgl. dazu den instruktiven Fall BGH NJW 1987, 2371.
[635] Siehe z. B. BGH NJW-RR 2008, 918.
[636] Vgl. BGH WM 2005, 176; NJW-RR 2008, 629.
[637] BGH WM 2005, 176, 177; siehe auch BGH NJW 2007, 2689, 2690.
[638] Das Mindestnennkapital beträgt gem. § 5 GmbHG EUR 25.000,00, es sei denn, es handelt sich um eine Unternehmergesellschaft gem. § 5 a GmbHG.

dass die Gesellschafter unter sich kein Vermögen der Gesellschaft verteilen dürfen, soweit das Vermögen wertmäßig nicht den Betrag der Stammkapitalziffer übersteigt. Reinvermögen der Gesellschaft bis zur Höhe des Betrags des satzungsgemäßen Stammkapitals soll nämlich vorrangig den Befriedigungsinteressen der Gesellschaftsgläubiger dienen.

Dieses ausschließlich am Nennkapital orientierte Gläubigerschutzkonzept ist ungenügend und lückenhaft. Die Unzulänglichkeit dieses Konzepts ergibt sich zum einen daraus, dass das Auszahlungsverbot des § 30 Abs. 1 GmbHG auf der Tatbestandsseite auf eine bilanzielle Betrachtungsweise[639] abstellt, bei der lediglich Aktiva und Passiva einander gegenüber gestellt werden. Das hat jedoch zur Folge, dass nicht alle vermögensrelevanten Maßnahmen, die zwangsläufig zur Insolvenz der Gesellschaft führen, vom Tatbestand des Auszahlungsverbots erfasst werden. So kann es beispielsweise durchaus sein, dass eine Auszahlung von Finanzmitteln an die Gesellschafter zum Zeitpunkt der Auszahlung nicht dazu führt, dass das Reinvermögen der Gesellschaft unter den Betrag des Stammkapitals sinkt. Gleichwohl kann die Auszahlung bewirken, dass die Gesellschaft zu einem späteren Zeitpunkt mangels Liquidität ihre laufenden Verbindlichkeiten nicht mehr erfüllen kann. Zum anderen ergibt sich die Unzulänglichkeit des Auszahlungsverbots auch auf der Rechtsfolgenseite der §§ 30, 31 GmbHG. Denn selbst wenn sich ergibt, dass der Entzug von Gesellschaftsvermögen gem. § 30 Abs. 1 GmbHG verboten war, ordnet § 31 Abs. 1 GmbHG lediglich die Rückgewähr des entzogenen Vermögens an. Durch den Vermögensentzug verursachte weitergehende Nachteile (sog. Kollateralschäden) werden nicht erfasst. Diese Lücken im Vermögensschutz der Gesellschaft sind der Ausgangspunkt der Rechtsprechung zur Existenzvernichtungshaftung des GmbH-Gesellschafters.[640]

In dogmatischer Hinsicht hat der BGH zunächst versucht, die Problematik existenzvernichtender Eingriffe der Gesellschafter über das Konzernrecht mit dem Begriff des „qualifizierten faktischen Konzerns" zu lösen.[641] Von diesem Lösungsansatz ist der BGH dann mit seiner Ausgangsentscheidung zur Existenzvernichtungshaftung abgerückt[642] und hat ihn schließlich ausdrücklich aufgegeben.[643] Stattdessen hat sich der BGH zunächst für eine Durchgriffslösung ausgesprochen:[644]

---

[639]BGHZ 109, 334, 337.
[640]BGH NJW 2007, 2689, 2691.
[641]BGHZ 95, 330, 334; 122, 123.
[642]BGH NJW 2001, 3622, 3623.
[643]BGH NJW 2002, 1803, 1805.
[644]BGH NJW 2002, 3024, 3025.

Den Gesellschaftern steht innerhalb wie außerhalb der Liquidation nur der Zugriff auf den zur Erfüllung der Gesellschaftsverbindlichkeiten nicht benötigten Überschuss zu. Die Notwendigkeit der Trennung des Vermögens der Gesellschaft von dem übrigen Vermögen der Gesellschafter und die strikte Bindung des Ersteren zur – vorrangigen – Befriedigung der Gesellschaftsgläubiger besteht während der gesamten Lebensdauer der GmbH. Beide – Absonderung und Zweckbindung – sind unabdingbare Voraussetzungen dafür, dass die Gesellschafter die Beschränkung ihrer Haftung auf das Gesellschaftsvermögen in Anspruch nehmen können. Allein dieses Zusammenspiel von Vermögenstrennung und Vermögensbindung einerseits sowie die Haftungsbeschränkung andererseits vermag das Haftungsprivileg des § 13 II GmbHG zu rechtfertigen. Entziehen die Gesellschafter unter Außerachtlassung der gebotenen Rücksichtnahme auf diese Zweckbindung des Gesellschaftsvermögens der Gesellschaft durch offene oder verdeckte Entnahmen Vermögenswerte und beeinträchtigen sie dadurch in einem ins Gewicht fallenden Ausmaß die Fähigkeit der Gesellschaft zur Erfüllung ihrer Verbindlichkeiten, so liegt darin, wie der Senat schon früher ausgesprochen hat, ein Missbrauch der Rechtsform der GmbH, der zum Verlust des Haftungsprivilegs führen muss, soweit nicht der der GmbH durch den Eingriff insgesamt zugefügte Nachteil schon nach §§ 30, 31 GmbHG vollständig ausgeglichen werden kann oder kein ausreichender Ausgleich in das Gesellschaftsvermögen erfolgt. Das gilt auch und erst recht bei Vorliegen einer Unterbilanz. Außerhalb des Insolvenzverfahrens müssen die Gläubiger, soweit sie von der Gesellschaft keine Befriedigung erlangen können, deshalb grundsätzlich berechtigt sein, ihre Forderungen unmittelbar gegen die Gesellschafter geltend zu machen.

Den Ausführungen des BGH zur Funktion und zur Zweckbindung des Gesellschaftsvermögens im Gläubigerinteresse kann zugestimmt werden. Nicht zu überzeugen vermochte hingegen die dogmatische Einordnung der Existenzvernichtungshaftung als Durchgriffshaftung. Insoweit muss nämlich bedacht werden, dass die Durchgriffshaftung zu einer unbeschränkten persönlichen Haftung der Gesellschafter für sämtliche Verbindlichkeiten der GmbH führt. Das hätte manchen Gläubigern volle Befriedigung aus dem Vermögen des Gesellschafters beschert, obwohl sie in dem Fall, dass sich der Gesellschafter pflichtgemäß verhalten und von dem existenzvernichtenden Eingriff abgesehen hätte, mit ihren Forderungen bei der GmbH überwiegend ausgefallen wären. Deswegen hat der BGH die Durchgriffshaftung eingeschränkt und dem Gesellschafter den Nachweis eingeräumt, „dass der Gesellschaft im Vergleich zu der Vermögenslage bei einem redlichen Verhalten nur ein begrenzter – und dann in diesem Umfang auszugleichender – Nachteil entstanden ist".[645] In der Sache handelt es sich hierbei um den Einwand des rechtmäßigen Alternativverhaltens, der zur Einschränkung von Schadensersatzansprüchen herangezogen werden kann. Die Durchgriffshaftung begründet jedoch keinen Schadensersatzanspruch, sondern eine Haftung ähnlich dem § 128 HGB. Durch die Vermengung der Durchgriffshaftung mit der schadensersatzrechtlichen Figur des rechtmäßigen Alternativverhaltens wurde offenbar, dass die Durchgriffslösung mit ihrer Beseitigung des Haftungsprivilegs der Gesellschafter am falschen Punkt ansetzte und dass es sich bei der Existenzvernichtungshaftung um eine schadensersatzrechtliche Anspruchsgrundlage handeln musste.

---

[645] BGH WM 2005, 176, 178.

Diese Konsequenz hat der BGH in seinem sogenannten Trihotel-Urteil vom 16.07.2007[646] gezogen und die Durchgriffslösung ausdrücklich aufgegeben. Seither ist die Existenzvernichtungshaftung als ein Anwendungsfall des § 826 BGB anerkannt, wobei es sich allerdings nicht um eine Haftung des Gesellschafters gegenüber den Gläubigern der Gesellschaft handelt, sondern um eine Haftung gegenüber der Gesellschaft, die im Insolvenzfall vom Insolvenzverwalter geltend gemacht wird:[647]

> § 826 BGB verbietet vorsätzliche Schädigungen des Gesellschaftsvermögens, die gegen die guten Sitten verstoßen. Dass dies bei einer planmäßigen „Entziehung" von – der Zweckbindung zur vorrangigen Befriedigung der Gesellschaftsgläubiger unterliegendem – Vermögen der Gesellschaft mit der Folge der Beseitigung ihrer Solvenz der Fall ist, kann, wenn dies zudem – wie regelmäßig – zum unmittelbaren oder mittelbaren Vorteil des Gesellschafters oder eines Dritten geschieht, nicht bezweifelt werden. Dem Vorsatzerfordernis ist genügt, wenn dem handelnden Gesellschafter bewusst ist, dass durch von ihm selbst oder mit seiner Zustimmung veranlasste Maßnahmen das Gesellschaftsvermögen sittenwidrig geschädigt wird; dafür reicht es aus, dass ihm die Tatsachen bewusst sind, die den Eingriff sittenwidrig machen, während ein Bewusstsein der Sittenwidrigkeit nicht erforderlich ist. Eine derartige Sittenwidrigkeit betrifft nicht nur die Fälle, in denen die Vermögensentziehung geschieht, um den Zugriff der Gläubiger auf dieses Vermögen zu verhindern, sondern ist auch dann anzunehmen, wenn die faktische dauerhafte Beeinträchtigung der Erfüllung der Verbindlichkeiten die voraussehbare Folge des Eingriffs ist und der Gesellschafter diese Rechtsfolge in Erkenntnis ihres möglichen Eintritts billigend in Kauf genommen hat (Eventualdolus).

Zusammengefasst hat die Haftung des Gesellschafters gem. § 826 BGB unter dem Gesichtspunkt der Existenzvernichtungshaftung folgende Voraussetzungen:

(1) Vermögensentziehung. Erfasst wird nicht nur der Abzug von Finanzmitteln, sondern auch die Entziehung sonstiger Vermögenswerte, beispielsweise aus dem Anlagevermögen. Auch die Entziehung des Kundenstamms und sonstiger bereits der Gesellschaft zuzuordnende Geschäftschancen können den Tatbestand der Existenzvernichtungshaftung erfüllen.[648] Ebenso kann in der prozessualen Vereitelung eines Anspruchs gegen den Gesellschafter ein existenzvernichtender Eingriff liegen.[649] Kein Fall der Existenzvernichtungshaftung ist die materielle Unterkapitalisierung.[650]

(2) Fehlen einer angemessenen Gegenleistung. Weitere Voraussetzung ist, dass der Vermögensentziehung keine angemessene Gegenleistung des Gesellschafters gegenüber steht.

---

[646]BGH NJW 2007, 2689.

[647]BGH NJW 2007, 2689, 2691 ff. -Trihotel; seither st.Rspr., BGH NJW-RR 2008, 918; 2008, 629; NJW 2008, 2437; WM 2008, 1402.

[648]Vgl. BGH WM 2005, 176; 2005, 332, 335; NJW-RR 2008, 629.

[649]BGH NJW 2009, 2127, Rn. 18: Herbeiführung eines die Klage der Gesellschaft gegen den Gesellschafter abweisenden Versäumnisurteils.

[650]BGH NJW 2008, 2437 f.

(3) Insolvenz als Eingriffsfolge. Die Existenzvernichtungshaftung greift nur ein, wenn durch die Vermögensentziehung die Insolvenz der Gesellschaft entweder verursacht oder eine bereits bestehende Insolvenz vertieft wurde.[651]

(4) Vorsatz. Es genügt das Bewusstsein der die Sittenwidrigkeit begründenden Tatsachen, während das Bewusstsein der Sittenwidrigkeit selbst nicht erforderlich ist.

(5) Anspruchsverpflichteter. Schuldner des Anspruchs ist grundsätzlich der Gesellschafter, der sich aus dem Vermögen der Gesellschaft selbst bedient hat. Ist an der Gesellschaft, deren Vermögen beeinträchtigt worden ist, wiederum eine Gesellschaft, insbesondere eine GmbH, beteiligt, so kann sich die Existenzvernichtungshaftung unter bestimmten Voraussetzungen auch auf Gesellschafter der beteiligten Gesellschaft beziehen.[652] Auch Dritte können gem. § 830 Abs. 2 in die Haftung einbezogen sein.

(6) Keine Subsidiarität. Zwischen der Existenzvernichtungshaftung und dem Anspruch gem. §§ 30, 31 GmbHG besteht Anspruchsgrundlagenkonkurrenz.[653] Die Existenzvernichtungshaftung gem. § 826 greift also auch dann ein, wenn die Folgen des Eingriffs in das Vermögen der Gesellschaft isoliert durch eine Anwendung der §§ 30, 31 GmbHG rückgängig gemacht werden könnten. In diesem Fall umfasst der gem. § 826 zu erstattende Schaden den nach §§ 30, 31 GmbHG bestehenden Erstattungsanspruch.

Als Rechtsfolge des existenzvernichtenden Eingriffs ergibt sich die Verpflichtung, der Gesellschaft den Schaden zu ersetzen, der ihr durch den Verlust der Schuldendeckungsfähigkeit entstanden ist. Der Schaden umfasst den Wert des entzogenen Vermögens und ggf. weitere Positionen[654], insbesondere Folgeschäden, die dadurch entstanden sind, dass das entzogene Vermögen nicht rechtzeitig zur Schuldendeckung zur Verfügung stand.

Klarzustellen ist, dass die Existenzvernichtungshaftung kein abschließender Tatbestand für die Haftung der Gesellschafter wegen sittenwidriger Schädigung des Gesellschaftsvermögens ist, sondern lediglich eine Fallgruppe im Rahmen des § 826 darstellt. Der BGH hat deswegen beispielsweise angenommen, dass es auf das Kriterium der Insolvenzverursachung bzw. –vertiefung nicht ankommt, wenn der als Liquidator bestellte Gesellschafter unter Verstoß gegen § 73 Abs. 1 GmbHG in sittenwidriger Weise das zum Zweck der Gläubigerbefriedigung gebundene Vermögen der Liquidationsgesellschaft schädigt.[655]

---

[651] BGH NJW 2007, 2689, 2690.
[652] BGH WM 2005, 176, 177; NJW 2007, 2689, 2693 f.
[653] BGH NJW 2007, 2689, 2693.
[654] BGH NJW 2009, 2127, Rn. 25.
[655] BGH NJW 2009, 2127, Rn. 35–40.

Liegt ein Anfechtungstatbestand nach dem AnfG vor, so kommt daneben ein Anspruch nach § 826 nur dann in Betracht, wenn über den Anfechtungstatbestand hinausgehende besondere Umstände das Urteil der Sittenwidrigkeit tragen.[656]

3. Verleitung zum Vertragsbruch

Verpflichtungen aus Verträgen sind grundsätzlich eine Angelegenheit ausschließlich der Vertragsbeteiligten. Wir sprechen deshalb auch von einer Relativität (im Gegensatz zur Absolutheit) vertraglicher Rechte und Pflichten. Wenn ein Beteiligter seine vertraglichen Verpflichtungen nicht erfüllt, macht er sich nach vertragsrechtlichen Grundsätzen schadensersatzpflichtig.

Wegen der Relativität der Pflichten kann ein Geschädigter deshalb grundsätzlich keine Rechte gegen einen Dritten herleiten, wenn dieser auf die mangelnde Erfüllung vertraglicher Pflichten Einfluss ausgeübt hat. Erst wo das Verhalten des Dritten sich als sittenwidrig darstellt, ist die Schadensersatzpflicht nach § 826 eröffnet.[657] Nach der ständigen Rechtsprechung des BGH liegt eine sittenwidrige Mitwirkung des Dritten am Vertragsbruch nur dann vor,[658]

> wenn in seinem Eindringen in die Vertragsbeziehungen ein besonderes Maß an Rücksichtslosigkeit gegenüber dem Betroffenen hervortritt. Eine solche Rücksichtslosigkeit kann vor allem in dem kollusiven Zusammenwirken mit dem Vertragsschuldner gerade zur Vereitelung der Ansprüche des betroffenen Vertragsgläubigers liegen. ... Der Vorwurf der Sittenwidrigkeit ist nur dann begründet, wenn es sich um schwerwiegende Verstöße gegen das Anstandsgefühl handelt; er stützt sich auf ein Vorgehen des Dritten, das mit den Grundbedürfnissen loyaler Rechtsgesinnung unvereinbar ist.

4. Sittenwidrige Ausnutzung einer Rechtsposition

Den Schwerpunkt innerhalb dieser Kategorie bilden Fälle, in denen sich ein Schuldner gegen einen unrichtigen Vollstreckungstitel (Urteil, Vollstreckungsbescheid etc.) mithilfe des § 826 zur Wehr setzen will. Hauptstreitpunkt bildet die Frage, inwieweit mithilfe des § 826 die Rechtskraft zivilprozessualer Titel durchbrochen werden darf.[659]

Der BGH hat eine auf § 826 gestützte Schadensersatzklage gegen unrichtige Vollstreckungstitel grundsätzlich zugelassen.[660] Der Erfolg einer solchen Klage ist aber an strenge Voraussetzungen geknüpft. Der BGH ist sich bewusst, dass das Institut der Rechtskraft einen hohen Rang genießt. Deshalb kann nicht schon die bloße Unrichtigkeit eines Titels den Anspruch aus § 826 begründen. Vielmehr ist erforderlich, dass der Titelinhaber die Unrichtigkeit des Titels kennt *und* besondere

---

[656]BGH NJW 2000, 3138, 3139.

[657]Vgl. dazu Medicus/Petersen BR Rn. 625.

[658]BGH NJW 1994, 128, 129. Zu den Voraussetzungen der Sittenwidrigkeit der Mitwirkung eines Dritten an dem Vertragsbruch einer Partei BGH NJW 2014, 1380.

[659]Ausführlich dazu Jauernig/Hess, Zivilprozessrecht, § 64 II.

[660]Grundlegend BGHZ 50, 115.

D. Der Anspruch aus § 826

Umstände hinzutreten, die die Ausnutzung des Titels als sittenwidrig erscheinen lassen.[661] Wegen der Bedeutung der Rechtskraft sind hieran strenge Anforderungen zu stellen. Sittenwidrige Momente können in der Art und Weise der Erlangung des Titels bestehen, z. B. Erschleichen des Titels durch Zeugenbestechung.[662] Die Sittenwidrigkeit kann sich aber auch aus Umständen nach Erlangung des Titels ergeben.[663]

Ist der Titel noch nicht vollstreckt, so muss der Geschädigte seinen Anspruch aus § 826 durch eine Klage auf Unterlassung der Zwangsvollstreckung und Herausgabe des Titels realisieren. Ist der Titel bereits vollstreckt, so muss er Schadensersatz gem. §§ 249 ff. verlangen.

Besondere Bedeutung haben in der jüngsten Vergangenheit Vollstreckungsbescheide erlangt, die zur Durchsetzung von Forderungen aus sittenwidrigen Ratenkreditverträgen eingesetzt wurden.[664] Auch bei diesen Fällen hat der BGH zur Anwendung des § 826 verlangt, dass der Vollstreckungsbescheid materiell unrichtig ist, der Titelgläubiger die Unrichtigkeit des Titels kennt[665] und besondere Umstände hinzutreten, die die Vollstreckung als besonders verwerflich erscheinen lassen.[666]

Ein Teil der Probleme im Zusammenhang mit Vollstreckungsbescheiden, die ihre Grundlage in Ratenkreditverträgen haben, hat sich durch die zum 1.1.1992 erfolgte Änderung des § 688 Abs. 2 Nr. 1 ZPO erübrigt. Danach ist für Ansprüche eines Kreditgebers aus einem Kreditvertrag, bei dem der effektive Jahreszins den Basiszinssatz nach § 247 BGB um mehr als zwölf Prozentpunkte übersteigt, das Mahnverfahren (§§ 688 ff. ZPO) nicht zulässig.

Die sittenwidrige Ausnutzung einer Rechtsposition kann auch dann vorliegen, wenn der Geschädigte dem Schädiger diese Rechtsposition selbst eingeräumt hat. Ein Beispielsfall ist das sog. „churning", also die „Provisionsschinderei" durch einen Anlageberater. Der Anleger räumt dem Anlageberater dabei die für Finanztransaktionen erforderliche Vollmacht ein und erklärt sich damit einverstanden, dass der Anlageberater pro getätigter Transaktion eine bestimmte Provision erhält. Führt der Anlageberater dann unter Ausnutzung der erteilten Vollmacht eine Vielzahl von Transaktionen nur durch, um über die Quantität der Transaktionen Provisionen zu schinden, so haftet er aus § 826.[667]

---

[661] BGH NJW 1988, 972.

[662] Sollte in diesem Falle auch ein Tatbestand des § 580 Nr. 1 = 5 ZPO gegeben sein, so schließt die Möglichkeit einer Restitutionsklage den Anspruch aus § 826 nicht aus (str.), in diesem Sinne BGHZ 50, 115, 118 f.

[663] Z. B. Zwangsvollstreckung in Kenntnis der nachträglichen Leistungsunfähigkeit des Unterhaltsschuldners, vgl. BGH NJW 1983, 2317.

[664] Zur Frage, unter welchen Voraussetzungen solche Ratenkreditverträge nach § 138 sittenwidrig sind, vgl. Palandt-Ellenberger § 138 Rn. 25 ff.

[665] Es genügt, wenn der Titelgläubiger von der Unrichtigkeit im Rahmen der Klage aus § 826 erfährt.

[666] Vgl. BGHZ 101, 380; NJW 1991, 30 mit Anm. Vollkommer.

[667] BGH NJW 1995, 1225; 2004, 3434.

5. Konkurrenzen

§ 826 ist grundsätzlich neben anderen Anspruchsgrundlagen innerhalb und außerhalb des BGB anwendbar.[668] § 839 ist aber Lex specialis gegenüber § 826.[669] Das gleiche gilt für § 839a.[670] Der BGH sieht auch § 2287 als Sonderregelung gegenüber einem eigenen Anspruch der Erben aus § 826 BGB an (str.). Dies gelte auch bei kollusivem Zusammenwirken von Erblasser und Drittem.[671] Der Anspruch aus § 826 (ebenso wie der aus § 823 Abs. 2) wird im Regelfall von einem Rückgewährungsanspruch nach dem AnfG verdrängt.[672]

---

[668] Vgl. Jauernig-Teichmann § 826 Rn. 3.
[669] BGHZ 13, 28.
[670] MüKo-Wagner § 839 a Rn. 5.
[671] BGH NJW 1989, 2389.
[672] Vgl. BGHZ 130, 314.

Kapitel 3: Die Haftung aus vermutetem Verschulden

A. Funktion und Struktur der Anspruchsgrundlagen

Die im Folgenden zu besprechenden Anspruchsgrundlagen sind vor dem Hintergrund dessen zu sehen, was weiter oben zur Beweislast ausgeführt wurde.[1] Dem Verschuldensprinzip entspricht es, dass die Beweislast grundsätzlich beim Geschädigten liegt. Nur in einigen wenigen Haftungsbereichen hat die Rechtsprechung eine Beweislastumkehr entwickelt, weil dem Geschädigten der Beweis im Allgemeinen nur schwer möglich ist.

Im Prinzip folgen auch die in diesem Kapitel behandelten Ansprüche den bisher besprochenen Grundsätzen des Deliktsrechts. Allerdings hat der Gesetzgeber die Beweislast hinsichtlich des Verschuldens umgekehrt. Sie liegt beim Schädiger. Die Umkehr der Beweislast ist gesetzestechnisch durch eine stets gleiche Struktur der Tatbestände zum Ausdruck gebracht. Die Normierung der anspruchsbegründenden Voraussetzungen wird eben vermutet. Die stets nachfolgende Formulierung „die Ersatzpflicht tritt nicht ein …" eröffnet sodann dem Schädiger (deliktisch Verantwortlichen) die Möglichkeit des *Entlastungsbeweises*. Er kann auf diese Weise die Vermutung entkräften.

B. Der Anspruch aus § 831 (Geschäftsherrnhaftung)

I. Funktion der Vorschrift

§ 831 statuiert die Haftung des Geschäftsherrn für den sog. Verrichtungsgehilfen. Die Vorschrift enthält eine Antwort auf Haftungsfragen, die einer arbeitsteiligen Welt entstammen. Bereits der Wortlaut der Bestimmung zeigt, dass die Haftung

---

[1] Siehe oben 2. Kap. A. V.

des Geschäftsherrn ihren Grund nicht allein darin hat, dass er die Vorteile der Arbeitsteilung nutzt.[2] Vielmehr liegt der Haftung ein (vermuteter) Verstoß gegen Sorgfalts- und Überwachungspflichten zugrunde. Wir können diese Pflichten als Verkehrspflichten ansehen und § 831 als vermutete Verkehrspflichtverletzung verstehen.[3] Damit ist indirekt schon bejaht, dass § 831 eine Haftung für *eigenes Verschulden* des Geschäftsherrn darstellt. Von daher unterscheidet sich § 831 grundsätzlich von der Haftung des Schuldners für den Erfüllungsgehilfen nach § 278, bei der eine Zurechnung fremden Verschuldens erfolgt (vgl. dazu auch die tabellarische Gegenüberstellung am Ende des Abschnitts II. 5.).

II. Tatbestandliche Voraussetzungen

Verrichtungsgehilfe
Widerrechtliche Schadenszufügung
In Ausführung der Verrichtung
Verschuldensvermutung/Entlastungsbeweis

1. Begriff des Verrichtungsgehilfen

Für die Verrichtungsgehilfeneigenschaft ist zunächst Voraussetzung, dass einer Person vom Geschäftsherrn Aufgaben zur Erledigung übertragen werden. Die Aufgabenübertragung ist aber für die Stellung als Verrichtungsgehilfe noch nicht ausreichend. Entscheidend ist, dass der Gehilfe in die Organisationssphäre des Geschäftsherrn eingegliedert ist und dessen Weisungen unterliegt (BGHZ 45, 311). Die Weisungsgebundenheit ist das entscheidende, zur Begründung der Verrichtungsgehilfeneigenschaft dienende Kriterium.[4] Diese braucht nicht ins Einzelne zu gehen. Entscheidend ist, dass die Tätigkeit in einer organisatorisch abhängigen Stellung vorgenommen wird und der Geschäftsherr die Tätigkeit des Handelnden jederzeit beschränken oder entziehen oder nach Zeit und Umfang bestimmen kann.[5] Damit sind z. B. alle Arbeitnehmer Verrichtungsgehilfen des Arbeitgebers. Dies gilt auch für leitende Chefärzte eines Krankenhauses. Bei ihnen ist zwar in medizinischer Hinsicht keinerlei Weisungsabhängigkeit mehr gegeben. Sie sind aber in die Organisation des Krankenhauses eingebunden und

---

[2]Erman-Schiemann § 831 Rn. 1.
[3]Larenz/Canaris SBT 2 § 79 III 1 a; Erman-Schiemann § 831 Rn. 2.
[4]Das dabei vorausgesetzte Weisungsrecht braucht nicht ins Einzelne zu gehen. Es genügt, dass der Geschäftsherr die Tätigkeit des Handelnden jederzeit beschränken oder entziehen oder nach Zeit und Umfang bestimmen kann, vgl. BGH NJW-RR 1998, 250, 251 (BGH bejahte Verrichtungsgehilfeneigenschaft von Testessern, die als freie Mitarbeiter für einen Verlag tätig waren).
[5]BGH NJW-RR 2014, 614 m.w.N.

unterliegen in verwaltungsmäßiger Hinsicht Weisungen (beachte aber, dass ein Chefarzt regelmäßig auch Organ im Sinne des § 31 ist, so dass für sein Fehlverhalten der Anstellungsträger – ohne Entlastungsmöglichkeit – haftet. Instruktiv zur Abgrenzung von §§ 831 und 278 Brox/Walker SAT § 20 Rn. 39).

In der Regel fehlt die Verrichtungsgehilfeneigenschaft bei selbstständigen Unternehmern (auch bei Unternehmen, die im Konzernverhältnis zueinander stehen[6]) und Handwerkern.[7] Diese Regel darf aber nicht starr aufgefasst werden. Es gibt Ausnahmen von dem Grundsatz, z. B. wenn ein Handelsvertreter, der selbstständiger Gewerbetreibender (§ 84 HGB) ist, eine Tätigkeit ausübt, bei der er den Weisungen des Unternehmers unterworfen und von ihm abhängig ist.[8]

Ist bei Einschaltung eines selbstständigen Unternehmers die Verrichtungsgehilfeneigenschaft zu verneinen, so ist stets zusätzlich zu prüfen, ob nicht ein Verstoß gegen Verkehrspflichten in Betracht kommt, s. hierzu den instruktiven Fall:

BGHZ 103, 298: K buchte bei der Reiseveranstalterin B eine Pauschalflugreise nach Gran Canaria. Am Rückreisetag stürzte K vom Balkon seines Hotelzimmers und verletzte sich schwer. Das Holzgeländer der Balkonbrüstung hatte sich gelöst. K verlangt von B Schadensersatz und Schmerzensgeld.

Der BGH verneint die Verrichtungsgehilfeneigenschaft des Hoteliers, weil es bei Leistungsträgern der Reiseveranstalter im Allgemeinen an der dafür erforderlichen Abhängigkeit und Weisungsgebundenheit fehle (S. 303). Er bejaht aber die Verletzung einer eigenen Verkehrssicherungspflicht des Reiseveranstalters. Denn den Reiseveranstalter treffe eine Verkehrssicherungspflicht bei Vorbereitung und Durchführung der von ihm veranstalteten Reisen. Sie erstrecke sich nicht nur auf Auswahl und Kontrolle des eigenen Personals und eigener Transportmittel, sondern auch auf Auswahl und Kontrolle der Leistungsträger, hier des Vertragshotels (S. 304).[9]

2. Widerrechtliche Schadenszufügung

Erforderlich ist die rechtswidrige Verwirklichung des objektiven Tatbestandes einer unerlaubten Handlung.[10] Soweit diese Tatbestände auch den Ersatz reiner Vermögensschäden vorsehen (z. B. § 823 Abs. 2, 826), sind diese auch über § 831 ersatzfähig.[11]

Regelmäßig ist weder Verschuldensfähigkeit noch schuldhaftes Verhalten des Verrichtungsgehilfen erforderlich. Soweit allerdings über das allgemeine

---

[6]BGH NJW 2013, 1002.

[7]Medicus/Lorenz SBT Rn. 1345. Vgl. auch BGH NJW 1994, 2756: Der vom Bauunternehmer eingeschaltete Subunternehmer ist nicht Verrichtungsgehilfe des Bauunternehmers.

[8]Vgl. BGH NJW 1956, 1715; 1980, 941; NJW-RR 2013, 1513.

[9]Vgl. auch BGH NJW 2006, 2918: Reiseveranstalter verletzt Verkehrssicherungspflicht, wenn Eingangstür zum Hotel aus nicht bruchsicherem Glas besteht, Reiseveranstalter aber die Unterkunft mit kindgerechter Ausstattung beworben hat.

[10]Medicus/Lorenz SBT Rn. 1346.

[11]Darauf weist besonders Larenz/Canaris SBT 2 § 79 III 1 c hin.

Verschulden hinaus subjektive Elemente Voraussetzung der unerlaubten Handlung sind (wie etwa bei § 826 beim Tatbestandsmerkmal der Sittenwidrigkeit), müssen diese Voraussetzungen auch in der Person des Verrichtungsgehilfen erfüllt sein.[12]

Viel dogmatischer Streit ist im Anschluss an die Entscheidung BGHZ (GS) 24, 21 mit der Konstruktion eines Rechtfertigungsgrundes des verkehrsrichtigen Verhaltens entstanden. Dieser im praktischen Ergebnis bedeutungslose Streit[13] hätte sich vermeiden lassen, wenn gesehen worden wäre, dass bei verkehrsrichtigem Verhalten des Gehilfen die Kausalitätsvermutung des § 831 Abs. 1 S. 2 widerlegt ist.[14]

3. In Ausführung der Verrichtung

§ 831 Abs. 1 S. 1 verlangt Schadenszufügung *in Ausführung der Verrichtung*. Den Gegensatz hierzu bilden Schäden, die bloß *bei Gelegenheit* der Verrichtung entstanden sind. Sichere Abgrenzungskriterien wurden hierfür bislang nicht gefunden. Der BGH verlangt einen *unmittelbaren inneren Zusammenhang* zwischen der aufgetragenen Verrichtung und der schädigenden Handlung.[15]

Aber dieses Kriterium ist nicht immer geeignet, Grenzfälle zu lösen. Deshalb ist es wichtig, vom Sinn dieses Tatbestandsmerkmals auszugehen. Dieser ist darin zu sehen, dass der Geschäftsherr von der Haftung für solches Fehlverhalten befreit sein soll, bezüglich dessen die Einschaltung des Gehilfen keine spezifische Risikoerhöhung geschaffen hat.[16] Vor diesem Hintergrund gewinnt auch das vom BGH gewählte Kriterium des unmittelbaren inneren Zusammenhangs an Klarheit. Dies wird an folgendem Beispiel deutlich:

> *BGH VersR 1955, 205:* B ließ durch seinen Arbeiter D Zimmererarbeiten an dem Dachstuhl eines Hauses ausführen. Das hierzu benötigte Bauholz war auf dem Bürgersteig vor dem Hause gelagert und wurde mehrfach von Kindern zum Spielen aufgesucht. Um diese Kinder zu vertreiben, warf der auf dem Dach arbeitende D ein Stück Holz auf den Bürgersteig und traf dabei die 8-jährige K am Kopf, als sie auf dem nicht abgesperrten Bürgersteig am Hause vorbeiging.

Hierzu führte der BGH aus (S. 205), dass.

> der Geschäftsherr nach § 831 nur für den Schaden (hafte), den der zu einer Verrichtung Bestellte in Ausführung dieser Verrichtung einem Dritten zufügt, nicht dagegen für Schäden, die bloß bei Gelegenheit der Verrichtung verursacht werden. Bei dieser Einschränkung ist aber ... nicht vorausgesetzt, dass gerade die den Schaden unmittelbar verursachende Handlung selbst dem zur Verrichtung Bestellten aufgetragen war. Vielmehr genügt es, dass die schädigende Handlung in den Kreis der Maßnahmen fällt, welche die Ausführung der Verrichtung darstellen.

---

[12]Vgl. dazu BGH NJW 2014, 1380.

[13]Vgl. dazu Staudinger-Belling § 831 Rn. 77: „Große praktische Auswirkungen hat die Entscheidung dagegen nicht gehabt".

[14]Vgl. in diesem Sinne Medicus/Petersen BR Rn. 782.

[15]BGH NJW 1971, 31, 32.

[16]So zutreffend Larenz/Canaris SBT 2 § 79 III 2 d.

B. Der Anspruch aus § 831 (Geschäftsherrnhaftung)

Dies hat der BGH im vorliegenden Falle angenommen. Dass D mit dem Wurf eine fahrlässige Körperverletzung begangen hat, lässt seine Handlung noch nicht (S. 205).

aus dem Rahmen der Verrichtung herausfallen, zu der er bestellt war. ... Das würde nur der Fall sein, wenn seine Handlung dem ihm zugewiesenen Aufgabenbereich ganz fremd gewesen wäre und zur Erfüllung seines Auftrages, das Bauholz zu beaufsichtigen, gar nicht hätte dienen können. So würde seine Handlung z. B. aus dem Haftungsbereich des Geschäftsherrn ausscheiden, wenn er das Holzstück nach einer auf der Straße vorbeigehenden Person geworfen hätte, die ihm aus irgendwelchen Gründen verhasst war. Steht aber ... fest, dass der Wurf zur Warnung der auf dem Holz spielenden Kinder dienen sollte, so fällt die schädigende Handlung nicht aus seinem Aufgabenbereich heraus, sie steht vielmehr nach Zweck und Art mit ihm in nahem, innerem Zusammenhang.[17]

4. Widerlegung der Vermutung (Entlastungsbeweis)

Widerrechtliche Schadenszufügung durch einen Verrichtungsgehilfen führt nach der Konzeption des § 831 Abs. 1 S. 1 zur Vermutung des Verschuldens des Geschäftsherrn. § 831 Abs. 1 S. 2 eröffnet diesem aber die Möglichkeit des Entlastungsbeweises, er kann sich *exkulpieren*. Dazu muss er nachweisen, dass er die in dieser Bestimmung angesprochenen Sorgfalts- und Überwachungspflichten erfüllt hat oder – bei Nichterfüllung – der Schaden auch bei Anwendung dieser Sorgfalt entstanden sein würde.[18]

An diesen Entlastungsbeweis stellt die Rechtsprechung strenge Anforderungen.[19] Nach h. M. bezieht sich der Nachweis sorgfältiger Auswahl des Verrichtungsgehilfen auf den Zeitpunkt der *schädigenden Handlung*.[20] Es genügt also nicht sorgfältige Auswahl bei Einstellung, vielmehr ist eine fortgesetzte Prüfung dahin gehend erforderlich, ob der Gehilfe im Zeitpunkt der schädigenden Handlung noch zu der Verrichtung befähigt war.[21] Zwischen Aufnahme der Tätigkeit und Schadenszufügung muss also eine planmäßige, unauffällige Überwachung stattgefunden haben.[22]

Besondere Probleme wirft der sog. *dezentralisierte Entlastungsbeweis* auf, vgl. dazu.

BGHZ 4, 1: B ist Eigentümer eines Hofgutes. Sein Verwalter K beauftragte den auf dem Gut tätigen landwirtschaftlichen Arbeiter D, etwas zu besorgen. Hierbei benutzte dieser ein Pferd. Aufgrund pflichtwidrigen Verhaltens des D ging dieses durch und verletzte den K. B hat sich dadurch entlasten wollen, dass er den Verwalter K ordnungsgemäß ausgewählt und beaufsichtigt habe. Die Auswahl von D habe ausschließlich K besorgt.

---

[17]Vgl. zur Konkretisierung des Merkmales des inneren Zusammenhangs auch BGH NJW-RR 1989, 723, wo ein mit der Information von Fluggästen betrauter Privatpilot sich eigenmächtig zur Führung eines Flugzeuges für den verspäteten Piloten entschließt.
[18]Vgl. zu dieser Alternative Jauernig-Teichmann § 831 Rn. 10 ff.
[19]BGH VersR 1984, 67.
[20]Vgl. dazu Medicus/Petersen BR Rn. 812.
[21]Palandt-Sprau § 831 Rn. 13.
[22]BGH LM § 823 (Dc) Nr. 23.

Der BGH hat im Anschluss an die Rechtsprechung des Reichsgerichts den Entlastungsbeweis beschränkt auf die Person des Verwalters K zugelassen (S. 2):

> ... bei größeren Betrieben (ist) dem Geschäftsführer nicht zuzumuten, dass er das gesamte Personal auswähle und beaufsichtige. Wenn eine Mehrheit von Personen in der Weise beschäftigt ist, dass die eine der anderen nachgeordnet ist, richtet sich der Sorgfaltsbeweis des Geschäftsherrn auf Auswahl und Beaufsichtigung des von ihm ausgewählten höheren Angestellten, den Verwalter ....

Der BGH verteidigt diese Grundsätze gegenüber kritischen Stimmen, die sich bereits zur Rechtsprechung des RG geäußert und die Privilegierung von Großbetrieben gegenüber kleineren Betrieben ins Feld geführt hatten. Der BGH meint, dass die von den Kritikern geforderte sorgfältige Auswahl und Überwachung des Schädigers auch bezüglich der Zwischenpersonen auf eine Anwendung des § 278 hinauslaufe (S. 3):

> ... ist es dennoch nicht möglich, diese Vorschrift (§ 278, Anm. d. Verf.) auf den Fall der unerlaubten Handlung auszudehnen, für den das Gesetz ausdrücklich die Sondervorschrift des 831 BGB enthält. Diese gibt dem Geschäftsherrn die Möglichkeit eines Entlastungsbeweises, macht aber andererseits seine Haftung nicht davon abhängig, dass die Hilfsperson ein Verschulden trifft. Dieser allgemeine Grundsatz des § 831 BGB ist nicht von der Größe des Betriebes abhängig. Auch bei der Schaffung des Bürgerlichen Gesetzbuches waren schon Großbetriebe vorhanden. ... Hätte man für solche Betriebe eine Sonderregelung schaffen wollen, so wäre dies im Gesetz zum Ausdruck gekommen.[23]

Die Relevanz dieser Rechtsprechung hat seit langem deshalb an Bedeutung verloren, weil in der Rechtsprechung eine *Organisationspflicht* des Geschäftsherrn angenommen wird, deren Verletzung eine Haftung wegen *Organisationsverschuldens* nach sich zieht.[24] Grundlage dieser Haftung ist aber nicht § 831, sondern § 823. Die Organisationspflicht ist von der Funktion her als Verkehrspflicht anzusehen. Inhalt der Organisationspflicht ist es, „den Ablauf der Betriebvorgänge ... so einzurichten und zu überwachen, wie das zur Vermeidung von Schädigungen Dritter nach Sachlage geboten gewesen sei".[25]

Beispiel (BGH NJW 1985, 2189)
Der Kläger hatte sich in die Klinik der Beklagten zur Operation eines Bandscheibenschadens begeben. Die Narkose führte nicht der Erstbeklagte, Direktor der anästhesistischen Abteilung der Klinik, durch, sondern der Zweitbeklagte.

---

[23]In BGH NJW 1968, 248 ist dahingestellt worden, ob an der Rechtsprechung zum dezentralisierten Entlastungsbeweis festgehalten werden soll.
[24]Vgl. dazu Esser/Weyers § 58 I 2 c.
[25]Kötz/Wagner Rn. 304.

Er war als Narkosearzt für gleichzeitige Operationen an drei Operationstischen eingeteilt. Weil sich eine zur Assistenz weiter vorgesehene Ärztin am Operationstag krank gemeldet hatte, musste für sie Dr. T einspringen, der aufgrund mangelnder Erfahrung eine Beatmungsblockade des Klägers nicht meistern konnte. Dadurch entstand dem Kläger ein schwerer Gesundheitsschaden.

Der BGH bejaht einen auf § 823 Abs. 1 gestützten Schadensersatzanspruch des Klägers gegen den Krankenhausträger wegen eines Organisationsverschuldens. Nachweislich war durch den beklagten Krankenhausträger eine ordnungsgemäße anästhesiologische Versorgung der Patienten nicht gewährleistet worden. Obwohl die Ärzteschaft der Klinik immer wieder auf die personelle Unterversorgung im Bereich der Anästhesie hingewiesen hatte, wurden die im Stellenplan vorgesehenen Dienststellen von Anästhesisten nicht besetzt. Deshalb gefährdete der plötzliche Ausfall eines Arztes die ausreichende Betreuung des Patienten. Der BGH sieht darin einen Verstoß gegen die Organisationspflicht des Krankenhausträgers, die bei einer Klinik dahin geht, einen Standard der Anästhesieversorgung zu gewährleisten, der geeignet ist, Narkoseschäden der Patienten zu vermeiden.[26] Zunehmende Bedeutung erlangen Organisationspflichten von Reise- und Sportveranstaltern.[27]

In klausurtechnischer Hinsicht ist abschließend zu vermerken, dass der Anspruch aus § 831 und der Anspruch aus § 823 unabhängig voneinander bestehen. Beide Ansprüche sind deshalb getrennt voneinander zu prüfen.

5. Haftung des vertraglichen Übernehmers der Geschäftsherrnpflichten (§ 831 Abs. 2)

§ 831 Abs. 2 begründet die Haftung desjenigen, welcher für den Geschäftsherrn die Besorgung eines der im Abs. 1 S. 2 bezeichneten Geschäfte durch Vertrag übernimmt. Strittig ist, ob Organe und Bedienstete des Geschäftsherrn unter Abs. 2 fallen.[28] Nicht unter Abs. 2 fällt der Geschäftsführer einer GmbH. Denn seine Rechtsstellung wird wesentlich durch das Gesellschaftsrecht geprägt, das ihn im Außenverhältnis nicht haften lässt (§ 43 Abs. 2 GmbHG).[29]

---

[26] BGH NJW 1985, 2189, 2191.
[27] Vgl. etwa BGH NJW-RR 2002, 1056 ff.
[28] Verneinend noch MüKo-Wagner, 4. Aufl., 2005, § 831 Rn. 44; Erman-Schiemann § 831 Rn. 27; Soergel-Krause § 831 Rn. 62.
[29] BGH NJW 1974, 1371, 1372.

Übersicht zur Abgrenzung von § 831 zu § 278:

§ 831	§ 278
Rechtsnatur	
§ 831 ist Anspruchsgrundlage: Haftungsbegründung für eigenes Verschulden (Außerachtlassen der erforderlichen Sorgfalt bei Auswahl oder Überwachung des Verrichtungsgehilfen)	§ 278 ist bloße Zurechnungsnorm: Zurechnung fremden Verschuldens innerhalb einer Anspruchsgrundlage die Verschulden voraussetzt (z.B. § 280 Abs. 1)
Verrichtungsgehilfe	Erfüllungsgehilfe
Verrichtungsgehilfe ist, wer in die Organisationssphäre des Geschäftsherrn eingegliedert ist und bei der Erledigung übertragener Aufgaben den Weisungen des Geschäftsherrn unterliegt (s. oben 1.)	Erfüllungsgehilfe ist, wer nach den tatsächlichen Verhältnissen des gegebenen Falles mit dem Willen des Schuldners bei der Erfüllung der diesem obliegenden Verbindlichkeit als seine Hilfsperson tätig wird (st. Rspr; vgl. etwa BGH NJW 2007, 428, 430 mwN). Eine Weisungsgebundenheit muss nicht bestehen!
Widerrechtliche Schadenszufügung	Schuldhafte Pflichtverletzung i.R. eines Schuldverhältnisses
Erforderlich ist die rechtswidrige Verwirklichung des objektiven Tatbestandes einer unerlaubten Handlung durch den Verrichtungsgehilfen (s. oben 2.)	Erforderlich ist die schuldhafte Verletzung einer Pflicht durch den Erfüllungsgehilfen, die sich aus einem zwischen dem Schuldner und dem Geschädigten bestehenden Schuldverhältnis ergibt.

In Ausführung der Verrichtung	In Erfüllung der Verbindlichkeit
Es muss ein unmittelbarer innerer Zusammenhang zwischen aufgetragener Verrichtung und der schädigenden Handlung bestehen (s. oben 3.).	Es muss ein unmittelbaren sachlicher Zusammenhang zwischen dem schuldhaften Verhalten des Erfüllungsgehilfen und den Aufgaben geben, die ihm im Hinblick auf die Erfüllung des Schuldverhältnisses zugewiesen waren (vgl. etwa BGH NJW 2001, 3190, 3191 mwN).
Verschuldensvermutung/Entlastungsbeweis	Verschulden
Vermutung des Verschuldens des Geschäftsherrn; nach Maßgabe des § 831 Abs. 1 S. 2 kann sich der Geschäftsherr aber entlasten (s. oben 4.).	Auf eigenes Verschulden des Schuldners kommt es bei der Zurechnung fremden Verschuldens gerade nicht an; eine Entlastung wie bei § 831 scheidet daher grds. aus; Besonderheit: Substitution gem. § 664 Abs. 1 S. 2.

C. Der Anspruch aus § 832 (Haftung Aufsichtspflichtiger)

I. Funktion der Vorschrift

§ 832[30] ähnelt in der Struktur der Vorschrift des § 831. Sachlich handelt es sich bei § 832 um die Positivierung einer typischen Verkehrspflicht.[31] Die Ratio der Haftung des Aufsichtspflichtigen liegt in der Gefahr, die vom Aufsichtsbedürftigen ausgeht und in der Einwirkungsmöglichkeit des Aufsichtspflichtigen auf das Verhalten des Aufsichtsbedürftigen.[32] Pflichtverletzung und Verschulden des Aufsichtspflichtigen werden vermutet. Allerdings steht ihm die Möglichkeit des Entlastungsbeweises offen.

II. Tatbestandliche Voraussetzungen

> Widerrechtliche Schadenszufügung
> Aufsichtspflichtige Person
> Verschuldensvermutung/Entlastungsbeweis

1. Widerrechtliche Schadenszufügung

Der Aufsichtsbedürftige muss eine rechtswidrige unerlaubte Handlung im Sinne der §§ 823 ff. begangen haben. Auf Verschuldensfähigkeit und Verschulden kommt es nicht an.

2. Aufsichtspflichtige Person

Die Aufsichtspflicht des nach § 832 Abs. 1 Haftpflichtigen muss kraft Gesetzes bestehen. Hauptanwendungsfälle sind die familienrechtlichen Vorschriften betreffend die Personensorge von Eltern für ihre Kinder sowie die Personensorge des Vormunds und Pflegers gegenüber dem Mündel (§§ 1793, 1800, 1900 f., 1915). Außerhalb des BGB ist insbesondere an die Aufsichtspflicht der Ausbilder gegenüber minderjährigen Auszubildenden (§§ 6, 9 BBiG) zu denken, allerdings beschränkt auf die Geschäftszeit und den Geschäftsbereich.[33]

§ 832 Abs. 2 dehnt die Verantwortlichkeit auch auf solche Personen aus, die die Aufsicht durch *Vertrag* übernommen haben. Die Übernahme kann auch konkludent geschehen, setzt aber eine weitreichende Obhut von längerer Dauer und weitgehender Einwirkungsmöglichkeit voraus.[34] Typische Fälle sind die Betreuung durch Pflegeeltern, Fachkräfte in Kindergärten und -krippen,[35] Träger von offenen psychiat-

---

[30] Einen kompakten Überblick zur Haftung aus § 832 gibt Brand JuS 2012, 673 ff.
[31] Erman-Schiemann § 832 Rn. 1.
[32] Larenz/Canaris SBT 2 § 79 IV 1 a.
[33] BGH VersR 1958, 549.
[34] BGH NJW 1985, 678.
[35] Vgl. BGH FamRZ 1956, 340; Ollmann ZfJ 2004, 19.

rischen Kliniken[36] oder Krankenhäusern,[37] Heilerziehungs- und Pflegeheimen[38] oder Privatschulen. Spielen jedoch nur gelegentlich fremde und eigene Kinder in der elterlichen Wohnung, liegt ein bloßes Gefälligkeitsverhältnis zwischen den Eltern vor.[39]

3. Verschuldensvermutung/Entlastungsbeweis

Liegt eine widerrechtliche unerlaubte Handlung des Aufsichtsbedürftigen vor, so wird die Aufsichtspflichtverletzung sowie die Kausalität des Pflichtverstoßes für die Verletzung vermutet. Gem. § 832 Abs. 1 S. 2 kann aber der Aufsichtspflichtige beweisen, dass er seiner Aufsichtspflicht Genüge getan hat bzw. der Schaden auch bei gehöriger Aufsichtsführung entstanden sein würde. Das Hauptproblem des Entlastungsbeweises besteht darin, den Maßstab für die Sorgfalt von Eltern bei der Aufsicht über ihre Kinder zu bestimmen.[40] Die Problematik soll an folgendem Beispiel verdeutlicht werden:

> *BGH NJW 1993, 1003:* Der im Tatzeitpunkt 12-jährige S hatte zusammen mit einem 10 Jahre alten Freund in einer Scheune mit einem Feuerzeug gespielt. Dabei entzündete sich das Stroh und die Scheune brannte nieder. Am Vortag hatte die Mutter M des S für diesen aus einer Schmuckkassette alte Ketten herausgesucht, damit er sie auf dem Flohmarkt verkaufen konnte. Bei dieser Gelegenheit nahm S aus der Schmuckkassette – von M unbemerkt – das darin liegende Feuerzeug und versteckte es im Hof.

Im Anschluss an frühere Rechtsprechung präzisiert der BGH die Aufsichtspflicht wie folgt (S. 1003):

> Der Umfang der gebotenen Aufsicht über Minderjährige bestimmt sich nach Alter, Eigenart und Charakter, wobei sich die Grenze der erforderlichen und zumutbaren Maßnahmen danach richtet, was verständige Eltern nach vernünftigen Anforderungen in der konkreten Situation tun müssen, um Schädigungen Dritter durch ihr Kind zu verhindern. ... Mit zunehmendem Alter eines – normal begabten und entwickelten – Kindes wachsen seine intellektuellen und psychischen Fähigkeiten, seine Möglichkeit zu rationaler Einsicht in die Gefahren offenen Feuers ebenso wie zur Beachtung solcher Einsichten auch im Rahmen des Spiels; andererseits mag – je nach Veranlagung des Kindes – allerdings auch seine Risikobereitschaft zunehmen. Im Rahmen dieses Wachstums- und Reifeprozesses müssen die Eltern Art, Umfang und Maß ihrer Aufsicht wesentlich daran ausrichten, welche Veranlagung und welches Verhalten das Kind in der jeweiligen Altersstufe an den Tag legt und in welchem Umfang die bisherige Erziehung Erfolge gezeigt hat.

Unter Berücksichtigung dieser Grundsätze war der BGH der Auffassung, dass eine Aufsichtspflichtverletzung im konkreten Falle nicht vorlag. Angesichts der normalen intellektuellen und psychischen Entwicklung von S war es für M nicht

---

[36]BGH NJW 1985, 677; OLG Saarbrücken VersR 2008, 408.
[37]BGH FamRZ 1976, 210.
[38]OLG Koblenz NJW-RR 1997, 345.
[39]BGH NJW 1986, 1874.
[40]Vgl. in diesem Sinne Medicus/Lorenz SBT Rn. 1355. Speziell für die Aufsicht über Kinder im Straßenverkehr siehe Fuchs NZV 1998, 7 ff.

notwendig, Feuerzeuge für den Jungen zu jeder Zeit – auch ganz kurzfristig – völlig unerreichbar zu verwahren[41], so auch:

> *BGH NJW 2009, 1954:* Ein Siebenjähriger zerkratzt zusammen mit einem Fünfjährigen insgesamt siebzehn Personenkraftwagen, die auf einem Parkplatz abgestellt waren. Dieser gehörte zu einem Wohnkomplex, in dem der Siebenjährige zusammen mit seinen Eltern wohnt.

Auch hier sieht der BGH keine Verletzung der elterlichen Aufsichtspflicht, da normal entwickelten Kindern im Alter von siebeneinhalb Jahren im Allgemeinen das Spielen im Freien auch ohne Aufsicht gestattet ist, wenn die Eltern sich über das Tun und Treiben in groben Zügen einen Überblick verschaffen. Die Kinder hatten vor dem schädigenden Ereignis auf einem Spielplatz gespielt, der ebenfalls zu dem Wohnkomplex gehörte, auf dessen Parkplatz das schädigende Ereignis stattfand. Nach dem Entwicklungsstand eines siebenjährigen Kindes sei es nicht zu beanstanden, dieses auf einem Spielplatz auch über einen Zeitraum von 1–2 h in Verbindung mit der Belehrung den Spielplatz nicht zu verlassen, unbeaufsichtigt spielen zu lassen. Es bestand keine Verpflichtung zur lückenlosen Beaufsichtigung aus der konkreten Ausgestaltung der Spielsituation, weil es sich nicht um ein besonders schadensgeneigtes Umfeld gehandelt hat. Unter diesen Umständen genügt eine stichprobenartige Überwachung, wobei zwischen den Stichproben auch 1–2 h liegen können. Entscheidend ist also nicht, ob der Erziehungsberechtigte allgemein seiner Aufsichtspflicht genügt hat, sondern vielmehr, ob dies im konkreten Fall und in Bezug auf die zur widerrechtlichen Schadenszufügung führenden Umstände geschehen ist.

Zunehmende Bedeutung gewinnt die Frage der Aufsichtspflicht bei der Internetnutzung, vgl. dazu

> *BGH NJW 2013, 1441 (Morpheus):* Der 13-jährige Sohn der Beklagten nutzte den häuslichen Internetanschluss, um auf einer „Tauschbörse" Audio-Dateien herunterzuladen, wodurch zugleich gespeicherte Dateien öffentlich zugänglich gemacht wurden. Die auf diese Weise angebotenen Dateien enthielten Musikaufnahmen, für die die Klägerinnen die ausschließlichen Verwertungsrechte besitzen. Die Beklagten gaben nach Abmahnung eine strafbewehrte Unterlassungserklärung ab. Neben den Abmahnkosten verlangen die Klägerinnen wegen des öffentlichen Zugänglichmachens von Musikaufnahmen Schadensersatz.

Die Handlungen des Sohnes im Internet stellen sich im Lichte des UrhG als widerrechtliche Schadenszufügung dar (vgl. dazu §§ 97, 85 Abs. 1 S. 1 Fall 3 UrhG). Umstritten ist, ob Eltern, ihrer Aufsichtspflicht (§§ 1626 Abs. 1, 1631 Abs. 1) schon dann genügen, wenn sie ihr minderjähriges Kind über die mit der Internetnutzung verbundene Gefahr von Rechtsverletzungen belehren oder ob sie darüber hinaus verpflichtet sind, die Installation und Nutzung von Filesharingsoftware mittels technischer Maßnahmen zu verhindern, die Nutzung des Internets laufend zu überwachen und den Computer des Kindes – auch ohne

---

[41]BGH NJW 1993, 1003 f.

konkreten Verdacht – regelmäßig zu überprüfen. Der BGH hat sich für die weniger strengen Anforderungen ausgesprochen (S. 1442):

> Danach genügen Eltern ihrer Aufsichtspflicht über ein normal entwickeltes 13-jähriges Kind, das ihre grundlegenden Gebote und Verbote befolgt, regelmäßig bereits dadurch, dass sie das Kind über die Rechtswidrigkeit einer Teilnahme an Internettauschbörsen belehren und ihm eine Teilnahme daran verbieten. Eine Verpflichtung der Eltern, die Nutzung des Internets durch das Kind zu überwachen, den Computer des Kindes zu überprüfen oder dem Kind den Zugang zum Internet (teilweise) zu versperren, besteht grundsätzlich nicht. Zu derartigen Maßnahmen sind Eltern erst verpflichtet, wenn sie konkrete Anhaltspunkte dafür haben, dass das Kind dem Verbot zuwiderhandelt.

Zu Recht stützt sich der BGH dabei auf die Wertung des § 1626 Abs. 2 S. 1, wonach die Eltern bei der Pflege und Erziehung die wachsende Fähigkeit und das wachsende Bedürfnis des Kindes zu selbstständigem verantwortungsbewusstem Handeln berücksichtigen. Regelmäßige Kontrollen ohne konkreten Anlass widersprächen diesem Erziehungsgrundsatz (S. 1442).

Die Beklagten hatten glaubhaft machen können, mit ihren Kindern immer wieder über das Thema des illegalen Downloads von Musik und Filmen aus dem Internet diskutiert und ihnen dies ausdrücklich untersagt zu haben.[42] Die Eltern haften auch nicht als Anschlussinhaber unter dem Gesichtspunkt der Eröffnung einer Gefahrenquelle als Täter oder Teilnehmer für die vom Sohn begangene Urheberrechtsverletzung. Für eine Täterschaft fehlt die Erfüllung eines handlungsbezogenen Verletzungstatbestands des UrhG und für eine Teilnahme jedenfalls am erforderlichen Vorsatz (S. 1444).

D. Der Anspruch aus § 833 S. 2 (Nutztierhalterhaftung)

I. Funktion der Vorschrift

§ 833 S. 1 enthält eine Gefährdungshaftung für Rechtsgutverletzungen, die durch Tiere entstanden sind.[43] Eine Gefährdungshaftung traf ursprünglich alle Tierhalter ohne Rücksicht darauf, zu welchem Zwecke sie das Tier hielten. Die Kritik an der Gefährdungshaftung, insbesondere aus den Kreisen der Landwirtschaft, führte dazu, dass im Jahre 1908 § 833 S. 2 eingefügt wurde. Schon der Wortlaut der Bestimmung zeigt, dass es sich um eine Haftung für vermutetes Verschulden handelt. Dogmatisch gesehen können wir von einer „Einstandspflicht für eine Verkehrspflichtverletzung durch Unterlassen der gebotenen Aufsicht über eine Gefahrenquelle mit Umkehrung der Beweislast"[44] sprechen. Die Privilegierung der Nutztierhalter wird heute kritisiert,

---

[42]Vgl. zur Abgrenzung die Entscheidung des BGH (Tauschbörse II) NJW 2016, 950, in der die Tochter – ohne entsprechende Aufklärung durch die Mutter – vom Bruder ans Internet herangeführt wurde.

[43]Siehe dazu unten 10. Kap. B. I. 2.3.

[44]So Larenz/Canaris SBT 2 § 79 V 1.

D. Der Anspruch aus § 833 S. 2 (Nutztierhalterhaftung)

weil in der Landwirtschaft kaum noch Tiere frei gehalten würden und die Beschaffung von Haftpflichtversicherungsschutz den Nutztierhaltern eher noch als den Haltern anderer Tiere angesonnen werden könne.[45] Die Haftungsprivilegierung des Nutztierhalters sieht der BGH dennoch im Einklang mit Art. 3 Abs. 1 GG:[46]

> Es erscheint nach wie vor nicht völlig sachfremd, hinsichtlich der Haftungsvoraussetzungen zwischen der Haltung von Luxustieren einerseits und der von Nutztieren andererseits zu differenzieren und die Haftung des Nutztierhalters zu privilegieren, weil dieser aus beruflichen oder wirtschaftlichen Gründen auf die Tierhaltung angewiesen ist. Der allgemeine Gleichheitsgrundsatz verlangt nicht, die Haftung des Nutztierhalters an denselben Voraussetzungen zu knüpfen wie die des Halters eines Luxustiers. Dass Letzterer verschuldensunabhängig haftet, während für den Nutztierhalter eine Verschuldenshaftung bei gesetzlich vermutetem Verschulden des Tierhalters gilt, ist nicht willkürlich. Diese unterschiedliche Ausgestaltung der Haftungsvoraussetzungen bewegt sich noch innerhalb des gesetzgeberischen Gestaltungsspielraums ..., zumal der dem Tierhalter obliegende Entlastungsbeweis strenge Anforderungen stellt ....

II. Tatbestandliche Voraussetzungen

Rechtsgutverletzung
Nutz-Haustier
Tierhalter
Entlastungsbeweis

1. Der Begriff des „Nutz-Haustiers"

Das Gesetz definiert den Begriff des Haustiers nicht. Das Reichsgericht hatte bei einer Entscheidung darüber, ob Bienen Haustiere sind, an den gewöhnlichen Sprachgebrauch angeknüpft und ausgeführt:[47]

> Hiernach versteht man unter Haustieren diejenigen Gattungen von *zahmen* Tieren, die in der Hauswirtschaft zu dauernder Nutzung oder Dienstleistung gezüchtet und gehalten zu werden pflegen und dabei aufgrund von Erziehung und Gewöhnung der Beaufsichtigung und dem *beherrschenden* Einfluss des Halters unterstehen.

Mit dieser Begründung wurde die Haustiereigenschaft von Bienen abgelehnt. Dieser Begriffsbestimmung wird auch heute noch gefolgt. Gezähmte Tiere, z. B. in Gehegen gehaltenes Wild, fallen nicht unter den Begriff des Haustieres.[48]

Es muss sich bei dem Haustier um ein Nutztier handeln, d. h. es muss der Berufstätigkeit, dem Erwerb oder dem Unterhalt dienen. Es kommt dabei auf die

---

[45] So Kötz/Wagner Rn. 494; kritisch ebenfalls BGH NJW 1986, 2501.
[46] BGH NJW 2009, 3233, 3234.
[47] RGZ 158, 388, 391.
[48] OLG Nürnberg NJW-RR 1991, 1500.

allgemeine Zweckbestimmung an. Es genügt nicht, dass der Halter das Tier nur nebenbei zu einer Erwerbstätigkeit verwendet. Vielmehr muss das Tier überwiegend dieser Tätigkeit dienen.[49] Diese Problematik ist immer wieder bei der Benutzung von Tieren eines Reitvereins sichtbar geworden. Stehen die Pferde im Wesentlichen den Vereinsmitgliedern zur Verfügung und wird nur ein geringer Anteil an Nichtmitglieder vermietet, so greift § 833 S. 2 nicht ein.[50] Demgegenüber kommt § 833 S. 2 zur Anwendung bei Pferden, die von einem gewerblich betriebenen Reitinstitut vermietet werden, aber auch bei Vermietung gegen Entgelt. Diese Rechtsprechung wird zum Teil kritisiert, weil sie die Privilegierung des § 833 S. 2 auf kommerzielle Erwerbszwecke ausdehne, die mit dem ursprünglichen Haustiercharakter der Tiere in keinem Zusammenhang mehr stünden.[51] Der BGH teilt diese Auffassung nicht und meint, dass sich aus der bei der Einfügung des S. 2 in § 833 erkennbar gewordenen Absicht des Gesetzgebers, die haus-, land- und ernährungswirtschaftlichen Zwecken dienende Tierhaltung begünstigen zu wollen, nicht herleiten lasse, dass *nur* die Wirtschaftszweige hätten begünstigt werden sollen, von denen die Versorgung der Allgemeinheit mit land- und ernährungswirtschaftlichen Erzeugnissen abhängt.[52]

Bezüglich der spezifischen Tiergefahr und des Begriffs des Tierhalters wird auf die insoweit gleich gelagerten Probleme im Rahmen des § 833 S. 1 verwiesen.[53]

2. Entlastungsmöglichkeit des Tierhalters

Liegen die unter 1. genannten Voraussetzungen vor, so ist der Anspruch aus § 833 S. 2 gegeben, weil das Verschulden des Tierhalters vermutet wird. Der Tierhalter kann sich aber entlasten, wenn er beweist, dass er seinen Sorgfaltspflichten genügt hat oder dass der Schaden auch bei deren Erfüllung eingetreten wäre. Er muss also entweder die Verschuldens- oder die Kausalitätsvermutung des § 833 S. 2 BGB widerlegen.

Wenn man § 833 S. 2 als eine Haftpflicht für Verkehrspflichtverletzungen ansieht, sind hinsichtlich der Sorgfaltsanforderungen die gleichen Überlegungen anzustellen wie bei Verkehrspflichten allgemein. Gefordert ist vom Tierhalter alles, was zu einer Vermeidung der Tiergefahr nötig ist. Auch wenn man hierbei strenge Anforderungen zu stellen hat, dürfen diese auch nicht überspannt werden. So kann etwa von einem Landwirt, der Jungpferde in einem umzäunten Pferdekral hält, nicht verlangt werden, die Umzäunung so intensiv zu gestalten (wie etwa in Zoos), dass auch Kleinkinder keinen Zutritt haben.[54]

---

[49] BGH NJW 1971, 509.
[50] BGH NJW-RR 1986, 572. Zum fehlenden Nutztierprivileg für einen Idealverein mit Erwerbstierhaltung BGH NJW 2011, 1961.
[51] Vgl. MüKo-Wagner § 833 Rn. 43.
[52] BGH NJW 1986, 2501, 2502.
[53] Siehe dazu unten 10. Kap. B. I.
[54] BGH NJW-RR 1992, 981.

Beachte: Die Beweislast trifft den Tierhalter nicht nur im Rahmen der Exkulpation. Auch wenn es um die Frage geht, ob ein Nutz-Haustier den Schaden verursacht hat, gehen Zweifel zu seinen Lasten, da die Bestimmung des § 833 S. 2 als – für den Tierhalter vorteilhafte – Ausnahmebestimmung zu § 833 S. 1 anzusehen ist.[55]

E. Der Anspruch aus § 834 (Tierhüterhaftung)

I. Funktion der Vorschrift

Auch die Haftung des Tierhüters nach § 834 BGB ist als Haftung wegen vermuteten Verschuldens ausgestaltet. Die deliktische Haftung des Tierhüters ist gerechtfertigt, weil er sich vertraglich zur Aufsicht des Tieres verpflichtet und damit die Verkehrssicherungspflicht übernommen hat.

II. Tatbestandliche Voraussetzungen

Rechtsgutverletzung
Durch ein Tier
Tierhüter
Entlastungsbeweis

1. Rechtsgutverletzung durch ein Tier

Haftungsauslösendes Moment der Tierhüterhaftung ist ebenso wie bei § 833 die durch eine spezifische Tiergefahr verwirklichte Rechtsgutverletzung. Insoweit kann auf die Ausführungen zu § 833 S. 1 und 2 verwiesen werden. Die Haftung des Tierhüters nach § 834 ist unabhängig davon, ob es sich um ein Luxustier (im Sinne des § 833 S. 1) oder ein Nutz-Haustier (§ 833 S. 2) gehandelt hat.

2. Tierhüter

Tierhüter ist, wer die Aufsicht über das Tier durch *Vertrag* übernommen hat. Verlangt wird also ein rechtlicher Bindungswille. Eine rein tatsächliche Beaufsichtigung, etwa aus Gefälligkeit, reicht nicht aus.[56] Zu beachten ist aber, dass wie bei jedem anderen Vertrag auch hier konkludentes Verhalten ausreicht.

Da der Tatbestand des § 834 in der Struktur ähnlich dem Tatbestand des § 833 S. 2 gestaltet ist, wird für die Tierhütereigenschaft gefordert, dass er eine dem Tierhalter vergleichbare Stellung einnehmen muss. Dementsprechend ist es

---

[55] Soergel-Krause § 833 Rn. 52.
[56] Jauernig-Teichmann § 834 Rn. 3.

erforderlich, dass dem Tierhüter bei der Aufsichtsführung eine *gewisse Selbstständigkeit* zukommt, was beispielsweise bei einem Pferdepfleger oder Stallknecht in der Regel nicht zutrifft.[57] In Anwendung dieser Grundsätze hat der BGH auch denjenigen, der ein Pferd zum Ausreiten mietet, als Tierhüter angesehen, wenn dieser selbstständig (ohne Begleitperson) aus dem Stall ausreitet. Die konkludente Übernahme der Aufsicht ist dann regelmäßig zu bejahen, wenn sich der Tierhalter jeder Einflussmöglichkeit auf das Tier begibt und dieser aus Erklärungen oder dem Verhalten des Mieters berechtigterweise den Schluss ziehen kann, der Mieter werde an seiner Stelle die Aufsichtspflicht übernehmen.[58]

3. Entlastungsbeweis
Hinsichtlich der Entlastung des Tierhüters gelten die gleichen Grundsätze wie bei der Tierhalterhaftung nach § 833 S. 2 (s. dazu oben D. II. 2).

Bei Vorliegen der Voraussetzungen haften Tierhalter und Tierhüter dem Geschädigten gegenüber gesamtschuldnerisch (§ 840).

F. Haftung für Schäden durch Bauwerke (§ 836 ff.)

I. Der Anspruch aus § 836

1. Funktion der Vorschrift
Bauwerke stellen eine erhebliche Schadensquelle dar. Deshalb wäre es denkbar gewesen, dass der Gesetzgeber für Schäden, die von Bauwerken ausgehen, eine Gefährdungshaftung statuiert hätte. Der Gesetzgeber hat sich jedoch für eine *Verschuldenshaftung* entschieden. § 836 ist ein Fall gesetzlich geregelter Verletzung einer Verkehrssicherungspflicht. Die Beweislast wird umgekehrt, weil der Schaden aus der Sphäre des Besitzers stammt.[59]

2. Tatbestandliche Voraussetzungen

> Rechtsgutverletzung
> Durch ein Gebäude(teil) oder Werk
> Fehlerhafte Errichtung oder mangelhafte Unterhaltung
> Besitzer
> Verschuldensvermutung/Entlastungsbeweis

---

[57]Staudinger-Eberl-Borges § 834 Rn. 19.
[58]BGH NJW 1987, 949.
[59]Larenz/Canaris, SBT 2 § 79 VI 1 a.

2.1. Rechtsgutverletzung

Geschützte Rechtsgüter des § 836 Abs. 1 sind Leben, Körper, Gesundheit und Sachen. Der Ersatz reiner Vermögensschäden scheidet also aus.

2.2. Die Begriffe Gebäude, Gebäudeteil, Werk

Gebäude ist ein unbewegliches, fest mit dem Erdboden verbundenes und allseitig umschlossenes Bauwerk, das den Eintritt von Menschen gestattet, auch wenn es noch unvollendet ist.[60]

Mit dem Grundstück verbundene *Werke* sind alle übrigen, einem bestimmten Zweck dienenden und in Verbindung mit dem Erdboden nach bestimmten Regeln der Technik hergestellten Gegenstände, Einrichtungen und Anlagen.[61] Als Werk wurden demnach angesehen Baugerüste, Grabsteine sowie im Erdboden verlegte Rohrleitungen. Die Eigenschaft eines Werkes wurde auch für einen Damm bejaht, der für die Zufahrt zu einer Baustelle provisorisch durch Aufschütten von Bodenmassen errichtet wurde.[62] Gerade im Hinblick auf dieses Beispiel ist aber wichtig zu betonen, dass das Werk auf menschliche Planung und Mitwirkung zurückzuführen sein muss. Wenn etwa in der freien Natur Materialien durch Wasser angeschwemmt und aufgestaut werden, so ist dies „eine Naturerscheinung, d. h. das Gegenteil eines menschlichen Werkes".[63]

Unter § 836 Abs. 1 fällt auch die Ablösung von *Teilen eines Gebäudes*. Dieses Merkmal wird von der Rechtsprechung weit ausgelegt:

Beispiel (BGH NJW 1985, 2588)

Der Gast einer Pension benutzt die von einem Schreinermeister aus vorgefertigten Teilen installierte Duschkabine. Als er den Türflügel öffnet, zerspringt die Sicherheitsglasscheibe, sodass er durch Glassplitter verletzt wird.

Der BGH hat hierzu ausgeführt (S. 2588):

> Gebäudeteil ist ... eine Sache nicht nur, wenn sie zur Herstellung eines Gebäudes eingefügt ist, sondern auch dann, wenn sie in einem so festen baulichen Zusammenhang mit dem Gebäude steht, dass sich daraus nach der Verkehrsanschauung ihre Zugehörigkeit zu dem Bauganzen ergibt. Diese Voraussetzung war ... bei der Duschkabine ... erfüllt. Sie kann nämlich nicht ... ohne weiteres montiert oder demontiert werden, ... weil die Wandfliesen, die Duschwanne und der Warmwasserzufluss ... fest verlegt sind.

---

[60] Erman-Schiemann § 836 Rn. 2. Auch Ruinen fallen hierunter, wenn sie wieder aufgebaut und dem Verkehr zugänglich gemacht worden sind, BGHZ 1, 103, 105; zur Frage, ob ein sog. Carport ein Gebäude oder ein Werk darstellt vgl. OLG Hamm JuS 1996, 172.
[61] RGZ 60, 138, 139.
[62] BGHZ 58, 149, 152.
[63] BGH NJW 1971, 1670.

2.3. Fehlerhafte Errichtung oder mangelhafte Unterhaltung als Ursache
Der Einsturz oder die Ablösung muss auf einer fehlerhaften Errichtung oder mangelhaften Unterhaltung des Gebäudes oder Werkes beruhen. Hierbei ist auch zu beachten, dass die Rechtsgutverletzung im Schutzzweck der Norm des § 836 liegen muss.[64] Wegen fehlenden Schutzzweckes ist ein Ersatzanspruch zu verneinen, wenn der Schaden beim Abriss eines Gebäudes entstanden ist.[65]

2.4. Haftung des Besitzers
Gemäß § 836 Abs. 1 S. 1, Abs. 3 haftet der gegenwärtige Eigenbesitzer (Definition: § 872) des Grundstückes[66]. Unter den Voraussetzungen des § 836 Abs. 2 haftet auch ein früherer Besitzer des Grundstückes.

2.5 Verschuldensvermutung/Entlastungsbeweis
An die Sicherungspflichten des Grundstücksbesitzers stellt die Rechtsprechung hohe Anforderungen. Verlangt werden alle Maßnahmen, die aus technischer Sicht geboten und geeignet sind, Gefahren für Dritte zu vermeiden. Dabei müssen auch Einwirkungen durch Naturereignisse (z. B. starker Sturm) berücksichtigt werden.[67] Wer zur Erfüllung der Sicherungspflichten nicht die nötige Sachkunde besitzt, kann seinen Verkehrssicherungspflichten aber dadurch nachkommen, dass er einen zuverlässigen und sachkundigen Fachmann beauftragt.[68] Aber auch in diesem Falle ist er nicht völlig von seiner Verantwortung befreit. Er ist dann zu einem eigenen Eingreifen verpflichtet, wenn ihm Gefahren sichtbar werden bzw. schädigende Auswirkungen der Handlungsweise des Beauftragten erkennbar werden. § 836 verlangt darüber hinaus eine sorgfältige und fortgesetzte Überwachung des Bauzustandes.

II. Der Anspruch aus § 837

1. Funktion der Vorschrift
§ 837 verlagert die Verantwortlichkeit im Sinne des § 836 vom Grundstücksbesitzer auf den Fremdbesitzer des Gebäudes oder Werkes.[69] Der Grund für diese

---

[64]Erman-Schiemann § 836 Rn. 7.
[65]BGH VersR 1958, 1160, 1161: „Wenn aber ein Abbruchunternehmer damit beginnt, ein Gebäude (oder einen Gebäudeteil) niederzureißen ..., dringt er mit seinen Arbeitern, seinen Maschinen und Werkzeugen in den Gefahrenbereich ein, für den bisher der Besitzer des Gebäudes verantwortlich war, und schafft dort neue, von dem Besitzer nicht – allenfalls beschränkt – beherrschbare Gefahren".
[66]Zur Haftung bei Wohnungs- und Teileigentum Schmid VersR 2012, 1098,1100 f.
[67]BGH NJW 1993, 1782.
[68]BGH NJW 1985, 2588.
[69]Jauernig-Teichmann § 837 Rn. 1.

Haftungsverschiebung liegt darin, dass der Besitzer im Sinne des § 837 die Gefahr eher beherrschen kann als der Eigenbesitzer des Grundstücks.[70]

2. Tatbestandliche Voraussetzungen

> Verantwortlichkeit im Sinne des § 836
> Besitz an Gebäude oder Werk

Die haftungsrechtlichen Voraussetzungen des § 837 sind die gleichen wie in § 836 („die im § 836 bestimmte Verantwortlichkeit"). Die Haftung trifft aber im Gegensatz zu § 836 nicht den Eigenbesitzer des Grundstücks, sondern denjenigen, der in Ausübung eines Rechtes ein Gebäude oder ein anderes Werk auf einem fremden Grundstück besitzt. Das sind vor allem Nießbraucher, Erbbauberechtigte, Bauunternehmer für die von ihnen errichteten Gerüste usw. Regelmäßig fallen unter § 837 nicht Mieter oder Pächter von Grundstücken mit Gebäuden, denn sie sind nach §§ 536, 581 grundsätzlich nicht zur Unterhaltung des gemieteten oder gepachteten Gebäudes verpflichtet.[71]

§ 837 schließt nicht aus, dass neben dem Besitzer des Gebäudes oder Werkes auch der Grundstücksbesitzer, wenn er Eigentümer ist, z. B. aus § 823 haftet.[72]

III. Der Anspruch aus § 838

1. Funktion der Vorschrift
§ 838 normiert eine Haftung desjenigen, der die Pflicht zur Unterhaltung des Gebäudes übernommen hat. Von seiner Funktion her entspricht § 838 den Bestimmungen der §§ 831 Abs. 2, 832 Abs. 2, 834.[73]

2. Tatbestandliche Voraussetzungen
Die Verpflichtung zur Unterhaltung des Gebäudes oder Werkes muss sich aus einem Vertrag ergeben. Unter § 838 fallen auch Mieter und Pächter, die entgegen §§ 535 Abs. 1 S. 2, 581 die Unterhaltung des Gebäudes übernommen haben.[74]

---

[70] Erman-Schiemann § 837 Rn. 1.
[71] Jauernig-Teichmann § 837 Rn. 2.
[72] BGH NJW 1977, 1392.
[73] Larenz/Canaris SBT 2 § 79 VI 2 d.
[74] BGH NJW-RR 1990, 1423, 1424 (noch zu § 536 a.F.).

G. Die Haftung nach § 18 StVG

I. Funktion

Nach § 18 StVG haftet der Fahrzeug(anhänger)führer. Die Vorschrift des § 18 StVG ist – anders als § 7 StVG – der Gruppe der Haftungstatbestände wegen vermutetem Verschulden zuzuordnen. Im Gegensatz zu § 7 StVG beruht die Haftung des Kfz-Führers nicht auf der Gefährlichkeit des Kfz oder Anhängers, sondern knüpft an ein Fehlverhalten des Fahrers an.[75] Diese Vorschrift stellt eine sinnvolle Ergänzung zur Haftung des Fahrzeughalters dar, führt man sich vor Auge, dass Halter und Fahrer nicht immer identisch sein müssen. Praktische Relevanz erlangt § 18 StVG jedoch nur in solchen Fällen, in denen der Fahrer oder Führer des Fahrzeuges nicht zugleich der Halter ist, da bei Personenidentität die Voraussetzungen des Anspruchs aus § 7 Abs. 1 StVG leichter zu bejahen sind, da es sich um einen Gefährdungshaftungstatbestand handelt.[76] Durch das 2. Schadensrechtsänderungsgesetz ist auch § 18 StVG nur geringfügig dahin gehend geändert worden, dass jetzt auch der Führer eines Kfz-Anhängers nach § 18 StVG haftpflichtig ist.[77]

II. Tatbestandliche Voraussetzungen

Vergleicht man die Tatbestandsvoraussetzungen von § 7 Abs. 1 und § 18 StVG, so stellt man eine weitgehende inhaltliche Übereinstimmung fest, die der Gesetzgeber selbst mit dem Verweis in § 18 Abs. 1 S. 1 StVG („in den Fällen des § 7 Abs. 1") vorgibt.[78]

> Rechtsgutsverletzung (Leben, Körper, Gesundheit, Sache)
> Bei Betrieb eines Kfz oder eines Anhängers
> Fahrzeugführer
> Verschuldensvermutung/Entlastungsbeweis (§ 18 Abs. 1 S. 2 StVG)

Wegen der inhaltlichen Übereinstimmung beschränken sich die folgenden Ausführungen auf die Abweichungen des Tatbestandes von § 18 StVG zu § 7 StVG. Eine wesentliche Abweichung ergibt sich dadurch, dass Anspruchsgegner bei § 18 Abs. 1 StVG der Kfz-Führer – und nicht wie bei § 7 Abs. 1 StVG der Halter – ist. Nach gängiger Definition ist Führer eines Fahrzeugs derjenige, der das Kfz eigenverantwortlich lenkt und die tatsächliche Gewalt über das Steuer hat,

---

[75] Vgl. Wandt § 21 Rn. 5, 42.
[76] Wandt § 21 Rn. 42.
[77] Burmann/Heß/Hühnermann/Jahnke/Janker, Straßenverkehrsrecht, 24. Aufl. 2016, § 18 Rn. 1.
[78] Zu den Einzelheiten siehe 10. Kap. B II.

nicht aber derjenige, der dem Fahrer untergeordnete Hilfsdienste leistet.[79] In diesem Zusammenhang taucht die Frage auf, wer Führer eines Anhängers ist. Solange der Anhänger mit dem Kfz verbunden ist, ist der Führer des Kfz zugleich der Führer des Anhängers.[80] Dieser bleibt auch Führer des Anhängers, bis ein anderer die Führung des Hängers übernimmt.[81] Der vom Kfz gelöste oder abgestellte Anhänger kann aber selbst einen Führer haben, wenn dieser Anhänger einen Unfall verursacht.[82] Führer des Anhängers ist derjenige, der die tatsächliche Sachherrschaft über den Anhänger besitzt und diesen zumindest im Handbetrieb bewegen kann.[83]

Entsprechend seiner Konzeption als Verschuldenshaftungstatbestand ist der Anspruch aus § 18 StVG ausgeschlossen, wenn den Führer des Fahrzeugs kein Verschulden trifft. Schon aus der Formulierung des Gesetzestextes lässt sich erkennen, dass dem Fahrzeugführer das Risiko aufgebürdet wird, sich von seiner Schuld zu entlasten. Der Entlastungsbeweis trifft den Führer des Fahrzeugs hinsichtlich sämtlicher Tatsachen, die sein Verschulden begründen könnten (§ 18 Abs. 1 S. 2 StVG).[84] Während der Halter nach § 7 Abs. 2 StVG nur bei höherer Gewalt entlastet ist, ist der Fahrer schon dann entlastet, wenn er nachweist, dass der Schaden nicht durch sein Verschulden verursacht ist.[85] Die gesetzliche Verschuldensvermutung ist beispielsweise widerlegt, wenn der Unfall auf einem technischen Fehler beruht oder wenn der Kfz-Führer nachweist, dass er sich verkehrsrichtig verhalten hat.[86]

Interessante haftungsrechtliche Fragen ergeben sich im Zusammenhang mit der teilweise oder sogar vollständig automatisierten Steuerung von Kfz. Die Diskussion dazu in der Literatur steht noch am Anfang und bis zur straßenrechtlichen Zulassung voll automatisierter Fahrzeuge in Deutschland dürfte auch noch viel Zeit vergehen. Das derzeit austarierte System zwischen verschuldensunabhängiger Halterhaftung (mit Pflicht zum Versicherungsschutz gem. § 1 PflVG), der Haftung des Fahrzeugführers aus vermutetem Verschulden und der Haftung des Automobilherstellers für Fehler des Kfz verschuldensabhängig aus § 823 Abs. 1 und verschuldensunabhängig aus § 1 I 1 ProdHaftG wird auf den Prüfstand zu stellen sein.[87]

---

[79]Wandt § 21 Rn. 42.
[80]Burmann/Heß/Hühnermann/Jahnke/Janker, Straßenverkehrsrecht, 24. Aufl. 2016, § 18 Rn. 4.
[81]OLG Saarbrücken NJW 2010, 945, 946 im Anschluss an Hentschel/König/Dauer, Straßenverkehrsrecht, 40. Aufl., München 2009.
[82]Burmann/Heß/Hühnermann/Jahnke/Janker, Straßenverkehrsrecht, 24. Aufl. 2016, § 18 Rn. 4.
[83]OLG Saarbrücken NJW 2010, 945, 946.
[84]Wandt § 21 Rn. 42.
[85]Burmann/Heß/Hühnermann/Jahnke/Janker, Straßenverkehrsrecht, 24. Aufl. 2016, § 18 Rn. 2.
[86]Burmann/Heß/Hühnermann/Jahnke/Janker, Straßenverkehrsrecht, 24. Aufl. 2016, § 18 Rn. 8.
[87]Vgl. dazu Gomille JZ 2016, 76 ff.; Schrader NJW 2015, 3537 ff.; Lutz NJW 2015, 119.

Kapitel 4: Billigkeitshaftung (§ 829)

A. Funktion der Vorschrift

Grundsätzlich setzt die deliktsrechtliche Haftung das Bestehen individueller Verantwortlichkeit des Schädigers voraus. Liegen die Voraussetzungen der §§ 827, 828 vor, ist die Deliktsfähigkeit des Schädigers zu verneinen. Dass der Geschädigte in diesem Falle leer ausgehen soll, kann im Einzelfalle hierbei unbillig sein. Deshalb will § 829 unter engen Voraussetzungen dem Schädiger die Ersatzpflicht für eine sonst nicht zurechenbare Schadensverursachung auferlegen.[1]

B. Tatbestandliche Voraussetzungen

> Objektiver Tatbestand einer unerlaubten Handlung
> Ausschluss der Haftung wegen § 827, 828
> Kein realisierbarer Anspruch des Geschädigten gegen aufsichtspflichtigen Dritten
> Billigkeitsmomente

I. Verwirklichung des objektiven Tatbestandes einer unerlaubten Handlung

Der Anspruch aus § 829 setzt die Verwirklichung eines Verschuldenstatbestandes voraus. § 829 nennt ausdrücklich nur die §§ 823–826 Durch den Verweis auf diese

---

[1] § 829 ist Ausdruck des Bemühens des Gesetzgebers um Verteilungsgerechtigkeit, Soergel-Spickhoff § 829 Rn. 1. Beachte auch Larenz/Canaris SBT 2 § 84 VII 2 b, wo § 829 in die Lehre von der Gefährdungshaftung eingeordnet wird.

Bestimmungen sind aber die übrigen Ausformungen der Grundtatbestände (§§ 831, 833 S. 2, 830 Abs. 1 S. 2, 834, 836–838) miterfasst.[2]

II. Fehlende Deliktsfähigkeit (§ 827, 828)

Die Billigkeitshaftung des § 829 greift ein, wenn die Voraussetzungen der §§ 827, 828 vorliegen.[3] Darüber hinaus wird § 829 analog bei zwei weiteren Fallgestaltungen angewendet. Hat der Schädiger im Zustande der Bewusstlosigkeit gehandelt und liegt deshalb wegen Fehlens einer Handlung schon der objektive Tatbestand einer unerlaubten Handlung nicht vor, so soll dennoch § 829 zum Zuge kommen. Denn § 829 will nach seinem Sinn und Zweck die Fälle vorübergehender Bewusstlosigkeit ohne Rücksicht darauf erfassen, ob sie nur die Zurechnungsfähigkeit des Täters oder auch das Handeln mit Vorsatz oder Fahrlässigkeit oder gar jede willensmäßige Steuerung des körperlichen Verhaltens ausschließen.[4] Ferner kommt § 829 zur Anwendung, wenn bei einem Minderjährigen zwar die Einsichtsfähigkeit im Sinne des § 828 Abs. 2 vorgelegen hat, ein Verschulden des jugendlichen Schädigers aber gem. § 276 zu verneinen ist.

> **Beispiel (BGHZ 39, 281)**
> Bei einem Spiel schleudert der 12-jährige Beklagte ein „Holzmesser" auf den 8-jährigen Kläger. Es trifft das linke Auge, das erblindet.

Aufgrund der Beweisaufnahme stand fest, dass der Beklagte über die nötige Einsichtsfähigkeit im Sinne des § 828 Abs. 2 verfügte und daher deliktsfähig war. Wegen seiner alterstypischen Verhaltensweise war aber die Fahrlässigkeit zu verneinen. Der BGH bejaht die Möglichkeit der analogen Anwendung des § 829, weil es keinen Unterschied machen könne (S. 286),

> ob bei einem Jugendlichen die deliktsrechtliche Haftung darum ausgeschlossen ist, weil er nach dem Stande seiner Entwicklung noch nicht die zur Erkenntnis seiner Verantwortlichkeit erforderliche Einsicht hat oder weil er trotz Vorhandenseins dieser Einsicht nach dem allgemeinen Stande der Entwicklung von Jugendlichen seiner Altersklasse nicht schon die zur Bejahung seiner Schuld erforderliche Reife besitzt.

III. Kein Ersatz von aufsichtspflichtigem Dritten

Wie sich aus dem Wortlaut des § 829 ergibt, ist die Haftung gegenüber dem Anspruch aus § 832 subsidiär. Dabei spielt es keine Rolle, ob ein aufsichtspflichtiger Dritter

---

[2] Jauernig-Teichmann § 829 Rn. 1.
[3] Siehe dazu oben 2. Kap. A. II. 4.1.
[4] BGHZ 23, 90, 98.

nicht vorhanden ist, ob er sich nach § 832 Abs. 1 S. 2 entlastet hat oder ob der Anspruch gegen ihn nicht realisierbar ist.[5]

IV. Billigkeitsmomente

§ 829 lässt die Ersatzpflicht nur eintreten, wenn die Billigkeit die Schadloshaltung erfordert. Beispielhaft werden als für die Billigkeit relevante Umstände die Verhältnisse der Beteiligten genannt. Damit sind insbesondere die wirtschaftliche Lage und die Bedürfnisse der Beteiligten gemeint. Darüber hinaus sind jedoch die gesamten Umstände des Falles zu berücksichtigen, insbesondere auch die Besonderheiten der die Schadensersatzpflicht auslösenden Handlung.[6] Der Billigkeitshaftung aus § 829 steht nicht entgegen, dass gegen den Schädiger ein Anspruch aus Gefährdungshaftung, z. B. § 7 StVG, besteht.[7]

Im Rahmen des § 829 wird äußerst kontrovers die Frage diskutiert, ob und inwieweit eine Versicherung in der Person des Schädigers, aber auch des Geschädigten Einfluss auf die Anwendung der Vorschrift haben darf.[8] Was den Schädiger betrifft, so ist die Frage zu beantworten, ob eine von ihm abgeschlossene Haftpflichtversicherung bei der Begründung und dem Umfang der Haftung aus § 829 Berücksichtigung finden darf. Zum Teil wird die Auffassung vertreten, dass der Trennungsgrundsatz, d. h. die Akzessorietät der Haftpflichtversicherung gegenüber dem materiellen Haftpflichtanspruch[9], beachtet werden müsse. D. h. bei Begründung und Inhalt des Anspruchs aus § 829 müsse die Haftpflichtversicherung hinweggedacht werden.[10] Die Gegenmeinung verlangt eine volle Berücksichtigung der Haftpflichtversicherung.[11] Die Vertreter dieser Meinung sehen die durch die Prämienzahlung erworbene Sicherung als Vermögenswert an. Vor allem aber berufen sie sich auf den Funktionswandel der Haftpflichtversicherung, die ja gerade die Schadloshaltung des Geschädigten im Auge habe.[12]

Der BGH unterscheidet zwischen der freiwilligen und der obligatorischen Haftpflichtversicherung. Für die freiwillige Versicherung ist der BGH der Auffassung, dass der Schutzaspekt versicherungsrechtlich nicht in so weitgehender Weise verankert sei wie bei der obligatorischen Haftpflichtversicherung.[13] Er meint deshalb (S. 286 f.):

---

[5]Erman-Schiemann § 829 Rn. 2.
[6]BGHZ 23, 90, 99.
[7]BGHZ 23, 90, 98.
[8]Vgl. dazu Fuchs AcP 191 (1991), 318, 324, 328.
[9]Vgl. dazu Erman-Schiemann § 829 Rn. 5.
[10]Sieg VersR 1980, 1090.
[11]Vgl. MüKo-Wagner § 829 Rn. 20.
[12]Von Bar AcP 181 (1981), 303 ff.
[13]BGHZ 76, 279, 286.

Daher ist dem Gerechtigkeitsanliegen des § 829 BGB dadurch genügt, dass der Versicherungsschutz zwar als Vermögensbestandteil, aber nicht als ein solcher in Höhe der ggf. verfügbaren Deckungshöchstsumme, sondern im Sinne einer Korrektur hinsichtlich der Höhe des zu zahlenden Betrages Berücksichtigung findet, die aber nicht jeden Zusammenhang mit der wirtschaftlichen Möglichkeit des Schädigers verliert. Das spricht dafür, trotz der erwähnten versicherungsrechtlichen Bedenken dem Bestehen von Versicherungsschutz im Sinne früherer Senatsentscheidungen immerhin insoweit auf die Höhe des Anspruches Einfluss einzuräumen, als die Grenzen des dem Schädiger mit Rücksicht auf seinen notwendigen Lebensbedarf noch Zumutbaren weiter ausgedehnt werden, weil dieser Lebensbedarf wegen des Versicherungsschutzes ja tatsächlich nicht beeinträchtigt wird.

Für die obligatorische Haftpflichtversicherung hat der BGH jetzt entschieden, dass sie im Rahmen des § 829 schon für das „Ob" des Anspruchs berücksichtigt werden könne.[14] Dies gilt jedenfalls für die auf den Opferschutz gerichtete Kfz-Haftpflichtversicherung. Allerdings schränkt der BGH dahin gehend ein, dass nicht schon allein das Bestehen der Haftpflichtversicherung den Billigkeitsanspruch auslöse, sondern dieser nur dann ausgelöst werde, wenn die *gesamten* Umstände des Falles dies gebieten würden.

Die Beachtlichkeit bestehenden Versicherungsschutzes in der Person des Geschädigten für die Billigkeitshaftung des § 829 wird allgemein angenommen.[15]

Hat ein deliktsrechtlich nicht Verantwortlicher einen Schadensersatzanspruch gegen den Schädiger, so ist § 829 im Rahmen des § 254 anzuwenden, wenn er den Schaden mitverursacht hat:

Beispiel (BGHZ 37, 102)

Die Beklagte, die mit ihrem Fahrrad auf der Straße fuhr, übersah den drei Jahre alten Kläger, der zusammen mit anderen Kindern auf einem Bürgersteige mit einem Ball spielte und verletzte ihn, als dieser auf die Fahrbahn lief, um den Ball zu holen. Die Beklagte ist Vollwaise, besitzt kein Vermögen und verdient ihren Lebensunterhalt als Verkäuferin. Die Eltern des Klägers sind Eigentümer eines Wohn- und Geschäftshauses. Darin betreibt der Vater des Klägers ein Einzelhandelsgeschäft mit einem beträchtlichen Jahresumsatz.

Der Kläger hat hier unzweifelhaft einen Anspruch gegen die Beklagte aus § 823 Abs. 1. Eine unmittelbare Anwendung des § 254 scheitert an der fehlenden Deliktsfähigkeit (§ 828 Abs. 1) des Klägers.[16] Der BGH bejaht aber die entsprechende Anwendung des § 829 im Rahmen des § 254, weil nicht einzusehen sei, dass ein nach § 828 BGB nicht Verantwortlicher zwar anderen, die er geschädigt

---

[14]BGHZ 127, 186, 192.
[15]MüKo-Wagner § 829 Rn. 18 ff.
[16]§ 254 Abs. 2 S. 2 kommt nach h. M. nicht zur Anwendung, vgl. zur Problematik Medicus/Petersen BR Rn. 865 ff.

B. Tatbestandliche Voraussetzungen

hat, aus unerlaubter Handlung unter bestimmten Voraussetzungen zum Schadensersatz verpflichtet sein soll, andererseits aber die Mitverursachung eigenen Schadens unter den gleichen Voraussetzungen außer Betracht bleiben soll.[17] Die Anwendung des § 829 setzt aber entsprechende Vermögensverhältnisse, also insbesondere Leistungsfähigkeit des Kindes voraus.[18]

---

[17]BGHZ 37, 102, 106.
[18]BGH NJW 1969, 1762. Eine Mithaftung des nicht deliktsfähigen Kindes kommt nach §§ 254, 829 regelmäßig nicht in Betracht, wenn der Unfallgegner haftpflichtversichert ist, vgl. KG NZV 1995, 109.

Kapitel 5: Haftung für Drittschäden (§§ 844–846)

A. Problemstellung

Anspruch auf Schadensersatz hat grundsätzlich nur derjenige, der von einer unerlaubten Handlung unmittelbar betroffen ist („der Geschädigte"). Dritte (mittelbar Betroffene) sind grundsätzlich nicht schadensersatzberechtigt. Dies war die klare Konzeption des BGB-Gesetzgebers.[1] Befürchtet wurde eine Ausuferung der Haftung durch eine Vielzahl von Ansprüchen mittelbar Geschädigter. Deshalb kam es nicht zur Übernahme des noch im ersten Entwurf vorgesehenen generellen Deliktstatbestandes.[2] Der BGB-Gesetzgeber befürchtete bei einer Generalklausel eine Ausuferung der Haftung und eine unangemessene Verpflichtung des Schädigers.[3] Aus Gründen der Risikobegrenzung hat das Gesetz den Kreis der Ersatzberechtigten eng gezogen.[4]

§§ 844, 845 stellen eine Ausnahme von dem Grundsatz dar, dass nur derjenige geschützt wird, gegen den sich eine unerlaubte Handlung richtet, d. h. in dessen Recht oder geschütztes Rechtsgut eingegriffen wird.[5]

---

[1] Vgl. dazu oben 1. Kap. A. II.
[2] Vgl. dazu Freiherr Marschall von Bieberstein, Reflexschäden und Regressrechte, 1967, S. 27.
[3] Protokolle II 569, 571.
[4] Jauernig-Teichmann Vor §§ 844–846 Rn. 1.
[5] Erman-Schiemann § 844 Rn. 1.

B. Ansprüche aus § 844

I. Der Anspruch aus § 844 Abs. 1

> Tötung eines Menschen
> Verpflichtung zur Bestreitung der Beerdigungskosten

1. Tötung eines Menschen

Die erste Voraussetzung für den Anspruch aus § 844 Abs. 1 ist das Vorliegen einer unerlaubten Handlung (einschließlich § 833 S. 1)[6], die zum Tode des Verletzten geführt hat.

2. Verpflichtung zur Bestreitung der Beerdigungskosten

§ 844 Abs. 1 will gewährleisten, dass demjenigen die Kostenlast abgenommen wird, der für eine standesgemäße Beerdigung[7] zu sorgen hat. Das ist in erster Linie der Erbe (§ 1968). Subsidiär kommen sodann als Ersatzberechtigte diejenigen zum Zuge, die dem Getöteten gegenüber unterhaltspflichtig waren und deshalb die Kosten der Beerdigung zu tragen haben (vgl. §§ 1615 Abs. 2, 1360 a Abs. 3, 1361 Abs. 4, § 5 LPartG). Nach h. M. besteht der Anspruch auch dann, wenn die Beerdigungskosten dem Anspruchsteller aufgrund vertraglicher Vereinbarung obliegen.[8]

II. Der Anspruch aus § 844 Abs. 2

1. Funktion der Vorschrift

Mit dem Anspruch aus § 844 Abs. 2 soll der Berechtigte in die Lage versetzt werden, sein Leben wirtschaftlich so zu gestalten, als ob der Getötete im Rahmen seiner Pflichten und Möglichkeiten weiterhin Unterhalt leistete.[9] Es handelt sich bei § 844 Abs. 2 „um ein Stück Sozialrecht im zivilistischen Gewand, das auf die typische wirtschaftliche Abhängigkeit von Unterhaltsberechtigten im Familienverbund Rücksicht nimmt …".[10]

---

[6]Für Gefährdungshaftungstatbestände außerhalb des BGB finden sich häufig Sonderregelungen, vgl. etwa § 10 StVG; § 5 HPflG; § 35 LuftVG; §§ 86, 89 AMG.
[7]BGHZ 61, 238.
[8]Vgl. Palandt-Sprau § 844 Rn. 4.
[9]Jauernig-Teichmann § 844 Rn. 2.
[10]Esser/Schmidt § 34 II.

2. Tatbestandliche Voraussetzungen

> Tötung eines Menschen
> Unterhaltsverpflichtung des Getöteten gegenüber Drittem
> Entzug des Unterhaltsrechts

Der Tatbestand des § 844 Abs. 2 setzt voraus, dass der durch eine unerlaubte Handlung Getötete dem Ersatzberechtigten zur Zeit der Verletzung kraft Gesetzes unterhaltspflichtig war oder werden konnte. Entscheidend ist danach die Unterhaltspflicht im *Zeitpunkt der Verletzung,* nicht des Todes.[11]

Die Unterhaltspflicht muss kraft Gesetzes bestanden haben.[12] Wegen Fehlens eines gesetzlich verankerten Unterhaltsanspruchs scheiden Stiefkinder als Anspruchsberechtigte aus.[13] Nach der ausdrücklichen Regelung des § 844 Abs. 2 S. 2 ist auch der nasciturus in den Kreis der Ersatzberechtigten einbezogen. Vertraglich begründete Unterhaltspflichten reichen für die Anwendung des § 844 Abs. 2 nicht aus.[14]

§ 844 Abs. 2 verlangt, dass dem Anspruchsteller das Recht auf Unterhalt durch die Tötung entzogen wurde. Grundsätzlich erlischt der Unterhaltsanspruch mit dem Tode des Verpflichteten (§ 1615 Abs. 1), so dass damit ein Entzug des Unterhaltsrechts im Sinne des § 844 Abs. 2 gegeben ist. Dass in diesem Falle ein anderer unterhaltspflichtig wird, schließt den Anspruch aus § 844 Abs. 2 nicht aus. Dies wird durch den Verweis in § 844 Abs. 2 S. 1 2. HS auf § 843 Abs. 4 sichergestellt. Anders ist es, wenn die Unterhaltspflicht des Getöteten auf die Erben übergeht.[15] Ein Anspruch nach § 844 Abs. 2 ist hier nicht gegeben, weil das Recht auf Unterhalt nicht entzogen ist, es sei denn die Erben sind aus tatsächlichen oder rechtlichen (Leistungsverweigerungsrecht) Gründen nicht zur Leistung verpflichtet.

3. Der Umfang des Schadensersatzanspruches
3.1. Die Ermittlung der Schadenshöhe
Die meisten und schwierigsten Probleme im Rahmen des § 844 Abs. 2 ergeben sich auf der Rechtsfolgenseite. § 844 Abs. 2 verpflichtet zur Entrichtung einer Geldrente insoweit, als der Getötete während der mutmaßlichen Dauer seines Lebens zur

---

[11] Eine Witwe, die den Mann nach der Verletzung, die später zum Tode führte, geheiratet hat, hat deshalb keinen Anspruch aus § 844 Abs. 2 (Beispiel nach Erman-Schiemann § 844 Rn. 8).

[12] Die Unterhaltspflichten ergeben sich aus dem Familienrecht, vgl. insbesondere §§ 1601 ff. (Allgemeine Vorschriften), §§ 1360 ff. (Familienunterhalt), §§ 1569 ff. (Geschiedenenunterhalt), §§ 1615 a ff. (besondere Vorschriften für Kinder und nicht miteinander verheirateten Eltern), § 5 LPartG (Lebenspartnerschaftsunterhalt).

[13] BGH NJW 1984, 977.

[14] MüKo-Wagner § 844 Rn. 27.

[15] Wie in den Fällen der §§ 1586 b, 1615 l.

Gewährung des Unterhalts verpflichtet gewesen sein würde. Bei der Bemessung der gem. § 844 Abs. 2 BGB zu leistenden Geldrente ist der gesamte Lebensbedarf der Familie zu berücksichtigen, d. h. alles, was zur Haushaltsführung und Deckung der persönlichen Bedürfnisse der Ehegatten und der gemeinsamen Kinder erforderlich ist. Die Berechnung des Schadensersatzanspruchs erfordert somit eine Gesamtbetrachtung sämtlicher zu berücksichtigender Posten.[16] Gesetzlich geschuldeter Unterhalt i. S. des § 844 Abs. 2 ist auch die Gewährung des Naturalunterhalts nach § 1612 Abs. 1 S. 2, Abs. 2.[17]

Die Konkretisierung dieser Verpflichtung gestaltet sich einfach, wenn der Unterhaltsverpflichtete getötet wurde und dieser bislang Unterhalt aus seinem Erwerbseinkommen geleistet hat. In diesem Falle wird der Schadensersatz anhand des Einkommens des Getöteten ermittelt.[18] Eine besondere Berücksichtigung finden bei der Berechnung die so genannten „fixen Kosten". Darunter sind Ausgaben zu verstehen, die weitgehend unabhängig vom Wegfall eines Familienmitgliedes als feste Kosten des Haushalts weiterlaufen und deren Finanzierung der Getötete familienrechtlich geschuldet hätte.[19]

Schwierigkeiten bereitet dagegen die rechnerische Ermittlung des Schadensersatzes beim Tode der sog. Nur-Hausfrau (des Nur-Hausmannes). Hierzu hat die Rechtsprechung sehr detaillierte Anleitungen zur Berechnung des Schadens gegeben.[20] Das Problem soll am Sachverhalt folgender Entscheidung verdeutlicht werden:

> *BGHZ 86, 372:* Die 25-jährige, nicht berufstätige Ehefrau und Mutter zweier Kinder im Alter von 3 und 7 Jahren wurde bei einem Verkehrsunfall durch ein Verschulden des Beklagten getötet. Der klagende Ehemann und die klagenden Kinder verlangen unter Abzug ersparten Unterhaltsaufwandes nach einem Aufteilungsschlüssel 6:2:2 eine monatliche Rente von 900 DM für den klagenden Ehemann und je 300 DM für die Klägerinnen. Hierbei legen sie den Bruttoverdienst einer Haushaltshilfe in Höhe von monatlich 1500 DM zugrunde.

Der BGH hat diese Berechnungsmethode abgelehnt. Die Bruttoaufwendungen (einschließlich der Arbeitgeberanteile zur Sozialversicherung) können als Berechnungsgrundlage eines Anspruchs aus § 844 Abs. 2 nur dann herangezogen

---

[16]BGH VersR 2004, 1192, 1193: Der Vermögensbildung dienende Ausgaben sind nicht in die Gesamtberechnung einzustellen.

[17]BGH NJW 2006, 2327.

[18]Vgl. Erman-Schiemann § 844 Rn. 12. Der BGH sieht jetzt die Bruttolohnmethode und die modifizierte Nettolohnmethode als gleichwertige Berechnungsmethoden an, vgl. BGH NJW 1995, 389. Nach BGH (VersR 2004, 653) ist für die Höhe der Geldrente das fiktive Nettoeinkommen des Getöteten nur bis zu seinem voraussichtlichen Ausscheiden aus dem Erwerbsleben maßgeblich (Orientierung an der Regelaltersgrenze des § 35 SGB VI).

[19]Vgl. dazu etwa BGH NJW 2012, 2887; ein anschauliches Berechnungsmodell für das gemeinsam erarbeitete Familieneinkommen findet sich bei BGH NJW 1984, 979.

[20]Insoweit muss auf die Kommentarliteratur verwiesen werden. Einzelheiten dieser Rechtsprechung werden vom Studenten nicht verlangt.

werden, wenn die Hinterbliebenen tatsächlich eine aufgrund eines Arbeitsvertrages beschäftigte Ersatzkraft einstellen (S. 376). Wird dagegen von der Einstellung einer Ersatzkraft abgesehen und die Schadensbehebung durch unentgeltliche Mithilfe von Verwandten oder auch durch überobligationsmäßige Eigenleistungen bewältigt, so ist eine andere Schadensermittlung erforderlich. § 249 Abs. 2 sei auf (unmittelbare) Schäden wegen Verletzung einer Person bzw. einer Sache beschränkt, dagegen nicht auf § 844 Abs. 2 anwendbar (S. 377). Das Gericht meint, der Unterhaltsbedarf der Hinterbliebenen müsse sich am Wert der früher von der Getöteten erbrachten Haushaltsführung ausrichten. Da der Haushalt in der Regel nicht von gewerblich tätigen Kräften geführt werde, sei auch eine Orientierung am tariflichen Lohnniveau nicht angebracht. Darüber hinaus weise die Haushaltstätigkeit Besonderheiten auf, die sich auch in einer kostengünstigeren Bewältigung der Haushaltstätigkeit niederschlügen. Deshalb sei der Wert der Haushaltsführung grundsätzlich nach den Netto-Vergütungen vergleichbarer Arbeitsplätze zu schätzen, wobei im Hinblick auf die erwähnten Einspareffekte ein Abschlag von pauschal 30 % der Bruttovergütung vorzunehmen sei (S. 378).

3.2. Vorteilsausgleichung

Regelmäßig bringt der Tod des Unterhaltsverpflichteten dem Unterhaltsberechtigten auch Vermögensvorteile. Dies ist insbesondere dann der Fall, wenn er Erbe wird. Ein häufiger Vermögensvorteil ist die Erlangung eines Anspruches auf Auszahlung einer Lebensversicherungssumme. Es fragt sich, ob sich der aus § 844 Abs. 2 Anspruchsberechtigte diesen Vermögenszufluss nach den Grundsätzen der Vorteilsausgleichung[21] anrechnen lassen muss.

Was die Berücksichtigung des vorzeitigen Anfalls einer Erbschaft betrifft, hat der BGH in BGHZ 8, 325, 329 ausgeführt, dass sich die Anspruchsberechtigten nicht den Stamm, wohl aber die Erträgnisse aus der Erbschaft anrechnen lassen müssten. Diese Entscheidung betraf allerdings einen Sachverhalt, bei dem die klagende Tochter und der getötete Vater schon vor dem Unfall von den Einkünften des Vermögens des Vaters gelebt hatten. Deshalb hat in einer späteren Entscheidung der BGH festgestellt, dass aus dieser früheren Entscheidung zu Unrecht vielfach der Grundsatz abgeleitet worden sei, dass ganz allgemein nicht der Stamm des Vermögens, wohl aber stets die Erträgnisse einer solchen Erbschaft anzurechnen seien.[22] Für die Anrechnung ist nach Auffassung des BGH von folgenden Grundsätzen auszugehen (S. 1237):

> Mit dem Sinn und Zweck des Schadensersatzrechts steht nur die Auffassung im Einklang, lediglich solche ererbten Vermögenswerte anzurechnen, die auch vor dem Tod des Unterhaltspflichtigen zur Bestreitung des Unterhalts dienten – gleich, ob es sich hierbei um Erträgnisse des Vermögens oder um den Stamm des Vermögens handelte. Ist dies nicht festzustellen, dann muss – sofern der Schädiger nicht einen anderen Verlauf der

---

[21] Vgl. allgemein zum Prinzip des Vorteilsausgleichs im Schadensersatzrecht Brox/Walker SAT § 31 Rn. 21 ff.
[22] BGH NJW 1974, 1236, 1237.

Verwendung des Vermögens oder seiner Einkünfte beweist – davon ausgegangen werden, dass ohne das Schadensereignis dem unterhaltsberechtigten Erben der sich um die Erträgnisse ständig vermehrende Stamm des Vermögens ohnehin, wenn auch erst in späterer Zeit, zugefallen wäre, ihm also nicht als Vorteil anzurechnen ist.[23]

Für Versicherungsleistungen aus einer Lebensversicherung hat sich die Auffassung durchgesetzt, dass keine Anrechnung erfolgt.[24] Es leuchtet ein, dass dem Schädiger der Vorsorgeaufwand und die daraus entsprungenen Versicherungsleistungen nicht zugute kommen dürfen.

4. Mitverschulden des Getöteten

Ein Mitverschulden des Getöteten muss sich der aus § 844 Abs. 2 Berechtigte gem. § 846 nach den Grundsätzen des § 254 anrechnen lassen.

C. Der Anspruch aus § 845

I. Funktion der Vorschrift

§ 845 war lange Zeit *die* Anspruchsnorm bei Tötung oder Verletzung der haushaltsführenden Ehefrau. Der Ehemann konnte in diesem Falle Ersatz für die dadurch bedingten zusätzlichen Aufwendungen verlangen.[25] Dieses deliktsrechtliche Anspruchsmodell entsprach dem früheren BGB-Unterhaltsrecht. Danach war die Frau dem Mann nur ausnahmsweise zum Unterhalt verpflichtet (§ 1360 Abs. 2 a. F.). Andererseits war sie zu Diensten im Hauswesen und im Geschäfte des Mannes verpflichtet (§ 1356 Abs. 2 a. F.). Da durch die verletzungsbedingte Entziehung der Dienste in vielen Fällen eine ähnliche Schädigung herbeigeführt wird wie beim Ausfall des unterhaltspflichtigen Mannes, gab das Gesetz in § 845 einen Schadensersatzanspruch wegen entgangener Dienste.[26]

Durch das Gleichberechtigungsgesetz von 1957 entfiel die Verpflichtung der Frau zur Leistung unentgeltlicher Dienste. Gem. § 1356 Abs. 1 i. d. F. des Gleichberechtigungsgesetzes sollte die Frau den Haushalt in eigener Verantwortung führen und dadurch ihre Verpflichtung, durch Arbeit zum Unterhalt der Familie beizutragen, erfüllen (§ 1360 S. 2). Vor diesem Hintergrund der

---

[23] Zustimmend zu dieser „Quellentheorie" Erman-Schiemann § 844 Rn. 16. Vorzuziehen dürfte jedoch die Meinung von Medicus/Lorenz SAT Rn. 707 sein: Da es sich bei der Ansammlung oder Bewahrung des zu vererbenden Vermögens um einen Akt der Fürsorge des Erblassers für seine Angehörigen handelt, sollte daraus dem Schädiger kein Vorteil entstehen, so dass der erbrechtliche Erwerb im Rahmen des § 844 Abs. 2 überhaupt keine Berücksichtigung finden sollte.

[24] Dabei spielt es keine Rolle, ob es sich um eine Risikolebens- oder eine Kapitalbildungslebensversicherung handelt, vgl. BGHZ 73, 109.

[25] So noch BGHZ 4, 123.

[26] Zu diesem Zusammenhang von Unterhaltsrecht und § 845 siehe Jayme, Die Familie im Recht der unerlaubten Handlungen, 1971, S. 72 f.

C. Der Anspruch aus § 845

Rechtsentwicklung im Unterhaltsrecht hat der BGH auch für das Deliktsrecht eine Wende vollzogen, die zu einem weitgehenden Bedeutungsverlust von § 845 geführt hat:

> *BGHZ 38, 55:* Die Ehefrau des Klägers erlitt einen vom Beklagten verschuldeten Verkehrsunfall, der die Amputation des linken Unterschenkels erforderlich machte. Der Kläger hat aus abgetretenem Recht seiner Ehefrau, hilfsweise aus eigenem Recht Erstattung der Aufwendungen für eine Hausgehilfin für einen bestimmten Zeitraum verlangt.

Der BGH hat einen eigenen, auf §§ 842, 843 gestützten Schadensersatzanspruch der Ehefrau des Klägers, den diese an ihren Mann abtreten konnte, bejaht und damit indirekt einen eigenen Schadensersatzanspruch des Klägers aus § 845 verneint. Die Auffassung, dass die Frau keinen eigenen Schadensersatzanspruch habe, würde – so der BGH (S. 58 f.)

> den gewandelten Charakter der Hausfrauentätigkeit übersehen. Die Frau gibt ihre Arbeitskraft nicht mehr mit der Heirat in der Form unentgeltlicher Dienste weg. Sie verwertet sie vielmehr, auch wenn sie lediglich den Haushalt im Umfang ihrer gesetzlichen Rechte und Pflichten führt, weiterhin selbst; zwar nicht – wie häufig vor der Ehe – als bezahlte Berufsarbeit, wohl aber als ihren fortlaufenden Beitrag zum Familienunterhalt als der wirtschaftlichen Seite der von ihr eingegangenen Gemeinschaft. Dementsprechend entspricht der Anspruch des Mannes hierauf nicht einer durch die Ehe begründeten Dienstberechtigung, sondern seiner Partnerstellung, die ihn zu dem Verlangen berechtigt, dass der andere Teil ebenso wie er selbst in der vorgesehenen Weise zu der Grundlage der gemeinsamen Wirtschaftsführung beitrage. ... Die den Haushalt führende Ehefrau wird mithin durch die ihr zugefügte Körperverletzung daran gehindert, ihre Arbeitskraft in der von ihr gewählten und betätigten Weise – als Gemeinschaftsbeitrag – zu verwerten.

Nach Auffassung des BGH ist der Schaden auch nicht bloß abstrakter Art, sondern vielmehr konkreter Natur. Die verletzte Frau bedarf einer Ersatzkraft, um ihren Unterhaltsbeitrag auf das Maß aufzufüllen, in welchem sie ihn ohne ihre Verletzung durch Führung des Haushalts zu erbringen hätte. Umfang und Kosten der hierfür benötigten Hilfe sind deshalb wirkliche, feststellbare Größen (S. 60).

Als Folge dieser mittlerweile gefestigten Rechtsprechung[27] ist festzuhalten, dass bei Verletzung der Ehefrau/des Ehemannes diese/r einen eigenen Schadensersatzanspruch hat, der andere Ehepartner hingegen keinen Anspruch aus § 845 hat. Bei Tötung der Ehefrau/des Ehemannes hat der jeweils andere Partner einen Schadensersatzanspruch aus § 844 Abs. 2. Der Anwendungsbereich des § 845 ist deshalb auf wenige im Folgenden zu besprechende Fallgestaltungen geschrumpft.

---

[27] BGHZ 50, 304; 59, 172.

II. Tatbestandliche Voraussetzungen

> Rechtsgutverletzung
> Dienstleistungspflicht des Verletzten gegenüber dem Ersatzberechtigten

§ 845 gibt demjenigen einen Anspruch, der einen Schaden deshalb erlitten hat, weil er nicht mehr die Dienste des Verletzten in Anspruch nehmen kann, zu denen er kraft Gesetzes verpflichtet war.

Aufgrund der unter I. dargestellten Änderung der Rechtsprechung ist § 845 im Wesentlichen nur noch auf Fallgestaltungen anwendbar, die ihre Grundlage in § 1619 haben. Diese Vorschrift betrifft die Dienstleistungsverpflichtung des sog. Hauskindes.[28] Da der Anspruch des § 845 das Bestehen einer gesetzlichen Dienstverpflichtung voraussetzt, kann § 845 im Zusammenhang mit § 1619 nur zur Anwendung kommen, wenn die Dienstleistungspflicht des Hauskindes sich aus dieser Vorschrift unmittelbar ergibt und nicht Gegenstand vertraglicher Abmachungen ist, vgl. zu dieser Problematik

> *BGH NJW 1991, 1226:* Die Kläger sind die Eltern des im Alter von 17 Jahren an den Folgen eines von dem Beklagten verschuldeten Verkehrsunfalls ums Leben gekommenen B. Die Kläger sind Inhaber eines großen landwirtschaftlichen Nebenerwerbsbetriebes, in dem der Sohn bereits seit dem 13. Lebensjahr tatkräftig mitarbeitete. Nach Vorstellung der Kläger sollte der Sohn den Hof später übernehmen. Ein Jahr vor seinem Tode hatte der Erstkläger mit B einen Ausbildungsvertrag für die Ausbildung zum Landwirt abgeschlossen. Der Vertrag sah eine 3 Jahre dauernde Ausbildung vor, wobei B ab dem 2. Ausbildungsjahr eine Ausbildungsvergütung von 135 DM monatlich, ab dem 3. Ausbildungsjahr eine solche von 140 DM monatlich erhalten sollte. Das Berufungsgericht hat einen Schadensersatzanspruch der Kläger aus § 845 verneint, weil der Getötete nicht aufgrund einer Verpflichtung aus § 1619, sondern aufgrund vertraglicher Vereinbarung tätig geworden war.

Der BGH bejaht den Ausgangspunkt des Berufungsgerichtes, wonach § 845 BGB ausscheide, wenn die Dienstleistung des Kindes nicht im Rahmen des § 1619 erfolgte, sondern ihr ein Dienst- oder Arbeitsvertrag zugrunde lag. Der BGH widersetzte sich aber der vom Berufungsgericht aufgestellten These, dass für die rechtliche Einordnung der Dienstleistung des Kindes angesichts des Umfangs der Tätigkeit im Zweifel eine vertragsrechtliche Grundlage gegeben sei (S. 1227). Der BGH hielt die von der Klägerseite vorgebrachte Argumentation nicht von vornherein ausgeschlossen: Der Ausbildungsvertrag sei nur „pro forma" geschlossen worden, um die Voraussetzungen für den landwirtschaftlichen Ausbildungsabschluss von B zu erfüllen. Die tatsächlichen Verhältnisse seien vielmehr dadurch geprägt gewesen, dass B eine vollwertige Arbeitskraft war, die den Hof in Wahrheit geleitet habe. Deshalb hielt der BGH durchaus eine Tätigkeit im Rahmen der familienrechtlichen Dienstleistung für denkbar und hat zur weiteren Aufklärung den Fall zurückverwiesen.

---

[28]Vgl. zu dieser Bestimmung Schwab, Familienrecht, 19. Aufl. 2011, Rn. 589.

Kapitel 6: Amtshaftung/Staatshaftung (§ 839) und Haftung des gerichtlichen Sachverständigen (§ 839 a)

A. Problemstellung

§ 839 regelt einen Teilbereich aus dem umfassenderen Komplex der Staatshaftung.[1] Für das Verständnis der Bestimmung ist die Kenntnis einiger weniger historischer Etappen unverzichtbar.[2]

Ursprünglich haftete der Beamte für sein Handeln unmittelbar in seiner Person. Nach der sog. Mandatstheorie bewegte sich ein Beamter, der seine Amtspflicht verletzte, außerhalb der ihm übertragenen Befugnisse und haftete – weil er gleichsam nicht mehr Repräsentant des Staates in diesem Falle war – nach allgemeinen deliktsrechtlichen Vorschriften wie ein Privater (si excessit, privatus est). Das BGB von 1896 folgte dieser Tradition und ordnete in § 839 die Eigenhaftung des Beamten an. Allerdings sah Art. 77 EGBGB a. F. die Möglichkeit der Übertragung dieser Haftung auf den Staat durch Landesrecht vor. § 839 lockerte außerdem die früher starre Haftungskonzeption. Mit der in Abs. 1 S. 2 aufgenommenen Subsidiaritätsklausel sollte die Entschlussfreudigkeit des Beamten gefördert werden. Eine entscheidende Wende brachte Art. 131 WRV mit der grundsätzlichen Zuweisung der Verantwortlichkeit für Amtspflichtverletzungen an den Staat. An diesen Rechtszustand hat Art. 34 GG im Wesentlichen angeknüpft. Der allseits betonten Notwendigkeit, das gesamte Staatshaftungsrecht auf eine einheitliche Rechtsgrundlage zu stellen, wurde mit dem Staatshaftungsgesetz (StHG) vom 26.6.1981[3] entsprochen. Das mit dem StHG erfüllte Anliegen ist jedoch geschei-

---

[1] Zu den einzelnen Bereichen der Staatshaftung siehe Jauernig-Teichmann § 839 Rn. 1. Einen Überblick über das System der Staatshaftung geben Sauer JuS 2012, 695 ff./800 ff. sowie Lege JA 2016, 81 ff.
[2] Vgl. hierzu knapp und prägnant Medicus/Lorenz SBT Rn. 1402 ff. Sehr instruktiv zur Geschichte der Staatshaftung auch BVerfGE 61, 149, 178 ff.
[3] BGBl I S. 553.

tert, weil das BVerfG das Gesetz im Hinblick auf die seinerzeit mangelnde Gesetzgebungskompetenz des Bundes für verfassungswidrig erklärte.[4]

B. Funktion und Struktur des § 839

Vor dem soeben skizzierten historischen Hintergrund ist bei der Anwendung des § 839 zu beachten, dass durch diese Vorschrift zwei unterschiedliche Ansprüche eröffnet werden:

- Ein Anspruch, der sich allein und ausschließlich auf § 839 stützt und unmittelbar gegen den Beamten gerichtet ist, wenn ein Beamter (im staatsrechtlichen Sinne) *im nichthoheitlichen* (fiskalischen) Bereich tätig geworden ist.
- Ein Anspruch aus § 839 i. V. m. Art. 34 GG gegen den Staat (jeweiligen Anstellungsträger), wenn irgendein Staatsbediensteter *im hoheitlichen Bereich* tätig geworden ist. Welche Funktion hat in diesem Falle § 839? Aufgrund des Art. 34 GG ist § 839 zur „bloßen Durchgangsstation" für die Haftung des Anstellungsträgers geworden.[5] Anders ausgedrückt: § 839 und Art. 34 GG stellen eine einheitliche Anspruchsgrundlage dar, wobei § 839 als haftungsbegründende und Art. 34 S. 1 GG als haftungsverlagernde Norm fungiert.[6] Art. 34 S. 1 GG sieht eine „befreiende Schuldübernahme kraft Gesetzes" vor, mit der Folge, dass der Staatsbedienstete, der seine Amtspflicht verletzt hat, persönlich nicht in Anspruch genommen werden kann.[7]

C. Der Amtshaftungsanspruch (§ 839 i. V. m. Art. 34 GG)

I. Tatbestandliche Voraussetzungen

> Jemand in Ausübung eines öffentlichen Amtes
> Verletzung einer drittbezogenen Amtspflicht
> Rechtswidrigkeit
> Verschulden
> Kein Haftungsausschlussgrund.

---

[4]BVerfGE 61, 149.
[5]Esser/Weyers (§ 59 I 2 a).
[6]Vgl. in diesem Sinne die Formulierung des ersten Leitsatzes in BVerfGE 61, 149. Ebenso Stangl JA 1995, 572.
[7]BGH NJW 2014, 2577, 2578.

1. Jemand in Ausübung eines öffentlichen Amtes

Nach dem Wortlaut des § 839 Abs. 1 S. 1 ist die Haftung in personeller Hinsicht an den Beamten geknüpft. Wegen Art. 34 S. 1GG ist Beamter jedoch im Sinne von „jemand" zu lesen. Der Handelnde muss also nicht die Eigenschaft eines Beamten im staatsrechtlichen bzw. statusrechtlichen Sinne besitzen. Vielmehr ist ein haftungsrechtlicher Beamtenbegriff zugrunde zu legen. D. h. als haftungsauslösende Person kommt jeder Staatsbedienstete – ohne Rücksicht auf seinen Status – in Betracht. Entscheidend ist, dass er in Ausübung eines öffentlichen Amtes, also hoheitlich tätig wird. Diese Voraussetzungen können auch Beliehene[8] oder andere Privatpersonen erfüllen, die der Staat zur Erfüllung einer hoheitlichen Maßnahme auf der Grundlage eines privatrechtlichen Vertrages heranzieht.[9] In Betracht kommen also Bereiche der Eingriffs-, aber auch der schlicht hoheitlichen Leistungsverwaltung,[10] letztere aber nur, soweit der Staat nicht die Form privaten Verwaltungshandelns gewählt hat.[11]

„In Ausübung eines anvertrauten Amtes" (Art. 34 S. 1 GG) ist – ähnlich wie bei § 831[12] – im Gegensatz zu „bei Gelegenheit" zu verstehen.

2. Verletzung einer drittbezogenen Amtspflicht

Amtspflichten können sich aus allen Rechtsquellen (Gesetzen, Verordnungen, Satzungen), aber auch aus Verwaltungsvorschriften und anderen innerdienstlichen Regelungen ergeben.[13] Zu den Amtspflichten gehört auch die Beachtung der sich aus den deliktsrechtlichen Vorschriften ergebenden Verpflichtungen. Eine nach Deliktsrecht unerlaubte Handlung stellt also immer auch eine Amtspflichtverletzung dar.[14] Die Amtspflicht, deren Verletzung infrage steht, muss einem Dritten gegenüber bestehen (Drittgerichtetheit). Das Gegenteil hiervon sind Amtspflichten, die nur gegenüber der Allgemeinheit oder der Behörde bestehen. Dieses Tatbestandsmerkmal hat sowohl eine haftungsbegründende als auch -begrenzende Funktion: begründend, soweit klargestellt wird, gegenüber welchem Geschädigten die Verantwortlichkeit des Staates eintritt, begrenzend, soweit anderen Personen,

---

[8]Z. B. Rettungsdienst (BGH NJW 1993, 1526); Zivildienstleistende (BGHZ 118, 307); TÜV (BGH VersR 2003, 1537 und OLG Karlsruhe VersR 2012, 578).

[9]Vgl. BGHZ 121, 161 und 200, 188 (jeweils Abschleppunternehmen); BGH NJW 2014, 3580 (Einschaltung Privater in die Wahrnehmung der im Land Berlin hoheitlich ausgestalteten Räum- und Streupflicht als „Werkzeug" oder „Erfüllungsgehilfe" des Hoheitsträgers).

[10]BGH verneint Haftung des Jugendamtes für Fehlverhalten einer Pflegemutter, da diese nicht Beamte im haftungsrechtlichen Sinne ist, BGH JZ 2006, 920 m. Anm. Ossenbühl.

[11]Coester-Waltjen JA 1995, 368.

[12]Vgl. dazu oben 3. Kap. B II. 3.

[13]Zum Spektrum möglicher Amtspflichtverletzungen an Hand neuester Rspr. siehe Itzel MDR 2005, 545 ff.; Rinne/Schlick NJW 2004, 1918 ff.; dies. NJW 2005, 3541 ff.

[14]Medicus/Lorenz SBT Rn. 1410. Zur differenzierenden Beurteilung der Pflicht des Staates, Gerichte so auszustatten, dass anstehende Verfahren ohne vermeidbare Verzögerungen abgeschlossen werden können (Problem der Organisationspflicht, dazu oben 3. Kap. B 4.), siehe BGH JZ 2007, 686 m. Anm. Ossenbühl.

die nicht zum Kreis der Dritten zählen, ein Anspruch auch dann versagt bleibt, wenn sich das pflichtwidrige Handeln des Amtsträgers für sie nachteilig ausgewirkt.[15] Eine Parallele lässt sich zu § 823 Abs. 2 BGB ziehen.[16] Ähnlich wie bei dieser Vorschrift soll auch bei § 839 eine Pflicht gegenüber Dritten bestehen, wenn sich aus den sie umschreibenden Bestimmungen sowie der besonderen Natur des Amtsgeschäftes ergibt, dass die Belange eines *bestimmten Personenkreises* geschützt und gefördert werden sollen (Erfordernis der Individualisierbarkeit und Abgrenzbarkeit).[17] Es reicht, wenn die Amtspflicht neben der Erfüllung allgemeiner Interessen *auch* den Zweck verfolgt, die Interessen des Einzelnen wahrzunehmen, selbst dann, wenn dieser keinen Rechtsanspruch auf die Vornahme der Amtshandlung hat.[18]

Ein instruktives Beispiel zur Problematik der Drittgerichtetheit von Amtspflichten bilden die vom BGH entschiedenen „Hagelschlag-Fälle":

> *BGHZ 129, 17 und 23:* Auf dem Flughafen München-Riem waren Flugzeuge durch Hagelschlag schwer beschädigt worden. In einem Falle war ein Flugzeug beim Landevorgang durch Hagelschlag beschädigt worden, in einem anderen Falle geparkte Flugzeuge. In beiden Fällen machen die Kläger Schadensersatzansprüche gegen die Bundesrepublik Deutschland als Betreiberin des Deutschen Wetterdienstes und der Bundesanstalt für Flugsicherung mit der Begründung geltend, diese hätten es versäumt, rechtzeitig Hagelwarnungen zu geben. In einem Falle wäre das Flugzeug auf einen anderen Flughafen ausgewichen, im anderen Falle hätten die geparkten Maschinen in eine Halle gebracht werden können.

In beiden Fällen hat der BGH die Drittgerichtetheit der Amtspflicht verneint. In der Begründung bezüglich des sich im Landeanflug befindlichen Flugzeuges heißt es (S. 19):

> ..., dass nur diejenigen Personen dazu zählen, deren Individualinteresse in einer Weise betroffen ist, dass sie selbst als unmittelbare Adressaten der Amtspflicht angesehen werden können. Der Umstand, dass im Einzelfall die Rechtsgüter von Leben und Gesundheit tangiert sein können, vermag daher nicht ‚automatisch' die Drittgerichtetheit der in Rede stehenden Amtspflicht zu begründen ... Der Deutsche Wetterdienst tritt mit seiner Tätigkeit nicht in eine unmittelbare Beziehung zu den Insassen, den Eigentümern oder den Haltern der einzelnen in der Luft oder im Start- oder Landevorgang befindlichen Flugzeuge ... Für den vorliegenden Fall genügt vielmehr die Feststellung, dass der Kreis derjenigen Flugzeugführer oder Teilnehmer der Luftfahrt, die durch eine allgemeine Hagelwarnung bewogen werden oder werden sollen, ihr Verhalten entsprechend einzurichten, für die Bediensteten des Deutschen Wetterdienstes nicht überschaubar und/oder individualisierbar ist. Wollte man sie alle in den Kreis der geschützten ‚Dritten' einbeziehen, so würde das haftungsbegrenzende Kriterium der Drittgerichtetheit nahezu jede Kontur verlieren.

---

[15]BGHZ 195, 276, 282 f. in gut nachvollziehbar Anwendung dieser Grundsätze auf die Frage der Drittbezogenheit von BSE-Tests der Veterinärbehörden.
[16]Siehe oben 2. Kap. B II. 1.
[17]BGHZ 110, 8 f., NJW 2013, 3370; Jauernig-Teichmann § 839 Rn. 12.
[18]BGHZ 68, 142, 145.

Ebenso hat der BGH die Drittgerichtetheit im Hinblick auf die parkenden Flugzeuge verneint, wobei die Auffassung der Vorinstanz geteilt wurde, dass am Boden abgestellte Luftfahrzeuge von Unwettern nicht anders als andere Sachen, etwa geparkte Kraftfahrzeuge, betroffen seien (S. 28).

Die Frage der Drittgerichtetheit spielt auch bei der Problematik legislativen Unrechts eine Rolle.[19] Sehr instruktiv hat der BGH seine diesbezügliche Rechtsauffassung anhand der „Waldschädensfälle" dargelegt:

> *BGH VersR 1988, 186, 190:* Am Wald der Kläger sind durch großräumige, vom Menschen herbeigeführte Luftverunreinigungen und dadurch verursachte Niederschläge in den Jahren 1981 bis 1984 enorme Schäden durch Mehraufwendungen für den Holzeinschlag, erhöhte Kulturaufwendungen, Zuwachsverluste u. ä. entstanden, die nach Auffassung der Kläger auf grundsätzliche konzeptionelle Entscheidungen des Bundesgesetzgebers zurückzuführen sind. Obwohl die Schädigungen und ihre Ursachen seit längerem bekannt seien, habe der Bundesgesetzgeber die erforderlichen Konsequenzen versäumt.

Im vorgenannten Fall hat der BGH Amtshaftungsansprüche schon deshalb verneint, weil die öffentliche Hand insoweit gegenüber den Klägern keine drittbezogenen Amtspflichten verletzt habe. Gesetze und Verordnungen enthalten nach Auffassung des BGH nur abstrakt generelle Regelungen.[20] Daher nimmt der Gesetz- oder Verordnungsgeber bei positivem Tun oder bei Untätigbleiben in der Regel nur Amtspflichten gegenüber der Allgemeinheit wahr, nicht aber gegenüber bestimmten Einzelpersonen oder Personengruppen als „Dritten" i. S. d. § 839 BGB.[21] Nur ausnahmsweise, etwa bei so genannten Maßnahme- oder Einzelfallgesetzen, können die Belange bestimmter Personen unmittelbar berührt werden, so dass sie als Dritte angesehen werden können.[22]

Dritter im Sinne des § 839 Abs. 1 S. 2 kann auch eine juristische Person des öffentlichen Rechts sein. Allerdings gilt dies nur dann, wenn der für die haftpflichtige Behörde tätig gewordene Beamte der geschädigten Körperschaft bei Erledigung seiner Dienstgeschäfte in einer Weise gegenübertritt, wie sie für das Verhältnis zwischen ihm und seinem Dienstherrn einerseits und dem Staatsbürger andererseits charakteristisch ist.[23] Mit dieser Begründung hat der BGH eine zu beaufsichtigende Gemeinde als einen geschützten Dritten gegenüber der kommunalen Aufsichtsbehörde angesehen und einen Amtshaftungsanspruch bejaht.[24]

---

[19] Vgl. BGHZ 56, 40; 106, 323.
[20] Diese Auffassung wird in der Literatur kritisiert (vgl. MüKo-Papier § 839 Rn. 260 f.).
[21] So wird die Staatsanwaltschaft grundsätzlich nur in öffentlichem Interesse tätig, es sei denn, in einem laufenden Ermittlungsverfahren entstehen konkrete Schutzpflichten gegenüber dem durch die Straftat Geschädigten (vgl. BGH NJW 1996, 2373).
[22] Siehe BGHZ 56, 40, 46; 111, 349, 353.
[23] Das Gegenteil wäre etwa der Fall, wenn der Dienstherr des Beamten und eine andere Körperschaft des öffentlichen Rechts bei der Erfüllung einer ihnen gemeinsam übertragenen Aufgabe gleichsinnig und nicht in Vertretung einander widerstreitenden Interessen derart zusammenwirken, dass sie im Rahmen dieser Aufgabe als Teil eines einheitlichen Ganzen erscheinen. Dann können keine drittgerichteten Amtspflichten entstehen, BGH NJW 2003, 1318, 1319.
[24] Vgl. zur Problematik von Mutius/Groth NJW 2003, 1278 ff.

Mit der Drittbezogenheit der Amtspflicht darf nicht die Frage verwechselt werden, ob der Schaden vom Schutzzweck der verletzten Amtspflicht umfasst ist.[25] Der Schutzzweck dient der inhaltlichen Bestimmung und sachlichen Begrenzung der Amtshaftung.[26] Neben der Drittgerichtetheit ist daher auch jeweils zu prüfen, ob gerade das im Einzelfall berührte Interesse nach dem Zweck und der rechtlichen Bestimmung des Amtsgeschäfts geschützt werden soll.[27]

3. Rechtswidrigkeit
Ähnlich wie bei § 823 Abs. 1 BGB darf bei § 839 die Rechtswidrigkeit als indiziert angesehen werden, wenn der Staatsbedienstete eine amtspflichtwidrige Handlung begangen hat.[28]

4. Verschulden
Verschulden ist in den Formen des Vorsatzes und der Fahrlässigkeit möglich. Maßstab für die Fahrlässigkeit ist der „pflichtbewusste Durchschnittsbeamte".[29] Der BGH konkretisiert die Erwartungen an diesen wie folgt:

> Bei der Verschuldensprüfung ist auf die Anforderungen abzustellen, deren Beachtung von einem Amtsträger generell erwartet werden kann. Jeder Inhaber eines öffentlichen Amtes hat die Sach- und Rechtslage unter Zuhilfenahme der ihm zu Gebote stehenden Hilfsmittel sorgfältig und gewissenhaft zu prüfen und sich danach aufgrund vernünftiger Überlegungen eine Rechtsmeinung zu bilden. Wenn die nach solcher Prüfung gewonnene Rechtsansicht des Amtsträgers als vertretbar angesehen werden kann, lässt sich aus der späteren Missbilligung dieser Rechtsauffassung durch die Gerichte ein Schuldvorwurf nicht herleiten.[30]

5. Haftungsausschluss
5.1. Subsidiaritätsklausel (§ 839 Abs. 1 S. 2)
Mit der Subsidiaritätsklausel in § 839 Abs. 1 S. 2 wurde ursprünglich der Zweck verfolgt, die Entschlussfreudigkeit des Beamten zu fördern. Mit der Überleitung der Haftung auf den Staat durch Art. 34 S. 1 GG ist dieser gesetzgeberische Zweck obsolet geworden. Es war daher konsequent, dass das – für nichtig erklärte – StHG die Subsidiaritätsklausel beseitigen wollte. Vor diesem Hintergrund hat die Rechtsprechung den Anwendungsbereich des § 839 Abs. 1 S. 2 im Wege teleologischer Reduktion in folgenden Fällen eingeschränkt:

---

[25] Vgl. dazu etwa BGH NJW 1994, 1647, 1649.
[26] BGH NJW 2009, 1207, 1208.
[27] BGH NJW-RR 2009, 601, 602.
[28] Stangl JA 1995, 572, 573.
[29] Coester-Waltjen JA 1995, 368, 370.
[30] BGHZ 198, 1, 4 m. w. N.

- Ansprüche, die aus der Teilnahme am allgemeinen Straßenverkehr herrühren, werden nicht als anderweitige Ersatzmöglichkeit angesehen.[31]
- Ebenso werden Ansprüche aus der Verletzung der – in den meisten Bundesländern hoheitlich ausgestalteten – Straßenverkehrssicherungspflicht nicht als unter § 839 Abs. 1 S. 2 fallend angesehen.[32]
- Leistungen der Sozialversicherung[33] sowie vergleichbare Leistungen der Privatversicherung[34] sind keine anderweitige Ersatzmöglichkeit. Denn diese mit anderen Beiträgen erkauften Leistungen dürfen nicht dem Schädiger bzw. Staat zugutekommen. Aus diesem Grunde sind auch Ansprüche auf Lohnfortzahlung nach dem EFZG keine andere Ersatzmöglichkeit.[35]
- § 839 Abs. 1 S. 2 kommt nicht zur Anwendung, wenn sich der anderweitige Ersatzanspruch gegen eine andere Körperschaft des öffentlichen Rechts richtet[36] oder aufgrund einer anderen Anspruchsgrundlage (z. B. § 7 StVO) gegen die gleiche öffentliche Körperschaft richtet.[37]

5.2. Unterlassung der Einlegung von Rechtsmitteln (§ 839 Abs. 3)

Schuldhafte Nichteinlegung eines Rechtsmittels ist ein Fall des mitwirkenden Verschuldens, der ohne Abwägung gem. § 254[38] zum völligen Haftungsausschluss führt.[39] Der Begriff des Rechtsmittels ist nicht auf die in den Verfahrensvorschriften vorgesehenen Behelfe beschränkt, sondern ist in einem weiten Sinne zu verstehen und umfasst auch andere, rechtlich mögliche und geeignete – förmliche oder formlose – Rechtsbehelfe (z. B. Gegenvorstellungen, Erinnerungen an die Erledigung eines Antrags, Beschwerden und Dienstaufsichtsbeschwerden).[40]

Die „Rechtsmittel" i. S. des § 839 Abs. 3 müssen sich unmittelbar gegen eine sich als Amtspflichtverletzung darstellende Handlung oder Unterlassung richten und das Ziel haben, diese zu beseitigen oder zu berichtigen, vgl. dazu.

BGH NJW 2009, 71: Ein Notar hatte durch Einreichung der Auflassungs- und Umschreibungsunterlagen beim Grundbuch den Vollstreckungszugriff eines dritten Gläubigers des – später insolvent gewordenen – Käufers auf das Grundstück ermöglicht,

---

[31]BGHZ 68, 217.
[32]BGHZ 75, 134.
[33]BGHZ 79, 26.
[34]BGHZ 79, 35.
[35]BGHZ 62, 380.
[36]Um zu verhindern, dass der Geschädigte mit seinen Ansprüchen von einer öffentlichen Stelle an eine andere verwiesen wird, wird die öffentliche Hand daher, auch wenn es sich um unterschiedliche Rechtsträger handelt, als „ein Ganzes" angesehen, BGH VersR 2012, 1436, 1440 m.w.N.
[37]BGHZ 50, 271.
[38]BGH NJW 1958, 1532.
[39]Palandt-Sprau § 839 Rn. 68.
[40]BGHZ 197, 375, 380.

bevor die Zahlung des Restkaufpreises sichergestellt worden war. Im Rahmen der Amtshaftungsklage des Verkäufers gegen den Notar stellte sich nun die Frage, ob dem Schadensersatzanspruch nicht § 19 BNotO i. V. m. § 839 Abs. 3 deshalb entgegensteht, weil der Verkäufer noch Beschwerde beim Grundbuchamt hätte einlegen können, um die Eintragung eines Widerspruchs oder die Löschung der Eintragung des Käufers zu erreichen.

Nachdem eine solche Beschwerde sich nicht unmittelbar gegen die schadensstiftenden Handlungen des Notars, sondern gegen eine etwaige rechtswidrige Maßnahme des Grundbuchamts gerichtet hätte, konnte deren Unterlassung nach Auffassung des BGH nicht zu einem Totalverlust des Amtshaftungsanspruchs nach § 839 führen. Eine Berücksichtigung wäre damit allenfalls unter dem Gesichtspunkt eines Mitverschuldens i. S. des § 254 in Betracht gekommen, die der BGH im Ergebnis aber ebenfalls ablehnte.[41] Entsprechendes gilt für Rechtsmittel, die wie der Amtshaftungsanspruch nach § 839 Abs. 1 S. 1 BGB i. V. m. Art. 34 S. 1 GG lediglich auf den Ausgleich der Folgen von (pflichtwidrigen) Amtshandlungen und -unterlassungen gerichtet sind (wie z. B. der sozialrechtliche Herstellungs- und der verwaltungsrechtliche Folgenbeseitigungsanspruch).[42]

II. Schadensersatz

Grundsätzlich gelten für den Inhalt des Schadensersatzes die §§ 249 ff. Der Anspruch aus Amtshaftung ist jedoch auf Geldersatz zu beschränken, da andernfalls in die Zuständigkeit der Verwaltungsgerichte eingegriffen würde.[43]

Stets ist zu prüfen, ob der entstandene Schaden vom Schutzzweck des § 839 erfasst wird, vgl. dazu.

> *BGH NJW 1995, 2412:* Im Rahmen des Unterbringungsverfahrens erstattete der Chefarzt der psychiatrischen Abteilung des Krankenhauses der Beklagten ein Gutachten mit der – unrichtigen – Diagnose eines bereits fortgeschrittenen hirnorganischen Syndroms beim Kläger. Diese Diagnose veranlasste den Kläger zu weitreichenden Vermögensdispositionen hinsichtlich seines landwirtschaftlichen Besitzes. Als sich die Unrichtigkeit der Diagnose herausstellte, verlangte der Kläger Schadensersatz von der Beklagten.

Das Berufungsgericht hatte die Klage abgewiesen, weil der Schutzzweck der Gutachtenserstattung im Unterbringungsverfahren nicht dem vermögensrechtlichen Interesse des Betroffenen diene, mithin auch nicht dem Schutz vor nachteiligen Auswirkungen von Vermögensdispositionen. Der BGH bestätigte den richtigen Ansatz des Berufungsgerichts, wonach stets auf den Schutzzweck der

---

[41]BGH NJW 2009, 71, 73.
[42]BGHZ 197, 375, 381 ff.
[43]Mit dieser Begründung hat der große Senat des BGH Ansprüche des Geschädigten gegen den Beamten auf Unterlassung oder Widerruf einer im Zusammenhang mit der Amtsausübung stehenden Erklärung abgelehnt, vgl. BGHZ 34, 99.

verletzten Amtspflicht als Gesichtspunkt für die inhaltliche Bestimmung und sachliche Abgrenzung der Haftung abgestellt werden müsse. Der BGH war allerdings der Meinung, dass im Unterbringungsverfahren auch die Pflicht der Ärzte bestehe, Patienten nicht durch Fehldiagnosen zu Vermögensdispositionen zu veranlassen, die im Ergebnis für die Patienten schädlich sind.[44]

III. Konkurrenzen

Die Haftung für in Ausübung eines öffentlichen Amtes verursachte Schäden ist in § 839 abschließend geregelt, wodurch die übrigen Haftungstatbestände der §§ 823 ff. (einschließlich § 839 a)[45] verdrängt werden. Soweit diese Vorschriften allerdings besondere Beweislastregeln enthalten, sind diese auch bei der Anwendung des § 839 (i. V. m. Art. 34 GG) zu berücksichtigen, vgl. dazu beispielhaft

> *BGH NJW 2013, 1233:* Der Kläger, Inhaber eines Sanitärunternehmens, parkte sein Fahrzeug im Eingangsbereich eines Schulgebäudes, um dort einen Wasserschaden zu beseitigen. Eine Gruppe von Kindern aus der ebenfalls im Schulgebäude untergebrachten Kindertagesstätte war an diesem Tag mit Gartenarbeiten beschäftigt. Drei Kinder bewarfen das Fahrzeug des Klägers mit Steinen. Er verklagte die Stadt als Trägerin der Kindertagesstätte, weil die Erzieherinnen ihre Aufsichtspflicht verletzt hätten.

Die Kinder als eigentliche Schädiger scheiden mangels Schuldfähigkeit als Anspruchsgegner aus. Der Haftungstatbestand des § 832 (Haftung Aufsichtspflichtiger) wird durch § 839 verdrängt, weil die Erzieherinnen der Kindertagesstätte in Ausübung eines öffentlichen Amts tätig geworden sind. Nachdem letztlich ungeklärt blieb, ob und inwieweit die für die Kinderbetreuung verantwortlichen Erzieherinnen ihre (auch dem Schutz Dritter dienenden) Aufsichtspflicht konkret erfüllt hatten, kam es maßgeblich auf die Frage der Darlegungs- und Beweislastverteilung an. Unter Aufgabe seiner früheren Rspr. entschied der BGH, dass die Beweislastregel des § 832 auch im Rahmen der Haftung nach § 839 (i. V. m. Art. 34 GG) gilt. Entsprechendes hatte er auch schon für § 836 und § 833 S. 2 entschieden (S. 1234 f.).

Neben dem Amtshaftungsanspruch können, was wegen des hoheitlichen Handelns auf den ersten Blick eher abwegig erscheinen mag, vertragliche Ansprüche zu prüfen sein bzw. Ansprüche, auf die die Vorschriften des Vertragsrechts analog anzuwenden sind, vgl. dazu

> *BGHZ 200, 188:* Eine Stadt lässt im Wege der Ersatzvornahme durch ein privates Abschleppunternehmen ein Fahrzeug abschleppen. Dieses wird bei dem Abschleppvorgang beschädigt.

---

[44]Ein weiteres anschauliches Beispiel zum Schutzzweck bietet die Entscheidung BGH NJW 2014, 2642.

[45]Vgl. dazu unten F. III.

Neben dem Anspruch aus § 839 i. V. m. Art. 34 S. 1 GG gegen die Kommune kommt ein Anspruch aus dem zu ihr mit dem Abschleppvorgang entstandenen öffentlich-rechtlichen Verwahrungsverhältnis in Betracht, auf das die bürgerlich-rechtlichen Verwahrungsvorschriften (§§ 688 ff.). sowie die für Leistungsstörungen bestehenden Bestimmungen entsprechend anzuwenden sind (S. 194 f.). Ein Anspruch gegen das (hoheitlich handelnde) private Abschleppunternehmen nach § 839 scheitert an der haftungsbefreienden Schuldübernahme durch den Staat (Art. 34 S. 1 GG). Fraglich ist aber, ob der zwischen der Kommune und dem Abschleppunternehmen bestehende Vertrag nicht Schutzwirkung zugunsten des Geschädigten entfaltet. Der BGH verneint dies zu Recht. Wegen der Ansprüche gegen die Kommune fehlt es an der für eine Begründung der drittschützenden Wirkung erforderlichen Schutzbedürftigkeit des Geschädigten (S. 192 ff.).

D. Haftungsprivilegien bei richterlicher Tätigkeit (§ 839 Abs. 2)

Für die richterliche Tätigkeit hat der Gesetzgeber in § 839 Abs. 2 einen Sondertatbestand der Amtshaftung geschaffen. Nach dem in Abs. 2 S. 1 verankerten Richterspruchprivileg haftet ein Richter für Pflichtverletzungen bei Urteilen nur, wenn die Pflichtverletzung in einer Straftat (z. B. Rechtsbeugung oder Bestechung) besteht. Was die Ratio dieser Bestimmung betrifft, gehen die Meinungen auseinander.[46] Zum Teil wird in dieser Bestimmung der Schutz der verfassungsrechtlich garantierten richterlichen Unabhängigkeit gesehen.[47] Teilweise wird darauf hingewiesen, dass mit dieser Bestimmung der Schutz der Rechtskraft bezweckt werden soll, dem es entgegenstehen würde, wenn auf dem Wege von Haftungsprozessen erneut die Überprüfung durch andere Richter möglich wäre.[48]

Die eingeschränkte Haftung von Richtern gilt nach Abs. 2 S. 1 nur für Urteile. Es ist heute anerkannt, dass der Begriff des „Urteils in einer Rechtssache" nicht im rein prozesstechnischen Sinne zu verstehen ist, sondern sich auch auf urteilsvertretende Erkenntnisse bezieht, vgl. dazu.

> *BGH NJW 2003, 3052:* Auf Antrag des sozialpsychiatrischen Dienstes ordnete das Amtsgericht durch mit sofortiger Wirksamkeit versehenen Beschluss die einstweilige Unterbringung des Klägers in einer geschlossenen Abteilung eines Landesfachkrankenhauses an. Auf die sofortige Beschwerde des Klägers wurde dieser Beschluss vom LG mit der Begründung aufgehoben, dass eine die Unterbringungsmaßnahme rechtfertigende Gefahrenlage nicht feststellbar sei. Der Kläger hat deshalb den beklagten Freistaat wegen Amtspflichtverletzung auf Schadensersatz in Anspruch genommen.

---

[46]Vgl. zum Meinungsspektrum MüKo-Papier § 839 Rn. 322 f.

[47]BGH NJW 2011, 1072. Der BGH berücksichtigt den Grundsatz richterlicher Unabhängigkeit auch außerhalb des Anwendungsbereichs von § 839 Abs. 2 S. 1.

[48]Vgl. BGHZ 51, 326, 228; Bamberger/Roth–Reinert § 839 Rn. 95.

D. Haftungsprivilegien bei richterlicher Tätigkeit (§ 839 Abs. 2)

Der BGH verweist in der Entscheidung auf die allgemeine Auffassung, wonach auch urteilsvertretende Beschlüsse in den Anwendungsbereich des Richterprivilegs fallen können. Aber:

> die Gleichstellung hängt insbesondere davon ab, ob das der betreffenden Entscheidung zugrunde liegende gerichtliche Verfahren ein ‚Erkenntnisverfahren' ist, das sich nach bestimmten prozessualen Regeln richtet und dessen Ziel im Wesentlichen die Anwendung materieller Rechtsnormen auf einen konkreten Fall ist. Dazu gehören insbesondere die Wahrung des rechtlichen Gehörs, die Ausschöpfung der in Betracht kommenden Beweismittel und die Begründung des Spruchs. Für die Beurteilung, ob ein urteilsvertretender Beschluss vorliegt, sind stets der materielle Gehalt des Streitgegenstands und die materielle Bedeutung der Entscheidung maßgeblich. Eine urteilsvertretende Entscheidung ist anzunehmen, wenn nach Sinn und Zweck der Regelung eine jederzeitige erneute Befassung des Gerichts... mit der formell rechtskräftig entschiedenen Sache ausgeschlossen ist, die Entscheidung vielmehr eine Sperrwirkung in dem Sinne entfaltet, dass eine erneute Befassung nur unter entsprechenden Voraussetzungen in Betracht kommt wie bei einer rechtskräftig durch Urteil abgeschlossenen Sache.

Der BGH verneint diese Voraussetzungen für eine einstweilige Anordnung auf der Grundlage der §§ 70 h, 69 f Abs. 1 FGG (aufgegangen in § 331 FamFG), weil eine derartige Verfahrensgestaltung notwendig einen summarischen Charakter habe, was sich auch darin widerspiegle, dass bei Gefahr im Verzug die einstweilige Anordnung bereits vor der persönlichen Anhörung des Betroffenen erlassen werden kann § 69 f Abs. 1 S. 4 FGG (aufgegangen in § 332 S. 1 FamFG). Deswegen könne nicht angenommen werden, dass dieses Verfahren einem „Erkenntnisverfahren" gleichstehe und dass die darauf beruhende Entscheidung die für ein Urteil zu fordernde Richtigkeitsgewähr biete. In Abkehr von früherer Rspr. bejaht der BGH nunmehr den Charakter eines urteilsvertretenden Erkenntnisses bei Arrest und einstweiliger Verfügung im Zivilprozess sowie bei der Entscheidung über den Antrag auf Erlass einer einstweiligen Anordnung nach § 123 VwGO.[49]

Nachdem der BGH in obiger Entscheidung die Geltung des Richterprivilegs nach Abs. 2 S. 1 abgelehnt hatte, gab er zusätzlich eine Antwort auf die Frage, in welchem Rahmen Richter für außerhalb des Anwendungsbereichs des § 839 Abs. 2 S. 1 liegende Pflichtverletzungen verantwortlich sind. Das Ergebnis hierzu lautete (NJW 2003, 3053): „soweit in solchen Fällen im Amtshaftungsprozess darüber zu befinden ist, ob ein Richter bei der Rechtsanwendung und Gesetzesauslegung schuldhaft amtspflichtwidrig gehandelt hat, kann dem Richter in diesem Bereich ein Schuldvorwurf nur bei dort besonders groben Verstößen gemacht werden; inhaltlich läuft das auf eine Haftung für Vorsatz oder grobe Fahrlässigkeit hinaus".

Keine Anwendung findet das Richterspruchprivileg, wie sich aus § 839 Abs.2 S. 2 ergibt, auf eine pflichtwidrige Verweigerung oder Verzögerung der Ausübung des richterlichen Amtes. Die Vorschrift spricht – wie der BGH es ausdrückt – nur die Selbstverständlichkeit aus, dass pflichtwidrige Untätigkeit des Richters keine

---

[49]Vgl. BGH NJW 2005, 436. Siehe dazu Meyer NJW 2005, 864.

fehlerhafte Tätigkeit bei einem Urteil ist.[50] Zur Frage, unter welchen Voraussetzungen im Hinblick auf die Dauer eines Gerichtsverfahrens ein Staatshaftungsanspruch in Betracht kommt, hat der BGH grundlegend Stellung bezogen, vgl. dazu.

> *BGH NJW 2011, 1072:* Der Kläger hatte über mehrere Jahre hinweg einen Prozess geführt, in dem zunächst das Bestehen einer Forderung dem Grunde nach festgestellt worden war und es schließlich um die Höhe des zu fordernden Betrages ging. Nachdem im Laufe des Verfahrens die damals Beklagte schließlich insolvent wurde und der Kläger wegen Masseunzulänglichkeit einen Teil seines schließlich titulierten Anspruchs nicht mehr durchsetzen konnte, begehrte er Schadensersatz vom Land Nordrhein-Westfalen als Anstellungskörperschaft der Richter, die in seinen Augen wegen verzögerter Sachbearbeitung den Schadensausfall verursacht hatten.

Der BGH stellt als Ausgangspunkt seiner Entscheidung zunächst fest, dass aus dem Rechtsstaatsprinzip (Art. 20 Abs. 3 GG) i. V. mit Art. 2 Abs. 1 GG die Gewährleistung eines wirkungsvollen Rechtsschutzes abzuleiten sei und Gerichte die gegenüber den Parteien drittbezogene Amtspflicht treffe, anhängige Verfahren mit der gebotenen Beschleunigung zu bearbeiten und bei Entscheidungsreife möglichst zeitnah abzuschließen. Durch den Wortlaut des § 839 Abs. 2 S. 1 („bei dem Urteil", nicht „durch das Urteil") erfasse das Richterspruchprivileg aber auch alle gerichtlichen Maßnahmen, die objektiv darauf gerichtet sind, die Rechtssache durch Urteil zu entscheiden, also die Grundlage für die Sachentscheidung zu gewinnen. Denn der enge Zusammenhang zum Urteil erlaube keine haftungsmäßige Trennung. Führten daher prozessleitende Maßnahmen, wie die Anordnung einer Beweisaufnahme oder die Erteilung von Hinweisen und Auflagen zu einer Verfahrensverlängerung, so könnten daraus keine Schadensersatzansprüche abgeleitet werden, auch wenn das mit dem Amtshaftungsprozess befasste Gericht der Auffassung sei, dass diese überflüssig waren. Auch bei den nicht in den Anwendungsbereich des § 839 Abs. 2 S. 1 fallenden sonstigen richterlichen Maßnahmen müsse der Grundsatz der richterlichen Unabhängigkeit Beachtung finden. Sie könnten daher im Amtshaftungsprozess nicht auf ihre Richtigkeit, sondern nur auf ihre Vertretbarkeit hin überprüft werden, die nur dann zu verneinen sei, wenn bei voller Würdigung auch der Belange einer funktionstüchtigen Zivilrechtspflege das richterliche Verhalten nicht mehr verständlich sei. Der Zeitfaktor sei bei dieser Würdigung ein Faktor, aber nicht der allein entscheidende. Die Darlegungs- und Beweislast für die Unvertretbarkeit des richterlichen Verhaltens treffe den Kläger.[51]

---

[50]BGH NJW 2011, 1072, 1073.

[51]Vertiefend zur Amtshaftung bei verzögerter Amtstätigkeit des Richters Remus NJW 2012, 1403 und Steinbeiß-Winkelmann NJW 2014, 1276.

E. Die Eigenhaftung des Beamten (§ 839 Abs. 1)

I. Tatbestandliche Voraussetzungen

Beamter im staatsrechtlichen Sinne
Verletzung einer drittbezogenen Amtspflicht
Rechtswidrigkeit
Verschulden
Fehlen von Haftungsausschlussgründen.

1. Beamter im staatsrechtlichen Sinne
Der Handelnde muss nach den jeweils einschlägigen beamtenrechtlichen Vorschriften ernannt worden sein und deshalb den Status eines Beamten haben (daher auch der Ausdruck Beamter im statusrechtlichen Sinne).

2. Verletzung einer drittbezogenen Amtspflicht
Das Merkmal der Drittbezogenheit ist nicht anders zu behandeln als beim Amtshaftungsanspruch (s. dazu C. I. 2.). Zu beachten ist aber, dass es sich hier um eine Amtspflicht im nichthoheitlichen (fiskalischen) Bereich und daher um eine privatrechtlich zu erfüllende Amtspflicht handeln muss.[52]

3. Rechtswidrigkeit
Hierbei ergeben sich gegenüber dem Amtshaftungsanspruch keine Besonderheiten.

4. Verschulden
Das Gleiche gilt für das Tatbestandsmerkmal des Verschuldens. Bei fahrlässigem Handeln ist stets die Subsidiaritätsklausel des Abs. 1 S. 2 zu beachten.

5. Subsidiaritätsklausel
Auch für den Bereich der Eigenhaftung muss sich die einschränkende Tendenz bei der Anwendung der Subsidiaritätsklausel durchsetzen. Denn es ist nicht einzusehen, dass die nötige Rückendeckung für die Entscheidungsfreiheit des Beamten durch eine Beschneidung der Rechte des Verletzten gewährleistet werden kann.[53]

Als anderweitiger Ersatz i. S. d. § 839 Abs. 1 S. 2 kommt auch die privatrechtliche Haftung des Anstellungsträgers des Beamten in Betracht, vgl. hierzu die instruktiven Entscheidungen.

---

[52]Vgl. Medicus/Lorenz SBT Rn. 1411.
[53]So zutreffend Esser/Weyers § 59 II 1 d).

BGHZ 85, 393; 95, 63: Beim Kläger wurde in einer Klinik der Stadt H eine Intubationsnarkose durchgeführt, bei der es zu einem schweren Narkosezwischenfall kam, von dem der Kläger einen schweren Hirnschaden davontrug. Er nimmt den behandelnden beamteten Direktor der Anästhesieabteilung auf Schadensersatz in Anspruch. Dieser verteidigt sich u. a. damit, dass er seit langem gegenüber den Verantwortlichen der Stadt H auf eine chronische Unterbesetzung der Klinik mit Narkosefachärzten hingewiesen habe, ohne dass H daraus Konsequenzen gezogen hätte.

Bei der Lösung dieses Falles ist Folgendes zu berücksichtigen: Wäre der behandelnde Arzt nicht verbeamtet gewesen, hätte er dem Kläger nach § 823 ff. gehaftet. Da er jedoch Beamter im staatsrechtlichen Sinne war und im nichthoheitlichen Bereich tätig geworden ist, beurteilt sich der Anspruch gegen ihn nach § 839 Abs. 1. Daneben kommt eine Haftung der Stadt H als Träger des Krankenhauses in Betracht. Wenn sich ein schuldhaftes Verhalten des Beklagten nachweisen lässt, würde die Stadt H über § 278 aus dem zwischen ihr und dem Kläger bestehenden Krankenhausbehandlungsvertrag für das Fehlverhalten des Beklagten haften. Außerdem kommt ein deliktsrechtlicher Anspruch aus § 823 Abs. 1 gegen die Stadt H unmittelbar wegen Organisationsverschuldens[54] in Betracht. Sollten sich die Ansprüche gegen die Stadt H als Krankenhausträger als begründet erweisen, entfiele die Haftung des Beklagten aus § 839 Abs. 1 S. 2. Denn er könnte den Kläger auf die anderweitige Ersatzmöglichkeit durch Inanspruchnahme des Krankenhausträgers verweisen.

F. Haftung des gerichtlichen Sachverständigen (§ 839 a)

I. Funktion der Vorschrift

Durch das Zweite Gesetz zur Änderung schadensersatzrechtlicher Vorschriften vom 19. Juli 2002[55] wurde § 839 a als zusätzlicher Haftungstatbestand aufgenommen.[56] Diese Neuregelung ist vor folgendem Hintergrund zu verstehen.[57] Erleidet eine Prozesspartei durch ein unrichtiges Gutachten eines gerichtlichen Sachverständigen, auf das sich das Urteil stützt, einen Schaden, so war es nach bisherigem Recht für den Geschädigten nur sehr schwer, einen Schadensersatzanspruch gegen den Sachverständigen durchzusetzen.[58] Ein Vertragsverhältnis zwischen Prozesspartei und dem gerichtlichen Sachverständigen besteht nicht. Demnach lassen sich Schadensersatzansprüche ausschließlich auf Deliktsrecht stützen. In Betracht kommt § 823 Abs. 1, wenn in – allerdings seltenen – Fällen ein Rechtsgut verletzt

---
[54]Siehe dazu oben 3. Kap. B II. 4.
[55]BGBl. I S. 2674.
[56]Eingehend zur Haftung nach § 839 a und den versicherungsrechtlichen Konsequenzen Littbarski VersR 2016, 154 ff.
[57]Vgl. zum folgenden die eingehende und instruktive Begründung BT-Drucks. 14/7752, S. 27 f.
[58]Zu diesen Schwierigkeiten vgl. BGH VersR 2003, 1049; VersR 2003, 1535. Zu beiden Urteilen siehe Wagner/Thole VersR 2004, 275 ff.

wird.[59] Bei reinen Vermögensschäden kommt § 823 Abs. 2 BGB in Betracht. Hier bieten sich als Schutznormen §§ 154, 163 StGB an, die aber eine Vereidigung des Sachverständigen voraussetzen, was selten der Fall sein dürfte. Umgekehrt ist § 410 ZPO kein Schutzgesetz i. S. d. § 823 Abs. 2 BGB. Die weitere Anspruchsnorm des § 826 wird für den Geschädigten oft deshalb nicht in Betracht kommen, weil es an einem vorsätzlichen Handeln des Sachverständigen fehlt.

Vor diesem Hintergrund hat sich der Gesetzgeber entschieden, mit § 839 a eine Haftungsregelung zu schaffen, die unabhängig von der Frage ist, ob der gerichtliche Sachverständige vereidigt wurde oder nicht.[60]

II. Tatbestandliche Voraussetzungen

Gerichtlicher Sachverständiger
Unrichtiges Gutachten
Kausalität
Vorsatz oder grobe Fahrlässigkeit.

Die Haftung nach § 839 a wird durch ein objektiv unrichtiges Gutachten eines gerichtlich ernannten Sachverständigen ausgelöst. Analog ist § 839 a auf die Gutachtenerstattung in einem staatsanwaltschaftlichen Ermittlungsverfahren anzuwenden.[61]

Subjektiv ist Vorsatz oder grobe Fahrlässigkeit des Sachverständigen erforderlich. Was den Verschuldensmaßstab anbelangt, hat sich der Gesetzgeber an der bisherigen Rechtsprechung orientiert, zu der namentlich auch das Bundesverfassungsgericht beigetragen hat.[62] Danach bestand die Vorstellung, dass ein gerichtlicher Sachverständiger nur für vorsätzliche und für grob fahrlässige Falschbegutachtung haften sollte. Der in Teilen der Literatur geäußerten Auffassung, dass der Sachverständige im Rahmen von § 823 Abs. 1 wie alle anderen Schädiger auch für leichte Fahrlässigkeit haften müsse[63], folgte der Gesetzgeber nicht. Er ist der Auffassung, dass andernfalls dem Sachverständigen die innere Freiheit genommen würde, der er bedürfe, um sein Gutachten unabhängig und ohne Druck eines möglichen Rückgriffs erstatten zu können.[64]

---

[59]Zu denken ist an Fälle, in denen ein medizinischer Sachverständiger durch ein unrichtiges Gutachten die Zwangsunterbringung einer Person herbeiführt, vgl. dazu etwa OLG Schleswig NJW 1995, 791.
[60]Ausführlich zum Haftungstatbestand des § 839 a Kilian VersR 2003, 683; Brückner/Neumann MDR 2003, 906. Rechtsvergleichend Schinkels JZ 2008, 272 ff.
[61]BGHZ 200, 253.
[62]Vgl. BVerfGE 49, 304 (318 ff.) = NJW 1979, 305.
[63]Vgl. i. d. S. etwa noch Erman-Schiemann, 10. Aufl. 2004, § 823 Rn. 24.
[64]BT-Drucks. 14/7752, S. 28.

Nach der ausdrücklichen Regelung des Abs. 1 kommt ein Schadensersatzanspruch nur in Betracht, wenn die gerichtliche Entscheidung auf dem unrichtigen Gutachten beruht und der Schaden als Folge des Urteils eingetreten ist. Der BGH spricht von einem zweiaktigen Geschehensablauf.[65] Ausgeschlossen von der Ersatzpflicht sind deshalb etwa Fälle anderweitiger Erledigung, wie z. B. die Erledigung durch einen Vergleich mit der Partei. Ersatzberechtigt sind nur Verfahrensbeteiligte.[66] Die Ersatzpflicht ist ferner davon abhängig, dass es der Geschädigte nicht schuldhaft unterlassen hat, ein Rechtsmittel einzulegen (§ 839 a Abs. 2 i. V. m. § 839 Abs. 3).[67]

III. Konkurrenzen

§ 839 a ist eine abschließende Regelung der Haftung des gerichtlichen Sachverständigen, andere Haftungstatbestände kommen daneben grundsätzlich nicht in Betracht.[68] Wenn sich die Erstattung eines gerichtlichen Gutachtens allerdings zugleich als Wahrnehmung einer Amtspflicht i. S. d. § 839 darstellt, wird § 839 a durch § 839 verdrängt, vgl. dazu

> BGH VersR 2003, 1535: Auf Ersuchen des Zwangsversteigerungsgerichts hatte der Gutachterausschuss, eine Behörde des beklagten Landes, ein Wertgutachten zu einem Grundstücks erstattet. Auf der Grundlage des Gutachtens ersteigerte der Kläger im Zwangsversteigerungsverfahren dieses Grundstück. Wegen Fehlerhaftigkeit des Gutachtens nahm er das beklagte Land auf Schadensersatz in Anspruch.

Der BGH entschied, dass Amtsträger, zu deren gesetzlichem oder beruflichem Pflichtenkreis die Erstattung von gerichtlichen Sachverständigengutachten gehört (hier nach § 193 Abs. 1 S. 1 Nr. 4 BauGB), diese Aufgaben im Rahmen ihrer normalen Amtstätigkeit, d. h. unabhängig von der gerichtlichen Beauftragung, als Amtspflichten i. S. d. § 839 wahrnehmen könnten. Die Haftung für ein Gerichtsgutachten stelle sich in solchen Fällen nicht anders dar, als wenn der Gutachterausschuss von einer sonstigen Behörde mit der Wertermittlung beauftragt worden wäre. Diese bereits vor Inkrafttreten des § 839 a begründete Rspr. hat der BGH zu Recht auch nach dessen Inkrafttreten bestätigt.[69] Nur so ist sichergestellt, dass in diesen besonderen Fällen die Haftung nach Art. 34 S. 1 GG auf den Staat übergeleitet werden kann.

---

[65]BGH NJW 2006, 1733.

[66]Auch der Ersteigerer eines Grundstücks im Zwangsversteigerungsverfahren wegen eines unrichtigen Gutachtens des Wertgutachters ist Verfahrensbeteiligter, BGH NJW 2006, 1733; a. A. Wagner/Thole VersR 2004, 275, 277.

[67]Der Begriff des Rechtsmittels ist in weitem Sinne zu verstehen. Auch der Antrag auf Vorladung des Sachverständigen zur mündlichen Verhandlung gehört dazu, BGH VersR 2007, 1379.

[68]Vgl. BT-Drucks. 14/7752, S. 28.

[69]Vgl. etwa BGHZ 166, 313, 316 und BGHZ 200, 253, 259.

G. Schadensersatz bei Verstößen gegen das Unionsrecht

Die vorbesprochenen Grundsätze der Amtshaftung greifen nur bei Verstößen gegen nationales Recht. Die Staatshaftung muss jedoch erweitert werden, wenn Verstöße gegen das Unionsrecht vorliegen.

I. Haftungsgrundlage

Bei Schäden, die aus Verstößen eines Mitgliedstaats gegen das Unionsrecht entstehen, ergibt sich der Haftungsanspruch unmittelbar aus dem Unionsrecht, wie der EuGH in einer ersten Grundsatzentscheidung darlegte.[70]

> *EuGH Rs C-6/90 (Francovich), Slg. 1991, I-5357:* Francovich und die übrigen Kläger hatten für eine Firma in Vicenza gearbeitet, aber nur gelegentlich Vorschüsse auf den Lohn erhalten. Die Klage auf Zahlung des ausstehenden Arbeitsentgelts hatte Erfolg. Eine Zwangsvollstreckung blieb aber erfolglos, denn der Arbeitgeber war mittlerweile in Konkurs gegangen. Die Kläger konnten auch nicht auf andere Weise Ersatz für den Lohn erhalten, da der italienische Staat die Richtlinie 80/987/EWG zur Angleichung der Rechtsvorschriften der Mitgliedstaaten über den Schutz der Arbeitnehmer bei Zahlungsunfähigkeit des Arbeitgebers zu dem fraglichen Zeitpunkt noch nicht umgesetzt hatte.

In seiner richtungweisenden Entscheidung stützt der EuGH die Verpflichtung der Mitgliedstaaten zum Schadensersatz auf den sog. „effet-utile" (Grundsatz der größtmöglichen praktischen Wirksamkeit des Unionsrechts) und Art. 5 EWG-Vetrag (aufgegangen in Art. 4 Abs. 3 EUV). Zu den darin genannten Verpflichtungen gehöre es auch, die rechtswidrigen Folgen eines Verstoßes gegen das Gemeinschaftsrecht zu beheben und dem durch die Richtlinie begünstigten Bürger zur Verwirklichung seiner Rechtspositionen zu verhelfen. Resümee: „Es ist nach alledem ein Grundsatz des Gemeinschaftsrechts, dass die Mitgliedstaaten zum Ersatz der Schäden verpflichtet sind, die den Einzelnen durch Verstöße gegen das Gemeinschaftsrecht entstehen, die diesen Staaten zuzurechnen sind". Die für einen solchen Ersatzanspruch geltenden Voraussetzungen formulierte der EuGH in der Rs Francovich zunächst noch speziell für die Nichtumsetzung von Richtlinien und verallgemeinerte diese dann in seiner weiteren Rspr.[71]

II. Haftungsvoraussetzungen

Aus deutscher Sicht warf die Entscheidung Francovich ein Problem auf. Denn der BGH lehnt in ständiger Rechtsprechung eine Haftung für so genanntes legislatives

---

[70] Vgl. zum Ganzen auch Herdegen, Europarecht, 17. Aufl. 2015, § 10 II.
[71] Einen zusammenfassenden Überblick zur Bedeutung des unionsrechtlichen Staatshaftungsanspruchs im System des deutschen Staatshaftungsrechts gibt Dörr EuZW 2012, 86 ff.

Unrecht ab,[72] weswegen bei Untätigkeit des Gesetzgebers grundsätzlich kein Haftungsanspruch aus § 839 besteht. Nach Auffassung des BGH werden nämlich die Gesetzgebungsorgane lediglich gegenüber der Allgemeinheit, nicht aber gegenüber bestimmten Einzelpersonen oder Personengruppen tätig. Diese auch in der Literatur kritisierte Auffassung[73] wird vom EuGH bei Verstößen des nationalen Gesetzgebers gegen Unionsrecht abgelehnt, vgl. hierzu den grundlegenden Fall.

EuGH Rs C-46/93 (Brasserie du Pêcheur), Slg. 1996, I-1029: Die Brasserie du Pêcheur, eine französische Brauerei mit Sitz im Elsass, musste ihre Ausfuhren von Bier nach Deutschland Ende 1981 einstellen, weil das von ihr hergestellte Bier von den zuständigen deutschen Behörden mit der Begründung beanstandet worden war, es entspreche nicht dem in Vorschriften des Biersteuergesetzes enthaltenen Reinheitsgebot. In einem von der Kommission eingeleiteten Vertragsverletzungsverfahren gegen die Bundesrepublik Deutschland entschied der EuGH, dass die Vorschriften des Biersteuergesetzes über das Reinheitsgebot gegen Art. 28 EG (jetzt Art. 34 AEUV) verstoßen.[74] Die Brasserie du Pêcheur verklagte daraufhin die Bundesrepublik Deutschland auf Ersatz des ihr durch diese Einfuhrbeschränkung in den Jahren 1981 bis 1987 entstandenen Schadens in Höhe eines Teilbetrags von 1,8 Millionen DM.

Anknüpfend an die Rs Francovich hielt der EuGH grundlegend fest, dass das Unionsrecht einen Entschädigungsanspruch begründet, wenn drei Voraussetzungen erfüllt sind:

- Die Rechtsnorm des Unionsrechts, gegen die verstoßen wird, bezweckt die Verleihung von Rechten an die Geschädigten.
- Der Verstoß ist hinreichend qualifiziert.
- Zwischen dem Verstoß und dem entstandenen Schaden besteht ein unmittelbarer Kausalzusammenhang.

Der EuGH stellte zugleich klar, dass die Erfüllung dieser drei Voraussetzungen auch ausreichend ist. Außer Betracht zu bleiben habe daher eine sich aus dem nationalen Recht ergebende Voraussetzung, die die Entschädigung davon abhängig macht, dass die Handlung oder Unterlassung des Gesetzgebers sich auf eine individuelle Situation bezieht. Damit greift also die Begründung des BGH für eine Ablehnung der Haftung für legislatives Unrecht bei Verstößen gegen das Unionsrecht nicht. Im Hinblick auf ein nach nationalem Recht bestehendes Verschuldenserfordernis stellte der EuGH weiterhin einschränkend fest, dass dieses nur insoweit zur Anwendung kommen könne, als es über das Kriterium des „hinreichend qualifizierten Verstoßes" nicht hinausgehe.[75]

---

[72]Vgl. BGHZ 56, 40, 46; BGH NJW 1989, 101. S. oben C. I. 2.
[73]Vgl. MüKo-Papier § 839 Rn. 261.
[74]Vgl. EuGH Rs 178/84 (Kommission gegen Deutschland) Slg. 1987, 1227.
[75]EuGH Rs C-46/93 (Brasserie du Pêcheur), Slg. 1996, I-1029 Rz. 71 und 79.

Die genannten drei Voraussetzungen des unionsrechtlichen Staatshaftungsanspruchs sind – wie der EuGH später zusammenfassend festhielt[76] – sowohl dann einschlägig, wenn die Schäden, deren Ersatz begehrt wird, auf eine Untätigkeit des Mitgliedstaats zurückgehen, z. B. Nichtumsetzung einer Richtlinie, als auch dann, wenn sie auf dem Erlass eines gegen das Unionsrecht verstoßenden Gesetzgebungs- oder Verwaltungsakts beruhen, unabhängig davon, ob dieser vom Mitgliedstaat selbst oder von einer öffentlich-rechtlichen Einrichtung erlassen wurde, die vom Staat rechtlich unabhängig ist. Sie gelten auch für Verstöße letztinstanzlicher Gerichte gegen das Unionsrecht, vgl. dazu grundlegend

> *EuGH Rs C-224/01 (Köbler), Slg. 2003, I-10.239:* Der österreichische Kläger beanspruchte als Universitätsprofessor eine Dienstalterszulage, die ihm nach 15-jähriger Dienstzeit an österreichischen Universitäten zugestanden hätte. Diese wurde ihm verweigert, da er nur unter Einberechnung von an Universitäten in anderen Mitgliedstaaten erbrachten Zeiten eine 15-jährige Dienstzeit aufweisen konnte. Das höchste österreichische Verwaltungsgericht, der Österreichische Verwaltungsgerichtshof (ÖstVGH), wies die Klage ab. Bei richtiger Anwendung des Unionsrechts hätten diese Zeiten aber berücksichtigt werden müssen.

Der EuGH hob die entscheidende Rolle hervor, die der Judikative beim Schutz der dem Einzelnen aufgrund unionsrechtlicher Bestimmungen zustehenden Rechte zukommt. Die volle Wirksamkeit dieser Bestimmungen wäre beeinträchtigt und der Schutz der durch sie begründeten Rechte gemindert, wenn der Einzelne unter bestimmten Voraussetzungen dann keine Entschädigung erlangen könnte, wenn seine Rechte durch einen Verstoß gegen das Gemeinschaftsrecht verletzt werden, der einer Entscheidung eines letztinstanzlichen Gerichts eines Mitgliedstaats zuzurechnen ist. Der EuGH setzte sich auch mit dem von einzelnen Regierungen vorgebrachten Argument auseinander, dass das Richterprivileg auch der Absicherung rechtskräftiger Entscheidungen diene. Er sah keine Kollision mit dem Institut der Rechtskraft von Entscheidungen, weil der Streitgegenstand in beiden Verfahren nicht der gleiche sei und der Kläger mit einer erfolgreichen Haftungsklage gegen den Staat nicht zwangsläufig die Aufhebung der Rechtskraft der Gerichtsentscheidung, die den Schaden verursacht hat, erreiche, sondern nur Schadensersatz.

In der Rs Traghetti del Mediterraneo,[77] in der es ebenfalls um die Haftung eines Mitgliedstaates für Schäden durch einen Verstoß des letztinstanzlichen nationalen Gerichts gegen Unionsrecht ging, betonte der EuGH nochmals den abschließenden Charakter der von ihm aufgestellten drei Haftungsvoraussetzungen. Keine Anwendung fänden nationale Vorschriften, die die Haftung für fehlerhafte Auslegung allgemein ausschließen und auch hier dürften Vorschriften, die die Haftung auf Fälle von Vorsatz und Fahrlässigkeit begrenzen, nicht dazu führen,

---

[76]EuGH Rs C-424/97 (Haim II), Slg. 2000, I-5148 Rz. 38.
[77]EuGH Rs C-173/03 (Traghetti del Mediterraneo), Slg. 2006, I-5177.

dass die Haftung strenger sei, als sie sich aus den vom EuGH formulierten drei Voraussetzungen ergäbe.[78]

Für das deutsche Recht steht damit fest, dass § 839 Abs. 2 S. 1 keine Anwendung finden kann[79] und es zeigt sich auch hier, wie der EuGH die „Axt an nationale Haftungsprivilegien" legt.[80]

Bei der Prüfung der oben genannten drei Haftungsvoraussetzungen[81] bereitet vor allem die Prüfung, ob ein Verstoß hinreichend qualifiziert ist, Schwierigkeiten. Dazu hat der EuGH in der Entscheidung Dillenkofer zum gesetzgeberischen Handeln zwei Grundkonstellationen unterschieden[82]:

> Zum einen ist ein Verstoß hinreichend qualifiziert, wenn ein Organ oder ein Mitgliedstaat bei der Rechtsetzung die Grenzen, die der Ausübung seiner Befugnisse gesetzt sind, offenkundig und erheblich überschritten hat ...; zum anderen kann die bloße Verletzung des Gemeinschaftsrechts genügen, um einen hinreichend qualifizierten Verstoß zu begründen, wenn der betreffende Mitgliedstaat zum Zeitpunkt dieser Rechtsverletzung nicht zwischen verschiedenen gesetzgeberischen Möglichkeiten zu wählen hatte und über einen erheblich verringerten oder gar auf Null reduzierten Ermessensspielraum verfügte ....

Der einfachste Fall einer offenkundigen und erheblichen Überschreitung des Rechtssetzungsermessens eines Mitgliedstaats ist gegeben, wenn innerhalb der in einer Richtlinie festgesetzten Umsetzungsfrist keinerlei Maßnahmen zur Erreichung der mit der Richtlinie verfolgten Ziele getroffen werden. Verleiht die Richtlinie dem Einzelnen Rechte, deren Inhalt auf der Grundlage der Richtlinie bestimmt werden kann, und besteht ein Kausalzusammenhang zwischen Nichtumsetzung der Richtlinie und dem entstandenem Schaden, so besteht ohne weiteres ein Schadensersatzanspruch.[83]

Soweit bei staatlichen Maßnahmen ein Ermessen besteht und ein Mitgliedstaat die europarechtlichen Grenzen dieses Ermessens überschreitet, liegt ein hinreichend qualifizierter Verstoß gegen das Unionsrecht nur dann vor, wenn die

---

[78]EuGH Rs C-173/03 (Traghetti del Mediterraneo), Slg. 2006, I-5177 Rz. 46. Vgl. zu einer Besprechung des Urteils: Haratsch JZ 2006, 1176; Seegers EuZw 2006, 564.

[79]Kremer, NJW 2004, 480, 482. Zu dieser Entwicklung auch: Wollbrandt, Gemeinschaftshaftung für judikatives Unrecht, 2005; Hößlein, Judikatives Unrecht (Subjektives Recht, Beseitigungsanspruch und Rechtsschutz gegen den Richter), 2007; Bertelmann, Die Europäisierung des Staatshaftungsrechts, 2005, 214 m. w. N., der ferner den Zeitpunkt für eine Neuordnung des nach seiner Ansicht mit strukturellen Schwächen behafteten deutschen Staatshaftungsrechts gekommen Sieht LS. 48.

[80]Schulze, ZEuP 2004, 1049, 1066.

[81]Vgl. dazu auch Dörr, WM 2010, 961 ff.

[82]EuGH Rs C-178–179/94 und C-188-190/94 (Dillenkofer) Slg. 1996, I-4845 Rz. 25.

[83]EuGH Rs C-178–179/94 und C-188-190/94 (Dillenkofer) Slg. 1996, I-4845 Rz. 26 f. Zu einem besonderen Ausnahmefall vgl. BGH VersR 2013, 324: Die Bundesrepublik hatte eine Richtlinie zunächst gar nicht und dann fehlerhaft umgesetzt. Wäre das Gesetz rechtzeitig verabschiedet worden, hätte es aber denselben (fehlerhaften) Inhalt gehabt, der wegen des nicht näher eingegrenzten Ermessensspielraums aber keinen hinreichend qualifizierten Verstoß gegen das Recht der Union darstellte. Daher verneinte der BGH auch für den Zeitraum der Nichtumsetzung einen Haftungsanspruch.

Grenzen des Ermessens offenkundig und erheblich überschritten wurden. Für diese vom nationalen Gericht vorzunehmende Beurteilung hat der EuGH beispielhaft folgende Gesichtspunkte benannt: Maß an Klarheit und Genauigkeit der verletzten Vorschriften, Umfang des Ermessensspielraums, vorsätzlich oder nicht vorsätzlich begangener Verstoß, Entschuldbarkeit oder Unentschuldbarkeit eines etwaigen Rechtsirrtums, Beitrag eines Gemeinschaftsorgans zum Fehlverhalten eines Mitgliedstaats.[84] Objektive und subjektive Elemente, die im Rahmen der nationalen Rechtsordnung an den Begriff des Verschuldens als Voraussetzung der Staatshaftung geknüpft werden, können also hier für die Beurteilung, ob ein Verstoß hinreichend qualifiziert ist, herangezogen, aber – wie oben bereits ausgeführt – nicht als notwendige zusätzliche Voraussetzung berücksichtigt werden.[85]

Ein Verstoß ist jedenfalls dann hinreichend qualifiziert, wenn ein Mitgliedstaat sich im Widerspruch zu einem einen solchen Verstoß betreffenden Urteil oder zu einer gefestigten einschlägigen Rspr. des EuGH setzt, aus der sich die Pflichtwidrigkeit des fraglichen Verhaltens ergibt.[86] Vor diesem Hintergrund war der Fall Brasserie du Pêcheur dahingehend zu entscheiden, dass die Bundesrepublik Deutschland mit dem Biersteuergesetz gegen Art. 28 EGV (jetzt: Art. 34 AEUV) verstoßen hatte und dieser Verstoß auch hinreichend qualifiziert war. Denn nach den bisherigen einschlägigen Entscheidungen des EuGH (insbesondere in der Rs 120/78 (Cassis de Dijon), Slg. 1979, 649) war für die Bundesrepublik klar erkennbar, dass eine Regelung wie die des Reinheitsgebotes offenkundig Unionsrecht verletzt.

Auch die Haftung des Staates bei Verstößen letztinstanzlicher Gerichte gegen das Unionsrecht hängt in Anwendung der genannten Grundsätze nach der Rspr. des EuGH[87] davon ab, ob das Gericht offenkundig gegen geltendes Unionsrecht verstoßen hat. Bei der Entscheidung darüber sind im Kern ebenfalls obige Gesichtspunkte zu berücksichtigen (Maß an Klarheit und Präzision der verletzten Vorschrift, Vorsätzlichkeit des Verstoßes, Entschuldbarkeit des Rechtsirrtums). Von Relevanz sind außerdem etwaige Stellungnahmen von Gemeinschaftsorganen sowie die Verletzung der Vorlagepflicht nach Art. 267 Abs. 3 AEUV durch das in Rede stehende Gericht. Ein hinreichend qualifizierter Verstoß gegen das Gemeinschaftsrecht liegt jedenfalls dann vor, wenn das nationale Gericht die einschlägige Rechtsprechung des EuGH offenkundig verkennt.[88] In der Rs Köbler lag kein hinreichend qualifizierter Verstoß vor. Zwar hatte der ÖstVGH das Grundrecht der Freizügigkeit der Arbeitnehmer unzutreffend ausgelegt. Darin

---

[84]EuGH Rs C-46/93 (Brasserie du Pêcheur), Slg. 1996, I-1029 Rz. 56.
[85]EuGH Rs C-46/93 (Brasserie du Pêcheur), Slg. 1996, I-1029 Rz. 78; Rs C-429/09 (Fuß), Slg. 2010, I-12 167.
[86]EuGH Rs C-46/93 (Brasserie du Pêcheur), Slg. 1996, I-1029 Rz. 57.
[87]EuGH Rs C-173/03 (Traghetti del Mediterraneo), Slg. 2006, I-5177.
[88]EuGH Rs C-173/03 (Traghetti del Mediterraneo), Slg. 2006, I-5177 Rz. 44.

hätte jedoch nur dann ein hinreichend qualifizierter Verstoß gelegen, wenn der ÖstVGH die einschlägige Rspr. des EuGH in dieser Frage offenkundig verkannt hätte. Das verneinte der EuGH, weil er bislang noch nicht entschieden hatte, ob eine Treueprämie eine Beeinträchtigung der Freizügigkeit der Arbeitnehmer darstellen könne.[89]

1. Durchsetzung des Anspruchs nach nationalem Recht und Haftungsumfang

Ob die vom EuGH aufgestellten drei Haftungsvoraussetzungen erfüllt sind, muss von einem nationalen Gericht entschieden werden. Nach ständiger Rspr. des EuGH ist es in Ermangelung einer unionsrechtlichen Regelung Sache der nationalen Rechtsordnung, die zuständigen Gerichte zu bestimmen und das Verfahren für die Staatshaftungsklagen auszugestalten. Die Folgen des entstandenen Schadens müssen im Rahmen des nationalen Haftungsrechts behoben werden, wobei die dafür geltenden materiellen und formellen Voraussetzungen nicht ungünstiger sein dürfen als bei ähnlichen Klagen, die nur nationales Recht betreffen (Äquivalenzgrundsatz), und nicht so ausgestaltet, dass sie es praktisch unmöglich machen oder übermäßig erschweren, die Entschädigung zu erlangen (Effektivitätsgrundsatz).[90] In Anwendung dieser beiden Grundsätze ging es in der Rspr. des EuGH bislang vor allem um vier Problemkreise: erstens um die Zulässigkeit der Beschränkung des unionsrechtlichen Staatshaftungsanspruchs durch den Grundsatz des Vorrangs des Primärrechtschutzes, zweitens um Art und Umfang des Schadensersatzes, drittens um die Verjährung und viertens um den Anspruchsgegner (zum Anspruchsgegner unten 2.).

1.1. Vorrang des Primärrechtsschutzes

Schon in der oben erwähnten Rs Brasserie du Pêcheur hatte der EuGH im Grundsatz festgestellt, dass es dem nationalen Gericht unbenommen sei, zu prüfen, ob der Geschädigte zur Verhinderung oder Begrenzung des Schadens angemessen beigetragen habe, insbesondere durch rechtzeitige Geltendmachung aller ihm zur Verfügung stehenden Rechtsschutzmöglichkeiten.[91] Schon in dieser Entscheidung hatte er auch klargestellt, welchen Einfluss die dem Einzelnen eingeräumte Möglichkeit, sich auf die unmittelbare Wirkung einer gemeinschaftsrechtlichen Vorschrift zu berufen, auf seinen Entschädigungsanspruch wegen Nichtumsetzung oder nicht ordnungsgemäßer Umsetzung einer Richtlinie hat. Es handele sich bei dieser Möglichkeit nur um eine Mindestgarantie, die nicht in allen Fällen geeignet sei, dem einzelnen die Inanspruchnahme der Rechte zu sichern, die ihm das Gemeinschaftsrecht verleihe, und insbesondere zu verhindern, dass er aufgrund eines einem Mitgliedstaat zuzurechnenden Verstoßes gegen das Gemeinschafts-

---

[89]EuGH Rs -224/0 (Köbler), Slg. 2003, I-10 239 Rz. 120.
[90]So etwa EuGH Rs C-445/06 (Danske Slagterier), Slg. 2009, I-2119 Rz. 31 m. w. N.
[91]EuGH Rs C-46/93 (Brasserie du Pêcheur), Slg. 1996, I-1029 Rz. 84.

recht einen Schaden erleide. Der Entschädigungsanspruch stelle die notwendige Ergänzung der unmittelbaren Wirkung dar, die den Gemeinschaftsvorschriften zukommt, auf deren Verletzung der entstandene Schaden beruht.[92] Die Bedeutung zeigt sich in folgendem Fall:

> *BGH VersR 2013, 324:* Nach einer Richtlinie des Umsatzsteuerrechts hätten bestimmte Umsätze bei Geldspielautomaten nicht besteuert werden dürfen, die nach deutschem Recht – wegen fehlerhafter Umsetzung dieser Richtlinie – aber weiterhin besteuert wurden. Der EuGH hatte erst später die unmittelbare Anwendbarkeit der entsprechenden Vorschrift der Richtlinie festgestellt, weswegen zukünftig die entgegenstehende deutsche Regelung keine Anwendung mehr fand.

Der BGH stellte fest, dass wegen der unmittelbaren Anwendbarkeit sich jeder im Wege des Primärrechtsschutzes (von Anfang an) gegen die Besteuerung hätte wehren können. Schließlich sei ja auch in Fällen, in denen ein noch nicht bestandskräftiger Steuerbescheid vorlag, die Steuerfreiheit der entsprechenden Umsätze anerkannt worden. Dennoch sah er entsprechend der vom EuGH in obiger Entscheidung aufgestellten Grundsätze (unmittelbare Anwendbarkeit nur als „Mindestgarantie" und Entschädigungsanspruch als „notwendige Ergänzung") die Geltendmachung des unionsrechtlichen Staatshaftungsanspruchs nicht als ausgeschlossen an (S. 326). Welche Bedeutung beim Vorrang des Primärrechtsschutzes den Grundsätzen der Äquivalenz und Effektivität zukommt, zeigte die auf die Entscheidung Brasserie du Pêcheur folgende Rspr. des EuGH. Die Bedeutung des Äquivalenzgrundsatzes kann an folgendem Beispiel verdeutlicht werden:

> *EuGH Rs C-118/08 (Transportes Urbanos),* Slg. 2010, I–635: Auf der Grundlage eines gegen eine EU-Richtlinie verstoßenden nationalen Steuergesetzes hatte der finnische Fiskus rechtsgrundlos Mehrwertsteuer erhoben. In einem Staatshaftungsverfahren begehrte ein davon betroffenes Unternehmen, Transportes Urbanos, Entschädigung und stützte sich dabei auf eine in einem Vertragsverletzungsverfahren ergangene Entscheidung des EuGH, aus der sich die Unionswidrigkeit ergab. Nach der bisherigen finnischen Rspr. wäre der Anspruch abzulehnen gewesen, weil Transportes Urbanos nicht innerhalb der vorgesehenen Frist Berichtigung des das Unternehmen beschwerenden Steuerverwaltungsakts verlangt hatte.

Der EuGH hielt diese Rspr. für unvereinbar mit Unionsrecht, weil die Ausschöpfung innerstaatlicher Rechtsbehelfe bei einer gleichartigen innerstaatlichen Staatshaftungsklage nicht verlangt wurde. Hätte das Unternehmen die Klage nämlich auf ein Urteil des finnischen Verfassungsgerichts stützen können, welches das einschlägige Steuergesetz für verfassungswidrig erklärt, so wäre es für die Geltendmachung des Staatshaftungsanspruchs nicht darauf angekommen, ob von dem Unternehmen zuvor der Berichtigungsantrag gestellt worden war. Insofern sah der EuGH einen Verstoß gegen den Äquivalenzgrundsatz.[93]

---

[92]EuGH Rs C-46/93 (Brasserie du Pêcheur), Slg. 1996, I-1029 Rz. 20 ff.
[93]EuGH Rs C-118/08 (Transportes Urbanos), Slg. 2010, I-635 Rz. 33 ff.

Ebenfalls ein steuerrechtlicher Sachverhalt hatte den EuGH veranlasst, den Vorrang des Primärrechtschutzes unter dem Gesichtspunkt der Effektivität zu beleuchten.

EuGH Rs C–397/98 (Metallgesellschaft) u. a., Slg. 2001, I–1727: Verschiedene Tochtergesellschaften mit Sitz im Vereinten Königreich und Muttergesellschaften in Deutschland begehrten Entschädigung, weil der britische Fiskus sie – anders als Tochtergesellschaften mit inländischer Muttergesellschaft – in unionswidriger Weise zu Körperschaftssteuervorauszahlungen herangezogen hatte. In Frage stand, ob diesem Anspruch entgegengehalten werden kann, dass die Gesellschaften nicht versucht hatten, die gleiche Besteuerung wie inländische Tochtergesellschaften mit inländischer Muttergesellschaft zu beantragen, um dann gegen die unweigerliche Ablehnung der Steuerbehörden vorzugehen und dabei auf die Unvereinbarkeit mit dem Unionsrecht hinzuweisen.

Der EuGH entschied, dass die Geltendmachung des unionsrechtlichen Staatshaftungsanspruchs unmöglich gemacht oder jedenfalls übermäßig erschwert werde, wenn der nach nationalem Recht nicht zustehende Steuervorteil beantragt werden müsse, um dann mittels Rechtsbehelfen unter Berufung auf den Vorrang und die unmittelbare Wirkung des Unionsrechts gegen die Ablehnung durch die Steuerbehörden vorzugehen. Denn die Vorauszahlungen hätten trotz der Einlegung des Rechtsbehelfs weiter entrichtet werden müssen, die Kläger hätten selbst im Erfolgsfall keine Zinsen für die nicht geschuldeten Vorauszahlungen erhalten und bei Nichtleistung der Vorauszahlung hätten sie ihrerseits Zinsen zahlen müssen und eine Geldstrafe riskiert.[94]

Im Hinblick auf diese Entscheidung des EuGH fragte sich der BGH, ob die von ihm vertretene Auffassung, dass der in § 839 Abs. 3 vorgesehene Vorrang des Primärrechtsschutzes auch auf unionsrechtliche Staatshaftungsansprüche anwendbar ist,[95] zutrifft. Diese Frage war Gegenstand des Verfahrens

EuGH Rs C-445/06 (Danske Slagterier), Slg. 2009, I–2119: Ein dänischer Verband von Schlachthofgesellschaften und Schweinezüchtern, Danske Slagterier, klagte aus abgetretenem Recht seiner Mitglieder auf Entschädigung, weil die Bundesrepublik unter Verstoß gegen Unionsrecht ein Importverbot für bestimmtes Fleisch nicht kastrierter männlicher Schweine verhängt hatte. Durch die Zurückweisung von zahlreichen Lieferungen im Zeitraum zwischen 1993 und 1999 sei ein Gesamtschaden von 280 Mio. DM entstanden.

Im Hinblick auf den Effektivitätsgrundsatz hielt der EuGH nochmals fest, dass von dem Geschädigten nicht verlangt werden könne, systematisch von allen ihm zur Verfügung stehenden Rechtsschutzmöglichkeiten Gebrauch zu machen, unabhängig von den damit verbundenen Schwierigkeiten und deren Zumutbarkeit. Vor diesem Hintergrund stehe das Unionsrecht auch nicht der Anwendung des § 839 Abs. 3 entgegen, wenn der Gebrauch des fraglichen Rechtsmittels dem Geschädigten zumutbar ist, was das nationale Gericht anhand aller Umstände des

---

[94]EuGH Rs C-397/98 (Metallgesellschaft) u. a., Slg. 2001, I-1727 Rz. 104 ff.
[95]BGHZ 156, 294.

Rechtsstreits entscheiden müsse.[96] Der EuGH stellte zugleich klar, dass ein beim Gerichtshof anhängiges Vertragsverletzungsverfahren (Art. 258 AEUV) oder die Wahrscheinlichkeit, dass der Gerichtshof mit einem Vorabentscheidungsersuchen des nationalen Gerichts befasst wird (Art. 267 AEUV), für sich genommen nicht den Schluss zulässt, dass der Gebrauch eines Rechtsmittels unzumutbar ist. In der Sache kam der BGH dann, wie auch schon die Vorinstanzen, zum Ergebnis, dass § 839 Abs. 3 dem geltend gemachten Staatshaftungsanspruch nicht entgegenstand, weil keine zumutbaren Rechtsschutzmöglichkeiten bestanden hatten.[97]

Wie sehr die Zumutbarkeit von den Umständen des Einzelfalles abhängt, kann anhand einer weiteren Entscheidung des EuGH nachvollzogen werden, vgl.

> *EuGH Rs C-429/09 (Fuß), Slg. 2010, I-12 167:* Ein bei der Stadt Halle beschäftigter Feuerwehrmann beanspruchte Ausgleich dafür, dass er in der Vergangenheit unter Verstoß gegen die unionsrechtlich festgelegte Höchstgrenze der durchschnittlichen wöchentlichen Arbeitszeit von 48 Stunden in der Woche beschäftigt worden war. Die Stadt Halle hielt den Anspruch erst ab dem Zeitpunkt für begründet, in dem er die Einhaltung der Höchstarbeitszeit bei ihr beantragt hatte. Denn ein Beamter müsse ein rechtswidriges Handeln seines Dienstherrn diesem gegenüber zunächst beanstanden.

Der EuGH kam zum Ergebnis, dass das Erfordernis der Antragstellung gegen den Effektivitätsgrundsatz verstößt. Zu berücksichtigen sei, dass die Richtlinie, aus der sich die Höchstarbeitszeit ergebe, dem Schutz der Sicherheit und Gesundheit der Arbeitnehmer diene und der Arbeitnehmer als die schwächere Partei des Arbeitsvertrages davon abgeschreckt sein könnte, seine Rechte gegenüber dem Arbeitgeber geltend zu machen. Im konkreten Fall hatte die Stadt Halle den Mitarbeitern der Feuerwehr im Voraus angekündigt, sie in eine andere Dienststelle zu versetzen, wenn sie die Rechte aus der Richtlinie geltend machen. Dies geschah dann beim Kläger auch gegen seinen Willen mit sofortiger Wirkung. Das Antragserfordernis läuft nach Auffassung des EuGH außerdem darauf hinaus, dass ein Arbeitgeber des öffentlichen Dienstes seine Aufgabe, auf die Einhaltung unionsrechtlicher Vorschriften mit unmittelbarer Wirkung zu achten, systematisch auf den einzelnen Arbeitnehmer verlagern könnte.

1.2. Art und Umfang des Schadensersatzes

Schon in der Rs Brasserie du Pêcheur hat der EuGH im Grundsatz darauf hingewiesen, das sich die Kriterien, anhand derer der Umfang der Entschädigung zu bemessen ist, nach nationalem Recht richten, soweit keine Regelungen im Unionsrecht bestehen. Zu beachten seien aber die Grundsätze der Äquivalenz und Effektivität. Der Schadensersatz müsse dem erlittenen Schaden angemessen sein.[98]

Zu konkreten Fragen hinsichtlich Art und Umfang des Schadensersatzes hatte der EuGH bislang nur selten Stellung zu nehmen. Für mit dem Effektivitätsgrundsatz unvereinbar hielt er eine Beschränkung der Ersatzfähigkeit

---

[96] EuGH Rs C-445/06 (Danske Slagterier), Slg. 2009, I-2119 Rz. 62 ff.
[97] BGHZ 181, 199, 211 ff.
[98] EuGH Rs C-46/93 (Brasserie du Pêcheur), Slg. 1996, I-1029 Rz. 82 f.

auf Schäden, die an bestimmten, besonders geschützten individuellen Rechtsgütern entstehen, weil damit der Ersatz entgangenen Gewinns ausgeschlossen werde.[99] Berücksichtigt werden kann nach Auffassung des EuGH, wie oben bereits erwähnt, ob sich der Geschädigte um die Verhinderung oder Begrenzung des Schadens bemüht hat.[100] In der Rs Fuß ging es um die Form der Entschädigung, die dem Kläger im öffentlichen Dienst zusteht, weil er in der Vergangenheit über die unionsrechtliche Höchstarbeitszeit hinaus gearbeitet hatte. Der EuGH beschränkte sich im Kern auch hier auf die Feststellung, dass mangels Aussage in der die Höchstarbeitszeit festlegenden Richtlinie nach nationalem Recht grundsätzlich sowohl Entschädigung in Form des Freizeitausgleichs als auch in Form einer finanziellen Entschädigung denkbar sei. Eine Verletzung des Effektivitätsgrundsatzes stünde bei beiden Formen nicht im Raum, so dass das nationale Gericht anhand der nationalen Rechtsordnung unter Beachtung des Äquivalenzprinzips über die Form der Entschädigung wie auch die Art und Weise der Berechnung entscheiden müsse.[101] Dadurch, dass in Deutschland sowohl Beamte, wie auch Angestellte von dem Urteil betroffen sind, ergeben sich hinsichtlich der Entschädigung unterschiedliche nationale Rechtsgrundlagen für die Bestimmung von Art und Umfang der Entschädigung.[102]

1.3. Verjährung
In der oben erwähnten Rs Danske Slagterier hatte der EuGH erstmals Gelegenheit zur Frage der Verjährung des unionsrechtlichen Haftungsanspruchs Stellung zu nehmen. Er entschied, dass eine Verjährungsfrist von 3 Jahren, wie sie damals § 852 Abs. 1 a. F. vorsah, den Effektivitätsgrundsatz nicht verletze und angemessen erscheine. Es sei aber Aufgabe des vorlegenden Gerichts, im Hinblick auf den Effektivitätsgrundsatz zu prüfen, ob die analoge Anwendung der nationalen Verjährungsregelung auf den unionsrechtlichen Haftungsanspruch auch für den Einzelnen hinreichend vorhersehbar war und der Äquivalenzgrundsatz gewahrt sei.[103] Der BGH kam unter Berücksichtigung dieser Vorgaben des EuGH zum Ergebnis, dass es damals mangels höchstrichterlicher Rspr. noch nicht hinreichend vorhersehbar war, dass § 852 Abs. 1 a. F. zur Anwendung komme. Daher war auf den von Danske Slagterier geltend gemachten Staatshaftungsanspruch noch die Regelverjährung von 30 Jahren nach § 195 a. F. anzuwenden.[104] Für die Zukunft steht aber zugleich fest, dass einer Anwendung der jetzt in § 195 vorgesehenen dreijährigen Regelverjährung auf den unionsrechtlichen Staatshaftungsanspruch nichts im Wege steht.

---

[99]EuGH Rs C-46/93 (Brasserie du Pêcheur), Slg. 1996, I-1029 Rz. 90, ebenso EuGH Rs C-470/03 (A.G.M.-COS.MET Srl), Slg. 1997, I-2749 Rz. 94.

[100]EuGH Rs C-46/93 (Brasserie du Pêcheur), Slg. 1996, I-1029 Rz. 84.

[101]EuGH Rs C-429/09 (Fuß), NZA 2011, 53, 59 (Rz. 91 ff.).

[102]Vgl. zu den Besonderheiten der Entschädigung Beamter BVerwG DÖD 2011, 32 ff.

[103]EuGH Rs C-445/06 (Danske Slagterier), Slg. 2009, I-2119 Rz. 32 ff.

[104]BGHZ 181, 199, 218 ff.

Hinsichtlich des Verjährungsbeginns sah der EuGH in der Rs Danske Slagterier auch keine Bedenken im Hinblick auf den Effektivitätsgrundsatz, wenn die Verjährung bei Eintritt der ersten Schadensfolgen zu laufen beginnt, wenn der Geschädigte vom Schadenseintritt und der Person des Ersatzpflichtigen Kenntnis hat, auch wenn weitere Schadensfolgen absehbar sind.[105] Damit kann am im deutschen Recht geltenden Grundsatz der Schadenseinheit festgehalten werden.[106] Auch im Fall der nicht ordnungsgemäßen Umsetzung einer Richtlinie ist nicht von einer unionswidrigen Dauerhandlung des Mitgliedstaats bis zur Herstellung einer unionsrechtskonformen innerstaatlichen Rechtslage auszugehen, für deren Folgen die Verjährung erst mit Ende der Dauerhandlung beginnt. Denn nach Auffassung des BGH spricht es gegen Sinn und Zweck der Verjährungsregeln (Schuldnerschutz, Rechtsfrieden, Darlegungs- und Beweisschwierigkeiten bei länger zurückliegenden Tatsachen), den Verjährungsbeginn hinauszuschieben, obwohl die Voraussetzungen für ein klageweises Vorgehen gegen den Schädiger (Kenntnis des Schadenseintritts und der Person des Ersatzpflichtigen) schon früher gegeben sind.[107] Auch der EuGH sah im Lichte des Effektivitätsgrundsatzes keinen Grund, die Verjährung erst mit der ordnungsgemäßen Umsetzung einer Richtlinie beginnen zu lassen.

Durch die Entscheidung des EuGH in der Rs Danske Slagterier und die nachfolgende Entscheidung des BGH steht weiterhin fest, dass ein von der Kommission eingeleitetes Vertragsverletzungsverfahren auf den Lauf der Verjährungsfrist keinen Einfluss hat. Der EuGH sah keinen Verstoß gegen das Äquivalenzprinzip[108] und der BGH keine Veranlassung für eine Sonderbehandlung des unionsrechtlichen Staatshaftungsanspruchs. Der BGH hielt aber zugleich klarstellend fest, dass Klagen, mit denen sich der Geschädigte selbst im Wege des Primärrechtsschutzes gegen die rechtswidrigen staatlichen Maßnahmen wende, analog §§ 204 Abs. 1 Nr. 1, 209 auch für den Amtshaftungsprozess verjährungshemmende Wirkung haben.[109]

2. Anspruchsgegner

Zur effektiven Durchsetzung des gemeinschaftsrechtlichen Staatshaftungsanspruchs ist es nicht zwingend erforderlich, dass der Mitgliedsstaat selbst dessen Adressat ist. Der BGH sieht keine Bedenken, die Bestimmung des Haftungssubjekts in den Fällen der gemeinschaftsrechtlichen Staatshaftung nach denselben Grundsätzen zu beurteilen, die für die Übernahme der Haftung nach Art. 34 GG gelten.[110] Insbesondere ergibt sich auch aus diesen Grundsätzen, wen in Fällen

---

[105] EuGH Rs C-445/06 (Danske Slagterier), Slg. 2009, I-2119 Rz. 49 ff.
[106] Dörr, WM 2010, 961, 967.
[107] BGHZ 181, 199, 214 ff.
[108] EuGH Rs C-445/06 (Danske Slagterier), Slg. 2009, I-2119 Rz. 36 ff.
[109] BGHZ 181, 199, 216 f.
[110] So auch Staudinger-Wurm § 839 Rn 544 f.

eines Verstoßes gegen das Unionsrecht durch eine staatlicherseits berufene Einrichtung die Verantwortlichkeit trifft.[111] Der BGH hat daher entschieden, dass der Bund trotz seiner unionsrechtlichen Verpflichtung, den Ersatz des durch einen Verstoß gegen das Unionsrecht entstandenen Schadens sicherzustellen, innerstaatlich nur dann als Schuldner eines unionsrechtlichen Staatshaftungsanspruchs anzusehen ist, wenn ihn zugleich die haftungsrechtliche Verantwortlichkeit nach Art. 34 Satz 1 GG trifft.[112]

Diese Rechtsprechung steht in Übereinstimmung mit den vom EuGH entwickelten Grundsätzen. Der Gerichtshof[113] hat entschieden, dass ein bundesstaatlich aufgebauter Mitgliedstaat seine unionsrechtlichen Verpflichtungen auch dann erfüllt, wenn nicht der Gesamtstaat den Ersatz der einem Einzelnen durch unionsrechtswidrige innerstaatliche Maßnahmen entstandenen Schäden sicherstellt, sondern – wie zu ergänzen ist – das einzelne Bundesland. Auf die Frage, ob die Haftung einer rechtlich selbständigen öffentlich-rechtlichen Körperschaft neben der Haftung des Mitgliedstaates gegeben sein kann, hat der EuGH seine Rechtsprechung dahingehend präzisiert, dass dies auch für Mitgliedstaaten gilt, in denen bestimmte Gesetzgebungs- oder Verwaltungsaufgaben dezentralisiert von Gebietskörperschaften mit einer gewissen Autonomie oder von anderen öffentlich-rechtlichen Einrichtungen, die vom Staat rechtlich verschieden sind (im konkreten Fall die Kassenärztlichen Vereinigungen in der Bundesrepublik Deutschland), wahrgenommen werden.[114] Zwar muss jeder Mitgliedstaat sicherstellen, dass dem einzelnen der Schaden ersetzt wird, der ihm durch einen Verstoß gegen Unionsrecht entstanden ist, gleichgültig, welche staatliche Stelle diesen Verstoß begangen hat und welche Stelle nach dem Recht des betreffenden Mitgliedstaats diesen Schadensersatz grundsätzlich zu leisten hat. Hieraus folgt jedoch nicht, dass der Mitgliedstaat seine gemeinschaftsrechtlichen Verpflichtungen nur erfüllt, wenn er selbst den entstandenen Schaden ersetzt. Vielmehr hat der Gerichtshof eingeräumt, dass der Mitgliedstaat nicht verpflichtet ist, die Aufteilung der Zuständigkeit und der Haftung auf die öffentlichen Körperschaften in seinem Gebiet zu ändern, und dass den Erfordernissen des Unionsrechts genügt ist, wenn die innerstaatlichen Verfahrensregelungen einen wirksamen Schutz der Rechte ermöglichen, die dem einzelnen aufgrund Unionsrechts zustehen, und die Geltendmachung dieser Rechte nicht gegenüber derjenigen solcher Rechte erschwert ist, die dem einzelnen nach innerstaatlichem Recht zustehen.

---

[111]BGHZ 161, 224 zur Haftung der See-Berufsgenossenschaft für Amtspflichtverletzungen ihrer Mitarbeiter nach § 1 Nr. 4 SeeaufgG bei der Wahrnehmung der ihr zugewiesenen Aufgaben des Bundes nach § 6 Abs. 1 SeeaufgG.
[112]BGHZ 161, 224.
[113]EuGH Rs C-302/97 (Konle), Slg. 1999, I-3122, 3140 Rz. 61–64.
[114]EuGH Rs C-424/97 (Haim II), Slg. 2000, I-5148, 5158 ff. Rz. 25–34.

Für das Verhältnis der Haftung des Mitgliedstaats und der persönlichen Haftung des handelnden Beamten hat der EuGH entschieden, dass das Unionsrecht der Möglichkeit der Haftung des Beamten neben derjenigen des Mitgliedstaats nicht entgegensteht, eine solche aber auch nicht verlangt.[115]

---

[115] EuGH Rs C-470/03 (A.G.M.-COS.MET Srl), Slg. 1997, I-2749 Rz. 99.

Kapitel 7: Immaterieller Schadensersatz (§ 253 Abs. 2)

A. Funktion der Vorschrift

§ 253 Abs. 1 schließt im Grundsatz den Ersatz von Nichtvermögensschäden aus. Nur in den durch das Gesetz genannten Fällen soll eine Ausnahme möglich sein. Neben § 651 f Abs. 2 war nach früherem Recht § 847 a. F. die wichtigste Ausnahmevorschrift in diesem Sinne. Nach dieser Vorschrift konnte der Verletzte wegen seines immateriellen Schadens eine billige Entschädigung in Geld (sog. Schmerzensgeld[1]) verlangen, wenn Körper, Gesundheit oder Freiheit durch eine unerlaubte Handlung (§§ 823–839) verletzt worden waren. Das Zweite Gesetz zur Änderung schadensersatzrechtlicher Vorschriften[2], das am 01.08.2002 in Kraft getreten ist, hat diese Verankerung des Schmerzensgeldanspruchs im Recht der unerlaubten Handlungen aufgegeben und die Haftung für immaterielle Schäden erheblich ausgeweitet. § 847 a. F. wurde gestrichen und durch die allgemeinere und umfassendere Regelung in § 253 Abs. 2 ersetzt. Danach besteht in jedem Fall, in dem wegen der Verletzung des Körpers, der Gesundheit, der Freiheit oder der sexuellen Selbstbestimmung Schadensersatz zu leisten ist, ein Anspruch auf Ersatz des immateriellen Schadens. Da § 253 Abs. 2 die Ersatzpflicht für immaterielle Schäden unabhängig davon anordnet, auf welchem Rechtsgrund die Haftung für die Rechtsgutverletzung beruht, kann Schmerzensgeld nunmehr auch im Rahmen der Gefährdungs- und Vertragshaftung verlangt werden.[3] Klarstellend sind die ein-

---

[1]Das Zweite Gesetz zur Änderung schadensersatzrechtlicher Vorschriften hat durch die Streichung des § 847 a. F. auch den Begriff des Schmerzensgeldes beseitigt. Aber der Begriff hat sich so sehr in der Rechtsprache verfestigt, dass seine Benutzung auch in der Zukunft gerechtfertigt erscheint. Vgl. dazu auch MüKo-Oetker § 253 Rn. 4, der auf die mangelnde Präzision des Begriffs verweist und den Begriff der Entschädigung für Nichtvermögensschaden bevorzugt.

[2]Vom 19. Juli 2002 BGBl. I S. 2674. Vgl. zu diesem Gesetz Wagner NJW 2002, 2049; Heß/Jahnke, Das neue Schadensrecht, 2002; zu den Einzelheiten des Schmerzensgeldanspruchs siehe Katzenmeier JZ 2002, 1029 ff.

[3]Zu diesem gesetzgeberischen Anliegen siehe BT-Drucks. 14/7752, S. 14 ff.

zelnen Tatbestände der Gefährdungshaftung um Regelungen ergänzt worden, denen zufolge die Schadensersatzpflicht auch den immateriellen Schaden umfasst, freilich nur bis zur jeweiligen Haftungshöchstgrenze (§ 87 AMG, § 11 StVG, § 6 HaftPflG, § 36 LuftVG, § 32 Abs. 5 GentG, § 8 ProdHaftG, § 13 UmwHG, § 29 Abs. 2 AtG). Die Ausdehnung des Schmerzensgeldanspruchs auf vertragliche Pflichtverletzungen bringt dem Geschädigten vor allem dann Vorteile, wenn die Rechtsgutverletzung durch einen Erfüllungsgehilfen verursacht worden ist und eine deliktische Haftung des Geschäftsherrn ausscheidet, weil die Hilfsperson kein „Verrichtungsgehilfe" i. S. d. § 831 ist oder weil sich der Geschäftsherr gemäß § 831 Abs. 1 S. 2 exkulpieren kann.[4] Allerdings ist unter dem Gesichtspunkt des Schutzzwecks der verletzten vertraglichen Pflicht zu prüfen, ob die verursachte Rechtsgutbeeinträchtigung gerade zu den Nachteilen gehört, zu deren Abwendung die verletzte Pflicht übernommen wurde. Beratungsfehler rechtfertigen deshalb in der Regel keine Haftung des Anwalts für immaterielle Schäden, da der Anwalt im Normalfall nur mit der Wahrnehmung von Vermögensinteressen beauftragt wird.[5]

Was die Funktion des Schmerzensgeldes anbelangt, vertritt die Rechtsprechung seit der grundlegenden noch zu § 847 a. F. ergangenen Entscheidung des Großen Zivilsenats des BGH aus dem Jahre 1955 die Auffassung, dass dem Schmerzensgeld eine doppelte Funktion zukommt, die für die Höhe des im Einzelfall maßgeblichen Schmerzensgeldes bestimmend ist, nämlich sowohl eine Ausgleichs- als auch eine Genugtuungsfunktion)[6]:

> Das Schmerzensgeld hat rechtlich eine doppelte Funktion. Es soll dem Geschädigten einen angemessenen *Ausgleich* bieten für diejenigen Schäden, für diejenige Lebenshemmung, die nicht vermögensrechtlicher Art sind. Es soll aber zugleich dem Gedanken Rechnung tragen, dass der Schädiger dem Geschädigten für das, was er ihm angetan hat, *Genugtuung* schuldet ...

Während die Ausgleichsfunktion keinerlei Bedenken ausgesetzt ist, ist die Genugtuungsfunktion im Schrifttum sehr umstritten.[7] Die Kritik geht dahin, dass mit der Betonung einer Genugtuungsfunktion der überwundene Privatstrafengedanke wieder Einzug in das BGB finde und dem Schmerzensgeld eine Pönalisierungsfunktion zugedacht werde.[8] Infolge der Reform des Schmerzensgeldes durch das Zweite Schadensrechtsänderungsgesetz hat der Streit über die Genugtuungsfunktion des Schmerzensgeldes neuen Auftrieb erhalten.[9] Unter dem Aspekt der Genugtuung ist bei der Bemessung des Schmerzensgeldes

---

[4]MüKo-Oetker § 253 Rn. 2; Däubler JuS 2002, 625, 626; Wagner NJW 2002, 2049, 2055 f.
[5]Siehe BGH NJW 2009, 3025 ff.
[6]BGHZ 18, 149, 154.
[7]Vgl. dazu insbesondere Nehlsen v. Stryk JZ 1987, 119 ff. mit sehr schöner und knapper Zusammenfassung auch des rechtshistorischen Hintergrundes.
[8]Vgl. dazu auch MüKo-Oetker § 253 Rn. 12.
[9]Vgl. Jaeger/Luckey, Das neue Schadensersatzrecht, 2002, Rn. 85 ff. Huber, Das neue Schadensersatzrecht, 2003, § 2 Rn. 30 ff.

A. Funktion der Vorschrift

nämlich der Verschuldensgrad von erheblicher Bedeutung. Wird die Rechtsgutverletzung nicht nur leicht fahrlässig, sondern grob fahrlässig oder sogar vorsätzlich herbeigeführt, wirkt sich dies regelmäßig anspruchserhöhend aus.[10] Auf den ersten Blick scheint für den Genugtuungsgedanken kein Raum zu sein, wenn das Schmerzensgeld auf die Gefährdungshaftung gestützt wird, weil diese verschuldensunabhängig besteht.[11] Da jedoch auch im Rahmen der Gefährdungshaftung eine „billige" Entschädigung in Geld beansprucht werden kann und das Ausmaß des Verschuldens eine die Billigkeit berührende Frage betrifft, sollte das Verschulden auch bei der Gefährdungshaftung auf der Rechtsfolgenseite berücksichtigt werden, zumal das Verschulden einen risikoerhöhenden Umstand begründet.[12] Die Berücksichtigung des Verschuldens bei der Schmerzensgeldbemessung hat indes, unabhängig davon, auf welche Anspruchsgrundlage das Schmerzensgeld gestützt wird, nichts mit Genugtuung i. S. einer Sühneleistung zu tun. Der Genugtuungsgedanke geht vielmehr vollständig in der Ausgleichsfunktion des Schmerzensgeldes auf.[13] Bei der Berücksichtigung des Verschuldensgrades, aber auch sonstiger mit der Genugtuungsfunktion in Zusammenhang gebrachter Umstände, etwa besonders verwerfliche Tatumstände, geht es nämlich nicht bloß um die geldmäßige Bezifferung des Schmerzensgeldes, sondern in erster Linie darum, zunächst einmal die erlittene immaterielle Beeinträchtigung des Verletzten, für die das Schmerzensgeld einen Ausgleich herstellen soll, als solche in ihrem Ausmaß zu bestimmen. Das Vertrauen des Verletzten darauf, dass seine Rechtsgüter von anderen respektiert werden, wird typischerweise in größerem Maß enttäuscht, wenn der Schädiger nicht bloß fahrlässig, sondern beispielsweise vorsätzlich gehandelt hat, so dass in diesem Falle auch die immaterielle Beeinträchtigung von größerem Gewicht ist. Im Rahmen der Ausgleichsfunktion muss dem mit einem höheren Schmerzensgeldbetrag Rechnung getragen werden.

Eine andere Frage ist es, ob bei der Bemessung des Schmerzensgeldes jedes auch nur geringe Verschulden in die Abwägung einfließen muss. Soll sich der Rationalisierungseffekt, den sich der Gesetzgeber von der Reform des Schmerzensgeldes durch das Zweite Schadensrechtsänderungsgesetz versprochen hat, tatsächlich einstellen, wird man die Frage verneinen müssen. Sofern das Verschulden als Bemessungsfaktor nicht gänzlich abgelehnt wird[14], plädiert die

---

[10] BGHZ 18, 149, 155; BGHZ 128, 117, 120 ff.

[11] In diesem Sinne Katzenmeier JZ 2002, 1029, 1031; Jahnke ZfS 2002, 105, 108; Lang/Stahl/Suchomel NZV 2003, 441, 445.

[12] Wie hier Deutsch ZRP 2001, 351, 353; Pauker VersR 2004, 1391, 1394 f. Die Berücksichtigung von Verschuldensmomenten im Rahmen der Gefährdungshaftung taucht auch in anderem Zusammenhang auf. So ist beispielsweise anerkannt, dass bei der Haftungsabwägung gemäß § 17 StVG auch Schuldgesichtspunkte zum Tragen kommen können, siehe Hentschel/König/Dauer-König, § 17 StVG Rn. 4.

[13] Zutreffend MüKo-Oetker § 253 Rn. 11 ff.

[14] So Huber, Das neue Schadensersatzrecht, 2003, § 2 Rn. 48.

Literatur dafür, die Berücksichtigung des Verschuldens auch bei der verschuldensabhängigen Haftung auf Fälle grober Fahrlässigkeit[15] oder sogar auf vorsätzliches Handeln[16] zu beschränken.

B. Tatbestandliche Voraussetzungen

I. Verletzung des Körpers, der Gesundheit, der Freiheit oder der sexuellen Selbstbestimmung

Die aus § 253 Abs. 2 folgende Einbeziehung des immateriellen Schadens in die Schadensersatzpflicht besteht bei allen Verletzungen des Körpers, der Gesundheit, der Freiheit oder der sexuellen Selbstbestimmung, die unter einen der Tatbestände der §§ 823–839 fallen. Ein Schmerzensgeldanspruch kommt insbesondere auch in Betracht, wenn der Geschädigte seinen Anspruch lediglich auf die Billigkeitshaftung des § 829 stützt. Die Aufnahme der sexuellen Selbstbestimmung in § 253 Abs. 2 ist im Verhältnis zu § 825 zu sehen. Das allgemeine Persönlichkeitsrecht ist in § 253 Abs. 2 nicht genannt. Seine Verletzung führt zu einer Geldentschädigung gemäß § 823 Abs. 1 i. V. m. Art. 1 und 2 GG.[17]

Die Voraussetzungen für einen Entschädigungsanspruch gemäß §§ 253 Abs. 2, 823 ff. liegen nicht vor, wenn die unerlaubte Handlung in der Tötung eines Menschen oder der Verkürzung der Lebenserwartung besteht. Dies wirft schwierige Abgrenzungsfragen auf, falls die Verletzungshandlung nicht sofort zum Tode führt.

> *BGH NJW 1998, 2741:* Der Beklagte geriet mit seinem PKW infolge überhöhter Geschwindigkeit schleudernd auf die Gegenfahrbahn. Dort stieß er mit einem Fahrzeug zusammen, in dem sich die Eltern V und M des Klägers befanden. V war unmittelbar nach dem Unfall bei Bewusstsein und ansprechbar, klagte über Schmerzen und fragte nach seiner Ehefrau M. Ca. 40 min nach dem Unfall wurde V in ein künstliches Koma versetzt. Zehn Tage nach dem Unfall verstarb er, ohne das Bewusstsein wieder erlangt zu haben. M verlor durch den Unfall das Bewusstsein und erlag ihren lebensgefährlichen Verletzungen etwa eine Stunde später, ohne das Bewusstsein wieder erlangt zu haben. Der Kläger verlangt als Erbe seiner Eltern Schmerzensgeld.

Damit das Begehren des Klägers begründet ist, müsste in der Zeitspanne zwischen Unfallereignis und Todeseintritt in der Person von V und M jeweils ein Schmerzensgeldanspruch entstanden sein. Voraussetzung dafür ist, dass der unfallbedingten Körperverletzung gegenüber dem später eingetretenen Tod selbständige Bedeutung zukommt. Ob dies der Fall ist, beurteilt der BGH anhand

---

[15]Däubler JuS 2002, 625, 626 („Gravierendes Verschulden"); ausführlich Pauker VersR 2004, 1391, 1392 ff.
[16]Wagner NJW 2002, 2049, 2054.
[17]Siehe oben 2. Kap. A. II. 1.5.7.

einer teleologischen Auslegung des § 847 a. F., die auch für § 253 Abs. 2 bestimmend ist. Im Hinblick auf die angeordnete Rechtsfolge, die auf den Ersatz einer immateriellen Beeinträchtigung abzielt, ist für das Gericht maßgeblich, ob die Körperverletzung zu einer abgrenzbaren, selbständig erfassbaren, immateriellen Beeinträchtigung führt, die nach Billigkeitsgrundsätzen einen Ausgleich in Geld erforderlich macht. Der BGH führt weiter aus (S. 2743):

> Das kann ebenso in Fällen, in denen die Verletzungshandlung sofort zum Tode führt, selbst bei schwersten Verletzungen dann zu verneinen sein, wenn diese bei durchgehender Empfindungslosigkeit des Geschädigten alsbald den Tod zur Folge haben und dieser nach den konkreten Umständen des Falles, insbesondere wegen der Kürze der Zeit zwischen Schadensereignis und Tod, sowie nach dem Ablauf des Sterbevorgangs derart im Vordergrund steht, dass eine immaterielle Beeinträchtigung durch die Körperverletzung als solche nicht fassbar ist und folglich auch die Billigkeit keinen Ausgleich in Geld gebietet.

Dass im Fall der M die Voraussetzungen dieser Annahme vorlagen, betrachtete der BGH zwar als nicht fern liegend, konnte diese Frage aber aus prozessrechtlichen Gründen offen lassen. Hingegen stellt die Körperverletzung des V eine immaterielle Beeinträchtigung dar, die gegenüber dem nachfolgenden Tod abgrenzbar und selbständig erfassbar ist. Dies ergibt sich daraus, dass V nach dem Unfall bei Bewusstsein war und unter körperlichen Schmerzen sowie unter Angst um seine Ehefrau und sich selbst litt.[18]

II. Höhe des Schmerzensgeldes

Hinsichtlich der Höhe des Ersatzanspruchs müssen alle maßgeblichen Umstände des Einzelfalles berücksichtigt werden.[19] Hierher gehören insbesondere Schwere und Ausmaß der Verletzungen, Schmerzen oder Entstellungen, Dauer des Krankenhausaufenthaltes bzw. Arbeitsunfähigkeit, Alter, persönliche Verhältnisse von Verletztem und Schädiger einschließlich des Vermögens.[20] Der Große Senat des BGH hat auch die Berücksichtigung einer Haftpflichtversicherung bei der Bemessung des Schmerzensgeldes bejaht.[21]

Die Bemessung des Schmerzensgeldes bereitet Schwierigkeiten, wenn der durch eine unerlaubte Handlung Geschädigte infolge seiner Körperverletzung, insbesondere bei schwersten Hirnschäden, die Wahrnehmungs- und Empfindungsfähigkeit (weitgehend) verliert. Der Verletzte ist dann nämlich aufgrund seiner geistigpsychischen Konstitution nicht in der Lage, die durch das Schmerzensgeld nach Auffassung der Rechtsprechung beabsichtigte Genugtuung

---

[18] Siehe zu der hier angesprochenen Problematik ausführlich Huber NZV 1998, 345 ff.
[19] BGH NJW 1991, 1948, 1951.
[20] BGHZ 18, 149, 159; NJW 1993, 1531.
[21] BGHZ 18, 149.

zu „genießen". Scheinbar kann in Fällen dieser Art die Genugtuungsfunktion des Schmerzensgeldes nicht verwirklicht werden. Deshalb hat der BGH in solchen Fallgestaltungen das Schmerzensgeld ursprünglich nur als „zeichenhafte Sühne" gesehen und lediglich eine „symbolhafte Wiedergutmachung" durch das Schmerzensgeld verlangt.[22] Diese Rechtsprechung hat der BGH nunmehr aufgegeben:

> *BGH NJW 1993, 781:* Durch ärztliches Fehlverhalten bei der Geburt ist das klagende Kind mit einem schweren Hirnschaden zur Welt gekommen, der zu einem weitgehenden Verlust der Wahrnehmungs- und Empfindungsfähigkeit geführt hat.

Der BGH betont (S. 783), dass der durch § 847 a. F. (jetzt § 253 Abs. 2) auszugleichende Schaden nicht nur in körperlichen oder seelischen Schmerzen, also in Missempfindungen oder Unlustgefühlen als Reaktion auf die Gesundheitsverletzung bestehe. Vielmehr stelle die Einbuße der Persönlichkeit, der Verlust an personaler Qualität infolge schwerer Hirnschädigung schon für sich einen auszugleichenden immateriellen Schaden dar, unabhängig davon, ob der Betroffene die Beeinträchtigung empfinde. Die Umsetzung dieses Gedankens bedeutet für den Richter, dass er alle Umstände, die dem Schaden im Einzelfall sein Gepräge geben, eigenständig bewertet und aus einer Gesamtschau die angemessene Entschädigung gewinnt. Im Rahmen dieser Bewertung muss auch der Umstand gebührende Beachtung finden, dass die vom Schädiger zu verantwortende weitgehende Zerstörung der Lebensgrundlagen für die Wahrnehmungs- und Empfindungsfähigkeit den Verletzten in seiner Wurzel trifft und für ihn deshalb existenzielle Bedeutung hat. Dem BGH zufolge handelt es sich deshalb bei Schäden dieser Art um eine eigenständige Fallgruppe, bei der die Zerstörung der Persönlichkeit durch den Fortfall oder das Vorenthalten der Empfindungsfähigkeit geradezu im Mittelpunkt steht und deshalb auch bei der Bemessung der Entschädigung nach § 847 a. F. (jetzt § 253 Abs. 2) einer eigenständigen Bewertung zugeführt werden muss, die der zentralen Bedeutung dieser Einbuße für die Person gerecht wird.

In der Folgezeit haben die Erben von Unfalltoten versucht, unter Hinweis auf die gerade dargestellte Rechtsprechung höhere Schmerzensgeldbeträge zu erzielen. So hat etwa auch der Kläger in dem bereits dargestellten Fall BGH NJW 1998, 2741 (s. oben I.) versucht, für seine Mutter über den bereits freiwillig gezahlten Betrag hinaus ein weiteres Schmerzensgeld zu erhalten. Durch den Unfall sei die Persönlichkeit seiner Mutter zerstört worden, weswegen es auf die mangelnde Empfindungsfähigkeit der M bis zu ihrem Tode nicht ankommen könne. Dabei wird freilich übersehen, dass die Rechtsprechungsänderung zur Bedeutung eines Wahrnehmungs- und Empfindungsverlustes eine spezifische Fallgruppe betrifft, die dadurch gekennzeichnet ist, dass der Geschädigte mit der

---

[22] BGH NJW 1976, 1147; NJW 1982, 2123.

B. Tatbestandliche Voraussetzungen

erlittenen immateriellen Beeinträchtigung weiterleben muss. Im Fall der M ging es dagegen darum, die Wertung des Gesetzgebers zu beachten, für das Todesereignis selbst kein Schmerzensgeld anzuerkennen.[23]

Im Hinblick darauf, dass die Rechtsprechung dem Entschädigungsanspruch gem. § 823 Abs. 1 i. V. m. Art. 2 Abs. 1, Art. 1 Abs. 1 GG, der bei einer Verletzung des Persönlichkeitsrechts eingreift, Präventivfunktion zugeschrieben hat, die sich anspruchserhöhend auswirken kann, stellt sich die Frage, ob dieser Umstand auch für die Bemessung des Schmerzensgeldes Bedeutung hat. In beiden Fällen geht es nämlich um den Ersatz eines immateriellen Schadens, der in Verbindung mit der Verletzung eines Persönlichkeitsgutes steht. Eine Präventivfunktion des Schmerzensgeldes hat freilich keinen Eingang in die zivilgerichtliche Rechtsprechung gefunden. Deswegen ist die Frage aufgeworfen worden, ob diese Ungleichbehandlung mit Art. 3 Abs. 1 GG vereinbar ist.

BVerfG NJW 2000, 2187: Die Beschwerdeführer wenden sich mit ihrer Verfassungsbeschwerde unter anderem gegen ein oberlandesgerichtliches Berufungsurteil, das ihnen statt der insgesamt beantragten 270.000 DM nur einen Gesamtbetrag von 110.000 DM zugesprochen hat.[24] Das OLG hatte einen Verkehrsunfall zu beurteilen, der sich im Jahre 1986 ereignete und bei dem die drei Kinder der Beschwerdeführer im Alter zwischen damals 17 und 21 Jahren getötet wurden. Der Unfall wurde durch den Beklagten dadurch verursacht, dass er unter Alkoholeinfluss mit einer Geschwindigkeit von etwa 100 km/h unter Missachtung eines Stopp-Schildes auf eine bevorrechtigte Kreisstraße fuhr und dabei mit dem Wagen, in dem sich die Kinder der Beschwerdeführer befanden, zusammenstieß. Der Unfalltod ihrer drei Kinder löste bei den Beschwerdeführern schwerste physische und psychische Folgen aus (Näheres dazu im Urteil des OLG Nürnberg DAR 1995, 447).

Den Eltern steht originär ein Schmerzensgeld dem Grunde nach zu, wenn sie selbst das Opfer einer unerlaubten Handlung geworden sind, die eine Körper- oder eine Gesundheitsverletzung herbeigeführt hat. Dies richtet sich hier nach den Voraussetzungen, unter denen die Rechtsprechung eine Haftung für Schockschäden naher Angehöriger anerkennt. Da das Vorliegen dieser Voraussetzungen unter den Parteien unstreitig war, ging es im Zivilrechtsstreit vor allem um die Höhe des Schmerzensgeldes. Insoweit hat das OLG Präventionsgesichtspunkte nicht anspruchserhöhend berücksichtigt. Für diesen Unterschied gegenüber dem Entschädigungsanspruch bei Verletzung des allgemeinen Persönlichkeitsrechts lassen sich nach Auffassung des BVerfG sachliche Gründe anführen. Bei der Bewertung dieses Urteils ist allerdings zu berücksichtigen, dass das BVerfG bei seinem Vergleich auf den Fall der rücksichtslosen Zwangskommerzialisierung einer Person einerseits und auf den Fall der Körperverletzung bzw. des Schockschadens im Zusammenhang mit einem

---

[23] BGH NJW 1998, 2743; siehe auch OLG Düsseldorf NJW 1997, 806.

[24] Zum Vergleich: Caroline von Monaco erhielt für die persönlichkeitsrechtsverletzende Zwangskommerzialisierung ihrer Person eine Entschädigung in Höhe von insgesamt 180.000 DM, siehe OLG Hamburg NJW 1996, 2870, 2871.

Verkehrsunfall andererseits abgestellt hat (Eine Verallgemeinerung des Urteils ist daher nicht ohne weiteres möglich):

> Weder erfolgt die Rechtsverletzung bei typischen Verkehrsunfällen vorsätzlich, noch ist diese durch die Verfolgung kommerzieller Interessen motiviert. Spielt der Gedanke der Gewinnerzielungsabsicht hier keine Rolle, ist ein auf Prävention zielender Ansatzpunkt für eine entsprechende Berücksichtigung als Bemessungsfaktor der Schmerzensgeldhöhe nicht gegeben. Auch ist im Regelfall nicht zu erwarten, dass von einer entsprechenden Erhöhung des Schmerzensgelds ein potenzieller Unfallverursacher veranlasst wird, sich an die Sorgfaltsanforderungen im Straßenverkehr zu halten. Eine solche Wirkung ist auch deshalb kaum zu erwarten, weil die Entschädigung im Ergebnis – so im vorliegenden Fall – nicht von dem Schädiger selbst, sondern von der Haftpflichtversicherung getragen wird (S. 2188).

Zur Bestimmung der Schmerzensgeldhöhe haben sich in der Praxis Schmerzensgeldtabellen als hilfreich erwiesen.[25] Sie haben die Funktion von Anhaltspunkten, um den konkreten Einzelfall anhand vergleichbarer Fälle beurteilen zu können.[26] Ein Gericht hat bei einer wesentlichen Abweichung von den üblichen Sätzen die besonderen Gründe darzulegen.[27]

Bezüglich des Ausschlusses des Schmerzensgeldanspruchs bei Unfällen, die von der gesetzlichen Unfallversicherung erfasst werden, s. unten 10. Kap.

---

[25] Vgl. etwa Hacks/Wellner/Häcker; Slizyk.
[26] Vgl. dazu Kötz/Wagner Rn. 715.
[27] BGH VersR 1986, 59; VersR 1988, 943, 944.

Kapitel 8: Mehrheit von Schädigern (§§ 830, 840)

A. Problemstellung

Wenn mehrere Personen in deliktisch relevanter Weise hervorgetreten sind, ergeben sich daraus Probleme auf unterschiedlichen Regelungsebenen. Klausurtechnisch ist darauf zu achten, dass die verschiedenen Regelungsebenen auseinander gehalten werden. Zu beachten sind im Wesentlichen drei Problembereiche[1]:

- Ist der Einzelne überhaupt – und wenn ja in welchem Umfang – deliktsrechtlich verantwortlich?
- Ergibt sich eine deliktische Verantwortung mehrerer Personen, dann ist zu fragen, wie sich das Haftungsverhältnis zum Geschädigten gestaltet.
- Schließlich ist die Schadensverteilung im Innenverhältnis zwischen den Schädigern zu beantworten.

B. Die Haftung von Tätern und Teilnehmern (§ 830)

I. Mittäterschaft (§ 830 Abs. 1 S. 1) und Teilnahme (§ 830 Abs. 2)

1. Funktion der Vorschrift

Die deliktische Verantwortlichkeit des Schädigers setzt voraus, dass er den Tatbestand einer unerlaubten Handlung verwirklicht hat und der Geschädigte im Streitfalle den Beweis für das Vorliegen der tatbestandlichen Voraussetzungen erbringt. Dieses Erfordernis kann schon beim einzelnen Schädiger

---

[1] Ebenso Medicus/Lorenz SBT Rn. 1423.

Schwierigkeiten bereiten. Die Schwierigkeiten nehmen häufig ungleich zu, wenn mehrere Beteiligte sich deliktsrechtlich relevant verhalten haben.[2] Den Tatbeitrag jedes Einzelnen nachzuweisen, mag für den Geschädigten oft unmöglich sein. Deshalb befreit § 830 den Geschädigten vom Nachweis der haftungsbegründenden Kausalität und lässt den Nachweis von Mittäterschaft bzw. Teilnahme als Haftungsbasis ausreichend sein.

2. Tatbestandliche Voraussetzungen

1. Mitwirkung an einer unerlaubten Handlung
   - als Mittäter im Sinne des § 25 Abs. 2 StGB oder
   - als Anstifter oder Gehilfe i. S. d. §§ 26, 27 StGB
2. Rechtswidrigkeit
3. Verschulden

Die inhaltliche Bestimmung der Begriffe Mittäterschaft und Teilnehmer (Anstifter, Gehilfe) richtet sich auch im Rahmen des § 830 nach den strafrechtlichen Grundsätzen des § 25 Abs. 2 StGB bzw. der §§ 26, 27 StGB.[3]

Für die Mittäterschaft ist entsprechend den strafrechtlichen Gegebenheiten bewusstes und gewolltes Zusammenwirken erforderlich. Bloße Gleichzeitigkeit reicht nicht aus. Die Beteiligten müssen „gemeinsame Sache gemacht haben".[4] Dazu genügt bereits die willentliche Mitwirkung im Sinne einer psychischen Unterstützung auf der Grundlage eines gemeinsamen Tatentschlusses.[5] Der Vorsatz muss sich auf die Verwirklichung der tatbestandlichen Voraussetzungen der unerlaubten Handlung beziehen (also bei § 823 Abs. 1 auf die Verletzung des Rechtsguts), nicht hingegen auf die Schadensverursachung.[6]

Ist ein solcher gemeinsamer Wille festzustellen, haftet der Mittäter für alle (adäquaten) Schadensfolgen. Es ist unerheblich, ob er den konkreten Schaden eigenhändig (mit) verursacht und wie viel er selbst zu ihm beigetragen hat. Maßgebend ist, dass er sich an der schadenstiftenden Handlung mit dem Willen beteiligt hat, sie als eigene Tat gemeinschaftlich mit anderen zu verwirklichen. Ein Weniger an eigenhändiger Verwirklichung der unmittelbaren Verletzungshandlung wird durch den in die Tat umgesetzten Willen zur gemeinsamen Begehung kompensiert.[7]

---

[2]Vgl. zur Haftung von Tätern und Teilnehmern nach § 830 die anschauliche Darstellung von Benicke Jura 1996, 127 ff.

[3]BGHZ 8, 288, 292; 63, 124, 126.

[4]BGH VersR 1960, 326, 327.

[5]OLG Koblenz NJW-RR 2004, 528, 529.

[6]OLG Koblenz NJW-RR 2004, 528, 529.

[7]BGHZ 63, 124, 128.

B. Die Haftung von Tätern und Teilnehmern (§ 830)

Ein Mittäter haftet aber nicht für den *Exzess* des unterstützten Täters, d. h. für diejenigen unerlaubten Handlungen, die dieser außerhalb der gemeinschaftlichen Tat ohne seine Kenntnis und Billigung begeht.[8] Beispiel: Verabreden A und B, C unter einem Vorwand in ihre Wohnung zu locken und sie mit einem Schlafmittel zu betäuben, um ihr die Scheckkarte abzunehmen, so haftet A nicht dafür, dass B ohne Wissen und in Abwesenheit des A die C vergewaltigt.[9]

II. Alternativtäterschaft (§ 830 Abs. 1 S. 2)

1. Funktion der Vorschrift

Hinsichtlich des Zweckes des § 830 Abs. 1 S. 2 hat BGHZ 25, 271, 273 ausgeführt:

> Diese Vorschrift setzt sich zum Ziel, eine Beweisschwierigkeit für den Geschädigten zu überwinden, die sich u. a. dann ergibt, wenn ungewiss geblieben ist, wer von mehreren als Urheber in Betracht kommenden Personen den Schaden verursacht hat. Hier liegt der Gedanke zugrunde, dass der Schadensersatzanspruch des durch einen von mehreren beteiligten Tätern Geschädigten nicht daran scheitern soll, dass die Person des eigentlichen Schädigers nicht mit voller Sicherheit ermittelt werden kann.

Wie bei § 830 Abs. 1 S. 1 und Abs. 2 besteht also auch hier der Zweck der Vorschrift darin, dem Geschädigten über Beweisschwierigkeiten hinwegzuhelfen. Der BGB-Gesetzgeber hat seinerzeit vor allem an Situationen wie bei Raufereien gedacht.[10]

2. Tatbestandliche Voraussetzungen

2.1 Beteiligteneigenschaft

Der Anspruch aus § 830 Abs. 1 S. 2[11] setzt die Beteiligteneigenschaft des Inanspruchgenommenen voraus. Im Hinblick auf das Verschuldensprinzip einerseits und die Funktion des § 830 Abs. 1 S. 2 andererseits erfüllt die Beteiligteneigenschaft, wer den vollen Tatbestand eines Delikts einschließlich des Verschuldens erfüllt hat bzw. hätte, wenn sein Verhalten für den Schaden

---

[8] BGHZ 89, 383, 396. Diese Entscheidung ist weiterhin interessant, weil sie die spezifischen Probleme der Teilnahme an Gewalttätigkeiten bei Großdemonstrationen behandelt.

[9] Vgl. BGH VersR 1992, 498.

[10] Vgl. Protokolle II 606: Die Vorschrift soll eingreifen, wenn bei einem Raufhandel mehrere auf einen anderen losschlagen und von den Schlägern einer den Tod herbeiführt, ohne dass sich nachweisen lässt, von wem gerade dieser tödliche Schlag ausgegangen ist.

[11] Der BGH behandelt § 830 Abs. 1 S. 2 als echte Anspruchsgrundlage, vgl. BGHZ 67, 14; a. A. Brox/Walker SBT § 51 Rn. 5: Beweislastregel.

ursächlich geworden wäre.[12] Nur vom Nachweis der haftungsbegründenden Kausalität will die Vorschrift dem Geschädigten Dispens erteilen.

Hinsichtlich der Verwirklichung eines Deliktstatbestandes dürfen also *lediglich Unklarheiten* hinsichtlich der *Verursachung* durch den Schädiger bestehen. Man spricht deshalb auch davon, dass § 830 Abs. 1 S. 2 vornehmlich *Urheberzweifel* betreffe.[13] § 830 Abs. 1 S. 2 ist aber auch bei sogenannten *Anteilszweifeln* anwendbar, d. h. wenn feststeht, dass jeder von mehreren Handelnden am Verletzungserfolg mitbeteiligt war, jedoch zweifelhaft bleibt, ob jeder nach allgemeinen Grundsätzen für den ganzen Erfolg oder nur für einen Teilschaden einzustehen hat.[14] Entscheidend ist aber in diesem Falle, dass jede der in Betracht kommenden Handlungen *allein* geeignet war, den gesamten Verletzungserfolg ohne die anderen Beiträge zu verursachen.[15] Daran fehlt es in folgendem Fall:

> *BGH NJW 1994, 932 ff.:* Das klagende Kind hatte häufig gezuckerte Teegetränke des Beklagten und eines anderen Herstellers getrunken. Dadurch war massive Zahnkaries entstanden. Es konnte nicht geklärt werden, ob schon allein das Trinken des Tees der Beklagten die Körperschäden verursacht hat oder ob die Schäden erst dadurch entstehen konnten, dass das Kind den Tee des Beklagten und des anderen Herstellers abwechselnd zu sich genommen hat.[16]

In letzterem Falle wäre der konkrete Schaden nur durch die Summierung zweier Handlungen eingetreten. Da § 830 Abs. 1 S. 2 die Haftung für den vollen Schaden normiert, ist seine Anwendung bei Fällen dieser Art nicht möglich.[17] Wenn feststünde, dass keine der beiden Ursachen hinweggedacht werden könne, ohne dass der gesamte Zahnschaden entfiele, stünde auch ohne die Beweiserleichterung des § 830 Abs. 1 S. 2 fest, dass die beiden Teehersteller Nebentäter und damit Gesamtschuldner nach § 840 wären.[18] Ist eine solche Kausalität aber nicht zu beweisen und fehlt es andererseits an einer Schadenseignung des Teegetränks des Beklagten, so kann dessen Haftung nach § 830 Abs. 1 S. 2 allenfalls für den nach § 287 ZPO zu schätzenden Schadensanteil in Betracht kommen.[19]

Wenn § 830 Abs. 1 S. 2 ausschließlich über Zweifel hinsichtlich der Kausalität hinweghelfen will, leuchtet ein, dass für die Anwendung dieser Bestimmung kein Raum ist, falls hinsichtlich der Verwirklichung sonstiger Tatbestandsmerkmale einer unerlaubten Handlung Zweifel bestehen. Dazu folgendes

---

[12] Larenz/Canaris SBT 2 § 82 II 2 a. Zur so genannten „neutralen Beihilfe" (z. B. Haftung eines Bankfilialleiters für die Befürwortung einer Kreditgewährung, die der Aufrechterhaltung eines betrügerischen Schneeballsystems dient) Mensching VersR 2012, 411 ff.
[13] BGH NJW 1994, 932, 934.
[14] BGB-RGRK-Steffen § 830 Rn. 15.
[15] BGH NJW 1994, 932, 934.
[16] Zu einem ähnlichen Problem siehe BGH JZ 1995, 902.
[17] BGH NJW 1994, 932, 934.
[18] BGH NJW 1994, 932, 934. Ausführlich zur Problematik solcher und ähnlicher Kausalbeziehungen Larenz/Canaris SBT 2 § 82 II 2 c-e.
[19] Vgl. zur Begründung dieses Ergebnisses BGHZ 66, 70, 76.

B. Die Haftung von Tätern und Teilnehmern (§ 830)

Beispiel (BGH NJW 1989, 2944)

Aufgrund einer unsachgemäßen Untersuchung im Zusammenhang mit einer Blutprobe einer schwangeren Frau ist dieser ein Körperschaden entstanden. Es konnte nachträglich nicht mehr festgestellt werden, ob die Fehler der Untersuchung in der Praxis des eingeschalteten Facharztes für Laboratoriumsmedizin oder in der Praxis des Gynäkologen begangen wurden.

In diesem Falle konnte der Geschädigten § 830 Abs. 1 S. 2 nicht zu Hilfe kommen. Denn wie der BGH zutreffend ausgeführt hat (S. 2944), überbrückt diese Norm nicht auch Zweifel darüber, ob einem auf Schadensersatz in Anspruch Genommenen überhaupt eine rechtswidrige Handlung zur Last fällt, ob also auch er unerlaubt und mit Verletzungseignung in die Schutzsphäre des Betroffenen eingegriffen hat.

§ 830 Abs. 1 S. 2 kann auch dann nicht zur Anwendung kommen, falls der Schaden möglicherweise durch den Geschädigten selbst herbeigeführt wurde:

BGHZ 60, 177: Der Ehemann der Klägerin verlor auf der Autobahn die Herrschaft über sein Fahrzeug und wurde dabei aus dem Auto auf die Fahrbahn geschleudert. Die beiden nachfahrenden Fahrzeuge konnten durch Bremsen vor bzw. nach der Unfallstelle zum Stehen kommen. Der nachfolgende Omnibus des Beklagten hat dem Ergebnis der Beweisaufnahme zufolge wohl mit einem Rad den auf der Straße liegenden Körper überrollt, ohne dass diese Verletzungen allein schon zum Tode hätte führen müssen. Ob allein aufgrund des Aufpralls auf die Straße bereits der Tod eingetreten ist, ist nicht abschließend zu klären gewesen.

Der BGH verneint hier zu Recht die Anwendung des § 830 Abs. 1 S. 2. Denn er will über die Beweisnot des Geschädigten im Falle mehrerer deliktisch Handelnder hinweghelfen. Wenn aber der Geschädigte selbst möglicherweise für den Schaden verantwortlich geworden ist, soll ihm diese Beweiserleichterung nicht zugute kommen.

Nach herrschender, aber bestrittener Auffassung soll § 830 Abs. 1 S. 2 nicht zur Anwendung kommen, wenn einer der Beteiligten voll für den gesamten Schaden haftet, vgl. hierzu

BGHZ 72, 355: K, ein Träger der gesetzlichen Unfallversicherung, verlangt aufgrund übergegangenen Rechts (§ 116 SGB X) Schadensersatz vom Beklagten B. Der bei K versicherte R war mit seinem Mofa aus einer Nebenstraße auf die Fahrbahn eingebogen, auf der C fuhr. Dabei kam es zu einem Zusammenstoß, wobei R auf der Fahrbahn liegen blieb. Kurz darauf kam B an die noch ungesicherte Unfallstelle und schleifte trotz sofortigen Bremsens den R noch etliche Meter mit. R verstarb, wobei nicht geklärt werden konnte, ob bereits der erste Unfall zum Eintritt des Todes geführt hat oder erst der zweite.

Bei der Lösung des Falles soll davon ausgegangen werden, dass C ebenso wie der Beklagte schuldhaft gehandelt haben. Kann sich die Klägerin im Hinblick auf die Beweisschwierigkeiten auf § 830 Abs. 1 S. 2 berufen? Dies könnte deshalb zu verneinen sein, weil nach den Grundsätzen der Schadenszurechnung in Fällen dieser Art der Verursacher des Erstunfalls für den gesamten Schaden haftet.[20] Wenn aber

---

[20]Vgl. zur Begründung dieses Ergebnisses BGHZ 43, 181.

bereits ein Anspruchsverpflichteter feststeht, mag es nahe liegen, § 830 Abs. 1 S. 2 zu verneinen. Der BGH meint, die Vorschrift sei jedenfalls ihrem Wortlaut nach nicht anwendbar, weil sie nur bei unaufklärbar gebliebener Verursachung den Geschädigten helfen soll. Die bloße Ungewissheit, ob zusätzlich ein anderer verantwortlich ist, reiche für ihre Anwendung nicht aus. Die besondere Rechtswohltat der Vorschrift solle nur den Nachteil ausgleichen, den der Geschädigte sonst durch die Situation der Alternativverursachung nicht *vielleicht*, sondern mit Sicherheit erleidet (S. 361). Im vorliegenden Falle treffe den Kläger aber nur das auch jedem anderen Geschädigten auferlegte Beweis- und Insolvenzrisiko. Es ihm entgegen der allgemeinen gesetzlichen Regelung abzunehmen, sei nicht veranlasst (S. 362 f.). Im Schrifttum wird diese Auffassung vor allem deshalb kritisiert, weil in den Fällen, in denen der Erstschädiger nicht solvent ist, die Ordnungsaufgabe des Haftungsrechts verfehlt wird, nämlich dem Opfer eine sichere Versorgung zu gewähren.[21]

§ 830 Abs. 1 S. 2 findet auch Anwendung, wenn die Ursächlichkeit mehrerer Beteiligter im Streit liegt, deren Verantwortlichkeit auf Gefährdungshaftungstatbeständen beruhen würde:

BGHZ 55, 96: Der beklagte Reitverein hatte zusammen mit einem anderen Reitverein Pferde mit Kutschen und Fahrern für eine Werbefahrt vermietet. Spielende Kinder brachten die Pferde der am Straßenrand abgestellten Gespanne zum Scheuen. Die Begleitpersonen konnten die Pferde nicht mehr zum Halten bringen. Eine Kutsche beschädigte das am Straßenrand geparkte Fahrzeug des Klägers. Es war nicht feststellbar, ob eine Pferdekutsche des Beklagten oder des anderen Reitvereins den Schaden verursacht hatte.

Der BGH bejaht wegen der Gleichartigkeit der Problematik die Anwendbarkeit des § 830 Abs. 1 S. 2 auch für die Gefährdungshaftung nach § 833 S. 1.[22]

2.2 Rechtswidrigkeit/Verschulden

Die Anwendung des § 830 Abs. 1 S. 2 setzt in der Person der Beteiligten Rechtswidrigkeit und Verschulden voraus. Hat einer der Beteiligten rechtmäßig gehandelt – etwa aufgrund befugten Waffengebrauchs –, dann scheidet nicht nur dessen persönliche Haftung aus, sondern auch die Inanspruchnahme des anderen Beteiligten allein aufgrund der Bestimmung des § 830 Abs. 1 S. 2.[23]

---

[21]In diesem Sinne Deutsch/Ahrens UH Rn. 198. Ähnlich Larenz/Canaris SBT 2 § 82 II 2 e.
[22]Zuvor hatte der BGH in gleicher Weise für die Straßenverkehrshaftung nach § 7 StVG entschieden, vgl. BGH VersR 1969, 1023. Kritisch hierzu Adam VersR 1996, 1291.
[23]Vgl. BGH LM § 830 BGB Nr. 2; JZ 1972, 127.

C. Die gesamtschuldnerische Haftung mehrerer Schädiger (§ 840 Abs. 1)

I. Funktion der Vorschrift

§ 840 Abs. 1 betrifft das Außenverhältnis, d. h. die Frage, in welcher Weise mehrere deliktisch Verantwortliche dem Geschädigten gegenüber haften. Rechtstechnisch stehen für die Regelung dieses Verhältnisses zwei Möglichkeiten zur Verfügung. Denkbar wäre, dass eine Teilschuldnerschaft vorgesehen wäre. Dann wäre jeder Beteiligte zur Leistung einer Teilschuld verpflichtet (§ 420).

Der Gesetzgeber hat in § 840 Abs. 1 eine andere Lösung gewählt und zugunsten des Geschädigten die gesamtschuldnerische Haftung (§ 421) angeordnet. Damit hat er das Insolvenzrisiko des einzelnen Schädigers weg vom geschädigten Gläubiger auf die Schuldner verlagert.[24] Die Rechtfertigung für diese Verlagerung des Insolvenzrisikos liegt darin, dass der Gläubiger hier anders als bei einer aus einer Vereinbarung resultierenden Schuldnermehrheit ohne Einfluss auf die Auswahl der Haftenden ist.[25]

II. Tatbestandliche Voraussetzungen

Das Gesetz knüpft die gesamtschuldnerische Haftung an die *Verantwortlichkeit mehrerer nebeneinander.* Damit sind einmal die Fälle von Täterschaft und Teilnahme im Sinne des § 830 Abs. 1 S. 1 und Abs. 2 sowie die Haftung mehrerer Beteiligter im Sinne des § 830 Abs. 1 S. 2 gemeint. Unter § 840 Abs. 1 fallen daneben vor allem die Haftung des unmittelbar Handelnden und solcher Personen, die für den unmittelbar Handelnden deliktische Aufsichtspflichten haben (§§ 831, 832).[26] Ferner gehört hierher die Haftung von Tierhalter (§ 833) und Tierhüter (§ 834).[27] Zu den Rechtsfolgen der gesamtschuldnerischen Haftung s. §§ 421 ff. Trotz der gegebenenfalls der Höhe nach unterschiedlichen Haftungsverpflichtungen zwischen den einzelnen Schädigern besteht eine Gesamtschuld gegenüber dem Geschädigten nach § 840 Abs. 1.[28] Trifft dagegen den Geschädigten ein Mitverschuldensvorwurf (z. B. nach § 254) mit dem Ergebnis, dass die Ersatzansprüche zu mindern sind, ist das Prinzip der

---

[24]Vgl. Medicus/Lorenz SBT Rn. 1428.

[25]BGB-RGRK-Nüßgens § 840 Rn. 3.

[26]Beachte: Soweit das Haftungsprivileg für Eltern nach § 1664 greift, entsteht kein Schadensersatzanspruch des Kindes und damit auch kein Gesamtschuldverhältnis, st.Rspr. vgl. BGHZ 103, 338, zuletzt bestätigt von BGH NJW 2004, 2892 m. Anm. Fuchs LMK 2005, 5.

[27]Zu weiteren Fallgestaltungen siehe BGB-RGRK-Nüßgens § 840 Rn. 12. Zu den prozessualen Fragen einer Streitgenossenschaft der Gesamtschuldner s. den Klausurfall bei Heinrich, Examensrepetitorium Zivilrecht, S. 313 ff.

[28]BGHZ 17, 214.

gesamtschuldnerischen Haftung mit dem Abwägungsprinzip (§ 254) in Einklang zu bringen, indem die Einzelabwägungen zwischen dem Geschädigten und den jeweiligen Schädigern mit einer aus der Gesamtschau gewonnenen Solidarabwägung im Sinne einer Gesamtabwägung verknüpft werden.[29] In einem solchen Fall kann der Geschädigte von dem in Anspruch genommenen Schädiger nicht den gesamten Schaden verlangen. Der jeweilige Schädiger kann dem Geschädigten dessen Mithaftungsquote entgegenhalten. Dabei haftet jeder Schädiger bis zu dem Betrag (Einzelquote), der dem jeweiligen Verhältnis seiner eigenen Verantwortung im Vergleich zur Mitverantwortung des Geschädigten entspricht (Einzelabwägung). Insgesamt kann der Geschädigte jedoch nicht mehr fordern als den Anteil an dem zu ersetzenden Schaden (Gesamtquote), der im Wege einer Gesamtschau des Schadensereignisses den zusammenaddierten Verantwortungsanteilen sämtlicher Schädiger im Verhältnis zur Mitverantwortung des Geschädigten entspricht.[30]

D. Die Schadensverteilung zwischen den Schädigern

Der Innenausgleich zwischen den nach § 840 Abs. 1 gesamtschuldnerisch Haftenden vollzieht sich nach § 426 Abs. 1. Der in dieser Vorschrift enthaltene Grundsatz gleicher Schadenstragung kommt aber nur zur Anwendung, wenn jeder andere Verteilungsmaßstab fehlt.[31] In analoger Anwendung des § 254 ist regelmäßig auf Verursachungs- und Verschuldensbeiträge der einzelnen Schädiger abzustellen.[32]

Vorrang vor den Bestimmungen des § 426 Abs. 1 bzw. § 254 haben die speziellen Schadensverteilungsregelungen des § 840 Abs. 2 und 3.

Absatz 2 geht davon aus, dass die Haftung aus wirklichem Verschulden der Haftung aus vermutetem Verschulden (§§ 831, 832) vorgehen soll.[33] Im Verhältnis zwischen dem nach § 829 Haftenden und dem Aufsichtspflichtigen (§ 832) haftet allein der Letztere.

§ 840 Abs. 3 gibt im Innenverhältnis den nach §§ 833–838 Ersatzpflichtigen den Vortritt vor einem weiteren Schädiger. Freilich gilt dies nur für den Fall, dass der Dritte aus Verschulden haftet. Wenn er aus Gefährdung oder aus vermutetem Verschulden haftet, ist nicht einzusehen, weshalb er gegenüber diesem gleichen Personenkreis benachteiligt sein soll.[34]

---

[29]BGHZ 30, 203, 211 f.
[30]BGH NJW 2006, 896, 897.
[31]Palandt-Grüneberg § 426 Rn. 8.
[32]Soergel-Gebauer § 426 Rn. 30.
[33]Erman-Schiemann § 840 Rn. 11.
[34]Vgl. BGB-RGRK-Nüßgens § 840 Rn. 55.

Kapitel 9: Das System der Verjährung deliktischer Ansprüche

A. Das bisherige Recht der Verjährung

Bis zum 31.12.2001 war die Verjährung der Deliktsansprüche in § 852 a. F. geregelt.[1] In § 852 Abs. 1 war eine dreijährige Verjährungsfrist vorgesehen, deren Lauf mit Kenntnis des Verletzten von Schaden und Schädiger begann. § 852 Abs. 2 beinhaltete Regelungen über die Hemmung, Abs. 3 eine Bereicherungshaftung.

B. Die Rechtslage nach der Schuldrechtsreform

Das am 1.1.2002 in Kraft getretene Schuldrechtsmodernisierungsgesetz[2] hat das Deliktsrecht nicht geändert. Relevante Änderungen für das Deliktsrecht ergeben sich jedoch durch die grundlegende Reform des allgemeinen Verjährungsrechts (§§ 195 ff.). Die Verjährung deliktischer Ansprüche ist im Verjährungssystem des BGB-AT aufgegangen. Grund für die Integration der Verjährung deliktischer Ansprüche in das allgemeine Verjährungsrecht war nicht etwa die Unzulänglichkeit der Vorschrift des § 852 a. F. Vielmehr hat der Gesetzgeber die in § 852 Abs. 1 a. F. vorgesehene Dauer der Verjährungsfrist von 3 Jahren beibehalten (§ 195) und außerdem die Kombination aus objektivem Element und subjektivem Element als allgemeines Prinzip für das regelmäßige Verjährungsrecht übernommen (§ 199 Abs. 1 Nr. 1 und 2).[3] Die Erfahrungen mit dieser Kombination in § 852 a. F.[4] haben gezeigt, dass diese den widerstreitenden Interessen von Gläubiger (faire Chance der Durchsetzung der Ansprüche) und

---

[1] Zu den Einzelheiten siehe Palandt-Thomas, 61. Aufl. 2002, § 852 Rn. 1 ff.
[2] Gesetz zur Modernisierung des Schuldrechts vom 26.11.2001, BGBl. I, S. 3138.
[3] Huber/Faust, Schuldrechtsmodernisierung, 2002, S. 270; Schwab/Witt, Einführung in das neue Schuldrecht, 2002, S. 26; Schwab JuS 2002, 1, 2.
[4] Siehe dazu BT-Drucks. 14/6040, S. 95.

Schuldner (Rechtssicherheit) am ehesten gerecht wird.[5] Die bisherige Regelung in § 852 a. F. wurde dadurch entbehrlich und lediglich insoweit aufrechterhalten, als es um Herausgabeansprüche bezüglich des durch unerlaubte Handlung auf Kosten des Verletzten Erlangten geht. Die Hemmung der Verjährung nach § 852 Abs. 2 a. F. findet sich jetzt in § 203 wieder.

C. Der Grundtatbestand des Verjährungsbeginns

I. Tatbestandliche Voraussetzungen

Die dreijährige Verjährungsfrist des § 195 beginnt gemäß § 199 Abs. 1 mit dem Schluss des Jahres zu laufen, in dem

- der Anspruch entstanden ist (Nr. 1) und
- der Gläubiger Kenntnis der anspruchsbegründenden Umstände und der Person des Schuldners erlangt hat bzw. die Unkenntnis auf grober Fahrlässigkeit beruht (Nr. 2).

1. Entstehen des Anspruchs

Notwendig ist, dass der Tatbestand einer deliktsrechtlichen Norm verwirklicht wurde und wenigstens ein Teilschaden entstanden ist. Es gilt der Grundsatz der Schadenseinheit.[6] D. h. der Schadensersatzanspruch entsteht einheitlich auch für die in Zukunft fällig werdenden Schadensposten, sobald ein erster Teilbetrag im Wege der Leistungsklage geltend gemacht werden kann.[7] Voraussetzung ist, dass auch das subjektive Kriterium für den Verjährungsbeginn erfüllt ist. Nur soweit der Spätschaden nicht voraussehbar war, beginnt für diesen eine neue Verjährung.[8]

Ist der Anspruch auf ein (dauerndes)[9] Unterlassen gerichtet, so tritt gem. § 199 Abs. 5 die Zuwiderhandlung an die Stelle der Entstehung des Anspruchs. Jede erneute Zuwiderhandlung setzt eine neue Verjährungsfrist in Gang.[10] Bei einem Anspruch auf *einmaliges* Unterlassen kommt die Frage der Verjährung für diesen Anspruch nicht in Betracht, da die Leistung mit der Zuwiderhandlung unmöglich wird.[11] Zu unterscheiden sind die Fälle, in denen ein *Unterlassen das scha-*

---

[5]BT-Drucks. 14/6040, S. 95 f.; Heinrichs BB 2001, 1417; Schwab/Witt, Einführung in das neue Schuldrecht, 2002, S. 22.

[6]BT-Drucks. 14/6040, S. 108; BT-Drucks. 14/7052, S. 180; Mansel NJW 2002, 89, 90.

[7]Palandt-Ellenberger, § 199 Rn. 14; BGHZ 50, 24; 119, 71; NJW 1998, 144.

[8]Heinrichs BB 2001, 1417, 1419.

[9]Heidel/Hüßtege/Mansel/Noack-Mansel/Stürner, BGB, 3. Aufl. 2016, § 199 Rn. 118 f.

[10]Heidel/Hüßtege/Mansel/Noack-Mansel/Stürner, BGB, 3. Aufl. 2016, § 199 Rn. 119.

[11]Palandt-Ellenberger, § 199 Rn. 23: In diesem Fall kann nur noch Schadensersatz verlangt werden.

densauslösende Ereignis war. Dann ist auf den Zeitpunkt abzustellen, in welchem eine Handlung geboten gewesen wäre.[12] Die beiden letztgenannten Fälle werden nicht von § 199 Abs. 5 erfasst.

2. Subjektive Kenntnis/Kennenmüssen

Die regelmäßige Frist von 3 Jahren beginnt zu laufen, wenn der Anspruchsberechtigte bzw. sein gesetzlicher Vertreter die den Anspruch begründenden Umstände und die Person des Ersatzpflichtigen kennt oder die Unkenntnis auf grober Fahrlässigkeit beruht. Erforderlich ist nicht, dass der Geschädigte alle Einzelheiten des Schadens überblickt. Es genügt, dass er den Hergang des Schadensereignisses in Grundzügen kennt und in der Lage ist, aufgrund dieser bekannten Tatsachen eine Schadensersatzklage – zumindest eine Feststellungsklage – zu erheben.[13] Die Kenntnis von der Person des Ersatzpflichtigen muss auch die Kenntnis der anspruchsbegründenden Tatsachen einschließen, also auch die subjektive Seite (insb. Verschulden) betreffen. Nicht entscheidend ist aber die zutreffende rechtliche Würdigung der anspruchsbegründenden Tatsachen.[14] Gläubiger eines deliktischen Anspruchs ist der Berechtigte, in dessen Person der Schadensersatzanspruch entstanden und der über ihn zu verfügen berechtigt ist (in den Fällen der §§ 844, 845 sind dies die mittelbar Geschädigten). Der Verletzte muss hinreichende Kenntnis haben, dass er selbst geschädigt ist und daher als Inhaber einer Schadensersatzforderung infrage kommt, die er zwecks Vermeidung der Verjährung in zumutbarer Weise gerichtlich geltend zu machen hat.[15] Bei Geschäftsunfähigen oder beschränkt Geschäftsfähigen sowie juristischen Personen ist die Kenntnis des gesetzlichen Vertreters maßgeblich.[16] Strittig ist, ob bei Gesamtvertretung (z. B. § 26; § 1629 Abs. 1) die Kenntnis einer Person für den Fristbeginn nach § 199 Abs. 1 Nr. 2 ausreichend ist. Die h. M. bejaht dies zu Recht, weil aus zahlreichen Vorschriften (z. B. §§ 28 Abs. 2; 1629 Abs. 1 S. 2 BGB, 35 Abs. 2 S. 3 GmbHG) der Grundsatz zu entnehmen ist, dass bei der passiven Stellvertretung Willenserklärungen auch gegenüber nur einem der Gesamtvertreter mit Wirkung für die vertretene Person

---

[12]BT-Drucks. 14/7052, S. 180; Heidel/Hüßtege/Mansel/Noack-Mansel/Stürner, BGB, 3. Aufl. 2016, § 199 Rn. 102.

[13]Auch wenn der Schädiger seine Täterschaft leugnet, beginnt die Verjährung mit Kenntnis des Geschädigten vom Schaden und vom Schädiger und nicht erst mit der Rechtskraft des Strafurteils, vgl. OLG Hamm NJW-RR 2002, 750. Siehe auch BAG NZA 2002, 209, 211 (noch zur alten Rechtslage): Zur Frage, unter welchen Voraussetzungen der Beginn der Verjährung hinausgeschoben wird, wenn der Geschädigte von einer Klageerhebung absieht, weil die Klage nach der ständigen höchstrichterlichen Rspr. keine hinreichende Aussicht auf Erfolg bietet. Erforderlich ist eine explizit verneinende Rechtsprechung.

[14]BGH NJW 1991, 2350.

[15]BGH NJW 1996, 117, 118.

[16]Bei Behörden und sonstigen öffentlichen Stellen kommt es auf die Kenntnis des unter Beachtung der behördlichen Zuständigkeitsverteilung zuständigen Bediensteten der verfügungsberechtigten Behörde an, BGHZ 134, 343. Daran hat sich auch durch die Schuldrechtsmodernisierung nichts geändert, BGH NJW 2012, 447.

abgegeben werden können.[17] Deshalb darf auch für die Kenntnis im Sinne des § 199 Abs. 1 Nr. 2 das Wissen eines Gesamtvertreters als Wissen des Vertretenen angesehen werden. Im Gegensatz zum früheren Recht schadet nicht nur positive Kenntnis, sondern auch grob fahrlässige Nichtkenntnis oben genannter Umstände. Grobe Fahrlässigkeit liegt vor, wenn die im Verkehr erforderliche Sorgfalt in ungewöhnlich großem Maße verletzt worden ist, ganz nahe Überlegungen nicht angestellt oder beiseite geschoben wurden und dasjenige unbeachtet geblieben ist, was im gegebenen Fall jedem hätte einleuchten müssen.[18] Die Frage, ob und inwieweit der Gläubiger einem Verdacht nachgehen muss, hängt von den Umständen des Einzelfalls ab.[19]

3. Schluss des Jahres

Die regelmäßige dreijährige Verjährungsfrist beginnt erst mit dem Schluss des Jahres zu laufen, in dem der Anspruch entstanden ist und der Gläubiger Kenntnis von den anspruchsbegründenden Umständen und der Person des Schuldners erlangte oder wegen grober Fahrlässigkeit nicht erlangte (§ 199 Abs. 1). Hiermit ist der Gesetzgeber dem Prinzip der sog. Ultimoverjährung[20] gefolgt. Dieses Prinzip soll dem Gläubiger die Kontrolle des Verjährungsablaufs von Forderungen erleichtern, weil er damit seine Unterlagen nicht ständig, sondern nur gegen Jahresende jeweils überprüfen muss.[21] Entscheidend ist das Ende des Jahres, in dem beide Voraussetzungen vorliegen.[22]

II. Höchstfristen

Um der Rechtssicherheit willen wurden Verjährungshöchstfristen eingeführt. Die Abhängigkeit des Verjährungsbeginns von der subjektiven Kenntnis des Gläubigers kann in Einzelfällen bedeuten, dass die Verjährungsfrist erst lange Zeit nach Begehen der unerlaubten Handlung eintritt oder gar auf völlig ungewisse Zeit hinausgeschoben ist.[23] Dies wäre mit dem schützenswerten Interesse des Schuldners an Rechtssicherheit nicht vereinbar.

Die Höchstfristen im Anwendungsbereich der regelmäßigen Verjährung betragen je nach Art der Rechtsgutsverletzung und in Abhängigkeit zur Schutzwürdigkeit der

---

[17]Vgl. BGB-RGRK-Kreft § 852 Rn. 36.
[18]BT-Drucks. 14/6040S. 108 mit Hinweisen auf die st. Rspr. des BGH; Heidel/Hüßtege/Mansel/Noack-Mansel/Stürner, BGB, 3. Aufl. 2016, § 199 Rn. 69.
[19]Heinrichs BB 2001, 1417, 1418.
[20]BT-Drucks. 14/7052, S. 180.
[21]Hk-BGB/Dörner, 6. Aufl. 2009, § 199 Rn. 2.
[22]Schwab/Witt, Einführung in das neue Schuldrecht, 2002, S. 27.
[23]Huber/Faust, Schuldrechtsmodernisierung, 2002, S. 270; Schwab/Witt, Einführung in das neue Schuldrecht, 2002, S. 28; Ehmann/Sutschet, Modernisiertes Schuldrecht, 2002, S. 297.

C. Der Grundtatbestand des Verjährungsbeginns

Gläubigerinteressen 10–30 Jahre.[24] Für Schadensersatzansprüche, die auf die Verletzung persönlicher Rechtsgüter wie Freiheit, Körper, Leben oder Gesundheit gestützt werden, gilt generell eine absolute Verjährungsfrist von 30 Jahren (§ 199 Abs. 2).[25] Dies ist mit der verminderten Schutzwürdigkeit des Schuldners bei Verletzung besonders hochrangiger Rechtsgüter zu erklären. Hinzu kommt die Tatsache, dass bei schweren Personenschäden der Geschädigte vielfach längere Zeit zu einer Rechtsverfolgung schon deshalb nicht in der Lage ist, weil er zuerst genesen muss.[26] Obwohl das allgemeine Persönlichkeitsrecht in § 199 Abs. 2 nicht explizit genannt ist, wird man diese Vorschrift wegen des höchstpersönlichen Charakters dieses von der Rechtsprechung entwickelten Rechtsguts anwenden können.[27] Vgl. zu § 199 Abs. 2 folgendes Beispiel[28]:

> Im Jahre 2002 errichtet U einen Staudamm unter Verstoß gegen Sicherheitsvorschriften. Bei einem Hochwasser am 15.5.2033 bricht der Damm unter der Maximalbelastung zusammen; bei Einhaltung der Sicherheitsvorschriften hätte der Staudamm gehalten. Die Hinterbliebenen der Opfer der verursachten Überflutung verlangen aus §§ 823 Abs. 1, 844 Abs. 2 entgangenen Unterhalt.

Die Ansprüche wegen Tötung der Angehörigen sind nach § 199 Abs. 2 verjährt, soweit sie auf die ursprüngliche Verletzung der Sicherheitsvorschriften gestützt werden, weil diese unerlaubte Handlung über 30 Jahre zurückliegt und es auf den Eintritt der Rechtsgutsverletzung nicht ankommt.

§ 199 Abs. 3 gilt für alle nicht unter Abs. 2 fallenden deliktischen Schadensersatzansprüche (vor allem bei Verletzung des Eigentums und bei Vermögensschäden). Ohne Rücksicht auf das Kenntnis- oder Erkennbarkeitskriterium sollen diese Schadensersatzansprüche in einer absoluten Verjährungsfrist von 10 Jahren von ihrer Entstehung an verjähren (§ 199 Abs. 3 Nr. 1). Vgl. hierzu das folgende Beispiel[29]:

> Landwirt L erfährt erst im Jahr 2026, dass die im Jahr 2008 entstandene Verseuchung seines Grundstücks auf rechtswidrigen Immissionen des Betreibers der A-GmbH zurückzuführen ist. Der im Jahr 2026 im Wege der Klage geltend gemachte Anspruch ist verjährt. Zwar endet die Frist des Abs. 3 Nr. 2 erst 2038, die Frist der Nr. 1 ist aber 2018 abgelaufen.

Ist der Anspruch noch nicht entstanden, verjährt er in 30 Jahren, gerechnet vom schadensauslösenden Ereignis an (§ 199 Abs. 3 Nr. 2). Zieht man obiges Beispiel von Lorenz/Riem heran und stellt sich die Frage nach der Verjährung der

---

[24]Im Einzelnen dazu siehe Schwab/Witt, Einführung in das neue Schuldrecht, 2002, S. 29.

[25]BT-Drucks. 14/6040, S. 96. Die Vorschrift gilt ohne Rücksicht auf die Anspruchsgrundlage, vgl. Palandt-Ellenberger, § 199 Rn. 44.

[26]BT-Drucks. 14/6040, S. 105.

[27]So Lorenz/Riehm, Lehrbuch zum neuen Schuldrecht, 2002, Rn. 58.; sehr str.: a. A. Palandt-Ellenberger, § 199 Rn. 44.

[28]Beispiel nach Lorenz/Riehm, Lehrbuch zum neuen Schuldrecht, 2002, Rn. 61.

[29]Nach Palandt-Ellenberger, § 199 Rn. 47.

Ansprüche wegen eingetretener Eigentumsverletzungen (z. B. wegen der zerstörten Häuser), beurteilt sich die Verjährung nach § 199 Abs. 3 Nr. 2.

Die absoluten Höchstfristen (§ 199 Abs. 2–4) laufen taggenau im Gegensatz zur regelmäßigen dreijährigen Verjährungsfrist.[30]

III. Hemmung der Verjährung nach neuem Recht

Die Hemmung der Verjährung ist in den §§ 203–208 geregelt. Die Hemmung führt dazu, dass der Hemmungszeitraum in die Verjährungsfrist nicht eingerechnet wird (§ 209). Ein für deliktische Ansprüche besonders wichtiger Hemmungsgrund ist gem. § 203 der Fall der Verhandlungen[31] zwischen Gläubiger und Schuldner über den Anspruch oder über die den Anspruch begründenden Umstände. Die Vorschrift des § 203 setzt voraus, dass die infrage stehenden deliktischen Ansprüche im Zeitpunkt der Verhandlungen über den zu leistenden Schadensersatz noch nicht verjährt sind.[32] Zahlreiche Maßnahmen der Rechtsverfolgung führen zur Hemmung nach § 204.[33] Durch das Schuldrechtsmodernisierungsgesetz wurde der Schutz von Minderjährigen, die Opfer von Verletzungen ihrer sexuellen Selbstbestimmung sind, verbessert.[34] Die Verjährung ihrer Ansprüche ist zum Eintritt der Volljährigkeit gehemmt (§ 208).

D. Der deliktische Bereicherungsanspruch (§ 852)

Hat der Schädiger durch die unerlaubte Handlung etwas auf Kosten des Geschädigten erlangt, so ist er auch nach dem Eintritt der Verjährung zur Herausgabe des Erlangten nach den Vorschriften über die ungerechtfertigte Bereicherung verpflichtet.[35] Seit BGHZ 71, 86 sieht die Rechtsprechung und die h. M. in der Literatur in der Bestimmung § 852 (bzw. der frühere § 852 Abs. 3) eine Rechtsfolgenverweisung:

> *BGHZ 71, 86:* Die Beklagte, Inhaberin eines Patentes, hatte die Firma H, eine Abnehmerin von Fahrradgepäckträgern, bei der Klägerin wegen Verletzung eines Schutzrechtes verwarnt. Diese Verwarnung stellte sich als unberechtigt heraus. Damit war wegen eines Eingriffs in das Recht am eingerichteten und ausgeübten Gewerbebetrieb der Klägerin der Tatbestand des § 823 Abs. 1 erfüllt. Dieser Anspruch war jedoch verjährt.

---

[30]Schwab/Witt, Einführung in das neue Schuldrecht, 2002, S. 27; Mansel NJW 2002, 89, 90, 92.

[31]Zum Begriff der Verhandlungen siehe BGH VersR 2001, 1167 und 1255.

[32]BAG NZA 2002, 209, 211 (zu § 852 Abs. 2 a. F.).

[33]Zum Problem der Verjährung von Schadensersatzansprüchen bei bezifferter verdeckter Teilklage, siehe BGH NJW 2002, 2167; Meyer NJW 2002, 3067.

[34]BT-Drucks. 14/6040, S. 97.

[35]Deutsch/Ahrens UH Rn. 762.

D. Der deliktische Bereicherungsanspruch (§ 852)

Ein unmittelbarer Anspruch der Klägerin aus § 812 (Eingriffskondiktion) schied aus, weil es am Zuweisungsgehalt[36] der tangierten Rechtsposition fehlte.

Der BGH versteht § 852 so, dass diese Bestimmung nicht wegen der tatbestandlichen Voraussetzungen, sondern wegen des Umfangs des Bereicherungsanspruchs auf §§ 812 ff. verweist. Demnach müssen nicht sämtliche Tatbestandsmerkmale eines Bereicherungsanspruchs vorliegen. Der BGH sieht den Zweck des § 852 darin, zu verhindern, dass derjenige, der durch eine unerlaubte Handlung einen anderen geschädigt und dadurch sein eigenes Vermögen vermehrt hat, im Genuss dieses unrechtmäßig erlangten Vorteils bleibt. Aus dem Wesen des Anspruchs nach § 852 als Schadensersatzanspruch, der über den Zeitpunkt der Verjährung hinaus bestehen bleibt, folge, dass der Schadensanspruch von da ab in seinem Umfang auf die Bereicherung beschränkt sein solle.[37] Die Pflicht zur Herausgabe nach § 852 n. F. setzt voraus, dass der Schädiger *gerade* durch die unerlaubte Handlung etwas auf Kosten des Geschädigten erlangt.[38] Nach dem BAG soll der Tatbestand des § 852 S. 1 nicht gegeben sein, wenn der Schuldner lediglich eine Forderung nicht erfüllt.[39]

Die Verjährung des deliktischen Bereicherungsanspruchs *selbst* ist in der eigenständigen Spezialregelung[40] des § 852 S. 2 geregelt. Ist der Anspruch noch nicht entstanden, dann verjährt der Anspruch ohne Rücksicht auf die Anspruchsentstehung in 30 Jahren von der Begehung der Verletzungshandlung oder der Verwirklichung der Gefahr an.[41]

Die Gesetzesbegründung[42] spricht an einer Stelle davon, dass der Anspruch aus § 852 S. 1 noch maximal 7 Jahre durchsetzbar ist. Eine Frist von 7 Jahren ist nur denkbar, wenn man annimmt, dass der Bereicherungsanspruch (§ 852 S. 1) und der diesem vorgelagerte Anspruch aus unerlaubter Handlung (§§ 823 ff.), aufgrund dessen der Schädiger etwas erlangt hat, gleichzeitig zu verjähren beginnen.[43] Die 10-Jahresfrist des § 852 S. 2 verringert sich dann um die regelmäßige Verjährungsfrist von 3 Jahren (§ 195). In Anbetracht der Tatsache, dass die Verjährung des Schadensersatzanspruchs aus unerlaubter Handlung (§§ 823 ff.)

---

[36]Zur Problematik des Zuweisungsgehalts Medicus/Lorenz, SBT Rn. 1205.

[37]BGHZ 71, 86, 99. Zustimmend Larenz/Canaris SBT 2 § 83 V 2.

[38]BAG NZA 2002, 209, 211.

[39]BAG NZA 2002, 209, 212: Der Kläger begehrt vom Beklagten Schadensersatz wegen Benachteiligung als Teilzeitkraft, weil er als Teilzeitkraft einen geringeren Stundenlohn erhielt als vergleichbare Vollzeitkräfte. Der Arbeitgeber, der eine Teilzeitkraft anteilig geringer als eine Vollzeitkraft vergütet hatte, muss die Vergütungsdifferenz nach Eintritt der Verjährung nicht nach § 852 herausgeben. Denn derjenige, der lediglich eine bestehende Forderung nicht erfüllt, erlangt dadurch nichts im Sinne des Bereicherungsrechts.

[40]Vgl. Palandt-Sprau, § 852 Rn. 2; Huber/Faust, Schuldrechtsmodernisierung, 2002, S. 275.

[41]Dauner-Lieb/Langen- Mansel, BGB-AnwKomm, Bd. 2/2, 2. Aufl. 2012, § 852 Rn. 7.

[42]BT-Drucks. 14/6040, S. 270.

[43]Vgl. BT-Drucks. 14/6040, S. 270.

Tatbestandsvoraussetzung für einen Anspruch aus § 852 S. 1 ist, erscheint es logischer, dass der Bereicherungsanspruch erst nach 10 Jahren verjährt.[44]

E. Konkurrenzen

Häufig bestehen neben dem Anspruch aus unerlaubter Handlung weitere Ansprüche gegen den Schädiger. Solche Ansprüche können sich insbesondere aus dem Vertrag ergeben. Für diese Ansprüche bestehen regelmäßig eigene Verjährungsvorschriften (z. B. § 438; § 634a, § 651 g Abs. 2; § 548).

Beim Zusammentreffen mehrerer Ansprüche lautet die Grundregel, dass für jeden Anspruch die für ihn maßgebliche Verjährungsregel anzuwenden ist.[45]

Eine Ausnahme von diesem Grundsatz ist dann zu machen, wenn durch die Anwendung der deliktsrechtlichen Verjährungsregeln der Zweck der anderen Verjährungsvorschrift vereitelt würde.[46] Kurze Verjährungsfristen besonderer Rechtsverhältnisse sollen deshalb auch auf den Deliktsanspruch Anwendung finden, da diese die Schaffung von Klarheit und Rechtsfrieden bezwecken.[47] Hierzu folgendes Beispiel aus dem Mietrecht:

> *BGHZ 47, 53:* Ein gewerblicher Kfz-Vermieter hatte einen Personenwagen vermietet. Der Mieter beschädigt das Kraftfahrzeug.

Der vertragliche Schadensersatzanspruch des Vermieters unterliegt der kurzen Verjährungsfrist des § 548[48], d. h. die Verjährungsfrist beträgt 6 Monate beginnend mit der Rückgabe der Sache bzw. der Beendigung des Mietverhältnisses. Es stellt sich die Frage, ob der geschädigte Vermieter nach Ablauf dieser Verjährungsfrist, wenn er also seinen vertraglichen Schadensersatzanspruch nicht mehr durchsetzen kann, seinen Anspruch wegen Eigentumsverletzung auf § 823 Abs. 1 stützen kann. Denn für diesen gilt ja die dreijährige Verjährungsfrist des § 195 (früher § 852 Abs. 1). Zu dieser Frage führt der BGH aus (S. 55 f.):

> Hierbei geht es (das Berufungsgericht, Anm. d. Verf.), ... zutreffend davon aus, dass die kurze Verjährungsfrist des *§ 548* für Ansprüche des Vermieters wegen Veränderungen und Verschlechterungen der vermieteten Sache – ebenso wie die kurzen Verjährungsfristen der übrigen entgeltlichen und unentgeltlichen Gebrauchsüberlassungen der Pacht, der Leihe und des Nießbrauchs – auch dann gilt, wenn die Ansprüche nicht auf Mietvertrag, sondern auf andere Vorschriften, so auf eine unerlaubte Handlung des Mieters gestützt werden.

---

[44]So auch z. B. Huber/Faust, Schuldrechtsmodernisierung, 2002, S. 275.
[45]BGHZ 116, 297, 300; BGH NJW 1998, 2282, 2283; Erman-Schmidt-Räntsch § 195 Rn. 14.
[46]BGHZ 116, 297, 301.
[47]Deutsch/Ahrens UH Rn. 761.
[48]Die Entscheidung BGHZ 47, 53 erging noch zum damals geltenden, inhaltsgleichen § 558 BGB.

E. Konkurrenzen

Der Grund hierfür ist darin zu sehen:

> Mit den genannten Verjährungsvorschriften wird der Zweck verfolgt, eine rasche Auseinandersetzung zwischen den Partnern des jeweiligen Gebrauchsüberlassungsverhältnisses zu gewährleisten und eine beschleunigte Klarstellung der Ansprüche wegen des Zustandes der überlassenen Sache bei ihrer Rückgabe zu erreichen.
> ... eine möglichst schnelle Abwicklung erscheint deshalb erwünscht, weil die Gebrauchsüberlassungsverhältnisse, insbesondere Miete und Pacht vielfach und häufig wechselnde Interessen berührt und der Zustand der überlassenen Sache bei Rückgabe um so schwerer festzustellen ist, je länger dieser Zeitpunkt zurückliegt.

Ungewiss ist die Lösung des Konkurrenzproblems bei sog. „Weiterfresserschäden".[49] Die Anerkennung deliktischer Ansprüche in diesen Fällen machte gerade vor dem Hintergrund der unterschiedlich langen Verjährungsfristen (§ 477 a. F. – 6 Monate – einerseits, § 852 Abs. 1 a. F. – 3 Jahre – andererseits) Sinn. Bislang wurde auch hier der allgemeine Grundsatz angewandt, dass vertragliche und deliktische Ansprüche ihren jeweiligen Verjährungsvorschriften unterliegen.[50]

Von zahlreichen Autoren wird nunmehr die Auffassung vertreten, dass die durch das Schuldrechtsmodernisierungsgesetz geänderten Verjährungsregeln ein Abrücken von der bisherigen Rechtsauffassung notwendig machen.[51] Die frühere kaufrechtliche Verjährungsvorschrift des § 477 a. F. war auf die verschuldensunabhängigen Rechtsbehelfe der Wandelung, Minderung und Nachlieferung zugeschnitten. Deshalb war der ergänzende Käuferschutz durch das Deliktsrecht plausibel.[52] Demgegenüber wird darauf verwiesen, dass nach neuem Recht den Verkäufer bei fahrlässigem Verhalten eine vertragliche Haftung trifft (§§ 280, 281 Abs. 1 S. 1), die sowohl den Mangel- wie Mangelfolgeschaden umfasst.[53] Die neue Verjährungsvorschrift des § 438 Abs. 1 umfasst sowohl verschuldensunabhängige wie verschuldensabhängige Gewährleistungsrechte des Käufers. Dieses neue Regelsystem, das auch eine bewusste Reduzierung der Verantwortung des Verkäufers im Hinblick auf sonst bestehende unkalkulierbare Risiken beabsichtigt[54], wäre aus den Angeln gehoben, wenn der Käufer auf im Einzelfall günstige Verjährungsregeln deliktischer Ansprüche zurückgreifen könnte.[55] Der

---

[49] Vgl. dazu oben 2. Kap. A. 1.3.2.

[50] Vgl. zur bisherigen Rechtslage BGHZ 55, 392, 398; 66, 315, 319; vgl. Erman-Schmidt-Räntsch § 195 Rn. 17.

[51] Ausführlich dazu Mansel/Budzikiewicz, Das neue Verjährungsrecht, 2002, § 5 Rn. 138 ff.

[52] Foerste ZRP 2001, 342.

[53] Roth H., Das neue Kauf- und Werkvertragsrecht, in Koller/Roth/Zimmermann (Hrsg.), Schuldrechtsmodernisierungsgesetz 2002, S. 67, 69.

[54] Mansel/Budzikiewicz, Das neue Verjährungsrecht, 2002, § 5 Rn. 145; Lorenz NJW 2005, 1889.

[55] Roth H., Das neue Kauf- und Werkvertragsrecht, in Koller/Roth/Zimmermann (Hrsg.), Schuldrechtsmodernisierungsgesetz 2002, S. 67, 76.

Gesetzgeber des Schuldrechtsmodernisierungsgesetzes hat bewusst die Lösung der Frage der Rechtsprechung überlassen.[56]

Auch diejenigen Autoren, die den Vorrang der vertraglichen Verjährungsregelung befürworten, wollen der bisherigen Rspr. folgen, soweit persönliche Rechtsgüter betroffen sind.[57] Zieht die Mangelhaftigkeit der Kaufsache einen Personenschaden nach sich, wäre es unbillig, dessen Konsequenzen allein dem Käufer aufzuerlegen. Eine Stütze für diese Ansicht findet sich in § 199 Abs. 2, wonach Ansprüche wegen Personenschäden unter eine dreißigjährige Frist fallen.

F. Besonderheiten bei deliktsrechtlichen Ansprüchen wegen Entziehung und Beschädigung von Sachen

I. Zufallshaftung (§ 848)

Hat A dem B eine Sache weggenommen, ist er gemäß § 823 Abs. 1 bzw. § 823 Abs. 2 i. V. m. § 242 StGB dem B zur Rückgabe der Sache verpflichtet. Wird die Sache vor Rückgabe ohne Verschulden des A zerstört, so stellt sich die Frage, ob A auch für dieses Schadensrisiko noch haften soll. Man könnte argumentieren, dass dieser Schaden nicht vom Schutzbereich der Norm erfasst werde. Denn der Pflichtverstoß des A hat mit dem zum Verlust der Sache führenden Ereignis nichts zu tun. § 848 will diesen möglichen Einwand des Deliktsschuldners ausschließen.[58]

Ähnlich wie bei § 827 S. 2 wird durch § 848 dem Schuldner das Risiko der zufälligen Verschlechterung oder des zufälligen Untergangs auferlegt.[59] Der Deliktsschuldner kann sich jedoch gegen die Haftung aus § 848 durch den Nachweis wehren, dass die Verschlechterung, der Untergang oder die Unmöglichkeit der Herausgabe der Sache auch ohne die Entziehung der Sache eingetreten sein würde. Das Gesetz gestattet also dem Schuldner die Geltendmachung einer Reserveursache.[60]

---

[56]BT-Drucks. 14/6040, S. 229. Die §§ 195, 199 Abs. 1 anwendend OLG München NJW 2015, 3314.

[57]Mansel/Budzikiewicz, Das neue Verjährungsrecht, 2002, § 5 Rn. 156 ff.; Dauner-Lieb/Mansel, Das Neue Schuldrecht, 2002, § 154.

[58]Ebenso Larenz/Canaris SBT 2 § 83 IV, die darauf hinweisen, dass es bei § 848 nicht auf die „objektive Zurechenbarkeit" des Folgeschadens, insbesondere nicht auf das Kriterium des Schutzzweck- oder Risikozusammenhanges ankomme, sondern für jede Art von Zufall gehaftet werde.

[59]Die Vorschrift folgt dem römisch-rechtlichen Grundsatz „fur semper in mora", vgl. hierzu die Quellennachweise bei Liebs, Lateinische Rechtsregeln und Rechtssprichwörter, 1982, S. 78 f.

[60]Zum Begriff der Reserveursache siehe Medicus/Lorenz SAT Rn. 687.

II. Verzinsungspflicht (§ 849)

Die Vorschrift des § 849 entspricht der des § 290. Die Funktion der Vorschrift soll an folgendem Fall verdeutlicht werden:

BGH NJW 1983, 1614: Am 28.6.1979 beschädigte B den PKW des K. Am 25.11.1980 zahlte B die Schadenssumme (auf Totalschadenbasis) und eine Nutzungsausfallentschädigung für 14 Tage. K macht für die Zeit vom 28.6.1979 bis 25.11.1980 einen Betrag von 4 % Zinsen aus der Ersatzsumme geltend.

Unstreitig bestand ein Anspruch des K aus § 7 StVG. Der BGH begründete eingehend, dass § 849 auch für Gefährdungshaftungstatbestände Anwendung findet.

Dem BGH zufolge (S. 1614 f.) verfolgt der Zinsanspruch aus § 849 den Zweck, den endgültig verbleibenden Verlust an Nutzbarkeit der Sache auszugleichen, der durch den späteren Gebrauch derselben oder einer anderen Sache nicht nachgeholt werden kann. Der Gesetzgeber habe gewollt, den Geschädigten von dem Nachweis zu befreien, welchen Schaden er durch den Entzug der Nutzungen des betreffenden Gegenstandes erlitten hat. Ihm sei daher das Recht eingeräumt worden, anstelle des Schadens für die entzogenen Nutzungen Zinsen aus der ihm gebührenden Ersatzsumme zu verlangen. Der Geschädigte kann daher den durch das Ausbleiben der geschuldeten Ersatzleistung entstandenen Nachteil (Nutzung der Sache) sowohl über die Grundsätze für die Nutzungsausfallentschädigung[61] als auch abstrakt über § 849 berechnen. Allerdings gilt dies nur, so weit es sich um verschiedene Zeiträume des Nutzungsentzuges handelt. Im konkreten Fall konnte K für den Zeitraum vom 29.6.1979 bis zum 25.11.1980 einen Zinsanspruch nach § 849 geltend machen. Für den Zeitraum, für den er aber Nutzungsausfallentschädigung beansprucht und erhalten hatte, muss ein entsprechender Abzug vorgenommen werden.

Der Beginn der Zinspflicht gem. § 849 ist regelmäßig der Zeitpunkt des Schadensereignisses.[62]

III. Verwendungsersatz (§ 850)

Bezüglich des Anspruchs auf Ersatz von Verwendungen verweist § 850 auf die Vorschriften des Eigentümer-Besitzer-Verhältnisses (§§ 994 ff.). Aufgrund eines Verwendungsersatzanspruchs steht dem Deliktsschuldner ein Zurückbehaltungsrecht hinsichtlich der Rückgabe der Sache oder der Leistung einer Ersatzsumme nach § 273 BGB zu (Ausnahme: § 1000 S. 2 bei vorsätzlicher unerlaubter Handlung). Bezüglich der Einzelheiten eines Verwendungsersatzanspruchs muss auf das sachenrechtliche Schrifttum verwiesen werden.[63]

---

[61] Vgl. dazu MüKo-Wagner § 849 Rn. 9.
[62] BGH NJW 1965, 392.
[63] Vgl. etwa Vieweg/Werner, § 8 Rn. 31 ff.

IV. Gutglaubensschutz bei Schadensersatzleistung (§ 851)

Ähnlich wie § 407 im Rahmen der Forderungsabtretung gewährt § 851 einen Gutglaubensschutz des Deliktsschuldners bei Schadensersatzleistungen an den Nichtberechtigten. Anknüpfungspunkt für den guten Glauben ist der Besitz des Leistungsempfängers im Zeitpunkt der Entziehung oder Beschädigung der Sache. § 851 entspricht somit den Rechtsscheinwirkungen der §§ 1006, 932.

Der Ausgleich zwischen dem Besitzer und dem tatsächlich Berechtigten bestimmt sich nach § 816 Abs. 2.

G. Arglisteinrede (§ 853)

Die Arglisteinrede des § 853 stellt einen Fall unzulässiger Rechtsausübung dar.[64] Sie bezieht sich auf den Fall, dass durch eine unerlaubte Handlung (etwa einen Betrug oder eine arglistige Täuschung) eine Forderung in der Person des Deliktsschuldners begründet wird. Der Schadensersatzanspruch des Geschädigten besteht dann regelmäßig gem. § 249 in der Aufhebung der Forderung. Ist jedoch dieser Schadensersatzanspruch verjährt, müsste der Geschädigte die Forderung erfüllen. In dieser Situation greift § 853 zugunsten des Geschädigten ein. Trotz Verjährung des Schadensersatzanspruchs kann er die Erfüllung der Forderung verweigern.[65]

Entsprechende Anwendung findet § 853 bei Versäumung der Anfechtungsfrist des § 124 sowie der Frist nach §§ 133 Abs. 1 S. 1, 135 Nr. 1 u. 2, 146 Abs. 1 InsO.[66]

---

[64]Erman-Schiemann § 853 Rn. 1.
[65]Die Arglisteinrede des § 853 kann nach § 404 auch dem Zessionar entgegengehalten werden.
[66]Vgl. Erman-Schiemann § 853 Rn. 2.

Kapitel 10: Gefährdungshaftung

A. Grundlagen

I. Zurechnung und tatbestandliche Struktur

Das Institut der Gefährdungshaftung ist dadurch charakterisiert, dass die Haftung des Verantwortlichen allein davon abhängig ist, dass sich im konkreten Schadensereignis eine bestimmte, von dem Verantwortlichen beherrschte Gefahr verwirklicht hat.

Der Grund für die Zurechnung des Schadens ist die Tatsache, dass der Verantwortliche ein spezifisches Risiko gesetzt hat, indem er eine Anlage betreibt, eine bestimmte Sache benutzt oder eine bestimmte Tätigkeit vornimmt, die eine potenzielle, typische Gefährdung in sich trägt. Realisiert sich diese Gefährdung, so hat der Verantwortliche für den daraus entstehenden Schaden Ersatz zu leisten. Es kommt bei der Gefährdungshaftung nicht darauf an, ob dem Verantwortlichen rechtswidriges und schuldhaftes Handeln/Unterlassen vorgeworfen werden kann. Die Verschuldensunabhängigkeit macht gerade die Eigenart dieses Haftungsinstituts aus. Die Gefährdungshaftung sucht demnach den „gerechten Ausgleich für das Erlaubtsein eines gefährlichen Tuns".[1]

---

[1]Fikentscher Rn. 1684; ähnlich Esser, Grundlagen und Entwicklung der Gefährdungshaftung, 2. Aufl. 1969, S. 97: „So ist also allein die Tatsache der staatlichen Erlaubnis der Gefährdung der Grund für die Befreiung des einzelnen Betriebsunternehmers von seinem Schuldvorwurf und damit zugleich der Anlass zu einem neuen Zurechnungsbedürfnis. Diesem wird man nun nicht dadurch gerecht, dass man einfach erklärt, es bleibe doch eine Schuldform, man brauche nur begrifflich und allgemein „dem" Verschulden seine Qualität der Vorwerfbarkeit nehmen. Denn damit würde man den Rückschritt in sittlicher Hinsicht, der hier aus Sondergründen in Einzelgebieten droht, zu einer allgemeinen Gefahr werden lassen und der Deliktsidee ihren Kern, der Verschuldenshaftung aber ihren erzieherischen Wert nehmen. Der Zurechnungsgrund der Gefährdungshaftung liegt somit, genau wie der für Notstandshandlungen, nicht in der Vorwerfbarkeit, im Bestehen eines Willensmangels, sondern in der Grundeinsicht unseres Rechtsbewusstseins, dass man für Sonderrechte, die man genießt, durch Übernahme des hierbei entstehenden Unglücks aufzukommen hat".

Einer anderen Auffassung zufolge soll wesentliche Zurechnungsgrundlage der Gefährdungshaftung der Grundsatz sein, dass derjenige, der, entweder professionell oder privat, den Vorteil aus der mit der Gefährdungshaftung belegten Tätigkeit zieht, zugleich auch das daraus resultierende Risiko zu tragen hat.[2]

Gesetzliche Regelungen der Gefährdungshaftung finden sich in den §§ 833 S. 1; 7 StVG; 89 WHG; 1, 2 UmweltHG; 1, 2 HPflG; 84 AMG; 33 LuftVG; 25, 26 AtG; 32 GenTG; 114 BBergG; 29, 33 BJagdG. Mit einer gewissen Berechtigung kann man hierher auch die Fälle der unberechtigten Selbsthilfe (§ 231) und Schäden aus der Zwangsvollstreckung später aufgehobener Entscheidungen rechnen.[3] Zweifelhaft ist die Einordnung der Haftung nach dem Produkthaftungsgesetz (ProdHaftG), s. dazu unten IX. 1.

Aus dem besonderen Zurechnungsgrund resultiert eine allen Gefährdungshaftungstatbeständen eigentümliche Grundstruktur des Tatbestandes: Rechtsgutverletzung/Schaden stellen sich als die Folge der Verwirklichung einer spezifischen Gefahr dar. Wegen dieser tatbestandlichen Grundstruktur entfallen im Gegensatz zu den Verschuldenstatbeständen die Elemente Rechtswidrigkeit und Verschulden. Str. ist, inwieweit Deliktsfähigkeit vorliegen muss. Im Schrifttum werden z. T. die §§ 104 ff. analog herangezogen[4], z. T. wird eine Analogie zu §§ 827 ff. befürwortet.[5] Auch auf das Kriterium der Adäquanz wird man im Rahmen der haftungsbegründenden (nicht bei der haftungsausfüllenden) Kausalität verzichten können, vgl. hierzu

BGHZ 79, 259 (Hubschrauberunfall): Ein Hubschrauber überflog in geringer Höhe das Anwesen des Klägers. Dabei stürzte an einem Wirtschaftsgebäude ein Teil des Daches ein. Das Dach war insgesamt etwa 90 Jahre alt, doch war der eingestürzte Teil im Jahre 1939 baulich verändert worden.

Das Berufungsgericht hatte den Gefährdungshaftungsanspruch aus § 33 LuftVG verneint, weil die Verursachung des Einsturzes durch den Hubschrauber nicht adäquat, sondern auf den instabilen Zustand des Daches zurückzuführen gewesen sei. Diese Rechtsauffassung lehnt der BGH ab (S. 262 f.). Die haftungsrechtliche Zurechnung mithilfe des „Filters" der Adäquanz sei bei Verschuldenstatbeständen notwendig, wenn es um die Verletzung der im Verkehr erforderlichen Sorgfalt gehe. Denn die Sorgfaltspflicht gehe nicht dahin, solchen Folgen vorzubeugen, die auch für einen optimalen Beobachter nicht voraussehbar waren. Diese Sichtweise passe aber nicht für die Gefährdungshaftung (S. 262): „Einer Gefährdungshaftung liegen keine Verhaltenspflichten zugrunde, vielmehr dient sie dazu, die Auswirkungen einer konkreten, im Regelfall erlaubtermaßen gesetzten Gefahr auszugleichen. Damit kommt es nicht darauf an, ob der festgestellte Schadensfall anhand bisheriger Erfahrungen vorausgesehen werden musste, sondern nur darauf,

---

[2]Vgl. Larenz/Canaris SBT 2 § 84 I 2 a.
[3]Siehe dazu Medicus/Lorenz SBT Rn. 1401.
[4]Vgl. Larenz/Canaris SBT 2 § 84 I 2 g; Esser/Weyers § 63 II 3.
[5]Zum Meinungsstand Soergel-Spickhoff § 827 Rn. 6 ff.

ob es sich um eine spezifische Auswirkung derjenigen Gefahren handelt, hinsichtlich derer der Verkehr nach dem Sinn der Haftungsvorschrift schadlos gehalten werden soll." An die Stelle der Adäquanz tritt demnach das Kriterium der spezifischen Gefahr.

II. Rechtspolitische Begründung

Hauptgrund für die Schaffung einer objektiven Haftung ist die Erkenntnis, dass neue Anlagen, Techniken, Sachen oder Substanzen der Ursprung unbekannter, nicht kalkulierbarer Risiken sind und daher als Ausgleich für ihre erlaubte Nutzung eine strenge Haftung für die daraus erwachsenden Schäden notwendig ist. Dieser Gedanke ist der Einführung eines jeden Gefährdungshaftungstatbestandes, sei es der Einführung der Gefährdungshaftung für Dampflokomotiven im Jahre 1838 oder der Schaffung der Gefährdungshaftung im GenTG von 1990, immanent.

Ferner dient das Konzept der Gefährdungshaftung dem Abbau von Beweisschwierigkeiten. Der Geschädigte verfügt häufig nicht über das Wissen bezüglich der schädigenden Anlage oder Substanz. Der Verzicht auf das Verschuldenserfordernis hat deshalb entlastenden Charakter.

Schließlich entfaltet die Gefährdungshaftung auch noch schadenspräventive Wirkungen. Zwar wird dies nicht unmittelbar durch die jeweiligen Tatbestände erreicht, sondern mittelbar über die betriebswirtschaftlichen Kosten. Es erweist sich nämlich im Ergebnis als betriebswirtschaftlich günstiger, schadenspräventive Maßnahmen zu treffen, als das Risiko einer Vielzahl von Schadensfällen mit entsprechenden Folgekosten einzugehen.[6]

III. Das Enumerationsprinzip

Umstritten ist, ob man über die gesetzlich normierten Gefährdungshaftungstatbestände hinaus eine Generalklausel der Gefährdungshaftung annehmen kann. Die ganz h.M. vertritt die Ansicht, dass durch die ausschließliche einzeltatbestandliche Normierung der Gefährdungshaftung der gesetzgeberische Wille deutlich wird, über die statuierten Fälle hinaus eine Ausdehnung nicht zuzulassen.[7] Als problematisch wird insoweit die gesetzgeberische Reaktionszeit im Hinblick auf die Entwicklungsgeschwindigkeit und das Risiko neuer Technologien angesehen.[8] Auch bei der Übertragung einzelner Regelungen aus einem Regelungskomplex der

---

[6]Vgl. hierzu eingehend Kötz/Wagner Rn. 498 ff.

[7]Vgl. Deutsch NJW 1992, 74 m. w. N.; Larenz/Canaris SBT 2 § 84 I 1 b; BGH VersR 1972, 1047, 1049; kritisch zur h.M. Kötz/Wagner Rn. 514.

[8]Vgl. Zeck JZ 2013, 21 ff., der einen neuen Gefährdungshaftungstatbestand für neue Technologien vorschlägt.

Gefährdungshaftung in einen anderen im Wege der Analogie ist Zurückhaltung geboten. Der BGH formuliert es sogar noch etwas strenger:

> Die Gefährdungshaftungen enthalten für die einzelnen Haftungsbereiche im Hinblick auf die Besonderheiten der jeweiligen Materie und ihrer Entstehungsgeschichte je eigenständige und in sich abgeschlossene Regelungen, die nur aus ihrem jeweiligen Zusammenhang heraus verstanden und angewendet werden können und demgemäß einer entsprechenden Anwendung auf andere Gefährdungshaftungen nicht zugänglich sind.[9]

Vor diesem Hintergrund hat der BGH beispielsweise eine Übertragung des Haftungsausschlusses des § 8 Nr. 2 StVG auf die Tierhalterhaftung (§ 833 S. 1) verneint.[10] Entsprechendes gilt auch für die Übertragung von Sonderregelungen der Gefährdungshaftung auf die Verschuldenshaftung. Auch hier ist in der Regel zu beachten, dass es gewollte Unterschiede beider Haftungssysteme sind. So kann beispielsweise die in vielen Sondergesetzen der Gefährdungshaftung über § 254 BGB hinausgehende Regelung, dass bei Beschädigung einer Sache der Geschädigte sich auch das Mitverschulden desjenigen zurechnen lassen muss (vgl. z. B. § 9 StVG), der die tatsächliche Gewalt über die Sache ausübt, nicht auf Ansprüche aus § 823 analog angewendet werden.[11]

IV. Besonderheiten der Gefährdungshaftung

1. Typen der Gefährdungshaftung

Zunächst sind alle Tatbestände der Gefährdungshaftung dadurch gekennzeichnet, dass die Haftung an die Verantwortung für bestimmte spezifische Gefahrenquellen anknüpft. Innerhalb der geltenden Vorschriften kann man dennoch unterscheiden zwischen einer Haftung für Gefahren aus bestimmten Anlagen und aus der Herrschaft über bestimmte Sachen oder Substanzen, sowie für Gefahren, die sich aus einer bestimmten risikoreichen Tätigkeit ergeben. Die oben (I. 1.) erwähnten gesetzlichen Gefährdungshaftungstatbestände lassen sich demnach wie folgt einteilen:

Anlagen-, Sach-, Substanzhaftung: § 1 HPflG: Schienenbahn oder Schwebebahn; § 2 HPflG: Energieanlage; § 833 S. 1: Tier (beachte § 90 a); § 7 StVG: Kraftfahrzeug; § 1 UmweltHG: Anlage i. S. d. Anhang 1 zum UmweltHG; § 33 LuftVG: Flugzeug; § 25 AtG: Kerntechnische Anlage.

Handlungshaftung: § 84 AMG: Pharmazeutischer Unternehmer; § 32 GenTG: Betreiber; § 114 Abs. 1 BBergG: Bergunternehmer; §§ 29, 33 BJagdG: Jagdausübungsberechtigter.

---

[9]BGH NJW 2014, 2434, 2435.
[10]BGH NJW 2014, 2434.
[11]BGH NJW 2013, 3235.

Eine Besonderheit findet sich in § 89 WHG. Hier ist nebeneinander sowohl Handlungshaftung (§ 89 Abs. 1 WHG) als auch Anlagenhaftung (§ 89 Abs. 2 WHG) statuiert.

Deutsch schlägt darüber hinaus eine Systematisierung der Gefährdungshaftung nach „enger Gefährdungshaftung", „erweiterter Gefährdungshaftung" und „Kausal-Vermutungshaftung" vor.[12]

2. Spezifische Gefahr

Die Rechtsgutverletzung muss durch ein der Gefahrenquelle eigenes, typisches Risiko verursacht worden sein. Mit diesem Erfordernis wird im Rahmen der Gefährdungshaftung das Kriterium der Adäquanz durch das Kriterium der spezifischen Gefahr abgelöst (vgl. dazu oben I.). Die Rechtsgutverletzung muss sich als die Realisierung gerade derjenigen Gefahr darstellen, deretwegen die Haftung vom Gesetzgeber geschaffen wurde. Insofern kommt auch hier die Lehre vom Schutzzweck der Norm ebenso zur Anwendung wie bei der Verschuldenshaftung.[13]

3. Haftungsausschluss – Haftungsminderung

Bei zahlreichen Gefährdungshaftungstatbeständen führt das Vorliegen „höherer Gewalt" (§ 89 Abs. 2 WHG, §§ 1 Abs. 2, 2 Abs. 3 Nr. 3 HPflG; § 4 UmweltHG; § 7 Abs. 2 StVG) zu einem Haftungsausschluss.[14]

Einige Regelungen der Gefährdungshaftung sehen Vorschriften zur Haftungsminderung vor (§§ 9 StVG, 34 LuftVG, 27 AtG, 4 HPflG). Diese knüpfen die Minderung des Haftungsumfangs des Verantwortlichen an ein eigenes mitursächliches Verschulden des Geschädigten. Abzuwägen ist zwischen dem Grad des mitursächlichen Verschuldens und der von der Anlage oder Sache selbst ausgehenden spezifischen Gefahr (sog. Betriebsgefahr). Diese Abwägung ist grundsätzlich nach beiden Seiten hin offen und kann daher sowohl zu einem völligen Entfallen des Ersatzanspruchs des Geschädigten führen, wenn sein Mitverschulden außerordentlich hoch ist, als auch zu einer vollen Haftung des Verantwortlichen trotz Mitverschuldens, wenn nämlich die Betriebsgefahr im konkreten Schadensfall so hoch war, dass das Mitverschulden zu vernachlässigen ist. Im Übrigen ist auch eine Berücksichtigung des Mitverschuldens über § 254 möglich.

4. Haftungshöchstgrenzen

Für die meisten Bereiche der Gefährdungshaftung sind Haftungshöchstgrenzen typisch (§§ 12 StVG, 37 LuftVG, 9, 10 HPflG, 88 AMG). Damit soll die bessere Versicherbarkeit des Risikos erreicht werden. Bemerkenswert ist die unbegrenzte Tierhalterhaftung (§ 833) und die Haftung nach dem WHG. Die unterschiedliche

---

[12] Vgl. Deutsch NJW 1992, 75 ff.; Deutsch/Ahrens UH Rn. 516 ff.
[13] Kötz/Wagner Rn. 520; Larenz/Canaris SBT 2 § 84 I 1 g; BGH VersR 1991, 1068, 1069.
[14] Zum Ausschlussgrund der höheren Gewalt s. Meder JZ 1984, 485 ff.

Handhabung dieses Instruments innerhalb der Gefährdungshaftung zeigt, dass den gesetzlichen Regelungen kein klares, durchgängiges Konzept zugrunde liegt.

5. Nichtvermögensschäden

Die Gefährdungshaftungsregelungen sahen in der Vergangenheit keinen Ersatz für Nichtvermögensschäden vor. Ausnahmen fanden sich lediglich in §§ 53 Abs. 3 LuftVG, 29 Abs. 3 AtG sowie im BGB § 833 S. 1. In der Literatur wurde der Ausschluss des Ersatzes von Nichtvermögensschäden seit langem kritisiert.[15] Insbesondere wurde kritisiert, dass es höchst unpraktikabel sei, schwierige Tatsachen – und Rechtsfragen, die ein Deliktsanspruch aufwerfen kann, häufig nur wegen des Schmerzensgelds auszuprozessieren.[16]

Mit dem Zweiten Gesetz zur Änderung schadensersatzrechtlicher Vorschriften vom 19. Juli 2002[17] hat sich der Gesetzgeber dieser Kritik in der Literatur angeschlossen. Der Gesetzgeber hat in der neuen Vorschrift des § 253 Abs. 2 immateriellen Schadensersatz nunmehr auch für Gefährdungshaftungstatbestände generell vorgesehen. In der Begründung dieser Regelung hat der Gesetzgeber darauf hingewiesen,[18] dass die in der Rechtsprechung dem Schmerzensgeld neben der Ausgleichsfunktion zugewiesene Genugtuungsfunktion[19] der Einführung immateriellen Schadensersatzes bei Gefährdungshaftungstatbeständen nicht entgegenstehe. Denn die Ausgleichsfunktion des Schmerzensgeldes werde von der Rechtsprechung immer mehr in den Vordergrund gerückt. Auch kam es dem Gesetzgeber darauf an, eine Angleichung an die europäischen Nachbarrechtsordnungen vorzunehmen, die für die Gewährung von Schmerzensgeld eine Differenzierung nach dem Verschulden im Allgemeinen nicht kennen. Und schließlich betont der Gesetzgeber den Rationalisierungseffekt für die gerichtlichen Verfahren. Nach bisherigem Recht sei ein wesentliches Ziel der Gefährdungshaftung, nämlich für bestimmte Bereiche Ausgleichsmechanismen auf der Grundlage einer einfachen objektiven Risikozuweisung zu schaffen, praktisch außer Kraft gesetzt worden, weil wegen des Schmerzensgelds stets zusätzlich die deliktische Verschuldenshaftung bemüht wurde.

Fraglich ist, nach welchen Kriterien die Höhe des Schmerzensgeldes zu bemessen ist, wenn dieses auf einen Tatbestand der Gefährdungshaftung gestützt wird. Zum Teil wird die Auffassung vertreten, dass ein etwaiges Verschulden des Schädigers nicht

---

[15]Vgl. etwa MüKo-Mertens, 3. Aufl., Vor §§ 823–853 Rn. 25 m. w. N.
[16]So Larenz/Canaris SBT 2 § 84 I 1 d.
[17]BGBl. I S. 2674. Zu diesem Gesetz Wagner NJW 2002, 2049; Heß/Jahnke, Das neue Schadensrecht, 2002, S. 1 ff.
[18]Vgl. BT-Drucks. 14/7752, S. 14 f.
[19]Siehe dazu oben 7. Kap. A.

anspruchserhöhend berücksichtigt werden kann.[20] Das ist insoweit richtig, als der Genugtuungsgedanke im Recht der Gefährdungshaftung keinen Platz hat. Denn der Schädiger hat nichts Verbotenes getan, sondern eine erlaubte Risikoquelle geschaffen. Das schließt freilich nicht aus, die Berücksichtigung des Verschuldens unabhängig vom Genugtuungsgedanken aus anderen Gründen zuzulassen (näher 7. Kap. A). Jedenfalls darf das Schmerzensgeld, das nur auf Gefährdungshaftung gestützt werden kann, nicht niedriger bemessen werden als bei einer Haftung aus (einfach) fahrlässigem Verhalten.[21]

6. Versicherungsschutz

Wer dem Risiko ausgesetzt ist, wegen einer Gefährdungshaftung in Anspruch genommen zu werden, wird im eigenen Interesse eine Haftpflichtversicherung abschließen. Die Interessen von Geschädigten hat der Gesetzgeber zum Teil durch die Statuierung einer Zwangsversicherung (vgl. § 1 PflVG), zum Teil durch das Instrument der Deckungsvorsorge (vgl. §§ 13 AtG, 19 UmweltHG, 36 GenTG, 94 AMG) geschützt.

7. Konkurrenzen

Neben der Gefährdungshaftung sind die Vorschriften über die Deliktshaftung (ebenso wie vertragliche Ansprüche) uneingeschränkt anwendbar.[22] Diese Parallelität von Verschuldens- und Gefährdungshaftungstatbeständen kann Auswirkungen auf der Rechtsfolgenseite haben, vgl. dazu

BGH r+s 2016, 45: Die Ehefrau des Klägers ging mit dessen Hund, einem Jack-Russel-Mischling spazieren. Am Grundstück des Beklagten, begegnete der Hund am Zaun dem nicht angeleinten Wolfshund des Beklagten. Der Wolfshund sprang über den Zaun und fügte dem Hund des Klägers erhebliche Verletzungen zu.

Hier haftet der Beklagte nicht nur aus Gefährdung (§ 833 S. 1) wegen der von seinem Wolfshund ausgehenden Tiergefahr, sondern auch aus Verschulden (§ 823 Abs. 1) für die fahrlässige Verletzung des Eigentums am Jack-Russel-Mischling (§ 90 a S. 3). Er hätte entweder durch eine ausreichende Beaufsichtigung oder eine ausreichend sichere Einzäunung seines Grundstücks dafür sorgen müssen, dass der Hund nicht über den Zaun springen kann.

Da aber der Hund des Klägers den Kopf durch den Zaun steckte, liegt auch darin eine Tiergefahr, die eine (Mit-)Haftung aus § 833 S. 1 begründen bzw. zu einer anspruchsmindernden Anrechnung entsprechend §§ 254 Abs. 1, 833 S. 1 führen könnte. Das Berufungsgericht hatte daher die Verursachungsbeiträge gegeneinander abgewogen. Zutreffend sieht der BGH hingegen die volle Haftung beim Beklagten. Der Rechtsgedanke des § 840 Abs. 3, wonach der Tiergefahr

---

[20] Siehe Katzenmeier JZ 2002, 1029, 1031; Jahnke zfs 2002, 105, 108; Prütting/Wegen/Weinreich-Medicus § 253 Rn. 13.

[21] So zutreffend OLG Celle NJW 2004, 1185; Pauker VersR 2004, 1391, 1394.

[22] Vgl. dazu Medicus/Petersen BR Rn. 637.

gegenüber der Verschuldenshaftung aus § 823 keine Bedeutung zukommt, greift auch in diesem Fall (S. 47).

B. Die Gefährdungshaftungstatbestände

I. Die Tierhalterhaftung aus § 833 Satz 1

1. Funktion der Vorschrift
Die Haftung des Tierhalters gem. § 833 S. 1 ist die einzig echte Gefährdungshaftungsvorschrift im BGB. Im Wesentlichen dient die Gefährdungshaftung des § 833 S. 1 der Kanalisierung der Schadenstragung auf den Tierhalter. Dieser kann als potenzieller Schädiger spezifische Vorsorge, etwa durch Abschluss einer Haftpflichtversicherung, für die mit der Tierhaltung verbundenen Gefahren treffen.[23] Die Gefährdungshaftung nach § 833 S. 1 gilt nur für sog. Luxustiere. Für Nutztiere gilt die Verschuldenshaftung des § 833 S. 2.[24]

2. Tatbestandliche Voraussetzungen

Rechtsgutverletzung (Leben, Körper, Gesundheit, Sache)
Verwirklichung einer spezifischen Tiergefahr („durch ein Tier")
Tierhalter

2.1 Rechtsgutverletzung
Geschützte Rechtsgüter sind Leben, Körper, Gesundheit und Sachen.

2.2 Der Tierbegriff
Als gesichert kann bei der Bestimmung des Tierbegriffs im Rahmen des § 833 S. 1 gelten, dass alle Tiere im alltagssprachlichen Sinne, gleichgültig ob gezähmt, wild oder bösartig, hierunter fallen.[25] Jedoch muss es möglich sein, dass über diese Tiere eine „relativ nachhaltige menschliche Kontrolle möglich ist",[26] denn nur dann sind diese auch geeignet, einen Tierhalter zu haben.

Umstritten ist, ob auch laborgezüchtete *Mikroorganismen* unter den Tierbegriff des § 833 S. 1 fallen und somit eine Gefährdungshaftung begründen können oder ob lediglich eine Haftung nach § 823 Abs. 1 BGB bzw. § 823 Abs. 2 i. V. m. §§ 44 ff. Infektionsschutzgesetz (IfSG) besteht.

---

[23]Vgl. MüKo-Wagner § 833 Rn. 2.
[24]Siehe dazu oben 3. Kap. D.
[25]Vgl. Palandt-Sprau § 833 Rn. 4.
[26]MüKo-Stein, 3. Aufl., § 833 Rn. 9.

Die Vertreter der erstgenannten Meinung wollen den Begriff des Tieres biologisch verstehen und fassen darunter auch Klein- und Kleinstlebewesen.[27] Andere wollen den Tierbegriff des § 833 S. 1 auf das „große Tier" beschränken und sehen die Bestimmungen der §§ 44 ff. IfSG (früher: §§ 19 ff. BSeuchG) sowie § 32 GenTG als abschließende Regelung zur Haftungsbegründung für Mikroorganismen an.[28] Ob man aus der Entscheidung BGH NJW 1989, 2947 (Infektion mit Virus in einer Forschungseinrichtung) eine Festlegung zugunsten der letztgenannten Meinung sehen darf, weil der BGH nur § 823, nicht aber § 833 als Anspruchsgrundlage heranzieht, ist zweifelhaft.

2.3 Tiergefahr – Sachlicher Schutzbereich

Der Tatbestand des § 833 S. 1 verlangt, dass die Rechtsgutverletzung Folge einer spezifischen Tiergefahr ist.[29] Hierzu wurde in der Rechtsprechung früher als maßgebliches Kriterium gefordert, dass „die Schädigung durch ein der tierischen Natur entsprechendes, selbstständiges, durch kein vernünftiges Wollen geleitetes *willkürliches Verhalten* des Tieres verursacht worden" ist.[30] Die Unterscheidung zwischen natürlichem und willkürlichem Verhalten ist vom BGH aufgegeben worden:

BGHZ 67, 129 ff.: Die Klägerin ist Eigentümerin einer reinrassigen Chow-Chow-Zuchthündin, die Beklagte ist Halterin eines Bastard-Rüden. Die Klägerin behauptet, sie habe ihre damals läufige Hündin angeleint spazieren geführt. Dabei sei sie dem frei herumlaufenden Rüden der Beklagten begegnet, der ihre Hündin gedeckt habe. Ihre Versuche dies zu verhindern, seien erfolglos gewesen. Die Klägerin verlangt von der Beklagten Ersatz der Tierarztkosten für eine Trächtigkeitsunterbrechung sowie des ihr durch den ungewünschten Deckakt entgangenen Gewinnes aus dem Verkauf eines Wurfs reinrassiger Chow-Chow-Hunde.

Das Berufungsgericht hatte im Anschluss an die überkommene Rechtsauffassung die Verwirklichung einer Tiergefahr verneint. Dagegen der BGH (S. 132 ff.):

Eine den Bereich der Tiergefahr zutreffend umschreibende Definition muss sich am Sinn und Zweck der gesetzlichen Vorschrift orientieren. Da der Grund der besonderen Regelung der Tierhalterhaftung (…) in der *Unberechenbarkeit des Verhaltens* eines Tieres und der dadurch hervorgerufenen Gefährdung von Leben, Gesundheit und Eigentum Dritter liegt, muss der Tierhalter für all das einstehen, was infolge dieser tierischen Unberechenbarkeit an Schaden entsteht. Eine solche Abgrenzung steht auch im Einklang mit modernen naturwissenschaftlichen Erkenntnissen. Nichts anderes war der Sache nach gemeint, wenn der erkennende Senat in seinen Entscheidungen die auf das Reichsgericht (…) zurückgehende Bestimmung des Begriffs der Tiergefahr gebraucht hat, indem er

---

[27] Deutsch NJW 1990, 751; Bamberger/Roth-Spindler § 833 Rn. 4; Jauernig-Teichmann § 833 Rn. 2; Medicus/Lorenz SBT Rn. 1365.

[28] Larenz/Canaris SB 2 § 84 II 1 a; Palandt-Sprau § 833 Rn. 4; Staudinger-Eberl-Borges, § 833 Rn. 12 f.

[29] Eingehend zur Tiergefahr (u. a. von provizierten, schlafenden oder auch toten Tieren) Schmid VersR 2014, 555 ff.

[30] Vgl. Übersicht bei Deutsch JuS 1987, 673, 675 m. w. N.

ausführt, ein Schaden sei dann durch ein Tier verursacht, wenn er „durch ein der tierischen Natur entsprechendes, willkürliches Verhalten" herbeigeführt worden ist, oder wenn er gesagt hat, die Tiergefahr bestehe in der „von keinem vernünftigen Wollen geleiteten Entfaltung der tierischen Kraft" (...). Es sollte damit keineswegs gesagt sein, es gebe auch Fälle, in denen tierisches Verhalten „von einem vernünftigen Wollen geleitet" war. Schon das Reichsgericht hat in JW 1912, 797 hervorgehoben, dass die für die Analysierung menschlichen Handelns geläufigen Begriffe der Willensfreiheit, der Verantwortlichkeit, des Vorsatzes usw. nicht auf das Verhalten von Tieren übertragen werden können.

Im Schrifttum wird das vom BGH zugrunde gelegte Kriterium der Unberechenbarkeit als unscharf und missverständlich angesehen.[31]

Bei einer Verletzung durch das Stolpern über ein im öffentlichen Verkehrsraum schlafendes Tier liegt es auf den ersten Blick nahe, eine Tiergefahr zu verneinen. Entscheidend ist bei der Betrachtung aber nicht, dass das Tier regungslos auf dem Boden liegt und sich insoweit nicht von anderen (leblosen) Hindernissen unterscheidet, sondern wie das Tier in diese Lage gelangt ist. Auch im unbekümmerten Verhalten des Tieres, sich einfach irgendwo abzulegen, zeigt sich die tierische Natur und auch hier wirkt sich letztlich die Gefahr aus, die die Haltung des Tieres mit sich bringt und derentwegen die besondere Tierhalterhaftung geschaffen worden ist.[32]

Strittig ist, unter welchen Voraussetzungen die Halterhaftung des § 833 S. 1 BGB eingreifen soll, wenn das Tier *unter menschlicher Leitung* gestanden hat. Sicherlich ist die Tierhalterhaftung dann zu verneinen, wenn das Tier nur als mechanisches Werkzeug benutzt wird (Schulbeispiel: Katze als Wurfgeschoss). Folgt ein Tier ausschließlich der Leitung und dem Willen eines Menschen, so sieht die Rechtsprechung die Rechtsgutverletzung nicht als durch ein Tier (sondern eben durch einen Menschen) verursacht an.[33] Trotz der allgemeinen Leitung eines Menschen über ein Tier tritt aber dann wieder die Unberechenbarkeit des Tieres in den Vordergrund und greift § 833 S. 1 ein, wenn das Tier ihm eigene Verhaltensweisen und Reaktionen zeigt (z. B. Schlagen, Beißen, Hochsteigen etc).

2.4 Persönlicher Schutzbereich

Nicht jeder, der durch ein Tier verletzt worden ist, soll einen Anspruch aus § 833 S. 1 haben. Ansprüche können vielmehr nur solche Personen haben, die der Gesetzgeber mit der Statuierung einer Gefährdungshaftung nach § 833 S. 1 schützen wollte. Das wirft die Frage nach dem persönlichen Schutzbereich der Vorschrift auf.

---

[31]MüKo-Wagner § 833 Rn. 10; Erman-Schiemann § 833 Rn. 4: danach soll eine spezifische Tiergefahr erst dann nicht mehr anzunehmen sein, wenn keinerlei eigene Energie des Tieres an dem Geschehen beteiligt ist.

[32]OLG Hamm r + s 2013, 357. Zu weiteren Fallkonstellationen aus dem Bereich Tier als Verkehrshindernis vgl. MüKo-Wagner, § 833 Rn. 15.

[33]BGH VersR 1966, 1073, 1074; VersR 2006, 416, 417; a. A. Larenz/Canaris SBT 2 § 84 II 1 c: in dem blinden Gehorsam sei ein spezifisch tierisches Verhalten zu sehen.

B. Die Gefährdungshaftungstatbestände

In der Vergangenheit war zweifelhaft, ob der Reiter, dem das Pferd vom Halter überlassen wurde, Ansprüche aus § 833 S. 1 haben kann. Der BGH sieht keine Gründe, den Reiter aus dem Schutzbereich der Vorschrift auszunehmen. Andernfalls hätte der Gesetzgeber zum Ausdruck bringen müssen, wenn er eine Personengruppe, die der Tiergefahr so typisch ausgesetzt ist, hätte ausklammern wollen.[34] Der Reiter muss daher auch nicht beweisen, dass das Pferd ihm zum Reiten überlassen wurde. Vielmehr ist es für die Erfüllung der tatbestandlichen Voraussetzungen grundsätzlich unerheblich, ob ein Einverständnis vorlag.[35]

Fraglich ist, ob dies auch dann gelten soll, wenn die Überlassung des Tieres auf Gefälligkeit beruhte. Unter der Geltung des § 8a StVG a. F. wurde in der Literatur z.T. die Meinung vertreten, dass in analoger Anwendung dieser Bestimmung (Kraftfahrzeughalter haftet nicht gegenüber unentgeltlich beförderten Insassen) bei unentgeltlicher Überlassung des Tieres die Haftung ausgeschlossen sein sollte. Dieses Argument, das der BGH verworfen hat[36], trägt seit der Änderung des § 8a StVG (s. dazu unten II. 2.3) ohnehin nicht mehr. Unter dem Gesichtspunkt des Handelns auf eigene Gefahr nimmt die Rspr. eine Haftungsfreistellung des Tierhalters an, wenn der Verletzte (Reiter oder Unbeteiligter) bewusst Risiken übernimmt, die über die normale Tiergefahr hinausgehen.[37] Stets muss es sich aber um eng begrenzte Ausnahmefälle handeln, in denen sich der Geschädigte bewusst einer besonderen Gefahr aussetzt, die über die normale von dem Tier ausgehende Gefahr hinausgeht (z. B. Tier ist erkennbar böser Natur oder spezifische Tiergefahr beim Springen mit einem Pferd). Von diesen Fällen abgesehen kann der Umstand, dass sich der Geschädigte der Gefahr selbst ausgesetzt hat, erst bei der Abwägung der Verursachungs- und Verschuldensanteile nach § 254 Berücksichtigung finden.[38] Verneint hat der BGH den Schutzbereich des § 833 S. 1 für einen erfahrenen Turnierreiter, der auf dem Gelände des Tierhalters Reiter beim Üben beobachtet und die Übernahme eines Pferdes verlangt („lass mich mal"), das ihn dann abwirft. Der BGH meint, dass in diesem Falle der Verletzte die Herrschaft über das Tier vorwiegend im eigenen Interesse und in Kenntnis der damit verbundenen Tiergefahr übernommen hat, sodass sein Eigeninteresse das Interesse des Tierhalters an dem Nutzen des Tiers überwiegt.[39]

---

[34]BGH NJW 1977, 2158. Bestätigt in BGH NJW 1999, 3119 (in dieser Entscheidung hat der BGH das Vorliegen einer spezifischen Tiergefahr bei der Verletzung einer Reitschülerin bejaht, die aufgrund einer durch das tierische Verhalten hervorgerufenen und anhaltenden Verunsicherung vom Pferd fällt).

[35]BGH NJW 2013, 2661.

[36]BGH NJW 1992, 2474. Der BGH lehnt auch eine entsprechende Anwendung des § 599 ab (S. 2475).

[37]Vgl. BGH NJW 1992, 2474. Siehe auch OLG Nürnberg NJW-RR 2001, 890, 892 (Nichtbeachten des Hinweisschildes „Betreten auf eigene Gefahr").

[38]BGH VersR 2006, 416, 418; NJW 2013, 2661. Kritisch zu den Differenzierungen in der Rspr. des BGH Bamberger/Roth-Spindler § 833 Rn. 21.

[39]BGH NJW 1974, 234.

Für Fallgestaltungen, in denen sich Personen der Tiergefahr aus beruflichen Gründen vorübergehend aussetzen, ohne dabei die vollständige Herrschaft über das Tier zu übernehmen (sonst selbst Tierhalter!), wird ein genereller Ausschluss der Tierhalterhaftung sowohl unter dem Gesichtspunkt des Handelns auf eigene Gefahr als auch unter Schutzzweckerwägungen vom BGH abgelehnt. Beispiele sind der Hufschmied (BGH NJW 1968, 1932), der Tierarzt (BGH VersR 2009, 983) oder auch der Betreiber einer Hundepension (BGH NJW 2014, 2434). Auch wenn es zum Wesen der zwischen dem Halter und diesen Personen bestehenden vertraglichen Beziehung gehöre, dass sich diese Personen einer erhöhten Tiergefahr aussetzen, sei daraus nicht abzuleiten, dass sie auch den Tierhalter von dessen gesetzlicher Haftung für die Schadensfolgen entbinden, die aus der Tiergefahr erwachsen.[40] Leiten lässt sich der BGH dabei vom Schutzzweck des § 833 S. 1. Trotz der bei den oben beispielhaft genannten Personen zu erwartenden Professionalität im Umgang mit Tieren kann sich eine eben gerade nicht zu beherrschende Tiergefahr realisieren, zumal diese Personen mit der gegebenenfalls gerade diesem Tier anhaftenden besonderen Gefahr oftmals weniger vertraut sind als der Tierhalter. Der gewerblich Handelnde ist nicht weniger schutzwürdig.

2.5 Der Tierhalter
Der Begriff des Tierhalters wirft viele Einzelfragen auf und entzieht sich einer einfachen Definition. Mit Larenz/Canaris[41] empfiehlt es sich bei der Begriffsbestimmung auf die der Gefährdungshaftung generell zugrunde liegenden Aspekte (Risikoveranlassung/-beherrschung, Vorteilserzielung) zurückzugreifen. Es sind danach für den Halterbegriff konstitutive Kriterien, wem die Bestimmungsgewalt über das Tier zusteht (nicht notwendig der Eigentümer) und in wessen Interesse die Kosten für Betreuung und Existenz des Tieres aufgebracht werden. Ähnlich BGH NJW 1977, 2157, 2158: Wer sein Pferd in einem fremden Gutshof unterbringt, bleibt trotz der Aufsicht des Gutsbesitzers über das Pferd Tierhalter, wenn er für die Kosten der Tierhaltung aufkommt, am Wohlergehen des Tieres interessiert ist und das Risiko des Verlustes trägt. Eine Nutzung des Tieres durch Dritte auch für eigene Zwecke steht der Tierhaltereigenschaft unter den vorgenannten Voraussetzungen nicht entgegen, solange sich der Schwerpunkt der Nutzung des Tieres nicht auf den Dritten verlagert.[42]

3. Beweislast
Der Geschädigte trägt im Rahmen des § 833 S. 1 BGB die Beweislast dafür, dass er durch ein vom Anspruchsgegner gehaltenes Tier verletzt worden ist. In diesem Zusammenhang ist auch der Nachweis einzuordnen, dass die Schädigung durch

---

[40] Zusammenfassend BGH NJW 2014, 2434.
[41] Larenz/Canaris SBT § 84 II 1 b.
[42] BGH NJW-RR 1988, 655.

eine spezifische Tiergefahr verursacht worden ist. Hierfür wird jedoch wegen des Vorliegens typischer Geschehensverläufe häufig der Anscheinsbeweis zugunsten des Geschädigten eingreifen.[43] Für haftungsausschließende Umstände und für ein etwaiges Mitverschulden des Geschädigten trifft den Tierhalter die Beweislast. Beachte aber: Ist dem Geschädigten das Tier vom Halter aus Gefälligkeit überlassen worden, so auferlegt die Rechtsprechung dem Geschädigten hinsichtlich des Vorwurfs des Mitverschuldens nach § 254 den Entlastungsbeweis entsprechend § 834.[44]

II. Die Haftung nach § 7 StVG

1. Funktion der Vorschrift

Die Halterhaftung[45] aus § 7 Abs. 1 StVG beruht wie alle anderen Gefährdungshaftungsvorschriften auf dem Grundgedanken, dass, wer im eigenen Interesse eine Gefahrenquelle schafft, für die daraus eventuell hervorgehenden Schädigungen einzustehen hat. § 7 StVG schützt dabei gegen alle Betriebsgefahren des Straßenverkehrs ohne Rücksicht darauf, wie sich die Gefahr schädigend verwirklicht.[46] Zentrale Funktion dieser Vorschrift ist der möglichst weitgehende Schutz der anderen Verkehrsteilnehmer.[47] § 7 StVG wurde durch das Zweite Gesetz zur Änderung schadensersatzrechtlicher Vorschriften vom 19. Juli 2002[48] nicht unerheblich geändert. Der Anwendungsbereich der Gefährdungshaftung wurde über den Betrieb eines Kraftfahrzeugs hinaus auf Anhänger erstreckt, die dazu bestimmt sind, von einem Kraftfahrzeug mitgeführt zu werden. Ferner wurde der in § 7 Abs. 2 vorgesehene Ausschluss der Ersatzpflicht bei Vorliegen eines so genannten unabwendbaren Ereignisses durch den Ausschlussgrund der höheren Gewalt ersetzt.[49]

---

[43] Vgl. Soergel-Krause § 833 Rn. 50.
[44] BGH NJW 1992, 2474. Ebenso OLG Celle VersR 2006, 1661, 1664.
[45] Beachte neben dem Gefährdungshaftungsanspruch gegen den Halter den Anspruch aus Verschulden gegen den Fahrzeugführer nach § 18 StVG, zu den Einzelheiten siehe 3. Kap. G. Einen einführenden Gesamtüberblick zur Haftung bei Verkehrsunfällen geben Schulz-Merkel/Meier JuS 2015, 201 ff. und Neumann JA 2016, 167 f. Über die aktuellen Entwicklungen im Straßenverkehrsrecht berichten regelmäßig in der NJW Heß/Burmann (z. B. NJW 2015, 1152 ff./3074 ff.).
[46] So Hentschel/König/Dauer-König § 7 StVG Rn. 1; vgl. auch Müller VersR 1995, 489.
[47] Vgl. Hentschel/König/Dauer-König, § 7 StVG Rn. 1.
[48] BGBl. I S. 2674.
[49] Ausführlich zu den Neuregelungen des StVG Heß/Jahnke, Das neue Schadensrecht, 2002, S. 8 ff. (mit Beispielen vergleichend zum alten und neuen Recht). Zu einer dem Klausuraufbau folgenden Darstellung der Halterhaftung siehe Garbe/Hagedorn JuS 2004, 287 ff.

2. Tatbestandliche Voraussetzungen

> Rechtsgutverletzung (Leben, Gesundheit, Sache)
> Bei dem Betrieb eines Kraftfahrzeugs oder Anhängers
> Schutzzweck der Norm
> Höhere Gewalt
> Halter des Fahrzeugs

2.1 Rechtsgutverletzung bei dem Betrieb eines Kraftfahrzeugs

Der Anspruch aus § 7 Abs. 1 StVG setzt eine *Rechtsgutverletzung voraus, die bei dem Betrieb eines Kraftfahrzeugs* (§§ 1 Abs. 2, 8 StVG[50]) herbeigeführt wurde. Unter Beschädigung einer „Sache" ist dabei nur eine vom Fahrzeug verschiedene Sache zu verstehen, nicht dagegen das Fahrzeug selbst. Die verschärfte Haftung des Kraftfahrzeughalters bezweckt nur, Dritte vor den ihnen aufgezwungenen Gefahren des Kraftfahrzeugbetriebs zu schützen. Daher steht auch einem Leasinggeber und Eigentümer eines Kraftfahrzeugs gegen den Leasingnehmer und Halter des Kraftfahrzeugs bei einer Beschädigung dieses Fahrzeugs kein Anspruch aus § 7 StVG zu.[51]

Die meisten Schwierigkeiten im Rahmen des § 7 Abs. 1 StVG bereitet das Tatbestandsmerkmal „bei dem Betrieb".[52] Keine Probleme entstehen, wenn ein Kraftfahrzeug entsprechend seiner Bestimmung[53] sich im Verkehr bewegt und dabei andere geschädigt werden. Demgegenüber haben Probleme solche Fälle bereitet, in denen ein *Fahrzeug* geparkt wurde oder sonst zum *Stillstand* gekommen war. Vgl. hierzu folgendes Beispiel:

> *BGHZ 29, 163:* Auf einen auf dem rechten Teil der Autobahn wegen Motorschadens liegen gebliebenen Lkw prallte ein anderes Fahrzeug. Haftet der Halter des liegen gebliebenen Lkw nach § 7 Abs. 1 StVG?

Die Lösung dieser Fälle hängt davon ab, ob man einem *maschinentechnischen* oder einem *verkehrstechnischen* Betriebsbegriff (h. M.) folgt. Ersterer sieht einen Betrieb nur dann als gegeben an, wenn die motorischen Kräfte unmittelbar oder mittelbar auf das Fahrzeug einwirken. Bei der verkehrstechnischen Sichtweise ist nicht die Wirkung des Motors entscheidend, sondern der örtliche und zeitliche Zusammenhang mit einem bestimmten Betriebsvorgang oder einer bestimmten

---

[50] Beachte: Der BGH hat seine frühere Rspr. geändert und entschieden, dass für das Eingreifen der Ausnahmevorschrift des § 8 StVG die konstruktionsbedingte Beschaffenheit des Fahrzeugs und nicht die Möglichkeit ihrer Veränderung maßgeblich ist, vgl. BGHZ 136, 69.

[51] BGH NJW 2011, 996, 997 m. w. N.

[52] Ausführlich hierzu Martis JA 1997, 45, 46 ff.

[53] Zum Ausschluss von Schadensersatzansprüchen bei Unfallmanipulation vgl. OLG Schleswig NJW-RR 2011, 176. Zum Sonderproblem, dass die Fahrer – ohne Kenntnis der Halter – einen Unfall absichtlich herbeiführen LG Hagen VersR 2010, 1512.

Betriebseinrichtung. Auch soweit einer verkehrstechnischen Auffassung in der Vergangenheit gefolgt wurde, wurde aber eine Beendigung des Betriebs immer dann angenommen, wenn das Kraftfahrzeug (z. B. wegen Motorschadens oder Treibstoffmangels) für mehr als kurze Zeit aus eigener Kraft nicht mehr fortbewegt wurde. Diese Auffassung hat der BGH als mit dem Sinn und Zweck des § 7 StVG, die Verkehrsteilnehmer vor den wachsenden Gefahren des Kraftverkehrs zu schützen, nicht vereinbar angesehen und verlangt, dass der Begriff „bei dem Betrieb eines Kraftfahrzeugs" weit ausgelegt werden müsse. Danach dauert der Betrieb des Fahrzeugs fort, „solange der Fahrer das Fahrzeug im Verkehr belässt und die dadurch geschaffene Gefahrenlage fortbesteht. Er wird im Sinne des § 7 StVG erst unterbrochen, wenn das Fahrzeug von der Fahrbahn gezogen und an einem Ort außerhalb des allgemeinen Verkehrs aufgestellt wird. Erst damit wird die Betriebsunterbrechung äußerlich erkennbar, aber auch jene typische Gefährdung beseitigt, die durch Kraftfahrzeuge entsteht, die auf der für den Schnellverkehr bestimmten Fahrbahn halten oder parken".[54] Als entscheidend sieht der BGH an, ob bei der gebotenen wertenden Betrachtung das Schadensgeschehen durch das Kraftfahrzeug „(mit)geprägt" worden ist.[55] Demgemäß kann selbst ein Unfall infolge einer voreiligen – also objektiv nicht erforderlichen – Abwehr- oder Ausweichreaktion dem Betrieb des Kraftfahrzeugs zugerechnet werden, das diese Reaktion ausgelöst hat.[56] Auch der Fahrer eines in einen Unfall verwickelten Fahrzeugs, der sich erst verletzt, weil er nach dem Aussteigen auf der eisglatten Fahrbahn ausrutscht, wurde „bei dem Betrieb" geschädigt.[57] Auf diese „wertende Betrachtung" wird im nachfolgenden Abschnitt unter dem Aspekt des Schutzzwecks der Norm noch näher eingegangen werden.

Eine zweite Problemgruppe lässt sich mit dem Stichwort *Kraftfahrzeug* als *Arbeitsmaschine* kennzeichnen, vgl. hierzu

BGH NJW 1975, 1886: Auf einem Bauernhof füllte ein Futtermitteltransporter Hühnerfutter in ein Silo. Technisch geschah dies in der Weise, dass von den auf dem Lkw befindlichen Futtertanks ein Schlauch zum Einfüllstutzen des Silos geführt und das Futter mittels eines durch den Motor des Lkw betriebenen Kompressors hochgeblasen wurde. Bei dem Einfüllvorgang wurde – unbemerkt – eine Wand des Silos durchschlagen und das Hühnerfutter auf das Dach des Hühnerstalls geschleudert, das schließlich unter dem Druck einstürzte.

---

[54] BGHZ 29, 163, 169.
[55] BGH NJW 2013, 1679, 1680.
[56] BGH NJW 2005, 2081 (Ausweichmanöver in einer Tiefgarage) und NJW 2010, 3713 (Ausweichmanöver eines Motorradfahrers bei einem Überholvorgang). Auf dieser Linie auch LG Mainz NZV 2012, 131 (Ausweichmanöver wegen Aufpralls eines Fahrzeugs in die Mittelleidplanke auf der Gegenfahrbahn).
[57] BGH NJW 2013, 1679.

Der BGH verneint in Fällen dieser Art das Tatbestandsmerkmal „bei dem Betrieb" (BGH NJW 1975, 1886, 1887):

> Sobald ein Zusammenhang mit der Bestimmung des Kraftfahrzeugs als Beförderungsmittel im Verkehr nicht mehr besteht und es nur noch als Arbeitsmaschine eingesetzt wird, verwirklicht sich nicht mehr die gerade von einem Kraftfahrzeug bei seinem bestimmungsmäßigen Gebrauch ausgehende Gefahr. (…) Da unsere Rechtsordnung eine allgemeine Gefährdungshaftung für den Betrieb von Arbeitsmaschinen nicht kennt, verbietet sich eine Anwendung auf Unfälle, die sich durch technische Vorgänge ereignen, welche mit der Eigenschaft der eingesetzten Maschine als Teil eines Kraftfahrzeugs sinnvoll nicht mehr in einen Zusammenhang gebracht werden können.

Ebenso hat der BGH in BGHZ 71, 212 für den Fall entschieden, dass beim Befüllen eines Öltanks mittels Motorkraft außerhalb des Verkehrsraums Öl ausgelaufen ist und zu Gebäudeschäden geführt hat.[58] Beachte aber: Solange die Fortbewegungsfunktion des Kraftfahrzeugs noch aufrechterhalten bleibt, ist der Betriebsvorgang dennoch zu bejahen, auch wenn gleichzeitig Funktionen einer Arbeitsmaschine durch das Kraftfahrzeug ausgeübt werden. Mit dieser Begründung hat der BGH die Haftung des Halters eines Streugut-Lkw bejaht, der durch maschinell ausgeworfenes Streugut schrotschussähnliche Lackschäden an einem parkenden Pkw verursachte.[59] Verallgemeinernd lässt sich aber nicht sagen, dass es maßgeblich darauf ankommt, ob das Kraftfahrzeug während der Arbeitsfunktion steht oder fährt, wie der BGH in einer Entscheidung zu landwirtschaftlichen Fahrzeugen klargestellt hat. So sei bei diesen etwa auch maßgeblich, dass bei deren Betrieb auf nur landwirtschaftlichen Zwecken dienenden Wiesen die Transportfunktion lediglich dem Bestellen der landwirtschaftlichen Fläche diene und damit die Funktion als Arbeitsmaschine im Vordergrund stehe.[60]

Bei der angesprochenen Fallgruppe *Kraftfahrzeug* als *Arbeitsmaschine* darf § 8 Nr. 1 StVG nicht übersehen werden, wonach die Gefährdungshaftung für Fahrzeuge mit einer Höchstgeschwindigkeit bis 20 km/h nicht greift. Bei selbstfahrenden Arbeitsfahrzeugen stellt sich dabei die Frage, ob deren Bauweise ausschließen muss, dass sie schneller als 20 km/h fahren oder ob auch eine Geschwindigkeitsdrosselung des Herstellers genügt, vgl. dazu

> BGH NJW 1997, 2517: Der Beklagte führte für seinen Arbeitgeber am Ortseingang mit einem Radlader Baggerarbeiten im Fahrbahnbereich durch, etwa 80–100 m von einer Schule entfernt. Von der Schule kommend fuhr ein Schüler mit seinem Motorrad auf die Baustelle zu und geriet an die Schaufel des Radladers. Er und eine sich auf dem Rücksitz befindliche Mitschülerin erlitten erhebliche Verletzungen.

In Aufgabe seiner bisherigen Rspr. entschied der BGH, dass § 8 Nr. 1 StVG auch als eng auszulegende Ausnahme vom Grundsatz der Gefährdungshaftung selbst dann greife, wenn die Geschwindigkeit des Fahrzeugs vom Hersteller

---

[58]Vgl. auch OLG Hamm NJW 1996, 1354.
[59]BGHZ 105, 65.
[60]BGH NJW 2015, 1681.

durch Vorrichtungen oder Sperren auf 20 km/h gedrosselt sei. Es reiche also nicht mehr allein die theoretische Möglichkeit einer geschwindigkeitserhöhenden Manipulation aus, um den Ausschluss der Gefährdungshaftung zu verneinen, es sei vielmehr entscheidend, ob eine solche Manipulation auch konkret vorgenommen worden sei.

Auch der Betrieb eines Anhängers, der dazu bestimmt ist, von einem Kraftfahrzeug mitgeführt zu werden, löst die Ersatzpflicht nach § 7 Abs. 1 StVG aus. Diese Regelung ist durch Art. 4 Nr. 1a des Zweiten Gesetzes zur Änderung schadensersatzrechtlicher Vorschriften vom 19. Juli 2002[61] eingeführt worden. Zur Begründung[62] wies der Gesetzgeber auf die schweren Unfälle hin, an denen Lkw- oder Wohnwagengespanne beteiligt sind und die zeigten, dass mit der Verwendung von Anhängern häufig eine Erhöhung der von einem Kraftfahrzeug ausgehenden Betriebsgefahr verbunden sei. In zunehmendem Maße seien Kraftfahrzeugunfälle von Zugfahrzeugen mit Anhängern zu beobachten, bei denen den Geschädigten zur Identifizierung des Schädigers nur das Kennzeichen des Anhängers bekannt sei, das sich vom Kennzeichen des Zugfahrzeugs jedoch unterscheidet. Halter und Versicherer des Anhängers beriefen sich in der Regel darauf, dass sie nach § 7 StVG weder zur Mitteilung noch zur Identifizierung des Zugfahrzeugs verpflichtet seien, verwiesen aber in den bekannt gewordenen Fällen auf die Haftung des Fahrers und Halters des dem Geschädigten unbekannten Zugfahrzeugs. Deshalb sei eine unabhängige Haftung des Halters des Anhängers erforderlich. Auch wenn der Schaden nicht ausschließlich durch den Anhänger verursacht werde, sei die Gefährdungshaftungsregelung für den Anhängerhalter sachgerecht, da der Anhänger zusammen mit dem Zugfahrzeug eine Einheit bilde, die eine gegenüber dem Zugfahrzeug erhöhte Betriebsgefahr aufweise. Die Regelung belaste den Halter des Anhängers auch nicht unverhältnismäßig. Er habe im Regelfall Einfluss auf die Auswahl des Zugfahrzeugs und dessen Führer, stehe regelmäßig in vertraglichen Beziehungen zu dessen Halter und trage zu der erhöhten Betriebsgefahr des Gespanns bei. Sei der Schaden ausschließlich durch das Zugfahrzeug oder dessen Führer verursacht worden, sichern ihm §§ 17 Abs. 2 und 18 Abs. 3 StVG ein Rückgriffsrecht im Innenverhältnis.

Diese das Innenverhältnis betreffende Gegenüberstellung von Führer und Halter des Zugfahrzeugs einerseits und Anhängerhalter andererseits in der Gesetzesbegründung hat der BGH zu Recht kritisiert. Sie übersehe haftungsrechtlich, dass zum Haftungsverband des Anhängers auch dessen Führer zählt, was sich schon aus § 18 Abs. 1 StVG unmittelbar ergebe. Würde man die Verursachungsbeiträge von Halter und Fahrer der Zugmaschine einerseits und Halter des Anhängers andererseits gegeneinander abwägen, bliebe unberücksichtigt, dass der Fahrer der Zugmaschine zugleich Fahrer des Anhängers ist. Sein Fehlverhalten müsse deshalb auch der Anhängerhaftung zugeordnet werden.[63]

---

[61] BGBl. I S. 2674.
[62] Vgl. BT-Drucks. 14/7752, S. 29.
[63] BGHZ 187, 211, 219.

Anders als es der ursprüngliche Gesetzesentwurf der Regierung vorsah, kommt es für die Haftung des Halters des Anhängers nicht darauf an, ob dieser im Zeitpunkt des Unfalls mit einem Kraftfahrzeug verbunden ist. Auf Vorschlag des Bundesrates wurde die Vorschrift so formuliert, dass sie gerade auch Unfälle durch sich vom Kraftfahrzeug lösende und durch abgestellte Anhänger erfasst.[64] Daher ist auch für abgestellte Anhänger jeweils zu klären, ob diese sich im Zeitpunkt der Schadensentstehung noch „im Betrieb" befinden.[65]

Die besondere Anerkennung einer eigenen Betriebsgefahr des Anhängers wird auch als Bestätigung eines Umdenkens in der Rspr. hinsichtlich der Behandlung von Abschleppfällen gesehen. Ursprünglich hatte der BGH die Auffassung vertreten, dass bei einem Abschleppvorgang nur eine einheitliche vom Halter und Fahrer des schleppenden Fahrzeugs ausgehende Betriebsgefahr vorliege. Das abschleppende und das abgeschleppte Fahrzeug bildeten eine Betriebseinheit, die ausschließlich der Haftpflichtversicherung des schleppenden Fahrzeugs zuzurechnen sei, da das abgeschleppte Fahrzeug sich nicht mehr „im Betrieb" befinde.[66] Später hat der BGH offengelassen, ob diese Rspr. für den Fall, dass das abgeschleppte Fahrzeug nur an einem Seil oder einer Stange befestigt sei und daher selbstständig gelenkt werde, zu überdenken sei.[67] In der neueren obergerichtlichen Rspr. wird für diese Konstellation nunmehr die Auffassung vertreten, dass ein in dieser Weise abgeschlepptes Fahrzeug eine von dem abschleppenden Fahrzeug gesonderte, eigenständige Gefahrenquelle darstelle und seine Betriebsgefahr nicht in der des abschleppenden Fahrzeugs aufgehe.[68] Die Gesetzesänderung hinsichtlich der Anhänger zeige, dass auch dem Anhänger im Rahmen eines Fahrzeuggespanns eine eigene Betriebsgefahr zugesprochen werde.[69]

2.2 Schutzzweck der Norm

Wie oben ausgeführt wurde (A. I. und IV. 2.), tritt bei Gefährdungshaftungstatbeständen anstelle des Kriteriums der adäquaten Verursachung das Kriterium der spezifischen Gefahr. Ausgehend von dem Schutzzweck der jeweiligen Haftungsnorm muss also gefragt werden, ob sich in dem verletzten Rechtsgut bzw. Schaden die spezifische Gefahr, vor der der betreffende Gefährdungshaftungstatbestand schützen will, verwirklicht hat.[70] Diese Grundsätze müssen auch im Rahmen des § 7 Abs. 1 StVG angewendet werden. Die Problematik soll anhand der nachfolgenden Beispiele verdeutlicht werden.

BGH VersR 2008, 656: Der Beklagte stellte seinen PKW auf einem öffentlichen Parkplatz ab. In der Nacht setzte ein Unbekannter den PKW in Brand. Das brennende Fahrzeug

---

[64]Vgl. BT-Drucks. 14/8780, S. 21.
[65]Vgl. dazu OLG Saarbrücken NJW 2010, 945.
[66]BGH NJW 1963, 251 m. w. N.; VersR 1971, 611.
[67]BGH NJW 1978, 2502.
[68]OLG Köln NJW-RR 1986, 1410.
[69]OLG Hamm NJW-RR 2009, 1031; NJW-RR 2011, 1666, 1667 m. w. N.
[70]Vgl. Larenz/Canaris SBT 2 § 84 I 1 g.

B. Die Gefährdungshaftungstatbestände

rollte dann auf den in der Nähe stehenden LKW des Klägers zu und setzte diesen ebenfalls in Brand.

Der BGH betont, dass der umfassende Schutzzweck der Vorschrift eine weite Auslegung des Tatbestandsmerkmals „bei dem Betrieb eines Kfz" erfordere. Es muss sich eine von einem Kfz ausgehende Gefahr ausgewirkt haben. Ob dies der Fall ist, muss mittels einer am Schutzzweck der Haftungsnorm orientierten „wertenden Betrachtung" beurteilt werden. An einem auch im Rahmen der Gefährdungshaftung erforderlichen Zurechnungszusammenhang fehlt es, wenn die Schädigung nicht mehr eine spezifische Auswirkung derjenigen Gefahren ist, für die die Haftungsvorschrift den Verkehr schadlos halten will. Für eine Zurechnung der Betriebsgefahr kommt es damit maßgeblich darauf an, dass der Unfall in einem nahen örtlichen und zeitlichen Kausalzusammenhang mit einem bestimmten Betriebsvorgang oder einer bestimmten Betriebseinrichtung des Kfz steht. Erforderlich ist, dass die Fahrweise oder der Betrieb des Fahrzeugs zu dem Entstehen des Unfalls beigetragen hat. Da nach den Feststellungen des Berufungsgerichts der Motor des PKW durch den Brand nicht in Gang gesetzt wurde, allein die starke Hitzeentwicklung den Rollvorgang verursacht hat, fehlt es nach Auffassung des BGH in diesem Fall an einem nahen örtlichen und zeitlichen Kausalzusammenhang mit einem bestimmten Betriebsvorgang oder einer bestimmten Betriebseinrichtung des Kfz.[71] Anders ist folgender Sachverhalt zu entscheiden:

> *BGH NJW 2014, 1182:* Die Beklagte stellte ihren Pkw in der Tiefgarage ab. Der Kläger parkte seinen Pkw neben diesem Fahrzeug. Am frühen Morgen geriet der Pkw der Beklagten aufgrund Selbstentzündung durch einen technischen Defekt in Brand, wodurch auch der Pkw des Klägers beschädigt wurde.

Hier wurde der Schaden durch den technischen Defekt einer Betriebseinrichtung des Fahrzeuges verursacht. Damit hat sich, so der BGH, eine derjenigen Gefahren verwirklicht, für die die Haftungsvorschrift des § 7 StVG den Verkehr schadlos halten will. Dabei mache es rechtlich keinen Unterschied, ob der Brand - etwa durch einen Kurzschluss der Batterie - unabhängig vom Fahrbetrieb selbst vor, während oder nach einer Fahrt eintritt. Bei der gebotenen „wertenden Betrachtung" sei das Schadensgeschehen auch in diesen Fällen durch das Kraftfahrzeug selbst und die von ihm ausgehenden Gefahren entscheidend (mit) geprägt worden. Ein ursächlicher Zusammenhang kann auch zu mittelbaren Schadenfolgen bestehen, vgl. dazu OLG *Düsseldorf NJW-RR 2011, 317:* Der Beklagte parkte sein Fahrzeug in seiner privaten Garage, die sich in einer Reihe von Fertiggaragen befand. Durch den erhitzten Auspuff geriet eine am Ende der Garage befindliche Matratze in Brand. Beim Löschen des Brandes lief ein

---

[71] Ähnlich OLG Düsseldorf NJW-RR 2011, 318 (Selbstentzündung eines in Reparaturwerkstatt abgestellten Lkw); LG Detmold NJW-RR 2010, 1538 (Wegrutschen eines ordnungsgemäß geparkten Fahrzeugs wegen Eisglätte).

Feuerwehrmann über die angrenzenden Garagen, brach dabei in das Dach der Garage des Klägers ein, wodurch dessen Pkw beschädigt wurde.

Der Brand war hier durch den infolge des Betriebs des Fahrzeugs erhitzten Auspuff entstanden. Als unerheblich sah das OLG Düsseldorf an, dass der Pkw des Beklagten nicht unmittelbar durch den Brand, sondern erst im Zusammenhang mit den Löscharbeiten durch die Feuerwehr beschädigt wurde. Entscheidend sei, dass der Brand die Löscharbeiten veranlasst habe und es nicht ungewöhnlich sei, dass bei eilbedürftigen und gefährlichen Brandrettungsaktionen Fehler passierten, die zu Schäden an Rechtsgütern Dritter führten.[72]

> *BGHZ 37, 311:* A befördert mit dem Lastwagen des B bei einem Einbruch gestohlene Sachen. A gerät in eine Polizeikontrolle. Um den auf dem Trittbrett des Lkw stehenden Polizisten zu töten, fährt A bewusst gegen einen Betonmast. Der Polizist wird dabei getötet.

Sicherlich wird man sagen können, dass die Tötung des Polizisten bei dem Betrieb eines Kraftfahrzeugs erfolgte. Aber ist die Haftung aus § 7 StVG für Fälle dieser Art konzipiert worden? Ähnlich wie bei der Tierhalterhaftung, bei der der Anspruch aus § 833 S. 1 verneint wird, wenn ein Tier als Wurfobjekt eingesetzt wird,[73] könnte man auch hier zu einer Verneinung des § 7 Abs. 1 StVG gelangen.[74] Der BGH ist dagegen der Auffassung, dass angesichts der erheblich höheren Missbrauchsgefahr eines Kraftfahrzeugs auch die Verwendung eines Kraftfahrzeugs als Mordwerkzeug noch vom Schutzwzeck des § 7 StVG erfasst wird.[75]

> *BGH NJW 1990, 2885:* Der 16 Jahre alte A wollte seinen Bekannten, weil dieser betrunken war, mit dessen Pkw von einer Diskothek nach Hause bringen. A war ebenfalls alkoholisiert und besaß keine Fahrerlaubnis. Zwei Polizeibeamten mit einem Zivilfahrzeug fiel der Pkw infolge starker Geräuschentwicklung und wegen eines defekten Rücklichts auf. A fuhr über eine Bundesstraße und bog in einen zu seinem Wohnort führenden unbefestigten Waldweg ein, der eine schneeglatte Fahrbahn aufwies. Diesen Weg befuhr er mit hoher Geschwindigkeit. Das ihm folgende Polizeifahrzeug kam bei der Verfolgung von der Fahrbahn ab und prallte gegen eine Baumreihe, sodass es Totalschaden erlitt.

Im Prozess konnte nicht festgestellt werden, dass A erkannt hatte, von der Polizei verfolgt zu werden. Deshalb schied eine Haftung nach § 823 Abs. 1 aus.[76] Es kam deshalb nur ein Anspruch nach § 7 Abs. 1 StVG gegen den Halter des Pkw in Betracht. Hierzu verneinte der BGH den Zurechnungszusammenhang, für den er verlangt[77],

> dass es sich bei dem Schaden, für den Ersatz verlangt wird, um eine Auswirkung derjenigen Gefahren handelt, hinsichtlich derer der Verkehr nach dem Sinne der

---

[72] OLG Düsseldorf NJW-RR 2011, 317 f.
[73] Vgl. dazu oben B. I. 2.3.
[74] Vgl. zur spezifischen Gefahr Kötz/Wagner Rn. 547.
[75] Zustimmend Medicus/Petersen BR Rn. 635. Eingehend zur Gefährdungshaftung des Kfz-Halters für vorsätzlich verursachte Schäden Filthaut NZV 1998, 89 ff.
[76] Vgl. im Übrigen zu den sog. Verfolgerfällen oben 2. Kap. A. II. 2.3.
[77] BGH NJW 1990, 2885, 2886.

B. Die Gefährdungshaftungstatbestände

Haftungsvorschrift schadlos gehalten werden soll, d. h. die Schadensfolge muss in den Bereich der Gefahren fallen, um derentwillen die Rechtsnorm erlassen worden ist. ... Bildet das Vorhandensein oder die Fahrweise eines Kraftfahrzeugs lediglich einen äußeren Umstand für die Motivation anderer Verkehrsteilnehmer zu einem auf eigenständiger Entschließung beruhenden selbstgefährdenden Verhalten, so kann das auf das Kraftfahrzeug zurückgehende Motiv für sich allein nicht als ausreichend angesehen werden, um einen durch die Selbstgefährdung herbeigeführten Schaden als Auswirkung der Betriebsgefahr des Kraftfahrzeugs unter die Gefährdungshaftung des § 7 StVG fallen zu lassen.

BGHZ 115, 84: Ein Schweinezüchter nimmt die Halter zweier Kraftfahrzeuge, die mit ihren Pkw zusammengestoßen waren, auf Schadensersatz in Anspruch. Der Zusammenstoß ereignete sich ca. 50 m von dem Schweinestall des Klägers entfernt. Durch den bei dem Zusammenstoß erzeugten Lärm gerieten die hochempfindlichen Schweine in Panik, sodass einige verendeten, andere vorzeitig abtrachteten.

Der BGH verneint die Haftung der Kraftfahrzeughalter, weil die Schädigung nicht mehr eine spezifische Auswirkung derjenigen Gefahren ist, vor denen § 7 Abs. 1 StVG schützen will. Vielmehr habe sich in dem Schaden ein gegenüber der Betriebsgefahr *eigenständiger Gefahrenkreis* verwirklicht. Der BGH meint, hier habe sich nicht ein Risiko verwirklicht, das von dem Betrieb eines Kfz ausgeht, sondern das Risiko einer bestimmten Art der Schweinehaltung, bei der die Tiere extrem anfällig für Geräusche werden (S. 88):

So gesehen schafft der Kläger für seinen Bereich einen gegenüber der Kfz-Betriebsgefahr eigenständigen Gefahrenkreis, dessen Risiken er selbst tragen muss. Schäden, in denen sich das selbst geschaffene Risiko realisiert, kann er billigerweise nicht mehr dem Kfz-Halter aufbürden. Eine Haftung für derartige Schäden wird vom Schutzzweck des § 7 StVG nicht mehr erfasst.[78]

Das Urteil liegt auf der Linie der Entscheidung BGHZ 79, 259 (vgl. dazu oben A. I.).[79]

2.3 Höhere Gewalt (§ 7 Abs. 2 StVG)

Nach bisherigem Recht war die Ersatzpflicht nach Abs. 1 ausgeschlossen, wenn der Unfall durch ein so genanntes unabwendbares Ereignis verursacht wurde. Durch das Zweite Gesetz zur Änderung schadensersatzrechtlicher Vorschriften vom 19. Juli 2002[80] ist dieser Ausschlussgrund aufgegeben und durch den Ausschlussgrund der höheren Gewalt ersetzt worden. Der Gesetzgeber hat diese Neuregelung ausführlich begründet.[81] Zentral war für ihn ein rechtsdogmatischer Grund. Das unabwendbare Ereignis, das Elemente des Verhaltens Dritter und Sorgfaltspflichten des Halters mit einschloss, sah der Gesetzgeber als Fremdkörper im System der Gefährdungshaftung an. Die an die Verwirklichung der

---

[78]Ebenso jetzt OLG Hamm MDR 1997, 350.

[79]Eingehend zur Besprechung der Schweinepanik-Entscheidung Deutsch JZ 1992, 97; ablehnend H. Roth JuS 1993, 716.

[80]BGBl. I S. 2674.

[81]Vgl. BT-Drucks. 14/7752, S. 30 f.

Betriebsgefahren anknüpfende Gefährdungshaftung diene dem Ausgleich von Schäden, nicht der Schadensprävention. Es erscheine deshalb dogmatisch nicht sachgerecht, die Haftung von Sorgfalts- und damit von Verschuldensgesichtspunkten abhängig zu machen. Dieser rechtsdogmatische Grund sei auch dafür ausschlaggebend, dass das deutsche Recht grundsätzlich nur die höhere Gewalt als Befreiungsgrund von Gefährdungshaftungen anerkenne.[82] Der Gesetzgeber weist auch darauf hin, dass mit der Neuregelung die Position von Kindern, hilfsbedürftigen und älteren Menschen im Straßenverkehr gestärkt werde. Denn gerade in diesem Bereich habe die bestehende Rechtslage zuweilen zu unbefriedigenden Ergebnissen geführt, wenn dieser Personenkreis sich objektiv unsachgemäß verhalten und damit in der Person des Fahrers ein unabwendbares Ereignis begründet habe.

Der Begriff der höheren Gewalt ist in § 7 Abs. 2 StVG genauso zu verstehen wie in § 1 Abs. 2 HPflG.[83] In ständiger Rechtsprechung ist unter höherer Gewalt ein „betriebsfremdes, von außen durch elementare Naturkräfte oder durch Handlungen dritter Personen herbeigeführtes Ereignis (zu verstehen), das nach menschlicher Einsicht und Erfahrung unvorhersehbar ist, mit wirtschaftlich erträglichen Mitteln auch durch die äußerste, nach der Sachlage vernünftigerweise zu erwartende Sorgfalt nicht verhütet oder unschädlich gemacht werden kann und auch nicht wegen seiner Häufigkeit in Kauf zu nehmen ist".[84] Zu beachten ist, dass der Begriff des unabwendbaren Ereignisses bei der Beurteilung der Schadenstragung im Innenverhältnis mehrerer Kraftfahrzeughalter bedeutsam ist (vgl. dazu unten 3.). Die Beweislast für das Vorliegen höherer Gewalt trägt der Kfz-Halter, während die übrigen anspruchsbegründenden Tatbestandsmerkmale der Geschädigte beweisen muss.

2.4 Begriff des Halters

Die Haftung nach § 7 Abs. 1 StVG trifft den Halter des Fahrzeugs. Halter ist, wer das Kfz für eigene Rechnung in Gebrauch hat und die Verfügungsgewalt darüber besitzt, die ein solcher Gebrauch voraussetzt.[85] Daran fehlt es in der Regel bei der Miete eines Kfz. Denn für die Begründung der Haltereigenschaft ist auch eine gewisse zeitliche Dauer der Gebrauchsüberlassung als Voraussetzung für eine Verfestigung der tatsächlichen, vornehmlich wirtschaftlichen Zuständigkeit für das Kraftfahrzeug maßgeblich.[86] Beim Finanzierungsleasing ist grundsätzlich der Leasingnehmer Halter des Fahrzeugs, da dieser für die vereinbarte Laufzeit die uneingeschränkte Verfügungsgewalt über den ihm überlassenen Gegenstand hat

---

[82]Der Gesetzgeber verweist auf § 701 Abs. 3 BGB, § 1 Abs. 2 S. 1 und § 2 Abs. 3 Nr. 3 HPflG sowie § 22 Abs. 2 WHG a. F. (entspricht § 89 WHG), vgl. BT-Drucks. 14/7752, S. 30.
[83]BT-Drucks. 14/7752, S. 30.
[84]Vgl. BGHZ 7, 338, 339.
[85]BGHZ 13, 351, 354.
[86]BGHZ 116, 200, 206.

B. Die Gefährdungshaftungstatbestände

und er dafür dem Leasinggeber sämtliche bei diesem verbleibenden Kosten erstattet.[87] Die Stellung als Halter eines Kraftfahrzeugs endet, wenn die tatsächliche Möglichkeit, den Einsatz des Kraftfahrzeugs zu bestimmen (Verfügungsgewalt), nicht nur vorübergehend, entzogen wird.[88]

Benutzt jemand das Fahrzeug ohne Wissen und Willen des Fahrzeughalters, so ist er anstelle des Halters zum Schadensersatz verpflichtet. Daneben bleibt die Haftung des Halters bestehen, wenn er die Benutzung des Fahrzeugs schuldhaft ermöglicht hat (§ 7 Abs. 3 S. 1 StVG). Nach § 7 Abs. 3 S. 2 StVG bleibt es aber bei der Halterhaftung, wenn der Benutzer vom Fahrzeughalter für den Betrieb des Kraftfahrzeugs angestellt ist oder wenn ihm das Fahrzeug vom Halter überlassen worden ist. S. 2 bleibt anwendbar, wenn der andere bei oder nach Erledigung der Zweckbestimmung das Fahrzeug zu einer nicht vom Willen des Halters gedeckten Schwarzfahrt benutzt (sog. Exzess des Benutzers). Abgelehnt hat der BGH eine entsprechende Anwendung des § 7 Abs. 3 S. 1 Halbs. 2 StVG zulasten des früheren Halters nach Wechsel der Haltereigenschaft in den Fällen des § 7 Abs. 3 S. 2 StVG.[89]

Ursprünglich galt die Gefährdungshaftung nach § 7 StVG gegenüber einer durch das Kraftfahrzeug beförderten Person nur dann, wenn es sich um entgeltliche, geschäftsmäßige Personenbeförderung handelte (§ 8a Abs. 1 S. 1 StVG a. F.).[90] Diese Rechtslage, die sich aus der Entstehungsgeschichte der Vorschrift erklärt,[91] wurde allgemein als unbefriedigend empfunden. Deshalb hatte bereits der Verkehrsgerichtstag 1995 die Empfehlung ausgesprochen, auch unentgeltlich und nicht geschäftsmäßig beförderte Mitfahrer in den Schutz der Gefährdungshaftung miteinzubeziehen. In diese Richtung geht auch die internationale Rechtsentwicklung. Diesen Überlegungen und der internationalen Rechtsentwicklung wollte der Gesetzgeber mit der Neufassung des § 8a StVG durch das Zweite Gesetz zur Änderung schadensersatzrechtlicher Vorschriften vom 19.07.2002 (BGBl. I S. 2674) Rechnung tragen. Gegenargumente wie der unentgeltlich beförderte Mitfahrer nehme freiwillig eine Gefahr auf sich und verdiene deshalb keinen Schutz sowie das Argument, dass die Gefährdungshaftung dem entgeltlich Beförderten als Gegenleistung für das Entgelt diene,[92] ließ der Gesetzgeber nicht gelten. Die Neufassung des § 8a kennt folgerichtig keine Unterscheidung zwischen entgeltlich und unentgeltlich beförderten Personen

---

[87]BGHZ 87, 133, 135.

[88]BGH NJW 1997, 660. Im konkreten Falle hatte der frühere Halter seinen Pkw einem Kaufinteressenten gegeben, der ihm den Wagen nicht mehr zurückgab und nach zweieinhalb Jahren einen Verkehrsunfall verursachte.

[89]Vgl. BGH NJW 1997, 660.

[90]Daraus ergab sich etwa die Streitfrage, ob Mitfahrgemeinschaften gegen Beteiligung an den Benzinkosten unter den Begriff der entgeltlichen Beförderung fallen, vgl. dazu verneinend BGHZ 80, 303.

[91]Vgl. dazu BT-Drucks. 14/7752, S. 31.

[92]So hatte BGHZ 80, 303, 306 f. argumentiert.

mehr, beide unterfallen vielmehr dem Schutz der Gefährdungshaftung nach § 7 StVG. In § 8a ist jetzt nur noch das früher in § 8a Abs. 2 StVG a. F. enthaltene Verbot der Freizeichnung von der Haftung bei entgeltlicher, geschäftsmäßiger Personenbeförderung enthalten. Außerhalb einer entgeltlichen, geschäftsmäßigen Personenbeförderung ist ein Haftungsausschluss nach wie vor durch die Parteien zulässig. Der Gesetzgeber sah keinen Grund, hier in die Privatautonomie einzugreifen.[93]

Eine Reihe von Ausnahmen von der Ersatzpflicht des § 7 StVG enthält § 8 StVG. Nr. 3 der Vorschrift gilt nicht für Kosten, die anlässlich eines Verkehrsunfalls dadurch entstehen, dass die beförderte Sache beseitigt werden muss, weil sie eine andere beeinträchtigt.[94]

3. Besonderheiten der Haftung nach dem StVG

Ansprüche nach dem StVG sind von einer rechtzeitigen Anzeige des Unfalls abhängig (§ 15 StVG). Hinsichtlich des Mitverschuldens des Verletzten ist § 9 StVG zu beachten. Hinsichtlich des Umfangs des Schadensersatzanspruches bestehen in §§ 10 ff. StVG Sondervorschriften, insbesondere ist auf §§ 12 und 12a StVG (Höchstbeträge) aufmerksam zu machen.

Regelungen zur Ausgleichspflicht mehrerer Haftpflichtiger enthält § 17 StVG.[95] Die Vorschrift wurde durch das Zweite Gesetz zur Änderung schadensersatzrechtlicher Vorschriften vom 19.07.02 (BGBl. I S. 2674) neu gefasst. Abs. 1 regelt den Innenausgleich, wenn mehrere Halter einem Dritten gegenüber zum Schadensersatz verpflichtet sind, wohingegen Abs. 2 die Haftung mehrerer Fahrzeughalter zueinander regelt. Hervorzuheben ist der damals neu geschaffene Abs. 3 des § 17, wonach die aus § 17 Abs. 1 und 2 resultierende Ersatzverpflichtung im Innenverhältnis dann ausgeschlossen ist, wenn der Unfall durch ein unabwendbares Ereignis verursacht wurde. Diese Bestimmung geht auf eine Anregung der Versicherungswirtschaft und einen Beschluss des Rechtsausschusses des Deutschen Bundestags zurück.[96] Nach Auffassung des Gesetzgebers sollte das unabwendbare Ereignis nicht vollständig entfallen, sondern weiterhin für den Schadensausgleich zwischen den Haltern mehrerer unfallbeteiligter Kraftfahrzeuge gelten. Denn andernfalls würde in Zukunft auch dem „Idealfahrer" bei Unfällen zwischen Kraftfahrzeugen eine Betriebsgefahr zugerechnet, sodass es vermehrt zu Quotenfällen kommen könnte. Dem Idealfahrer sollten

---

[93] Vgl. BT-Drucks. 14/7752, S. 32.

[94] BGH VersR 2008, 230 (ein LKW war, nachdem ein Reifen geplatzt war, in Brand geraten und auseinandergebrochen. Die Ladung des Fahrzeugs, 25t Orangen, wurden durch den Brand weitgehend unbrauchbar und blockierten die Fahrbahn, sodass die Orangen durch Verbrennen entsorgt werden mussten).

[95] Eingehend zu dieser Bestimmung (einschließlich Fallbeispiele) Garbe/Hagedorn JuS 2004, 287, 291 ff.

[96] Vgl. dazu Wagner NJW 2002, 2049, 2061.

B. Die Gefährdungshaftungstatbestände

aber keine Nachteile aus dem Wegfall des unabwendbaren Ereignisses in § 7 Abs. 2 StVG n. F. (siehe dazu oben 2.3.) erwachsen.[97] Eine besondere Rolle kann die Unabwendbarkeit des Ereignisses bei Verfolgungsfahrten der Polizei spielen. Rammt ein Polizeifahrzeug ein Kfz, um die Flucht des Fahrers zu unterbinden, so stellt sich die Frage, ob der Unfall für einen der Unfallbeteiligten ein unabwendbares Ereignis darstellt. Der BGH überträgt in diesen Fällen zur Beurteilung der „rechtlichen Unabwendbarkeit" den Gesichtspunkt der Herausforderung aus seiner Rspr. zu § 823 (2. Kap. A. II. 2.3). Wer sich der polizeilichen Festnahme durch Flucht unter Verwendung eines Kraftfahrzeuges entziehe, hafte für einen bei der Verfolgung eintretenden Sachschaden an den ihn verfolgenden Polizeifahrzeugen, wenn dieser Schaden auf der gesteigerten Gefahrenlage beruht und die Risiken der Verfolgung nicht außer Verhältnis zu deren Zweck standen.[98] Schadensersatzansprüche nach anderen Vorschriften, insbesondere §§ 823 ff. oder vertragliche Ansprüche bestehen unabhängig von der Haftung nach dem StVG (§ 16 StVG).

4. Ansprüche aus VVG und PflVG
4.1 Funktion der Kraftfahrzeughaftpflichtversicherung

Die Kraftfahrzeughaftpflichtversicherung wurde durch das PflVG von 1939 eingeführt. Sie bezweckt einen möglichst umfassenden Schutz der Opfer des Straßenverkehrs. Sie ist deshalb als Zwangsversicherung für Kraftfahrzeughalter ausgestaltet (§ 1 PflVG). Die Kfz-Haftpflichtversicherung umfasst die „durch den Gebrauch" des Fahrzeugs verursachten Personenschäden, Sachschäden und sonstigen Vermögensschäden. Der Begriff des Gebrauchs schließt „den Betrieb des Kraftfahrzeuges" i. S. des § 7 StVG ein, geht aber auch darüber hinaus und deckt alle Arten von Haftpflichtansprüchen ab, denen der (schädigende) Versicherungsnehmer oder Eigentümer und der Fahrer von Kraftfahrzeugen ausgesetzt sind (z. B. § 7 StVG; §§ 823 ff., vertragliche Ersatzansprüche).[99] Nach § 2 Abs. 1 Nr. 1–6 PflVG sind bestimmte Gruppen von Kraftfahrzeughaltern von der Versicherungspflicht befreit (z. B. Bund und Länder). Dies hat allerdings keine Schutzlosigkeit der Verkehrsteilnehmer zur Folge, da die Befreiten im Schadensfall gem. § 2 Abs. 2 S. 1 PflVG in gleicher Weise und in gleichem Umfang einzutreten haben wie ein Haftpflichtversicherer.

---

[97]Vgl. BT-Drucks. 14/8780, S. 22.
[98]BGH NJW 2012, 1951, 1953.
[99]BGH NJW 2012, 1951, 1952.

4.2 Der Direktanspruch gegen den Versicherer aus § 115 Abs. 1 Nr. 1 VVG

Der bei einem Kraftfahrzeugunfall Geschädigte kann seinen Anspruch gegen den Schädiger geltend machen. Wie schon bis zum 31.12.2007 § 3 Nr. 1 PflVG gibt jetzt § 115 Abs. 1 Nr. 1 VVG[100] dem Geschädigten daneben („auch") einen Direktanspruch (action directe) gegen den Haftpflichtversicherer, soweit dieser nach dem Versicherungsvertrag und den maßgeblichen gesetzlichen Bestimmungen zur Leistung verpflichtet ist. Der geschädigte Gläubiger erhält dadurch zwei Schuldner, die ihm gegenüber als Gesamtschuldner (§ 115 Abs. 1 S. 4 VVG) haften. In der Praxis werden aus prozesstaktischen Gründen regelmäßig der Versicherungsnehmer und der Versicherer verklagt, weil dadurch der Versicherungsnehmer als Zeuge ausscheidet. Sind Versicherungsnehmer und Fahrer nicht identisch, so gilt dies auch für den Fahrer. Soweit die Klage nicht gemeinsam gegen den Versicherungsnehmer und den Versicherer gerichtet ist, ist die Rechtskrafterstreckung gem. § 124 Abs. 1 VVG zu beachten. Ergeht im Verhältnis zwischen dem Geschädigten und dem Haftpflichtversicherer ein Klage abweisendes Urteil, so wirkt das Urteil auch im Verhältnis zwischen dem Dritten und dem Versicherungsnehmer. Gleiches gilt in der umgekehrten Konstellation. In einem Folgeprozess ist also das Gericht an das rechtskräftig festgestellte Nichtbestehen von Ersatzansprüchen gebunden.

Die Gewährung eines Direktanspruches gegen den Versicherer verdeutlicht die Funktion der §§ 115 ff. VVG, nämlich den Schutz des Geschädigten durch einen solventen Schuldner sicherzustellen. Die Schutzfunktion des Gesetzes wird verstärkt durch die Bestimmungen des § 117 Abs. 1–3 VVG und § 3 PflVG im Falle eines sog. „kranken" Versicherungsverhältnisses. Hat nämlich der Versicherungsnehmer bestimmte Pflichten aus dem Versicherungsvertrag nicht erfüllt, so ist der Versicherer ihm gegenüber unter bestimmten Voraussetzungen leistungsfrei. Diese Leistungsfreiheit kann der Versicherer aber im Außenverhältnis, d. h. dem Geschädigten gegenüber, grundsätzlich nicht geltend machen.

Wie jede Haftpflichtversicherung hat auch die Kfz-Haftpflichtversicherung für den Schädiger Entlastungsfunktion. Denn im Verhältnis zwischen Versicherungsnehmer und Versicherer ist nur letzterer zur Schadensersatzleistung verpflichtet (§ 116 Abs. 1 VVG).[101]

---

[100]Durch das Gesetz zur Reform des VVG vom 23.11.2007 (BGBl I S. 2631) ist die Vorschrift des § 3 PflVG a. F. in die §§ 115 ff. VVG überführt worden, vgl. dazu BT-Drucks. 16/3945, S. 88 ff. Der Gesetzgeber hat den Direktanspruch des Dritten gegen den Haftpflichtversicherer auf alle Pflichtversicherungen ausgedehnt, vgl. dazu Niederleithinger, Das neue VVG, 2007, S. 55 f.

[101]Zu Regressmöglichkeiten des Kfz-Haftpflichtversicherers Höld VersR 2012, 284 ff.

4.3 Ansprüche aus § 12 PflVG

Eine sozialpolitisch wichtige Einrichtung ist der in § 12 PflVG vorgesehene Entschädigungsfonds für Schäden aus Kraftfahrzeugunfällen. Die gesetzgeberische Absicht liegt darin, einen Schutz von Verkehrsopfern dort vorzusehen, wo dem Geschädigten aus den in § 12 Abs. 1 Nr. 1–4 PflVG genannten Gründen Schadensersatzansprüche nicht zustehen oder nicht realisiert werden können. Zu weiteren Einzelheiten s. § 12 Abs. 2–7 PflVG.

§ 12a PflVG eröffnet unter bestimmten Voraussetzungen die Möglichkeit, auch im Ausland verursachte Personen- oder Sachschäden, für die dem Geschädigten Ersatzansprüche gegen den Haftpflichtversicherer des schädigenden Fahrzeugs zustehen, gegenüber einer dafür eingerichteten „Entschädigungsstelle für Schäden aus Auslandsunfällen" geltend zu machen. Die Aufgaben des Entschädigungsfonds (§ 12 PflVG) und der Entschädigungsstelle (§ 12a PflVG) sind dem Verein „Verkehrsopferhilfe" (VOH) zugewiesen.

III. Ansprüche aus dem Haftpflichtgesetz (HPflG)

1. Funktion der Regelungen

Die Funktion der einzelnen Anspruchsgrundlagen des HPflG erschließt sich, wenn man sich einige wenige Daten zur Entstehungsgeschichte des Gesetzes vergegenwärtigt. Im Jahre 1868 hatte die nationalliberale Partei an den Reichstag des Norddeutschen Bundes eine Petition eingereicht, die eine Reaktion auf Bergwerkskatastrophen war und die Revision der gesetzlichen Bestimmungen über Schadensersatzansprüche von Privatpersonen bei nicht von ihnen verschuldeten Unglücksfällen zum Gegenstand hatte.

Darin lag ein wesentlicher Anstoß zum Erlass des schließlich am 7. Juni 1871 erlassenen Reichshaftpflichtgesetzes.[102] § 1 RHG sah eine Gefährdungshaftung für Eisenbahnunternehmer vor. Eine Exkulpation war nur bei höherer Gewalt und Eigenverschulden des Geschädigten möglich. § 2 RHG brachte in Betrieben, die mit besonderen Gefahren verbunden waren, die Haftung des Unternehmers auch für Verschulden leitender Beschäftigter.

Es ist unschwer zu erkennen, dass diese Gefährdungshaftungsregelungen gesetzgeberische Antworten auf Unfallschäden waren, die ihren spezifischen Charakter durch die fortschreitende Industrialisierung erhielten. Auf diesen Regelungen hat der Gesetzgeber in der Folgezeit aufgebaut und sie durch neue Gefährdungshaftungstatbestände ergänzt. Im Jahre 1943 wurden Anlagen zur Fortleitung oder zur Abgabe von Elektrizität und Gas in die Haftung einbezogen. Dies war die Reaktion auf die Entwicklung der Elektrizitäts- und Gaswirtschaft, in

---

[102] Gitter, Schadensausgleich im Arbeitsunfallrecht, 1969, S. 14 ff. Weitere Einzelheiten zur Entstehungsgeschichte des RHG bei Ogorek, Untersuchungen zur Entwicklung der Gefährdungshaftung im 19. Jahrhundert, 1975, S. 98 ff.

deren Gefolge sich immer wieder bedeutsame Schäden für die Allgemeinheit, vor allem die Landwirtschaft ereigneten.[103]

Auch diese Erweiterung erwies sich allerdings noch als zu eng. Deshalb ist durch das Gesetz zur Änderung schadensrechtlicher Vorschriften vom 16.8.1977 (BGBl. I 1577) die Haftung auf Leitungen zum Transport von Flüssigkeiten ausgedehnt worden. Damit wollte der Gesetzgeber dem Umstand Rechnung tragen, dass die Zahl von Schadensfällen, die durch aus Leitungen ausgetretenes Öl und Wasser (insbesondere im Zusammenhang mit Kanalisationsanlagen) erheblich gestiegen war.[104]

Die folgende Darstellung beschränkt sich auf die Ansprüche nach §§ 1 und 2 HPflG. § 3 HPflG hat insbesondere wegen der Ausklammerung von Personenschäden der im Betrieb tätigen Arbeitnehmer durch die gesetzliche Unfallversicherung[105] an praktischer Bedeutung eingebüßt.

2. Der Anspruch aus § 1 HPflG

> Rechtsgutverletzung (bei Sachen beachte Abs. 3!)
> Bei dem Betrieb einer Bahn
> Höhere Gewalt
> Unabwendbares Ereignis
> Betriebsunternehmer

2.1 Rechtsgutverletzung bei dem Betrieb einer Bahn

§ 1 HPflG ist ein typischer verkehrsrechtlicher Gefährdungshaftungstatbestand und weist deutliche Parallelen zu § 7 StVG auf. Haftungsauslösendes Moment ist eine Rechtsgutverletzung von Personen oder Sachen, die auf den Betrieb der Bahn zurückzuführen ist. Als Bahnen kommen Schienen- und Schwebebahnen in Betracht, ohne Rücksicht darauf, ob sie dem öffentlichen Verkehr oder privaten Zwecken dienen.[106]

Die Rechtsgutverletzung muss einer *spezifischen Gefahr* des Bahnbetriebs entspringen. Bei der Bestimmung dieses Tatbestandsmerkmals ist den Besonderheiten eines Bahnbetriebs Rechnung zu tragen. Anders als bei § 7 StVG ist die Haftung nicht auf solche Risiken beschränkt, die von der Bahn als Verkehrs- und Transportmittel ausgehen, sondern schließt solche Risiken ein, die aus dem Umfeld des Transportwesens herrühren.[107] Dies macht folgender Fall deutlich:

---

[103]Filthaut § 2 Rn. 1.
[104]Vgl. zur Gesetzesbegründung BT-Drucks. 8/108, S. 11.
[105]Siehe dazu unten 11. Kap. B. II.
[106]BGH VersR 1956, 776.
[107]Larenz/Canaris SBT 2 § 84 III 2 c nennen als Beispiele Ein- und Aussteigen sowie Hastigkeit oder Ungeschicklichkeit der Beteiligten, Gedränge usw.

BGH VersR 1987, 781: Im Rahmen einer Klassenfahrt mit der Bundesbahn kommt es zu einem Unfall des Klägers. Bei einer Fahrtgeschwindigkeit zwischen 100 und 140 km/h öffnete der Kläger das Abteilfenster und lehnt sich hinaus. Dabei wurde er von einem festen Gegenstand, dessen Herkunft und Beschaffenheit nicht geklärt werden konnte, am Kopf getroffen und verletzt. Die Bundesbahn hat eine Haftung nach § 1 HPflG abgelehnt, weil hier ein betriebsfremder Eingriff vorgelegen habe.

Der BGH hat den Tatbestand des § 1 Abs. 1 HPflG bejaht, ohne dass es dabei auf die Frage angekommen wäre, ob der Gegenstand von einem Mitreisenden aus dem fahrenden Zug oder von einem Dritten geworfen worden ist. Denn für das Merkmal „bei dem Betrieb" sei entscheidend, ob ein unmittelbarer äußerer – örtlicher und zeitlicher – Zusammenhang zwischen dem Unfall und einem bestimmten Betriebsvorgang oder einer bestimmten Betriebseinrichtung der Eisenbahn bestehe (S. 782).[108] Der BGH hat das Vorliegen der Voraussetzungen auch in folgendem Falle bejaht:

BGH VersR 2004, 612: Der Triebwagen der Klägerin, eines Eisenbahnverkehrsunternehmens, kollidierte mit einem in der Nacht aus einer nahe gelegenen Felswand herausgebrochenen und auf die Schienen gerollten größeren Felsbrocken, sodass der Triebwagen erheblich beschädigt wurde. Für den Bau, die Unterhaltung und die Sicherungssysteme der fraglichen Schienenstrecke ist die Beklagte, ein Eisenbahninfrastrukturunternehmen, verantwortlich.

In einer sehr ausführlich begründeten Entscheidung hat der BGH die tatbestandlichen Voraussetzungen des § 1 Abs. 1 HPflG bejaht. Hierbei musste sich der BGH mit gegensätzlichen, in der Literatur vertretenen Auffassungen auseinandersetzen. Dabei lehnte der BGH zum einen die Meinung ab, wonach der Zweck der in § 1 Abs. 1 HPflG angeordneten Gefährdungshaftung dazu führe, dass nur ein unbeteiligter Dritter, der sich dem besonderen Risiko der mit dem Bahnbetrieb verbundenen Gefahr nicht entziehen könne, Geschädigter sein könne. Zum anderen widerspricht er der Vorstellung, ein Eisenbahnverkehrsunternehmen scheide von vornherein aus dem Schutzbereich des § 1 HPflG aus, weil es die sich bei dem Eisenbahnunfall verwirklichende Gefahr gemeinsam mit dem Eisenbahninfrastrukturunternehmen geschaffen habe (S. 613 f.). Zu Recht vertritt der BGH auch die Auffassung, dass das Eisenbahninfrastrukturunternehmen die Eigenschaft eines Betriebsunternehmers erfülle, weil auch das Betreiben der Infrastruktur Teil des Systems Bahn ist.[109]

2.2 Haftungsausschluss nach § 1 Abs. 2 HPflG

Ist der Tatbestand des § 1 Abs. 1 HPflG zu bejahen, so ist stets zu prüfen, ob nicht ein Haftungsausschluss nach § 1 Abs. 2 HPflG in Betracht kommt. § 1 Abs. 2 HPflG schließt die Ersatzpflicht bei Vorliegen *höherer Gewalt* aus.

---

[108] Zu weiteren Beispielen aus der Rspr. siehe Filthaut NZV 1996, 181 ff.
[109] Bestätigt von BGH VersR 2008, 126.

Die Rechtsprechung verwendet den Begriff der höheren Gewalt bei allen Gefährdungshaftungsregelungen mit gleichem Inhalt.

Danach ist höhere Gewalt ein „betriebsfremdes, von außen durch elementare Naturkräfte oder durch Handlungen dritter Personen herbeigeführtes Ereignis, das nach menschlicher Einsicht und Erfahrung unvorhersehbar ist, mit wirtschaftlich erträglichen Mitteln auch durch äußerste, nach der Sachlage vernünftigerweise zu erwartende Sorgfalt nicht verhütet oder unschädlich gemacht werden kann und auch nicht wegen seiner Häufigkeit vom Betriebsunternehmen in Kauf zu nehmen ist".[110]

Aus dieser Definition dürfte klar werden, dass die Rechtsprechung an den Begriff der höheren Gewalt extrem hohe Anforderungen stellt. Die Voraussetzungen dürften nur in ganz seltenen Fällen vorliegen. Es muss sich um Situationen handeln, bei denen sich Risiken verwirklichen, die mit dem Bahnbetrieb nichts zu tun haben und bei einer rechtlichen Bewertung nicht mehr dem Betrieb der Bahn, sondern allein dem Drittereignis zugerechnet werden können. Diese Voraussetzungen sind etwa nicht gegeben, wenn ein Pkw-Fahrer mit seinem Fahrzeug von der Straße abkommt, auf einen zehn Meter von der Fahrbahn entfernten Bahndamm gerät und dort von einem Triebwagen erfasst wird.[111] Obwohl hier nahe liegen könnte, als alleinverantwortlich das außerhalb des Bahnbetriebes liegende Ereignis anzusehen, kommt der BGH – zu Recht – zum gegenteiligen Ergebnis, weil die Bahnstrecke an der Unfallstelle in einem Abstand von nur knapp zehn Metern an der Bundesstraße entlang führte. Als Beispiele für höhere Gewalt verbleiben deshalb vor allem außergewöhnliche Naturereignisse wie Erdrutsch, Erdbeben usw.

2.3 Betriebsunternehmer

Adressat der Haftung nach § 1 Abs. 1 HPflG ist der Betriebsunternehmer. Ähnlich wie beim Begriff des Halters nach § 7 Abs. 1 StVG ist dies derjenige, der die Bahn für eigene Rechnung betreibt und dem die Verfügung über den Betrieb zusteht.[112] Als Besonderheit für den Bahnbetrieb ist zu vermerken, dass die Unternehmereigenschaft nur erfüllt, wer die tatsächliche Verfügungsgewalt auch über die Schienen bzw. Schwebestränge hat.

3. Die Ansprüche aus § 2 HPflG

§ 2 Abs. 1 HPflG enthält zwei Anspruchsgrundlagen, die wegen der Unterschiede in den Anspruchsvoraussetzungen bei der Prüfung streng zu unterscheiden

---

[110] BGHZ 7, 338, 339. Diese Voraussetzungen sah der BGH in dem oben (2.1.) besprochenen Fall, in dem sich ein größerer Felsbrocken gelöst hatte, als nicht gegeben an. Er vertrat die Auffassung, dass es weder außergewöhnlich noch unabwendbar sei, dass sich aus einer steilen Felswand durch Witterungseinflüsse und infolge Durchdringens mit Baumwurzeln Felsbrocken ablösen und so auf die Schienentrasse gelangen können, BGH VersR 2004, 612, 615.
[111] BGH DAR 1988, 239.
[112] BGH VersR 1985, 764.

B. Die Gefährdungshaftungstatbestände

sind. Satz 1 enthält eine sogenannte Wirkungshaftung, Satz 2 eine sogenannte Zustandshaftung.

3.1 Der Anspruch aus § 2 Abs. 1 S. 1 HPflG (Wirkungshaftung)

> Rechtsgutverletzung
> Durch Wirkung von Elektrizität, Gasen u. a. aus Anlagen
> Haftungsausschluss (§ 2 Abs. 3)
> Inhaber der Anlage

Der Tatbestand des § 2 Abs. 1 HPflG ist dadurch gekennzeichnet, dass die abschließend aufgezählten Energien und Stoffe aus einer Anlage zu einer Rechtsgutverletzung führen. Typische Anwendungsfälle sind Kurzschluss oder Funkenflug aus Strom führenden Leitungen oder aus Leitungen ausströmendes Gas.[113] Schwierigkeiten hat die Anwendung des § 2 Abs. 1 S. 1 HPflG bereitet, die im Zusammenhang mit dem Betrieb kommunaler Abwasseranlagen standen:

> *BGHZ 114, 380:* Starke Regenfälle und anschließendes Gefrieren führten dazu, dass talwärts in einen neben der Bundesstraße angelegten Gully fließendes Wasser in dem Einlauf gefror und sich in der den Gully umgebenden Vertiefung staute, auf die Fahrbahn floss und dort eine Eisfläche bildete. Der Kläger, der deshalb mit seinem Pkw verunglückte, macht seinen Schaden gegen das Land geltend.

Aus Wortlaut, Sinn und Zweck sowie der Entstehungsgeschichte arbeitet der BGH die Haftungsgrundlagen des § 2 Abs. 1 S. 1 HPflG präzise heraus (S. 381): Gehaftet werde danach nur für Schäden,

> die gerade auf die Wirkungen des in einem Rohrleitungssystem aufgenommenen, dort gesammelt weitergeleiteten und alsdann von der Anlage ausgehenden Wassers zurückzuführen sind. Es muss ein Zusammenhang mit der Funktion der Anlage, nämlich dem Transport oder der Abgabe des Wassers bestehen, und eben dies, nicht das Ausbleiben der Funktion, muss den Schaden verursacht haben … Haftungsvoraussetzung ist, mit anderen Worten, dass sich gerade die mit konzentriertem Transport des Wassers typischerweise verbundene besondere Betriebsgefahr verwirklicht, die den gesetzgeberischen Grund für die Einführung der strengeren Haftung durch die Einbeziehung auch solcher Anlagen in den Tatbestand des früheren § 1a HPflG bildete.[114]

Damit musste im konkreten Falle der Schadensersatzanspruch versagt bleiben. Denn das Wasser war gar nicht erst in das Rohrleitungssystem gelangt, sondern

---

[113] Vgl. zu weiteren Beispielen Filthaut § 2 Rn. 30.
[114] Bestätigt von BGH VersR 2002, 444. Die typische Betriebsgefahr verwirklicht sich auch dann, wenn nicht unmittelbar die transportierten Abwässer, sondern in weiterer Folge erst der durch ihr Zusammentreffen entstandene Schwefelwasserstoff die Rechtsgutverletzung herbeigeführt hat. Unerheblich ist weiter, dass sich das Ganze innerhalb der Rohrleitungsanlage ereignet hat, BGH VersR 2008, 1214 (Tod von Bauarbeitern in der Anlage).

hatte sich ungefasst auf die Fahrbahn der Bundesstraße ergossen. Es hatte sich damit nicht eine typische Gefahr verwirklicht, weil das Wasser nicht von einer Rohrleitungsanlage ausgegangen war. Nach Auffassung des BGH würde sich das gegenteilige Ergebnis u. a. auch deshalb verbieten, weil der Ersatzberechtigte sonst besser gestellt wäre, als wenn überhaupt keine Leitung verlegt worden wäre (S. 383). Die Haftung nach § 2 Abs. 1 S. 1 HPflG besteht ausschließlich nur für verrohrte Anlagen, nicht für eingefasste offene Gräben und Kanäle.[115] Die besondere Betriebsgefahr verwirklicht sich auch, wenn außenstehende Dritte (also nicht Abnehmer) durch ein Austreten der beförderten Flüssigkeit aus der Rohrleitungsanlage geschädigt werden.[116]

Für die Wirkungshaftung des § 2 Abs. 1 S. 1 HPflG ist nicht Voraussetzung, dass die betreffende Anlage einen Defekt aufgewiesen hat. Dies ergibt sich eindeutig aus einem Vergleich mit der Zustandshaftung des § 2 Abs. 1 S. 2 HPflG, die nicht eintritt, wenn die Anlage zur Zeit der Schadensverursachung in ordnungsgemäßem Zustand war.[117]

Vom Schutzzweck des § 2 Abs. 1 S. 1 HPflG werden solche Schäden nicht erfasst, die in einem Gebäude aufgrund eines Rückstaus entstehen[118], wohl aber solche Schäden, die durch Sabotageakte herbeigeführt werden.[119]

Ebenso verneint der BGH die Haftung einer Kundin gegenüber ihrem Stromversorger aus § 2 Abs. 1 HPflG, wenn aufgrund eines Defekts in der Schaltanlage der Kundin eine extrem hohe Strommenge aus dem Netz des Stromversorgers angefordert und infolgedessen eine im Netz des Stromversorgers vorhandene Sicherungseinrichtung beschädigt wird. Er begründet die Ablehnung des Anspruchs aus § 2 Abs. 1 S. 1 HPflG damit, dass der Defekt an der Sicherungseinrichtung des Stromversorgers nicht im Zusammenhang mit der Funktion der Anlage zum Transport oder der Abgabe von Elektrizität entstanden sei. § 2 Abs. 1 S. 1 HPflG erfasse aufgrund des Wortlauts und Schutzzwecks keine Schäden aufgrund der Abnahme elektrischer Energie.[120] Wenn der Defekt eines Gerätes des Stromversorgers durch einen Kurzschluss im Bereich des Abnehmers von Elektrizität und hierdurch bedingter Unregelmäßigkeiten im Stromfluss ausgelöst werde, scheide eine Haftung aus § 2 Abs. 1 S. 1 HPflG aus, da eine Schädigung aufgrund mechanischer Wirkung nicht vorliege.[121]

---

[115]BGH VersR 2004, 1605 lehnte deshalb bei einer durch den Überlauf eines offenen Regenrückhaltebeckens verursachten Überschwemmung eine Haftung nach § 2 Abs. 1 S. 1 HPflG ab. In Betracht kam aber eine Haftung wegen enteignenden Eingriffs.

[116]BGH NJW 2006, 223, 224.

[117]BGHZ 109, 8.

[118]BGHZ 88, 85.

[119]Vgl. z. B. BGHZ 105, 135: Unbekannte hatten einen Tragmast der Bahnstromleitung angesägt und ihn zum Umstürzen gebracht. Nach Auffassung des BGH (S. 139) sei es dem Inhaber der Anlage im Rahmen der §§ 9, 10 HPflG zumutbar, solche Schäden auszugleichen, da Leitungen dem Zugriff mehr oder weniger ausgesetzt sind.

[120]BGH NJW-RR 2010, 1467.

[121]BGH NJW-RR 2010, 1467, 1468.

B. Die Gefährdungshaftungstatbestände

Inhaber einer Anlage i. S. d. § 2 Abs. 1 S. 1 HPflG ist, wer die tatsächliche Herrschaft über ihren Betrieb ausübt und die hierfür erforderlichen Weisungen erteilen kann.[122] Haftungsausschlusstatbestände sind in § 2 Abs. 3 HPflG enthalten. Hervorzuheben ist auch hier der Ausschlusstatbestand der höheren Gewalt (Nr. 3). Zur Definition des Begriffes s. oben 2. und die dort zitierte Entscheidung BGHZ 7, 338.[123] Bei Fällen höherer Gewalt hat der Gesetzgeber vor allem an unvorhersehbare Naturkatastrophen gedacht.[124] Das Herabfallen von Leitungsdrähten ist in Nr. 3 ausdrücklich als Ausschlussgrund verneint.

Die Frage, ob § 2 Abs. 1 S. 1 HPflG einen nachbarrechtlichen Ausgleichsanspruch (§§ 906 Abs 2 S. 2, 1004, 862 BGB) ausschließt, war Gegenstand folgender Entscheidung

> *BGH NJW 2003, 2377 ff. (Sachverhalt vereinfacht):* K, die Eigentümerin eines Grundstückes, verklagt die B-AG, die Betreiberin des örtlichen Wasserversorgungsnetzes. Eines Tages war die Hauptwasserleitung unter der an das Grundstück der K angrenzenden L-Straße gebrochen und richtete auf dem Grundstück der K erheblichen Sachschaden an. Die B-AG leistete Schadensersatz im Rahmen der Höchstbetragsregelung nach § 10 HPflG. Die K macht darüber hinausgehenden weiteren Schaden geltend.

Der BGH hat die tatbestandlichen Voraussetzungen des nachbarrechtlichen Ausgleichsanspruch bejaht.[125] Damit musste der BGH zu der in Rspr. und Literatur immer wieder diskutierten Frage[126] Stellung nehmen, ob der nachbarrechtliche Ausgleichsanspruch analog § 906 Abs. 2 S. 2 BGB nicht durch die Anlagenhaftung in § 2 Abs. 1 S. 1 HPflG ausgeschlossen wird. Der BGH verneinte dies (S. 2379):

> Die Gefährdungshaftung nach dem HPflG bezweckt den Schutz der Öffentlichkeit vor den von bestimmten Anlagen und Einrichtungen ausgehenden Gefahren und greift daher grundsätzlich zugunsten jedes Geschädigten Platz ... Um das mit dieser weiten Ausdehnung der Haftung verbundene Risiko für den Schädiger überschaubar zu halten, sind die Schadensersatzansprüche gemäß § 10 HPflG der Höhe nach beschränkt... Dagegen steht der auf Entschädigung nach enteignungsrechtlichen Grundsätzen gerichtete nachbarrechtliche Ausgleichsanspruch nur den Eigentümern und Besitzern der von schädigenden Einwirkungen betroffenen Grundstücke wegen solcher die Zumutbarkeitsschwelle überschreitender Schäden zu, die an dem Grundstück selbst

---

[122] BGH NJW-RR 2007, 823, 824; VersR 2008, 825. S. auch BGH VersR 2008, 1214.

[123] Der BGH hatte das Vorliegen höherer Gewalt bei einem 11-jährigen Kläger verneint, der beim Drachensteigen die in der Nähe befindliche Hochspannungsleitung berührt und dabei erhebliche Verbrennungen erlitten hatte.

[124] BT-Drucks. 8/108, S. 13.

[125] Die Entscheidung ist diesbezüglich besonders lesenswert, weil sie die Voraussetzungen des Anspruchs im Einzelnen dartut und außerdem eine Auseinandersetzung mit den kritischen Stimmen in der Literatur vornimmt (S. 2378).

[126] Vgl. etwa Staudinger-Kohler § 2 HPflG Rn. 41.

entstanden sind oder sich aus der Beeinträchtigung der Substanz oder der Nutzung des betroffenen Grundstücks entwickelt haben. Da er der Kompensation für den Ausschluss an sich gegebener, aber undurchsetzbarer primärer Abwehransprüche dient, fehlt es an einem Grund für eine Haftungsbegrenzung. Im Hinblick auf die persönlichen und sachlichen Beschränkungen, denen der nachbarrechtliche Ausgleichsanspruch unterliegt, führt seine Anwendung neben der Ersatzpflicht aus § 2 HPflG nicht dazu, dass die gesetzliche Anlagenhaftung bedeutungslos wäre. Auch der Schutzzweck des HPflG steht der Anerkennung konkurrierender Anspruchsgrundlagen nicht entgegen.

3.2 Der Anspruch aus § 2 Abs. 1 S. 2 HPflG (Zustandshaftung)

Im Unterschied zur Wirkungshaftung nach § 2 Abs. 1 S. 1 HPflG, wo die Haftung gerade wegen der Wirkungen von Elektrizität und anderen Stoffen geschaffen wurde, geht es bei Satz 2 um die Haftung für die mechanischen Wirkungen der Anlagen.[127] Ein interessantes Anwendungsbeispiel bildet

> *OLG Celle NZV 1992, 239:* Der Kläger befuhr abends bei Dunkelheit mit seinem Fahrrad eine Straße der beklagten Gemeinde. Dort hatten zuvor Unbefugte aus dem im Rinnstein zwischen der Fahrbahn und den angrenzenden Parkbuchten befindlichen Gully den Regeneinlaufrost herausgehoben und diesen diagonal auf die hierdurch entstandene Öffnung gelegt. Dies bemerkte der Kläger zu spät und kam deshalb zu Fall.

Im vorliegenden Falle schied eine Haftung nach § 2 Abs. 1 S. 1 HPflG aus, weil der Schaden nicht von der Wirkung eines Stoffes aus einer Anlage ausging. Das Gericht hat zu Recht die Voraussetzungen der Zustandshaftung nach § 2 Abs. 1 S. 2 HPflG bejaht. Zu einer Anlage im Sinne dieser Vorschrift zählt auch ein Gullydeckel. Die Zustandshaftung ist nach § 2 Abs. 1 S. 3 ausgeschlossen, wenn sich die Anlage in einem den anerkannten Regeln der Technik entsprechenden Zustande befand.[128] An diesen Voraussetzungen fehlte es im konkreten Falle.

Damit konzentrierte sich die Prüfung des Gerichts auf die Frage, ob die Ersatzpflicht nach § 2 Abs. 3 Nr. 3 wegen höherer Gewalt ausgeschlossen war. Ausgehend von der Definition der höheren Gewalt durch die Rechtsprechung kam das Gericht zu dem Ergebnis, dass das Herausheben des Gullydeckels durch unbefugte Dritte als höhere Gewalt anzusehen ist. Diese Auffassung ist freilich zweifelhaft. Dass unbefugt und mutwillig Handelnde aus Gullyvorrichtungen Hindernisse bereiten, ist keineswegs ungewöhnlich und unvorhersehbar. Zutreffenderweise hätte deshalb das Vorliegen höherer Gewalt verneint werden müssen.[129]

4. Sonderbestimmungen des HPflG

Ähnlich wie das StVG enthält auch das HPflG Sonderregelungen, vor allem hinsichtlich des Haftungsumfangs, vgl. §§ 4–14 HPflG.[130]

---

[127] Filthaut § 2 Rn. 31.

[128] Vgl. hierzu BGH NJW-RR 1995, 1302.

[129] Höhere Gewalt liegt bei ungewöhnlichem „Jahrhundertregen" vor, BGH NVwZ 2005, 358.

[130] Zu den Grundsätzen der Schadensverteilung bei der Kollision eines Kfz mit einer Straßenbahn, wenn Ansprüche aus verschiedenen Tatbeständen der Verschuldens- und Gefährdungshaftung in Betracht kommen BGH VersR 2013, 1013.

B. Die Gefährdungshaftungstatbestände

IV. Die Haftung nach dem LuftVG

1. Funktion und Grundlagen der Regelungen

Der Luftfahrtbetrieb birgt ein erhebliches Gefährdungspotenzial. Der Gesetzgeber hat sich deshalb bereits im Jahre 1922 dieser Problematik durch Verabschiedung des LuftVG angenommen. Ein wichtiger Kern des LuftVG betrifft die Haftung für Schäden im Zusammenhang mit dem Luftfahrtbetrieb. Die heutigen Regelungen zur Haftung im LuftVG sind wesentlich durch europäisches und internationales Recht beeinflusst. Von zentraler Bedeutung ist bei grenzüberschreitender Luftbeförderung das sog. Montrealer Übereinkommen.[131] Die Europäische Gemeinschaft hat 2001 die Ratifikation dieses Übereinkommens beschlossen[132] und daraufhin die in der EU bestehenden Regelungen zur Haftung für Passagier- und Gepäckschäden der Verordnung (EG) Nr. 2027/97 über die Haftung von Luftfahrtunternehmen bei Unfällen angepasst[133] und teilweise auch über das Montrealer Übereinkommen hinausgehende Regelungen getroffen. So gelten die Haftungsregelungen der EU – anders als das Montrealer Übereinkommen – auch für rein innerstaatliche Sachverhalte. Deutschland hat mit einem sog. Vertragsgesetz im Sinne des Art. 59 Abs. 2 S. 1 GG zum einen die Voraussetzungen zur Ratifikation des Montrealer Übereinkommens geschaffen[134] und zum anderen das LuftVG an die neuen internationalen bzw. europäischen Haftungsanforderungen angepasst.[135]

Die Haftungsregelung im LuftVG ist differenziert. Insbesondere müssen Gefährdungshaftungs- und Verschuldenshaftungsregelungen unterschieden werden, je nachdem wer Geschädigter ist. Im Einzelnen gilt:

- Gefährdungshaftung für Personen und Sachen, die nicht im Luftfahrzeug befördert werden (§§ 33–43 LuftVG).
- Teilweise verschuldensunabhängige, teilweise Verschuldenshaftung für Personen und Gepäck, die im Luftfahrzeug befördert werden (§§ 44–51 LuftVG).
- Haftung für Schäden durch militärische Luftfahrzeuge (§§ 53 f. LuftVG).

---

[131]Übereinkommen vom 28. Mai 1999 zur Vereinheitlichung bestimmter Vorschriften über die Beförderung im internationalen Luftverkehr (Montrealer Übereinkommen).

[132]Beschluss des Rates der Europäischen Union 2001/539/EG vom 5. April 2001 über den Abschluss des Übereinkommens zur Vereinheitlichung bestimmter Vorschriften über die Beförderung im internationalen Luftverkehr (Übereinkommen von Montreal) durch die Europäische Gemeinschaft (ABl. L 194, S. 38).

[133]Änderungsverordnung (EG) Nr. 889/2002, ABl. EG Nr. L 140 vom 30. Mai 2002, S. 2.

[134]BGBl. 2004 II S. 458.

[135]Gesetz zur Harmonisierung des Haftungsrechts im Luftverkehr vom 6. April 2004 (BGBl. I S. 550) und Zweites Gesetz zur Harmonisierung des Haftungsrechts im Luftverkehr vom 5. August 2010 (BGBl. I S. 1126).

2. Der Anspruch aus § 33 LuftVG

> Rechtsgutverletzung
> Beim Betrieb eines Luftfahrzeugs
> Unfall
> Außerhalb einer Beförderung

§ 33 Abs. 1 LuftVG ist ein typischer Gefährdungshaftungstatbestand, der starke Ähnlichkeit mit § 7 Abs. 1 StVG und § 1 HPflG aufweist. Neben der Rechtsgutverletzung und der Gefahrverwirklichung beim Betrieb eines Luftfahrzeugs ist aber zusätzlich das Vorliegen eines Unfalls erforderlich.

Die Rechtsgutverletzung muss die Folge einer spezifischen Gefahr des Betriebs eines Luftfahrzeugs (§ 1 Abs. 2 LuftVG) sein. Ähnlich wie bei § 1 HPflG ist es notwendig, dass die Rechtsgutverletzung im Zusammenhang mit dem Betrieb oder Betriebsvorgang des Luftfahrzeugs stehen muss.[136] Entscheidend ist also die Verwirklichung einer *spezifischen, mit dem Luftbetrieb verbundenen Gefahr*.[137] Eine solche Gefahrverwirklichung ist auch zu bejahen, wenn ein Düsenflugzeug sehr tief fliegt, einen Verkehrsteilnehmer erschreckt und dieser dadurch einen Unfall verursacht.[138]

Anders als die bisher besprochenen Gefährdungshaftungstatbestände verlangt § 33 Abs. 1 LuftVG das Vorliegen eines Unfalls. Darunter versteht man ein von außen einwirkendes, plötzliches, örtlich und zeitlich bestimmtes Ereignis.[139] Daran fehlt es etwa in dem Falle, dass ein Grundstück durch ständigen Fluglärm entwertet wird.[140]

Der Geschädigte darf nicht durch das Luftfahrzeug befördert worden sein. Denn für Schäden im Zusammenhang mit der Beförderung enthalten die §§ 44 ff. LuftVG eine eigene Regelung, die Verschuldenshaftungsregeln unterliegt (§ 33 Abs. 1 S. 2 LuftVG).

Die Haftung nach § 33 Abs. 1 Luft VG kennt keinen Haftungsausschluss infolge höherer Gewalt oder bei Vorliegen eines unabwendbaren Ereignisses. Bezüglich des „Schwarzfluges" s. § 33 Abs. 2 LuftVG!

Die Gefährdungshaftung ist betragsmäßig beschränkt (§ 37 LuftVG). Immaterieller Schadensersatz ist nach § 36 LuftVG zu leisten.

Die allgemeinen deliktsrechtlichen Vorschriften des BGB finden neben der Gefährdungshaftung nach § 33 LuftVG uneingeschränkt Anwendung (§ 42 LuftVG).

---

[136]Vgl. OLGZ 1994, 310 (bejaht bei frühzeitiger Verfohlung einer Stute wegen Knallgeräuschen eines Heißluftballons).

[137]Vgl. dazu oben A. I.

[138]Vgl. zur eingehenden Begründung BGH NJW 1982, 1046, 1047.

[139]RGZ 158, 37.

[140]Beispiel wiedergegeben von Janssen, in: Grabherr/Reidt/Wysk, LuftVG Loseblatt-Kommentar (Stand: EL 15), § 33 Rn. 18 m. w. N.

3. Der Anspruch aus § 45 oder 47 LuftVG

§ 45 LuftVG ist Anspruchsgrundlage für Personenschäden, die Passagiere erleiden, § 47 LuftVG für Schäden an deren Gepäck. Vor Prüfung der jeweiligen Vorschrift ist § 44 LuftVG zu beachten, der die Subsidiarität der beiden Ansprüche gegenüber bestehenden völkerrechtlichen und europarechtlichen Regelungen erklärt.[141] Im Verhältnis zu anderen denkbaren Anspruchsgrundlagen stellt § 48 LuftVG klar, dass Schadensersatzansprüche gegen den Luftfrachtführer nur unter den Voraussetzungen und Beschränkungen der §§ 44 ff. LuftVG geltend gemacht werden können.

Die Haftung für Personenschäden ist als eine Kombination von verschuldensunabhängiger Haftung und Haftung für vermutetes Verschulden ausgestaltet.[142] § 45 Abs. 1 LuftVG begründet eine verschuldensunabhängige Haftung des Luftfrachtführers, die nach § 45 Abs. 2 LuftVG bei gelungener Exkulpation lediglich der Höhe nach begrenzt wird. Reicht der Haftungshöchstbetrag nicht aus, um alle Anspruchsteller zu befriedigen, so bestimmt sich die Verteilung nach § 45 Abs. 3 LuftVG.

Bei Gepäckschäden sieht § 47 Abs. 1 LuftVG für aufgegebenes Reisegepäck im Grundsatz ebenfalls eine verschuldensunabhängige Haftung vor, die nach § 47 Abs. 4 LuftVG aber der Höhe nach begrenzt ist, wenn der Schaden nicht mindestens grob fahrlässig durch den Frachtführer oder seine Erfüllungsgehilfen verursacht wurde (vgl. § 47 Abs. 5 LuftVG). Die Haftung ist ausgeschlossen, wenn der Schaden durch die Eigenart des Reisegepäcks oder einen ihm innewohnenden Mangel verursacht wurde (§ 47 Abs. 1 S. 2 LuftVG). Dieser Haftungsausschluss stellt eine spezialgesetzliche Regelung des Mitverschuldens dar.[143]

Die Haftung für Handgepäck und Sachen, die die Passagiere bei sich tragen, ist in § 47 Abs. 3 LuftVG als reine Verschuldenshaftung ausgestaltet. Wie beim aufgegebenen Reisegepäck gilt auch hier der Höhe nach eine Haftungsbegrenzung, wenn nicht grobe Fahrlässigkeit oder Vorsatz zum Schaden führen.

Nach § 49a LuftVG müssen Schadensersatzansprüche binnen einer Ausschlussfrist von 2 Jahren klageweise geltend gemacht werden. § 49c LuftVG verbietet im Falle einer entgeltlichen oder geschäftsmäßigen Luftbeförderung, die Haftung des Luftfrachtführers im Voraus durch Vereinbarung auszuschließen oder zu beschränken.

Die Haftung mehrerer mit der Luftbeförderung befasster Luftfrachtführer regeln § 48a und § 48b LuftVG. Nach § 50 Abs. 1 LuftVG sind Luftfrachtführer verpflichtet, eine Haftpflichtversicherung zu unterhalten, für die die Vorschriften des VVG gelten.

---

[141] Vgl. dazu im Einzelnen BT-Drucks 15/2359, S. 19 f.
[142] Vgl. dazu BT-Drucks 15/2359, S. 21.
[143] BT-Drucks 15/2359, S. 23.

V. Ansprüche aus § 89 Wasserhaushaltsgesetz (WHG)

1. Funktion der Vorschrift

Der Schutzzweck des § 89 WHG (bis 17.8.2010 § 22 WHG a. F.) besteht in der Verhinderung aller nachteiligen Veränderungen der Wasserqualität.[144] § 89 WHG ist eine haftungsrechtliche Antwort auf die fundamentale Bedeutung des Wassers für jegliches Leben und Wirtschaften.[145]

Innerhalb des § 89 WHG sind zwei Anspruchsgrundlagen zu unterscheiden[146]. Abs. 1 enthält eine *Handlungshaftung* und Abs. 2 eine *Anlagenhaftung*. Beide Ansprüche stehen nebeneinander und sind deshalb getrennt zu prüfen.

2. Der Anspruch aus § 89 Abs. 1 WHG (Handlungshaftung)

> Einbringung/Einleiten von Stoffen oder
> Einwirken auf ein Gewässer in anderer Weise
> Veränderung der Beschaffenheit des Wassers

Wesentliches haftungsauslösendes Element ist das Einbringen oder Einleiten von Stoffen in ein Gewässer. Darunter fällt sicherlich ein bewusstes Zuführen von Stoffen in ein Gewässer. Fraglich ist, ob ein Verhalten genügt, das nur nach seiner objektiven Eignung auf das Hineingelangen gerichtet ist oder ob sich die Handlung objektiv-final auf das Wasser richten muss.[147] Vgl. hierzu folgendes Beispiel:

> *BGH NJW 1994, 1006 ff.:* Der Kläger betreibt neben einer Bundesstraße eine Gärtnerei. Das erforderliche Wasser entnahm er einem 1938 errichteten Schachtbrunnen. Seit Jahren konnte er das Brunnenwasser nicht mehr zu Gießzwecken verwenden, weil der Chloridgehalt des Wassers zu hoch war. In einem Gutachten wurde festgestellt, dass die Chloridanreicherung auf die Erhöhung der Grundlast im dortigen Gebiet durch den Einsatz von Streusalz auf der Bundesstraße zurückzuführen war. Der Kläger verlangte vom Bund Schadensersatz.

Der Sachverhalt zwang den BGH, die bislang offen gelassene Frage nach subjektiven Elementen der Tatbestandsmerkmale Einbringen, Einleiten oder Einwirken zu beantworten. Im Anschluss an Auffassungen des 1. Strafsenats des BGH[148] und des Bundesverwaltungsgerichts[149] kommt der BGH zu dem Ergebnis, dass der Tatbestand

---

[144] BGHZ 103, 129, 136.
[145] Larenz/Canaris SBT 2 § 84 V 1 a.
[146] Umfassend zu den Ansprüchen aus § 89 WHG Seuser NuR 2013, 248 ff. und 391 ff.
[147] Vgl. Medicus/Lorenz SBT Rn. 1390. Offen gelassen in BGHZ 62, 351, 355. Eingehend zur ratio des § 22 Abs. 1 WHG a. F. Esser/Weyers § 64 4. Zum Meinungsstand Staudinger-Kohler § 89 WHG Rn. 33.
[148] BGH NJW 1966, 1570.
[149] BVerwG NJW 1974, 815.

des Einbringens, Einleitens oder Einwirkens im Sinne des § 89 Abs. 1 WHG ein auf die Gewässerbenutzung zweckgerichtetes Verhalten voraussetzt. Eine bloße Verursachung des Hineingelangens reiche nicht aus. Ein haftungsbegründendes Handeln im Sinne der Vorschrift liege erst bei einem Tun (oder Unterlassen) vor, das nach seiner objektiven Eignung darauf abzielt, dass Stoffe in oberirdische Gewässer oder in das Grundwasser gelangen, wobei ein funktioneller Zusammenhang mit der Gewässerbenutzung vorliegen müsse. Dies sei regelmäßig nur der Fall bei Handlungen, die unmittelbar auf ein Gewässer einwirken, nicht auch bei solchen, die lediglich mittelbar die Beschaffenheit des Wassers beeinflussen. Mit dieser Begründung wurde die Klage abgewiesen. Deshalb verneint die h.M. den Tatbestand auch bei Versprühen von Unkrautvernichtungsmitteln in zulässigen Mengen.[150]

Wer Stoffe in ein Gewässer einleitet, von denen er annehmen darf, dass sie keine Giftstoffe enthalten, haftet nach § 89 Abs. 1 WHG auch dann, wenn andere unerlaubterweise die stoffliche Beschaffenheit beeinträchtigt haben. Deshalb hatten beklagte Kommunen, die Abwässer in einen Fluss oder Bach geleitet hatten, keinen Erfolg mit der Verteidigung, dass Giftstoffe ohne ihr Wissen und ohne ihren Willen in die Kanalisation gelangt seien.[151] Hierin zeigt sich der Charakter des § 89 Abs. 1 WHG als einer Gefährdungshaftungsregelung.

Abweichend von allen bisher besprochenen Gefährdungshaftungstatbeständen verlangt § 89 Abs. 1 WHG (ebenso wie Abs. 2) *keine Rechtsgutverletzung*. Es genügt eine Vermögensschädigung, soweit sie durch die nachteilige Änderung der Beschaffenheit eines Gewässers verursacht worden ist.[152]

Im Gegensatz zu § 89 Abs. 2 S. 3 WHG sieht Abs. 1 keinen Haftungsausschluss bei Vorliegen höherer Gewalt vor. In der Literatur wird überwiegend ein Ausschluss der Haftung bei höherer Gewalt auch bei § 89 Abs. 1 WHG befürwortet, um einen nicht gerechtfertigten Wertungswiderspruch zu Abs. 2 zu vermeiden.[153] Der BGH hat die Frage zuletzt offen gelassen.[154]

3. Der Anspruch aus § 89 Abs. 2 WHG (Anlagenhaftung)

> Austreten von Stoffen aus einer Anlage
> Nachteilige Veränderung der Beschaffenheit des Wassers

Die Anlagenhaftung des § 89 Abs. 2 WHG weist starke Parallelen zu § 2 HPflG auf. Während § 89 Abs. 1 WHG die Gefahren für Gewässer aus dem

---

[150]Vgl. BGH VersR 2007, 1413.

[151]Vgl. BGHZ 55, 180, 183 f.

[152]Beispiel BGHZ 103, 129: Nachdem erhöhte Giftkonzentrationen in einem Fluss festgestellt worden waren, musste eine Kommune Untersuchungen des Wassers durchführen lassen, deren Kosten sie von dem einleitenden Unternehmen verlangte.

[153]Vgl. Larenz/Canaris SBT 2 § 84 V 1 c; Staudinger-Kohler § 89 WHG Rn. 68.

[154]BGHZ 62, 351, 357.

zweckgerichteten Einbringen oder Einleiten von Stoffen zum Gegenstand hat, ergänzt die Haftung des Abs. 2 den Gewässerschutz durch die Haftung für Anlagen.[155] Anlagen sind vor allem ortsfeste Einrichtungen (z. B. Kläranlagen). Unter den Begriff der Anlage fallen aber auch ortsveränderliche Einrichtungen.[156] Die verschuldensunabhängige Schadensersatzpflicht nach § 89 Abs. 2 WHG knüpft an die Verfügungsgewalt über eine gefährliche Anlage an. Haftungsbegründend ist ein im Machtbereich des Inhabers liegender und von ihm beherrschbarer Umstand.[157] Das ist zu verneinen, wenn Dritte die Anlage zur Beseitigung von Pflanzenschutzmitteln missbrauchen.[158]

Ein interessanter Fall, der das Nebeneinander der Haftungstatbestände des § 89 Abs. 1 und 2 WHG zeigt, ist

> *BGHZ 62, 351 ff.:* Im Metallveredelungsbetrieb der Firma F liefen 1000 Liter Zyanidlösung aus, weil ein Pumpe undicht geworden war. Die giftige Lösung floss über eine Schmutz- und Abwasserrinne in die Kanalisation der Gemeinde D. Von dort gelangte sie teils unmittelbar, teils über einen von B eingerichteten und unterhaltenen Klärteich in einen Bach und von dort in einen Fluss. Das hatte zur Folge, dass in einer Forellenzuchtanstalt, die ihr Wasser aus dem Fluss bezog, ein großer Teil des Fischbestandes einging. Der Geschädigte verlangte von F, D und B Schadensersatz.

Die Firma F haftet aus § 89 Abs. 2 WHG. Die Voraussetzungen des § 89 Abs. 1 WHG liegen nicht vor, da F die Giftstoffe nicht zweckgerichtet eingeleitet hatte. Vielmehr hat sich hier eine Gefahr aus einer Anlage realisiert. Dass die aus der Anlage ausgetretenen Giftstoffe nicht unmittelbar, sondern über eine andere Anlage – hier die gemeindliche Kanalisation – in das Gewässer gelangten, schließt die Haftung nach Abs. 2 nicht aus.[159]

Die Gemeinde D haftet nach § 89 Abs. 1 WHG, da sie die Abwässer bewusst eingeleitet hatte. Dass ein Klärteich dazwischengeschaltet war, entlastet die Gemeinde ebenso wenig wie die Tatsache, dass sie für die Giftstoffe aus der Firma F keine Verantwortung trug.[160]

Eine Haftung von B hat der BGH dagegen verneint. Er meint, der Zweck des § 89 WHG, denjenigen, der eine Schaden stiftende Wasserverschlechterung verursache, zur Haftung für den entstandenen Schaden heranzuziehen, rechtfertige es nicht, den Inhaber einer Einrichtung, die dazu bestimmt ist, den Wasserzustand zu

---

[155]BGH NJW 1994, 1006.

[156]Beispiel BGH NJW 1993, 2740: Beim Befüllen eines Öltanks in einem Haus mittels eines Tankschlauches eines Tankwagens löste sich die Schelle am Öleinfüllstutzen, sodass aus dem Tankschlauch Heizöl auslief und in das Erdreich gelangte. Hier wurde auch der Tankwagen als Anlage angesehen. Der Spritzzug eines Bahnbetreibers mit Unkrautvernichtungsmitteln, um Gleise von Pflanzen freizuhalten, ist ebenfalls Anlage, vgl. BGH VersR 2007, 1413.

[157]BGH NJW 1999, 3633.

[158]BGH VersR 2002, 1555.

[159]BGHZ 62, 351, 352.

[160]Siehe dazu oben 2.

B. Die Gefährdungshaftungstatbestände

verbessern, auch dann haften zu lassen, wenn die Einrichtung ordnungsgemäß arbeitet und lediglich die ihr zugeführten Abwässer weiterleitet.[161]

Der Umfang der Schadensersatzpflicht aus § 89 Abs. 1 und 2 WHG wird durch den Schutzbereich dieser Vorschriften bestimmt, vgl. dazu

> *BGH NJW 1999, 3203:* Der Eigentümer eines Grundstücks verklagt den Eigentümer des Nachbargrundstücks, auf dem dieser zur Imprägnierung von Holz ein Becken mit Karbolineum hielt. Aus diesem war Karbolineum in den Boden bis unterhalb des Grundwasserspiegels und mit dem Grundwasserstrom auf das Grundstück des Klägers gelangt. Im Zuge eines Bauvorhabens erhielt der Kläger von der Baubehörde die Auflage, bei der Absenkung des Grundwasserspiegels das zu fördernde Grundwasser zunächst in die Schmutzwasserkanalisation einzuleiten, bis eine ausreichende Wasserqualität nachgewiesen sei. In Höhe der dadurch entstehenden Kosten nimmt der Kläger die Beklagte auf Schadensersatz in Anspruch.

Ein Anspruch aus § 89 Abs. 2 WHG war hier fraglos gegeben. Im Streit war, ob der Schutzbereich der Norm auch die entstandenen Mehrkosten beinhaltet. Der BGH hat im Zusammenhang mit dieser Entscheidung sehr grundlegende Ausführungen sowohl zum Schutzbereich des § 89 Abs. 1 WHG, wie zum Schutzbereich des § 89 Abs. 2 WHG gemacht (vgl. BGH NJW 1999, 3203, 3204, noch zur Vorgängervorschrift § 22 WHG a. F.):

> Ein Schadensersatzanspruch aus § 22 Abs. 1 WHG steht nur demjenigen zu, der durch die Verschlechterung des Wassers selbst betroffen wird, insbesondere also dem Benutzer des Gewässers, nicht aber dritten Personen, auf die sich die Veränderung lediglich mittelbar auswirkt. Selbst einem in dieser Weise persönlich Betroffenen werden freilich Ersatzansprüche dann zu versagen sein, wenn diese nicht unmittelbar auf der Verschlechterung des Wassers beruhen, sondern erst durch das Hinzutreten weiterer Ursachen entstanden sind … Auch in späteren Entscheidungen hat der Senat unter Zustimmung des Schrifttums … den Haftungsumfang der Gefährdungshaftung aus § 22 Abs. 1 oder 2 WHG maßgebend nach dessen Schutzzweck bestimmt … Der Schutzbereich dieser Norm ist weit gesteckt. Ziel des WHG ist es, eine geordnete Bewirtschaftung des ober- und unterirdischen Wassers herbeizuführen und Gewässerverunreinigungen vorzubeugen. Die Gefährdungshaftung umfasst deswegen auch Verunreinigungen des Grundwassers, ohne Rücksicht darauf, dass das WHG nach der Rechtsprechung des BVerfG … das Grundwasser zur Sicherung einer funktionsfähigen Wasserbewirtschaftung einer vom Oberflächeneigentum am Grundstück losgelösten öffentlich-rechtlichen Benutzungsordnung unterstellt. Unter dem haftungsrechtlichen Schutz des § 22 WHG steht insbesondere die berechtigte Grundwasserbenutzung … Der berechtigte Benutzer kann grundsätzlich Ersatz sämtlicher Vermögensnachteile verlangen, die ihm aus der Belastung des benutzten Grundwassers mit Schadstoffen aus den Anlagen anderer entstehen. Nach dem Schutzzweck des § 22 WHG sollen von dieser Bestimmung alle nachteiligen Veränderungen der Wasserqualität erfasst werden. Dabei macht es keinen Unterschied, ob der Nutzer das Grundwasser weiter verwenden will, wie etwa der Betreiber eines Wasserwerks oder ob es nach dem Abpumpen für ihn lediglich abzuleitendes Abwasser darstellt, wie im Streitfall. Entscheidend ist der Umstand, dass die

---

[161] BGHZ 62, 351, 359 f. Vgl. aber zu den schwierigen Fragen der Haftung eines Kläranlagenbetreibers, wenn er geklärtes Abwasser in einen Bach leitet und dadurch einen Sauerstoffmangel produziert, BGH VersR 2003, 254.

Schadstoffbelastung – entgegen den Zielen des WHG – die erlaubte Nutzung des Gewässers unmittelbar und typischerweise erschwert oder gar verhindert.[162]

§ 89 Abs. 2 S. 3 WHG sieht einen Haftungsausschluss bei Vorliegen von höherer Gewalt vor. Hinsichtlich der begrifflichen Bedeutung dieses Tatbestandsmerkmals gelten die gleichen Grundsätze wie bei den bisher besprochenen Haftungsausschlusstatbeständen bei höherer Gewalt (s. dazu oben III. 2.2).

4. Besonderheiten der Ansprüche nach § 89 Abs. 1 und 2 WHG
Sowohl bei der Haftung aus § 89 Abs. 1 WHG als auch bei § 89 Abs. 2 WHG ist § 16 Abs. 2 WHG zu beachten. Richtet sich der Anspruch nämlich gegen jemand, der ein Recht zur Gewässerbenutzung hat, sind Schadensersatzansprüche (sowie weitere Ansprüche) gegen den Inhaber der Bewilligung ausgeschlossen. § 16 Abs. 2 S. 1 WHG gilt nicht für privatrechtliche Ansprüche gegen den Gewässerbenutzer aus Verträgen oder letztwilligen Verfügungen und für Ansprüche aus dinglichen Rechten am Grundstück, auf dem die Gewässerbenutzung stattfindet, § 16 Abs. 3 WHG.

Die Gefährdungshaftung aus § 89 WHG ist summenmäßig nicht begrenzt.[163]

Mehrere nach § 89 WHG Verpflichtete haften gem. § 89 Abs. 1 S. 2 WHG bzw. § 89 Abs. 2 S. 1, 2. HS WHG als Gesamtschuldner. Die gesamtschuldnerische Haftung ist auch dann gegeben, wenn mehrere Schädiger nach Abs. 1 oder Abs. 2 haften.[164]

5. Konkurrenzen
Der Anspruch aus § 89 Abs. 2 WHG ist Lex specialis zu einem nachbarrechtlichen Ausgleichsanspruch entsprechend § 906 Abs. 2 S. 2 BGB.[165] Soweit Schadstoffe aus einer Anlage i. S. d. § 89 Abs. 2 WHG austreten und mit dem Grundwasser in das Erdreich des Nachbargrundstücks gelangen, scheidet ein nachbarrechtlicher Ausgleichsanspruch aus. Dagegen steht § 89 Abs. 2 WHG Ansprüchen aus Geschäftsführung ohne Auftrag (§§ 683, 684) oder ungerechtfertigter Bereicherung (§ 812 Abs. 1 S. 1) nicht entgegen, soweit der Störer gemäß § 1004 Abs. 1 BGB zur Beseitigung der von seinem Grundstück stammenden Ölverunreinigungen auf dem Nachbargrundstück verpflichtet ist und der Nachbar daher mit der Sanierung von Boden- und Grundwasser auch dessen Geschäfte besorgt hat.[166] Ebenso sind die Vorschriften der unerlaubten Handlung mit dem Verschuldensprinzip (§§ 823, 826 BGB) neben und ergänzend zu § 89 WHG anwendbar.[167]

---

[162]Bestätigt von BGH NJW 1999, 3633, 3634.
[163]Staudinger-Kohler § 89 WHG Rn. 69; kritisch hierzu Larenz/Canaris SBT 2 § 84 V 1 a.
[164]BGHZ 62, 351, 360 f.
[165]BGH NJW 1999, 3633, 3635; Schwendner, in: Sieder/Zeitler, WHG, 43. EL 2012, § 89 WHG Rn. 29.
[166]BGH NJW 1999, 3633, 3635.
[167]Schwendner, in: Sieder/Zeitler, WHG, 43. EL 2012, § 89 WHG Rn. 13.

VI. Haftung für Schäden aus der Anwendung von Kernenergie

1. Funktion der Haftung
Die Nutzung der Kernenergie birgt ein erhebliches Gefahrenpotenzial. Die Reaktorkatastrophe von 1986 in dem ukrainischen Kernkraftwerk Tschernobyl hat das Ausmaß der Gefahren, insbesondere seine internationale Dimension sichtbar gemacht. Gerade wegen des grenzüberschreitenden Risikos haben sich viele Staaten zu einer internationalen Regelung bereit erklärt. Wesentliche Grundlage für die Haftung bei Schäden aus der Kernenergie ist das Pariser Atomhaftungsübereinkommen von 1960.[168] Darüber hinaus sieht das deutsche Recht in §§ 25 ff. AtG weitere Haftungstatbestände vor. Angesichts des erheblichen Risikos kommt der Deckungsvorsorge erhebliche Bedeutung zu (vgl. dazu § 13 AtG).

2. Anspruchsgrundlagen

2.1 Der Anspruch aus § 25 Abs. 1 AtG i. V. m. Art. 3 Pariser Atomhaftungsübereinkommen
Gem. Art. 3 Pariser Atomhaftungsübereinkommen haftet der Inhaber einer Kernanlage bei Personen-, Sach- und Vermögensschäden, wenn diese durch ein *nukleares Ereignis* verursacht worden sind. Das Pariser Übereinkommen ist gem. § 25 Abs. 1 S. 2 AtG sowohl bei Schäden im Inland wie im Ausland anzuwenden. Die Haftung trifft den Inhaber der Anlage.[169]

2.2 Der Anspruch aus § 26 AtG
Für andere als die unter Nr. 2.1 behandelten Fälle statuiert § 26 AtG eine Gefährdungshaftung beim Eintritt von Kernenergieschäden. Allerdings enthält die Bestimmung wichtige Ausschlusstatbestände. Hierbei ist insbesondere auf § 26 Abs. 1 S. 2 AtG zu verweisen, eine Bestimmung, die starke Parallelen zu § 7 Abs. 2 StVG aufweist. Wichtig ist auch die Vorschrift des § 26 Abs. 4 AtG, die den Schadensersatz beim Einsatz der Kernenergie im Rahmen ärztlicher Behandlung weitestgehend ausschließt.

2.3 Der Ausgleichsanspruch gem. § 38 AtG
§ 38 AtG gibt dem Geschädigten einen Ausgleichsanspruch gegen den Bund. Die Vorschrift betrifft vor allem Fälle, in denen nach ausländischem Recht ein Atomhaftungsanspruch nicht besteht oder nicht ausreichend ist.

---

[168] BGBl 1976 II 310.
[169] Nicht nur, aber auch aus diesem Grunde scheiterten Schadensersatzklagen gegen die UdSSR im Anschluss an die Katastrophe von Tschernobyl, vgl. AG Bonn NJW 1988, 1393.

3. Umfang der Haftung
Bezüglich des Inhalts und des Umfangs der Haftung enthalten §§ 28 ff. AtG wichtige Regelungen. Hervorzuheben ist die Schmerzensgeldbestimmung in § 29 Abs. 2 AtG sowie die Höchstbetragsregelung in § 31 AtG.

VII. Der Anspruch aus § 32 GenTG

1. Funktion der Vorschrift
An die Entwicklung der Gentechnik werden große Erwartungen geknüpft. Im gleichen Atemzug wird aber auch auf die großen und heute noch nicht überschaubaren Risiken der Gentechnik aufmerksam gemacht. Im Hinblick darauf hat sich der Gesetzgeber zur Einführung einer Gefährdungshaftung in § 32 GenTG entschieden. Diese Bestimmung stellt keine Gefährdungshaftung für den gesamten Bereich der Biotechnologie dar, sondern nur eine Sonderregelung für gentechnisch veränderte Organismen.[170]

2. Tatbestandliche Voraussetzungen
Wie die meisten übrigen Gefährdungstatbestände verlangt § 32 Abs. 1 GenTG das Vorliegen einer Rechtsgutverletzung. Diese muss auf Eigenschaften eines Organismus beruhen, die auf gentechnischen Arbeiten beruhen. Strittig ist, ob § 32 Abs. 1 GenTG ausschließlich eine Handlungshaftung beinhaltet[171] oder auch eine Anlagenhaftung einschließt.[172] Hinsichtlich der Frage, ob die Rechtsgutverletzung durch Eigenschaften eines Organismus verursacht wurde, enthält § 34 GenTG eine Kausalitätsvermutung.

3. Umfang der Haftung
Bezüglich Inhalt und Umfang des Schadensersatzes enthält § 32 Abs. 3–7 GenTG zahlreiche Sonderbestimmungen (s. insbesondere § 32 Abs. 7 GenTG). Haftungshöchstgrenzen sind in § 33 GenTG enthalten.

---

[170] Deutsch VersR 1990, 1041; Staudinger-Kohler §§ 32–37 GenTG Rn. 3. Ausführlich zur Haftungssystematik des GenTG Luttermann JZ 1998, 174 ff. sowie zur nachbarrechtlichen Haftungsverfassung für gentechnisch veränderte Organismen Luttermann NJW 2011, 431 ff. Zur Verfassungsmäßigkeit des Gentechnikgesetzes BVerfG NJW 2011, 441.

[171] So Deutsch VersR 1990, 1041, der eine mittelbare Handlungshaftung bejaht (mittelbar deshalb, weil zwar eine gentechnische Arbeit als Grundlage vorausgesetzt ist, diese sich jedoch in den Eigenschaften eines Organismus niedergeschlagen haben muss).

[172] Dafür Larenz/Canaris SBT 2 § 84 V 4 a, die darauf hinweisen, dass es vom Schutzzweck der Vorschrift her geboten ist, keine Differenzierung danach vorzunehmen, ob der Betreiber den Organismus freiwillig in den Verkehr gebracht hat oder ob dieser aus einer Einrichtung entwichen ist.

B. Die Gefährdungshaftungstatbestände

4. Konkurrenzen
Die Haftung für Arzneimittel[173] verdrängt die Haftung nach §§ 32 ff. GenTG (vgl. § 37 Abs. 1 GenTG). Das gleiche gilt für die Haftung nach Produkthaftungsgesetz[174] (§ 37 Abs. 2 GenTG). Andere Schadensersatzansprüche, insbesondere deliktsrechtliche Ansprüche, bleiben unberührt (§ 37 Abs. 3 GenTG).

VIII. Der Anspruch aus § 1 UmweltHG

1. Funktion der Vorschrift
Mit dem am 1.1.1991 in Kraft getretenen UmweltHG sollen ausweislich der Gesetzesbegründung der Umweltschutz und die Rechtstellung der Geschädigten nachhaltig verbessert und die bestehenden Regelungslücken geschlossen werden.[175] Die bisherige Umwelthaftung wurde als unzureichend angesehen.[176] Darüber hinaus verfolgt die Neuregelung haftungspolitische Ziele. Das Risiko künftiger Schadensersatzleistungen soll den Einzelnen zu einem Schaden vermeidenden Verhalten veranlassen. Deshalb hat der Gesetzgeber eine Gefährdungshaftung gewählt, weil von ihr eine größere Präventivwirkung als von der Verschuldenshaftung ausgeht.[177] § 1 UmweltHG stellt eine Regelung des Individualschutzes dar. Unmittelbares Schutzziel ist also nicht die Umwelt und der Ersatz von ökologischen Schäden. Haftungsvoraussetzung ist vielmehr die Verletzung eines individuellen Rechtsgutes. Die Umwelt wird deshalb nur mittelbar geschützt, insofern die Haftung für Individualschäden an eine Umwelteinwirkung gekoppelt ist.[178] Die Effektivität der Haftung wird durch die Verpflichtung zur Deckungsvorsorge für Betreiber bestimmter (in Anhang 2 aufgezählter) gefährlicher Anlagen gefördert.[179]

---

[173]Siehe dazu unten X.
[174]Siehe dazu unten IX.
[175]BT-Drucks. 11/7104, S. 1.
[176]BT-Drucks. 11/7104, S. 14. Die Gesetzesbegründung verweist auf die Vorschriften des Deliktsrechts, die Ersatzansprüche nach § 906 Abs. 2 und § 22 WHG (jetzt: § 89 WHG). Die Schwachstellen des Deliktsrechts sieht der Gesetzgeber darin, dass die Verschuldenshaftung von ihrer Konzeption her nicht darauf angelegt sei, das Versagen technischer Anlagen angemessen aufzufangen. Trotz der von den Gerichten geschaffenen Beweiserleichterungen für den Geschädigten (vgl. etwa BGHZ 92, 142 Kupolofenfall) laufe dieser Gefahr, am Nachweis des Verschuldens zu scheitern.
[177]BT-Drucks. 11/7104, S. 14.
[178]Reuter BB 1991, 145, 146.
[179]Zur Problematik der Umwelthaftpflichtversicherung siehe Schmidt-Salzer VersR 1991, 9 ff.

2. Tatbestandliche Voraussetzungen

Rechtsgutverletzung
Anlage
Umwelteinwirkung
Ausschlussgründe

2.1 Rechtsgutverletzung
Der Anspruch aus § 1 UmweltHG knüpft an die Verletzung der Rechtsgüter Leben, Körper, Gesundheit, Sache an. Insofern enthält auch diese Gefährdungshaftungsregelung das haftungsrechtliche Junktim von Verletzung und Schaden.[180]

2.2 Anlage
§ 1 UmweltHG beinhaltet eine *Anlagenhaftung*. Die eine Haftung auslösenden Anlagen sind abschließend in Anhang 1 des Gesetzes aufgeführt. Der Gesetzgeber hat sich hierbei vor allem an der Vierten Verordnung zur Durchführung des Bundes-Immissionsschutzgesetzes orientiert.[181]

2.3 Umwelteinwirkung
Der Begriff der Umwelteinwirkung ist in § 3 Abs. 1 UmweltHG definiert. Entscheidend ist danach die Ausbreitung der Immission in Boden, Luft oder Wasser. Eine Umwelteinwirkung i. d. S. liegt auch dann vor, wenn die in § 3 Abs. 1 bezeichneten Stoffe oder Vorgänge erst im Zusammenwirken mit anderen in der Luft vorhandenen Schadstoffen den Schaden verursacht haben. Denn damit realisiert sich noch ein vom UmweltHG ins Auge gefasstes Risiko.[182]

Das für die Umwelthaftung zentrale Tatbestandsmerkmal ist die haftungsbegründende Kausalität zwischen Umwelteinwirkung und Rechtsgutverletzung. Die Haftung schließt an den Eintritt der umweltbedingten Verletzung an. Mit Deutsch[183] kann man deshalb von einer *Kausalhaftung* sprechen. Wie auch bei den

---

[180]Deutsch JZ 1991, 1097.

[181]Wobei einige in dieser Verordnung genannte Anlagen, von denen nur Belästigungen ausgehen können, ausgenommen wurden, andererseits die Liste um bestimmte andere gefährliche Anlagen ergänzt wurde, vgl. BT-Drucks. 11/7104, S. 15.

[182]So zutreffend OLG Düsseldorf NJW 1998, 3720 (im konkreten Falle ging es um einen Schadensersatzanspruch eines Hauseigentümers, dessen Hausfassade durch Aschepartikel aus einem Kraftwerk beschädigt worden war, wobei dieser Schaden erst durch das Zusammenwirken mit bestimmten Schadstoffen in der Luft entstanden ist). Das OLG Düsseldorf hat aber im Hinblick auf das Zusammenwirken verschiedener Schadensursachen einen Anspruch des Klägers nur in Höhe von 50 % des Schadens zuerkannt, wobei eine Schadensschätzung nach § 287 ZPO erfolgte.

[183]VersR 1991, 1097, 1098.

B. Die Gefährdungshaftungstatbestände

übrigen Gefährdungshaftungstatbeständen ist für § 1 UmweltHG nicht adäquate, sondern lediglich äquivalente Kausalität erforderlich.[184]

Zugunsten des Geschädigten enthält § 6 Abs. 1 UmweltHG eine *Kausalitätsvermutung*. Eine solche Vermutung ist nur gerechtfertigt, wenn die Anlage die nötige Schadenseignung aufweist. Deshalb benennt § 6 Abs. 1 S. 2 eine Reihe von Kriterien, die darüber Aufschluss geben sollen.

Die Vermutung gilt nicht bei *bestimmungsgemäßem Betrieb* (§ 6 Abs. 2 S. 1 UmweltHG). Mit dieser Einschränkung der Kausalvermutung wird die Reichweite des Umwelthaftungsgesetzes erheblich reduziert. Denn die Kausalitätsvermutung gilt nur bei *Bestimmungswidrigkeit* des Betriebs.[185] Zur Frage, wann ein bestimmungsgemäßer Betrieb vorliegt, s. § 6 Abs. 2 S. 3, Abs. 3 und 4 UmweltHG. Das Vorliegen der Voraussetzungen eines bestimmungsgemäßen Betriebs muss der Betreiber beweisen.

§ 7 UmweltHG beinhaltet wichtige Aussagen zur Vermutungsregelung des § 6 Abs. 1 UmweltHG für den Fall, dass mehrere Anlagen als Schadensquellen in Betracht kommen. Die Regelung gilt als gesetzestechnisch missglückt.[186] Wichtige Anhaltspunkte für das richtige Verständnis des § 7 UmweltHG können der Gesetzesbegründung entnommen werden.[187] Zunächst einmal verstärkt § 7 Abs. 1 S. 1 UmweltHG die Vermutung des § 6 Abs. 1 UmweltHG. Denn es wird sichergestellt, dass bei Eignung mehrerer Anlagen zur Schadensverursachung die Inhaber dieser Anlagen sich nicht wechselseitig dadurch von der Ursachenvermutung entlasten können, dass sie jeweils auf die Schadenseignung der anderen Anlage verweisen. Andererseits soll zur Vermeidung einer unzumutbaren Belastung der betroffenen Anlagenbetreiber die Vermutung entkräftet sein, wenn nach den Gegebenheiten des Einzelfalls neben der Anlage auch ein anderer Umstand geeignet ist, den Schaden zu verursachen.

Die Problematik der praktischen Anwendung der Haftungsregeln des UmweltHG zeigt folgender Fall:

BGH NJW 1997, 2748 ff.: Die Klägerin nimmt die Beklagte auf Schadensersatz wegen Gesundheitsverletzung in Anspruch. Die Beklagte betreibt zwei Lackieranlagen mit vier Lackierkabinen. Die Anlagen sind nach dem Bundesimmissionsschutzgesetz bestandskräftig genehmigt. Die Abluft aus den Lackierkabinen wird über zwei Schornsteine abgeführt. Aus den Lackieranlagen traten erhebliche Geruchsimmissionen aus, die sich mit dem Geruch von „Katzendreck" vergleichen ließen. Die Klägerin hat vorgetragen, die mit den Geruchsbelästigungen einhergehenden, die Grenzwerte der Betriebsgenehmigung überschreitenden Schadstoffimmission aus den Anlagen hätten bei ihr erhebliche gesundheitliche Beeinträchtigungen wie Kopfschmerzen, Schlafstörungen, Übelkeit, Ödembildung, Sehstörungen, Haarausfall, Schwächung des Immunsystems usw. verursacht.

---

[184]Deutsch JZ 1991, 1099; Staudinger-Kohler § 1 UmweltHG Rn. 55.
[185]Larenz/Canaris SBT 2 § 84 V 2 c.
[186]Larenz/Canaris SBT 2 § 84 V 2 d; Medicus/Lorenz SBT Rn. 1396.
[187]BT-Drucks. 11/7104, S. 18.

Das Berufungsgericht hatte die Klage abgewiesen, weil nicht festgestellt werden konnte, dass die Verletzung der Gesundheit der Klägerin im Sinne von § 1 UmweltHG auf vom Lackierbetrieb der Beklagten ausgehende Umwelteinwirkungen zurückzuführen sei. Beweiserleichterungen kämen der Klägerin insoweit nicht zugute. Eine Ursachenvermutung aus § 6 Abs. 1 UmweltHG sei ausgeschlossen, weil die Beklagte einen bestimmungsgemäßen und störfallfreien Betrieb ihrer Anlage nachgewiesen habe. Auch seien im Hinblick auf die Belastung der Luft mit Lösungsmitteln aus dem Straßenverkehr, dem Hausbrand und dem Kleingewerbe relevante Alternativursachen zur Schadensherbeiführung geeignet gewesen. Hätte dieses Urteil vor dem BGH Bestand gehabt, so wäre dies der erste höchstrichterliche Beleg für die Richtigkeit der immer wieder geäußerten Kritik gewesen, dass das UmweltHG als Gefährdungshaftungsregel für Umweltschäden wenig praktische Bedeutung habe. Der BGH hat jedoch das Urteil aufgehoben und den Rechtsstreit an das Berufungsgericht zurückverwiesen. Die Aufhebung erfolgte, weil der BGH – zu Recht – wesentlich höhere Beweisanforderungen postulierte als sie vom Berufungsgericht zugrunde gelegt worden waren. Dabei tritt der BGH zunächst der Auffassung des Berufungsgerichts entgegen, der Klägerin sei es nicht gelungen, den ihr obliegenden Kausalitätsnachweis zu führen. Dabei betont der BGH, es dürfe nicht außer Acht gelassen werden, dass an die prozessualen Darlegungen einer Partei, die mangels besonderer eigener Sachkunde und ohne Kenntnis einzelner betrieblicher Abläufe zu den Zusammenhängen zwischen chemischen und physikalischen Vorgängen und von ihr hierauf zurückgeführten Rechtsgutverletzungen teilweise nur Vermutungen in den Rechtsstreit einführen könne, keine unzumutbaren Anforderungen gestellt werden. Da die Klägerin viele nützliche Anhaltspunkte für einen Zusammenhang zwischen ihren Gesundheitsbeschwerden und den festgestellten Geruchsbelästigungen dargetan habe, hätte durch ein Sachverständigengutachten exakt über diesen Zusammenhang Beweis erhoben werden müssen. Auch verlangte der BGH im Hinblick auf die besonderen Betriebspflichten und ihre Überwachung durch Kontrollen i. S. d. § 6 Abs. 3 und 4 UmweltHG konkrete tatrichterliche Feststellungen darüber, welche konkreten besonderen Betriebspflichten i. d. S. für die Beklagte bestanden hätten und in welchem Umfang hierbei Kontrollen vorgeschrieben und eingehalten worden seien. Auch soweit das Berufungsgericht im Hinblick auf §§ 7 Abs. 1 und 2 UmweltHG mögliche Alternativursachen zur Verneinung des Kausalzusammenhanges herangezogen hat, hat der BGH dies als nicht ausreichend angesehen. Denn eine die Vermutung des § 6 Abs. 1 UmweltHG ausschließende Alternativursache setze konkrete, den Gegebenheiten des Einzelfalls entsprechende Feststellungen dahin gehend voraus, dass sie geeignet ist, allein (oder im Zusammenwirken mit anderen, dem in Anspruch genommenen Unternehmer ebenfalls nicht zuzurechnenden Ursachen) den geltend gemachten Schaden herbeizuführen. Die bloße Feststellung von solchen Alternativursachen ist nach Auffassung des BGH nicht ausreichend. Zutreffend ist zu dem Urteil des BGH festgestellt worden, dass dieser redlich bemüht sei, die Ursachenvermutung nicht leer laufen zu lassen um mithilfe strikter Anforderungen an die

Nachprüfungspflichten der Gerichte seinen Teil dazu beizutragen, ein „Versagen" des Gesetzes gerade an dieser wichtigen Nahtstelle zu vermeiden.[188]

2.4 Ausschlussgründe (§§ 4, 5 UmweltHG)
§ 4 UmweltHG schließt die Ersatzpflicht bei Vorliegen höherer Gewalt aus. Ebenfalls besteht kein Anspruch bei „geringfügigen" Sachschäden, wenn die Anlage bestimmungsgemäß betrieben wurde (§ 5 UmweltHG).

2.5 Ersatzpflichtige
Die Haftung nach § 1 UmweltHG trifft den Inhaber der Anlage. Keine Regelung hat der Gesetzgeber zur Frage der Haftung mehrerer Anlagenbetreiber geschaffen.[189] Es kommen deshalb die allgemeinen Regeln zur Anwendung.[190]

Unproblematisch ist der Fall *kumulativer Kausalität*.[191] Hier haftet jeder Betreiber gesamtschuldnerisch auf den ganzen Betrag.[192] Eine gesamtschuldnerische Haftung ist auch in dem (wohl nicht sehr häufigen) Fall gegeben, dass zwei Anlagen als geeignete Schadensquellen in Betracht kommen, aber nicht zu klären ist, welche die Rechtsgutverletzung verursacht hat.[193] Denn die Regelung des § 830 Abs. 1 S. 2 gilt auch für Gefährdungshaftungstatbestände.[194] Sehr umstritten ist dagegen die Fallkonstellation, bei der der Schaden sich als die Addierung von Umwelteinflüssen aus mehreren Anlagen darstellt.[195]

3. Inhalt des Schadensersatzanspruchs
Bezüglich des Umfangs des Schadensersatzanspruchs enthalten die §§ 10–18 UmweltHG Sonderregelungen. Hinzuweisen ist auf die Haftungshöchstgrenze nach § 15 UmweltHG. Besondere Aufmerksamkeit verdient die Vorschrift des § 16 UmweltHG. Diese Norm stellt einen echten, d. h. über einen reinen Individualgüterschutz hinausgehenden Umweltschutz dar.[196] § 251 Abs. 2 verfolgt den Zweck, den Schadensersatzschuldner von unverhältnismäßigen Aufwendungen zu entlasten.[197] Die Bestimmung der Unverhältnismäßigkeit erfolgt dabei in aller Regel am Sachwert des zerstörten Gegenstandes. Im Hinblick

---

[188]So Salje VersR 1998, 797, 800.

[189]Der ursprüngliche Gesetzentwurf sah vor, dass bei Schadensverursachung durch mehrere Anlagen ein Inhaber, der den Normalbetrieb eingehalten hat, nur nach dem Maß seines Ursachenbeitrages hafte. Eine gesamtschuldnerische Haftung des „Normalbetreibers" war ausgeschlossen.

[190]Deutsch JZ 1991, 1097, 1101.

[191]Gemeint ist der Fall, dass nur durch das Zusammenwirken zweier Anlagen die Rechtsgutverletzung eintritt.

[192]BGHZ 66, 70, 76 (zur vergleichbaren Haftung bei § 906 Abs. 2 S. 2).

[193]Vgl. zu dieser Fallgestaltung Steffen NJW 1990, 1817, 1821.

[194]Siehe dazu oben 8. Kap. B. II. 2.1.

[195]Vgl. bezüglich der Lösungsmöglichkeiten Hager NJW 1991, 134, 139 f.

[196]Zu ersetzen ist der Ökoschaden, siehe Medicus/Lorenz SBT Rn. 1394.

[197]Vgl. zur Funktion des § 251 Abs. 2 Medicus/Lorenz SAT Rn. 675.

auf ökologische Erfordernisse müssen im Umwelthaftungsrecht andere Grundsätze gelten. Die Obergrenze des Aufwendungsersatzes muss nach den Gegebenheiten des Einzelfalles, insbesondere unter Berücksichtigung des entstandenen ökologischen Schadens und des Grundsatzes der Verhältnismäßigkeit festgelegt werden.[198]

4. Konkurrenzen
Haftungsansprüche nach anderen Vorschriften bleiben unberührt (§ 18 Abs. 1 UmweltHG). Lediglich die Haftung nach dem AtG verdrängt die Umwelthaftung (vgl. § 18 Abs. 2 UmweltHG).

> **Exkurs: Das Umweltschadensgesetz (USchadG)**
>
> Am 14.11.2007 ist das Gesetz zur Umsetzung der RL 2004/35/EG des Europäischen Parlaments und des Rates über die Umwelthaftung zur Vermeidung und Sanierung von Umweltschäden – Umweltschadensgesetz (USchadG) vom 10.5.2007 in Kraft getreten.[199] Wie schon der Titel des Gesetzes zu erkennen gibt, dient das Gesetz der Umsetzung der europäischen Umwelthaftungsrichtlinie.[200] Mit der Richtlinie wollte die Gemeinschaft der wachsenden Kontaminierung von Standorten, die ein erhebliches Gesundheitsrisiko darstellen, und dem Verlust an biologischer Vielfalt, der sich in den letzten Jahrzehnten dramatisch beschleunigt hatte, entgegenwirken.[201] Die Richtlinie hat die Vermeidung und Sanierung sogenannter Umweltschäden im Auge, die durch ganz bestimmte berufliche Tätigkeiten hervorgerufen werden.
>
> Das USchadG hat sich bei der Umsetzung eng an das Konzept der RL angelehnt.[202] Das Gesetz beruht auf folgenden Eckpunkten:
>
> - Zentral ist der Begriff des Umweltschadens, der in § 2 definiert wird. Es geht im Wesentlichen um Schädigungen von Arten und natürlichen Lebensräumen, der Gewässer sowie des Bodens.
> - Der Anwendungsbereich des Gesetzes erfasst gemäß § 3 USchadG Umweltschäden, die durch eine der in Anlage 1 aufgeführten beruflichen Tätigkeiten verursacht werden. Jede natürliche oder juristische Person, die eine solche berufliche Tätigkeit ausübt oder bestimmt, ist Verantwortlicher im Sinne des Gesetzes (§ 2 Nr. 3 USchadG).
> - Die Verantwortlichen eines Umweltschadens bzw. der Gefahr eines Umweltschadens treffen Informations- (§ 4 USchadG), eine

---

[198]So die Gesetzesbegründung, vgl. BT-Drucks. 11/7104, S. 21.
[199]BGBl. I, S. 666. Vgl. zu dem Gesetz Diederichsen NJW 2007, 3377 ff.; Wagner VersR 2008, 565 ff.; Beuck VersR 2012, 1215 ff.
[200]ABlEG L 143 vom 30.4.2004, S. 56 ff.
[201]Vgl. zu RL Duikers, Natur und Recht 2006, 623 ff.; Wagner VersR 2005, 177 ff.
[202]Vgl. zur Gesetzesbegründung BT-Drucks. 16/3806.

B. Die Gefährdungshaftungstatbestände

Gefahrenabwehr- (§ 5 USchadG) sowie eine Sanierungspflicht (§ 6 USchadG) zu ihren Lasten (§ 9 USchadG).
- Zur Durchsetzung der Pflichten des Verantwortlichen werden der zuständigen Behörde entsprechende Befugnisse eingeräumt (§ 7 USchadG). Die zuständige Behörde legt auch die erforderlichen Sanierungsmaßnahmen im Zusammenwirken mit den Verantwortlichen fest (§ 8 USchadG).

Schon aus dieser Konzeption der Umwelthaftungsrichtlinie ergibt sich, dass das USchadG nicht die Normierung und Ausgestaltung zivilrechtlicher Haftungsansprüche verfolgt, sondern einem öffentlich-rechtlichen Modell der Gefahrenabwehr verpflichtet ist, das der polizeirechtlichen Störerhaftung nachgebildet ist.[203] Folgerichtig heißt es auch in der 14. Begründungserwägung der RL, dass die Richtlinie nicht für Personenschäden, Schäden an Privateigentum oder wirtschaftliche Verluste gilt und die Ansprüche im Zusammenhang mit diesen Schadensarten unberührt bleiben. Dementsprechend bestimmt Art. 3 Abs. 3 RL, dass Privatparteien unbeschadet der einschlägigen nationalen Rechtsvorschriften gemäß dieser Richtlinie keinen Anspruch auf Schadensersatz in Folge eines Umweltschadens oder der unmittelbaren Gefahr eines solchen Schadens haben. Der Gesetzgeber des USchadG ist dieser Vorgabe treu geblieben. Der in der RL zum Ausdruck gebrachte Ausschluss individueller Ansprüche auf Personen-, Sach- und Vermögensschäden wird in der Gesetzesbegründung aufgegriffen.[204] Im Gesetzestext selbst ist dieser Ausschluss nicht explizit formuliert. Er ergibt sich aber aus der Schadensdefinition in § 2 Nr. 2, wo Schaden oder Schädigung als eine direkt oder indirekt eintretende feststellbare nachteilige Veränderung einer natürlichen Ressource oder deren Beeinträchtigung definiert wird.

Das schließt freilich nicht aus, dass sich der Gesetzgeber bei der Ausgestaltung der Umweltschadenshaftung zivilrechtlicher Vorbilder bedient hat. Bezüglich der in Anlage 1 aufgeführten Tätigkeiten, die zu einer Verantwortlichkeit nach dem USchadG führen können, hat der Gesetzgeber explizit auf die ständige Rechtsprechung des BGH zu vergleichbaren zivilrechtlichen Haftungsformen, (z. B. zu § 7 StVG „bei dem Betrieb") Bezug genommen und betont, dass diese Tätigkeiten entsprechend dem Schutzzweck der Vorschrift auszulegen sind. Die Verantwortlichkeit umfasse danach alle die durch die jeweilige Tätigkeit beeinflussten Schadensabläufe, wobei es genügt, dass sich eine von der Tätigkeit ausgehende Gefahr ausgewirkt hat und die Verursachung der Gefahr bzw. des Umweltschadens in dieser Weise durch die Tätigkeit mitgeprägt worden ist.[205] Insoweit und in

---

[203] Wagner VersR 2008, 565, 566.
[204] BT-Drucks. 16/3806, S. 13.
[205] Vgl. BT-Drucks. 16/3806, S. 29.

diesem klar bezeichneten Rahmen ist es durchaus angebracht, von einer Gefährdungshaftung für umweltgefährliche Tätigkeiten zu sprechen.[206]

IX. Der Anspruch aus § 1 ProdHaftG

1. Funktion der Vorschrift

Das ProdHaftG ist am 1.1.1990 in Kraft getreten. Es geht zurück auf eine EG-Richtlinie vom 25.7.1985 zur Angleichung der Rechts- und Verwaltungsvorschriften der Mitgliedstaaten über die Haftung für fehlerhafte Produkte.[207] Ausweislich der Begründung der Richtlinie[208] verfolgte der Rat mit der Richtlinie zwei große Ziele, ein wettbewerbspolitisches und ein verbraucherpolitisches. Da unterschiedlich strenge Haftungsregeln für Produktschäden in den verschiedenen Mitgliedstaaten zu ungleichen Wettbewerbsbedingungen für Unternehmen führen, sollte ein einheitliches Produkthaftpflichtrecht Wettbewerbsverfälschungen entgegenwirken. Der Schutz des Verbrauchers war das zweite erklärte Ziel des Richtliniengebers. Nur durch eine vom Verschulden unabhängige Haftung könne wegen der sonst bestehenden unüberwindbaren Beweisschwierigkeiten der geschädigte Verbraucher geschützt werden.

Der deutsche Gesetzgeber ist bei der Umsetzung der Richtlinie dieser Zielsetzung gefolgt. Er weist in der Gesetzesbegründung darauf hin[209], dass als wesentliche Änderung des ProdHaftG die Produkthaftung künftig der verschuldensunabhängigen Haftung unterstehe, wobei dieses Haftungssystem weitgehend identisch mit der Gefährdungshaftung sei, die im deutschen Recht bereits in § 833 S. 1 BGB, im HPflG, LuftVG, WHG und AMG gelte. Zu Recht weist die Begründung aber auch darauf hin, dass die neue Regelung in ihren praktischen Auswirkungen weitgehend der von der Rechtsprechung des BGH vorgebildeten Haftung für Produktfehler entspreche.

Trotz des gesetzgeberischen Hinweises auf die Gefährdungshaftung gibt es in der Literatur einen Meinungsstreit über die Einordnung der Haftung nach dem ProdHaftG.[210] Der Grund dieser Kontroverse hängt damit zusammen, dass einzelne Vorschriften des ProdHaftG Verschuldens- bzw. Exkulpationselemente enthalten. So schließt § 1 Abs. 2 Nr. 5 ProdHaftG die Ersatzpflicht des Herstellers aus, wenn der Fehler nach dem Stand der Wissenschaft und Technik im Zeitpunkt des Inverkehrbringens nicht erkannt werden konnte. Der Ausschlusstatbestand des

---

[206] So Diederichsen NJW 2007, 3377, 3381.

[207] ABlEG L 210/29–33 vom 7.8.1985. Ausführlich zur Entstehungsgeschichte der Richtlinie Taschner/Frietsch Einführung Rn. 171 ff. Zur Entwicklung des Produkthaftungsrechts siehe Katzenmeier JuS 2003, 943 ff.

[208] Vgl. dazu Bulletin der EG, Beilage 11/76, S. 7.

[209] BT-Drucks. 11/2447, S. 11.

[210] Vgl. dazu Deutsch VersR 1988, 1197, 1199 f.; Taschner/Frietsch § 1 Rn. 17 ff.

§ 1 Abs. 3 ProdHaftG stellt ebenfalls auf Verschuldensmomente ab. Zutreffend dürfte es sein, mit Deutsch[211] von einer Gefährdungshaftung neuen Typs zu sprechen, welche Enthaftungen nach der Art von Entschuldigungen zulässt. Praktische Konsequenzen hat der Meinungsstreit nicht.

Die Haftung nach dem ProdHaftG ist unabdingbar (§ 14 ProdHaftG). Eine Pflicht zur Deckungsvorsorge hat der Gesetzgeber nicht verankert. Angesichts der hohen Haftungsrisiken dürfte es aber kaum ein Unternehmen geben, das nicht eine Produkthaftpflichtversicherung abgeschlossen hat.

2. Tatbestandliche Voraussetzungen

Rechtsgutverletzung
Fehler eines Produkts
Hersteller
Haftungsausschluss

2.1 Rechtsgutverletzung

Der Tradition der Gefährdungshaftung folgend gewährt § 1 Abs. 1 ProdHaftG nicht den Ersatz reiner Vermögensschäden. Vielmehr ist für den Anspruch die Verletzung eines Rechtsgutes vorausgesetzt. Bei Sachbeschädigungen ist § 1 Abs. 1 S. 2 ProdHaftG zu beachten. Die Ersatzpflicht wird nicht für Schäden am Produkt selbst ausgelöst, sondern nur wenn dieses eine *andere Sache* beschädigt hat. Str. ist, welche Bedeutung die im Rahmen der Produzentenhaftung des § 823 Abs. 1 von der Rechtsprechung entwickelte Haftung bei „Weiterfresserschäden"[212] für die Anwendung des § 1 Abs. 1 S. 2 ProdHaftG hat.[213] Anders ausgedrückt: Würde der Sachverhalt der Schwimmerschalter-Entscheidung,[214] wo ein funktionell begrenztes Teil (Schwimmerschalter) zum Brand der gesamten Entfettungs- und Reinigungsanlage geführt hatte, auch zu einer Haftung nach § 1 ProdHaftG führen? Mit Recht lehnt die (wohl) h. M. die Übertragung dieser Rechtsprechungsgrundsätze auf § 1 Abs. 1 S. 2 ProdHaftG ab, wobei vor allem die Entstehungsgeschichte für diese Meinung spricht.[215]

Ferner verlangt § 1 Abs. 1 S. 2 ProdHaftG hinsichtlich der beschädigten Sache, dass diese für den *privaten Ge- und Verbrauch* bestimmt und hierzu vom Geschädigten auch *hauptsächlich verwendet* worden war. Hier zeigt sich der Zweck des Gesetzes, vor allem den privaten Endverbraucher zu schützen. Schaden

---

[211] VersR 1992, 521, 523.
[212] Siehe dazu oben 2. Kap. A. II. 1.3.
[213] Vgl. zum Streitstand Müko-Wagner, § 1 ProdHoftG Rn. 9 ff.
[214] BGHZ 67, 359. Zu dieser Entscheidung oben 2. Kap. A. II. 1.3.
[215] Vgl. BT-Drucks. 11/2447, S. 13: „Nach der Verkehrsauffassung wird sich vielmehr in aller Regel das komplette Endprodukt – so wie es der Geschädigte erworben hat oder wie es aus sonstigen Gründen bei ihm vorhanden ist – als die eine Sache darstellen, die eine andere Sache beschädigt hat".

an Sachen, die zu gewerblichen oder freiberuflichen Zwecken genutzt werden, sollen nicht unter das ProdHaftG fallen.

2.2 Fehler eines Produkts
2.2.1 Der Begriff des Produkts
§ 2 ProdHaftG enthält eine Legaldefinition des Begriffs des Produkts. Hervorzuheben ist, dass der Begriff ausschließlich *bewegliche Sachen* erfasst.[216] Nach früherem Recht (§ 2 S. 2 ProdHaftG a. F.) waren landwirtschaftliche Naturprodukte ausdrücklich aus dem Produktbegriff ausgenommen worden, soweit sie nicht einer ersten Verarbeitung unterzogen worden waren. Wer also einen Fisch aß, in dem sich Fadenwürmer befanden, und sich dadurch eine Gesundheitsverletzung zuzog, konnte seinen Anspruch nicht auf § 1 Abs. 1 ProdHaftG stützen, wohl aber wer salmonelleninfizierte Fischpastete konsumierte.[217] Durch die RL 1999/34/EG des Europäischen Parlaments und des Rates vom 10. Mai 1999[218] ist die EG-Produkthaftungsrichtlinie (RL 85/374 EWG) geändert und dieses Privileg für landwirtschaftliche Naturprodukte beseitigt worden. Die Auseinandersetzungen um BSE-verseuchtes Rindfleisch haben auf EG-Ebene die Überzeugung wachsen lassen, dass eine Privilegierung landwirtschaftlicher Produkte nicht länger gerechtfertigt ist. Zur Begründung der Rechtsänderung heißt es in der Präambel der RL 1999/34/EG, dass die Einbeziehung landwirtschaftlicher Primärerzeugnisse in den Anwendungsbereich der Produkthaftungsrichtlinie zur Wiederherstellung des Vertrauens der Verbraucher in die Sicherheit der landwirtschaftlichen Erzeugung beitragen soll und den Anforderungen eines hohen Verbraucherschutzniveaus entspreche. Durch das Gesetz zur Änderung produkthaftungsrechtlicher Vorschriften vom 2. November 2000[219] ist § 2 ProdHaftG der RL 1999/34/EG angepasst und das Privileg für Urprodukte beseitigt worden. Str. ist, ob Computersoftware oder digitalisierte Informationen (z. B. im Internet) als Produkte angesehen werden können.[220]

2.2.2 Der Begriff des Fehlers
Bei einer verschuldensunabhängigen Haftung für Produktschäden kommt der Definition des Fehlers entscheidende Bedeutung zu, da diese über die Grenze

---

[216]Str. ist, ob auch verkörperte geistige Leistungen darunter fallen. (Beispielsfall zum früheren Recht in BGH NJW 1970, 1963: Ein Druckfehler in einem medizinischen Lehrwerk führt zu einer Fehlbehandlung). Vgl. zur Problematik Cahn NJW 1996, 2899.

[217]Vgl. zum alten Recht Buchwaldt NJW 1996, 13.

[218]AB1EG Nr. L 141/20.

[219]BGBl. I, S. 1478.

[220]Vgl. zum Meinungsstand Littbarski, in: Kilian/Heussen, Computerrechts-Handbuch, 29. EL 2011, Rn. 42 ff.

B. Die Gefährdungshaftungstatbestände

zwischen Haftung und Nichthaftung entscheidet.[221] § 3 ProdHaftG enthält eine Legaldefinition des Fehlerbegriffs in Form unbestimmter Rechtsbegriffe, die nicht auf die Fehlerkategorien der deliktischen Produzentenhaftung (Konstruktions-, Fabrikationsfehler usw.) Bezug nimmt. Damit ist aber kein sachlicher Unterschied angestrebt worden. Nach allgemeiner Meinung wird davon ausgegangen, dass das herkömmliche, auch der Rechtsprechung zugrunde liegende Fehlerkonzept zur Produzentenhaftung des § 823 in § 3 ProdHaftG mitenthalten ist.[222] Im Übrigen gewinnt die Unterscheidung nach Fehlerkategorien Bedeutung für die Frage des Haftungsausschlusses nach § 1 Abs. 2 Nr. 5 ProdHaftG, s. dazu unten 2.4.

§ 3 ProdHaftG bringt dadurch, dass auf die Verkehrserwartungen hinsichtlich der Sicherheit des Produktes abgestellt wird, eine wertvolle Hilfeleistung bei der tatbestandlichen Erschließung eines Fehlers. Ein neues Element ist es freilich nicht. In der Rechtsprechung und Literatur zur Produzentenhaftung ist seit langem anerkannt, dass es bei der Beurteilung der Produktsicherheit auf die Verkehrserwartungen eines durchschnittlichen Benutzers ankommt.[223] Der BGH spricht insoweit davon, dass sich die nach § 3 Abs. 1 maßgeblichen Sicherheitserwartungen grundsätzlich nach denselben objektiven Maßstäben wie die Verkehrssicherungspflichten des Herstellers im Rahmen der deliktischen Haftung gem. § 823 Abs. 1 beurteilen.[224] Wie sehr der Fehlerbegriff von den Sicherheitserwartungen geprägt ist, veranschaulicht die Entscheidung

BGH NJW 2009, 1669: Der Kläger verlangte von der Beklagten, einer Konditorei, Schmerzensgeld. Er hatte ein von ihr hergestelltes Gebäckstück mit Kirschfüllung („Kirschtaler") verzehrt und dabei auf einen eingebackenen Kirschkern gebissen, wodurch ein Teil des linken Eckzahns abbrach.

Am Maßstab des Kaufgewährleistungsrechts gemessen (§ 434 BGB), wäre der verzehrte Kirschtaler zweifelsfrei mangelhaft, weil er jedenfalls nicht eine Beschaffenheit aufweist, die bei Sachen der gleichen Art üblich ist. Beim deliktischen Schutz des Integritätsinteresses geht es aber um die Sicherheitserwartungen des Personenkreises, an den sich der Hersteller mit seinem Produkt wendet und jener Dritter, die mit dem Produkt üblicher Weise in Berührung kommen. So kommt der BGH zum Ergebnis, dass derjenige, dem ein Produkt namens „Kirschtaler" angeboten wird, damit rechne, dass dieser Kirschen enthalte und damit letztlich dann auch in Kauf nehme, dass Kirschen eben Kerne enthalten.

---

[221] Graf von Westphalen NJW 1990, 83, 87.
[222] Vgl. Schmidt-Salzer BB 1988, 349, 350; Taschner/Frietsch § 3 Rn. 5; vgl. auch BGH NJW 2009, 2952, 2953.
[223] Vgl. dazu oben 2. Kap. A. VI. 2.1.
[224] BGH NJW 2009, 2952, 2953.

So einleuchtend dieses Ergebnis auf den ersten Blick aus der Perspektive der Sicherheitserwartung des Konsumenten sein mag, so kritisch muss die Begründung des BGH vor dem Hintergrund der Gesetzeshistorie hinterfragt werden. In der Gesetzesbegründung heißt es zu den Auswirkungen der damaligen Einführung des ProdHaftG wörtlich[225]:

> Änderungen werden sich deswegen künftig nur in Randbereichen ergeben, und zwar im Wesentlichen ... wenn es sich um den Fehler an einem Einzelstück einer Serie handelt, der mit vertretbaren Mitteln nicht feststellbar und vermeidbar war und daher auch nicht schuldhaft verursacht wurde (so genannter ‚Ausreißer').

Der Gesetzgeber ging also von einer Haftung des Herstellers für Ausreißer im Rahmen des ProdHaftG aus. Wenn der BGH nun argumentiert, dass dem Hersteller nicht zumutbar sei, jede einzelne Kirsche zu untersuchen, geht er implizit von einem Ausreißer aus. Anders als das LG in erster Instanz,[226] setzt er sich mit der Ausreißerproblematik aber nicht auseinander, sondern schließt von der Unzumutbarkeit für den Hersteller letztlich auf die Zumutbarkeit für den Konsumenten bzw. darauf, dass das dem Hersteller als Gefahrenabwehr Unzumutbare vom Konsumenten auch nicht als Sicherheit erwartet werden kann.[227] So verwundert es nicht, wenn die Kirschtaler-Entscheidung dahin gehend kommentiert wurde, dass „die vermeintliche Gefährdungshaftung nach dem ProdHaftG der deliktischen Produkthaftung auch im Bereich der Fabrikationsfehler bis auf Haaresbreite angenähert" ist.[228] Auf der Linie des BGH hat das LG Kleve bei Knochenstücken in einem Cevapcici dessen Fehlerhaftigkeit verneint.[229]

Ein maßgebliches Kriterium für die Bestimmung der Sicherheitserwartungen ist nach § 3 Abs. 1 Buchst. b ProdHaftG der Gebrauch, mit dem billigerweise gerechnet werden kann. In diesem Zusammenhang stellt sich die Frage, inwieweit der Hersteller auch Sicherheit vor einer naheliegenden Fehlinstallation der Sache bieten muss, vgl. dazu

> **BGH NJW 2013, 1302:** Der Kläger erwarb in einem Baumarkt ein in der Volksrepublik China hergestelltes und von der Beklagten in den EWR eingeführtes Heißwasser-Untertischgerät. Laut Installations- und Gebrauchsanweisung sollte die Installation von qualifiziertem Personal durchgeführt werden und muss das Gerät vor dem Einschalten mit Wasser gefüllt sein. Der Kläger schloss das Gerät selbst an. Wenige Tage später explodierte das Gerät, wodurch der Kläger verletzt wurde. Der Sachverständige hatte

---

[225]BT-Drucks. 11/2447, S. 18.
[226]LMRR 2008, 76.
[227]Vgl. dazu auch Fuchs/Baumgärtner JuS 2011, 1057, 1062.
[228]Kötz/Wagner Rn. 630.
[229]LG Kleve NJW-RR 2011, 1473.

B. Die Gefährdungshaftungstatbestände

angegeben, die Explosion könne entweder durch einen fehlerhaften Anschluss des Geräts oder durch eine unzureichende Befüllung mit Wasser verursacht worden sein.

Auch wenn sich die genaue Ursache der Explosion nicht aufklären ließ, sprach das Berufungsgericht dem Kläger den begehrten Schadensersatz zu. Denn ein fehlerfreies Produkt müsse so beschaffen sein, dass es die körperliche Unversehrtheit des Benutzers oder eines Dritten nicht verletze, selbst wenn es fehlerhaft angeschlossen worden sei. Dem ist der BGH entgegengetreten und hat klargestellt (S. 1303):

> Die berechtigte Sicherheitserwartung geht grundsätzlich nur dahin, dass von einem Produkt bei vorhersehbarer üblicher Verwendung unter Beachtung der Gebrauchs- bzw. Installationsanleitung keine erheblichen Gefahren für Leib und Leben der Nutzer oder unbeteiligter Dritter ausgehen, das Produkt also so konzipiert ist, dass es unter Beachtung der Installations- und Gebrauchsanleitung bei bestimmungsgemäßem Gebrauch oder vorhersehbarem Fehlgebrauch gefahrlos benutzt werden kann.

Auch hier zeigt sich die bereits angesprochene Parallelität des Fehlerbegriffs des § 3 ProdHaftG zu den vom BGH bei der Produzentenhaftung im Rahmen des § 823 Abs. 1 entwickelten Fehlerkategorien. Einen Instruktionsfehler hat der BGH zu Recht mit obiger Begründung abgelehnt. Zu einem möglichen Konstruktionsfehler hatte das Berufungsgericht keine hinreichende Klärung durch Sachverständige herbeigeführt, weswegen der BGH die Sache an das Berufungsgericht zurückverwies.

Eine besondere Problematik im Rahmen der Prüfung eines Produktfehlers ergibt sich, wenn sich bei einzelnen Produkten einer Produktserie ein Fehler gezeigt hat, aber unklar ist, wie viele und welche Produkte aus der Serie davon konkret betroffen sind bzw. betroffen sein könnten. Unter dem Gesichtspunkt der Sicherheitserwartungen kann sich in solchen Fällen die Frage stellen, ob schon aufgrund der *potenziellen* Fehlerhaftigkeit des Produkts ein Fehler i. S. d. § 3 ProdHaftG zu bejahen ist. Mit der Beantwortung dieser Frage waren in den vergangenen Jahren zahlreiche Gerichte befasst. Es ging jeweils um implantierte Medizinprodukte (Herzschrittmacher und Defibrillatoren), bei denen freilich ein potenzielles Schadensrisiko besonders schwer wiegt, vgl. dazu

> *BGH NJW 2015, 3096:* Bei zwei bei der Klägerin Krankenversicherten waren Herzschrittmacher eines US-Unternehmens implantiert worden, die die Beklagte in den EWR eingeführt hatte. In einem von der Beklagten u. a. an die die beiden Versicherten behandelnden Ärzte übersandten Schreiben mit der Überschrift "Dringende Medizinprodukte Sicherheitsinformationen und Korrekturmaßnahmen" wurde mitgeteilt, dass ein in den Geräten verwendetes Bauteil möglicherweise einem sukzessiven Verfall unterliege. Für die noch im Einsatz befindlichen 28.000 Geräte wurde in den Scheiben eine Fehlerrate von 0,17 % bis 0,51 % angegeben. Es wurde empfohlen je nach Abhängigkeit vom Herzschrittmacher, dessen Alter und verbleibender Funktionsdauer einen Austausch des Gerätes zu erwägen und den Patienten darauf hinzuweisen, bei näher beschriebenen Beschwerden den Arzt aufzusuchen. Unabhängig

vom Bestehen eines Garantieanspruchs, bot der Hersteller kostenlos ein Ersatzgerät an. Bei beiden Versicherten war ein Austausch vorgenommen worden. Die explantierten Herzschrittmacher waren nicht auf ihre Tauglichkeit hin untersucht worden. Die Klägerin macht einen Teil der Kosten für die Austauschoperation als Schadensersatz gelten.

Nachdem der Fehlerbegriff des § 3 ProdHaftG auf europäischem Recht beruht, legte der BGH dem EuGH folgende für die Entscheidung des Falles zentrale Frage zur Vorabentscheidung vor[230]:

> Ist Art. 6 Abs. 1 der Richtlinie 85/374/EWG [...] dahin auszulegen, dass ein Produkt, wenn es sich um ein in den menschlichen Körper implantiertes Medizinprodukt (hier: Herzschrittmacher) handelt, bereits dann fehlerhaft ist, wenn Geräte derselben Produktgruppe ein nennenswert erhöhtes Ausfallrisiko haben, ein Fehler des im konkreten Fall implantierten Geräts aber nicht festgestellt ist?

Der EuGH[231] bejahte diese Frage. Bei medizinischen Geräten wie Herzschrittmachern seien die Anforderungen an ihre Sicherheit, die die Patienten zu erwarten berechtigt sind, in Anbetracht ihrer Funktion und der Situation besonderer Verletzlichkeit der diese Geräte nutzenden Patienten besonders hoch. Außerdem bestehe der potenzielle Mangel an Sicherheit, der die Haftung des Herstellers auslöse, bei solchen Produkten in der anormalen Potenzialität eines Personenschadens, der durch sie verursacht werden könne. Daher könnten im Fall der Feststellung eines potenziellen Fehlers solcher Produkte derselben Produktgruppe oder Produktionsserie alle Produkte dieser Gruppe oder Serie als fehlerhaft eingestuft werden, ohne dass ein Fehler des betreffenden Produkts nachgewiesen zu werden braucht. Eine Absage hat der EuGH damit vor allem der von der Beklagten vertretenen Auffassung erteilt, bei den Sicherheitserwartungen der medizinischen Produkte sei auf den Arzt und nicht den Patienten abzustellen.[232]

Der BGH hatte bereits in seinem Vorlagebeschluss darauf hingewiesen, dass angesichts der Lebensgefahr, die von einem fehlerhaften Herzschrittmacher ausgeht, viel dafür spreche, dass der Patient hinsichtlich eines möglichen vorzeitigen Ausfalls des implantierten Geräts berechtigterweise grundsätzlich eine Fehlerquote gegen Null erwarten dürfe[233]. Wie hoch die Fehlerwahrscheinlichkeit sein muss, damit ein potenzieller Fehler gewissermaßen die ganze Serie „infiziert", musste der BGH nicht entscheiden. Nach den Feststellungen eines Sachverständigengutachtens lag die Ausfallwahrscheinlichkeit 17 bis 20 Mal höher als bei Herzschrittmachern üblich und war damit *„nennenswert erhöht"*[234].

Neben dem Fehlerbegriff wirft der Fall noch ein weiteres Problem auf, das noch etwas zugespitzter in einem zweiten Verfahren eine Rolle spielte, das

---

[230]BGH VersR 2013, 1450.
[231]EuGH NJW 2015, 1163.
[232]EuGH NJW 2015, 1163, 1164.
[233]BGH VersR 2013, 1450, 1451.
[234]BGH NJW 2015, 3096, 3097; Wagner (JZ 2016, 292, 297) gibt allerdings zu bedenken, dass eine 17–20 fache Erhöhung einer Fehlerwahrscheinlichkeit von nahe null immer noch „winzig klein" ist.

ebenfalls zu einer Vorabentscheidung beim EuGH führte und beim EuGH mit obigem Verfahren verbunden wurde[235], vgl. dazu

> *BGH NJW 2015, 2507:* Auch hier ging es um den Austausch eines medizinischen Produktes, diesmal eines implantierten Cardioverter Defibrillatoren (ICD). Wiederum war dem Austausch ein Warnschreiben vorausgegangen. Diesmal war darauf hingewiesen worden, dass ein Magnetschalter in der geschlossenen Position hängen bleiben könne, was bislang in vier Fällen (von 46.000 implantierten Geräten) aufgetreten sei. Die Konsequenz der Fehlfunktion bestehe in einer Unterbindung der Behandlung von ventrikulären und atrialen Arrhythmien. Es wurde daher empfohlen die Magnetfunktion zu deaktivieren. Mögliche Komplikationen würden damit vermieden, auch wenn die therapeutische Nutzung dadurch eingeschränkt sei. Wenn Patienten Töne von ihrem Gerät hören sollten, sei unverzüglich der Arzt oder die Notaufnahme des Krankenhauses aufzusuchen. Wiederum klagte die Versicherung auf Ersatz der Operationskosten für den Austausch dieser Geräte.

Aufgrund eines erhöhten Ausfallpotenzials bejahte der BGH einen Fehler nach § 3 Abs. 1 ProdHaftG. Schwieriger gestaltet sich aber die Beantwortung der Frage, ob die durch den Austausch verursachten Behandlungskosten einen durch Körperverletzung entstandenen Schaden darstellen. Denn schon durch die Deaktivierung der Magnetfunktion hätte offensichtlich einer Gesundheitsgefahr begegnet werden können, wenn auch unter Inkaufnahme gewisser Einschränkung der Funktionalität des ICD.

Hinsichtlich der Schadensfolge hat der EuGH auf Vorlage des BGH entschieden, dass zur Verwirklichung der mit der Richtlinie verfolgten Ziele des Schutzes der Sicherheit und Gesundheit der Verbraucher eine weite Auslegung des Begriffs des „durch Tod und Körperverletzungen verursachten Schadens" geboten sei[236]:

> Der Schadensersatz umfasst dabei alles, was erforderlich ist, um die Schadensfolgen zu beseitigen und das Sicherheitsniveau wiederherzustellen, das man nach Art. 6 Abs. 1 der Richtlinie zu erwarten berechtigt ist.

Maßgebend ist damit die vom nationalen Gericht zu treffende Entscheidung, ob schon die Deaktivierung der Magnetfunktion geeignet gewesen wäre, den Fehler des Produkts (also das anormale Schadensrisiko) zu beseitigen, oder ob dafür die Austauschoperation erforderlich war. Im Kriterium der Erforderlichkeit ist dann die vom BGH in der Pflegebetten-Entscheidung[237] betonte zentrale Unterscheidung zwischen dem deliktsrechtlich geschützten Integritätsinteresse und dem im Vertragsrecht relevanten Äquivalenzinteresse des Betroffenen zu berücksichtigen. Sofern nach Abschaltung der Magnetfunktion keine erhöhte Gefahr für die Gesundheit von dem Produkt ausgeht, ist dem Integritätsinteresse

---

[235] EuGH Rs C-503/13 und C-504/13 NJW 2015, 1163.
[236] EuGH NJW 2015, 1163, 1164.
[237] S. 2. Kap. A. VI. 2.1.4.

genügt. Einschränkungen der Gebrauchstauglichkeit (etwa, dass Inhibierungen nicht mehr automatisch ausgeführt werden, sondern dafür der Einsatz des Programmiergeräts erforderlich ist) betreffen hingegen das Äquivalenzinteresse. Sofern Gewährleistungsansprüche nicht (mehr) in Betracht kommen, sind diese Einschränkungen ersatzlos hinzunehmen. Mangels ausreichender Feststellungen des Berufungsgerichts verwies der BGH die Entscheidung zur weiteren Aufklärung des Sachverhalts zurück.

In der Literatur wurde an der Entscheidung des EuGH vor allem kritisiert, dass sie die Körperverletzung als Tatbestandsvoraussetzung völlig ausblendet und damit der Eindruck entstehe, die Kausalität zwischen Fehler und Schaden sei ausreichend[238]. In der Literatur werden unterschiedliche Lösungen diskutiert:

- Die Implantation eines potenziell fehlerhaften Geräts, dessen konkrete Funktionsbeeinträchtigung nicht feststeht, begründet als solche nur dann eine Gesundheitsbeschädigung, wenn man dafür zukünftig schon die potenzielle Rechtsgutsgefährdung ausreichen lässt.[239]
- Nahe liegt es, den mit der Austauschoperation erforderlichen operativen Eingriff als Körperverletzung zu sehen.[240] Dazu ist allerdings die Einordnung einer fehlerfrei, lege artis und mit ausdrücklicher Einwilligung des Patienten ausgeführten medizinischen Operation als tatbestandliche Körperverletzung erforderlich.[241]

Anlass zur Diskussion in der Literatur geben auch die Formulierungen des EuGH hinsichtlich des Schadensumfangs („*u. a. die Kosten im Zusammenhang mit dem Austausch*" bzw. „*Kosten im Zusammenhang mit dem Austausch der Schrittmacher, einschließlich der Kosten für die chirurgischen Operationen*").[242] Es stellt sich damit vor allem die Frage, wenn der Hersteller nicht – wie hier – kostenlose Ersatzgeräte angeboten hätte, ob auch diese vom Schadensersatz umfasst wären. Vor dem Hintergrund des Erforderlichkeit-Kriteriums des EuGH wird man dies dann bejahen, wenn – wie bei den implantierten Herzschrittmachern (anders als vielleicht bei den Defibrillatoren) – nur ein Ersatzgerät das Integritätsinteresse des Patienten zu wahren vermag.[243]

Vorsicht ist geboten, wenn es um die Übertragung der aufgestellten Grundsätze auf andere Fallkonstellationen geht. Von einzelnen fehlerhaften Produkten auf die Fehlerhaftigkeit aller Produkte einer Serie zu schließen, dürfte der Ausnahmefall

---

[238] Mäsch JuS 2015, 556, 558; Timke NJW 2015, 3060, 3062; Koch VersR 2015, 1467, 1469.
[239] Koch VersR 2015, 1467, 1470.
[240] Im Vorlagebeschluss spricht auch der BGH von „durch die mit den Austauschoperationen verbundenen Körperverletzungen", VersR 2013, 1450, 1541.
[241] Dazu kritisch Mäsch Jus 2015, 556, 558. Eingehend zu den zur Körperverletzung vertretenen Auffassungen Wagner JZ 2016, 299 f.
[242] EuGH NJW 2015, 1163, 1165.
[243] Einen Ersatz für den fehlerhaften Herzschrittmacher generell ablehnend Wagner JZ 2016, 292, 301.

bleiben.²⁴⁴ Entscheidend war für den EuGH die durch *„die besondere Verletzlichkeit der diese Geräte nutzenden Patienten"* besonders hohe Sicherheitserwartung und dass diese Patienten einer *„anormalen Potenzialität eines Personenschadens"* ausgesetzt sind.²⁴⁵

Produkte werden ständig verbessert, weil dadurch die Marktanteile gesteigert werden können. Nicht selten sind aber auch Produktmängel Anlass für Steigerungen der Produktqualität. Vor diesem Hintergrund ist § 3 Abs. 2 ProdHaftG zu verstehen. Die Vorschrift will verhindern, dass ein Geschädigter den Fehler *allein* mit einer mittlerweile verbesserten Produktqualität begründet.

2.3 Der Begriff des Herstellers
Nach den Grundsätzen der Produzentenhaftung haftet nach § 823 Abs. 1 derjenige, der eine Verkehrssicherungspflicht verletzt hat.²⁴⁶ Nach § 1 Abs. 1 ProdHaftG trifft die Ersatzpflicht den *Hersteller*. Damit ist zunächst kein Gegensatz zur Produzentenhaftung des BGB gegeben. Denn auch bei dieser ist der Verkehrssicherungspflichtige meist der Hersteller. Die Legaldefinition des Begriffs des Herstellers in § 4 ProdHaftG bestimmt jedoch den Personenkreis des Herstellers in einer Weise, die bedeutsame Abweichungen zur Produzentenhaftung nach § 823 Abs. 1 aufweist. Die Unterschiede sollen anhand der nachstehenden Entscheidung verdeutlicht werden:

BGH NJW 1968, 247: K kam mit einem von der Firma B hergestellten Pkw ins Schleudern und verletzte sich. Der Unfall war auf einen Bruch der hinteren Schubstrebe zurückzuführen, die von der Beklagten C geliefert und von B in das Fahrzeug eingebaut worden war.

K hatte zunächst den Autohersteller B verklagt. Seine Klage hatte keinen Erfolg gehabt, weil B die ihm als Kraftfahrzeughersteller der Allgemeinheit gegenüber bestehende Verkehrssicherungspflicht nicht verletzt hatte.²⁴⁷ Eine Verletzung von Verkehrssicherungspflichten bei der Herstellung der Schubstrebe traf aber den beklagten Zulieferer C, sodass ihn die Schadensersatzpflicht nach § 823 Abs. 1 traf.

Hätte damals schon das ProdHaftG gegolten, so wäre auch der Endhersteller B schadensersatzpflichtig gewesen. Denn § 4 Abs. 1 S. 1 ProdHaftG betrachtet als ersatzpflichtigen Hersteller sowohl den Hersteller des Endprodukts wie des Teilprodukts.²⁴⁸ Arbeitsteilung darf also nicht zulasten des Endabnehmers gehen.

---

²⁴⁴Vgl. dazu auch Wagner JZ 2016, 292, 303.
²⁴⁵EuGH NJW 2015, 1163 Rz. 39 f. Zur Frage der Übertragbarkeit Timke NJW 2015, 3060, 3064; Koch VersR 2015, 1467, 1471.
²⁴⁶Vgl. dazu oben 2. Kap. A. VI. 2.1.
²⁴⁷Der Autohersteller hatte nämlich in deliktsrechtlich korrekter Weise Konstruktion und Fabrikation der Schubstrebe der Beklagten C überantwortet, sodass ihn kein Verschulden traf. Vgl. zu dieser Problematik allgemein oben 2. Kap. A. IV. 3.3. und umfassender Fuchs JZ 1994, 533, 536.
²⁴⁸Zum möglichen Haftungsausschluss des Teileproduzenten nach § 1 Abs. 3 ProdHaftG siehe unten 2.4.

Deshalb wird jeder am Produktionsprozess selbstständig Beteiligte als Haftungssubjekt ausgewiesen.[249] Der Geschädigte soll die Möglichkeit erhalten, innerhalb der Produktionskette denjenigen in Anspruch zu nehmen, der aufgrund seiner wirtschaftlichen Lage am ehesten fähig ist, Schadensersatz zu leisten.[250]

Eine Abweichung zur BGB-Produzentenhaftung stellt auch die Haftung des *Quasi-Herstellers* nach § 4 Abs. 1 S. 2 ProdHaftG und des Importeurs nach § 4 Abs. 2 ProdHaftG dar, vgl. hierzu folgendes

Beispiel (BGH NJW 1980, 1219)

K kaufte von B, einem Zweirad-Großhändler ein Klapprad. Das Fahrzeug war von einem französischen Unternehmen hergestellt und an B geliefert worden. Dieser brachte an dem Fahrrad seine Handelsmarke „B" an. Aufgrund eines Konstruktionsfehlers des Rades kam es zu einem Sturz, bei dem K verletzt wurde.

Man könnte eine Verkehrssicherungspflicht des Beklagten B deshalb erwägen, weil er durch die Anbringung des Markenschildes den Anschein eines Herstellers erweckt hat (deshalb die Bezeichnung Quasi-Hersteller). Der BGH lehnt grundsätzlich eine solche Haftung des Quasi-Herstellers nach § 823 Abs. 1 ab (S. 1219). Sie wäre mit dem geltenden Deliktsrecht nicht in Einklang zu bringen, wonach eine Haftungsverantwortlichkeit für Produktfehler nur bei Verletzung eigener Gefahrabwehrpflichten besteht und diese nicht schon dadurch entstehen, dass der Unternehmer seinen Namen an einem fremd hergestellten Industrieprodukt anbringt.[251] Weiter könne die Haftung unter dem Aspekt begründet werden, dass es sich bei B um einen Importeur gehandelt und dieser die Pflicht gehabt habe, die importierten Waren auf Konstruktionsfehler hin zu untersuchen. Der BGH ließ offen, ob den Importeur weitergehende Verkehrssicherungspflichten treffen als den Großhändler, der im Inland erzeugte Waren vertreibt. Jedenfalls für den Import von Waren aus einem der ursprünglichen EG-Staaten verneint der BGH Herstellerpflichten, weil dort ein der Bundesrepublik vergleichbarer Sicherheitsstandard bestehe (S. 1220).

Wenn wir nun den Fall nach dem ProdHaftG beurteilen, so ist die Antwort einfach. B haftet als Quasi-Hersteller (§ 4 Abs. 1 S. 2 ProdHaftG). Die Haftung des Quasi-Herstellers war in der RL 85/374/EWG (Produkthaftungsrichtlinie) mit dem Hinweis begründet worden, der Verbraucher solle von den Mühen befreit werden, den tatsächlichen Hersteller zur Verfolgung seines Schadensersatzanspruchs

---

[249]Wer ein fertiges Produkt nur portioniert und mit einer Verkaufsverpackung versieht, ist nach Auffassung des OLG Düsseldorf NJW-RR 2001, 458 nicht Hersteller (auch nicht Quasihersteller).

[250]So die Begründung der EG-Richtlinie, vgl. Bulletin der EG, Beil. 11/76, S. 15.

[251]So die Begründung in BGH VersR 1977, 839. Beachte aber auch BGH JZ 1994, 574 (Sonderfall bei Schlüsselstellung und Alleinvertrieb).

B. Die Gefährdungshaftungstatbestände

ermitteln zu müssen, und eine Entlastung hinsichtlich des Insolvenzrisikos in Bezug auf diesen Hersteller erfahren, wenn der Quasi-Hersteller für das konkrete Produkt unter Herausstellen eines eigenen Renommees den Anschein erweckt hat, einen Einfluss auf die Qualität des Produkts und seinen Herstellungsprozess gehabt zu haben. Vor diesem Hintergrund hat der BGH in einer Entscheidung[252] die näheren Voraussetzungen der Rechtsfigur des Quasi-Herstellers präzisiert. Nicht notwendig sei es, dass der Quasi-Hersteller die Anbringung seines Namens oder eines sonstigen auf ihn als Hersteller weisenden Zeichens auf dem Produkt selbst bewirke. Vielmehr stünde dem gleich, wenn er eine solche Anbringung mit seinem Einverständnis durch andere, insbesondere den tatsächlichen Hersteller vornehmen lässt. Sein Einverständnis müsste auch nicht vor dem Anbringen des Namens oder Zeichens erteilt worden sein. Denn nach dem Zweck der Vorschrift komme es auf den Anschein der Herstellereigenschaft zum Zeitpunkt des Produkterwerbs durch den Verbraucher bzw. Endabnehmer an. Unerheblich sei es, ob die Genehmigung ausdrücklich gegenüber demjenigen erteilt wurde, der den Namen oder das Zeichen auf dem Produkt angebracht hat oder ob die Billigung in anderer Weise zum Ausdruck komme.[253]

Nach § 4 Abs. 2 ProdHaftG gilt auch derjenige als Hersteller, der ein Produkt zum Vertrieb mit wirtschaftlichem Zweck im Rahmen seiner geschäftlichen Tätigkeit in den EWR einführt oder verbringt. Diese Haftung des Importeurs gewährleistet die tatsächlichen Durchsetzung von Produkthaftungsansprüchen im Kontext des internationalen Rechts- und Wirtschaftsverkehrs.[254] So wurde beispielsweise in dem im vorangegangenen Abschnitt erläuterten Fall des potenziell fehlerhaften Herzschrittmachers der Importeuer des in den USA hergestellten Produkts verklagt. Bei dem im gleichen Zusammenhang besprochenen Defibrillator-Fall (ebenfalls Hersteller in den USA) hatte die Versicherung das Unternehmen verklagt, dass auf dem vom behandelnden Arzt dem Patienten ausgehändigten Patientenausweis für Deutschland angegeben war. Das Unternehmen bestritt seine Passivlegitimation mit dem Hinweis, dass Importeur ein irisches Unternehmen gewesen sei. Wie das Berufungsgericht sah auch der BGH – unabhängig von der Importeurseigenschaft – das auf dem Ausweis genannte Unternehmen als Quasihersteller nach § 4 Abs. 1 S. 2 ProdHaftG an. Unerheblich sei dabei, dass der Ausweis dem Produkt nicht beigefügt war. Die erforderliche Verbindung zwischen dem Produkt und dem Ausweis sei dadurch hergestellt worden, dass die Ärzte den Aufkleber des Defibrillators in den Ausweis eingeklebt und weitere handschriftliche Eintragungen u. a. zur Funktionalität des Geräts

---

[252] NJW 2005, 2695.
[253] Dies könne z. B. dadurch erfolgen, dass das Produkt aus dem alten Warenbestand des Herstellers stammte, der Quasi-Hersteller diesen Bestand übernommen hatte und das Produkt geliefert worden war und in diesem Zeitpunkt der Name oder ein Zeichen des Quasi-Herstellers angebracht war. Unter Berufung auf die ganz h. M. im Schrifttum betont der BGH auch, dass der Geschädigte die Umstände darlegen und beweisen muss, aus denen sich die Eigenschaft des in Anspruch Genommenen als Quasi-Hersteller für das konkrete, schadensrelevante Produkt ergibt.
[254] MüKo-Wagner § 4 ProdHaftG Rn. 27.

sowie zur Person des Patienten und zum Zeitpunkt der Implantation vorgenommen hätten. Das als Ausweis verwendete Formular, das das verklagte Unternehmen als Herstellerin benenne, sei dem Unternehmen bekannt gewesen und dessen Verwendung hingenommen worden.[255]

Unter den Voraussetzungen des § 4 Abs. 3 ProdHaftG haftet auch ein Lieferant. Es handelt sich hierbei um einen Auffangtatbestand, bei dem es um die Verhinderung des Vertriebs anonymer Produkte geht. Zu der Frage, wann der Hersteller des Produkts nicht festgestellt werden kann, hat der BGH geäußert, dass der Geschädigte nicht gehalten sei, sämtliche anderen objektiv zur Verfügung stehenden Recherchemöglichkeiten zu nutzen, bevor er den Lieferanten nach dem wahren Hersteller fragt. Grundsätzlich sei vom Geschädigten nur zu erwarten, die Informationen zur Verfolgung seiner Produkthaftungsansprüche zu nutzen, die ihm aufgrund des Produkterwerbs zur Verfügung stehen. Aus der Gesetzesbegründung sei zu entnehmen, dass bereits das Fehlen von Hinweisen zum Hersteller auf dem Produkt die Ausfallhaftung des Lieferanten eröffnen soll. Ein dem Lieferanten zuzurechnendes Auskunftsbedürfnis sei damit bereits gegeben, wenn die Angaben auf dem Produkt nur vage auf einen möglichen Hersteller hindeuten. Dies gelte insbesondere auch dann, wenn der Name eines Unternehmens angegeben ist, jedoch unklar bleibt, in welcher Beziehung dieses Unternehmen zu dem Produkt steht, etwa, ob es dessen Hersteller ist oder nur am Vertrieb beteiligt war.[256]

Im Einzelfall kann die Unterscheidung zwischen bloßem Lieferant nach § 4 Abs. 3 ProdHaftG und Hersteller nach § 4 Abs. 1 S. 1 ProdHaftG Schwierigkeiten bereiten, vgl. dazu

BGHZ 200, 242: Der Kläger verklagte die Betreiberin eines kommunalen Stromnetzes auf Schadensersatz. Wegen einer Überspannung waren mehrere seiner an das Netz angeschlossenen Geräte und auch die Heizungsanlage beschädigt worden. Die Beklagte stellt das Netz den Stromproduzenten (Einspeisern) und Abnehmern zur Verfügung und transformiert den eingespeisten Strom auf eine andere Spannungsebene (Niederspannung).

Dass Elektrizität ein „Produkt" ist, hält § 2 ProdHaftG explizit fest. Dieses Produkt ist auch fehlerhaft, weil es nicht die berechtigten Sicherheitserwartungen der Abnehmer erfüllt, die beim Anschluss üblicher Verbrauchsgeräte – jedenfalls jenseits besonderer Umstände wie etwa Naturgewalten – davon ausgehen, dass ihre Geräte nicht zu Schaden kommen (S. 245 f.). Auf den ersten Blick leitet die Beklagte den von den Einspeisern produzierten Stroms aber nur weiter, wodurch sie lediglich Lieferantin wäre. Wesentlich ist jedoch, dass erst die Transformation durch die Beklagte auf Niederspannung den Strom für den Abnehmer nutzbar macht. Als maßgebend für die Abgrenzung der Herstellung vom Produktvertrieb bzw. Produkthandel sieht der BGH im Anschluss an die Literatur, ob in die Produktgestaltung oder in eine wesentliche (insbesondere sicherheitsrelevante)

---

[255]BGH NJW 2015, 2507 bezugnehmend auf den Vorlagebeschluss (VersR 2013, 1451, 1453).
[256]BGH NJW 2005, 2695, 2697. Siehe dazu auch Wagener/Wahle NJW 2005, 3179 ff.

B. Die Gefährdungshaftungstatbestände

Produkteigenschaft eingegriffen wird oder ob eine im Vergleich mit dem Herstellungsprozess nur unerhebliche Manipulation am Produkt erfolgt (S. 249). Mehrere Hersteller haften gem. § 5 S. 1 ProdHaftG als Gesamtschuldner. Für das Innenverhältnis gilt § 5 S. 2 ProdHaftG. Diese Bestimmung enthält eine bewusste Abweichung von der Regel des § 426 Abs. 1 S. 1. Maßgebend ist der Anteil der Mitverursachung.

2.4 Ausschlusstatbestände

§ 1 Abs. 2 Nr. 1–5 enthält wichtige Ausschlussgründe. Dass der Hersteller nicht für Entwicklungsrisiken haften soll (Nr. 5), wurde bereits oben (1.) erwähnt.

Zum Anwendungsbereich dieser Vorschrift s. BGH NJW 1995, 2162: Es handelt sich um eine – unendliche – Geschichte explodierender Mineralwasserflaschen (zum Sachverhalt im Einzelnen s. oben 2. Kap. A. VI. 2.2.). Im Gegensatz zu den früheren Verfahren (BGHZ 104, 323) kamen im Hinblick auf den Zeitpunkt der Schädigung neben Ansprüchen aus § 823 Abs. 1 auch Ansprüche nach dem ProdHaftG in Betracht. Die Flasche hatte einen Haarriss, sodass ein Fabrikationsfehler vorlag. Andererseits ergab die Beweisaufnahme, dass der Hersteller alles nach dem Stand der Technik Mögliche getan hatte, um einen solchen Fehler auszuschließen (es lag also ein sog. Ausreißer vor). Der BGH verneint aufgrund der Entstehungsgeschichte und des Zweckes des § 1 Abs. 2 Nr. 5 ProdHaftG die Anwendbarkeit dieser Vorschrift. Mit ihr sollte nur die Haftung für Entwicklungsrisiken ausgeschlossen werden. § 1 Abs. 2 Nr. 5 ProdHaftG kann deshalb nur bei einem Konstruktionsfehler, nicht aber bei einem Fabrikationsfehler in Form des sog. Ausreißers erfüllt sein. Auf einen Instruktionsfehler ist § 1 Abs. 2 Nr. 5 ProdHaftG ebenfalls anwendbar.[257]

Bei § 1 Abs. 2 Nr. 1 und 2 ProdHaftG („criminally tampered products") scheidet die Haftung aus, weil es an der notwendigen Grundlage für die Zurechenbarkeit fehlt. § 1 Abs. 2 Nr. 1 ProdHaftG stimmt mit Art. 7 a) RL 85/374/EWG überein. Zu der Frage, wann der Hersteller das Produkt nicht in den Verkehr gebracht hat, hat der EuGH ausgeführt, dass dieses Tatbestandsmerkmal dann gegeben ist, wenn eine andere Person als der Hersteller das Produkt aus dem Herstellungsprozess herausnimmt oder die Verwendung des Produkts gegen den Willen des Herstellers, etwa wenn der Herstellungsprozess noch nicht abgeschlossen ist, zu privaten Zwecken erfolgt oder ähnliche Situationen gegeben sind. Ob ein im Rahmen einer Dienstleistung (z. B. medizinische Behandlung) verwendetes Produkt von einem Dritten, von dem Dienstleistungserbringer selbst oder von einer mit diesem verbundenen Stelle hergestellt wird, kann für sich genommen keine Auswirkungen auf die Tatsache haben, dass das Produkt in den Verkehr gebracht wurde, wenn es auf den Dienstleistungsempfänger angewendet wird.[258] § 1 Abs. 2 Nr. 1 ProdHaftG stellt klar, dass dem Hersteller Fehler, die nach dem Inverkehrbringen z. B. durch unsachgemäße Behandlung innerhalb der

---

[257]BGH NJW 2009, 2952, 2955.
[258]EuGH, Slg. 2001, I-3569 Rn. 16 f.

Vertriebskette oder durch den Geschädigten selbst verursacht werden, nicht zurechenbar sind.[259] Die Bestimmung des Zeitpunkts, zu welchem das Produkt in den Verkehr gebracht wurde, ist nicht immer einfach. Im Überspannungsfall des vorangegangenen Abschnitts war dies von entscheidender Bedeutung. Denn die Ursache der Überspannung lag in der Unterbrechung von zwei sogenannten PEN-Leitern in der Nähe des Hauses des Klägers, über die sein Haus mit der Erdungsanlage verbunden war. Der BGH sah den Zeitpunkt des Inverkehrbringens des Stroms nicht schon in dessen Einspeisung in das Niederspannungsnetz, sondern erst in der Belieferung des Klägers über den Netzanschluss. Denn die Nutzung durch den Letztverbraucher mit den üblichen Verbrauchsgeräten beginne erst beim Netzanschluss und setzte einen fehlerfreien Strom zum Zeitpunkt der Entnahme des Stroms aus dem Elektrizitätsversorgungsnetz der allgemeinen Versorgung voraus.[260]

§ 1 Abs. 2 Nr. 3 ProdHaftG zeigt, dass der Gesetzgeber mit dem ProdHaftG vor allem an die Haftung des *kommerziellen* Produzenten gedacht hat. § 1 Abs. 2 Nr. 4 ProdHaftG entlastet den Hersteller, der ein fehlerhaftes Produkt aufgrund der ihn dazu zwingenden Rechtsvorschriften produziert hat. Die den Haftungsausschluss rechtfertigende Zwangslage zwischen Gehorsam und Haftung besteht aber nur, wenn der Hersteller durch Rechtsvorschriften gezwungen wird, so und nicht anders, aber eben fehlerhaft zu produzieren.[261] Daher scheidet die Anwendung der Vorschrift im Hinblick auf die Einhaltung gesetzlicher Sicherheitsstandards in der Regel aus. Diese sehen meist nur Mindestanforderungen vor.

Ein weiterer Haftungsausschluss ist in § 1 Abs. 3 für den Teilehersteller vorgesehen. Dieser haftet grundsätzlich nach § 4 Abs. 1 ProdHaftG. Dem Gesetzgeber erschien es aber unbillig, den Zulieferer haften zu lassen, wenn die Fehlerhaftigkeit gerade in der Konstruktion des Endprodukts liegt oder durch die Anleitungen des Herstellers des Produkts verursacht worden ist.

3. Beweislast (§ 1 Abs. 4 ProdHaftG)

Da § 1 Abs. 1 ProdHaftG eine verschuldensunabhängige Haftung statuiert, können die Beweislastgrundsätze der Produzentenhaftung, die sich gerade auf das Verschulden beziehen,[262] nicht zur Anwendung kommen. Nach § 1 Abs. 4 ProdHaftG liegt die Beweislast für Fehler, Schaden und ursächlichen Zusammenhang beim Geschädigten. Für Anspruchsausschlussgründe (§ 1 Abs. 2 und 3 ProdHaftG) trägt dagegen der Hersteller die Beweislast (Abs. 4 S. 2).

---

[259]BT-Drucks. 11/2447 S. 14.
[260]BGHZ 200, 242, 249 ff.
[261]BT-Drucks. 11/2447 S. 15.
[262]Siehe dazu oben 2. Kap. A. VI. 2.2.

4. Inhalt des Schadensersatzanspruchs

Das Gesetz sieht in §§ 8 ff. ProdHaftG Ersatz des Personenschadens vor, der summenmäßig begrenzt ist (§ 10 ProdHaftG). Mit dem Zweiten Gesetz zur Änderung schadensersatzrechtlicher Vorschriften vom 19. Juli 2002[263] wurde auch für den Bereich der Produkthaftung der Ersatz immateriellen Schadens gesetzlich verankert (§ 8 S. 2 ProdHaftG). Bei Sachschäden ist eine Selbstbeteiligung vorgesehen (§ 11 ProdHaftG).

5. Konkurrenzen

Das Verhältnis der Haftung nach dem ProdHaftG zu anderen Haftungstatbeständen regelt § 15 ProdHaftG: Nach Abs. 1 werden die Vorschriften des ProdHaftG durch die Haftungsregeln des AMG[264] verdrängt.[265] Hintergrund ist die vom AMG bezweckte Erleichterung der Versicherbarkeit von Haftungsrisiken und Senkung von Transaktionskosten im Schadensfall durch eine Haftungskanalisierung auf den pharmazeutischen Unternehmer bei gleichzeitiger Freistellung aller übrigen an der Arzneimittelentwicklung, -herstellung und -distribution Beteiligten.[266]

Für das Verhältnis des ProdHaftG zu anderen Haftungstatbeständen stellt § 15 Abs. 2 ProdHaftG den allgemeinen Grundsatz auf, dass die Haftung aufgrund anderer Vorschriften unberührt bleibt. Folglich tritt insbesondere die von der Rechtsprechung auf der Grundlage des § 823 Abs. 1 entwickelte Produzentenhaftung (vgl. dazu 2. Kap. VI.) neben die Produkthaftung nach dem ProdHaftG.

Im Übrigen hat der EuGH den Gestaltungsspielraum für nationale Regelungen im Bereich der Haftung für fehlerhafte Produkte vor dem Hintergrund der Produkthaftungsrichtlinie klar bestimmt, vgl. dazu folgenden Fall:

EuGH Rs C-402/03 (Skov und Bilka)[267]: Das klagende dänische Ehepaar erwarb bei der Beklagten Eier eines bestimmten Herstellers und erkrankte an einer Salmonellenvergiftung. Es verlangte von der Beklagten insb. gestützt auf das dänische Umsetzungsgesetz zur Produkthaftungs-RL Schadensersatz. Nach diesem Gesetz tritt der Lieferant in die Haftung der nacheinander vor ihm tätig gewordenen Wirtschaftsteilnehmer ein. Dem vorlegenden dänischen Gericht ging es im Kern um die Klärung der Frage, ob das nationale Recht die Haftung des Lieferanten über den Rahmen hinaus ausdehnen kann, der durch Art. 3 Abs. 3 Produkthaftungs-RL gezogen ist (vgl. zur deutschen Regelung: § 4 Abs. 3 ProdHaftG).

Der EuGH verneint diese Frage. Wie er auch schon bei früheren Entscheidungen ausgeführt hatte, bezweckt die Richtlinie hinsichtlich der Haftungsgrundlagen eine

---

[263]Siehe dazu oben A. IV. 5.
[264]Zu diesem Gesetz siehe unten X.
[265]Die Vereinbarkeit des § 15 Abs. 1 ProdHaftG mit den Vorgaben des Art. 13 RL 85/374/EWG ist nicht unumstritten: vgl. dazu MüKo-Wagner § 15 ProdHaftG Rn. 6.
[266]Vgl. dazu MüKo-Wagner § 15 ProdHaftG Rn. 6 m. w. N.
[267]EuGH, Slg. 2006, I-1313.

vollständige Harmonisierung.[268] Damit ist sie auch hinsichtlich des Kreises der haftenden Personen (nur subsidiäre Haftung des Lieferanten) und des Haftungsumfangs als erschöpfend anzusehen. Der EuGH hat aber auch klargestellt, dass der erschöpfende Charakter der Produkthaftungs-RL weitergehende nationale Regelungen der vertraglichen oder außervertraglichen Haftung nicht ausschließe, die wie die Haftung für Verschulden auf anderer Grundlage beruhen als die verschuldensunabhängige Haftung nach der Produkthaftungs-RL.[269] Es ist also immer zu fragen, ob zum einen die Richtlinie hinsichtlich des Schadensersatzes eine abschließende Regelung trifft und ob die nach § 15 Abs. 2 ProdHaftG in Betracht kommende weitere (nationale) Anspruchsgrundlage auf anderer Grundlage (insb. Verschuldenshaftung) beruht. Hinsichtlich der ersten Frage hat der EuGH beispielsweise entschieden, dass die Frage der Ersatzfähigkeit des Schadens an einer anderen Sache, die für den beruflichen Gebrauch bestimmt ist und beruflich verwendet wird, nicht in den Anwendungsbereich der Richtlinie fällt. Diese Schäden wurden durch Art. 9 RL 85/374/EWG aus dem Anwendungsbereich der Richtlinie ausgenommen, die Richtlinie sollte aber nicht umgekehrt ausschließen, dass solche Schäden generell einer Gefährdungshaftung unterworfen werden. Daher kam der EuGH zum Ergebnis, dass die Richtlinie der Auslegung nationalen Rechts oder der Anwendung von gefestigter nationaler Rechtsprechung nicht entgegensteht, wonach der Geschädigte Ersatz des Schadens an einer solchen Sache beanspruchen kann, wenn er nur den Schaden, den Fehler des Produkts und den ursächlichen Zusammenhang zwischen diesem Fehler und dem Schaden beweist.[270] Nicht in den Anwendungsbereich der Richtlinie fällt nach Auffassung des EuGH die Haftung eines Dienstleisters, der im Rahmen der Erbringung von Dienstleistungen (wie einer Krankenhausbehandlung) fehlerhafte Produkte oder Geräte verwendet, deren Hersteller er nicht ist.[271]

Die zweite jeweils zu klärende Frage, ob die Haftung auf anderer Grundlage beruht, wirft in Deutschland besondere Schwierigkeiten auf, weil sich die verschuldensabhängige Produzentenhaftung nach § 823 Abs. 1 durch die von der Rspr. entwickelten Grundsätze der Beweislastumkehr im Ergebnis stark an eine Gefährdungshaftung angenähert hat.[272] Vor diesem Hintergrund gibt es erste Forderungen in der Literatur, im Anwendungsbereich der Richtlinie die in der Rspr. entwickelten Beweiserleichterungen unangewendet zu lassen.[273]

---

[268]EuGH, Slg. 2006, I-1313 Rn. 22 f unter Bezugnahme auf EuGH Rs C-52/00 (Kommission/Frankreich), Slg. 2002, I-3827 Rn. 16; Rs C-154/00 (Kommission/Griechenland), Slg. 2002, I-3879 Rn. 12 und Rs C-183/00 (González Sánchez), Slg. 2002, I-3901 Rn. 25.

[269]EuGH, Slg. 2006, I-1313, Rn. 47.

[270]EuGH Rs C-285/08 (Moteurs Leroy Somer), Slg. 2009, I-4733.

[271]EuGH Rs C-495/10 (Centre hospitalier universitaire de Besançon), NJW 2012, 754 (Ls.) = BeckRS 2011, 81941.

[272]Vgl. zu dieser Problematik Fuchs, in: Festschrift für Medicus zum 80. Geburtstag, 2009, S. 96 ff.

[273]Vgl. dazu anhand eines Beispielsfalls Grigoleit/Riehm, Schuldrecht IV, 2011, Rn. 927 ff.

Zu beachten ist, dass es zu den privatrechtlichen Grundlagen der Produzenten- bzw. Produkthaftung eine öffentlich-rechtliche Flankierung aufgrund des Gesetzes über die Bereitstellung von Produkten auf dem Markt (Produktsicherheitsgesetz - ProdSG) vom 8.11.2011[274] gibt.[275] Den im ProdSG genannten Pflichten des Herstellers (teilweise auch anderer an der Herstellung oder dem Vertrieb eines Produkts Beteiligter) zur Gewährleistung der Produktsicherheit (einschließlich der Ergreifung von Maßnahmen zur Vermeidung von Risiken, wie Warnungen oder auch Rückruf) korrespondieren behördliche Überwachungs- und auch Eingriffsbefugnisse. Zivilrechtlich können die Vorschriften des ProdSG über § 823 Abs. 2 relevant werden.[276]

6. Verjährung und Erlöschen von Ansprüchen

Gemäß § 12 ProdHaftG verjährt der Anspruch nach § 1 in 3 Jahren von dem Zeitpunkt an, in dem der Ersatzberechtigte von dem Schaden, dem Fehler und von der Person des Ersatzpflichtigen Kenntnis erlangt hat oder hätte erlangen können. Die Vorschrift entspricht weitgehend § 199 Abs. 1 BGB, wo ebenfalls positive Kenntnis oder (bereits einfache) fahrlässige Unkenntnis den Lauf der Verjährung in Gang setzt. Abweichend von § 199 Abs. 1 beginnt die Frist aber bereits sofort mit diesem Zeitpunkt, nicht erst zum Jahresende.

In Anlehnung an Art. 11 RL 85/374/EWG enthält § 13 ProdHaftG eine Ausschlussfrist. Danach erlischt der Anspruch nach § 1 zehn Jahre nach dem Zeitpunkt, in dem der Hersteller das Produkt in den Verkehr gebracht hat. Der Begriff des Inverkehrbringens ist weder in der RL 85/374/EWG noch im ProdHaftG definiert. Der EuGH hat zu Art. 11 RL 85/374/EWG eine präzisierende Auslegung vorgenommen, die deshalb auch im Rahmen des ProdHaftG maßgeblich ist. Konkret ging es um die Frage, ob ein Produkt, das vom herstellenden Unternehmen an eine mit dem Vertrieb befasste Tochtergesellschaft übergeben wird, schon in diesem Zeitpunkt als in den Verkehr gebracht zu gelten hat oder aber erst zum Zeitpunkt seiner Übergabe durch die Tochter an Dritte. Der EuGH hat sich von folgenden Überlegungen leiten lassen:[277]

Da die Vorschrift der zehnten Begründungserwägung der RL zufolge Erfordernissen der Rechtssicherheit im Interesse der Beteiligten genügen soll, muss die Bestimmung der zeitlichen Grenzen für eine Klage des Geschädigten objektiven Kriterien entsprechen. Demnach – so der EuGH – ist ein Produkt dann als in den Verkehr gebracht anzusehen, wenn es den vom Hersteller eingerichteten Prozess der Herstellung verlassen hat und in einen Prozess der Vermarktung eingetreten ist, in dem es in ge- oder verbrauchsfertigem Zustand öffentlich angeboten

---

[274] BGBl. I S. 2178.

[275] Zur Bedeutung des Gesetzes, insbesondere im Hinblick auf Produktbeobachtungs- und Warnpflichten Wagner VersR 2014, 905, 913 ff. Über die Entwicklung des öffentlichen Produktsicherheitsrechts informieren in regelmäßigen Abständen Molitoris und Klindt, z. B. NJW 2014, 1567 ff. und NJW 2015, 1568. Einen Überblick zu den rechtlichen Anforderungen an Verbraucherprodukte geben Gauger/Hartmannsberger NJW 2014, 1137.

[276] Vgl. dazu 2. Kap. B. II. 1.1.

[277] EuGH Rs C-402/03 (Skov und Bilka), Slg. 2006, I-1313 Rn. 26 ff.

wird. Dabei ist es grundsätzlich unerheblich, ob das Produkt unmittelbar vom Hersteller an den Verbraucher verkauft wird oder ob dieser Verkauf im Rahmen eines Vertriebsvorgangs mit einem oder mehreren Beteiligten erfolgt. Ist eines der Glieder der Vertriebskette eng mit dem Hersteller verbunden, wie bei einer 100-%igen Tochtergesellschaft des Herstellers, so ist zu prüfen, ob diese Verbindung zur Folge hat, dass die fragliche Einrichtung in Wirklichkeit in den Prozess der Herstellung des betreffenden Produkts einbezogen ist. Bei der Beurteilung einer solchen engen Verbindung darf nicht darauf abgestellt werden, ob es sich um unterschiedliche juristische Personen handelt oder nicht. Vielmehr ist erheblich, ob es sich um Unternehmen handelt, die unterschiedlichen Herstellungstätigkeiten nachgehen, oder aber um Unternehmen, von denen eines, die Tochtergesellschaft, nur als Vertriebshändler oder Verwahrer des von der Muttergesellschaft hergestellten Produkts auftritt. Im konkreten Fall muss deshalb immer festgestellt werden[278], wie die Verbindungen gestaltet sind, sodass unter Umständen die Übergabe des Produkts von der einen Einrichtung an die andere bereits ein Inverkehrbringen darstellen kann.

Die folgende Übersicht fasst die wesentlichen Unterschiede von Produkthaftung nach dem ProdHaftG einerseits und der von der Rechtsprechung auf der Grundlage von § 823 Abs. 1 BGB entwickelten Produzentenhaftung andererseits zusammen:

---

[278]Und dies ist Aufgabe der nationalen Gerichte.

B. Die Gefährdungshaftungstatbestände

Produkthaftung nach dem ProdHaftG	Produzentenhaftung nach § 823 Abs. 1 BGB
Haftungsbegründung	
Gefährdungshaftung, Verschulden nicht erforderlich; aber (exkulpationsähnliche) Haftungsausschlüsse in § 1 Abs. 2 u. 3 ProdHaftG, etwa Ausschluss der Haftung für im Zeitpunkt des Inverkehrbringens nach Stand der Wissenschaft und Technik nicht erkennbare Fehler (§ 1 Abs. 2 Nr. 5 ProdHaftG)	Haftung nur bei Verschulden (aber Verschuldensnachweis teilweise durch Beweislastregeln erleichtert) Verschuldenshaftung kann sich einerseits haftungsprivilegierend auswirken (für „Ausreißer" wird u.U. nicht gehaftet), andererseits aber auch haftungsverschärfend (auch nach Inverkehrgabe des Produkts kann eine Haftung durch schuldhafte Verletzung der Produktbeobachtungspflicht entstehen)
Haftungsverpflichteter	
Haftungsverpflichtet ist sind nicht nur der Hersteller des Endprodukts, eines Teilprodukts oder eines Grundstoffs, sondern auch der sog. Quasihersteller, der sich durch Kennzeichnung als Hersteller ausgibt, der Importeur und subsidiär sogar der Lieferant, vgl. § 4 ProdHaftG	Verpflichteter kann grundsätzlich jeder sein, der in irgendeiner Weise an der Herstellung oder dem Vertrieb des Produktes beteiligt ist, vorausgesetzt, ihm kann eine schuldhafte Verletzung seiner Verkehrssicherungspflicht vorgeworfen werden
Haftungsumfang	

1. Nur eingeschränkte Ersatzfähigkeit von Sachschäden: Kein Ersatz für Schäden am fehlerhaften Produkt selbst (=> h.M. kein Ersatz von Weiterfresserschäden), § 1 Abs. 1 S. 2 ProdHaftG
    Kein Ersatz für Schäden an anderen Sachen, die nicht nach ihrer Art gewöhnlich für den privaten Ge- und Verbrauch bestimmt sind oder nicht hierzu vom Geschädigten hauptsächlich verwendet werden, § 1 Abs. 1 S. 2 ProdHaftG
    Selbstbeteiligung bei Sachschäden i.H.v. 500 EUR, § 11 ProdHaftG
2. Haftungshöchstgrenze für Personenschäden, § 10 ProdHaftG
	Sachschäden an der fehlerhaften Sache selbst sind nach Maßgabe der Rspr. zu den Weiterfresserschäden u.U. wegen Verletzung des unversehrten Resteigentums ersatzfähig; im Übrigen keine Einschränkung der Ersatzfähigkeit von Personen- und Sachschäden

X. Der Anspruch aus § 84 AMG

1. Funktion der Vorschrift

Auslöser für die Einführung der Arzneimittelhaftung im Jahre 1976 waren die Erfahrungen im Zusammenhang mit der Contergan-Katastrophe.[279] Dem Arzneimittelhersteller konnte ein Verschulden nicht nachgewiesen werden.[280]

Der Gesetzgeber wollte aufgrund des hohen Wertes der geschützten Rechtsgüter (Leben und körperliche Integrität) eine strengere Haftung als im allgemeinen Haftungsrecht schaffen.[281] Ferner wollte der Gesetzgeber mit Einführung einer Gefährdungshaftung die für den Geschädigten bestehenden Beweisschwierigkeiten ausräumen. Arzneimittelhersteller sollten deshalb verschuldensunabhängig auch für *Entwicklungsrisiken* haften.[282] Allerdings ist in § 84 AMG keine „reine" Gefährdungshaftung entstanden. Vielmehr ist die Haftung an das Vorliegen der Voraussetzungen des § 84 Abs. 1 S. 2 Nr. 1 und 2 AMG geknüpft. Diese Bestimmungen enthalten Verschuldenselemente.[283] Die Einordnung der Haftung nach § 84 AMG ist deshalb umstritten. Zutreffend kann man mit Deutsch[284] von einer vec objektivierten Haftung für sorgfaltswidriges Verhalten sprechen. Die Haftpflicht nach § 84 AMG ist kombiniert mit einer Verpflichtung zur Deckungsvorsorge (§ 94 AMG).[285]

Skandale um Aids-verseuchte Blutprodukte haben in der Bundesrepublik die Erkenntnis wachsen lassen, dass das bisherige Arzneimittelhaftungsrecht nicht ausreichend auf solche Problemlagen reagieren kann. Eine interministerielle Arbeitsgruppe der 13. Legislaturperiode legte den Entwurf eines Zweiten Schadensersatzrechtsänderungsgesetzes vor, in dem die beweisrechtliche Stellung des Arzneimittelgeschädigten durch Auskunftsansprüche gegen den pharmazeutischen Unternehmer sowie die für die Zulassung und Überwachung von Arzneimitteln zuständigen Behörden gerichtet sein sollte.[286] Mit dem Zweiten

---

[279]Bei Contergan handelte es sich um ein Schlafmittel. Bei Einnahme während der Schwangerschaft führte dies zu einem sog. Dysmelie-Syndrom, d. h. verstümmelten Gliedmaßen bei Neugeborenen.

[280]Vgl. dazu den (strafprozessualen) Einstellungsbeschluss des LG Aachen in JZ 1971, 507.

[281]Spickhoff, Medizinrecht, § 84 AMG Rn. 1.

[282]Zum Ausschluss dieser Risiken bei der Produzentenhaftung siehe oben 2. Kap. A. VI. 2.1.

[283]Vgl. Medicus/Lorenz SBT Rn. 1389, der die Nähe zur objektiven Fahrlässigkeit betont.

[284]VersR 1979, 685, 688.

[285]Erleichtert wurde die Erfüllung dieser Verpflichtung durch die deutsche Versicherungswirtschaft, die damals eine Versicherungsdeckung in Höhe von 200 Millionen DM in Form eines Pharmapools zur Verfügung stellte, vgl. dazu Deutsch, Arzthaftung, Arztversicherung und Arzneimittelversicherung, 1982, S. 16.

[286]Vgl. BR-Drucks. 1017/96.

Gesetz zur Änderung schadensersatzrechtlicher Vorschriften vom 19.7.2002[287] sind diese Ideen aufgegriffen und erweitert worden.[288] Über die Statuierung eines Auskunftsanspruches (§ 84a AMG) hinaus hat der Gesetzgeber eine Reihe von Beweiserleichterungen zugunsten des Arzneimittelgeschädigten eingeführt (§ 84 Abs. 2 AMG).[289] Allerdings ist noch nicht geklärt, ob diese Beweiserleichterungen mit dem Unionsrecht zu vereinbaren sind.[290]

2. Tatbestandliche Voraussetzungen

(Erhebliche) Rechtsgutverletzung
Arzneimittel
Unvertretbare schädliche Wirkung aufgrund Entwicklungs- oder Herstellungsfehlers oder
Unzureichende Instruktion

2.1 Rechtsgutverletzung
Da das AMG nur vor Risiken aus der Anwendung von Arzneimitteln Gewähr leisten will, die für Menschen bestimmt sind, werden als Rechtsgüter nur Leben, Körper und Gesundheit geschützt.

2.2 Arzneimittel
Das Gesetz schränkt die Haftung auf Arzneimittel[291] ein, die zulassungspflichtig[292] oder nach § 35 Abs. 1 Nr. 2 AMG von der Zulassung befreit sind. Ferner muss die Abgabe des Arzneimittels im Geltungsbereich des Gesetzes geschehen sein.

2.3 Unvertretbare schädliche Wirkung aufgrund Entwicklungs- oder Herstellungsfehlers
Dass bei einer Gefährdungshaftungsregelung eine Haftung für Herstellungsfehler vorgesehen ist, leuchtet ein. Anders ist dies bei Entwicklungsfehlern. Diese betreffen nach dem bei Inverkehrbringen des Produktes im Hinblick auf den Stand von Wissenschaft und Technik als unvermeidbar anzusehende Fehler oder unvertretbare schädliche Nebenwirkungen.[293] Dass solche Gefahren nicht zum

---

[287] BGBl. I S. 2674.

[288] Vgl. zum Hintergrund des Gesetzes Wagner VersR 2001, 1334 ff.; zur Modifikation der §§ 84 f. AMG durch das Zweite Gesetz zur Änderung schadensersatzrechtlicher Vorschriften sowie zur Durchsetzbarkeit von Arzneimittelhaftungsansprüchen aus § 84 AMG, vgl. Ufer/Metzmacher JR 2009, 95 ff.

[289] Vgl. zur Begründung BT-Drucks. 14/7752, S. 12 f.

[290] Vgl. dazu Bomsdorf/Seehawer NJW 2015, 908 ff.

[291] Begriff: § 2 AMG.

[292] § 2 Abs. 4 i. V. m. Abs. 1, 2 AMG.

[293] Medicus/Petersen BR Rn. 650.

Schutzbereich einer an Verschuldenskriterien orientierten Produzentenhaftung gehören, steht außer Frage.[294] Aber auch ein Gefährdungshaftungssystem wie das des ProdHaftG schließt die Haftung für Entwicklungsrisiken aus (§ 1 Abs. 2 Nr. 5 ProdHaftG).[295]

Im Gegensatz zu den bisherigen Gefährdungshaftungsregelungen bei Produkten will § 84 AMG auch die Haftung für Entwicklungsrisiken dem pharmazeutischen Unternehmer auflegen. In der früheren Fassung des § 84 AMG war dies auch dem Tatbestand eindeutig zu entnehmen. § 84 S. 2 Nr. 1 AMG a. F. knüpfte die Haftung des pharmazeutischen Unternehmers daran, dass die Rechtsgutverletzung „ihre Ursache im Bereich der Entwicklung oder der Herstellung" hatte. Der Geschädigte trug deshalb auch die Beweislast für dieses Kausalitätserfordernis.[296] Durch das Zweite Gesetz zur Änderung schadensersatzrechtlicher Vorschriften (vgl. dazu oben 1.) ist das vorgenannte Tatbestandsmerkmal gestrichen worden. Das bedeutet indessen nicht, dass der Arzneimittelhersteller für Entwicklungsrisiken nicht mehr haften wird. Im Gegenteil wird durch den Wegfall des Hinweises auf Entwicklungs- oder Herstellungsfehler die Ursächlichkeit zugunsten des Geschädigten vermutet. Der Arzneimittelhersteller kann seinerseits die Vermutung entkräften (§ 84 Abs. 3 AMG, siehe dazu unten).

Das dem Arzneimittelhersteller auferlegte hohe Risiko wird aber durch Abs. 1 S. 2 Nr. 1 gleichzeitig eingeschränkt. Verlangt wird, dass der Entwicklungsfehler (ebenso wie der Herstellungsfehler) zu schädlichen Wirkungen bei bestimmungsgemäßem Gebrauch des Medikaments geführt hat, die über ein nach den Erkenntnissen der medizinischen Wissenschaft vertretbares Maß hinausgehen. Das Maß der Vertretbarkeit muss im Wege einer Risiko-Nutzen-Abwägung bestimmt werden. D. h. die schädliche Wirkung des Arzneimittels muss in ihrer Schwere und Häufigkeit der therapeutischen Wirksamkeit und dem Wert des Arzneimittels gegenübergestellt werden.[297] Ein Haftungsanspruch gegenüber dem Arzneimittelhersteller oder vertreibenden Unternehmer gemäß § 84 AMG für in der Fachinformation und Packungsbeilage angeführte Nebenwirkungen eines Medikaments, die bereits zum Zeitpunkt der Zulassung bekannt und aufgrund des Nutzens des Arzneimittels bei dessen Zulassung hingenommen wurden, ist nicht gegeben.[298]

Während bei Herstellungsfehlern der maßgebliche Beurteilungszeitpunkt der des Inverkehrbringens des Medikaments ist, ist dies bei Entwicklungsfehlern umstritten. Nach (wohl) h.M. ist auf den Zeitpunkt der Geltendmachung des Anspruchs, bei gerichtlicher Geltendmachung auf den Zeitpunkt der letzten mündlichen Verhandlung abzustellen.[299] Würde man nämlich auf den Zeitpunkt des

---

[294]Siehe dazu oben 2. Kap. A. VI. 2.1.

[295]Vgl. dazu oben IX. 2.5.

[296]Vgl. Rehmann, Arzneimittelgesetz, 4. Aufl. 2014, § 84 Rn. 1.

[297]Vgl. Flatten MedR 1993, 463, 465.

[298]OLG Karlsruhe PharmR 2009, 81, 82 ff.

[299]Vgl. Larenz/Canaris SBT 2 § 84 VI 2 b; Deutsch VersR 1979, 686 f., Flatten MedR 1993, 465.

B. Die Gefährdungshaftungstatbestände

Inverkehrbringens abstellen, würde die Arzneimittelhaftung kaum über eine Verschuldenshaftung hinausgehen. Damit ließe sich aber auch eine Entschädigung wie in den Contergan-Fällen (Anlass des AMG!) nicht erreichen.

Die Wahl des späteren Zeitpunkts muss aber mit einer Einschränkung versehen werden. Das im Zeitpunkt der Geltendmachung des Schadens verfügbare medizinische Wissen muss auf den Zeitpunkt des Gebrauchs des Arzneimittels zurückprojiziert werden.[300] Gefragt werden muss, ob ausgehend von dem neuesten medizinischen Entwicklungsstand bei Gebrauch des Medikaments risikoärmere oder unschädliche Alternativen existierten. Zur Problematik vgl. folgendes

> **Beispiel (nach LG Kleve NJW 1991, 761)**
> K litt an Hämophilie. Er wurde deshalb mit Blutplasma-Präparaten der B behandelt, die mit dem HIV-Virus (Aidserreger) kontaminiert waren. K infizierte sich mit dem Erreger und starb später.

Schäden dieser Art konnten seit Mitte der 80er Jahre dadurch vermieden werden, dass eine Hitzesterilisation der Plasmaprodukte erfolgte. Es ist klar, dass von diesem Zeitpunkt an eine Haftung nach § 84 AMG (aber auch nach Produzentenhaftungsgrundsätzen) gegeben war, wenn diese Sterilisierung nicht erfolgte. Fraglich ist aber, wie für den Zeitpunkt davor zu entscheiden ist. Nach den oben besprochenen Grundsätzen ist in diesem Falle das Risiko und die Gefahr einer Aids-Infektion mit dem ansonsten drohenden Tod abzuwägen. Da eine andere Alternative seinerzeit nicht zur Verfügung stand, wird man die Voraussetzungen einer unvertretbaren schädlichen Wirkung verneinen müssen.[301]

Der vorstehend abgedruckte Fall zeigt nur einen Teil der haftungsrechtlichen Problematik bei HIV-Infektionen. Mindestens ebenso gravierend sind Fragen der Beweisführung und Beweislast. Trotz der vom BGH befürworteten Beweiserleichterungen bei HIV-Infektionen[302] taten sich Kläger, die sich durch Blutprodukte mit dem HIV-Virus infiziert haben, schwer, die Kausalität nachzuweisen.[303] Angesichts der misslichen Erfahrungen hat sich der Gesetzgeber mit dem Gesetz über die humanitäre Hilfe für durch Blutprodukte HIV-infizierte Personen vom 24.07.1995[304] entschlossen, eine gewisse Abhilfe zu schaffen.[305] Es sichert den durch Blutprodukte HIV-Infizierten und ihren Angehörigen, soweit sie vor dem 01.01.1988 infiziert wurden, einen Anspruch

---

[300] Flatten MedR 1993, 465; Larenz/Canaris SBT 2 § 84 VI 2 b.
[301] So auch das Urteil des LG Kleve.
[302] Vgl. BGH NJW 1991, 1948 ff.
[303] Vgl. etwa die ablehnenden Entscheidungen OLG Düsseldorf NJW 1995, 3060 ff.; OLG Hamm NJW-RR 1997, 217 ff. Zu ähnlichen Problemen bei einer Hepatitis-C-Infektion OLG Celle VersR 1998, 1023 ff.
[304] BGBl. I, 972.
[305] Zur Entstehungsgeschichte und zum Inhalt des Gesetzes siehe Deutsch NJW 1996, 755 ff.

auf Rentenleistungen, die aus den Mitteln einer Stiftung finanziert werden, zu. Damit ist der Gesetzgeber einer Lösung gefolgt, die schon beim Contergan-Gesetz gefunden worden war. Wer Leistungen dieser Art in Anspruch nimmt, verliert gleichzeitig sonstige Ansprüche gegen die im Gesetz genau aufgeführten potenziellen Anspruchsadressaten. Allerdings erfasst der Anspruchsausschluss nicht Ansprüche nach dem AMG.

Die Erfahrungen, die im Zusammenhang mit HIV-infizierten Blutprodukten gemacht wurden, haben jedoch im Laufe der Zeit die Erkenntnis wachsen lassen, dass weiterer Handlungsbedarf gegeben ist. Diese Überlegungen und Bemühungen haben im Jahre 2002 schließlich durch das Zweite Gesetz zur Änderung schadenersatzrechtlicher Vorschriften Erfolg gehabt, die zu einer zugunsten des Geschädigten wirkenden Beweislastverteilung geführt haben (siehe dazu unten 2.5).

2.4 Unzureichende Instruktion

§ 84 Abs. 1 S. 2 Nr. 2 AMG knüpft die Haftung an eine den Erkenntnissen der medizinischen Wissenschaft widersprechende Kennzeichnung oder Gebrauchsinformation. Es handelt sich demnach um eine Haftung für Instruktionsfehler.[306] Vgl. dazu folgenden Fall

> *BGHZ 106, 273 ff.*: K ist die Erbin des verstorbenen H. Dieser hatte bei seinem letzten Asthmaanfall, da er keine Wirkung des Medikaments verspürte, 50 oder mehr Sprühstöße eines Asthmasprays des Herstellers B ausgeführt. K macht geltend, dass der Tod auf eine Intoxikation mit dem Spray zurückzuführen sei. Hätte die Gebrauchsanweisung ordnungsgemäß auf die Folgen einer Überdosierung hingewiesen, so wäre diese beachtet worden und der Tod nicht eingetreten.

Der BGH bejaht im Hinblick auf § 84 Abs. 1 S. 2 Nr. 2 AMG die Verpflichtung des Arzneimittelherstellers zur Aufnahme von Angaben über die Höchstdosis und eines zusätzlichen Warnhinweises auf die Folgen einer Überdosierung in die Packungsbeilage (S. 279 f.).[307] In zeitlicher Hinsicht ist für die Beurteilung des Kenntnisstandes der medizinischen Wissenschaft das Inverkehrbringen des betreffenden Arzneimittels maßgeblich.[308]

2.5 Beweislast (§ 84 Abs. 2 und 3 AMG)

§ 84 AMG a. F. überantwortete die Beweislast für die unter 2.1–2.4 genannten tatbestandlichen Voraussetzungen ausschließlich dem Geschädigten. Die Erfahrungen im Zusammenhang mit Aids-verseuchten Blutprodukten (s. dazu oben 2.3) haben die Sensibilität reifen lassen, dass dieser Rechtszustand nicht

---

[306]Zur Kennzeichnung und Gebrauchsinformation siehe §§ 10, 11 AMG.

[307]In dieser Entscheidung hat der BGH in einem obiter dictum auch zur Frage des Beurteilungszeitpunktes der Kennzeichnung Stellung genommen und dafür den Zeitpunkt des Inverkehrbringens genannt (vgl. S. 282); ebenso OLG Frankfurt/M. NJW-RR 1995, 406, 408. Zu einer abweichenden Auffassung vgl. Larenz/Canaris SBT 2 § 84 VI 2 b.

[308]Spickhoff, Medizinrecht, § 84 AMG Rn. 21.

länger hinnehmbar ist. Durch das Zweite Gesetz zur Änderung schadensersatzrechtlicher Vorschriften (s. dazu oben 1.) hat der Gesetzgeber in § 84 Abs. 2 und 3 AMG die Rechtsposition des Geschädigten gestärkt.[309] Mit den Beweislastregelungen in § 84 Abs. 2 und 3 AMG hat der Gesetzgeber sich §§ 6 f. UmweltHG (vgl. dazu oben VIII. 2.) und § 1 Abs. 2 Nr. 2, Abs. 4 ProdHaftG (s. dazu oben IX. 2.5 und 3.) zum Vorbild genommen.[310]

Die Verteilung der Beweislast zwischen Geschädigtem und Arzneimittelhersteller sieht nach den neuen Regelungen wie folgt aus:

- Ursachenvermutung zwischen Anwendung des Arzneimittels und Rechtsgutverletzung (Abs. 2 S. 1).
  Damit die Vermutung (gesetzliche Vermutung i. S. d. § 292 ZPO)[311] greift, wird mehr als die nur abstrakt-generelle Eignung des Arzneimittels verlangt, vielmehr muss „nach den Gegebenheiten des Einzelfalls" das Arzneimittel in der Lage sein, die Rechtsgutverletzung herbeizuführen. S. 2 zählt beispielhaft, nicht abschließend, die Kriterien der Eignung auf. Wenn der Geschädigte die konkrete Möglichkeit der Schadensverursachung darlegt und – bei Bestreiten – beweist, greift die Vermutung. Der Geschädigte ist dann befreit, den Kausalverlauf zur vollen Überzeugung des Gerichts darlegen und beweisen zu müssen.[312] Um ein weitgehendes Leerlaufen der Vorschriften über die Haftung für Arzneimittelschäden zu vermeiden, dürfen an die Darlegungslast des Geschädigten keine überhöhten Anforderungen gestellt werden.[313] Bei der Kausalitätsfeststellung ist die Anwendung der Grundsätze des Anscheinsbeweises immer dann geboten, wenn das Schadensereignis aufgrund allgemeiner Lebenserfahrung eine typische Folge der Pflichtverletzung darstellt. Ein Anscheinsbeweis wird jedoch dann durch feststehende Tatsachen entkräftet, wenn nach diesen die Möglichkeit eines anderen als des typischen Geschehensablaufs ernsthaft in Betracht kommt.[314]
- Zerstörung der Ursachenvermutung durch den pharmazeutischen Unternehmer (Abs. 2 S. 3).
  Zur Ursachenvermutung nach S. 1 kommt es nicht, wenn der pharmazeutische Unternehmer darlegt und erforderlichenfalls beweist, dass nach den Gegebenheiten des Einzelfalls ein anderer Umstand geeignet ist, den Schaden zu verursachen (S. 3). Die Vermutung des Abs. 2 S. 1 kann also nicht nur – wie sonst gesetzliche Vermutungen i. S. d. § 292 ZPO – durch den Beweis des

---

[309] Zu Zweifeln an einer faktischen Verbesserung der Situation des Geschädigten durch die Neuregelung Franzki/Vogel VersR 2014, 28 ff.
[310] Vgl. dazu BT-Drucks. 14/7752, S. 19 f.
[311] BGH NJW 2013, 2901, 2902.
[312] BT-Drucks. 14/7752, S. 19.
[313] BGH NJW 2008, 2994 m. Anm. Deutsch.
[314] BGH NJW-RR 2010, 1331, 1332.

Gegenteils widerlegt werden, sondern bereits unter erleichterten Voraussetzungen ausgeschlossen sein.[315] Als „anderer Umstand" i. S. d. § 84 Abs. 2 S. 3 AMG kommen etwa der Gesundheitszustand des Geschädigten, insbesondere eine sich schicksalhaft verschlechternde Grunderkrankung oder eine hinzutretende Erkrankung oder besondere Lebensgewohnheiten des Geschädigten wie starker Alkohol- oder Zigarettenkonsum in Betracht.[316] Die Berücksichtigung solcher Risikofaktoren des Geschädigten als Alternativursache mag zwar in vielen Fällen dazu führen, dass die Kausalitätsvermutung des § 84 Abs. 2 S. 1 AMG wirkungslos bleibt. Die geringen Anforderungen an den Ausschluss der Kausalitätsvermutung „korrespondieren" jedoch insoweit lediglich mit den geringen Anforderungen an ihr Eingreifen.[317] Keinen zur Außerkraftsetzung der Vermutung des Abs. 2 S. 1 führenden Umstand stellt nach S. 4 die Anwendung weiterer Arzneimittel dar, die nach den Gegebenheiten des Einzelfalls geeignet sind, den Schaden zu verursachen. Wenn mehrere Arzneimittel zur Schadensverursachung geeignet sind, so wollte der Gesetzgeber vermeiden, dass die pharmazeutischen Unternehmer der Kausalitätsvermutung dadurch entgehen, dass sie sich wechselseitig die mögliche Verantwortung zuschieben.[318] Auf Intervention des Rechtsausschusses ist jedoch in S. 4 die Einschränkung aufgenommen worden, dass die Anwendung weiterer Arzneimittel sehr wohl einen die Kausalitätsvermutung zerstörenden Umstand darstellen kann, wenn wegen der Anwendung dieser Arzneimittel Ansprüche nach dieser Vorschrift aus anderen Gründen als der fehlenden Ursächlichkeit für den Schaden nicht gegeben sind. Damit sollte zuvor schon in der Literatur[319] geäußerten Bedenken Rechnung getragen werden. Dabei sind folgende Überlegungen ausschlaggebend.[320] Die gesamtschuldnerische Haftung nach § 830 Abs. 1 S. 2, an die § 84 Abs. 2 S. 4 grundsätzlich anknüpft, tritt nur ein, wenn dem Geschädigten unzweifelhaft ein Ersatzanspruch zusteht und nur unklar ist, gegen welchen Beteiligten sich dieser Ersatzanspruch richtet.[321] Die gesamtschuldnerische Haftung aller potenziellen Schadensverursacher tritt also nach § 830 Abs. 1 S. 2 nicht ein, wenn auch nur einer von ihnen nicht alle weiteren Haftungsvoraussetzungen erfüllt. Die Übertragung dieses Gedankens auf die Kausalitätsvermutung der Arzneimittelhaftung mag folgendes Beispiel erläutern.[322] Ist die

---

[315]BGH NJW 2013, 2901, 2902 zur umstrittenen Frage, ob eine „Beweismaßreduktion" geregelt wird.

[316]BGH NJW 2013, 2901, 2903 m. w. N.

[317]BGH NJW 2013, 2901, 2904 m. w. N.

[318]Der Gesetzgeber wollte hier dem gleichen Gedanken, wie er in § 830 Abs. 1 S. 2 i. V. m. § 840 bzw. § 93 AMG zugrunde liegt, folgen. Vgl. BT-Drucks. 14/7752, S. 19.

[319]Vgl. Wagner VersR 2001, 1334, 1340.

[320]Zu einer ausführlichen Darlegung dieser Gründe siehe auch BT-Drucks. 14/8780, S. 20 f.

[321]Vgl. dazu oben 8. Kap. B. II. 2.1.

[322]Das Beispiel ist der Gesetzesbegründung in BT-Drucks. 14/8780 S. 20 entlehnt.

Rechtsgutverletzung möglicherweise auf ein Arzneimittel zurückzuführen, das ein vertretbares Schadensrisiko i. S. v. Abs. 1 S. 2 Nr. 1 beinhaltet, so würde das bei uneingeschränkter Geltung des Grundsatzes, dass weitere Arzneimittel keinen die Kausalitätsvermutung ausschließenden Umstand darstellen, dazu führen, dass das Schadensrisiko des vertretbaren, aber möglicherweise schadensursächlichen Arzneimittels demjenigen auferlegt wird, der das unvertretbare, aber möglicherweise nicht schadensursächliche Arzneimittel hergestellt hat. Deshalb enthält S. 4 den einschränkenden Zusatz.

- Haftungsausschluss bei fehlendem Herstellungs- bzw. Entwicklungsfehler (§ 84 Abs. 3 AMG).

Die Regelung hat ihr Vorbild in § 1 Abs. 2 Nr. 2 und Abs. 4 ProdHaftG.[323] Wie schon oben gezeigt (vgl. Nr. 2.3) war nach § 84 S. 2 Nr. 1 AMG a. F. der Nachweis des Fehlers im Bereich des pharmazeutischen Unternehmers dem Geschädigten auferlegt. § 84 Abs. 1 S. 2 Nr. 1 i. V. m. Abs. 3 AMG hat demgegenüber das Fehlerbereichserfordernis zu einem anspruchsvernichtenden Umstand umgestaltet, für dessen Voraussetzungen der pharmazeutische Unternehmer die Beweislast trägt.[324] Die Formulierung in Abs. 3 zeigt, dass der pharmazeutische Hersteller keinen Vollbeweis erbringen muss, vielmehr eine Beweismaßreduktion zugunsten des Herstellers vorgenommen wurde. Er muss also das Gericht nicht voll davon überzeugen, für den Fehler nicht verantwortlich zu sein. Vielmehr ist er bereits dann entlastet, wenn dies bloß überwiegend wahrscheinlich ist.[325]

2.6 Auskunftsanspruch des Geschädigten (§ 84a AMG)

Die Auskunftsansprüche des § 84a AMG gehen zurück auf das Zweite Gesetz zur Änderung schadensersatzrechtlicher Vorschriften vom 19. Juli 2002 (s. dazu oben 1.). Die Vereinbarkeit der Regelung mit dem europäischen Recht ist zwischenzeitlich geklärt.[326] Vorbild für die Regelung waren die §§ 8 f. UmweltHG und § 35 GenTG. In der Gesetzesbegründung[327] heißt es hierzu:

> Hintergrund der neuen Regelung ist die Erkenntnis, dass der Geschädigte in aller Regel den Weg des angewandten Arzneimittels von der ersten Forschung über die Erprobung bis zu dessen konkretem Herstellungsprozess nicht überschauen kann, während die pharmazeutischen Unternehmen – insbesondere zur Frage der Vertretbarkeit ihrer Arzneimittel – den jeweiligen Erkenntnisstand dokumentiert zur Verfügung haben. Dies gilt auch für die für die Zulassung und Überwachung zuständigen Behörden (vgl. § 31 Abs. 2 S. 2 AMG). Es erscheint daher im Interesse einer prozessualen Chancengleichheit angebracht, dem

---

[323] Vgl. dazu oben IV. 2.5. und 3.
[324] BT-Drucks. 14/7752, S. 19.
[325] Spickhoff, Medizinrecht, § 84 AMG Rn. 28; Wagner NJW 2002, 2049, 2050.
[326] In der Rs C-310/13 (VersR 2015, 499) entschied der EuGH, dass Art. 13 Richtlinie 85/374/EWG (Produkthaftungsrichtlinie) dieser Ausweitung der Arzneimittelhaftung nicht entgegensteht.
[327] BT-Drucks. 14/7752, S. 20.

Anspruchsteller die zur Geltendmachung der ihm zustehenden Ansprüche notwendigen Tatsachen zugänglich zu machen.

Demnach dient der Auskunftsanspruch des Geschädigten gegenüber dem pharmazeutischen Unternehmer nach Abs. 1 vornehmlich dazu, ihm diejenigen Tatsachen beschaffen zu helfen, die im Hinblick auf seine Beweislast (vor allem Fragen der Unvertretbarkeit und Eignung des Arzneimittels zur Rechtsgutverletzung i. S. d. Abs. 1 S. 2 Nr. 1) benötigt werden.[328]

Bezüglich der Modalitäten des Auskunftsanspruchs verweist Abs. 1 S. 2 auf die Vorschriften der §§ 259–261 BGB. Abs. 1 S. 3 schließt den Auskunftsanspruch im Hinblick auf Geheimhaltungsinteressen im Einzelfalle aus. Ähnliche Voraussetzungen statuiert Abs. 2 für den Auskunftsanspruch gegenüber den Zulassungs- und Überwachungsbehörden. Der Auskunftserteilungsanspruch besteht nicht, wenn die Angaben aufgrund gesetzlicher Vorschriften einer Geheimhaltungspflicht unterliegen.[329]

2.7 Pharmazeutischer Unternehmer
Die Haftung trifft nach § 84 Abs. 1 AMG den pharmazeutischen Unternehmer (vgl. dazu § 4 Abs. 17 AMG), der das Arzneimittel im Geltungsbereich des AMG in den Verkehr gebracht hat. Nach § 4 Abs. 18 AMG bedeutet „Inverkehrbringen" das Vorrätighalten zum Verkauf oder zu sonstiger Abgabe, das Feilhalten, das Feilbieten und die Abgabe an andere. Pharmazeutischer Unternehmer ist also nicht mit dem Hersteller des Medikaments gleichzusetzen.[330]

3. Schadensersatz
Die Begründung eines Schadensersatzanspruches setzt sowohl im Deliktsrecht wie im Bereich der Gefährdungshaftung voraus, dass der Schaden in den Schutzbereich der Anspruchsnorm fällt. Dies gilt es auch bei § 84 AMG zu beachten, vgl. hierzu

> *OLG Frankfurt NJW 1993, 2388:* Ehefrau K wollte keine weiteren Kinder mehr haben, sodass sie die Antibabypille einnahm. Im Anschluss an einen operativen Eingriff musste K ein Antibiotikum des Herstellers B einnehmen. K wurde erneut schwanger, weil das Antibiotikum die kontrazeptive Wirkung des Empfängnisverhütungsmittels aufhob. K stützt seinen Anspruch darauf, dass der Beipackzettel einen solchen Hinweis auf die Unverträglichkeit der beiden Präparate nicht enthalten hatte.

Das OLG Frankfurt hat die Klage zu Recht abgewiesen. Zwar wird der Unterhaltsschaden grundsätzlich bei deliktischem Verhalten als in den Schutzbereich fallend angesehen werden müssen.[331] § 87 AMG a. F. sah damals

---

[328] Zur Beweislastverteilung im Auskunftsverfahren vgl. BGH NJW 2015, 2502.
[329] Rehmann, Arzneimittelgesetz, 4. Aufl. 2014, § 84 a Rn. 2.
[330] Vgl. zu dieser Unterscheidung den instruktiven Fall des Schleswig-Holsteinischen Oberlandesgerichts NJW-RR 2014, 805.
[331] Vgl. zu dieser Problematik oben 2. Kap. A. II. 1.

aber nur einen Ersatz materieller Schäden vor. § 87 S. 2 sieht demgegenüber jetzt auch Ersatz immateriellen Schadens vor, eine Konsequenz, die sich aus der Neufassung des § 253 Abs. 2 ergibt.[332]

4. Konkurrenzen

Die deliktische Haftung des Arzneimittelherstellers bleibt neben § 84 AMG uneingeschränkt bestehen. § 84 AMG verdrängt aber die Haftung nach § 1 ProdHaftG (vgl. § 15 Abs. 1 ProdHaftG).[333] Ebenso ist § 84 Lex specialis gegenüber der Haftung nach dem GenTG (vgl. § 37 GenTG).

---

[332]Vgl. dazu BT-Drucks. 14/7752, S. 21 f.
[333]Von zahlreichen Autoren wird in der Regelung des § 15 Abs. 1 ProdHaftG ein Verstoß gegen Art. 13 der EG-Produkthaftungsrichtlinie gesehen, vgl. zum Streitstand Besch, Produkthaftung für fehlerhafte Arzneimittel, 2000, S. 95 ff. In der Rs. C-183/00 (González Sánchez) hat der EuGH entschieden (Urteil v. 25.4.2002 auszugsweise abgedruckt in EuZW 2002, 574 f.), dass Art. 13 der Richtlinie die Mitgliedstaaten nicht hindert, in Umsetzung der Richtlinie den bisherigen Haftungsstandard des nationalen Rechts einzuschränken.

Kapitel 11: Haftung und Versicherung

A. Einfluss der Versicherung auf den deliktischen Anspruch

Schäden können den Einzelnen empfindlich treffen, ja in seiner Existenz ruinieren. Um diesem Risiko zu entgehen, werden Versicherungen abgeschlossen. Verwirklicht sich ein Risiko, leistet die Versicherung. Auf diese Weise wird eine Verschlechterung in der Vermögenssphäre des Betroffenen verhindert. Man könnte annehmen, dass in diesem Falle ein deliktsrechtlicher Schadensersatzanspruch des Geschädigten (Versicherungsnehmers) nicht besteht, denn durch die Leistung der Versicherung fehlt es in seiner Person an einem Schaden.

> **Beispiel**
> A ist als Arbeitnehmerin im landwirtschaftlichen Betrieb des B beschäftigt. Durch Fahrlässigkeit der A brennt eine Scheune ab. Die Feuerversicherung V des B ersetzt den Schaden.

A hat einen Deliktstatbestand verwirklicht.[1] Ein Schadensersatzanspruch des B scheint aber daran zu scheitern, dass ihm aufgrund der Versicherungsleistung kein Schaden entstanden ist.[2] Dieses wenig befriedigende Ergebnis, das zu einer Entlastung des Schädigers führen würde, wird durch die Bestimmung des § 86 Abs. 1 VVG (§ 67 VVG a. F.) verhindert. Der deliktische Anspruch des B geht auf V über. § 86 Abs. 1 VVG enthält einen gesetzlichen Forderungsübergang (cessio legis), welcher die ansonsten mögliche Vorteilsausgleichung zugunsten des Schädigers ausschließt. § 86 Abs. 1 VVG ist als eine der wichtigsten rechtspolitischen Entscheidungen unseres

---

[1] § 823 Abs. 1 (Eigentumsverletzung); § 823 Abs. 2 i. V. m. § 306 d StGB (fahrlässige Brandstiftung).

[2] V ihrerseits hat einen – nach § 823 Abs. 1 nicht zu ersetzenden – Vermögensschaden erlitten. § 823 Abs. 2 hilft V nicht weiter, da sie nicht in den Schutzbereich des § 306 d StGB fällt.

gesamten Zivilrechts bezeichnet worden, weil sie die Entscheidung darüber trifft, wer die wirtschaftliche Last der vielen Unfälle und Schadensereignisse tragen soll.³ Die gleiche Funktion erfüllt für den Bereich der Sozialversicherung die Bestimmung des § 116 SGB X. §§ 86 Abs. 1 VVG, 116 SGB X weisen den Versicherungsträgern die Rolle eines Zwischenfinanzierers zu.⁴ Entsprechend seiner Verpflichtung aus dem Versicherungsvertrag leistet der Versicherer zunächst dem geschädigten Versicherungsnehmer gegenüber. Weil materiell die Last aber der Schädiger tragen soll, geben ihm die genannten Bestimmungen das Recht zum Regress.⁵ Diese „Zwischenfinanzierung" ist für den Geschädigten von großer Bedeutung. Wäre er gezwungen, zunächst selbst gegen den Schädiger vorzugehen, könnte dies für den Geschädigten unter Umständen sehr einschneidend sein. Denn Schadensersatzprozesse können eine sehr lange Verfahrensdauer haben.

Vor diesem Hintergrund muss man auch die Bemerkung verstehen, wonach das Haftungsrecht zu einem *Recht der Regressvoraussetzungen* geworden sei.⁶ Durch die Ausdehnung der privaten und öffentlichen Versicherungssysteme ist der individuelle Schadensausgleich in der Praxis zur Ausnahme geworden. Schädiger und Geschädigter sind persönlich längst von der Bildfläche verschwunden. Regelmäßig wird nur noch darüber gestritten, ob der Schaden letztlich von einem Vorsorgeträger (als einer Gesamtheit potenziell Verletzter) oder von einem Haftpflichtversicherer (als einer Gesamtheit potenzieller Schädiger) getragen werden soll.⁷

B. Verdrängung des deliktsrechtlichen Anspruchs durch Versicherungsrecht

Schadenskompensation durch Einschaltung von Versicherungsträgern führt zu einer Praxis der Schadensabwicklung, die anders verläuft als es auf der Basis eines individuellen, d. h. von Geschädigtem und Schädiger bestimmten Schadensausgleichs der Fall wäre. Versicherungsträger müssen darauf bedacht sein, die Schadensentwicklung mit einem ökonomisch vertretbaren Verwaltungsaufwand zu betreiben. Zu diesem Zweck bedienen sie sich Mechanismen, die einer raschen Abwicklung den Vorzug vor Lösungen geben, die nach einer strengen Umsetzung des zivilrechtlich geschuldeten Schadensersatzes streben.⁸ Dennoch bleibt der

---

³Noch zu § 67 VVG a. F. Weyers, Versicherungsvertragsrecht, 3. Aufl. 2003, Rn. 597.
⁴Dieses Bild benutzt der BGH, vgl. BGHZ 79, 35, 37; 85, 230, 234 (für die Privatversicherung); BGHZ 79, 26, 29 (für die Sozialversicherung).
⁵Zu den Einzelheiten des Regressanspruchs Höld VersR 2012, 284 ff. und Dickmann VersR 2012, 678 ff.
⁶Weyers, Unfallschäden, 1971, S. 401; Wandt, Versicherungsrecht, 6. Aufl. 2016, Rn. 958.
⁷Kötz, Sozialer Wandel im Unfallrecht, 1976, S. 28.
⁸Ein wichtiges Instrument hierzu sind sog. Teilungsabkommen sowie bestimmte Formen der Schadenspauschalierung, vgl. dazu Fuchs, Zivilrecht und Sozialrecht, 1992, S. 188 ff.

rechtliche Bestand des deliktischen Schadensersatzanspruchs unangetastet. Der Anspruch geht so, wie er in der Person des Geschädigten entstanden ist, nach § 86 Abs. 1 VVG auf den Versicherer über. Im Gegensatz dazu kommt es bei den im Folgenden zu besprechenden Fallgestaltungen zu Eingriffen in die rechtliche Substanz des deliktischen Anspruchs aufgrund versicherungsrechtlicher Bestimmungen.

I. Die Regelungen der §§ 86 Abs. 3 VVG, 116 Abs. 6 SGB X[9]

Ausgangsbeispiel
Sachverhalt wie Beispiel oben A., aber mit der Annahme, dass es sich bei A um die Ehefrau des B gehandelt habe.

Wenn der Versicherer über § 86 Abs. 1 VVG bei A Regress nimmt, hätte dies negative Auswirkungen auch für B. Denn die Regresszahlung würde das Familieneinkommen schmälern, möglicherweise sähe sich B selbst veranlasst, die Regressforderung zu erfüllen. Dieses rechtspolitisch unerwünschte Ergebnis verhindert § 86 Abs. 3 VVG (bzw. § 116 Abs. 6 SGB X für die Sozialversicherung). Zur Ratio der Vorgängervorschrift § 67 Abs. 2 VVG a. F. hat der BGH ausgeführt (BGHZ 41, 79, 83):

> Diese Vorschrift will im ideellen Interesse der Erhaltung des häuslichen Familienfriedens verhindern, dass solche Streitigkeiten über die Verantwortung von Schadenszufügungen gegen Familienangehörige ausgetragen werden. Gleichzeitig will sie vermeiden, dass der Versicherte durch den Rückgriff selbst in Mitleidenschaft gezogen wird. Dabei geht die Vorschrift davon aus, dass die in häuslicher Gemeinschaft zusammenlebenden Familienangehörigen meist eine gewisse wirtschaftliche Einheit darstellen und dass bei der Durchführung des Rückgriffs der Versicherte im praktischen Ergebnis das, was er mit der einen Hand erhalten hat, mit der anderen wieder ausgeben müsste.

Zusatzfrage: Wie wäre es, wenn A erst nach dem Brand den B geheiratet und die häusliche Gemeinschaft begründet hätte?[10]

---

[9]Zu den Anwendungsschwierigkeiten beider Vorschriften s. Fuchs, Der Forderungsübergang nach § 116 SGB X und § 86 VVG, JZ 2012, 134 ff.

[10]Die Rechtsprechung stellt, um Manipulationen zu vermeiden, auf den Eintritt des Versicherungsfalls ab (vgl. BGH VersR 1971, 901). Für den Bereich der Sozialversicherung hat § 116 Abs. 6 S. 2 SGB X einen Ausschluss des Forderungsübergangs auch dann vorgesehen, wenn nach Eintritt des Schadensereignisses der Geschädigte den Schädiger geheiratet hat und mit ihm in häuslicher Gemeinschaft lebt. Dieser Gedanke sollte analog auch bei § 86 Abs. 3 Anwendung finden. Zur entsprechenden Anwendbarkeit des § 116 Abs. 6 SGB X auf Partner nichtehelicher Lebensgemeinschaften siehe BGHZ 196, 122.

II. Das Haftungsprivileg der §§ 104 ff. SGB VII[11]

Ausgangsbeispiel (in Anlehnung an BVerfG NJW 1973, 502):[12]

> A ist als Lastkraftwagenfahrer bei dem Bauunternehmer B beschäftigt. Als er bei der Ausführung von Arbeiten mit dem Lastwagen im Erdreich stecken blieb, versuchte C, ebenfalls ein Beschäftigter des B, den Lastkraftwagen mit einer Raupe frei zu schleppen. Als A damit beschäftigt war, ein Abschleppseil zu befestigen, setzte C die Raupe plötzlich zurück, sodass A von der Raupe vor den Lastkraftwagen gedrückt wurde. A erlitt Brüche des Beckens und beider Oberschenkel; ein Bein musste amputiert werden. A nimmt C und B auf immateriellen Schadensersatz („Schmerzensgeld") in Anspruch.

Stellt man bei der Lösung dieses Falles allein auf das Deliktsrecht ab, so ist bei Annahme von Verschulden ein Anspruch des A gegen C aus § 823 Abs. 1 i. V. m. § 253 Abs. 2 gegeben. Der Anspruch gegen B ließe sich aus §§ 831, 253 Abs. 2 herleiten.

Jedoch ist zu berücksichtigen, dass es sich in der Person des A um einen sog. *Arbeitsunfall* gehandelt hat. Gegen solche Arbeitsunfälle war A gem. §§ 2 Abs. 1 Nr. 1, 8 SGB VII unfallversichert. Ist der Arbeitsunfall durch einen Dritten verschuldet worden, so stehen dem Geschädigten uneingeschränkt die deliktsrechtlichen Ansprüche zu.[13] Handelt es sich jedoch bei dem Schädiger um den Arbeitgeber oder einen Arbeitskollegen[14] des Geschädigten, so greift für diesen das Haftungsprivileg der §§ 104, 105 SGB VII ein.[15] Danach kann der Geschädigte gegen den Arbeitgeber bzw. Arbeitskollegen keinen Schadensersatzanspruch geltend machen, soweit nicht vorsätzliches Handeln bzw. ein Wegeunfall i. S. d. § 8 Abs. 2 Nr. 1–4 SGB VII vorliegt. Umgekehrt hat auch der Arbeitgeber gegen den (ihn verletzenden) Arbeitnehmer keinen Anspruch auf Ersatz des Personenschadens (§ 105 Abs. 1 und 2 SGB VII).[16]

Zu betonen ist, dass die §§ 104, 105 SGB VII die Entstehung des zivilrechtlichen Schadensersatzanspruches in der Person des geschädigten Arbeitnehmers nicht hindern. Der Anspruch kann aber nicht durchgesetzt werden.[17] Die Tatsache,

---

[11]Früheres Recht: §§ 636 ff. RVO.

[12]In dieser Entscheidung bejahte das BVerfG die Verfassungsmäßigkeit der §§ 636, 637 RVO a. F. (bestätigt von BVerfG NJW 1995, 1604).

[13]Soweit nicht der Unfallversicherungsträger Leistungen an den Geschädigten erbringt und insoweit der zivilrechtliche Anspruch gem. § 116 Abs. 1 SGB X auf den Unfallversicherungsträger übergeht (vgl. dazu oben A.).

[14]Für die Haftungsbeschränkung gemäß § 105 Abs. 1 S. 1 SGB VII genügt die Eingliederung des bei einem anderen Arbeitgeber (Stammunternehmen) beschäftigten Geschädigten in den Betrieb, dem der schädigende Arbeitnehmer angehört; der Geschädigte und der Schädiger brauchen nicht beide zugleich Arbeitnehmer desselben Betriebs zu sein, BAG NZA-RR 2010, 123, 125 f.

[15]Bezüglich der Einzelheiten zu diesen Vorschriften wird auf die sozialrechtliche Literatur verwiesen.

[16]Für Personenschäden, die sich Versicherte mehrerer Unternehmen zufügen, kommt das Haftungsprivileg in Betracht, wenn sie vorübergehend betriebliche Tätigkeiten auf einer gemeinsamen Betriebsstätte verrichten, siehe dazu § 106 Abs. 3 SGB VII.

[17]Dogmatisch gesehen handelt es sich um den Fall einer rechtshemmenden Einwendung. Ausführlich dazu Fuchs, Zivilrecht und Sozialrecht, 1992, S. 200 f.

B. Verdrängung des deliktsrechtlichen Anspruchs durch Versicherungsrecht

dass der Anspruch entsteht, hat Konsequenzen für den Fall, dass an der Verletzung ein zweiter (nicht privilegierter) Schädiger mitgewirkt hat. Wäre ein Anspruch gegen den privilegierten Schädiger wegen §§ 104, 105 SGB VII überhaupt nicht gegeben, müsste der andere Schädiger den Schaden allein tragen.[18]

Im Ausgangsbeispiel kommt C das Haftungsprivileg des § 105 SGB VII und B das Haftungsprivileg nach § 104 SGB VII zugute. Denn zu dem von diesen beiden Vorschriften ausgeschlossenen Personenschaden gehört auch der Anspruch auf immateriellen Schadensersatz (Schmerzensgeld). Das Bundesverfassungsgericht hat in dem Ausschluss des Schmerzensgeldes durch die haftungsausschließenden Normen des Unfallversicherungsrechts keinen Verstoß gegen Art. 3 GG gesehen.[19]

Ob diese Auffassung auch heute noch Bestand haben kann, ist fraglich. Richardi hat geäußert[20], dass die bisher anerkannte Vereinbarkeit mit dem Gleichheitssatz des Art. 3 Abs. 1 GG nicht mehr aufrechterhalten werden könne, nachdem das Schmerzensgeld nicht mehr im Deliktsrecht verankert ist, sondern durch den neu geschaffenen § 253 Abs. 2 BGB generell in das Schadensersatzrecht eingefügt wurde. Dieser Auffassung ist im Ergebnis zuzustimmen. Die Begründung kann aber nicht allein vom Standort der Regelung abhängig gemacht werden. Entscheidend ist vielmehr, dass der Gesetzgeber des Zweiten Gesetzes zur Änderung schadensersatzrechtlicher Vorschriften vom 19. Juli 2002 auch für Gefährdungshaftungtatbestände den Ersatz immateriellen Schadens vorgesehen hat.[21] Die Haftung für Unfallschäden am Arbeitsplatz wird zu Recht immer wieder als ein Fall der Gefährdungshaftung angesehen, weil sie ein Verschulden des Arbeitgebers (bzw. von Arbeitskollegen) nicht voraussetzt.[22] Unter dem Aspekt der Gleichbehandlung ist es dann aber nicht länger hinzunehmen, dass Opfer von Arbeitsunfällen vom immateriellen Schadensersatz ausgenommen bleiben. Der Gedanke, dass Arbeitsunfallopfer eine solvente Versicherung als Anspruchsgegner haben, kann die Ungleichbehandlung nicht mehr rechtfertigen, da dies auch für die Gefährdungshaftungsregelungen des Privatrechts gilt, sei es dass für sie Versicherungszwang vorgesehen ist oder Haftpflichtige sich Versicherungsschutz erkaufen, um sich nicht dem Haftungsrisiko individuell auszusetzen.

In der Rechtsprechung des BGH war bisher offen geblieben, ob von §§ 104, 105 SGB VII auch Schmerzensgeldansprüche von Angehörigen oder

---

[18]Zur Lösung solcher Fälle eines „gestörten" Gesamtschuldverhältnisses siehe Medicus/Petersen BR Rn. 928 ff.; BGH NJW 2003, 2984; Unberath JuS 2004, 662; BGH r+s 2005, 397.

[19]BVerfG NJW 1973, 502. Rechtspolitisch wird der Ausschluss des Schmerzensgeldes als verfehlt angesehen, vgl. etwa Erman-Schiemann, 10. Aufl., § 847 Rn. 5. Nach Ansicht des BGH verstoße der Ausschluss von Ansprüchen wegen Personenschadens gemäß § 104 Abs. 1 SGB VII auch im Verhältnis eines Kindergartenkindes zum Kostenträger der Kindertageseinrichtung nicht gegen Art. 3 Abs. 1 GG, NJW 2009, 2956.

[20]NZA 2002, 1004, 1009.

[21]Vgl. dazu oben 10. Kap. IV. 5.

[22]Vgl. Gitter, Schadensausgleich im Arbeitsunfallrecht, 1967 S. 65 ff.; Fuchs, Zivilrecht und Sozialrecht, 1992, S. 200.

Hinterbliebenen eines Versicherten aufgrund sogenannter Schockschäden[23] erfasst sind.[24] Der BGH hat diese Frage jetzt zu entscheiden gehabt und verneint.[25]

Eine weitere wichtige Regelung des Unfallversicherungsrechts, durch die in bedeutsamer Weise deliktsrechtliche Ansprüche verdrängt werden, ist § 106 Abs. 3 3. Alt. SGB VII. Dieser Bestimmung zufolge gilt der Haftungsausschluss auch im Verhältnis zu Versicherten[26] mehrerer Unternehmen, wenn sie vorübergehend betriebliche Tätigkeiten auf einer gemeinsamen Betriebsstätte verrichten. Dazu folgender Fall:

> *BGH NZA 2001, 103:* K erlitt schwere Verletzungen, als er auf einem Betriebshof der Deutschen Bahn AG von einer Rangierabteilung der Deutschen Bahn AG angefahren wurde. Er hatte für seine Arbeitgeberin, die D-GmbH, die im Auftrag der Deutschen Bahn AG deren Reisezugwagen reinigt, gemeinsam mit zwei Arbeitskollegen die Reinigung eines Zuges abgeschlossen. Als er auf dem Weg zu einer Müllsammelstelle einen zuvor abgelegten Müllsack aufheben wollte, wurde er von der Rangierabteilung erfasst. Lokführer war der Erstbeklagte, mitfahrender Rangierleiter der Zweitbeklagte. K verlangt von den Beklagten als Gesamtschuldnern die Zahlung eines Schmerzensgeldes in Höhe von 25.000 €. Er wirft ihnen vor, ein Warnsignal nicht abgegeben zu haben.

Wenn man annimmt, dass die beiden Beklagten ein Verschulden trifft, ist ein Schadensersatzanspruch des K aus § 823 Abs. 1 ohne weiteres gegeben (in Betracht kommt auch ein Anspruch aus § 1 HPflG, s. dazu oben 10. Kap. III. 2.). Der Anspruch auf immateriellen Schadensersatz lässt sich auf § 253 Abs. 2 (bzw. § 6 S. 2 HPflG) stützen.

Der Anspruch auf immateriellen Schadensersatz könnte aber wegen § 106 Abs. 3 3. Alt. SGB VII ausgeschlossen sein. Dann müsste sich der Unfall ereignet haben, als zwei unfallversicherte Arbeitnehmer, die unterschiedlichen Unternehmen angehörten, aber auf einer gemeinsamen Betriebsstätte im Unfallzeitpunkt tätig geworden waren. Der Begriff der gemeinsamen Betriebsstätte ist umstritten. Der BGH verlangt (S. 104) für den Begriff der gemeinsamen Betriebsstätte

> ein bewusstes Miteinander im Arbeitsablauf, das zwar nicht nach einer rechtlichen Verfestigung oder auch nur ausdrücklichen Vereinbarung verlangt, sich aber zumindest tatsächlich als ein aufeinander bezogenes betriebliches Zusammenwirken mehrerer Unternehmen darstellt. Die Haftungsfreistellung aus § 106 Abs. 3 3. Alt. SGB VII erfasst damit über die Fälle der Arbeitsgemeinschaft hinaus betriebliche Aktivitäten von Versicherten mehrerer Unternehmen, die bewusst und gewollt bei einzelnen Maßnahmen ineinander greifen, miteinander verknüpft sind, sich ergänzen oder unterstützen, wobei es ausreicht, dass die gegenseitige Verständigung stillschweigend durch bloßes Tun erfolgt.

Aus diesen Gründen hat der BGH im vorliegenden Fall die Voraussetzungen des Tatbestandsmerkmals gemeinsame Betriebsstätte verneint. Die Tätigkeiten der

---

[23]Siehe dazu oben 2. Kap. A. II. 2.3.
[24]BGH VersR 1976, 539, 540.
[25]BGH VersR 2007, 803, 804.
[26]Das können Arbeitnehmer aber auch versicherte Selbstständige sein, vgl. dazu den Fall BGH NJW 2008, 2916 und den Besprechungsaufsatz von Waltermann NJW 2008, 2895 ff.

B. Verdrängung des deliktsrechtlichen Anspruchs durch Versicherungsrecht

Zugreinigung und die Rangierarbeiten hätten sich beziehungslos nebeneinander vollzogen und die beiden Arbeitnehmer seien nur rein zufällig aufeinander getroffen.[27]

Die Beurteilung des Vorliegens einer gemeinsamen Betriebsstätte muss sich auf konkrete Arbeitsvorgänge beziehen. Da der Haftungsausschluss des § 116 Abs. 3 SGB VII im Hinblick auf die zwischen den Tätigen verschiedener Unternehmen bestehende Gefahrengemeinschaft gerechtfertigt ist, kommt es darauf an, dass in der konkreten Unfallsituation eine gewisse Verbindung der Tätigkeiten als solchen, die sich als bewusstes Miteinander im Betriebsablauf darstellt und im faktischen Miteinander der Beteiligten aufeinander bezogen, miteinander verknüpft oder auf gegenseitige Ergänzung oder Unterstützung ausgerichtet ist, gegeben ist[28]. Eine „gemeinsame Betriebsstätte" wird nicht durch vertragliche Vereinbarungen und deren Erfüllung begründet. Die vertraglichen oder sonstigen Beziehungen, die zu dem Tätigwerden der Arbeitnehmer verschiedener Unternehmen führen, spielen für die Beurteilung, ob eine gemeinsame Betriebsstätte vorliegt, keine maßgebliche Rolle[29].

Beachte: Haben Arbeitgeber bzw. Arbeitnehmer den Schaden vorsätzlich oder grob fahrlässig herbeigeführt, besteht ein Regressanspruch des Unfallversicherungsträgers (§ 110 SGB VII).

Der Anwendungsbereich des Haftungsprivilegs nach §§ 104, 105 SGB VII hat über Arbeitsunfälle im engeren Sinn hinaus in der schadensrechtlichen Praxis durch eine weite Auslegung des § 539 Abs. 2 RVO a. F., jetzt § 2 Abs. 2 S. 1 SGB VII Bedeutung erlangt. Diese Vorschrift wird sehr häufig übersehen, vgl. dazu folgenden Fall:

BGH NJW 1987, 1643: Der Kläger, ein Maschinenbaustudent, repariert aus Gefälligkeit das KfZ des Beklagten, eines befreundeten Musikstudenten. Um eine Lenkmanschette zu befestigen, hatte sich der Kläger unter das aufgebockte Fahrzeug gelegt. Der Beklagte berührte das Fahrzeug, dessen Vorderräder abmontiert waren. Sekunden später fiel der Wagenheber um, das Fahrzeug stürzte zu Boden und die Radaufhängung traf den Kl. am Kopf und verletzte ihn schwer. Der Kläger verlangt von dem Beklagten Schadensersatz und Schmerzensgeld.

Die Fallgestaltung verweist auf eine brisante, gelegentlich auch von Anwälten bei der Geltendmachung von Schadensersatzansprüchen übersehene Problematik. Im vorliegenden Fall sind die Tatbestandsvoraussetzungen des § 823 Abs. 1 eindeutig gegeben. Demnach wäre sowohl Ersatz für den erlittenen Personenschaden als auch immaterieller Schadensersatz zu leisten.

---

[27]Siehe ferner BGH VersR 2007, 948 (betreffend bauleitenden Architekt und Bauhandwerker). Ausführlich zur Rspr. des BGH zur gemeinsamen Betriebsstätte Waltermann NJW 2002, 1225 ff.; ders. NJW 2004, 901.

[28]BGH NJOZ 2012, 1193 (1194).

[29]BGH NJOZ 2012, 1193 (1194). Etwas Anderes gilt nur, wenn die vorzunehmenden Maßnahmen sich nicht sachlich ergänzen und unterstützen, die gleichzeitige Ausführung der betreffenden Arbeiten aber eine Verständigung über den Arbeitsablauf erfordert und dazu konkrete Absprachen getroffen werden.

Allerdings könnte auch hier die Haftungsprivilegierung des § 104 SGB VII entgegenstehen. Die Versicherteneigenschaft des Klägers ergibt sich hier allerdings nicht aus § 2 Abs. 1 Nr. 1 SGB VII, da er nicht Arbeitnehmer war. Vielmehr ergibt sich die Versicherteneigenschaft aus § 2 Abs. 2 SGB VII, weil der Kläger wie ein Arbeitnehmer tätig war[30]. Dem Beklagten kommt unfallversicherungsrechtlich die Stellung eines Unternehmers i. S. d. § 121 SGB VII zu, sodass er sich auf das Haftungsprivileg des § 104 SGB VII berufen kann. Ansprüche des Klägers gegen ihn sind deshalb ausgeschlossen. Für seinen Personenschaden kann der Kläger die Leistungen des Unfallversicherungsträgers geltend machen.

Auf eine prozessuale Besonderheit sei an dieser Stelle hingewiesen. Werden zivilrechtliche Ansprüche wegen eines Personenschadens gerichtlich geltend gemacht und liegen Haftungsprivilegierungen nach §§ 104 – 106 SGB VII nahe, ist § 108 SGB VII zu beachten. Rechtskräftige/bestandskräftige Entscheidungen eines Sozialgerichts oder Unfallversicherungsträgers über das Vorliegen eines Versicherungsfalls der gesetzlichen Unfallversicherung sind für die ordentlichen Gerichte bindend (§ 108 Abs. 1 SGB VII). Die Vorschrift will vermeiden helfen, dass es zu widersprüchlichen Feststellungen kommt. Sind solche Entscheidungen noch nicht ergangen, hat das ordentliche Gericht das Verfahren auszusetzen, bis eine solche Entscheidung vorliegt (§ 108 Abs. 2 SGB VII).

---

[30]Ausführlich zu den Voraussetzungen der Vorschrift s. Kommentar zum Sozialrecht/Holtsträter, § 2 SGB VII Rn. 53 ff.

Kapitel 12: Schadensersatzrecht

A. Grundlagen des Schadensersatzrechts

I. Der Schadensersatzanspruch als Grundlage des Schadensersatzrechts

1. Allgemeines

Alle Rechtsnormen, die als Rechtsfolge vorsehen, dass einem anderen ein Schaden zu ersetzen ist, sind Gegenstand des Schadensersatzrechts.

Die Aufgabe des Schadensrechts als einer Teilmaterie des Schadensersatzrechts ist es, für die unterschiedlichen Anspruchsgrundlagen zu bestimmen, was unter einem Schaden zu verstehen und auf welche Art und Weise der Schaden zu ersetzen ist. Das BGB hat hierfür in den §§ 249–255 allgemeine Vorschriften aufgestellt, die für alle schadensersatzrechtlichen Ansprüche grundsätzliche Geltung haben.

Wenn die Rechtsordnung anordnet, dass der bei einer Person eingetretene Schaden nicht von dieser Person zu „erleiden" ist, sondern dass ihr der Schaden von einem anderen abgenommen werden soll, bedarf diese Schadensverlagerung eines rechtfertigenden Grundes. Die Begründung von Schadensersatzansprüchen beruht im Wesentlichen auf zwei Prinzipien: auf dem Verschuldensprinzip[1], das die deliktische und vertragliche Haftung gleichermaßen beherrscht, und auf dem Prinzip der Haftung für erlaubtermaßen geschaffene, aber besonders schadensträchtige Gefahrenquellen.[2]

2. Struktur von Schadensersatzansprüchen

Ausgehend von der deliktsrechtlichen Anspruchsnorm des § 823 Abs. 1 und der Generalnorm des § 280 Abs. 1 für vertragliche Schadensersatzansprüche weisen

---

[1]Siehe oben 1. Kap. A. I.

[2]Siehe 10. Kap. A. I.

schadensersatzrechtliche Anspruchsnormen eine typische Struktur auf, die aus einem objektiven verhaltensbezogenen Tatbestand, der Rechtswidrigkeit, der Verantwortlichkeit sowie der Anordnung des Leistenmüssens von Schadensersatz bestehen.[3]

2.1 Tatbestand
Auf der Tatbestandsebene lassen sich zwei typische Varianten unterscheiden:
Die erste Variante besteht darin, dass der Schädiger einen sichtbaren „Erfolg" in Form einer Rechts(gut)verletzung herbeigeführt hat. § 823 Abs. 1 beschreibt dies als eine Verletzung des Lebens, des Körpers, der Gesundheit, der Freiheit oder des Eigentums. Wurde eine Person körperlich verletzt oder eine Sache beschädigt oder zerstört, ist der Anknüpfungspunkt für ein vorwerfbares Verhalten des Schädigers äußerlich wahrnehmbar. Unter dem Gesichtspunkt der haftungsbegründenden Kausalität[4] ist die Verletzungshandlung des Schädigers genau zu definieren und es ist zu untersuchen, ob diese Verletzungshandlung die Rechtsgutbeeinträchtigung verursacht hat. Die Verletzungshandlung kann in einem positiven Tun oder in einem Unterlassen bestehen. Soll dem Schädiger ein Unterlassen zum Vorwurf gemacht werden, setzt dies voraus, dass den Schädiger eine Pflicht getroffen hat, den Eintritt der Rechtsgutverletzung zu verhindern.

Im Unterschied zum Rechtsgut bezogenen Tatbestandsaufbau der deliktsrechtlichen Grundnorm des § 823 Abs. 1 stellt § 280 Abs. 1 ohne die Inbezugnahme bestimmter Rechtsgüter allgemein nur auf eine „Pflichtverletzung" ab. Dieser Unterschied ist ernst zu nehmen, auch wenn im Zusammenhang mit der Pflichtverletzung eine Rechtsgutverletzung eingetreten sein sollte. Da die Rechtsgutverletzung nicht zwingend zum objektiven Tatbestand der Pflichtverletzung gehört, kommt in Betracht, dass die Rechtsgutverletzung erst auf der Rechtsfolgenseite, also bei der Beurteilung des Schadens eine Rolle spielt (str.).[5] Bei der Prüfung der Frage, ob eine Pflichtverletzung vorliegt, ist von entscheidender Bedeutung, den genauen Inhalt der Pflicht zu definieren, wozu in Zweifelsfällen eine Auslegung des Vertrages gem. §§ 133, 157 erforderlich ist. Eine dem deliktsrechtlichen Tatbestand vergleichbare Prüfung einer haftungsbegründenden Kausalität zwischen dem Verhalten des Schädigers und der Pflichtverletzung ist grundsätzlich nicht möglich, da insoweit zwischen Verhalten und Pflichtwidrigkeit nicht unterschieden werden kann. Bei der Pflichtwidrigkeit handelt es sich nämlich nur um eine Kausalitätserwägungen nicht zugängliche Bewertung des Verhaltens. Hat die Pflichtverletzung jedoch zu einer Rechtsgutbeeinträchtigung geführt, so soll nach teilweise vertretener Ansicht wie bei § 823 Abs. 1 die haftungsbegründende Kausalität zwischen dem Verhalten des Schädigers (also der Pflichtverletzung) und der Rechtsgutbeeinträchtigung zu

---

[3]Siehe auch Brox/Walker SAT § 28 Rn. 3 ff.
[4]Siehe oben 2. Kap. A. II. 2.2.
[5]Lange/Schiemann § 3 II.

A. Grundlagen des Schadensersatzrechts

prüfen sein.[6] Richtig ist das aber nur dann, wenn es gerade Inhalt der Pflicht war, das Rechtsgut vor Beeinträchtigungen der eingetretenen Art zu schützen. Zur Kausalitätsprüfung bei Pflichtverletzungen folgendes

> **Beispiel**
> Ein Steuerberater hat seinem Mandanten einen falschen Rat erteilt. Das Finanzamt erlässt daraufhin einen nachteiligen Steuerbescheid, der bei richtiger Beratung nicht erlassen worden wäre. Die Pflichtverletzung des Steuerberaters erschöpft sich in der Erteilung des unzutreffenden Rats. Der dadurch bewirkte „Erfolg", nämlich der nachteilige Steuerbescheid, gehört nicht zur Pflichtverletzung und damit auch nicht zur haftungsbegründenden Kausalität, sondern ist Bestandteil des Schadens auf der Rechtsfolgenseite. Der Steuerbescheid begründet eine Zahlungsverpflichtung gegenüber dem Fiskus und ist deswegen eine Schadensposition.

Bei der Gefährdungshaftung besteht der objektive Tatbestand wie bei § 823 Abs. 1 in einer Rechtsgutverletzung, regelmäßig in der Verletzung des Lebens, des Körpers und der Gesundheit oder in der Beschädigung von Sachen. Zurechnungsgrund an den Schädiger ist, dass sich die spezifische Gefahr der vom Schädiger unterhaltenen Gefahrenquelle verwirklicht hat.[7]

2.2 Rechtswidrigkeit

Grundsätzlich setzt die Schadensersatzverpflichtung voraus, dass das Verhalten des Schädigers als rechtswidrig zu qualifizieren ist. § 823 Abs. 1 nennt die Widerrechtlichkeit ausdrücklich als Anspruchsvoraussetzung. Eine gesonderte Prüfung der Rechtwidrigkeit ist jedoch grundsätzlich nicht erforderlich, da durch die Verletzung eines Rechtsguts die Rechtswidrigkeit des Eingriffs indiziert wird.[8] Die Rechtswidrigkeit ist in den Fällen einer tatbestandsmäßigen Rechtsgutverletzung gem. § 823 Abs. 1 jedoch zu prüfen, wenn Anhaltspunkte für das Eingreifen von Rechtfertigungsgründen bestehen. Bei den Rahmenrechten (allgemeines Persönlichkeitsrecht, Recht am eingerichteten und ausgeübten Gewerbebetrieb) ist die Rechtswidrigkeit positiv festzustellen.[9]

Soweit im Schrifttum ausgeführt wird, auch die Schadensersatzverpflichtung gem. § 280 Abs. 1 setze Rechtswidrigkeit voraus[10], ist dies zu präzisieren. Insoweit besteht nämlich ein erheblicher Unterschied zwischen dem deliktischen und dem vertraglichen Schadensersatzanspruch. Beim deliktischen Schadensersatzanspruch, insbesondere bei der Verletzung der Rechtsgüter Leben, Gesundheit, Körper, Freiheit und

---

[6]Vgl. Lange/Schiemann § 3 II; Brox/Walker SAT § 30 Rn. 4.
[7]Siehe 10. Kap. A. IV. 2.
[8]Siehe 2. Kap. A. II. 3.
[9]Siehe oben 2. Kap. A. II. 1.5.4 und 1.6.3.
[10]Brox/Walker SAT § 28 Rn. 4.

Eigentum basiert die grundsätzliche Rechtswidrigkeit solcher Eingriffe auf einer übergeordneten Bewertung durch die Rechtsordnung. Im Rahmen vertraglicher Schadensersatzansprüche bestimmen die Parteien grundsätzlich privatautonom über Inhalt und Umfang ihrer Pflichten, sodass die Rechtswidrigkeit i. d. R. aus der Pflichtverletzung folgt. Die Rechtswidrigkeit bedarf deswegen auch bei den vertraglichen Schadensersatzansprüchen keiner besonderen Prüfung, es sei denn, es bestehen Anhaltspunkte für das Eingreifen von Rechtfertigungsgründen.

Keine Anspruchsvoraussetzung ist die Rechtswidrigkeit bei der Gefährdungshaftung. Die Besonderheit der Gefährdungshaftung besteht gerade darin, dass der Schädiger haftet, obwohl sein Verhalten, z. B. das Betreiben einer gefährlichen Anlage, erlaubt ist.[11]

Auch beim Schadensersatzanspruch gem. § 904 S. 2 ist die Rechtswidrigkeit keine Anspruchsvoraussetzung, weil der Anspruch gerade dadurch bedingt ist, dass der Schädiger die Sachbeschädigung im Notstand und mithin rechtmäßig verursacht hat.[12]

2.3 Verantwortlichkeit

Dass ein Schadensersatzanspruch nur unter der Voraussetzung besteht, dass der Schädiger für die Rechts(gut)verletzung bzw. Pflichtverletzung verantwortlich ist, ist Ausdruck des das Schadensersatzrecht beherrschenden Verschuldensprinzips. § 823 Abs. 1 nennt Vorsatz und Fahrlässigkeit ausdrücklich als Anspruchsvoraussetzungen. Gem. § 280 Abs. 1 ist der Schuldner nicht verantwortlich, wenn er die Pflichtverletzung nicht zu vertreten hat. Gem. § 276 Abs. 1 hat der Schuldner grundsätzlich Vorsatz und Fahrlässigkeit zu vertreten.

Bei der Gefährdungshaftung kommt es hingegen auf ein Verschulden nicht an, da hier nicht das Verschulden als Zurechnungsprinzip dient, sondern der Umstand, dass der Schädiger erlaubtermaßen eine Gefahrenquelle unterhält und hieraus den Nutzen zieht. Wenn die Rechtsordnung ihm das Schaffen und Unterhalten der Gefahrenquelle erlaubt, ist es gerecht, dass er auch für dadurch verursachte Schäden haftet.[13]

2.4 Schaden

Schließlich ist zentrales Element jeder schadensersatzrechtlichen Anspruchsgrundlage, dass der Schuldner auf der Rechtsfolgenseite zum Ersatz des dem Gläubiger entstandenen Schadens verpflichtet wird.

Auch auf der Rechtsfolgenseite sind Kausalitätsfragen zu klären. Im Rahmen der sogenannten haftungsausfüllenden Kausalität[14] ist bei § 823 Abs. 1 zu prüfen, ob und inwieweit die Rechts(gut)verletzung gerade den Schaden verursacht hat,

---

[11]Siehe 10. Kap. A. I.
[12]Palandt-Bassenge § 904 Rn. 4.
[13]Siehe 10. Kap. A. I.
[14]Vgl. 2. Kap. A. III. 2 und unten D. I. 2.

A. Grundlagen des Schadensersatzrechts

den der Geschädigte ersetzt haben will. Bei § 280 Abs. 1 ist zu prüfen, ob der geltend gemachte Schaden durch die Pflichtverletzung verursacht worden ist.

Weiter ist zu beachten, dass Inhalt und Umfang des zu ersetzenden Schadens bereits durch die spezielle Anspruchsgrundlage näher bestimmt sein können, sodass diese spezielle Bestimmung des zu ersetzenden Schadens den allgemeinen Vorschriften der §§ 249 ff. vorgeht. So ordnet beispielsweise § 122 Abs. 1 den Ersatz des Vertrauensschadens an. Der Schadensersatzanspruch gem. §§ 634 Nr. 4, 280 Abs. 3, 281 Abs. 1 ist nach h. M. nicht auf Naturalrestitution gem. § 249 Abs. 1 gerichtet, sondern auf Zahlung eines Geldbetrages, der entweder nach dem mangelbedingten Minderwert des Werks oder nach den für eine Mangelbeseitigung erforderlichen Kosten berechnet wird.[15]

II. Funktion des Schadensersatzrechts

Bei der Frage, welche Funktion das Schadensersatzrecht erfüllt, bestehen seit jeher Meinungsverschiedenheiten. Nach h. M.[16] dient das Schadensersatzrecht in erster Linie der Kompensation von Schäden, hat also Ausgleichsfunktion. Nach anderer Ansicht[17] dient das Schadensersatzrecht hauptsächlich der Prävention, also der Vorbeugung von Schadensfällen.

Bei der Frage, welche Funktion das Schadensersatzrecht hat, ist auf den richtigen Bezugspunkt zu achten. Gegenstand der Diskussion ist nicht das reine Schadensrecht, da die Diskussion sonst auf die Rechtsfolgenseite der Anspruchsnormen verkürzt würde. Die Funktion des Schadensersatzrechts kann nur geklärt werden, wenn die Schadensersatzverpflichtung im Ganzen, also unter Einbeziehung der Anspruchsvoraussetzungen betrachtet wird. Da sich erst aus den Anspruchsvoraussetzungen der Grund ergibt, weswegen der Schaden nicht vom Betroffenen, sondern von einem anderen übernommen werden soll, sind für die Funktion, die mit dem Schadensersatzrecht erfüllt werden kann, die Anspruchsvoraussetzungen von entscheidender Bedeutung. Ob deswegen das Schadensrecht selbst zweckfrei ist,[18] muss indes bezweifelt werden. Das Schadensrecht und insbesondere §§ 249 ff. legen Inhalt und Umfang der Schadensersatzverpflichtung fest und stecken damit ebenfalls den Rahmen ab, in dem sich Ausgleichs- und Präventionsfunktion entfalten können.

---

[15] BGH NJW 2010, 3085 Rn. 9; NJW 2013, 370 Rn. 9; Einzelheiten unten F. I. 1.
[16] Larenz SAT § 27 I; Esser/Schmidt 2 § 30 II 3; Mertens, Der Begriff des Vermögensschadens, S. 93 ff.; Brand, Schadensersatzrecht, § 2 Rn. 22 ff.; Pauker, Unternehmen – Risiko – Haftung, S. 30 ff.
[17] Kötz, FS Steindorff, S. 643 ff.; Schäfer/Ott, Ökonomische Analyse des Zivilrechts, S. 126 ff.
[18] In diese Richtung Brand, Schadensersatzrecht, § 2 Rn. 22.

1. Kompensation

Bei der Funktion des Schadensersatzrechts steht nach h. M. der Ausgleichsgedanke und damit die Befriedigungsfunktion der Haftung als tragendes Prinzip im Vordergrund.[19] Derjenige, der einem anderen einen Schaden zugefügt hat, soll unter den Voraussetzungen, die das Schadensersatzrecht zu einzelnen Haftungsgründen zusammenfasst, zum Ausgleich des angerichteten Schadens verpflichtet werden. Das Schadensersatzrecht zielt also darauf ab, dass demjenigen, der in seinem Vermögen nachteilig betroffen ist, der entstandene Schaden abgenommen und das Schadensrisiko auf einen anderen, den Schädiger, verlagert wird.[20]

Die primäre Ausgleichsfunktion des Schadensersatzrechts schließt nach h. M. allerdings nicht aus, dass damit „mittelbar auch präventive und rechtsverfolgende Funktionen erfüllt werden".[21] Die h. M. erkennt also durchaus an, dass mit der haftungsrechtlichen Androhung einer Schadensersatzpflicht eine abschreckende Wirkung verbunden sein kann. Denn der Umstand, dass der Verantwortliche den bei einem anderen eingetretenen Schaden ausgleichen muss, kann einen verhaltenssteuernden Anreiz darstellen, den Haftungsfall zu vermeiden. Aus Sicht der h. M. stellt die Prävention jedoch keinen selbstständigen Hauptzweck dar, sondern „ein in vielen Fällen erwünschtes Nebenprodukt der Schadensersatzpflicht".[22] Die Prävention spielt sich also nur in dem vom Ausgleichsprinzip vorgegebenen Rahmen ab.[23]

2. Prävention

An der Ausgleichsfunktion des Schadensersatzrechts kritisiert die Gegenmeinung, dass das Ausgleichsprinzip keine Antwort auf die Frage gibt, welches rechtspolitisches Ziel die einzelnen Haftungsgründe rechtfertigt. Der tragende Gedanke könne nicht sein, dass dem Geschädigten der Schaden abgenommen und der Schädiger zum Ausgleich verpflichtet wird, weil dem die große Zahl der Schadensfälle widerspreche, bei denen gerade kein Bedürfnis für eine Kompensation gesehen wird.[24]

Die präventive Funktion des Schadensersatzrechts wird von ihren Vertretern in engem Zusammenhang mit den Aussagen der wohlfahrtsökonomischen Theorie über den anzustrebenden Zustand einer Volkswirtschaft unter dem Gesichtspunkt

---

[19]MüKo-Oetker § 249 Rn. 8 m. w. N.; Bamberger/Roth-Schubert § 249 Rn. 2; Jauernig-Teichmann, Vorbemerkungen zu den §§ 249–253 Rn. 2 sowie die in Fußnote 16 Genannten.

[20]Deutsch JZ 1971, 244, 245.

[21]Mertens, Der Begriff des Vermögensschadens, S. 109.

[22]Larenz SAT § 27 I.

[23]Mertens, Der Begriff des Vermögensschadens, S. 109; grundsätzlich ebenso Brand, Schadensersatzrecht, § 2 Rn. 26 f.

[24]Kötz, FS Steindorff, S. 643, 644 f.; Schäfer/Ott, Ökonomische Analyse des Zivilrechts, S. 126.

der Effizienz gesehen.²⁵ Prävention bedeutet danach nicht, generell zu verhindern, dass sich Schadensfälle ereignen. Denn auch die der Schadensverhütung dienenden Maßnahmen verursachen Kosten, weswegen es erforderlich ist, die Effizienz bestimmter Schadensverhütungsmaßnahmen mittels einer Kosten-Nutzen-Rechnung zu analysieren.²⁶ Dies bedeutet, dass solche schadenspräventiven Maßnahmen anzustreben sind, deren Kosten geringer oder zumindest nicht höher als diejenigen Kosten sind, welche die zu verhütenden Schadensfälle verursachen würden.²⁷ Für die Präventionsfunktion des Schadensersatzrechts folgt hieraus, dass der Gesetzgeber die Tatbestandsvoraussetzungen einer Haftungsnorm so zu gestalten und die Rechtsprechung sie so anzuwenden hat, dass einen Schädiger das Schadensrisiko nur dann trifft, wenn er zum Schutze fremder Rechtspositionen solche Schadensverhütungsmaßnahmen unterlassen hat, die ihn selbst mit weniger Kosten belastet hätten als durch die zu verhütenden Schadensfälle wahrscheinlich entstanden wären.

3. Stellungnahme

Die Kritik an der herrschenden Meinung ist unberechtigt.²⁸ Der Vorwurf, die Ausgleichsfunktion des Schadensersatzrechts sei nicht in der Lage, eine rechtspolitische Begründung des Schadensersatzrechts zu liefern, trifft nicht zu. Hierbei wird nämlich unterstellt, der Ausgleichsgedanke beziehe sich nur auf Art und Umfang des Schadensersatzes.²⁹ Der Ausgleichsgedanke kann jedoch nicht von den ihn konkretisierenden Tatbestandsmerkmalen abgelöst werden. Der Haftungsgrund beinhaltet den Maßstab, mit dem der Ausgleichsgedanke zum Tragen kommt. In der Formulierung der jeweiligen Haftungsgründe schlagen sich die Gerechtigkeitsvorstellungen der Gesellschaft über die Bewertung der widerstreitenden Interessen von Schädiger und Geschädigtem nieder. Die Funktion des Haftungsrechts besteht also darin, auf der Basis eines *gerechten* Ausgleichs kollidierender Interessen dem Geschädigten in bestimmten Fällen eine Kompensation für die erlittene Einbuße zu verschaffen.³⁰

Auch wenn die Ausgleichsfunktion die Leitmaxime des Schadensersatzrechts ist, ist nicht ausgeschlossen, dass in Ausnahmefällen auch das Ziel der Prävention zu einem selbstständigen Hauptzweck des Schadensersatzrechts neben der Kompensation erhoben wird. Dies kommt namentlich bei der Beeinträchtigung immaterieller Interessen in Betracht, deren monetäre Bewertung allein nach dem Gedanken des Schadensausgleichs Schwierigkeiten bereitet und bei denen deswegen der Präventionsgedanke ein zusätzliches Kriterium zur monetären

---

[25] Kötz, FS Steindorff, S. 643, 645 f.
[26] Kübler, FS Steindorff, S. 687, 694 f.
[27] Kötz, FS Steindorff, S. 643, 647; Taupitz AcP 196 (1996), 114, 137 ff.; Zur Gefährdungshaftung Hager JZ 1990, 397, 401 f.; Wagner JZ 1991, 175, 176 f.
[28] Siehe hierzu im Einzelnen Pauker, Unternehmen – Risiko – Haftung, S. 33 ff.
[29] Kötz, FS Steindorff, S 643, 644; Schäfer/Ott, Ökonomische Analyse des Zivilrechts, S. 126.
[30] Brand, Schadensersatzrecht, § 2 Rn. 23.

Bewertung des Schadens sein kann.[31] So hat der BGH bei der rücksichtslosen Zwangskommerzialisierung der Persönlichkeit eines Menschen dem Präventionsgedanken anspruchserhöhende Wirkung beigemessen.[32]

4. Straffunktion des Schadensersatzrechts?

Soweit das Schadensersatzrecht auch präventive Funktionen wahrnimmt, hat dies mit einem Strafcharakter nichts zu tun. Dies gilt auch dann, wenn die Präventionsfunktion ausnahmsweise wie bei der rücksichtslosen Zwangskommerzialisierung der Persönlichkeit die Höhe des zu leistenden Schadensersatzes unmittelbar beeinflusst. Die Verpflichtung zum Schadensersatz erfolgt nicht, um den Schädiger zu bestrafen, sondern um ihn präventiv von der Rechtsverletzung abzuhalten.

Auch soweit der BGH[33] beim Ersatz des immateriellen Schadens gem. § 253 Abs. 2 der Ersatzpflicht eine Genugtuungsfunktion zugeschrieben hat, haben keine pönalen Elemente Eingang in das Schadensersatzrecht gefunden. Zwar ist bei der Bemessung des Schmerzensgeldes der Grad des Verschuldens zu berücksichtigen, die Berücksichtigung des Verschuldens hat jedoch keinen Strafcharakter. Die Berücksichtigung des Verschuldens ergibt sich vielmehr aus der speziellen Vorschrift des § 253 Abs. 2. § 253 Abs. 2 sieht nicht schlicht eine Verpflichtung zum Schadensersatz, sondern eine „billige Entschädigung in Geld" vor. Da das Verschulden ein die Billigkeit betreffender Aspekt ist, ist es bei der Bemessung der Höhe des Schmerzensgeldes zu berücksichtigen, und zwar ohne dass hierzu auf eine Genugtuungsfunktion des Schmerzensgeldes zurückgegriffen werden müsste.[34]

B. Schadensbegriff, Differenzhypothese und Schadensarten

I. Definition des Schadens

Das Gesetz verwendet zwar den Begriff des Schadens, definiert aber nicht, was darunter zu verstehen ist. Das gilt auch für §§ 249 ff. Sie regeln zwar, wie und in welcher Höhe ein Schaden zu ersetzen ist, aber nicht, was die Voraussetzungen für einen Schaden sind. Es hat zahlreiche Versuche gegeben, den Begriff des Schadens näher zu beschreiben und hierbei allgemeingültige Wertungen aufzudecken. Zwischenzeitlich hat sich die Erkenntnis durchgesetzt, dass die mit dem Begriff

---

[31] Hierzu auch Brand, Schadensersatzrecht, § 2 Rn. 27.
[32] BGH NJW 1996, 948; Einzelheiten oben 2. Kap. A. II. 1.5.7.
[33] BGHZ 18, 149.
[34] Siehe oben 7. Kap. A.

des Schadens verbundenen Rechtsfragen zu vielgestaltig sind, als dass sie mit einer vereinheitlichenden Definition gelöst werden könnten.[35]

1. Natürlicher Schadensbegriff

Ausgangspunkt des Schadensbegriffs ist auch nach heute noch h. M. der natürliche Schadensbegriff, der auf dem allgemeinen Sprachgebrauch beruht. Schaden ist danach eine Einbuße, also eine nachteilige Veränderung, die jemand unfreiwillig aufgrund eines bestimmten Ereignisses an seinen Lebensgütern einschließlich des Vermögens erleidet, also beispielsweise an seiner körperlichen Integrität, an seinen ihm zu Eigentum gehörenden Gegenständen, an seinen Erwerbsaussichten, aber auch an seinen immateriellen Gütern wie Ehre und soziale Geltung.[36]

Der natürliche Schadensbegriff lässt jedoch eine Reihe von Fragen offen, die einer Bewertung durch die Rechtsordnung bedürfen. So muss das Recht festlegen, welche Güter derart geschützt werden sollen, dass eine Einbuße hieran als Schaden im Sinne der Schadensersatzvorschriften zu qualifizieren ist.[37] Beispielhaft hierfür ist die Entwicklung des allgemeinen Persönlichkeitsrechts vom moralischen Gebot zum absoluten Recht[38] und die Entdeckung vermögenswerter Bestandteile des Persönlichkeitsrechts[39], die Frage, ob und unter welchen Voraussetzungen ein aufklärungspflichtwidrig abgeschlossener Vertrag trotz Gleichwertigkeit von Leistung und Gegenleistung einen Schaden darstellt[40] oder die Frage, ob der Entzug von Gebrauchsvorteilen einer Sache ein Schaden ist.[41] Es kommt hinzu, dass der zu ersetzende Schaden vom Zweck der anspruchsbegründenden Voraussetzungen abhängt, sodass auch insoweit rechtliche Bewertungen in den Begriff des Schadens hineinspielen. Der Schaden im natürlichen Sinne ist von so zahlreichen normativen Bewertungen überlagert, dass es eine einheitliche und subsumtionsfähige „Schadensformel" nicht gibt.

2. Differenzhypothese

Da der Schaden durch eine nachteilige Veränderung gekennzeichnet ist, gehört zum Schadensbegriff der Vergleich zweier Zustände, nämlich der Vergleich des tatsächlichen Zustands mit dem hypothetischen schadensfreien Zustand. Der

---

[35] Staudinger-Schiemann Vor § 249 Rn. 35.
[36] Vgl. Larenz SAT § 27 II a; Staudinger-Schiemann Vor § 249 Rn. 35; Lange/Schiemann § 1 IV I; Palandt-Grüneberg Vor § 249 Rn. 9; Brand, Schadensersatzrecht, § 2 Rn. 1 ff.; Brox/Walker SAT § 29 Rn. 1; ausf. zur Entwicklung des Schadensbegriffs Mertens, Der Begriff des Vermögensschadens.
[37] Larenz SAT § 27 II a.
[38] Siehe 2. Kap. A. II. 1.5.1 u. 1.5.2.
[39] Siehe 2. Kap. A. II. 1.5.3 (4).
[40] BGH NJW 1998, 302 und unten F. I. 2.2.
[41] BGH NJW 1987, 50 und unten G. III.

Begriff des Schadens umfasst deswegen die auf *Mommsen*[42] zurück gehende und heute noch von der h. M., insbesondere von der Rspr. angewandte Differenzhypothese (auch Differenzmethode genannt):

> Im allgemeinen ermittelt der BGH, wie vor ihm schon das RG, Vermögensschäden am subjektbezogenen Zuschnitt des betroffenen Gesamtvermögens nach der Differenzmethode durch einen rechnerischen Vergleich der durch das schädigende Ereignis eingetretenen Vermögenslage mit derjenigen, die sich ohne dieses Ereignis ergeben hätte.[43]

Zu den wesentlichen Merkmalen der Differenzhypothese zählt, dass es sich um einen „rechnerischen Vergleich" handelt, der Differenzschaden also auf eine Geldzahlung gerichtet ist. Hierzu müssen Aktiv- und Passivposten, soweit sie nicht unmittelbar auf Geld lauten, in Geldeinheiten bewertet werden. Für die Bewertung gelten nicht rein objektive Maßstäbe, sondern wegen des „subjektbezogenen Zuschnitts des Gesamtvermögens" kommt es (auch) auf die Bedeutung und Werthaltigkeit des Vermögens und seiner Gegenstände in ihrer Funktion für den Geschädigten an. Ferner ergibt sich aus der Definition der Differenzhypothese, dass in die Differenzrechnung nicht nur die unmittelbar betroffenen Güter und Vermögenswerte einzustellen sind, sondern dass es sich um eine Gesamtsaldierung aller Aktiven und Passiven handelt. Diese umfassende Betrachtung des Vermögens hilft zu vermeiden, mittelbare und entferntere Folgen des schädigenden Ereignisses zu übersehen. Aufgrund ihrer Bezugnahme auf das Vermögen ist schließlich zu beachten, dass die Differenzhypothese nur zur Bestimmung materieller Schäden geeignet und bei Nichtvermögensschäden nicht anwendbar ist.

Zu berücksichtigen ist, dass die Differenzhypothese über den Schadensbegriff als solchen hinausgeht und auch zur Ermittlung der Schadenshöhe herangezogen wird. Denn aus dem Vergleich der beiden Vermögenslagen ergibt sich nicht nur, dass eine nachteilige Veränderung eingetreten ist, sondern aufgrund der geldmäßigen Bewertung auch, wie hoch der Schaden ist.

Da die Differenzhypothese auf die Berechnung einer Geldentschädigung gerichtet ist, dient sie der Ermittlung des Wertinteresses im Rahmen der Schadenskompensation gem. § 251. Bei der Naturalrestitution gem. § 249 Abs. 1 kommt es zwar ebenfalls auf den Vergleich des tatsächlichen Zustands mit dem hypothetischen schadensfreien Zustand an, Ergebnis dieses Vergleichs ist aber keine Geldzahlungsverpflichtung in Höhe des Differenzschadens, sondern die Verpflichtung zur tatsächlichen Herstellung des hypothetischen schadensfreien Zustands.[44] Nach (zutreffender) h. M. setzt die Naturalrestitution deswegen nicht voraus, dass sich anhand der Differenzhypothese auch ein rechnerischer

---

[42]Beiträge zum Obligationsrecht II: Zur Lehre vom Interesse, 1855.

[43]BGH NJW 1987, 50, 51; ebenso z. B. BGH NJW 1958, 1085; NJW 2009, 1870 Rn. 15; NJW 2015, 1373 Rn. 7; aus dem Schrifttum MüKo-Oetker § 249 Rn. 18 ff.; Bamberger/Roth-Schubert § 249 Rn. 12 f.; Palandt-Grüneberg Vor § 249 Rn. 10.

[44]Näher dazu unten E. II. 1, 2.

Gesamtvermögensschaden feststellen lässt.⁴⁵ Zwingend ist ein solches Verständnis jedoch nicht. Unter dem Postulat, dass die Naturalrestitution bei Vermögensschaden nur eingreift, wenn auch ein rechnerischer Schaden gegeben ist, könnte die Differenzhypothese auch hier berücksichtigt werden, allerdings ohne die Konsequenz, dass der Schadensersatzanspruch deswegen auf Geld gerichtet wäre. In diesem Sinne hat der BGH einen Fall entschieden, bei dem der Geschädigte als Naturalrestitution die Rückabwicklung eines Vertrages begehrte. Nach Ansicht des BGH müsse anhand der Differenzhypothese zunächst festgestellt werden, ob die Bindung an den Vertrag überhaupt einen Vermögensschaden bedingt.⁴⁶

Als Schwäche der Differenzmethode gilt, dass sie so wenig wie der natürliche Schadensbegriff eine Antwort darauf gibt, welche Vor- und Nachteile in die Differenzberechnung als rechtlich relevante Positionen einzustellen sind. Es besteht deswegen Einigkeit, dass der Schaden auch bei der Differenzmethode normativ einzubinden ist:

> Indes hat sich in der Rechtsprechung des BGH die Erkenntnis durchgesetzt, daß die Differenzmethode als wertneutrale Rechenoperation nicht davon enthebt, am Schutzzweck der Haftung und an der Ausgleichsfunktion des Schadensersatzes die in die Differenzbilanz einzusetzenden Rechnungsposten wertend zu bestimmen. In diesem Sinn ist die Differenzmethode, die im übrigen ebenfalls nicht im Gesetz festgeschrieben ist (Larenz, in: Festschr. f. Nipperdey I, S. 500), normativ eingebunden. Zwar drückt sich ein Vermögensschaden in der Differenzbilanz stets als Minderung von Aktiv- oder Vermehrung von Passivposten aus; es ist aber Aufgabe rechtlicher Bewertung, die Parameter der Bilanz für den Zweck des Schadensausgleichs mit festzulegen.⁴⁷

3. Normativer Schadensbegriff

Lässt sich anhand der Differenzmethode rechnerisch kein Schaden feststellen und ergibt sich ein solcher erst aufgrund zusätzlicher rechtlicher Wertungen, so wird teilweise von einem normativen Schaden gesprochen.⁴⁸

> Gängiges Beispiel⁴⁹ ist der arbeitsunfähig verletzte Arbeitnehmer, der von seinem Arbeitgeber gem. § 3 EFZG seinen Lohn weiter erhält und dem deswegen rechnerisch kein Schaden entstanden ist. Das widerspricht jedoch § 6 EFZG, demzufolge etwaige Schadensersatzansprüche des Arbeitnehmers gegen den Schädiger im Wege der Legalzession auf den Arbeitgeber übergehen. Bei konsequenter Anwendung der

---

⁴⁵Vgl. BGH NJW 1982, 98, 99; Staudinger-Schiemann § 249 Rn. 5; Erman-Ebert Vor §§ 249–253 Rn. 24 f.; Lange/Schiemann § 1 III 4; Brand, Schadensersatzrecht, § 2 Rn. 8.

⁴⁶BGH NJW 1998, 302 und unten F. I. 2.2.

⁴⁷BGH NJW 1987, 50, 51; vgl. auch BGH NJW 1994, 2357, 2359; NJW 1998, 302, 304; NJW-RR 2005, 611, 612.

⁴⁸Vgl. BGH NJW 1968, 1823, 1824; Brand, Schadensersatzrecht, § 2 Rn. 10; Brox/Walker SAT § 29 Rn. 7.

⁴⁹Vgl. BGH NJW 1952, 1249, 1251; Brox/Walker SAT § 29 Rn. 7; siehe auch BGH NJW 1963, 1051, 1052 im Falle einer gesellschaftsvertraglich begründeten Pflicht zur Fortzahlung des Gehalts des Komplementärs einer Kommanditgesellschaft.

Differenzmethode erhielte der Arbeitgeber jedoch nichts, da der Arbeitnehmer mangels Schadens keinen Ersatzanspruch erworben hat. Offensichtlich ist dieses Ergebnis unbillig. Denn die Lohnfortzahlung dient den Interessen des Arbeitnehmers, soll aber keinesfalls den Schädiger entlasten, was gerade der Grund für die angeordnete Legalzession ist. Der Schädiger kann deswegen jedenfalls dem Arbeitgeber gegenüber nicht einwenden, es läge kein Schaden vor.

In der Entscheidung BGH NJW 1968, 1823 spricht der BGH sogar von einer „Abkehr von der reinen Differenzhypothese" zugunsten des normativen Schadensbegriffs. Diesem Standpunkt kann in dieser Allgemeinheit nicht zugestimmt werden und er dürfte auch mit der heutigen Rspr. nicht mehr übereinstimmen. Im Verhältnis zur Differenzhypothese ist nämlich ein selbstständiger normativer Schadensbegriff nicht anzuerkennen. Vielmehr ist die Differenzhypothese normativ eingebunden. Sie bleibt Ausgangspunkt der Schadensbestimmung, jedoch bedarf es der rechtlichen Bewertung, welche Rechenposten in die Differenzrechnung eingestellt werden.

II. Schadensarten

Das Gesetz unterscheidet verschieden Schadensarten, von denen der Umfang der Ersatzpflicht abhängt.

1. Materieller und immaterieller Schaden

Die Abgrenzung zwischen materiellem und immateriellem Schaden erfolgt über den Begriff des Vermögens. Der materielle Schaden ist ein Vermögensschaden, der immaterielle ein Nichtvermögensschaden (§ 253 Abs. 1). Vermögensrelevanz – gleichgültig ob als Vorteil oder als Nachteil – haben alle Güter und Positionen, die in Geld messbar sind.[50]

Die Bedeutung der Unterscheidung folgt aus § 253. Der immaterielle Schaden unterliegt zwar der Naturalherstellung gem. § 249 Abs. 1. Gem. § 253 Abs. 1 scheidet jedoch ein Geldersatz gem. §§ 249 Abs. 2, 250, 251 aus. Nach § 253 Abs. 2 kann nur wegen der Verletzung des Körpers, der Gesundheit, der Freiheit oder der sexuellen Selbstbestimmung „eine billige Entschädigung in Geld" für den immateriellen Schaden verlangt werden. Einzelheiten hierzu sind im 7. Kap. erläutert.

2. Erfüllungs- und Vertrauensschaden (Positives und negatives Interesse)

Die Differenzierung zwischen Erfüllungsschaden (gleichbedeutend positives Interesse oder Erfüllungsinteresse genannt) und Vertrauensschaden (gleichbedeutend negatives Interesse oder Vertrauensinteresse genannt) beruht auf der

---

[50]Larenz SAT § 29 I c.

gesetzlichen Anordnung einzelner Anspruchsnormen. Die dadurch bedingte Schadensberechnung geht §§ 249 ff. und der Differenzhypothese vor.

Das Erfüllungsinteresse wird im Rahmen vertraglicher und vertragsähnlicher Schuldverhältnisse geschützt, wenn die jeweilige Anspruchsnorm dies vorsieht. Hauptanwendungsfall ist die Verpflichtung zum Schadensersatz statt der Leistung gem. § 280 Abs. 3. Beim Ersatz des Erfüllungsschadens ist der Gläubiger so zu stellen, als ob der Schuldner seine Verpflichtung ordnungsgemäß erfüllt hätte.[51]

> **Beispiel**
> A wäre es möglich, von B einen Kunstgegenstand für 50.000 € zu erwerben, den er an C für 60.000 € verkaufen könnte. Da A nicht liquide ist, schließt er mit D einen Darlehensvertrag über 50.000 €, Verpflichtung zur Rückzahlung binnen drei Monaten zuzüglich eines Zinsbetrags von 2000 €. D reicht das Darlehen nicht aus, obwohl A ihn auf den zu erwartenden Schaden hingewiesen hat. A kann den Kunstgegenstand nicht erwerben und nicht an C verkaufen. Hätte D den Darlehensvertrag erfüllt, hätte A durch den Erwerb und den anschließenden Verkauf des Kunstgegenstands einen Erlös von 10.000 € erwirtschaftet. Allerdings hätte er dem D für die Gewährung des Darlehens 2000 € bezahlen müssen, sodass der Erfüllungsschaden des A 8000 € beträgt.

Das negative Interesse bezeichnet den Schaden, der dadurch entsteht, dass der Gläubiger auf die Gültigkeit des Rechtsgeschäfts vertraut hat. Der Gläubiger ist so zustellen, als hätte er von dem Geschäft nie etwas gehört.[52] Hauptanwendungsfälle sind die Schadensersatzpflichten gem. §§ 122 Abs. 1, 179 Abs. 2, die zugleich eine Begrenzung der Schadenshöhe auf das positive Interesse beinhalten, weil die Schutzbedürftigkeit des Gläubigers nicht darüber hinausgeht. Der Vertrauensschaden umfasst insbesondere die Aufwendungen, die der Geschädigte im Vertrauen auf den Bestand des Rechtsgeschäfts gemacht hat. Ausnahmsweise kann der Vertrauensschaden sogar einen entgangenen Gewinn umfassen.[53]

> **Beispiel**
> A kauft von B einen Pkw für 10.000 €. Es wird vereinbart, dass B das Fahrzeug zu A bringt. B beauftragt ein Transportunternehmen für 500 €. Bei Anlieferung verweigert A die Abnahme und ficht seine Willenserklärung wegen Irrtums gem. § 119 an. Hätte B von der Geschäftsmöglichkeit mit A nie etwas gehört, hätte er die Transportkosten nicht aufgewendet, sodass B den Betrag von 500 € als Vertrauensschaden gem. § 122 Abs. 1 zu ersetzen hat.

---

[51]BGH NJW 2012, 601, 602.
[52]Brox/Walker SAT § 29 Rn. 9.
[53]Brand, Schadensersatzrecht, § 2 Rn. 17.

3. Unmittelbarer und mittelbarer Schaden

Unmittelbarer (direkter) Schaden ist der Schaden, der am verletzten Recht oder Rechtsgut selbst entsteht, mittelbare (indirekte) Schäden sind die sonstigen Einbußen.[54] Der unmittelbare Schaden wird häufig auch als Verletzungsschaden, der mittelbare Schaden als Folgeschaden bezeichnet.[55] Begrifflich darf der unmittelbare Schaden nicht mit der Rechts(gut)verletzung als solcher verwechselt werden, die insbesondere bei § 823 Abs. 1 zu den Anspruchsvoraussetzungen zählt. Zum unmittelbaren Schaden gehören bei einer Sachbeschädigung beispielsweise die Reparaturkosten und der merkantile Minderwert, zu den mittelbaren Schäden der entgangene Gewinn bzw. die entgangenen Gebrauchsvorteile. Nach dem Grundsatz der Totalreparation sind unmittelbare und mittelbare Schäden gleichermaßen zu ersetzen.

C. Grundlagen des Schadensersatzes, der Schadensfeststellung und Schadensberechnung

I. Totalreparation

Nach dem Grundsatz der Totalreparation ist der Schädiger verpflichtet, den gesamten ihm zurechenbaren Schaden zu ersetzen.[56] Eine Differenzierung nach dem Grad des Verschuldens kommt nicht in Betracht und entgegen früherer Anschauung sind auch alle mittelbaren Schäden auszugleichen, insbesondere der entgangene Gewinn.[57] Eine Ausnahme vom Prinzip der Totalreparation ist in den meisten Fällen der Gefährdungshaftung vorgesehen, indem bestimmte Haftungshöchstgrenzen eingeführt wurden.[58]

II. Bereicherungsverbot

Da die Funktion des Schadensersatzrechts darin besteht, dass dem Geschädigten unter den jeweiligen Voraussetzungen der Anspruchsnorm der Schaden abgenommen und ein Zustand hypothetischer Schadensfreiheit geschaffen wird, ist darauf zu achten, dass der Geschädigte durch die Schadensersatzleistung nicht besser gestellt wird als ohne das Schadensereignis. Dieses Bereicherungsverbot[59] ist bei

---

[54]Brox/Walker § 29 Rn. 11; Brand, Schadensersatzrecht, § 2 Rn. 20; Deutsch/Ahrens UH § 33 Rn. 622.
[55]Dazu Lange/Schiemann § 2 V 1.
[56]Brand, Schadensersatzrecht, § 2 Rn. 32; Medicus/Lorenz SAT § 51 Rn. 666.
[57]Staudinger-Schiemann § 249 Rn. 2.
[58]Siehe 10. Kap. A. IV. 4.
[59]BGH NJW 2007, 2695 Rn. 18; Brand, Schadensersatzrecht, § 2 Rn. 37.

der Schadensberechnung zu berücksichtigen und rechtfertigt beispielsweise den sog. „Abzug neu für alt".[60]

III. Das Dogma vom Gläubigerinteresse

1. Grundsatz und Ausnahmen

Das Dogma vom Gläubigerinteresse besagt, dass Schadensersatz nur derjenige verlangen kann, in dessen Person die Voraussetzungen eines Schadensersatzanspruchs gegeben sind und dass es für die Schadensberechnung auf die (Vermögens-)Verhältnisse dieser Person ankommt. Man spricht insoweit auch von dem unmittelbar Geschädigten.[61] Personen, die infolge der Verletzung des unmittelbar Geschädigten einen Schaden erleiden, ohne dass in ihrer Person ebenfalls die Voraussetzungen einer Schadensersatznorm verwirklicht sind, sind als sog. mittelbar Geschädigte grundsätzlich nicht ersatzberechtigt.[62] Das Dogma vom Gläubigerinteresse gewährleistet, dass die anspruchsbeschränkenden Voraussetzungen der Schadensersatzverpflichtung wirksam bleiben und die Haftungsgefahren nicht ins Unermessliche erweitert werden. Der Schuldner muss den Eigenschaden des Gläubigers, grundsätzlich aber keinen Drittschaden anderer Personen ersetzen.

Soweit Dritte durch Verträge zugunsten Dritter oder mit Schutzwirkung für Dritte in das Schuldverhältnis eingebunden sind, widerspricht es formal nicht dem Dogma vom Gläubigerinteresse, ihnen eigene Schadensersatzansprüche unter Berücksichtigung *ihrer* Vermögensverhältnisse einzuräumen. Dies birgt freilich die Gefahr in sich, „unbillige" Ergebnisse durch die Einbeziehung Dritter in das Schuldverhältnis zu korrigieren.[63]

Ausnahmen von dem Grundsatz, dass nur der unmittelbar Geschädigte seinen Eigenschaden geltend machen kann, sieht das Gesetz in den deliktsrechtlichen Vorschriften der §§ 844, 845 vor. Insoweit kann auf die Ausführungen im 5. Kap. verwiesen werden.

Eine weitere, allerdings nicht als solche offen gelegte Ausnahme macht die Rechtsprechung bei den medizinisch notwendigen Besuchskosten nächster Angehöriger.[64]

---

[60]Siehe unten F. IV. 2.
[61]Vgl. BGH NJW 2012, 1728 Rn. 16; Brox/Walker SAT § 29 Rn. 13; Brand, Schadensersatzrecht, § 4 Rn. 1.
[62]Vgl. BGH NJW 2012, 1728 Rn. 16; NJW 2012, 1730 Rn. 8; Brox/Walker SAT § 29 Rn. 13; MüKo-Oetker § 249 Rn. 281 m. w. N.
[63]Siehe zur Problematik Lange/Schiemann § 8 I 3.
[64]Siehe unten F. II. 2.5.6.

2. Drittschadensliquidation
2.1 Problemstellung
Die wichtigste Ausnahme vom Dogma des Gläubigerinteresses statuieren die Regeln über die Drittschadensliquidation. Die Fälle der Drittschadensliquidation sind dadurch gekennzeichnet, dass Anspruchsberechtigung und Schadensbetroffenheit auseinanderfallen. Während derjenige, der in seinen Rechten und Rechtsgütern verletzt ist, keinen Schaden hat, liegen bei demjenigen, bei dem der Schaden eingetreten ist, die Voraussetzungen für einen Schadensersatzanspruch nicht vor. Hierbei ist für die Drittschadensliquidation wesentlich, dass das Auseinanderfallen von Anspruchsberechtigung und Schadensbetroffenheit zumeist auf einer besonderen Rechtsbeziehung zwischen dem Anspruchsberechtigten und dem Geschädigten im Vorfeld des Schadensereignisses beruht und dass die hierdurch begründete Schadensverlagerung vom Anspruchsberechtigten auf den Geschädigten aus der Sicht des Schädigers zufällig ist, da er an sich mit dem Schadenseintritt beim Anspruchsberechtigten hätte rechnen müssen.[65] In diesem Fall greift der Schutzzweck des Dogmas vom Gläubigerinteresse nicht ein. Der Schädiger wird nicht mit unüberschaubaren Haftungsrisiken belastet, da er mit dem Schadenseintritt bei dem Anspruchsberechtigten und folglich mit einer Inanspruchnahme auf Schadensersatz rechnen musste.

2.2 Voraussetzungen
Aus diesen Ausführungen ergeben sich die drei Voraussetzungen der Drittschadensliquidation:[66]

- Bei dem an sich Anspruchsberechtigten liegen die Voraussetzungen eines Schadensersatzanspruchs vor, er hat aber keinen Schaden.
- Der Geschädigte hat einen Schaden, aber keinen Schadensersatzanspruch.
- Die Verlagerung des Schadens vom Anspruchsberechtigten auf den Geschädigten ist aus Sicht des Schädigers zufällig.

Kein Fall der Drittschadensliquidation ist bei der sog. Käuferkette (auch Liefer- oder Veräußerungskette genannt) gegeben. Eine Käuferkette liegt vor, wenn ein Gegenstand über mehrere hintereinander geschaltete Kaufverträge verkauft wird und beim letzten Glied der Kette ein Schaden eintritt. Wenn A an B und B an C verkauft, es dann aber aufgrund eines Verschuldens des A nicht zur Erfüllung der in der Lieferkette geschlossenen Kaufverträge kommt, kann B nicht den bei C infolge der Nichtlieferung entstandenen Drittschaden bei A nach den Grundsätzen der Drittschadensliquidation geltend machen. Es fehlt an der Voraussetzung der

---

[65]Brand, Schadensersatzrecht, § 4 Rn. 9, 14.
[66]BGH NJW 2016, 1089 Rn. 27 f.

Schadensverlagerung. Die Schadensverlagerung setzt voraus, dass *ein* Schaden entstanden ist, dieser Schaden jedoch ausnahmsweise nicht bei dem Anspruchsberechtigten, sondern bei dem Dritten eintritt.[67] In der Lieferkette wird jedoch kein Schaden verlagert. Denn bei jedem Glied innerhalb der Lieferkette entsteht ein jeweils selbstständig zu beurteilender Schaden aufgrund einer eigenen Anspruchsberechtigung aus dem jeweiligen Kaufvertrag. Insoweit ist auch zu berücksichtigen, dass bereits bei dem Erstabnehmer Anspruchsberechtigung und Schadensbetroffenheit nicht auseinanderfallen. Der bei dem Erstabnehmer entstandene Schaden kann von diesem bei seinem Verkäufer, im Beispielsfall also A, geltend gemacht werden. Beim Drittschaden des C handelt es sich nicht um den Schaden, der an sich bei B eingetreten wäre, sondern um einen anderen Schaden.

2.3 Rechtsfolge

Rechtsfolge der Drittschadensliquidation ist, dass der Schaden zur Anspruchsberechtigung gezogen wird, so dass der nicht geschädigte Gläubiger den Drittschaden im eigenen Namen geltend machen kann.[68] Hierzu gehört auch der entgangene Gewinn des Dritten (str.).[69] Der Schädiger kann gegen diese Vorgehensweise nicht geltend machen, dass zweifelhaft ist, ob der Anspruchsberechtigte die Schadensersatzleistung tatsächlich an den geschädigten Dritten weiterleitet; nur wenn feststünde, dass der Dritte von der Schadensersatzleistung tatsächlich nichts erhält, kann der Anspruch versagt werden.[70]

Im Innenverhältnis zum Dritten ist der nicht geschädigte Gläubiger verpflichtet, einen bereits eingezogenen Schadensersatzbetrag an den Dritten herauszugeben oder seinen Ersatzanspruch an den Dritten abzutreten. Rechtsgrundlage für diese Ansprüche des Dritten kann § 285 oder eine an Treu und Glauben ausgerichtete ergänzende Auslegung des zwischen dem Anspruchsberechtigten und dem Dritten bestehenden Vertrages sein.[71] Schuldet der Dritte dem Anspruchsberechtigten aus einem Vertrag noch eine Gegenleistung, kann er die Erfüllung gem. § 273 von der Abtretung des Schadensersatzanspruchs gegen den Schädiger abhängig machen.

2.4 Fallgruppen

Die Drittschadensliquidation ist in folgenden Fallgruppen von der h. M. anerkannt und ansonsten eine Frage der Einzelfallbeurteilung:

---

[67] BGH NJW 1963, 2071, 2076; Brox/Walker SAT § 29 Rn. 26; Schwarz/Wandt § 25 Rn. 3.
[68] BGH NJW 2016, 1089 Rn. 32; Brox/Walker SAT § 29 Rn. 16; Medicus/Lorenz SAT § 52 Rn. 694.
[69] Brand, Schadensersatzrecht, § 4 Rn. 10.
[70] BGH NJW 2016, 1089 Rn. 32
[71] Brox/Walker SAT § 29 Rn. 16.

2.4.1 Mittelbare Stellvertretung
Die Fälle der mittelbaren Stellvertretung sind dadurch gekennzeichnet, dass der Anspruchsberechtigte einen Vertrag im eigenen Namen, aber im Auftrag und für Rechnung eines Dritten abschließt.[72] Der Beauftragte kann den Drittschaden seines Auftraggebers gegenüber dem vertragsbrüchigen Schädiger geltend machen, weil es sich aus Sicht des Schädigers um die zufällige Verlagerung des an sich beim Beauftragten zu erwartenden Schadens handelt.

2.4.2 Obhutsfälle
Kennzeichen der Obhutsfälle ist, dass den Schädiger aufgrund eines Vertrages mit dem Anspruchsberechtigten eine Fürsorge- und Obhutspflicht in Bezug auf Gegenstände trifft, die der Anspruchsberechtigte dem Schädiger anvertraut oder sonst zur Verfügung gestellt hat. Beschädigt der Schädiger den Gegenstand und steht der Gegenstand nicht im Eigentum des Anspruchsberechtigten, sondern eines Dritten, liegen die Voraussetzungen einer Drittschadensliquidation vor.[73] Zwar wird in diesen Fällen der Dritte in der Regel auch einen eigenen deliktischen Anspruch gegen den Schädiger haben, aber die Einbeziehung des Drittschadens in den vertraglichen Schadensersatzanspruch führt insoweit zu einer Besserstellung, als der Schädiger für Gehilfen gem. § 278 haftet und die in § 831 vorgesehene Entlastungsmöglichkeit nicht zum Tragen kommt.

Gesetzlich geregelt ist die Drittschadensliquidation für den Fall des Einbringens von Sachen durch einen Gast im Beherbergungsbetrieb des Gastwirts gem. § 701.[74]

2.4.3 Obligatorische Gefahrentlastung
Beispiele für diese Fallgruppe sind der Untergang der Sache beim Versendungskauf und beim Vermächtnis. Dazu der BGH:

> Eine weitere Fallgestaltung ist die „Gefahrentlastung". Der einem Dritten zur Lieferung einer Sache Verpflichtete wird von seiner Verpflichtung durch den von einem anderen schuldhaft verursachten Untergang der Sache befreit, so etwa, wenn er dem Dritten verpflichtet ist, die verkaufte Sache nach einem anderen Ort als dem Erfüllungsort zu übersenden und die Sache an den Frachtführer oder die Bahn ausgeliefert hat. Damit ist die Gefahr nach § 447 BGB auf den Dritten übergegangen, der zur Zahlung des Kaufpreises verpflichtet bleibt. Allein geschädigt ist der Dritte. Der Verkäufer soll berechtigt sein, diesen Schaden gegen den Schädiger geltend zu machen (RGZ 62, 331). Das gleiche trifft für die Vernichtung einer vermachten Sache vor der Übereignung an den Vermächtnisnehmer

---

[72]Vgl. BGH NJW 1963, 2071, 2075 m. w. N. zur Rspr.; Larenz SAT § 27 IV 3; Brox/Walker SAT § 29 Rn. 22.

[73]BGH NJW 1963, 2071, 2074; Brox/Walker SAT § 29 Rn. 23.

[74]Palandt-Sprau § 701 Rn. 1.

zu. Der Erbe ist nach § 275 BGB befreit. Er kann den Schaden des Vermächtnisnehmers gegen den Schädiger geltend machen.[75]

Beim Versendungskauf ist allerdings zu beachten, dass die Drittschadensliquidation seit der Schuldrechtsreform beim Verbrauchsgüterkauf wegen § 474 Abs. 2 nicht zum Tragen kommt. Seit der Handelsrechtsreform 1998 besteht für eine Drittschadensliquidation kein Bedürfnis, wenn die eingeschaltete Transportperson ein gewerbsmäßiger Frachtführer gem. §§ 407 ff. HGB ist, da der Käufer in diesem Fall gegen den Transporteur gem. §§ 421 Abs. 1 S. 2 HS 1, 425 HGB vorgehen kann.[76] Das Gleiche gilt gem. § 458 Abs. 1 S. 2 HGB gegenüber dem den Transport selbst ausführenden Spediteur.[77]

2.4.4 Treuhandverhältnisse

Treuhandverhältnisse sind dadurch gekennzeichnet, dass der Treugeber dem Treuhänder ein Recht überträgt, damit der Treuhänder dieses Recht im eigenen Namen geltend macht. Wenn das Treugut der Sicherung eines Anspruchs des Treuhänders gegenüber dem Treugeber dient, kann sich eine zufällige Schadensverlagerung mit der Konsequenz ergeben, dass der Treuhänder berechtigt ist, den Drittschaden des Treugebers beim Schädiger geltend zu machen. In diesem Sinne hat der BGH beispielsweise den Fall entschieden, dass der Anspruch auf Auszahlung einer Lebensversicherungssumme von dem Darlehensnehmer an die darlehensgebende Bank abgetreten und die Bank als Bezugsberechtigte benannt wurde, das Versicherungsunternehmen die Auszahlung der Lebensversicherungssumme jedoch verzögerte, sodass der Darlehensnehmer weiterhin Zinsen an die Bank zahlen musste. Diesen Zinsschaden des Darlehensnehmers kann die Bank geltend machen bzw. der Darlehensnehmer kann von der Bank die Abtretung des Schadensersatzanspruchs gegen das Versicherungsunternehmen an sich verlangen.[78]

IV. Vorteilsausgleichung

1. Bedeutung

Sind mit dem Schadensfall nicht nur wirtschaftliche Nachteile, sondern auch Vorteile verbunden, stellt sich die Frage, ob und inwieweit solche Vorteile den Schaden mindern. Für die grundsätzliche Möglichkeit einer Anrechnung der Vorteile spricht die Funktion des Schadensersatzrechts. Die Überbürdung des Schadens auf den Schuldner soll einem gerechten Ausgleich der widerstreitenden

---

[75] BGH NJW 1963, 2071, 2074; näher Brox/Walker SAT § 29 Rn. 18 ff.; Brand, Schadensersatzrecht, § 4 Rn. 21 ff. m. N. zur Gegenansicht.
[76] Brand, Schadensersatzrecht, § 4 Rn. 24.
[77] Brand, Schadensersatzrecht, § 4 Rn. 24.
[78] BGH NJW 1995, 1282; BGH NJW-RR 1997, 663.

Interessen dienen. Bei wertender Betrachtung kann es deswegen ein Gebot der Gerechtigkeit sein, dass sich der Geschädigte gewisse Vorteile anrechnen lassen muss. Dafür spricht insbesondere das aus der Differenzhypothese folgende schadensersatzrechtliche Bereicherungsverbot, demzufolge der Geschädigte durch das Schadensersatzrecht nicht besser gestellt werden darf, als er ohne das schädigende Ereignis stünde.[79] Allerdings besteht Einigkeit darüber, dass nicht alle mit dem Schadensereignis zusammenhängenden Vorteile anzurechnen sind, sondern dass aufgrund einer wertenden Betrachtung Differenzierungen erforderlich sind. Der rechnerische Vermögensvergleich aufgrund der Differenzhypothese ist insoweit normativ zu ergänzen.

Beispiel
Der Fußballspieler K ist aufgrund eines von B verursachten Verkehrsunfalls querschnittsgelähmt. Der Verein des K organisiert eine Benefizveranstaltung, deren Einnahmen in Höhe von 20.000 € an K gespendet werden. Versteht man die Differenzhypothese als wertneutrale Rechenoperation, müsste sich K den durch die Spende erlangten Vorteil auf seinen Schaden anrechnen lassen. Die Spende würde damit aber ihren Zweck verfehlen, da sie nicht B entlasten, sondern K zusätzlich zu dem von B geschuldeten Schadensausgleich begünstigen soll. Die im Folgenden dargestellten Regeln der Vorteilsausgleichung gewährleisten, dass die Spende nicht in die Differenzrechnung als Abzugsposten eingestellt wird.

Von der Vorteilsausgleichung abzugrenzen ist der sog. „Abzug neu für alt". In beiden Fällen geht es zwar um die Frage, inwieweit Vorteile schadensmindernd zu berücksichtigen sind. Der wesentliche Unterschied besteht aber darin, dass die Vorteilsausgleichung Vorteile betrifft, die durch die Schadensentwicklung als solche bedingt sind, während sich der „Abzug neu für alt" auf Vorteile bezieht, die erst bei der Schadensbeseitigung in Form der Naturalherstellung entstehen.[80]

2. Voraussetzungen für die Berücksichtigung von Vorteilen
Die Grundlagen sowie die Voraussetzungen der Vorteilsausgleichung hat der BGH wie folgt zusammengefasst:

> Die im Bereich des Schadensersatzrechts entwickelten Grundsätze der Vorteilsausgleichung beruhen auf dem Gedanken, dass dem Geschädigten in gewissem Umfang diejenigen Vorteile zuzurechnen sind, die ihm in adäquatem Zusammenhang mit dem Schadensereignis zufließen. Es soll ein gerechter Ausgleich zwischen den bei einem Schadensfall widerstreitenden Interessen herbeigeführt werden. Der Geschädigte darf nicht besser gestellt werden, als er ohne das schädigende Ereignis stünde; dem steht das

---

[79] BGH NJW 2007, 2695 Rn. 18.
[80] Lange/Schiemann § 9 I 3.

aus der strikten Anwendung der Differenzhypothese folgende schadensersatzrechtliche Bereicherungsverbot entgegen. Andererseits sind nicht alle durch das Schadensereignis bedingten Vorteile auf den Schadensersatzanspruch anzurechnen, sondern nur solche, deren Anrechnung mit dem jeweiligen Zweck des Ersatzanspruchs übereinstimmt, das heißt dem Geschädigten zumutbar ist und den Schädiger nicht unangemessen entlastet. Vor- und Nachteile müssen bei wertender Betrachtungsweise gleichsam zu einer Rechnungseinheit verbunden sein. Letztlich folgt der Rechtsgedanke der Vorteilsausgleichung aus dem in § 242 festgelegten Grundsatz von Treu und Glauben.[81]

Auf dieser Grundlage sind die nachfolgend beschriebenen Voraussetzungen prüfungsrelevant:

2.1 Vorteil

Stets ist in der Fallbearbeitung der Vorteil genau zu bezeichnen, um dessen Berücksichtigung es bei der Schadensberechnung gehen soll. Der Vorteil muss nicht zwingend darin bestehen, dass dem Vermögen des Geschädigten etwas zufließt. In Betracht kommt auch, dass der Geschädigte eigene Aufwendungen erspart[82] oder von einer Verbindlichkeit befreit wird.

> BGH NJW 2015, 468: K erwirbt von B ein Haus, das K umbauen und sanieren will. Während der Umbauarbeiten wird festgestellt, dass das Objekt mit Hausschwamm befallen ist. K verlangt von B Schadensersatz in Höhe der Mangelbeseitigungskosten.
> Von der Mangelbeseitigung sind auch Bauteile betroffen, die K ohnehin ersetzen wollte. Die dadurch ersparten Aufwendungen muss sich K im Wege des Vorteilsausgleichs anrechnen lassen.

2.2 Adäquater Kausalzusammenhang zwischen Schadensereignis und Vorteil

Mindestvoraussetzung für eine schadensmindernde Vorteilsanrechnung ist, dass zwischen dem Schadensereignis und dem Vorteil ein adäquater ursächlicher Zusammenhang besteht.[83] Das Schadensereignis muss *conditio sine qua non* für den anzurechnenden Vorteil sein.[84] Zur Bejahung des Adäquanzzusammenhangs reicht es aus, „dass das schädigende Ereignis allgemein geeignet war, den eingetretenen Vorteil mit sich zu bringen".[85] Da diese Voraussetzung sehr weit gefasst ist, wird eine Vorteilsanrechnung an diesem Kriterium i. d. R nicht scheitern.

---

[81]BGH NJW 2007, 2695 Rn. 18.
[82]Vgl. §§ 326 Abs. 2, 642 Abs. 2, 649, bei denen es sich allerdings nicht um schadensersatzrechtliche Vorschriften handelt.
[83]Siehe insbes. BGH NJW 1968, 491, 492; NJW 1977, 1819.
[84]Palandt-Grüneberg Vor § 249 Rn. 69.
[85]BGH NJW 1968, 491, 492.

In der Rechtsprechung sind Fälle einer werkvertraglichen Leistungskette bedeutsam geworden.[86]

B schuldet und überlässt C eine Werkleistung, die A für B auftragsgemäß, aber mangelhaft hergestellt hat. C nimmt die mangelhafte Leistung ab, macht keine Sachmängelansprüche geltend und lässt diese in der Folgezeit sogar verjähren. Gleichwohl verlangt B von A Schadensersatz. Je nach Zeitpunkt seiner Inanspruchnahme könnte A einwenden, B sei kein Schaden entstanden, weil C vorbehaltlos abgenommen, gegenüber B keine Ansprüche geltend gemacht habe oder sogar diese Ansprüche habe verjähren lassen. In der Entscheidung NJW 1977, 1819 hat der BGH noch angenommen, dass die unbeanstandete Abnahme durch C keine nahe liegende Folge der Schlechtleistung des A gewesen sei, sondern allein auf den Rechtsbeziehungen zwischen B und C beruht habe. An dieser Rechtsprechung hat der BGH in NJW 2007, 2695 zumindest dann nicht festgehalten, wenn Ansprüche des C gegen B verjährt sind, so dass die Vorteilsanrechnung gewährt wurde. Das setzt aber zwingend voraus, dass auch der Adäquanzzusammenhang bejaht wird.

Das Schrifttum steht dem Kriterium der Adäquanz zu Recht kritisch gegenüber und hält es für ungeeignet bzw. überflüssig.[87] Die Adäquanz hat nämlich keine Unterscheidungskraft. Es ist nicht nachvollziehbar, warum inadäquate Vorteile, also Vorteile, die als völlig unwahrscheinlich nur zufällig mit dem Schadensereignis zusammenhängen, dem Geschädigten als nicht auf den Schaden anzurechnend zufallen sollen.[88]

2.3 Übereinstimmung der Vorteilsanrechnung mit dem Zweck des Ersatzanspruchs

Die durch das Schadensereignis verursachten Vorteile dürfen nur dann auf den Schaden angerechnet werden, wenn dies mit dem Zweck des jeweiligen Ersatzanspruchs übereinstimmt, d. h., die Anrechnung muss dem Geschädigten zumutbar sein und darf den Schädiger nicht unbillig entlasten.[89] Die Rspr. umschreibt dies oft dahin, dass zwischen dem Schaden und dem Vorteil ein innerer bzw. qualifizierter Zusammenhang bestehen müsse, der Vor- und Nachteile bei wertender Betrachtung gleichsam zu einer Rechnungseinheit verbinde.[90]

Um diesem Kriterium Schärfe zu verleihen, bemüht sich die h. M. um die Bildung von Fallgruppen. Die wichtigsten Fallgruppen werden im Folgenden dargestellt.

---

[86]Dazu auch Palandt-Grüneberg Vor § 249 Rn. 79.
[87]Larenz SAT § 39 II a; Brand, Schadensersatzrecht, § 8 Rn. 11.
[88]Lange/Schiemann § 9 III 2.
[89]BGH NJW 1990, 1360; NJW 2007, 2695 Rn. 18; Palandt-Grüneberg Vor § 249 Rn. 70; krit. Lange/Schiemann § 9 III 3.
[90]Vgl. BGH NJW 1980, 2187, 2188; NJW 1990, 1360; NJW 2007, 2695 Rn. 18.

2.3.1 Leistungen Dritter

Erhält der Geschädigte von einem Dritten aufgrund des Schadensfalles eine Leistung, ergibt sich in vielen Fällen bereits aus dem Gesetz, dass diese Leistung den Schaden nicht als anrechenbarer Vorteil mindert. Beispiel hierfür ist § 843 Abs. IV. Auch dann, wenn das Gesetz eine Legalzession des Schadensersatzanspruchs zugunsten des leistenden Dritten vorsieht, wird vorausgesetzt, dass die Leistung des Dritten den Schaden nicht mindert, da die Legalzession, die dem Dritten den Regress beim Schädiger ermöglichen soll, sonst ins Leere liefe. Das betrifft z. B. die *cessio legis* gem. § 6 EFZG oder gem. § 116 SGB X.[91] Entsprechendes gilt im Recht der Schadensversicherung gem. § 86 VVG.

All diesen Fällen ist gemein, dass die Leistung des Dritten nicht den Schädiger entlasten soll, sondern im Interesse des Geschädigten – zumeist im Bereich der Daseinsvorsorge – erfolgt. Vor diesem Hintergrund ist auch die Spende im obigen Beispielsfall kein anzurechnender Vorteil.

Weiteres Beispiel: Muss der Schädiger dem geschädigten Arbeitnehmer, dem infolge einer unfallbedingten Arbeitsunfähigkeit gekündigt worden ist, Verdienstausfall ersetzen, so ist hierauf eine im Kündigungsschutzprozess vereinbarte Abfindung grundsätzlich nicht anzurechnen.[92]

2.3.2 § 255

Nach zutreffender Ansicht beruht auch die Verpflichtung zur Abtretung gem. § 255 auf dem Gedanken der Vorteilsausgleichung.[93] Die Schadensersatzleistung des Schuldners mindert nicht den Anspruch, den der Gläubiger aufgrund des Verlusts der Sache oder des Rechts gegen einen Dritten hat.

2.3.3 Vorteile aufgrund Anstrengungen des Geschädigten zur Schadensabwehr

Erzielt der Geschädigte im Rahmen der Schadensabwehr Vorteile, so sind diese schadensmindernd zu berücksichtigen, wenn der Geschädigte damit seinen Obliegenheiten gem. § 254 genügt hat.[94] Hierfür erforderliche Aufwendungen des Geschädigten sind allerdings schadenserhöhend zu berücksichtigen. Soweit die Vorteile darauf beruhen, dass der Geschädigte größere Anstrengungen unternimmt als von ihm gem. § 254 gefordert, soll der Geschädigte dadurch nicht entlastet werden, sodass eine Vorteilsanrechnung zu versagen ist.

---

[91]Brox/Walker SAT § 31 Rn. 24 ff.; Brand, Schadensersatzrecht, § 8 Rn. 16 ff.; zu § 6 EFZG siehe bereits oben B I 3.
[92]BGH NJW 1990, 1360.
[93]Lange/Schiemann § 9 III 4; Brox/Walker SAT § 31 Rn. 29 f.
[94]Brand, Schadensersatzrecht, § 8 Rn. 20.

2.3.4 Ersparte Aufwendungen

Erspart sich der Gläubiger infolge des Schadensereignisses eigene Aufwendungen, ist der damit verbundene Vorteil i. d. R. anzurechnen. Das gilt z. B. für ersparte Verpflegungskosten während eines unfallbedingten Krankenhausaufenthalts[95] oder für ersparte Kosten der Nutzung des eigenen Pkw, wenn der Geschädigte unfallbedingt ein Ersatzfahrzeug anmietet und die hierfür erforderlichen Kosten als Schadensersatz gem. § 249 Abs. 2 S. 1 geltend macht (die ersparten Kosten werden von der Rspr. gem. § 287 ZPO auf ca. 10 % der Mietwagenkosten geschätzt).[96] Beseitigt der Käufer eines Hauses einen vom Verkäufer zu verantwortenden Mangel, so muss er sich im Wege der Vorteilsausgleichung von den Mangelbeseitigungskosten die Aufwendungen abziehen lassen, die er sich in Folge der Mangelbeseitigung für ohnehin geplante Sanierungsarbeiten erspart hat.[97]

Keine Anrechnung hat stattzufinden, wenn die Ersparnis auf einem überpflichtgemäßen Verzicht des Geschädigten beruht.[98]

2.3.5 Weitere Einzelfälle

Anschauungsmaterial für die Differenzierung bei der Vorteilsanrechnung liefern die Fälle des Grundstücksverkaufs, bei denen der Käufer wegen der Nichterfüllung auf großen Schadensersatz in Anspruch genommen wird und es um die Bewertung einer zwischenzeitlichen Wertsteigerung des Grundstücks bzw. des erzielten Erlöses aus einem Deckungsverkauf geht:

> Hat der Käufer den Vertrag nicht erfüllt und behält der Verkäufer das Grundstück, so ist die im Zeitpunkt der Schadensberechnung (letzte mündliche Tatsachenverhandlung) eingetretene Steigerung des Verkehrswerts ein Vorteil, der unmittelbar und ohne weiteres Zutun des Verkäufers oder eines Dritten infolge der Nichterfüllung des Vertrages durch den Käufer entstanden ist und als solcher mit der durch die Nichterfüllung bedingten Vermögenseinbuße „korrespondiert", d. h. in jenem qualifizierten Zusammenhang steht, der beide, Vorteile und Nachteile, zu einer Rechnungseinheit verbindet und deswegen die Ausgleichung erfordert. Dies gilt auch dann, wenn der Verkäufer die Wertsteigerung bei einem Deckungsverkauf durch einen gegenüber dem ursprünglichen Kaufpreis entsprechend höheren Erlös realisiert. Der Weiterverkauf erleichtert insoweit nur den Beweis der Wertsteigerung. Anders verhält es sich dagegen dann, wenn der Verkäufer bei dem Deckungsverkauf einen den Verkehrswert übersteigenden Erlös erzielt. Dieser Vorteil beruht nämlich entweder auf überobligationsmäßigen Bemühungen des Verkäufers oder auf einem den Verkehrswert übersteigenden Erwerbsinteresse des Drittkäufers. Beides läßt eine Anrechnung nicht zu. Ein Ausgleich würde den Verkäufer unzumutbar belasten und den Käufer unbillig begünstigen.[99]

---

[95]Palandt-Grüneberg Vor § 249 Rn. 93; Schwarz/Wandt § 24 Rn. 20.
[96]Vgl. BGH NJW 2010, 1445; Palandt-Grüneberg § 249 Rn. 36.
[97]BGH NJW 2015, 468 Rn. 19 ff.
[98]Palandt-Grüneberg Vor § 249 Rn. 93; Lange/Schiemann § 9 IV 2b; MüKo-Oetker § 249 Rn. 273 m. w. N.
[99]BGH NJW 1997, 2378 f.

3. Durchführung der Vorteilsausgleichung

Der Vorteilsausgleich wird durchgeführt, indem die anzurechnenden Vorteile beim Schaden als Abzugsposten berücksichtigt werden, ohne dass es hierfür einer Gestaltungserklärung oder der Erhebung einer Einrede seitens des Schädigers bedürfte.[100] Vielmehr ist der Schadensersatzanspruch von vornherein um die Anrechnung der Vorteile beschränkt.[101] Das gilt auch, wenn Schadensersatzleistung und erlangter Vorteil nicht gleichartig sind. Dann kann zwar keine Verrechnung durchgeführt werden, der Schädiger ist aber zum Schadensersatz nur Zug um Zug gegen Herausgabe des Vorteils verpflichtet.[102]

Bei der Durchführung des Vorteilsausgleichs ist das Gebot der Kongruenz von Vor- und Nachteilen zu berücksichtigen, d. h., Vor- und Nachteile sind nicht zusammenhangslos in eine Gesamtsaldierung einzustellen, sondern die Anrechnung eines Vorteils findet nur auf die einzelnen ihm korrespondierenden Schadenspositionen statt.[103] Die Voraussetzungen der Vorteilsanrechnung sind also immer in Bezug auf die jeweilige Schadensposition zu prüfen:

> Berechnet der Verkäufer eines Grundstücks seinen Anspruch auf Schadensersatz wegen Nichterfüllung konkret, so ist nach der für die Berechnung von Vermögensschäden grundsätzlich maßgeblichen Differenzmethode im Wege der Saldierung ein Gesamtvergleich vorzunehmen zwischen dem vorhandenen Vermögen im Zeitpunkt der Schadensberechnung und dem Vermögen, das er bei ordnungsgemäßer Erfüllung gehabt hätte. Dabei kommen die allgemeinen Grundsätze der Schadenszurechnung und Vorteilsausgleichung zur Anwendung. Danach sind nicht alle Vorteile berücksichtigungsfähig, die durch die Nichterfüllung adäquat kausal verursacht wurden, sondern nur solche, deren Anrechnung dem Sinn und Zweck der Schadensersatzpflicht entspricht, d. h. den Geschädigten nicht unzumutbar belastet und den Schädiger nicht unbillig begünstigt. Ob dies der Fall ist, kann vor einer Gesamtsaldierung der Vermögenslagen allerdings nur in Bezug auf die einzelnen Schadenspositionen beurteilt werden, weil grundsätzlich nur solche Vorteile anrechenbar sind, die mit einem bestimmten Nachteil korrespondieren. Die Vorteilsausgleichung erfolgt also nicht bei der Endsaldierung aller Aktiv- und Passivposten gegenüber dem Gesamtbetrag des Schadens, sondern betrifft den Schadensposten, „dem der Vorteil seiner Art nach entspricht" (Lange, Schadensersatz, 2. Aufl., § 9 III), d. h. der mit dem Vorteil „kongruent" ist. Die Rechtsprechung hat hierfür im Anschluß an Thiele (AcP 167, 193 (202)) die Formulierung gebraucht, daß nur solche Vorteile als anrechenbar in Betracht kommen, die gerade mit dem geltend gemachten Nachteil in einem qualifizierten Zusammenhang stehen, der beide „gewissermaßen zu einer Rechnungseinheit verbindet". Diese „Rechnungseinheit" ist nicht die Folge einer bestimmten Art der Schadensberechnung, sondern das Ergebnis einer wertenden Zuordnung von bestimmten Vor- und Nachteilen aus dem Schadensereignis. Denn die Summen dieser Vor- und Nachteile sind nur rein formale Größen, die als solche nicht in einem sachstrukturellen Zusammenhang stehen (Thiele, AcP 167, 193 (202)). Deswegen wird allein dadurch, daß der Verkäufer seinen Anspruch auf Schadensersatz wegen Nichterfüllung konkret auf der Grundlage eines Deckungsverkaufs berechnet, noch nicht

---

[100]Vgl. BGH NJW-RR 2009, 603; Staudinger-Schiemann § 249 Rn. 142; Palandt-Grüneberg Vor § 249 Rn. 71.
[101]BGH NJW-RR 2009, 603.
[102]BGH NJW-RR 2009, 603; Staudinger-Schiemann § 249 Rn. 146.
[103]BGH NJW 1997, 2378; Staudinger-Schiemann § 249 Rn. 144.

zwischen allen nachteiligen und allen vorteilhaften durch die Nichterfüllung bedingten Vermögensveränderungen ein qualifizierter Zusammenhang begründet. Es ist vielmehr zu prüfen, ob und gegebenenfalls welche einzelnen Vorteile sich bei wertender Betrachtung auch bestimmten Schadenspositionen zuordnen lassen.[104]

D. Schadenszurechnung

Gem. § 823 Abs. 1 muss derjenige, der ein tatbestandsmäßiges Rechtsgut oder Recht eines anderen schuldhaft verletzt, den *daraus* entstehenden Schaden ersetzen. Durch die Verwendung des Worts „daraus" ergibt sich ausdrücklich, dass das Gesetz zwischen der Rechts(gut)verletzung und dem Schaden einen Kausalzusammenhang voraussetzt. Gleiches gilt auch für den Schadensersatzanspruch gem. § 280 Abs. 1: Aufgrund einer Pflichtverletzung kann der Gläubiger den ihm *hierdurch* entstehenden Schaden ersetzt verlangen.

Die Rechtsentwicklung ist allerdings über eine reine Kausalitätsbetrachtung hinausgegangen und versteht den Zusammenhang, der zwischen der Rechts(gut)verletzung bzw. Pflichtverletzung und dem Schaden bestehen muss, als eine Frage der Zurechnung, bei der unter wertender Betrachtung zu klären ist, ob und inwieweit der Schaden dem Schuldner als von ihm zu ersetzend zugeordnet werden kann. Grundvoraussetzung dafür, dass der Zurechnungszusammenhang zwischen dem vom Schuldner zu verantwortenden Ereignis und dem Schaden bejaht werden kann, ist, dass dieses Ereignis für den Schaden kausal geworden ist, das Ereignis den Schaden adäquat verursacht hat und dass der Schaden vom Schutzzweck der gesetzlichen oder vertraglichen Schadensersatzpflicht umfasst wird.

I. Kausalität

1. Äquivalenztheorie
Ob die Rechts(gut)- bzw. Pflichtverletzung den Schaden verursacht hat, ist nach der Äquivalenztheorie zu entscheiden. Danach ist ein Umstand für ein späteres Ereignis kausal, wenn er nicht weggedacht werden kann, ohne dass der Erfolg in seiner konkreten Gestalt entfiele (sog. *conditio sine qua non*).[105]

> *BGH NJW 1957, 1475 (Sachverhalt abgewandelt):* A hat B bei einem Verkehrsunfall schwer verletzt, worauf B ins Krankenhaus eingeliefert wurde und sich einer Bauchoperation unterziehen musste. Während der Operation wird ein nicht unfallbedingtes Divertikel am Dünndarm entdeckt und von dem Chirurgen C in der Annahme eines

---

[104]BGH NJW 1997, 2378.
[105]BGH NJW 1951, 711; NJW 1957, 1475; NJW 1995, 126, 127; NJW 2012, 528 Rn. 12; NJW 2013, 2345 Rn. 20; Brox/Walker SAT § 30 Rn. 2; Schwarz/Wandt § 16 Rn. 125.

D. Schadenszurechnung

mutmaßlichen Einverständnisses des Patienten entfernt. Infolge Komplikationen dieses Eingriffs wird B erwerbsunfähig und verlangt von A Ersatz seines Verdienstausfalls.

Der von A verschuldete Verkehrsunfall ist nach der Äquivalenztheorie für die Erwerbsunfähigkeit des B ursächlich, da der Unfall nicht hinweggedacht werden kann, ohne dass auch die Erwerbsunfähigkeit des B entfiele. Wäre es nicht zu dem Unfall und der dadurch bedingten Körperverletzung gekommen, hätte sich B nicht einer Operation unterziehen müssen. Dann wäre die unfallunabhängige Erkrankung des B nicht, jedenfalls nicht zu dem konkreten Zeitpunkt, entdeckt worden und der zur Erwerbsunfähigkeit führende ärztliche Eingriff hätte nicht stattgefunden.

Dass auch das Verhalten des Chirurgen ursächlich ist, lässt die Kausalität des Unfallverschuldens des A unberührt, da die Äquivalenztheorie von der Gleichwertigkeit aller Ursachen ausgeht.[106]

Möglicherweise wäre das Divertikel ohnehin bei der nächsten Routineuntersuchung des B entdeckt worden und die Komplikationen mit der Konsequenz der Erwerbsunfähigkeit wären bei einem späteren operativen Eingriff ebenfalls eingetreten. Dann könnte man den Unfall wegdenken und trotzdem wäre der Schaden, die Erwerbsunfähigkeit des B, eingetreten. Diese Überlegung kann gegen die Kausalität des Unfallereignisses jedoch nicht eingewendet werden, weil sie zu einer unzutreffenden Anwendung der Äquivalenztheorie führt. Nach der Äquivalenztheorie ist entscheidend, ob der Erfolg in seiner „konkreten Gestalt" entfällt. Deswegen kommt es nicht darauf an, ob die Erwerbsunfähigkeit auch ohne das Unfallereignis zu einem späteren Zeitpunkt eingetreten wäre, sondern darauf, ob die Erwerbsunfähigkeit zum konkreten Zeitpunkt ohne das Unfallereignis entfallen wäre. Das ist jedoch zu verneinen.

Streng genommen ist die bisher untersuchte Kausalkette des Beispielsfalls noch unvollständig. Denn zwischen dem Unfallereignis und der dadurch verursachten Körperverletzung einerseits und der Erwerbsunfähigkeit des B andererseits ist noch eine weitere Körperverletzung zwischengeschaltet, nämlich die durch den ärztlichen Eingriff verursachte. Klärungsbedürftig ist, ob die durch den Arzt verursachte Körperverletzung dem A nach den Regeln des Haftungsgrunds zugerechnet werden muss, oder ob sie in Bezug zur Schadensersatzverpflichtung des A bereits zur Haftungsausfüllung, also zur Rechtsfolgenseite gehört.[107] Nur im ersten Fall müsste sich das Verschulden des A auch auf die vom Chirurgen verursachte „zweite" Körperverletzung beziehen. Richtiger Ansicht nach gehören diese Körperverletzung und die durch sie bedingten Schadensfolgen jedoch zur Haftungsausfüllung.

Die Äquivalenztheorie mit der oben angegebenen Formulierung gilt für die Untersuchung der Kausalität eines aktiven Tuns. Schadensersatzpflichtig kann sich aber auch derjenige machen, der die Verhinderung des Schadenseintritts

---

[106] Brox/Walker SAT § 30 Rn. 2.
[107] Zur Problematik auch Lange/Schiemann § 3 II.

pflichtwidrig unterlässt. Im Falle des Unterlassens hat der Schädiger keinen Kausalverlauf in Gang gesetzt. Zu prüfen ist ein hypothetischer Kausalverlauf, bei dem das pflichtgemäße, aber unterlassene Verhalten des Schädigers hinzugedacht wird. Das Unterlassen ist kausal im Sinne der Äquivalenztheorie, wenn die an sich gebotene Handlung nicht hinzugedacht werden kann, ohne dass der konkrete Erfolg entfiele.[108]

Ergänzungsbedürftig ist die Äquivalenztheorie in Fällen sogenannter Doppelkausalität:

> BGH NJW 2004, 2526: V verkaufte an K unter Gewährleistungsausschluss ein Grundstück. Er verschwieg dabei arglistig, dass das Grundstück in Folge eines Heizölschadensfalls mit Mineralölkohlenwasserstoffen (MKW) verunreinigt war. V wusste jedoch nicht, dass das Grundstück außerdem mit polycyclischen aromatischen Kohlenwasserstoffen (PAK) verunreinigt war. K musste das Grundstück in Form eines Bodenaustausches sanieren und hat hierfür € 600.000,00 aufgewandt. V meint, zum Schadensersatz nicht verpflichtet zu sein, weil der ausgetauschte Boden auch mit den vom Gewährleistungsausschluss umfassten PAK verunreinigt war, der Bodenaustausch also „so oder so" hätte durchgeführt werden müssen.

Dem Grunde nach ist V dem K gegenüber gemäß §§ 433, 434, 437 Nr. 3 i. V. m. §§ 280 Abs. 1, Abs. 3, 281 zum Schadensersatz verpflichtet. Da V den K arglistig getäuscht hat, war eine Aufforderung des K zur Mangelbeseitigung mit Fristsetzung entbehrlich.[109] Fraglich ist jedoch, ob der durch die Bodenverunreinigung mit MKW gegebene Sachmangel für die Sanierungskosten in Höhe von € 600.000,00 ursächlich geworden ist. Denkt man sich nämlich die Verunreinigung mit MKW hinweg, entfallen die Sanierungskosten nicht, da sie auch zur Beseitigung der PAK-Verunreinigung angefallen sind. Hierzu führt der BGH aus (NJW 2004, 2526, 2527 f.):

> Der erforderliche Kausalzusammenhang zwischen diesem Mangel und den von der Kl. geltend gemachten Sanierungskosten (haftungsausfüllende Kausalität) wird jedoch nicht dadurch infrage gestellt, dass diese Kosten (...) auch ohne die Verunreinigung des Grundstücks mit MKW wegen dessen Belastung mit PAK anfallen würden. Ist ein bestimmter Schaden durch mehrere gleichzeitig wirkende Umstände, etwa durch mehrere Mängel einer Sache, verursacht worden und hätte, wie hier, jede dieser Ursachen für sich allein ausgereicht, um den ganzen Schaden herbeizuführen, dann sind sämtliche Umstände als rechtlich ursächlich zu behandeln, obwohl keiner von ihnen als „conditio sine qua non" qualifiziert werden kann. In diesen Fällen der sogenannten Doppelkausalität bedarf es einer entsprechenden Modifikation der Äquivalenztheorie, weil der eingetretene Schadenserfolg ansonsten auf keine der tatsächlich wirksam gewordenen Ursachen zurückgeführt werden könnte. Aus diesem Grund kann die Verursachung eines Schadens durch die MKW-Kontamination nicht mit dem Hinweis darauf verneint werden, dass eine Sanierung des Grundstücks wegen der Verunreinigung mit PAK ohnehin erforderlich gewesen sei. Ebenso ließe sich argumentieren, eine Dekontamination sei schon wegen der

---

[108]Schwarz/Wandt § 16 Rn. 130; Brox/Walker SAT § 30 Rn. 3.
[109]BGH NJW 2010, 2503 Rn. 19.

D. Schadenszurechnung

Verunreinigung mit MKW notwendig, sodass sich die PAK-Kontamination nicht nachteilig auswirke, womit im Ergebnis beide Sachmängel als Schadensursachen ausscheiden würden, obwohl sie tatsächlich zu einer Wertminderung des Grundstücks geführt haben.

Nach Ansicht des BGH hat V die vollen Sanierungskosten zu ersetzen. Der BGH hat zwar einen Abzug „neu für alt" erwogen, im Ergebnis jedoch abgelehnt, weil ein solcher Abzug nach den konkreten Umständen des Falles unzumutbar gewesen wäre.[110] Soweit der BGH in der vorzitierten Entscheidung ausgeführt hat, dass es sich bei den doppelkausalen Umständen um „gleichzeitig wirkende Umstände" handeln muss, hat er in einer Folgeentscheidung klargestellt, dass es nicht auf die Gleichzeitigkeit der Entstehung der Kausalumstände ankommt (z. B. gleichzeitige Handlungen der jeweiligen Schädiger oder gleichzeitige Verursachung von Mängeln an einer Sache, die jeweils die gleichen Mangelbeseitigungskosten auslösen), sondern darauf, dass die Umstände gleichzeitig oder nebeneinander wirken.[111] Ob und inwieweit bei diesem weiten Verständnis der Doppelkausalität Einschränkungen geboten sind, ist noch nicht geklärt. Wichtig ist zu erkennen, dass sich die Fälle der Doppelkausalität von Fällen der hypothetischen Kausalität dadurch unterscheiden, dass bei den doppelkausalen Umständen diese tatsächlich wirksam geworden sind und den Schaden herbeigeführt haben.[112]

2. Haftungsbegründende und haftungsausfüllende Kausalität

Bei der Prüfung eines Schadensersatzanspruchs ist zwischen haftungsbegründender und haftungsausfüllender Kausalität zu unterscheiden, wenn der Anspruch im Tatbestand die Herbeiführung einer Rechts(gut)beeinträchtigung voraussetzt. Dies gilt vor allem für die rechtsgutbezogene Haftung gem. § 823 Abs. 1 und soll nach wohl h. M. auch für die Haftung wegen Pflichtverletzungen gem. § 280 gelten, wenn die Pflichtverletzung im Zusammenhang mit einer Rechtsgutbeeinträchtigung steht; setzt der Tatbestand des Schadensersatzanspruchs keine Rechts(gut)verletzung voraus, sondern genügt für die Haftung eine schlichte Pflichtverletzung, scheidet eine haftungsbegründende Kausalität aus.[113]

Die haftungsbegründende Kausalität bezieht sich auf den Ursachenzusammenhang zwischen dem Verhalten des Schädigers und der Rechts(gut)verletzung; die haftungsausfüllende Kausalität betrifft den Ursachenzusammenhang zwischen der Rechtsgutverletzung bzw. Pflichtverletzung und dem Schaden.[114]

Die Unterscheidung zwischen haftungsbegründender und haftungsausfüllender Kausalität ist von Bedeutung, wenn die Schadensersatzverpflichtung ein

---

[110] BGH NJW 2004, 2526, 2528 f.
[111] BGH NJW 2013, 2018, Rn. 28 – 31.
[112] BGH NJW 2004, 2526, 2528.
[113] Siehe oben A. I 2.1; Brox/Walker SAT § 30 Rn. 4.
[114] Larenz SAT § 27 III a.

Verschulden voraussetzt. Das Verschuldenserfordernis bezieht sich nämlich nur auf den Haftungsgrund und folglich nur auf die haftungsbegründende Kausalität. Außerdem gelten die Beweiserleichterungen gem. § 287 ZPO nur für die haftungsausfüllende Kausalität.[115]

II. Adäquanztheorie

1. Inhalt und Bedeutung der Adäquanztheorie

Das Kriterium der äquivalenten Kausalität ist zwar ein notwendiges, aber kein hinreichendes Kriterium der Haftungsausfüllung, da es keinen Spielraum für eine wertende Betrachtung zulässt. Der Schädiger würde auch für Schadensfolgen haften, die nur zufällig mit seinem haftungsbegründenden Verhalten zusammenhängen. Es gibt aber keinen rechtfertigenden Grund, dem Geschädigten aus Anlass des Schadensfalles sein allgemeines Lebensrisiko abzunehmen.

Die h. M.[116] schränkt die Kausalität deswegen auf adäquate Kausalzusammenhänge ein. Äquivalente Ursachen, die nur aufgrund eines gänzlich unwahrscheinlichen Kausalverlaufs den Schaden (mit)verursacht haben, sollen außer Betracht bleiben. Nach der Rechtsprechung setzt Adäquanz voraus, dass

> eine Tatsache im allgemeinen und nicht nur unter besonders eigenartigen, ganz unwahrscheinlichen und nach regelmäßigem Verlauf der Dinge außer Betracht zu lassenden Umständen zur Herbeiführung eines Erfolges geeignet ist.[117]

Ohne Unterschied in der Sache formuliert die Rechtsprechung das Adäquanzprinzip auch dahin, dass eine Schadenszurechnung ausgeschlossen ist, „soweit der Schadenseintritt außerhalb jeder Lebenserfahrung liegt."[118]

Die Frage, ob zwischen dem Verhalten des Schädigers und dem eingetretenen Schaden ein Adäquanzzusammenhang besteht, beurteilt sich nicht aus der subjektiven Sicht des Schädigers, sondern objektiv aus der Sicht ex ante.[119] Die Rechtsprechung unterstellt dabei das Wissen eines optimalen Beobachters, was vom herrschenden Schrifttum jedoch abgelehnt wird.[120]

Besteht eine Kausalkette aus mehreren Gliedern, ist der Adäquanzzusammenhang nicht auf das erste und das letzte Glied der Kette zu beziehen, sondern es ist zu

---

[115]Siehe Zöller-Greger § 287 Rn. 3.
[116]BGH NJW 1998, 138, 140; Larenz SAT § 27 III a; Palandt-Grüneberg Vor § 249 Rn. 28; Brand, Schadensersatzrecht, § 3 Rn. 18 ff.
[117]BGH NJW 1998, 138, 140.
[118]BGH NJW-RR 2001, 887, 888; zu weiteren Formulierungen des BGH s. MüKo-Oetker § 249 Rn. 110.
[119]Brox/Walker SAT § 30 Rn. 9; Schwarz/Wandt § 16 Rn. 133.
[120]BGHZ 3, 261, 266 f.; Palandt-Grüneberg Vor § 249 Rn. 27; krit. Larenz SAT § 27 III a; Medicus/Lorenz SAT § 52 Rn. 681.

D. Schadenszurechnung

prüfen, ob der Kausalverlauf zwischen den einzelnen Gliedern dem Kriterium der Adäquanz genügt.[121]

Nicht anwendbar ist die Adäquanztheorie bei der Gefährdungshaftung, da sich die Ersatzfähigkeit von Schäden hier nach dem Zurechnungskriterium der spezifischen Sach- und Betriebsgefahr richtet.[122]

2. Beispiele

In dem oben unter I. 1. dargestellten Sachverhalt hat der BGH das Vorliegen eines adäquaten Kausalverlaufs abgelehnt. Bei der von A für den Schaden gesetzten Bedingung handele es sich nur um eine „Gelegenheitsursache".[123]

Nach BGH NJW 1997, 865 stellt es eine adäquate Folge dar, wenn bei einem Verkehrsunfall ein Geldtransportfahrzeug beschädigt und am Unfallort ein Geldkoffer entwendet wird, weil das Fahrzeug infolge des Unfalls seine Funktion als technische Sicherung des Transportguts eingebüßt hat.[124]

In Fällen, bei denen der Geschädigte bereits eine zum Schaden neigende Konstitution aufweist, die den Schaden erhöht oder sogar erst ermöglicht, geht die Rspr. davon aus, dass dadurch allein der Adäquanzzusammenhang nicht beeinträchtigt wird[125]:

> Der Schädiger kann sich nach ständiger Rechtsprechung auch nicht darauf berufen, dass der Schaden nur deshalb eingetreten sei oder ein besonderes Ausmaß erlangt habe, weil der Verletzte infolge bereits vorhandener Beeinträchtigungen und Vorschäden besonders anfällig zur erneuten Beeinträchtigung gewesen sei. Wer einen gesundheitlich schon geschwächten Menschen verletzt, kann nicht verlangen, so gestellt zu werden, als wenn der Betroffene gesund gewesen wäre. Dementsprechend ist die volle Haftung auch dann zu bejahen, wenn der Schaden auf einem Zusammenwirken körperlicher Vorschäden und den Unfallverletzungen beruht, ohne dass die Vorschäden „richtunggebend" verstärkt werden.[126]

Entscheidend ist, ob auch unter Zugrundelegung der „Vorschäden" zwischen dem haftungsbegründenden Tatbestand und den dadurch verursachten Schadensfolgen ein adäquater Zusammenhang besteht. Liegt der Kausalverlauf trotz des Vorschadens außerhalb jeder Lebenserfahrung, ist der Adäquanzzusammenhang nicht mehr gegeben.

---

[121] Brox/Walker SAT § 30 Rn. 10.
[122] Siehe 10. Kap. A. I; Brand, Schadensersatzrecht, § 3 Rn. 24.
[123] BGH NJW 1957, 1475, 1476.
[124] Näher 2. Kap. A. III. 2.
[125] Vgl. Palandt-Grüneberg Vor § 249 Rn. 35; Lange/Schiemann § 3 X 1.
[126] BGH NJW-RR 2005, 897, 898.

III. Schutzzweck der Norm

1. Inhalt und Bedeutung der Schutzzwecklehre

Die Lehre vom Schutzzweck der Norm beruht auf der zutreffenden Annahme, dass ein bestimmter Schaden bei rechtmäßigem Verhalten zwar hätte vermieden werden können, dass ein Schadensersatzanspruch aber nur in Betracht kommt, wenn die verletzte gesetzliche oder vertragliche Pflicht auch den Zweck verfolgt, Schäden der eingetretenen Art zu verhindern.[127] In der Rechtsprechung des BGH sind Schutzzweckerwägungen zur Begrenzung der Haftung auf der Ebene der Haftungsausfüllung seit langem anerkannt:

> Für den Bereich der deliktischen Haftung und anderer gesetzlicher Haftungsvorschriften ist allgemein anerkannt, daß ein Schaden nur dann zu ersetzen ist, wenn er in den Schutzbereich der verletzten Vorschrift fällt. Das ist dann der Fall, wenn es sich um Folgen handelt, die im Bereich der Gefahren liegen, um derentwillen die Rechtsnorm erlassen wurde. Notwendig ist ein innerer Zusammenhang mit der durch den Schädiger geschaffenen Gefahrenlage, nicht nur eine bloß zufällige äußere Verbindung. Diese Grundsätze gelten auch für Schadensersatzansprüche wegen der Verletzung vertraglicher Pflichten; auch hier hängt die Ersatzpflicht des Schädigers davon ab, daß die verletzte Vertragspflicht das Entstehen von Schäden der eingetretenen Art verhindern sollte.[128]

Die Anwendung dieser Grundsätze soll im nachfolgenden Abschnitt durch Beispiele verdeutlicht werden.

2. Beispiele

> BGH NJW 2009, 3025: Die minderjährigen Zwillingssöhne der Kl. hatten mit brennenden Wunderkerzen gespielt. Dabei geriet das gemietete Haus des V in Brand und wurde erheblich beschädigt. Der Sachschaden betrug 600.000 €. Die Kl. wurde von ihrem Vermieter auf Fortzahlung der Miete verklagt. Außerdem verlangte er vorgerichtlich Ersatz für den Brandschaden. Die Kl. beauftragte den beklagten Rechtsanwalt R mit der Verteidigung und erhielt von ihm die – falsche – Auskunft, dass die private Haftpflichtversicherung für den Schaden nicht einstehen müsse. In dem Glauben, den Schaden selbst ausgleichen zu müssen, erkrankte die Kl. aufgrund des durch diesen Irrtum bedingten Dauerstresses. Nach Aufdeckung des Irrtums durch einen anderen Rechtsanwalt verlangt die Kl. vom Bekl. die Zahlung eines Schmerzensgeldes von mindestens 4.000 €.

Nach Ansicht des BGH ist die begehrte Entschädigung für den immateriellen Schaden nicht vom Schutzbereich des Anwaltsvertrages umfasst:

> Die Kriterien der äquivalenten und adäquaten Verursachung führen nicht in allen Fällen zu einer sachgerechten Eingrenzung der Haftung für schadensursächliches Verhalten. Dem Anspruchsgegner darf deshalb nur der Schaden zugerechnet werden, der innerhalb des Schutzbereichs der verletzten Norm eingetreten ist. Diese Wertung gilt auch im Vertragsrecht. Die Haftung des Schädigers ist dort durch den Schutzzweck der verletzten vertraglichen Pflicht beschränkt. Dies bedeutet für den Bereich der Anwalts- (und

---

[127] Vgl. Brox/Walker SAT § 30 Rn. 12; Staudinger-Schiemann § 249 Rn. 27; Larenz SAT § 27 III b (2).

[128] BGH NJW 1995, 126, 127 f.; ähnlich BGH NJW 2013, 1679 Rn. 12.

D. Schadenszurechnung

Steuerberater)haftung, dass der Berater vertraglich nur für solche Nachteile einzustehen hat, zu deren Abwendung er die aus dem Mandat folgenden Pflichten übernommen hat. Der Schutzzweck der Beratung ergibt sich hierbei aus dem für den Anwalt erkennbaren Ziel, das der Mandant mit der Beauftragung verfolgt, und ist objektiv aus Inhalt und Zweck der vom Anwalt geschuldeten Tätigkeit zu bestimmen. Nach diesen Grundsätzen scheidet ein Schmerzensgeldanspruch aus. (...) Der geltend gemachte Anwaltsfehler betrifft eine Hauptpflicht der Bekl. Er bezieht sich auf einen vorgerichtlichen Beratungsauftrag, der eine vermögensrechtliche Angelegenheit zum Gegenstand hatte, nämlich Zahlungs- und Schadensersatzansprüche Dritter abzuwehren. Das Mandat betraf ausschließlich die Wahrnehmung der vermögensrechtlichen Interessen der Kl. und ihres Ehemanns im Zusammenhang mit den Folgen, die sich aus dem durch die Kinder verursachten Brand des angemieteten Wohnhauses ergaben. Der Inhalt des Vertrags war auf die Erteilung ordnungsgemäßer Rechtsauskünfte in diesem vermögensrechtlichen Bereich gerichtet. Der Schutz der Gesundheit der Mandanten gehörte hingegen nicht zu den von der Bekl. übernommenen Pflichten.[129]

Weitere Beispiele wurden in vorangegangenen Abschnitten bereits besprochen, sodass hierauf verwiesen werden kann: Die Frage, ob die durch die ungewollte Geburt eines Kindes begründete Unterhaltsverpflichtung der Eltern ein vom behandelnden Arzt zu ersetzenden Schaden ist, hängt vom Schutzzweck des Arztvertrages ab (2. Kap. A. II. 1.1). Zu Schutzzwecküberlegungen beim Haftungstatbestand des § 22 Abs. 2 WHG siehe 10. Kap. B. V. 3. Zu einem Beispiel aus dem Bereich des Deliktsrechts 2. Kap. A. III. 3.

IV. Einwand rechtmäßigen Alternativverhaltens

Unter dem Einwand des rechtmäßigen Alternativverhaltens versteht man die Verteidigung des Schädigers gegen seine Inanspruchnahme mit der Behauptung, der geltend gemachte Schaden wäre auch bei rechtmäßigem Verhalten entstanden. Nach h. M.[130] wird ein Schaden, den der Schädiger auf andere Art und Weise hätte herbeiführen können, ohne zum Schadensersatz verpflichtet zu sein, grundsätzlich nicht vom Schutzzweck der Norm umfasst. Denn ein Schaden, der durch ein rechtmäßiges Verhalten herbeigeführt werden kann, lässt sich durch das Schadensersatzrecht nicht verhindern.[131] Der Einwand des rechtmäßigen Alternativverhaltens ist grundsätzlich beachtlich, es sei denn, der Schutzzweck der verletzten Pflicht widerspricht der Zulassung des Einwands.[132]

BGH NJW 1994, 2414: Aufgrund einer Knieverletzung sucht B den Arzt A auf. A punktiert das Kniegelenk, ohne B über Infektionsrisiken aufzuklären. Infolge einer Infektion versteift das Kniegelenk des B teilweise. B verlangt von A Ersatz seines hierdurch

---

[129]BGH NJW 2009, 3025.

[130]BGH NJW 2000, 661, 663; Palandt-Grüneberg Vor § 249 Rn. 64 f.; Brand, Schadensersatzrecht, § 3 Rn. 42; ausf. Staudinger-Schiemann § 249 Rn. 102 ff., dort auch zu Ausnahmen.

[131]So die zutreffende Formulierung von Brox/Walker SAT § 30 Rn. 16.

[132]BGH NJW 1986, 576, 579.

entstandenen Schadens. Wenn A beweisen kann, dass B auch bei ordnungsgemäßer Aufklärung in den Eingriff eingewilligt hätte, ist A nach dem Standpunkt der Rspr. unter dem Gesichtspunkt des rechtmäßigen Alternativverhaltens nicht schadensersatzpflichtig.[133] Dem gegenüber wird im Schrifttum die Ansicht vertreten, die Aufklärungspflicht diene dem Selbstbestimmungsrecht des Patienten und dieser Schutzzweck der Pflicht würde die Berufung auf ein rechtmäßiges Alternativverhalten ausschließen.[134]

Der Einwand des rechtmäßigen Alternativverhaltens ist unter dem Gesichtspunkt des Schutzzwecks der Norm bzw. des Schutzzwecks der (verletzten) Pflicht stark normativ geprägt. Schutzzwecküberlegungen stellen nicht nur die Basis dafür dar, den Einwand des rechtmäßigen Alternativverhaltens überhaupt zuzulassen, sondern sie begrenzen ihn auch. Allein das vordergründige Ergebnis, dass der Schädiger den Schadenserfolg auch bei pflichtgemäßem Verhalten herbeigeführt hätte, genügt deswegen nicht, wie der folgende Fall veranschaulicht:

> *BGH NJW 2012, 2022 (Sachverhalt vereinfacht):* V verkaufte an K ein Grundstück, das von dem Mieter noch nicht geräumt war. K verpflichtete sich in dem Vertrag, die Räumung zu betreiben und erhielt für den Fall, dass das Grundstück nicht bis zu einem bestimmten Zeitpunkt geräumt wird, das Recht, vom Kaufvertrag zurückzutreten. Dieser Zeitpunkt war überschritten, ohne dass das Grundstück geräumt war, so dass dem K ein Rücktrittsrecht zustand. Zur gleichen Zeit war auch der Anspruch des V gegen K auf Zahlung des Kaufpreises fällig. Da K nicht zahlte, trat V vom Kaufvertrag zurück. Im Prozess begehrt V gegen K die Feststellung, dass K ihm für einen zukünftigen Schadenseintritt verantwortlich ist, insbesondere falls V bei einem Weiterverkauf des Grundstücks einen geringeren als mit K vereinbarten Kaufpreis erzielt. Mit Erfolg?

Im Prozess hat K geltend gemacht, zum Schadensersatz nicht verpflichtet zu sein, weil er den Schaden auch rechtmäßig hätte herbeiführen können. Da ihm mangels erfolgter Räumung des Grundstücks ein Rücktrittsrecht zugestanden habe, hätte er dieses ausüben können. Für einen etwaigen Mindererlös in dem Fall, dass V das Grundstück an einen Dritten verkauft, wäre er dann nicht verantwortlich gewesen. Der BGH betont demgegenüber zu Recht, dass die bloße Möglichkeit, den Schadenserfolg rechtmäßig herbeiführen zu können, für den Einwand des rechtmäßigen Alternativverhaltens nicht ausreicht. Zur bloßen Möglichkeit, den Schaden auch bei rechtmäßigem Verhalten eintreten zu lassen, muss hinzukommen, dass die Verneinung einer Schadensersatzverpflichtung mit dem Schutzzweck der verletzten Pflicht vereinbar ist. Nach Ansicht des BGH genügt die bloße Möglichkeit des K, vom Vertrag zurückzutreten und dadurch den Schaden eintreten zu lassen, nicht, um den Schadensersatzanspruch des V unter dem Gesichtspunkt des rechtmäßigen Alternativverhaltens auszuschließen. Denn (NJW 2012, 2022, Rn. 18):

> Dies entspräche nicht dem Schutzzweck der von dem Bekl. verletzten Zahlungspflicht. Sie bestand nach der vertraglichen Gestaltung unabhängig von dem Rücktrittsrecht des Bekl. Er musste nicht erst dann zahlen, wenn sein Rücktrittsrecht erloschen war. Die Rücktrittsmöglichkeit gab ihm kein Zahlungsverweigerungsrecht. Verneinte man bei

---

[133] BGH NJW 1994, 2414, 2415; NJW 2007, 2767 Rn. 34 ff.
[134] Lange/Schiemann § 4 XII 5 c.

D. Schadenszurechnung

dieser Konstellation unter dem Gesichtspunkt der Berücksichtigung eines rechtmäßigen Alternativverhaltens einen zurechenbaren Schaden, bliebe eine Verletzung der Zahlungspflicht weitgehend sanktionslos. Der Bekl. könnte stets einwenden, er habe ja auch zurücktreten können. Das liefe dem Vertragszweck zuwider.

V. Hypothetische Kausalität

1. Grundlagen

Sehr umstritten ist die Frage, ob sich der Schädiger zu seiner Entlastung darauf berufen kann, der Schaden wäre auch ohne sein Verhalten aufgrund anderer Umstände (sog. *Reserveursachen*) eingetreten.[135] Das Gesetz hat zwar in einigen Fällen die Beachtlichkeit von Reserveursachen vorgesehen, nämlich in §§ 287 S. 2, 848, darüber hinausgehende Schlüsse lassen sich daraus jedoch nicht ziehen.[136]

Auf den ersten Blick erscheint es nicht sachgerecht, dem Schädiger eine Enthaftung dadurch zu ermöglichen, dass er sich auf Reserveursachen berufen darf. Der Schädiger hat den Schaden tatsächlich verursacht und dieser tatsächliche Kausalverlauf wird durch etwaige Reserveursachen nicht infrage gestellt.[137] Allerdings hat sich gezeigt, dass die bloße Kausalität zwischen dem haftungsbegründenden Verhalten und dem Schaden die Ersatzpflicht alleine nicht zu begründen vermag, sondern dass es weiterer normativer Kriterien der Schadenszurechnung bedarf. Daraus folgt umgekehrt, dass es nicht zwangsläufig ausgeschlossen sein muss, sog. Reserveursachen bei wertender Betrachtung zugunsten des Schädigers zu berücksichtigen. Entscheidend ist, dass die Berücksichtigung von Reserveursachen mit dem Zweck der jeweiligen Schadensersatzverpflichtung vereinbar sein muss.

Das Schrifttum bemüht sich im Interesse größerer Rechtsklarheit um die Bildung von Fallgruppen:

2. Fallgruppen
2.1 Schadensanlagen
Die Fallgruppe der Schadensanlagen ist dadurch gekennzeichnet, dass bei Eintritt des Schadensereignisses die Person oder Sache bereits mit einer Beeinträchtigung behaftet war, die unabhängig vom Schadensereignis den gleichen Schaden verursacht hätte[138]; der Schaden war in der Person oder Sache also bereits „angelegt".

Sachverhalt (abgewandelt nach BGH NJW 1985, 676): P unterzieht sich wegen erheblicher Beschwerden im Kniegelenk einer Operation. Aufgrund des Eingriffs kommt es zu einer Versteifung des Gelenks. P gibt an, dass er von der Operation abgesehen hätte, wenn

---

[135]Vgl. zum Streitstand MüKo-Oetker § 249 Rn. 207 ff.; Staudinger-Schiemann § 249 Rn. 92 ff.
[136]H. M., vgl. Brand, Schadensersatzrecht, § 8 Rn. 2; Palandt-Grüneberg Vor § 249 Rn. 56.
[137]So RGZ 141, 365; 169, 117.
[138]Palandt-Grüneberg Vor § 249 Rn. 57.

er ordnungsgemäß über die Risiken der Operation aufgeklärt worden wäre. Der Arzt wendet ein, aufgrund des Vorschadens wäre es ohne Behandlung in absehbarer Zeit ebenfalls zu der Versteifung gekommen.

In diesem Beispiel ist entscheidend, dass die Reserveursache bereits vorhanden war, als der Schädiger das Schadensereignis in Gang setzte. Es würde dem schadensersatzrechtlichen Bereicherungsverbot widersprechen, wenn P verlangen könnte, so gestellt zu werden, als wäre er völlig gesund gewesen. P kann nur verlangen, dass ihm der Schaden ersetzt wird, der ihm durch die verfrühte Realisierung der Schadensanlage entstanden ist (sog. Verfrühungsschaden).

> Das BerGer. hat allerdings richtig erkannt, daß es gegenüber dem Schadensersatzanspruch des Kl. erheblich sein könnte, wenn der Schaden auch ohne das schadenstiftende Ereignis früher oder später eingetreten wäre. Rechtlich handelt es sich darum, daß bei Vorhandensein einer Schadensanlage, die zum gleichen Schaden geführt haben würde (sogenannte Reserveursache), die Schadensersatzpflicht auf die Nachteile beschränkt sein würde, die durch den früheren Schadenseintritt bedingt sind.[139]

Dass der Gläubiger bei einer Schadensanlage nur den Verfrühungsschaden verlangen kann, ergibt sich letztlich auch aus einer konsequenten Anwendung der Differenzhypothese.[140] Bei der Schadensberechnung ist nämlich zu berücksichtigen, dass das Rechtsgut aufgrund der Schadensanlage bereits zum Zeitpunkt des Schadensereignisses wirtschaftlich entwertet war, sodass ein „Differenzschaden" insoweit nicht festgestellt werden kann.

2.2 Hypothetische Verantwortlichkeit eines Dritten

Beruft sich der Schuldner darauf, dass der Schaden später durch einen Dritten verursacht worden wäre, entlastet das den Schuldner jedenfalls dann nicht, wenn sich der Dritte unter Zugrundelegung des hypothetischen Kausalverlaufs ersatzpflichtig gemacht hätte.[141] Der Geschädigte würde sonst seinen Anspruch gegen den Schuldner verlieren, ohne dass tatsächlich gegen den Dritten eine Ersatzmöglichkeit bestünde. Das widerspricht dem Ausgleichsgedanken des Schadensersatzrechts.

> **Beispiel**
> A hebt auf seinem Grundstück eine Baugrube aus. Aufgrund unsachgemäßer Sicherungsmaßnahmen verliert das Nachbargrundstück des N die erforderliche Stütze, sodass eine grenzständig errichtete Garage des N in die Baugrube des A abrutscht und zerstört wird. Kurze Zeit später verursacht der Mieter des N einen Wohnungsbrand, bei dem die Garage ebenfalls zerstört worden wäre. A kann sich zu seiner Entlastung nicht darauf berufen,

---

[139] BGH NJW 1985, 676, 677.
[140] Vgl. Brand, Schadensersatzrecht, § 8 Rn. 5; Staudinger-Schiemann § 249 Rn. 97 f.
[141] BGH NJW 1958, 705; MüKo-Oetker § 249 Rn. 214.

dass die Garage ohnehin zwei Wochen später durch den vom Mieter verursachten Brand zerstört worden wäre. Wäre diese hypothetische Ursache tatsächlich für den Schadenseintritt kausal geworden, hätte N einen Schadensersatzanspruch gegen seinen Mieter erworben. Zu einer solchen Schadensersatzverpflichtung konnte es jedoch nur deswegen nicht kommen, weil A bereits zuvor die Garage zerstört hatte. Würde man A die Berufung auf die hypothetische Schadensursache (Wohnungsbrand) erlauben, müsste N den Schaden selbst tragen, obwohl er sowohl unter Zugrundelegung des hypothetischen als auch des tatsächlichen Kausalverlaufs einen Schadensersatzanspruch erworben hätte. Dieses Ergebnis wäre ungerecht und mit der Ausgleichsfunktion des Schadensersatzrechts nicht zu vereinbaren.

2.3 Differenzierung zwischen unmittelbaren und mittelbaren Schäden

Nach einer im Schrifttum häufig vertretenen Meinung soll zwischen unmittelbaren (Objekt)Schäden und mittelbaren (Vermögensfolge)Schäden differenziert werden. Bei ersteren sollen Reserveursachen grundsätzlich unbeachtlich, bei letzteren grundsätzlich beachtlich sein.[142]

Dem kann in dieser Allgemeinheit nicht zugestimmt werden.[143] Richtig ist allerdings, dass beispielsweise bei der Bestimmung von Schäden, die in ihrer Entwicklung noch nicht abgeschlossen sind wie dies typischerweise bei Erwerbsschäden der Fall ist, hypothetische Ursachen zu berücksichtigen sind, wenn sonst eine dem Bereicherungsverbot widersprechende Besserstellung des Geschädigten eintreten würde. Ist die Erwerbsfähigkeit des A infolge eines von B verschuldeten Unfalls gemindert, muss B zwar den Verdienstausfall ersetzen. Erkrankt A nach dem Schadensereignis jedoch so stark, dass ihm der gleiche oder sogar ein noch größerer Erwerbsschaden entsteht, kann sich B auf diese Reserveursache berufen, auch wenn nicht die Voraussetzungen einer Schadensanlage vorliegen. Dies folgt aus der gesetzlichen Wertung des § 844 Abs. 2[144] sowie aus dem Zweck der Schadensersatznormen, deren Ziel es nicht ist, das allgemeine Lebensrisiko vom Betroffenen auf einen anderen zu verlagern.

E. Naturalrestitution und Schadenskompensation als unterschiedliche Formen des Schadensausgleichs

I. Überblick über die gesetzliche Regelung

Bei der Frage, wie ein Schaden zu ersetzen ist und was der Schädiger hierfür zu tun hat, differenziert das Gesetz zwischen zwei grundverschiedenen Typen des

---

[142]Staudinger-Schiemann § 249 Rn. 97 ff.; Brand, Schadensersatzrecht, § 8 Rn. 7 f.
[143]Krit. auch MüKo-Oetker § 249 Rn. 211.
[144]Brox/Walker SAT § 30 Rn. 22.

Schadensausgleichs, nämlich zwischen der Verpflichtung zur Naturalrestitution §§ 249, 250 und der Verpflichtung zum Wertersatz gem. § 251 (auch Schadenskompensation genannt).

Ist Schadensersatz in Form der Naturalrestitution zu leisten, hat der Schädiger gem. § 249 Abs. 1 real den Zustand herzustellen, der ohne das schädigende Ereignis bestünde. Hat beispielsweise der Schädiger eine Sache beschädigt, so ist er verpflichtet, die Sache zu reparieren, wozu er fachkundige Dritte hinzuziehen kann und regelmäßig zur Gewährleistung einer ordnungsgemäßen Reparatur auch muss. Die Reparatur durch den Schädiger ist in der Praxis jedoch selten. Denn fast immer macht der Geschädigte von seinem Recht gem. § 249 Abs. 2 S. 1 Gebrauch, von dem Schädiger statt der Herstellung den dazu erforderlichen Geldbetrag zu verlangen. Naturalrestitution kommt deswegen in der Praxis fast immer durch die Geltendmachung eines Geldersatzanspruchs vor. Ob auch der Geldersatzanspruch gem. § 250 der Naturalrestitution zuzuordnen oder ein Fall der Schadenskompensation ist, ist zwar umstritten, richtigerweise jedoch zu bejahen.[145]

Während die Geldersatzansprüche aufgrund Naturalrestitution an bestimmte Voraussetzungen geknüpft sind, bei deren Vorliegen die Herstellung durch den Schädiger gem. § 249 Abs. 1 verdrängt wird, ist der Schadensersatz bei der Schadenskompensation ausweislich des Wortlauts des § 251 Abs. 1 von vornherein auf eine Entschädigung in Geld gerichtet. Da Naturalrestitution und Schadenskompensation unterschiedliche Ziele verfolgen, differiert in der Regel die Höhe des Geldersatzes, je nachdem, ob der Anspruch auf §§ 249 Abs. 2, 250 oder auf § 251 gestützt wird. Dies ergibt sich bereits aus dem Gesetz. Denn gem. § 251 Abs. 2 S. 1 kann der Ersatzpflichtige den Gläubiger in Geld und beschränkt auf einen Wertausgleich entschädigen, wenn die Herstellung nur mit unverhältnismäßigen Aufwendungen möglich ist. Zugleich ergibt sich aus dieser Vorschrift und aus den die Anwendbarkeit der Schadenskompensation einschränkenden Voraussetzungen gem. § 251 Abs. 1, dass der Schadensausgleich in Form der Naturalrestitution grundsätzlich Vorrang vor einem Schadensausgleich durch Wertersatz hat.

§ 252 beinhaltet eine Sonderbestimmung für den entgangenen Gewinn. S. 1 hat nur klarstellende Bedeutung. Denn die Verpflichtung zum Ersatz des entgangenen Gewinns ergibt sich bereits aus § 249, da der entgangene Gewinn zu dem vom Ersatzpflichtigen herzustellenden Zustand gehört, der ohne das schädigende Ereignis bestünde.[146] Eigenständige Bedeutung hat § 252 S. 2, der eine Beweiserleichterung für den Nachweis eines entgangenen Gewinns beinhaltet.

§ 253 enthält eine Sonderregelung für immaterielle Schäden. Für immaterielle Schäden kann gem. § 253 Abs. 1 grundsätzlich kein Geldersatz, sondern nur Naturalherstellung gem. § 249 Abs. 1 verlangt werden. Von diesem Grundsatz macht § 253 Abs. 2 eine Ausnahme, wenn wegen der Verletzung des Körpers,

---

[145]Siehe unten F. III.
[146]BGH NJW 1987, 50, 52.

der Gesundheit, der Freiheit oder sexuellen Selbstbestimmung Schadensersatz zu leisten ist. In diesen Fällen kann „eine billige Entschädigung in Geld" verlangt werden.

II. Naturalrestitution

1. Funktion

Die Naturalrestitution schützt das Interesse des Geschädigten an der konkreten Zusammensetzung seiner Rechts- und Vermögensgüter und damit das Integritätsinteresse des Geschädigten.[147] Dies darf aber nicht dahin missverstanden werden, dass die Naturalrestitution lediglich auf die Wiederherstellung des ursprünglichen Zustands abzielt. Denn § 249 Abs. 1 stellt auf die Verpflichtung zur Herstellung eines hypothetischen, nämlich des Zustands ab, der bestehen würde, wenn der zum Ersatz verpflichtende Umstand nicht eingetreten wäre. Der Ersatzpflichtige muss deswegen nicht nur einen ursprünglichen Zustand wieder herstellen, sondern diesen Zustand verbessern, wenn diese Verbesserung z. B. in Form einer Gewinnerzielung ohne das schädigende Ereignis eingetreten wäre. Wenn in der Rspr. gleichwohl häufig von der „Wiederherstellung des früheren Zustands"[148] gesprochen wird, geschieht dies meist im Hinblick auf eine konkrete beschädigte Sache, bei der sich die Naturalrestitution häufig auf eine Beseitigung des unmittelbaren Schadens und damit auf eine Wiederherstellung des ursprünglichen Zustands beschränkt.

Der Zweck der Naturalrestitution wird auf zweifache Weise gewährleistet. Entweder hat der Schädiger gem. § 249 Abs. 1 den realen Zustand herzustellen, der ohne das schädigende Ereignis bestünde oder er hat gem. §§ 249 Abs. 2, 250 den Gläubiger durch Zahlung eines Geldbetrages in den Stand zu setzen, den Zustand selbst herzustellen, der sich ohne das schädigende Verhalten des Ersatzpflichtigen ergeben hätte.

2. Geschuldeter Herstellungserfolg

Da der Ersatzpflichtige bei der Naturalrestitution die Herstellung des realen Zustands schuldet, der ohne das schädigende Ereignis bestünde, ist zu klären, wie dieser Herstellungserfolg beschaffen sein muss. Denn nach der Qualität dieses Herstellungserfolges richtet sich, welche Maßnahmen der Ersatzpflichtige als erfüllungstauglich gem. § 249 Abs. 1 vorzunehmen hat und welcher Geldbetrag (bei Vermögensschäden) im Sinne von § 249 Abs. 2 S. 1 erforderlich ist. Die Bestimmung des Herstellungserfolges ist auch vorgreiflich für die Frage, unter welchen Voraussetzungen Unmöglichkeit im Sinne von § 251 Abs. 1 mit der Konsequenz vorliegt, dass der Gläubiger nur Wertersatz verlangen kann.

---

[147]BGH NJW 1982, 98, 99; NJW 1992, 302 303; Staudinger-Schiemann § 249 Rn. 210; Palandt-Grüneberg § 251 Rn.10.

[148]Z. B. BGH NJW 1992, 302, 303.

Die reale Herstellung genau des Zustands, der ohne das schädigende Ereignis eingetreten wäre, ist in der Regel nicht möglich. Wird z. B. ein durch Unfall beschädigtes Fahrzeug repariert, ist häufig der Einsatz neuer Ersatzteile erforderlich, sodass sich schon insoweit eine Verschiedenheit zum hypothetischen Zustand ohne das Schadensereignis ergibt. Meist werden durch die Reparatur die unfallbedingten Nachteile nicht völlig ausgeglichen. Denn je nach Schwere des Unfalls misst der Rechtsverkehr einem verunfallten Fahrzeug einen geringeren Verkehrswert bei als einem unfallfreien Fahrzeug. Es ist deswegen allgemein anerkannt, dass der Herstellungserfolg mit dem hypothetisch ohne das Schadensereignis bestehenden Zustand keine vollständige Identität aufweisen muss, sondern dass es genügt, wenn durch die Schadensbeseitigungsmaßnahmen ein Zustand hergestellt wird, der dem hypothetisch schadensfreien möglichst nahekommt.[149] Hierfür ist eine wirtschaftliche Betrachtungsweise maßgeblich. Denn der Begriff des Schadens ist kein reiner Rechtsbegriff, sondern ein auf die Rechtsordnung bezogener wirtschaftlicher Begriff, weshalb die Rechtsprechung darauf abstellt, dass der Geschädigte durch die Naturalrestitution in die gleiche wirtschaftliche Lage versetzt wird, die ohne das schädigende Ereignis bestünde.[150]

Aufgrund dieser wirtschaftlichen Betrachtungsweise geht der BGH in ständiger Rechtsprechung davon aus, dass dem Gläubiger im Rahmen der Naturalrestitution grundsätzlich zwei Möglichkeiten der Schadensliquidation zustehen, wenn eine Sache, insbesondere ein Kraftfahrzeug, beschädigt worden ist:

> Dem Geschädigten, der die Behebung des Schadens an seinem Kraftfahrzeug in eigene Regie nimmt, stehen dafür regelmäßig zwei Wege zur Verfügung: er kann sein Fahrzeug reparieren lassen oder er kann sich ein (gleichwertiges) Ersatzfahrzeug anschaffen. Auch die letztere Art der Schadensbeseitigung ist, wie der Senat wiederholt ausgesprochen hat und woran er weiter festhält, eine Form der Naturalrestitution. Denn das Ziel der Restitution beschränkt sich nicht auf eine (Wieder-) Herstellung der beschädigten Sache, es besteht in umfassenderer Weise gem. § 249 S. 1 BGB (Anm.: Der BGH zitiert § 249 S. 1 a. F., die heute wortgleich in § 249 Abs. 1 enthalten ist.) darin, den Zustand herzustellen, der, wirtschaftlich gesehen, der ohne das Schadensereignis bestehenden Lage entspricht.[151]

Wie weit die wirtschaftliche Betrachtungsweise reicht, veranschaulicht auch das nachfolgende Beispiel:

> *BGH NJW 1988, 1835:* Der Kläger verlangt von dem Beklagten Ersatz für einen Brandschaden in seinem mehrere Jahrzehnte alten Wohnhaus. Da der Dieselkraftstoff im Pkw des Beklagten in Folge kalter Witterung eingedickt war, versuchte er das Fahrzeug in der zum Wohnhaus gehörigen Garage dadurch wieder fahrbereit zu machen, dass er einen

---

[149]Staudinger-Schiemann § 249 Rn. 182.
[150]BGH NJW 1985, 793; Staudinger-Schiemann § 249 Rn. 182, MüKo-Oetker § 249 Rn. 325 ff.
[151]BGH NJW 1992, 302, 303.

elektrischen Heizstrahler unter dem Kraftstoffbehälter in Betrieb nahm. Einige Stunden später explodierte der Kraftstofftank und das Gebäude geriet in Brand.

Der BGH hatte die Frage zu klären, ob der Kläger von dem Beklagten gem. §§ 823 Abs. 1, 249 Abs. 2 S. 1 den Ersatz der Kosten verlangen konnte, die erforderlich waren, um das abgebrannte Wohnhaus wieder aufzubauen. Durch die Vorinstanzen war nicht abschließend geklärt worden, ob das Wohnhaus durch den Brand völlig zerstört worden war, ein Wiederaufbau also den Abriss des vorherigen Bestands erfordert hätte, oder ob der Wiederaufbau durch die Verwendung alter Bauteile durchführbar gewesen wäre. Nach Ansicht des BGH kam es hierauf nicht an:

> Denn selbst dann, wenn ein Gebäude durch einen Brand vollständig vernichtet wird, ist für die Frage nach der Möglichkeit einer (Wieder-) Herstellung im Rahmen des § 249 BGB nicht auf die Zerstörung der Sache „Haus", sondern auf die Beschädigung der Sache „Hausgrundstück" mit der Folge abzustellen, dass regelmäßig die Möglichkeit einer Ausbesserung bestehen wird. Diese Sicht wird zwar nicht zwingend schon von der sachenrechtlichen Zuordnungsvorschrift des § 94 Abs. 1 BGB vorgeschrieben, der in erster Linie Bedeutung für die Sonderrechts(un)fähigkeit zukommt und die deshalb für das Schadensrecht nicht unbedingt maßgeblich sein muss. Dass aber dennoch in Übereinstimmung mit der sachenrechtlichen Regelung auch für den Schadensausgleich auf das bebaute Grundstück zu sehen ist, findet seinen Grund vor allem in der das Schadensrecht beherrschenden wirtschaftlichen Betrachtung, die regelmäßig auf eine Gesamtbewertung von Haus und Grundstück als sich wechselseitig beeinflussende Wertfaktoren abstellt.[152]

Kommt also unter dem Gesichtspunkt einer Sachbeschädigung gem. § 249 Abs. 2 S. 1, nämlich der Beschädigung der Sache „Hausgrundstück", ein Geldersatzanspruch gem. § 249 Abs. 2 S. 1 in Betracht (Beachte: Bei einer Zerstörung wäre die Vorschrift nach ihrem Wortlaut nicht anwendbar), ist weiter zu klären, ob und unter welchen Voraussetzungen die Herstellung eines wirtschaftlich gleichwertigen Zustands möglich ist.

Nach Ansicht des BGH kann der Herstellungsanspruch

> nicht allein schon daran scheitern, daß das zerstörte Gebäude im Zeitpunkt des Schadensereignisses bereits einige Jahrzehnte alt war, wie es hier bei dem in seinen wesentlichen Teilen zwischen 1927 und 1939 errichteten Haus des Kl. der Fall ist, und daß sich in der seither vergangenen Zeit die für Gebäude solcher Art verwendeten Baumaterialien, gewisse Vorgaben an die Statik oder die öffentlich-rechtlichen Bauvorschriften für die Ausführung einzelner Details geändert haben. Vielmehr wird auch in solchen Fällen regelmäßig von der Möglichkeit einer Restitution auszugehen sein.[153]

Der BGH schränkt dann aber ein:

> War z. B. das zerstörte Bauwerk in Form und Ausstattung entscheidend vom Stil einer anderen Zeit geprägt oder ist in Folge geänderter Bauvorschriften an seiner Stelle nur

---

[152] BGH NJW 1988, 1835.
[153] BGH NJW 1988, 1835.

noch die Errichtung eines nach Zuschnitt und äußerer Erscheinung gänzlich anders gearteten Gebäudes zulässig und führt dies dazu, dass nach der Verkehrsanschauung der Neubau gegenüber dem zerstörten Haus selbst bei wertender Gesamtwürdigung von baulich-technischer und wirtschaftlich-funktionaler Seite als „aliud" erscheinen müsste, so ist, auch wirtschaftlich gesehen, der frühere Zustand nicht wiederherstellbar.[154]

Der BGH hat diese Grundsätze in einer späteren Entscheidung bestätigt.[155] Klarzustellen ist: Soweit nach dieser Rechtsprechung der Wiederaufbau eines Hauses in Betracht kommt, muss der Schädiger zwar die Herstellungskosten gem. § 249 Abs. 2 bezahlen. Um aber eine dem Bereicherungsverbot widersprechende Besserstellung des Geschädigten durch das Schadensereignis zu vermeiden, ist die durch den Neubau eingetretene Wertsteigerung des Grundstücks auf den Schadensersatzbetrag anzurechnen.[156]

Bei immateriellen Schäden scheidet die wirtschaftliche Betrachtungsweise aus. Was als geeignete, Unmöglichkeit ausschließende Restitution in Betracht kommt, muss im Interesse eines gerechten Schadensausgleichs großzügig bewertet werden, weil Geldentschädigung i. d. R. nur gem. § 253 und bei Persönlichkeitsrechtsverletzungen nur unter engen Voraussetzungen[157] geschuldet ist.[158]

3. Wahlrecht des Gläubigers zwischen Herstellung in Natur und Geldersatz

Gem. § 249 Abs. 2 S. 1 kann der Gläubiger unter den dort genannten Voraussetzungen statt der Herstellung in Natur den dazu erforderlichen Geldbetrag verlangen. Es handelt sich hierbei um eine Ersetzungsbefugnis des Gläubigers.[159] Anders als bei der Wahlschuld gem. § 262, bei der verschiedene Leistungen möglich sind und eine Konkretisierung auf die geschuldete Leistung erst durch die Ausübung des Wahlrechts zustande kommt, steht bei der Ersetzungsbefugnis die geschuldete Leistung von Anfang an konkret fest, jedoch hat der Berechtigte die Befugnis, die geschuldete Leistung durch eine andere zu ersetzen.[160] Für die Auslegung des § 249 folgt hieraus, dass der Inhalt der Schadensersatzverpflichtung von Anfang an auf die Herstellung in Natur gerichtet ist und erst durch das Verlangen nach Geldersatz in einen Zahlungsanspruch umgewandelt wird.

---

[154]BGH NJW 1988, 1835.
[155]BGH NJW 1997, 520.
[156]BGH NJW 1988, 1835, 1836; NJW 1997, 520.
[157]Siehe oben 2. Kap. A. II. 1.5.7.
[158]Staudinger-Schiemann § 249 Rn. 185.
[159]BGH NJW 2010, 1357, 1359; MüKo-Oetker § 249 Rn. 357.
[160]MüKo-Krüger § 262 Rn. 8.

E. Naturalrestitution und Schadenskompensation als unterschiedliche...

Hat der Gläubiger Herstellung in Natur oder Geldersatz verlangt, ist umstritten, ob und inwieweit er an sein jeweiliges Verlangen gebunden ist und deswegen nicht mehr von der einen zur anderen Alternative des Schadensausgleichs wechseln kann.[161] Der V. Senat des BGH geht ohne Differenzierung generell davon aus, dass der Gläubiger an seine „Wahl, welches der nach § 249 BGB gegebenen Rechte ausgeübt werden soll, gebunden ist".[162]

Die Frage der Bindungswirkung lässt sich nicht unmittelbar aus dem Gesetz beantworten. Dies gilt auch für den Fall, dass der Gläubiger zunächst Herstellung in Natur verlangt. Der Gläubiger übt hiermit zwar keine Ersetzungsbefugnis aus, weil er nur seinen ohnehin mit diesem Inhalt bestehenden Schadensersatzanspruch geltend macht. Aber mit der Geltendmachung dieses Anspruchs könnte er seine Ersetzungsbefugnis gem. § 249 Abs. 2 S. 1 verlieren. Dies wird im Schrifttum unter Hinweis auf § 250 vertreten.[163] Aus dieser Vorschrift ergebe sich, dass der Gläubiger nur nach Ablauf einer angemessenen Frist zum Geldersatz übergehen könne, wenn er Herstellung in Natur verlangt habe, andernfalls die Vorschrift überflüssig wäre.[164] Zwingend ist die Argumentation nicht. Eine sinnvolle Auslegung des § 250 ist nämlich auch dann möglich, wenn ihm die Funktion beigemessen wird, dem Gläubiger zu einem Geldersatzanspruch auch dann zu verhelfen, wenn die Voraussetzungen des § 249 Abs. 2 S. 1 nicht vorliegen, mag dies auch nur ausnahmsweise in Betracht kommen.

Bei der Lösung der Problematik ist ausschlaggebend, dass ein Erlöschen der Ersetzungsbefugnis bei Geltendmachung des Anspruchs auf Herstellung in Natur oder umgekehrt die Bindung an die einmal ausgeübte Ersetzungsbefugnis zur Geltendmachung des Geldersatzanspruchs keinen Selbstzweck darstellt, sondern interessengerecht sein muss. Insoweit können beim Ersatzpflichtigen Vertrauensgesichtspunkte eine Rolle spielen. Hat er bereits Maßnahmen ergriffen, um die vom Gläubiger gewählte Art des Schadensausgleich zu erfüllen, kann er schutzbedürftig und auch schutzwürdig sein. Im Interesse größerer Rechtsklarheit und -sicherheit ist deswegen im Ausgangspunkt davon auszugehen, dass die vom Gläubiger einmal getroffene Wahl ihn grundsätzlich bindet. Von dieser Bindung sind jedoch großzügig Ausnahmen zuzulassen. Dafür spricht die Gerechtigkeitserwägung, dass der Geschädigte „Opfer" eines Eingriffs in seinen Rechtskreis geworden ist. Ist der Schädiger nicht schutzbedürftig, weil er im Vertrauen auf die vom Gläubiger getroffene Wahl des Schadensausgleichs noch keine Maßnahmen ergriffen hat, darf der Geschädigte seine Entscheidung ändern, ebenso, wenn er bereit ist, dem Ersatzpflichtigen etwaige Nachteile auszugleichen, die ihm im Vertrauen auf die ursprünglich getroffene Entscheidung des Geschädigten entstanden sind.

---

[161] Vgl. Staudinger-Schiemann § 249 Rn. 215 f.; MüKo-Oetker § 249 Rn. 359 ff.

[162] BGH NJW 1993, 727, 728.

[163] MüKo-Oetker § 249 Rn. 360; Bamberger/Roth-Schubert § 249 Rn. 193; Palandt-Grüneberg § 249 Rn. 5.

[164] MüKo-Oetker § 249 Rn 360.

III. Schadenskompensation

1. Funktion

Soweit der Gläubiger Ausgleich seines Schadens im Wege der Schadenskompensation gem. § 251 verlangen kann, schuldet der Ersatzpflichtige die Wertdifferenz, die sich aus einem Vergleich des Vermögens vor und nach Eintritt des schädigenden Ereignisses ergibt.[165] Geschützt wird also das Vermögen als eine in Geld bewertete rechnerische Größe, weswegen es sich bei dem gem. § 251 geschuldeten Wertersatz von vornherein um eine Geldentschädigung handelt. Immaterielle Schäden fallen aus dem Schutzbereich der Schadenskompensation heraus, da ideelle Interessen nicht zum Vermögen gehören. Da der als Geldsumme ausgedrückte Wert des Vermögens geschützt wird, spricht man bei der Schadenskompensation vom Schutz des Wert- bzw. Summeninteresses des Geschädigten.[166]

2. Bemessungskriterien für die Höhe der Geldentschädigung

Die Geldentschädigung gem. § 251 ist zwar ebenso wie der Geldersatzanspruch gem. § 249 Abs. 2 auf Zahlung gerichtet, aber die Ermittlung der Anspruchshöhe folgt anderen Kriterien. Der Wert des Vermögens und mithin die Höhe der durch das schädigende Ereignis verursachten Vermögenswertdifferenz wird in der Regel aufgrund einer Verkehrswertbetrachtung festgestellt, d. h., der Verkehrswert des Vermögensgegenstandes bzw. des Gesamtvermögens vor dem schädigenden Ereignis wird mit dem Verkehrswert nach dem schädigenden Ereignis verglichen.[167]

Die Unterschiede der Schadensberechnung zwischen Geldersatz gem. § 249 Abs. 2 S. 1 und Wertersatz gem. § 251 lassen sich anhand des folgenden Beispiels verdeutlichen:

> Der Bauunternehmer U hat versehentlich die Fassade des Hauses seines Auftraggebers mit einem falschen Farbton gestrichen. Wird der dem Auftraggeber entstandene Schaden gem. § 249 Abs. 2 berechnet, schuldet U den Ersatz der Kosten, die erforderlich sind, um das Haus fachgerecht mit dem vertraglich geschuldeten Farbton zu streichen. Müsste U hingegen gem. § 251 Schadensersatz leisten, richtet sich die Frage, ob und inwieweit dem Auftraggeber ein Schaden entstanden ist, nach einer Verkehrswertbetrachtung. Ist der falsche Farbton für den Verkehrswert des Hauses unerheblich, weil das Haus mit falschem und richtigem Farbton nach Auffassung des Rechtsverkehrs den gleichen Verkehrswert hat, scheidet ein Vermögensschaden aus.

---

[165] BGH NJW 1999, 3332, 3335.
[166] BGH NJW 1999, 3332, 3335; Erman-Ebert § 251 Rn. 24; Palandt-Grüneberg § 251 Rn. 10.
[167] BGH NJW 1984, 2282, 2283; NJW 1999, 3332, 3335; MüKo-Oetker § 251 Rn. 14.

IV. Vorrang der Naturalrestitution

Was das Verhältnis zwischen Naturalrestitution und Schadenskompensation angeht, hat das Gesetz der Naturalrestitution Vorrang eingeräumt. Nur soweit gem. § 251 Abs. 1 die Herstellung nicht möglich oder zur Entschädigung des Gläubigers nicht ausreichend ist, kann der Gläubiger Wertersatz verlangen. Ein Wahlrecht zwischen Restitution und Kompensation hat er nicht.[168]

Der Vorrang der Naturalrestitution kommt auch dadurch zum Ausdruck, dass der Schuldner sie auch dann erbringen muss, wenn sie für ihn mit großen Anstrengungen verbunden ist und er sie erst dann verweigern kann, wenn sie nur mit unverhältnismäßigen Aufwendungen möglich ist (§ 251 Abs. 2 S. 1).

Der Vorrang der Naturalrestitution ist keine Selbstverständlichkeit. Begründen lässt er sich damit, dass nur die Naturalrestitution zu einer weitest gehenden Beseitigung aller schadensbedingten Nachteile führt und dabei sogar ideelle Interessen mitverwirklicht werden können.[169] Das veranschaulicht auch der obige Beispielsfall: Bei einer bloßen Verkehrswertbetrachtung im Rahmen der Schadenskompensation ergibt sich ggf. wegen des falschen Fassadenanstrichs keine Vermögensdifferenz und damit keine Geldentschädigung. Ob der Auftraggeber eigene Geldmittel in die Hand nimmt, um sein ideelles Interesse am richtigen Farbton zu verwirklichen, wird nicht zuletzt davon abhängen, wie vermögend und liquide er ist. Darüber muss sich der Auftraggeber im Falle der Naturalrestitution keine Gedanken machen, da er den zur Herstellung erforderlichen Geldbetrag vom Schädiger erhält.

F. Schadensausgleich durch Naturalrestitution gem. §§ 249, 250

I. Herstellung durch den Schädiger gem. § 249 Abs. 1

1. Anwendungsvoraussetzungen und Inhalt der Herstellungsverpflichtung

Wichtige Aspekte, die bei der Erfüllung der Herstellungsverpflichtung durch den Ersatzpflichtigen zu beachten sind, wurden bereits erörtert.[170] Wesentliche Erkenntnis war, dass als Erfolg das Bewirken eines Zustands geschuldet ist, der wirtschaftlich gesehen dem hypothetisch ohne das Schadensereignis bestehenden Zustand möglichst nahe kommt.

---

[168] BGH NJW 1997, 520 f.
[169] Larenz SAT § 28 I; BGH NJW 1988, 1835, 1836.
[170] Siehe oben E. II. 2.

Zu ergänzen ist, dass es grundsätzlich dem Ersatzpflichtigen obliegt zu bestimmen, auf welche Art und Weise er den geschuldeten Herstellungserfolg bewirkt. Er kann Dritte einschalten, die dann seine Erfüllungsgehilfen i. S. v. § 278 sind. Ob die geplanten und ausgeführten Maßnahmen wirklich den Erfolg herbeiführen, fällt in die Risikosphäre des Ersatzpflichtigen (sog. Prognoserisiko).

Allerdings ist der Schädiger in der Wahl seiner Mittel nicht völlig frei, d. h., es genügt nicht in jedem Fall, dass es ihm überhaupt gelingt, einen mit dem hypothetisch schadensfreien Zustand wirtschaftlich vergleichbaren Zustand herbeizuführen. Die wirtschaftliche Betrachtungsweise dient dem Interesse des Geschädigten an der Durchsetzung seines Restitutionsanspruchs, indem der Unmöglichkeitseinwand des Schädigers zurückgedrängt wird. Sie schafft für den Schädiger nicht, jedenfalls nicht ohne weiteres, eine Legitimationsgrundlage dafür, die Herstellung eines Zustands, der nach seiner *tatsächlichen Beschaffenheit* dem hypothetisch schadensfreien Zustand möglichst nahe kommt, mit der Begründung abzulehnen, er schulde nur die Herstellung eines wirtschaftlich gleichwertigen Zustands und ergreife deswegen andere, von der hypothetischen tatsächlichen Beschaffenheit stärker abweichende Maßnahmen. Dies betrifft insbesondere den Fall, dass Naturalrestitution sowohl durch Reparatur als auch durch Ersatzbeschaffung möglich ist. Der Schädiger schuldet hier grundsätzlich die Reparatur und kann den Geschädigten erst bei einer sonst gegebenen Verletzung des Wirtschaftlichkeitsgebots auf einen Ersatzgegenstand verweisen. Allgemein wird man sagen können, dass die Verpflichtung des Schädigers, möglichst den Zustand in seiner tatsächlichen Beschaffenheit herzustellen, der ohne das Schadensereignis bestünde, in dem Umfang abnimmt, wie der Geschädigte hieran kein anerkennungswürdiges Interesse hat und die Kosten hierfür die Kosten zur Herstellung eines bloß wirtschaftlich vergleichbaren Zustands übersteigen.[171]

Bei der Prüfung eines Restitutionsanspruchs gem. § 249 Abs. 1 ist ferner zu beachten, dass trotz Bestehens einer Schadensersatzverpflichtung die Herstellung durch den Schädiger nach dem Sinn und Zweck der haftungsbegründenden Norm ausgeschlossen sein kann. Das ist mit der h. M. beim Schadensersatzanspruch wegen Nichterfüllung anzunehmen, wenn der Erfüllungsanspruch ausgeschlossen ist, also insbesondere bei §§ 281, 282.[172] Verlangt der Gläubiger Schadensersatz statt der Leistung, ist gem. § 281 Abs. 4 der Anspruch auf die Leistung ausgeschlossen. Der Gläubiger kann den ausgeschlossenen Erfüllungsanspruch nicht über die Hintertür des Schadensrechts wieder einführen, indem er vom Schuldner Herstellung gem. § 249 Abs. 1 verlangt.

Soweit die Herstellung nicht oder nicht mehr möglich ist, weil der beschädigte Gegenstand veräußert wurde, kann der Herstellungsanspruch mit der Folge entfallen, dass der Gläubiger nur noch Schadenskompensation gem. § 251 Abs. 1 verlangen kann. Diese umstrittene Frage spielt hauptsächlich beim

---

[171]Zur Problematik auch Staudinger-Schiemann § 249 Rn. 183.
[172]Staudinger-Schiemann § 249 Rn. 180; BGH NJW 2010, 3085 Rn. 10 und NJW 2013, 370 Rn. 9 jeweils zu §§ 634 Nr. 4, 280 Abs. 1, 3, 281 Abs. 1.

Geldersatzanspruch gem. § 249 Abs. 2 eine Rolle und wird deswegen später unter II. 2.3.2 erörtert.

2. Anwendungsbeispiele

Soweit der Gläubiger gem. § 249 Abs. 2 Geldersatz verlangen kann, wird davon in der Praxis fast immer Gebrauch gemacht. Herstellung durch den Gläubiger kommt deswegen vor allem bei nicht durch Sachen oder Personen „verkörperten" Vermögensschäden und bei immateriellen Schäden vor.

2.1 Belastung mit einer Verbindlichkeit

Hat das schadensstiftende Verhalten dazu geführt, dass der Geschädigte mit einer Verbindlichkeit belastet wurde, besteht die Naturalrestitution darin, dass der Schädiger den Geschädigten von der Verbindlichkeit freistellt. Besteht die Verbindlichkeit in einer Zahlungsverpflichtung, kann der Geschädigte gem. § 249 Abs. 1 zwar nicht Zahlung an sich selbst verlangen, sondern nur Freistellung durch Zahlung an seinen Gläubiger. Aber er kann dem Schädiger gem. § 250 eine Frist zur Herstellung des geschuldeten Erfolges, nämlich zur Freistellung, setzen und nach fruchtlosem Ablauf der Frist Geldersatz gem. § 249 Abs. 2, also Zahlung an sich selbst, verlangen.[173]

> *BGH NJW 1986, 582:* Die Elektroinstallationsfirma des V befindet sich in wirtschaftlichen Schwierigkeiten. Die Söhne M und K gründen eine GmbH und führen das Unternehmen des Vaters fort. Beraten wurden Sie hierbei von dem Rechtsanwalt R, der die Söhne jedoch nicht ausreichend über die Haftungsregelung des § 25 HGB aufgeklärt hatte. Soweit danach Verbindlichkeiten der Elektroinstallationsfirma des V auf die GmbH übergegangen sind, hat die GmbH Freistellungsansprüche gegenüber R gem. §§ 280 Abs. 1, 249 Abs. 1.

2.2 Aufhebung eines aufklärungspflichtwidrig zustande gekommenen Vertrages

Hat bei Vertragsverhandlungen die eine Seite pflichtwidrig Umstände verschwiegen oder sogar falsche Angaben gemacht und hätte die andere Seite bei pflichtgemäßer Aufklärung den Vertrag nicht oder zumindest nicht mit dem vereinbarten Inhalt geschlossen, besteht eine Schadensersatzverpflichtung wegen Verschuldens bei Vertragsschluss gem. §§ 311 Abs. 2, 280 Abs. 1. Nach der Rechtsprechung des BGH kann sich hieraus als Inhalt der Schadensersatzverpflichtung gem. § 249 Abs. 1 ein Anspruch auf Aufhebung und Rückabwicklung des Vertrags ergeben.[174] Dieser Anspruch wird durch die Sonderregelung des Anfechtungsrechts gem. § 123 Abs. 1 nicht ausgeschlossen und besteht auch dann, wenn dem Schuldner nur Fahrlässigkeit zur Last fällt („fahrlässige Täuschung"; sehr str.).[175]

---

[173] Palandt-Grüneberg § 249 Rn. 4; Staudinger-Schiemann § 249 Rn. 202.
[174] BGH NJW 1998, 302.
[175] So die gefestigte Rspr. des BGH, z. B. NJW 2002, 2774, 2775; krit. MüKo-Armbrüster § 123 Rn. 91.

Voraussetzung für einen schadensersatzrechtlichen Aufhebungsanspruch ist jedoch, dass der pflichtwidrig zustande gekommene Vertrag tatsächlich zu einem Schaden geführt hat.[176] Das ist nach der Differenzhypothese jedenfalls anzunehmen, wenn die versprochene Leistung die vom Geschädigten zu erbringende Gegenleistung „nicht wert ist", der Vertrag ihm also wirtschaftlich nachteilig ist. Die Rechtsprechung hält einen Schaden aber auch bei Gleichwertigkeit von Leistung und Gegenleistung für möglich, wenn z. B. die vertraglich übernommenen Zahlungsverpflichtungen die Lebensführung des Geschädigten beeinträchtigen (z. B. weil in Aussicht gestellte Steuervorteile oder Einnahmen aus dem Vertragsgegenstand geringer ausfallen) bzw. die Leistung für die Zwecke des Geschädigten nicht voll brauchbar ist.[177]

2.3 Immaterielle Schäden

Im Bereich nichtvermögensrechtlicher Schadensersatzverpflichtungen kommt vor allem der wegen Verletzung des Persönlichkeitsrechts gegebene Anspruch auf Widerruf unwahrer Tatsachenbehauptungen als Naturalrestitution gem. § 249 Abs. 1 in Betracht. Dieser auf § 823 Abs. 1 gegründete Anspruch setzt jedoch Verschulden voraus, sodass der Widerruf ehrrühriger Tatsachenbehauptungen in der Praxis auf den verschuldensunabhängigen Anspruch analog §§ 12 S. 1, 862 Abs. 1 S. 1, 1004 Abs. 1 S. 1 gestützt wird.[178]

II. Zahlung der erforderlichen Herstellungskosten gem. § 249 Abs. 2

1. Funktion des Geldersatzanspruchs

In bestimmten Fällen, nämlich bei Verletzung einer Person oder bei Beschädigung einer Sache, kann der Gläubiger statt der Herstellung in Natur vom Ersatzpflichtigen die Zahlung des hierfür erforderlichen Geldbetrages verlangen. Diese Ersetzungsbefugnis erfüllt zwei Funktionen: Sie schützt den Geschädigten vor der (unzumutbaren) Einwirkung auf seine Rechtssphäre und stellt es dem Geschädigten bei Sachbeschädigungen frei, ob er die Sache reparieren lässt oder den Geldersatz anderweitig verwendet.

1.1 Unzumutbarkeit der Naturalherstellung durch den Schädiger

Bestünde bei der Verletzung einer Person oder einer Sache nur ein vorrangiger Anspruch auf Naturalherstellung durch den Schädiger, müsste der Geschädigte

---

[176]BGH NJW 1998, 302, 304.

[177]Vgl. BGH NJW 1998, 302, 304 f.; NJW-RR 2005, 611, 612.

[178]Dazu oben 2. Kap. A. II. 1.5.7 (4).

die verletzten Rechtsgüter dem Schädiger anvertrauen, damit dieser die Behebung der Schäden, i. d. R. durch die Einschaltung fachkundiger Erfüllungsgehilfen, organisiert.

Zahlreiche Gründe sprechen gegen eine solche Lösung. Schon das natürliche Rechtsempfinden spricht dagegen, dass der Geschädigte seine Rechtsgüter gerade demjenigen anvertrauen soll, der diese Rechtsgüter zuvor (meist durch Nachlässigkeit) beeinträchtigt hat. Vor allem bei der deliktsrechtlichen Haftung ist für den Geschädigten die Person des Schädigers ein „Zufallsprodukt", sodass es nicht gerechtfertigt ist, der vom Zufall „ausgewählten" Person die Einwirkung auf fremde Rechtsgüter zu gestatten. Der Geschädigte vermag in der Regel nicht zu beurteilen, ob der Schädiger nach seinen persönlichen Eigenschaften überhaupt in der Lage wäre, die Schadensbeseitigung in die Hand zu nehmen. Außerdem begründet die Schadensbeseitigung durch den Ersatzpflichtigen Anreize, aus Eigennutz möglichst billige Maßnahmen zu ergreifen, deren Eignung jedoch fragwürdig ist.

Die Herstellung durch den Schädiger würde in den Fällen der Körperverletzung und Sachbeschädigung so zahlreiche Probleme bei der Schadensabwicklung aufwerfen,[179] dass die Befugnis des Geschädigten, den Herstellungsanspruch durch einen Geldersatzanspruch zu ersetzen, rechtspolitisch alternativlos ist.

1.2 Die Dispositionsfreiheit des Geschädigten

Die Funktion der Ersetzungsbefugnis gem. § 249 Abs. 1 besteht auch darin, den Geschädigten davon zu befreien, überhaupt eine Reparatur der beschädigten Sache veranlassen zu müssen.[180] Er kann vom Ersatzpflichtigen den für die Schadensbeseitigung erforderlichen Geldbetrag verlangen, ohne ihn jedoch hierfür tatsächlich verwenden zu müssen, d. h., die Geldentschädigung gem. 249 Abs. 1 S. 1 steht dem Geschädigten zur freien Verfügung (Grundsatz der Dispositionsfreiheit des Geschädigten).[181]

Dies hat vor allem im Kfz-Haftpflichtrecht große praktische Bedeutung, da Gerichte und Haftpflichtversicherer über die Höhe des Geldersatzes auf der Basis von Kostenvoranschlägen oder Sachverständigengutachten zur Höhe der Instandsetzungskosten entscheiden. Aufgrund der Dispositionsfreiheit des Geschädigten ist deswegen anerkannt, dass er den Ersatz der erforderlichen Instandsetzungskosten auf Gutachtenbasis auch dann verlangen kann, wenn er von Anfang an nicht beabsichtigt, die Reparatur durchzuführen[182]. Da in diesen Fällen Kosten als Schadensersatz verlangt werden, die tatsächlich nicht, also nur fiktiv, angefallen sind, spricht man auch von einer fiktiven Schadensberechnung.[183]

---

[179]Dazu auch BGH NJW 1975, 160, 161.
[180]BGH NJW 1975, 160, 161.
[181]BGH NJW 1976, 1396; NJW 2003, 2085.
[182]BGH NJW 1976, 1396.
[183]BGH NJW 2013, 1732 Rn. 4, 5; Brand, Schadensersatzrecht, § 5 Rn. 9.

§ 249 Abs. 2 S. 2 bestimmt allerdings ausdrücklich, dass die Umsatzsteuer als bloß fiktive Schadensposition nicht zu ersetzen ist, sondern nur, wenn und soweit sie tatsächlich angefallen ist. Die Vorschrift stellt einen systemwidrigen Ausnahmetatbestand zu der dem Geschädigten eingeräumten Dispositionsfreiheit und der damit verbundenen Möglichkeit zur fiktiven Berechnung des Schadens dar, der grundsätzlich nicht analogiefähig ist.[184]

Der Grundsatz der Dispositionsfreiheit gilt nicht bei Personenschäden, da der Geschädigte anderenfalls entgegen der Wertung des § 253 Abs. 1 einen Geldersatz für die Beeinträchtigung seiner ideellen Interessen erhielte.[185]

2. Voraussetzungen des Geldersatzanspruchs

2.1 Verletzung einer Person

In der Fallbearbeitung ergeben sich meist keine Schwierigkeiten, die Verletzung einer Person festzustellen. Insoweit kann an die Ausführungen zur Körper- und Gesundheitsverletzung i. S. v. § 823 Abs. 1 angeknüpft werden.[186]

2.2 Beschädigung einer Sache

Die Feststellung, ob eine Sache beschädigt worden ist, wird in der Fallbearbeitung regelmäßig keine Schwierigkeiten bereiten. Die Sachbeschädigung ist im Unterschied zur Sachzerstörung und damit in Abgrenzung zur Schadenskompensation gem. § 251 Abs. 1 zu sehen, d. h.: Eine Beschädigung ist dadurch gekennzeichnet, dass sie durch Reparatur behoben werden kann;[187] eine nicht reparable, zerstörte Sache führt zur Unmöglichkeit der Herstellung und damit zum Anwendungsbereich der Schadenskompensation.

Zwei Sonderkonstellationen sollte man sich merken, nämlich „Zerstörungen" von Bestandteilen eines Grundstücks und von beweglichen Sachen, für die es auf dem Markt gleichwertige Ersatzsachen gibt, insbesondere Kfz.

2.2.1 „Zerstörungen" im Zusammenhang mit Grundstücken

Bei der Zerstörung von Grundstücksbestandteilen kommt in Betracht, dass es sich nur vordergründig um eine Zerstörung und nicht um eine Sachbeschädigung handelt. Ergibt sich nämlich bei wirtschaftlicher Betrachtung, dass Bestandteil und Grundstück als Einheit zu bewerten sind, liegt keine Zerstörung, sondern eine Sachbeschädigung in Form der Grundstücksbeschädigung vor. So kann es sich bei

---

[184]BGH NJW 2013, 1732 Rn. 6 zur Berücksichtigung der (fiktiven) Sozialabgaben und Lohnnebenkosten in der auch Stundenlohnarbeiten beinhaltenden Schadensberechnung.
[185]Palandt-Grüneberg § 249 Rn. 6; Brand, Schadensersatzrecht, § 5 Rn. 16.
[186]Oben 2. Kap. A. II. 1.1.
[187]Staudinger-Schiemann § 249 Rn. 218.

der Zerstörung von Gebäuden[188], aber auch bei der Zerstörung von Hecken und Bäumen verhalten.[189] Dazu BGH NJW 1975, 2061:

> Hier ist jedoch nicht der Kastanienbaum als eine rechtlich selbständige Sache zerstört worden. Vielmehr hat der Beklagte das Straßengrundstück beschädigt, auf dem der Baum gestanden hat. Der Baum ist nämlich nach § 94 BGB wesentlicher Bestandteil des Grundstücks gewesen. Das ist auch wirtschaftlich gesehen der richtige Ausgangspunkt: Der Baum ist ein wertbildender Faktor des Grundstücks, auf dem er wächst. Er beeinflusst dessen Verkehrs- und Nutzungswert. Wird er zerstört oder beschädigt, so wird in die Substanz des *Grundstücks* eingegriffen. Mithin hat der Beklagte wegen *Beschädigung* einer Sache, hier des Straßengrundstücks, auf dem der zerstörte Kastanienbaum in der Reihe der anderen Alleebäume gestanden hat, Schadensersatz zu leisten.

Bei der Zerstörung von Bäumen und Hecken ist oft die Höhe des Schadensersatzes problematisch, da sie meist mit unverhältnismäßig hohen Kosten verbunden ist. Dazu folgender Beispielsfall:

> *BGH NJW 2000, 512 (Sachverhalt vereinfacht):* Der Kl. ist Eigentümer eines Grundstücks, auf dem sich eine 6 m lange und 3 m hohe und 7 Jahre alte Thuja-Hecke befindet. Die beklagte Grundstücksnachbarin sägte die Hecke eigenmächtig kurz über der Erdoberfläche ab. Der Kläger verlangte die Anpflanzung von zwölf neuen und 3 m hohen Thujen, hilfsweise Zahlung von Schadensersatz in Höhe von EUR 14.000 (!).

Der Schadensersatzanspruch des Kl. ergibt sich aus § 823 Abs. 1, aber auch aus §§ 823 Abs. 2, 1004. Mit dem Hauptantrag macht der Kl. den Herstellungsanspruch nach § 249 Abs. 1 geltend. Nach Ansicht des BGH besteht ein solcher Anspruch auf „völlige Wiederherstellung des ursprünglichen Zustands" (S. 515) nicht, weil sie nur mit unverhältnismäßigen Aufwendungen möglich sei. Die Bekl. könne verlangen, dass sich der Kl. zur Wiederherstellung mit der Anpflanzung jüngerer Bäume bescheide. Zum hilfsweise geltend gemachten Antrag auf Zahlung der Herstellungskosten (§ 249 Abs. 2 S. 1) führt der BGH aus (S. 515):

> Danach ist dem Interesse des Geschädigten an der Wiederherstellung des früheren Zustands in der Weise Rechnung zu tragen, dass er die Herstellungskosten für die Anpflanzung jüngerer Bäume und deren Anwuchspflege erhält und der Schädiger darüber hinaus ggf. nur Geldersatz für den verbleibenden Minderwert des Grundstücks (Anm.: Der verbleibende Minderwert ist gem. § 251 Abs. 1 Alt. 2 zu ersetzen) zu leisten hat (…).

Die Entscheidung ist richtig. Der BGH stützt den Ersatz der Kosten für die Anpflanzung jüngerer Bäume und deren Anwuchspflege zu Recht auf § 249 Abs. 2 und nicht, wie noch in einer früheren Entscheidung[190], auf § 251 Abs. 2. Der

---

[188]Siehe oben E. II. 2.
[189]Erman-Ebert § 249 Rn. 21.
[190]BGH NJW 1975, 2061 f.; die Rspr. auch der Oberlandesgerichte mit der Einordnung des Geldersatzes als Schadenskompensation ist nicht stringent, vgl. Erman-Ebert § 249 Rn. 21; Staudinger-Schiemann § 249 Rn. 89 ff.

Geschädigte ist nämlich nicht gezwungen, im Rahmen des § 249 Abs. 1 die möglichst vollständige Wiederherstellung zu verlangen und dabei das Risiko einzugehen, dass der Schädiger von seiner Ersetzungsbefugnis gem. § 251 Abs. 2 Gebrauch macht. Der Geschädigte kann sich auch mit einem Weniger zufrieden geben, vorausgesetzt, dass dadurch eine Situation geschaffen wird, die dem hypothetisch ohne das Schadensereignis bestehenden Zustand vergleichbar ist, also bei wertender Betrachtung kein aliud darstellt. Die hierfür erforderlichen Kosten können dann gem. § 249 Abs. 2 liquidiert werden.

2.2.2 Zerstörung bei Möglichkeit der Ersatzbeschaffung

Bei der Beschädigung vertretbarer, also im Verkehr nach Zahl, Maß oder Gewicht bestimmter Sachen i. S. v. § 91, kommt als Naturalrestitution nicht nur die Reparatur, sondern auch die Beschaffung eines gleichwertigen Ersatzgegenstands in Betracht.[191] Wird die Sache zerstört, kann der Gläubiger nach dem Wortlaut des § 249 Abs. 2 S. 1 an sich keinen Geldersatz in Höhe der Herstellungskosten verlangen. Dabei bliebe aber unberücksichtigt, dass Naturalrestitution in Form der Ersatzbeschaffung auch dann durchführbar bleibt, wenn durch das schädigende Ereignis die vertretbare Sache zerstört und eine Reparatur unmöglich wird. Es ist kein Grund ersichtlich, warum der Gläubiger einer zerstörten Sache insoweit schlechter gestellt sein sollte als ein Gläubiger, dessen Sache nur beschädigt wurde. Über den Wortlaut des § 249 Abs. 2 S. 1 hinaus kann deswegen auch bei der Sachzerstörung Geldersatz verlangt werden, wenn aufgrund Vertretbarkeit der Sache eine Ersatzbeschaffung möglich ist.[192] Dies entspricht der wirtschaftlichen Betrachtungsweise im Schadensrecht.

Den Grundsatz, dass bei vertretbaren Sachen Naturalrestitution durch Reparatur oder durch Ersatzbeschaffung möglich ist, hat die Rechtsprechung auf die Beschädigung oder Zerstörung von gebrauchten Kfz ausgedehnt, obwohl es sich hierbei nicht um vertretbare Sachen handelt. Auf dem Gebrauchtwagenmarkt werden für nahezu alle Modelle gleichwertige und leicht beschaffbare Ersatzfahrzeuge angeboten, sodass es bei der gebotenen wirtschaftlichen Bewertung nicht gerechtfertigt ist, die Beschaffung eines gleichwertigen Ersatzfahrzeugs von vornherein als Maßnahme der Naturalrestitution auszuschließen.[193]

2.3 Keine Unmöglichkeit der Herstellung

2.3.1 Unmöglichkeit im schadensrechtlichen Sinne

Ist eine Herstellung in Natur unmöglich, scheidet ein Ersatz des Schadens im Wege der Naturalrestitution aus. Gem. § 251 ist stattdessen Wertersatz in Geld zu leisten.

Auch wenn bei der Frage, ob Unmöglichkeit der Naturalherstellung vorliegt, im Allgemeinen auf den Anwendungsbereich des § 275 Abs. 1 und damit auf die

---

[191] BGH NJW 1985, 2413, 2414.
[192] Palandt-Ellenberger § 91 Rn. 4.
[193] Vgl. Erman-Ebert § 249 Rn. 17.

Fälle der anfänglichen und nachträglichen, der objektiven und subjektiven sowie der tatsächlichen und rechtlichen Unmöglichkeit verwiesen wird[194], ist dem in dieser Allgemeinheit nicht zuzustimmen. Zu berücksichtigen ist nämlich der unterschiedliche Kontext, in dem der Unmöglichkeitsbegriff des Leistungsstörungsrechts und der des Schadensrechts stehen. Bezugspunkt der schadensrechtlichen Unmöglichkeit ist die Verpflichtung gem. § 249 Abs. 1, in natura den Zustand herzustellen, der bestehen würde, wenn der zum Ersatz verpflichtende Umstand nicht eingetreten wäre. Wie bereits ausgeführt,[195] unterliegt der Inhalt dieser Herstellungsverpflichtung einer wirtschaftlichen Betrachtungsweise, die im unmittelbaren Anwendungsbereich des § 275 Abs. 1 keine Rolle spielt. Im unmittelbaren Anwendungsbereich des § 275 Abs. 1 bezieht sich die Unmöglichkeit auf die Leistung, i. d. R. also auf das von den Vertragsparteien inhaltlich bestimmte Leistungssoll. Dem gegenüber ist der Inhalt der Herstellungsverpflichtung weicher, weil der Schuldner am Maßstab der Bewertungsspielräume eröffnenden wirtschaftlichen Betrachtungsweise lediglich die gleiche wirtschaftliche Lage des Geschädigten herzustellen hat wie in dem Fall, dass das schädigende Ereignis nicht eingetreten wäre. Je nachdem, wie weit man die Grenzen des herzustellenden wirtschaftlich gleichen Zustands zieht, ist auch der Anwendungsbereich der Unmöglichkeit i. S. v. § 251 Abs. 2 vorbestimmt. Und da die Naturalrestitution vor der Schadenskompensation Vorrang genießt, dürfen die Grenzen des im Rahmen der Naturalrestitution möglichen Schadensersatzes nicht zu eng gezogen werden. Aus diesem Wechselspiel zwischen der Definition des Umfangs des geschuldeten Herstellungserfolgs und dem Eingreifen des Unmöglichkeitseinwands folgt aber zwangsläufig, dass auch der Unmöglichkeitsbegriff des § 251 Abs. 2 durch die wirtschaftliche Betrachtungsweise bestimmt wird.

Der Unterschied zeigt sich in dem folgenden Fall:

> *BGH NJW 2006, 2839:* Nach vorangegangener Besichtigung kauft K bei V ein Fahrzeug, das entgegen der vereinbarten Beschaffenheit nicht unfallfrei ist. K tritt daraufhin vom Kaufvertrag zurück und verlangt Rückerstattung des Kaufpreises gem. §§ 346 Abs. 1, 437 Nr. 2, 326 Abs. 5.

Nach Ansicht des BGH ist der Anspruch begründet. Einer vorherigen Fristsetzung zur Nacherfüllung hat es nicht bedurft, weil V beide Arten der Nacherfüllung, insbesondere auch Nacherfüllung in Form der Ersatzlieferung, unmöglich waren. Zwar scheidet beim Stückkauf die Möglichkeit einer Ersatzlieferung nicht vornherein aus (h. M.), jedoch wird eine Auslegung des Vertrages beim Kauf einer gebrauchten Sachen insbesondere dann, wenn sie zuvor besichtigt worden ist, in der Regel ergeben, dass die Ersatzlieferung einer gleichartigen und gleichwertigen Sache nicht in Betracht kommt. Dem gegenüber kommt es in schadensrechtlicher Hinsicht bei der Frage, ob Naturalrestitution durch die Beschaffung eines

---

[194]Palandt-Grüneberg § 251 Rn. 3.
[195]Siehe oben E. II. 2.

Ersatzfahrzeugs möglich ist, grundsätzlich nur darauf an, ob dadurch wirtschaftlich gesehen der gleiche Zustand hergestellt werden kann wie ohne das Schadensereignis. Der BGH geht in ständiger Rechtsprechung davon aus, dass bei beschädigten Kfz Naturalrestitution in zwei Formen möglich ist, nämlich entweder durch Reparatur des Fahrzeugs oder durch Beschaffung eines gleichwertigen Ersatzfahrzeugs.[196]

2.3.2 Veräußerung der beschädigten Sache

Veräußert der Gläubiger die beschädigte Sache, bevor der Schuldner den Schadensersatzanspruch erfüllt hat, ist umstritten, ob der Gläubiger weiterhin Geldersatz gem. § 249 Abs. 2 S. 1 verlangen kann oder ob wegen Unmöglichkeit der Naturalherstellung nur noch Wertersatz gem. § 251 Abs. 2 in Betracht kommt. Die Rechtsprechung ist uneinheitlich und einzelfall- bzw. fallgruppenbezogen, was zeigt, dass die dogmatischen Grundlagen noch nicht geklärt sind.

BGH NJW 1982, 98 (Sachverhalt vereinfacht): K ist Eigentümer eines mit einem Mehrfamilienhaus bebauten Grundstücks. B ist Eigentümer des Nachbargrundstücks, auf dem er eine Baumaßnahme durchführt. Bei der Herstellung der Baugrube verliert das Grundstück des K die erforderliche Stütze und das aufstehende Gebäude trägt ab Juli 1972 Setzungsschäden davon. Nachdem B nur einen Teil der geltend gemachten Wiederherstellungskosten von 80.000 € bezahlt hat, erhebt K im Mai 1975 Klage. Im August 1976 veräußert K das Grundstück. Beim BGH wird der Fall im Oktober 1982 abgeschlossen. Die Verkehrswertdifferenz des Grundstücks des K mit und ohne die Setzungsschäden beträgt 50.000 €.

B ist dem K zum Schadensersatz gem. §§ 823 Abs. 2, 909 verpflichtet. Nach Ansicht des V. Senats des BGH kann K nicht die höheren Herstellungskosten von 80.000 € verlangen, sondern nur den geringeren Wertersatz in Höhe von 50.000 € gem. § 251 Abs. 2. Es sei mit dem Sinn und Zweck der Naturalrestitution, das Integritätsinteresse des Geschädigten zu schützen, nicht vereinbar, dem Gläubiger einen Anspruch in Höhe der Herstellungskosten zuzusprechen, wenn sich der zu reparierende Gegenstand nicht mehr im Eigentum des Geschädigten befindet:

> Für den – hier allein zu beurteilenden – Fall der Veräußerung eines beschädigten Hausgrundstücks hält der Senat an dem Grundsatz fest, daß der Anspruch aus § 249 S. 2 (Anm.: heute § 249 Abs. 2 S. 1) untergeht, wenn im Zeitpunkt der letzten mündlichen Verhandlung in der Tatsacheninstanz die Herstellung in Natur unmöglich geworden ist." Veräußere der Geschädigte „die Sache, bevor er den Anspruch nach § 249 S. 2 (Anm.: heute § 249 Abs. 2 S. 1) durchsetzt, so bleibt die Frage gestellt, ob der Fortbestand des Anspruchs vom Sinn und Zweck der Naturherstellung noch gefordert wird. Dies ist zu verneinen. Die Naturalrestitution dient in erster Linie dem Interesse des Geschädigten an der Integrität seiner Rechtsgüter: Wenn auch das Verletzungsereignis nicht ungeschehen gemacht werden kann, so sollen doch im Interesse eines möglichst vollkommenen Schadensausgleichs die Rechtsgüter des Betroffenen nach Möglichkeit in den Stand versetzt werden, in dem sie sich ohne das schädigende Ereignis befänden Beendet der Eigentümer seine Rechtszuständigkeit, indem er die beschädigte Sache

---

[196] BGH NJW 1992, 302, 303.

veräußert, so kann der durch § 249 S. 1, 2 (Anm.: heute § 249 Abs. 1 und Abs. 2 S. 1) bezweckte Rechtsgüterschutz nicht mehr erreicht werden. Für die Aufrechterhaltung des Herstellungsanspruchs in einer seiner beiden Erscheinungsformen ist dann kein Raum mehr. Dem Geschädigten verbleibt dann nur der Anspruch auf eine Geldentschädigung für die etwaige Vermögenseinbuße (Kompensation) nach § 251. Daß diese Lösung für einen der Beteiligten unbillig wäre, ist – jedenfalls für die hier allein zu beurteilende Fallgruppe der Veräußerung beschädigter Grundstücke – nicht zu erkennen.

Der V. Senat hat an seiner Rechtsprechung auch in späteren Entscheidungen festgehalten.[197] Soweit er in dem vorzitierten Urteil darüber hinaus angenommen hatte, dass sich an dieser Beurteilung auch dann nichts ändere, wenn der Eigentümer zugleich mit der Veräußerung der beschädigten Sache seinen Anspruch auf Ersatz der Reparaturkosten nach § 249 Abs. 2 S. 1 an den Erwerber abtrete[198], hat er diese Meinung später aufgegeben.[199]

Für die Rechtsprechung des V. Senats spricht zwar der Zweck der Naturalrestitution, der bei Veräußerung der beschädigten Sache nicht mehr erreicht werden kann.[200] Zugleich führt die Ansicht des V. Senats jedoch zu zahlreichen Wertungswidersprüchen, insbesondere gerät sie in Konflikt mit dem Grundsatz der Dispositionsfreiheit. Wenn der Gläubiger den Entschädigungsbetrag gem. § 249 Abs. 2 S. 1 ohnehin nicht für die Reparatur einsetzen muss, sondern frei verwenden darf, macht es keinen Unterschied, ob der Gläubiger den beschädigten Gegenstand vor oder nach Erhalt der Schadensersatzleistung veräußert. Im Gegenteil würde der Verzug des Schädigers belohnt, denn je länger er sich seiner Leistungspflicht erfolgreich entzieht, desto größer ist die Wahrscheinlichkeit, dass der Gläubiger den beschädigten Gegenstand veräußert, vielleicht sogar aufgrund des Schadens veräußern muss, oder dass der Gegenstand anderweitig untergeht, insbesondere zerstört oder durch Gebrauch vollständig abgenutzt wird. Im Beispielsfall lag zwischen der Entdeckung der ersten Gebäudeschäden und dem Urteil des BGH ein Zeitraum von 10 Jahren. Soweit der V. Senat diese Problematik dadurch zu entschärfen versucht, dass er die Abtretung des Anspruchs an den Erwerber zulässt, ist das inkonsequent, da auch in diesem Fall der Zweck der Naturalrestitution nicht mehr erreicht werden kann. Denn die Unversehrtheit der Rechtsgüter des Geschädigten kann wegen der Veräußerung nicht mehr wiederhergestellt werden und im Güterstand des Erwerbers war der beschädigte Gegenstand nie unversehrt. Gegen die Rechtsprechung des V. Senats spricht auch, dass mit Ausübung der Ersetzungsbefugnis der Geldersatzanspruch entsteht und die nachfolgende Veräußerung auf die dadurch entstandene Schadensposition an sich keinen Einfluss hat.

---

[197] BGH NJW 1993, 1793; NJW 2001, 2250.
[198] BGH NJW 1982, 98 99.
[199] BGH NJW 2001, 2250, 2251.
[200] Dem V. Senat zustimmend: III. Senat des BGH NJW 1999, 3332, 3334; Lange/Schiemann § 5 IV 7.

Anders als der V. Senat entscheidet der für das Verkehrsunfallrecht zuständige VI. Senat des BGH. Häufig gibt der Unfallgeschädigte sein Fahrzeug unrepariert beim Erwerb eines anderen Fahrzeugs in Zahlung, bevor der Unfallverursacher die Herstellungskosten bezahlt hat. Trotzdem hat nach Ansicht des VI. Senats[201] der Geschädigte einen Anspruch auf Ersatz der Herstellungskosten. Er hält es mit dem Grundsatz der Dispositionsfreiheit für unvereinbar,

> daß der Geschädigte seinen Anspruch auf Zahlung des für die Instandsetzung erforderlichen Geldbetrags aus § 249 S. 2 BGB (Anm.: heute § 249 Abs. 2 S. 1) immer schon in dem Augenblick verlieren soll, in dem er sich in Nutzung der ihm vom Gesetzgeber eingeräumten Dispositionsfreiheit die Instandsetzung des Fahrzeugs für eigene Rechnung durch anderweitige Verwertung desselben tatsächlich unmöglich gemacht hat, so daß sich sein Schadensersatzanspruch seit diesem Zeitpunkt nur noch nach § 251 BGB bestimmen könnte.
>
> Dem scheint freilich der in der Rechtsprechung ebenfalls seit langem gefestigte Grundsatz zu widersprechen, daß die Schadensentwicklung an sich bis zum Zeitpunkt des Schlusses der letzten mündlichen Verhandlung zu berücksichtigen ist (BGH, NJW 1953, 337 und ständig). Denn man könnte aus ihm schließen, daß der Geschädigte, sobald er sich durch eine die Instandsetzung durch ihn selbst oder auf seine wirtschaftliche Veranlassung ausschließende Verfügung über die beschädigte Sache dieser Möglichkeit begeben hat, nur noch den Schaden geltend machen kann, den er aufgrund der *dadurch* geschaffenen Lage erleidet oder doch zu gewärtigen hat. (...)
>
> Der bisher unverkennbar h. M., der Geschädigte könne die Instandsetzungskosten nur solange fordern, als er zur Instandsetzung der beschädigten Sache auch noch in der Lage sei, kann angesichts der eingangs dargelegten Dispositionsfreiheit des Geschädigten in Bezug auf den ihm zustehenden Instandsetzungsaufwand jedenfalls für eine wichtige und im Bereich der Kraftfahrzeugschäden weit überwiegende Fallgruppe nicht gefolgt werden: Für den Anspruch auf Instandsetzungskosten wird zwar da kein Raum mehr sein, wo die Instandsetzung beim Geschädigten durch Naturereignisse (zufälliger Untergang der beschädigten Sache) unmöglich geworden oder durch eine bestimmte Marktentwicklung wirtschaftlich sinnlos geworden ist (zu letzterer Gruppe mag der von *RG*, JW 1937, 3223 entschiedene Fall gehören). Es erscheint aber unangemessen, diesen Anspruch dem Geschädigten auch dann zu versagen, wenn er sich der beschädigten und immer noch reparaturbedürftigen wie auch reparaturwürdigen Sache entäußert hat. In diesen Fällen hat sich nämlich die durch die Zahlung auszugleichende Reparaturbedürftigkeit entweder unmittelbar im Vermögen des Geschädigten niedergeschlagen, weil etwa das Verkaufsentgelt entsprechend geringer ausgefallen ist, oder sie hat doch den wirtschaftlichen Erfolg der Transaktion, etwa den Wert des Unfallfahrzeugs als Geschenk, beeinträchtigt. Der Geschädigte, der solchermaßen über die beschädigte Sache verfügt hat, kann billigerweise nicht anders gestellt werden als der, der nach Erhalt des für die Instandsetzung erforderlichen Betrags die beschädigte Sache doch weiter ge- und verbraucht, mag er dazu möglicherweise auch von Anfang an entschlossen gewesen sein (...).

---

[201] BGH NJW 1976, 1396 f.; seither st. Rspr. des VI. Senats, z. B. NJW 1985, 2469.

Zur gleichen Problematik hat der für das Baurecht zuständige VII. Senat Stellung genommen:

> *BGH NJW 1987, 645:* B beauftragte den U mit Fliesenlegerarbeiten in seinem Büro- und Werkstattgebäude. Die Arbeiten waren mangelhaft. Nach erfolgloser Fristsetzung zur Mangelbeseitigung verlangt B von U Schadensersatz wegen Nichterfüllung. Den Schaden berechnet B nach der Höhe der Kosten, die er zur Mangelbeseitigung aufwenden muss. Bevor U im laufenden Prozess zur Zahlung verurteilt werden kann, wird das Grundstück des B zwangsversteigert. Kann B von U Ersatz der Mangelbeseitigungskosten verlangen?

Der Schadensersatzanspruch ergibt sich aus §§ 631, 633, 634 Nr. 4 i. V. m. §§ 280 Abs. 3, 281. Das OLG Köln war jedoch der Meinung, der Schadensersatz könne infolge der Zwangsversteigerung des Grundstücks nicht mehr nach den erforderlichen Mangelbeseitigungskosten berechnet werden, weil eine Schadensbeseitigung durch Naturalrestitution nicht mehr möglich sei. Der BGH ist dem nicht gefolgt. Der VII. Senat geht davon aus, dass der werkvertragliche Schadensersatzanspruch von vornherein „auf Geld, und zwar gerade auf den zur Mangelbeseitigung notwendigen Betrag" gerichtet sei.[202] Konsequenz hieraus ist, dass der Inhalt des Schadensersatzanspruchs durch die spezielleren Vorschriften des Werkvertragsrechts bestimmt wird. Auf die allgemeinere Vorschrift des § 249 Abs. 2 S. 1 und die damit verbundene Frage nach einer Verfehlung des Zwecks der Naturalrestitution kommt es nicht an. Mit dieser Begründung vermeidet der VII. Senat formal mit der Rechtsprechung des V. Senats in Widerspruch zu geraten. Gleichwohl führt der VII. Senat weiter aus (NJW 1987, 645, 646 f.)[203]:

> Die „Dispositionsfreiheit" des Geschädigten ist auch für den im vorliegenden Falle allein zu beurteilenden Schadensersatzanspruch des Bestellers/Auftraggebers eines Werkvertrags (…) von Bedeutung. Für die Bemessung des Schadensersatzes ist materiell-rechtlich der Zeitpunkt der Erfüllung, verfahrensrechtlich der der letzten mündlichen Tatsachenverhandlung maßgeblich. Dieser Grundsatz dient in erster Linie dem Schutz des Gläubigers gerade gegen eine verzögerte Ersatzleistung des Schuldners. Zusätzliche Schäden und eine Verteuerung der Wiederherstellungskosten gehen deshalb in der Regel zu dessen Lasten. Die Schutzfunktion dieses Grundsatzes würde ins Gegenteil verkehrt, wenn zugunsten des Schuldners der – womöglich ebenfalls von ihm selbst hinausgezögerte – Zeitpunkt der letzten mündlichen Verhandlung wegen eines in der Zwischenzeit eingetretenen Eigentumswechsels an der Sache sich auf den werkvertraglich begründeten Schadensersatzumfang auswirken könnte. Mit der Interessenlage der Parteien eines Werkvertrags wäre eine solche Betrachtungsweise nicht zu vereinbaren. Denn die dem Besteller/Auftraggeber vom Gesetzgeber eingeräumte Freiheit, über die (mangelbehaftete) Sache zu verfügen, wäre beeinträchtigt, wenn der Anspruch auf Schadensersatz in Höhe der Mängelbeseitigungskosten nach Veräußerung der Sache unterginge. Die Veräußerung würde dann zu einer Verkürzung des einmal begründeten Schadensersatzanspruchs des Bestellers/Auftraggebers gegenüber dem Unternehmer/Auftragnehmer führen. Dies gilt umso mehr, als der auf Schadensersatz in Anspruch genommene Schuldner die Erfüllung seiner Verpflichtung hinauszögern kann, wenn er etwa weiß, daß der Gläubiger die mangelhafte Sache weiterveräußern will, was durchaus

---

[202] BGH NJW 1987, 645, 646; zuletzt BGH NJW 2010, 3085 Rn. 8 ff.
[203] Bestätigt durch BGH NJW 2007, 2695 Rn. 16.

nicht selten vorkommt. Der Senat hält es deshalb mit dem im Werkvertragsrecht verfolgten Ziel umfassender Schadloshaltung des Bestellers/Auftraggebers für unvereinbar, daß ein Gläubiger einen Schadensersatzanspruch dann verlieren soll, wenn er sich in Nutzung der ihm vom Gesetzgeber eingeräumten „Dispositionsfreiheit" der Möglichkeit, die schadhafte Sache instandzusetzen, durch deren anderweitige Verwertung begibt. Vielmehr darf der Geschädigte, der über die schadhafte Sache verfügt hat, billigerweise nicht anders gestellt werden als derjenige, der nach Erhalt des für die Wiederherstellung bzw. Mangelbeseitigung erforderlichen Betrages die schadhafte Sache doch weiter gebraucht.

Im Ergebnis ist festzuhalten, dass die Frage, ob der Geschädigte nach Veräußerung der beschädigten Sache noch die Herstellungskosten gem. § 249 Abs. 2 S. 1 verlangen kann, zu den ungelösten Problemen des Schadensersatzrechts gehört. Die Rechtsprechung behilft sich derzeit mit der Bildung von Fallgruppen: Bei der Veräußerung deliktisch beschädigter Hausgrundstücke wird die Frage verneint, bei der Veräußerung unfallbeschädigter Kfz oder mangelhafter Werkleistungsgegenstände bejaht.

2.4 Verlangen der Herstellungskosten durch den Gläubiger

Damit sich der Schadensersatzanspruch von einer Herstellung in Natur gem. § 249 Abs. 1 in einen Geldersatzanspruch gem. § 249 Abs. 2 umwandelt, muss der Gläubiger von seiner Ersetzungsbefugnis Gebrauch machen und die Herstellungskosten verlangen.[204] Dies geschieht i. d. R. konkludent, indem der Gläubiger eine Geldzahlung verlangt. Eine Bezifferung ist nicht erforderlich, eine unzutreffende, insbesondere zu hohe Bezifferung schadet nicht. Da Geldersatz „statt" der Herstellung verlangt werden kann, scheidet dieser Anspruch aus, soweit auch eine Herstellung gem. § 249 Abs. 1 nicht verlangt werden kann, insbesondere weil nach § 251 die Herstellung unmöglich oder mit unverhältnismäßigen Aufwendungen verbunden ist.

2.5 Erforderlichkeit des verlangten Geldbetrages

2.5.1 Maßstab zur Feststellung der erforderlichen Herstellungskosten

Die Höhe des Geldersatzes in Form der Naturalrestitution richtet sich nach den Kosten, die erforderlich sind, um den Zustand herzustellen, der ohne das schädigende Ereignis bestünde. Die h. M., insbesondere die Rechtsprechung bemisst die Herstellungskosten nach folgender Formel:[205]

> Der Geschädigte kann nach § 249 Abs. 2 S. 1 als Herstellungsaufwand Ersatz derjenigen Kosten verlangen, die ein verständiger, wirtschaftlich vernünftig denkender Mensch in seiner Lage für zweckmäßig und notwendig halten darf.

Welche Wertungen sich hinter dieser Formulierung verbergen, soll im Folgenden verdeutlicht werden.

---

[204]Zur Ersetzungsbefugnis des Gläubigers und zur Frage der Bindungswirkung s. o. E. II. 3.
[205]BGH NJW 1992, 302, 303; NJW 2009, 58; krit. Staudinger-Schiemann § 249 Rn. 229 ff.

Die Höhe der Herstellungskosten bemisst sich zum einen nach objektiven Kriterien, die durch die Art und den Umfang der Beeinträchtigung bestimmt werden.[206] Dies hat im Gesetzeswortlaut seinen Niederschlag gefunden, dem zufolge nur die zur Schadensbeseitigung „erforderlichen" Kosten verlangt werden können. Aus dem Grundsatz der Erforderlichkeit wird auch das Wirtschaftlichkeitsgebot abgeleitet, wonach der Geschädigte den wirtschaftlicheren Weg der Schadensbehebung zu wählen hat und auch nur in diesem Rahmen Geldersatz verlangen kann.[207] Zu den objektiven Bemessungsfaktoren gehören auch die örtlichen und zeitlichen Verhältnisse der Schadensbeseitigung, weil davon die Höhe der Reparaturkosten abhängig sein kann.[208]

Die Formulierung der h. M. erweitert die beanspruchbaren Herstellungskosten jedoch insoweit, als sie deren Erforderlichkeit auch subjektbezogen bestimmt. Zum einen ist vom Standpunkt eines verständigen, wirtschaftlich vernünftigen Menschen zu beurteilen, welche Kosten dieser für erforderlich halten *darf,* und zum anderen ist auf die konkrete Lage gerade des Geschädigten abzustellen. Danach kommt es auch auf die individuellen Erkenntnis- und Einflussmöglichkeiten des Geschädigten sowie auf die gerade für ihn bestehenden Schwierigkeiten an, die sich bei einer Schadensbeseitigung in Eigenregie ergeben.[209]

2.5.2 Abrechnung auf Gutachtenbasis

Die Geltendmachung der „erforderlichen" Herstellungskosten setzt i. d. R nicht voraus, dass diese Kosten tatsächlich aufgewendet worden sind. Dies folgt aus dem Grundsatz der Dispositionsfreiheit.[210] Vor allem bei der Abwicklung von Verkehrsunfällen ist es deswegen gängige Praxis, Kostenvoranschläge von Werkstätten oder Gutachten von Sachverständigen zu den voraussichtlichen Kosten einer Reparatur einzuholen und diese Kosten beim Schädiger geltend zu machen. Dabei gehören die Kosten des vom Geschädigten beauftragten Sachverständigen grundsätzlich zu dem vom Schädiger gem. § 249 Abs. 2 S. 1 zu ersetzenden Schaden.[211]

Die Schadensberechnung auf Gutachtenbasis und hierbei sich stellende Fragen sollen anhand des folgenden Beispiels dargestellt werden:

BGH NJW 2014, 535: Der Bekl. ist auf Grund eines von ihm allein verschuldeten Verkehrsunfalls verpflichtet, dem Kl. den durch den Unfall verursachten Fahrzeugschaden zu ersetzen. Der Kl. hat das Gutachten eines Sachverständigen eingeholt. Danach betragen die Reparaturkosten € 10.000,00 netto zzgl. MwSt. in Höhe von € 1.900,00. Bei der

---

[206] BGH NJW 1970, 1454.
[207] BGH NJW 2009, 58.
[208] BGH NJW 1970, 1454, 1455; NJW 1975, 160, 161.
[209] Vgl. BGH NJW 1975, 160, 161; NJW 1992, 302, 303; NJW 2012, 50 Rn. 7; NJW 2014, 1947 Rn. 7.
[210] Siehe oben F. II. 1.2.
[211] BGH NJW 2014, 1947; NJW 2014 3151.

Ermittlung der Reparaturkosten ist der Sachverständige von Kosten ausgegangen, die entstehen, wenn eine markengebundene Vertragswerkstatt beauftragt wird.
Fall 1: Der Kl. will das Fahrzeug nicht reparieren lassen und verlangt vom Bekl. als Schadensersatz € 11.900,00.
Fall 2: Der Kl. lässt sein Fahrzeug entsprechend dem Gutachten reparieren, allerdings nicht bei einer markengebundenen Werkstatt, sondern bei der „freien" Fachwerkstatt W, deren Qualität derjenigen einer markengebundenen Fachwerkstatt nicht nachsteht, die aber insbesondere wegen der niedrigeren Stundenverrechnungssätze die Reparatur zu € 9.000,00 netto zzgl. MwSt. in Höhe von € 1.710,00 durchführt. Der Kl. verlangt als Schadensersatz den vom Gutachter ermittelten Nettobetrag in Höhe von € 10.000,00 und zusätzlich die tatsächlich angefallene Umsatzsteuer in Höhe von € 1.710,00, insgesamt also € 11.710,00.

Ausgangspunkt für die Lösung beider Fälle ist die Dispositionsfreiheit des Geschädigten, auf deren Grundlage der BGH in ständiger Rechtsprechung von Folgendem ausgeht:

> Der Geschädigte darf, sofern die Voraussetzungen für eine fiktive Schadensberechnung vorliegen, dieser grundsätzlich die üblichen Stundenverrechnungssätze einer markengebundenen Fachwerkstatt zu Grunde legen, die ein von ihm eingeschalteter Sachverständiger auf dem allgemeinen regionalen Markt ermittelt hat. Nach der Rechtsprechung des erkennenden Senats besteht grundsätzlich ein Anspruch des Geschädigten auf Ersatz der in einer markengebundenen Vertragswerkstatt anfallenden Reparaturkosten unabhängig davon, ob der Geschädigte den Wagen tatsächlich voll, minderwertig oder überhaupt nicht reparieren lässt.[212]

Auf der Grundlage dieser Rechtsprechung kann der Kl. im Fall 1 von dem Bekl. Schadensersatz gemäß Gutachten verlangen, auch wenn er die Schäden an dem Fahrzeug nicht beheben lässt. Da in diesem Fall jedoch keine Umsatzsteuer anfällt, kann der Kl. gemäß § 249 Abs. 2 S. 1 nur den Nettobetrag in Höhe von € 10.000,00, gemäß § 249 Abs. 2 S. 2 jedoch nicht die (fiktive) Umsatzsteuer In Höhe von € 1900,00 verlangen.

Durch das Privatgutachten des Kl. wird allerdings nicht verbindlich festgelegt, dass der vom Sachverständigen ermittelte Betrag tatsächlich den geschuldeten erforderlichen Herstellungskosten i. S. v. § 249 Abs. 2 S. 1 entspricht.[213] Deshalb steht dem Bekl. und dessen einstandspflichtiger Haftpflichtversicherung die Möglichkeit offen nachzuweisen, dass dem Geschädigten (fiktiv) die Beauftragung einer im Vergleich zu einer markengebundenen Werkstatt kostengünstigeren freien

---

[212]BGH NJW 2013, 2817, Rn. 8; NJW 2014, 535 Rn. 9.
[213]BGH NJW 2014, 535 Rn. 10.

F. Schadensausgleich durch Naturalrestitution gem. §§ 249, 250

Werkstatt bei gleichem Qualitätsstandard zumutbar gewesen wäre.[214] Dazu führt der BGH aus:

> Allerdings ist unter Umständen ein Verweis des Schädigers auf eine günstigere Reparaturmöglichkeit in einer mühelos und ohne Weiteres zugänglichen anderen markengebundenen oder „freien" Fachwerkstatt möglich, wenn der Schädiger darlegt und gegebenenfalls beweist, dass eine Reparatur in dieser Werkstatt vom Qualitätsstandard her der Reparatur in einer markengebundenen Fachwerkstatt entspricht und der Geschädigte keine Umstände aufzeigt, die ihm eine Reparatur außerhalb der markengebundenen Fachwerkstatt unzumutbar machen.[215]

Wäre dem Bekl. im Fall 1 die kostengünstigere Werkstatt W bekannt gewesen und wäre es dem Kl. insbesondere wegen der räumlichen Nähe dieser Werkstatt auch zumutbar gewesen, diese Werkstatt zu beauftragen, hätte der Bekl. den Kl. auf diese kostengünstigere Reparaturmöglichkeit verweisen können, sodass er dann auch nur den (fiktiven) geringeren Nettobetrag in Höhe von € 9000,00 als Schadensersatz geschuldet hätte.

Im Fall 2 hat es einen solchen Verweis des Bekl. nicht gegeben, sondern der Kl. hat von sich aus eine preisgünstigere Werkstatt gefunden und beauftragt. Gemäß der oben zitierten Rechtsprechung des BGH, wonach der Geschädigte Anspruch auf Ersatz der in einer markengebundenen Vertragswerkstatt anfallenden Reparaturkosten unabhängig davon hat, ob er den Wagen tatsächlich voll oder überhaupt nicht reparieren lässt, wollte der Kl. im Rahmen seiner Dispositionsfreiheit die höheren Netto-Reparaturkosten gemäß Gutachten ersetzt haben. Da er bei fiktiver Schadensberechnung jedoch nicht auch die Umsatzsteuer in Höhe von € 1900,00 bekommen hätte, hat er im Prozess weiter vorgetragen, dass er das Fahrzeug tatsächlich zu einem Nettobetrag in Höhe von € 9000,00 hat reparieren lassen, sodass tatsächlich Umsatzsteuer in Höhe von € 1710,00 angefallen ist. Zusätzlich zu den fiktiven Netto-Reparaturkosten gem. Gutachten wollte der Kl. deswegen auch die tatsächlich von ihm bezahlte Umsatzsteuer ersetzt erhalten. Eine solche „kombinierte" Schadensberechnung hat der BGH zu Recht abgelehnt. Denn die Dispositionsfreiheit des Geschädigten ist nur im Rahmen der erforderlichen Herstellungskosten gegeben, aber nicht darüber hinaus. Nach Ansicht des BGH

> versteht es sich von selbst, dass auf der Grundlage einer preiswerteren Reparaturmöglichkeit abzurechnen ist, wenn ein Verweis der Schädigerseite darauf nicht einmal erforderlich ist, weil der Geschädigte die Möglichkeit einer vollständigen und fachgerechten, aber preiswerteren Reparatur selbst darlegt und sogar wahrgenommen hat.

---

[214] Die Möglichkeit des Schädigers, den Geschädigten auf eine kostengünstigere Reparaturmöglichkeit zu verweisen, entnimmt die Rspr. wohl zur Rechtfertigung der Beweislastverteilung i. d. R. § 254 Abs. 2 (BGH NJW 2003, 2086, 2088; NJW 2010, 606 Rn. 13; NJW 2015, 2110 Rn. 10); richtigerweise ist die Verweisungsmöglichkeit aber bei § 249 Abs. 2 S. 1 und der Frage der erforderlichen Herstellungskosten anzusiedeln (BGH NJW 2014, 535 Rn. 10).

[215] BGH NJW 2013, 2817 Rn. 8; BGH NJW 2014, 535, Rn. 9; zu Umständen, die den Verweis auf eine freie Fachwerkstatt unzumutbar machen, s. BGH NJW 2015, 2110 Rn. 10 – 15.

Der Vortrag des Geschädigten, trotzdem sei der vom Sachverständigen angegebene Betrag zur Herstellung erforderlich, ist dann unschlüssig. Eine abweichende Betrachtung würde dazu führen, dass der Geschädigte an dem Schadensfall verdient, was dem Verbot widerspräche, sich durch Schadensersatz zu bereichern.[216]

Im Ergebnis hat der Kl. deshalb nur Anspruch auf Ersatz der tatsächlich gezahlten Brutto-Reparaturkosten, also in Höhe von € 10.710,00.

Dieses Ergebnis steht nur scheinbar im Widerspruch mit der Aussage des BGH, der Geschädigte könne die Reparaturkosten, die fiktiv bei einer markengebundenen Vertragswerkstatt anfallen, auch dann verlangen, wenn er den Wagen „tatsächlich voll reparieren lässt". Der BGH hat den Geschädigten im Fall 2 zwar nicht fiktiv abrechnen lassen, aber nur deswegen nicht, weil der Geschädigte im Prozess durch den Vortrag, sein Fahrzeug entsprechend dem Gutachten voll, aber kostengünstiger repariert zu haben, selbst widerlegt hat, dass die Kostenschätzung gemäß Gutachten den erforderlichen Herstellungskosten i. S. v. § 249 Abs. 2 S. 1 entsprach. Entscheidend war also nicht, dass der Kl. sein Fahrzeug kostengünstiger als im Gutachten ausgewiesen reparieren ließ, sondern dass er dem Bekl. Informationen über die erfolgte Reparatur erteilt hat, die es dem Bekl. erst ermöglicht haben, den Kl. auf eine kostengünstigere Reparaturmöglichkeit zu verweisen. Der Geschädigte ist aber nicht verpflichtet, dem Schädiger irgendwelche Informationen über eine durchgeführte Reparatur oder Ersatzbeschaffung zukommen zu lassen,[217] weil dies im Widerspruch zur Dispositionsfreiheit des Geschädigten und der damit verbundenen Möglichkeit der fiktiven Schadensberechnung stünde.

2.5.3 Werkstatt-/Prognoserisiko bei unsachgemäßer Reparatur

Die Subjektbezogenheit der Feststellung der erforderlichen Kosten kommt vor allem dann zum Tragen, wenn der Geschädigte die Reparatur tatsächlich durchgeführt hat, die entstandenen Kosten beim Schädiger geltend macht und zwischen den Parteien Streit darüber entsteht, ob die durchgeführten Maßnahmen sachgerecht waren und der Schädiger dem Wirtschaftlichkeitsgebot hinreichend Rechnung getragen hat.

> *BGH NJW 1970, 160 (Sachverhalt abgewandelt):* Der Kl. nimmt die Bekl. auf Schadensersatz wegen der Beschädigung seines Pkw bei einem Verkehrsunfall in Anspruch. Für die Reparatur hat er 5.000 € aufgewendet. Der Beklagte meint, in Höhe von 2.000 € nicht verpflichtet zu sein, da der höhere Aufwand durch unsachgemäße und unwirtschaftliche Maßnahmen der Werkstatt verursacht worden sei, was zutrifft.

Die Entscheidung des Falles hängt davon ab, welche der Parteien das Risiko zu tragen hat, dass die vom Geschädigten beauftragte Werkstatt den Reparaturauftrag

---

[216] BGH NJW 2014, 535, Rn. 11.
[217] BGH NJW 2014, 3236 Rn. 9.

unsachgemäß ausgeführt hat (sog. Werkstatt- oder Prognoserisiko). Der BGH führt aus, dass sich der Geschädigte zwar

> bei der Auftragserteilung sowie bei den weiteren Vorkehrungen für eine ordnungsmäßige, zügige Durchführung der Reparatur von wirtschaftlich vertretbaren, das Interesse des Schädigers an einer Geringhaltung des Schadens mitberücksichtigenden Erwägungen leiten lassen (muss). Es darf aber nicht außer acht gelassen werden, daß seinen Erkenntnis- und Einwirkungsmöglichkeiten bei der Schadensregulierung regelmäßig Grenzen gesetzt sind, dies vor allem, sobald er den Reparaturauftrag erteilt und das Unfallfahrzeug in die Hände von Fachleuten übergeben hat; auch diese Grenzen bestimmen das mit, was „erforderlich" ist. Es würde dem Sinn und Zweck des § 249 S. 2 BGB (Anm.: heute § 249 Abs. 2 S. 1) widersprechen, wenn der Geschädigte bei Ausübung der ihm durch das Gesetz eingeräumten Ersetzungsbefugnis – sei es aus materiellrechtlichen Gründen, etwa gar in Anwendung des § 278 BGB, oder aufgrund der Beweislastverteilung – im Verhältnis zu dem ersatzpflichtigen Schädiger mit Mehraufwendungen der Schadensbeseitigung belastet bliebe, deren Entstehung seinem Einfluß entzogen ist und die ihren Grund darin haben, daß die Schadensbeseitigung in einer fremden, vom Geschädigten, wohl auch nicht vom Schädiger kontrollierbaren Einflußsphäre stattfinden muß. Insoweit besteht kein Sachgrund, dem Schädiger das „Werkstattrisiko" abzunehmen, das er auch zu tragen hätte, wenn der Geschädigte ihm die Beseitigung des Schadens nach § 249 S. 1 BGB überlassen würde. Die dem Geschädigten durch § 249 S. 2 BGB gewährte Ersetzungsbefugnis ist kein Korrelat für eine Überbürdung dieses Risikos auf ihn.
>
> Ebensowenig ist eine Belastung mit diesem Risiko deshalb angezeigt, weil der Geschädigte für das Verschulden von Hilfspersonen bei Erfüllung seiner Obliegenheiten zur Schadensminderung nach § 254 II 2 i. Verb. m. § 278 BGB einstehen müßte. In den Fällen des § 249 S. 2 BGB (Anm.: heute § 249 Abs. 2 S. 1), in denen es lediglich um die Bewertung des „erforderlichen" Herstellungsaufwandes geht, ist die Vorschrift des § 254 BGB ohnehin nur sinngemäß anwendbar. Selbst wenn in diesem Rahmen gleichwohl auch die durch § 278 BGB bewirkte Risikoverteilung mitberücksichtigt werden müßte, wäre das keine tragfähige Grundlage für eine Entlastung des Schädigers von dem Mehraufwand der Schadensbeseitigung, der, wie ausgeführt, auf ein der Einflußsphäre des Geschädigten entzogenes Verhalten der Reparaturwerkstatt zurückgeht. Hier wirkt sich aus, daß sich der Geschädigte der Werkstatt in erster Linie nicht in Erfüllung von Obliegenheiten zur Schadensminderung, sondern kraft seiner Befugnis zur Herstellung des beschädigten Fahrzeugs bedient und das Gesetz die Kosten hierfür dem Schädiger auferlegt. Eine andere Betrachtung würde das Recht des Geschädigten, die Schadensbeseitigung selbst statt vom Schädiger vornehmen zu lassen, was nicht zuletzt diesem, damit auch seinem Haftpflichtversicherer zugut kommt, dem Sinn des Gesetzes zuwider verkürzen.
>
> Weist der Geschädigte nach, daß er die Instandsetzungsarbeiten unter Beachtung der vorstehenden Grundsätze veranlaßt hat, so können deshalb die „tatsächlichen" Reparaturkosten regelmäßig auch dann für die Bemessung des „erforderlichen" Herstellungsaufwandes herangezogen werden, wenn diese Kosten ohne Schuld des Geschädigten etwa wegen überhöhter Ansätze von Material oder Arbeitszeit, wegen unsachgemäßer oder unwirtschaftlicher Arbeitsweise im Vergleich zu dem, was für eine solche Reparatur sonst üblich ist, unangemessen sind.

Das Prognoserisiko ist auch sonst im Schadensrecht zu beachten. Stellt sich z. B. erst im Zuge der Schadensbeseitigung heraus, dass die Kosten der Naturalherstellung unverhältnismäßig i. S. v. § 251 Abs. 2 S. 1 sind, trägt das Prognoserisiko der Schädiger, wenn der Geschädigte bei Beginn der

Schadensbeseitigung davon ausgehen durfte, dass kein unverhältnismäßiger Aufwand entsteht.[218]

Die Regeln zur Verteilung des Prognoserisikos stellen ein allgemeines Prinzip dar, das sogar über das Schadensrecht hinaus von Bedeutung ist. Hat zum Beispiel ein Werkunternehmer mangelhaft geleistet und macht der Besteller Ersatz der Mangelbeseitigungskosten als Kosten der Ersatzvornahme oder als Schadensersatz geltend, so ist der Unternehmer zum Ersatz dieser Kosten auch dann verpflichtet, wenn sich die vom Besteller ergriffenen Maßnahmen im Nachhinein als nicht erforderlich erweisen:[219]

> Der Auftraggeber kann Erstattung der Fremdnachbesserungskosten verlangen, die er als vernünftiger, wirtschaftlich denkender Bauherr im Zeitpunkt der Beauftragung des Dritten für angemessen halten durfte, wobei es sich um eine vertretbare Maßnahme der Schadensbeseitigung handeln muss. Hat er sich sachkundig beraten lassen, kann er regelmäßig die Fremdnachbesserungskosten verlangen, die ihm auf Grund dieser Beratung entstanden sind. Das mit der sachkundig begleiteten Beurteilung einhergehende Risiko einer Fehleinschätzung trägt der Auftragnehmer. Dieser hat deshalb die Kosten selbst dann zu erstatten, wenn sich die zur Mängelbeseitigung ergriffenen Maßnahmen im Nachhinein als nicht erforderlich erweisen.

2.5.4 Wirtschaftlichkeitspostulat: Reparatur oder Ersatzbeschaffung?

Kann der geschuldete Herstellungserfolg sowohl durch Reparatur als auch durch Ersatzbeschaffung bewirkt werden,[220] gilt für die Frage, ob der Gläubiger die Reparaturkosten oder die Ersatzbeschaffungskosten verlangen kann, grundsätzlich das aus dem Tatbestandsmerkmal der „Erforderlichkeit" folgende Wirtschaftlichkeitsgebot, d. h., der Gläubiger hat unter den beiden Alternativen diejenige zu wählen, die den geringsten Aufwand verursacht.[221] Dem Geschädigten steht es zwar anlässlich des Schadensfalles frei, sich für die unwirtschaftlichere Alternative der Schadensbehebung zu entscheiden, aber er kann beim Schädiger die hierfür anfallenden Kosten nur bis zur Höhe der wirtschaftlich günstigeren Alternative geltend machen.[222]

Die Frage der rechtlich gebotenen Schadensberechnung spielt vor allem bei der Abwicklung von Kfz-Unfällen eine Rolle. Um sie entscheiden zu können, muss man den Reparaturaufwand mit dem Wiederbeschaffungsaufwand vergleichen. Hierfür gilt[223]:

Reparaturaufwand　　　　　　Reparaturkosten zuzüglich Minderwert
Wiederbeschaffungsaufwand　　Wiederbeschaffungswert abzüglich Restwert

---

[218]BGH NJW 2015, 468 Rn. 48.
[219]BGH NJW 2013, 1528 Rn. 9 m. w. N.
[220]Siehe oben F. II. 2.2.2.
[221]BGH NJW 2005, 1108.
[222]BGH NJW 2013, 1151 Rn. 12.
[223]Vgl. BGH NJW 1992, 302, 304.

Der Reparaturaufwand beschreibt die kostenmäßige Belastung des Schädigers, die sich zum einen aus den Kosten der Reparatur und zum anderen aus dem Minderwert ergibt, der dem Fahrzeug trotz ordnungsgemäßer Instandsetzung als „Unfallfahrzeug" anhaftet.

Der Wiederbeschaffungsaufwand beschreibt die kostenmäßige Belastung des Schädigers, die dadurch entsteht, dass einerseits die Kosten der Beschaffung eines Ersatzfahrzeugs aufgewendet werden müssen, andererseits aber zu berücksichtigen ist, dass das Unfallfahrzeug einen Restwert hat, der zur Vermeidung einer Bereicherung des Geschädigten vom Wiederbeschaffungswert abzuziehen ist.

Aufgrund des Wirtschaftlichkeitsgebots muss der Geschädigte reparieren lassen bzw. kann nur den Reparaturaufwand geltend machen, wenn dieser geringer ist als der Wiederbeschaffungsaufwand.

Ist der Reparaturaufwand größer als der Wiederbeschaffungsaufwand, müsste der Geschädigte an sich bei strikter Anwendung des Wirtschaftlichkeitsgebots auf eine Reparatur verzichten und ein Ersatzfahrzeug beschaffen. Diese rein rechnerische Betrachtung würde jedoch der Funktion der Naturalrestitution nicht gerecht. Ziel der Naturalrestitution ist es, das Interesse des Geschädigten an der konkreten gegenständlichen Zusammensetzung seines Vermögens zu schützen. Dieses Interesse lässt sich bei der „Konkurrenz" zwischen Reparatur und Ersatzbeschaffung jedoch nicht auf eine reine Rechengröße verkürzen, da der Geschädigte am Erhalt seines Fahrzeugs ein berechtigtes wirtschaftliches Interesse haben kann, das durch eine Ersatzbeschaffung nicht befriedigt werden kann. Denn, so der BGH,[224]

> der Eigentümer eines Kraftfahrzeugs weiß, wie dieses ein- und weitergefahren, gewartet und sonst behandelt worden ist, ob und welche Mängel dabei aufgetreten und auf welche Weise sie behoben worden sind. Demgegenüber sind dem Käufer eines Gebrauchtwagens diese Umstände, die dem Fahrzeug ein individuelles Gepräge geben (vgl. *Jordan*, VersR 1978, 688, 691), zumeist unbekannt. Dass ihnen ein wirtschaftlicher Wert zukommt, zeigt sich auch darin, dass bei dem Erwerb eines Kraftfahrzeugs aus „erster Hand" regelmäßig ein höherer Preis gezahlt wird. Hierbei handelt es sich somit keineswegs um immaterielle Erwägungen, wie etwa die Anerkennung einer „eigentlich unsinnigen emotionalen Bindung des Geschädigten an einen technischen Gegenstand" (*Freundorfer*, VersR 1992,1332, 1333). Ein derartiges Affektionsinteresse könnte schadensrechtlich keine Anerkennung finden.

Vor diesem Hintergrund das Wirtschaftlichkeitsgebot einzuschränken und dem Schädiger Reparaturkosten aufzubürden, die den Wiederbeschaffungsaufwand übersteigen, ist aber nur gerechtfertigt, wenn der Geschädigte sein Integritätsinteresse daran, sein Vermögen in seiner (ursprünglichen) gegenständlichen Zusammensetzung zu erhalten, auch wirklich realisiert. Anderenfalls könnte der Geschädigte einen an sich wirtschaftlich überhöhten Aufwand als Schaden abrechnen, obwohl hierfür kein rechtfertigender Grund besteht. Dies würde gegen das schadensersatzrechtliche Bereicherungsverbot verstoßen.[225]

---

[224]BGH NJW 2005, 1108, 1109.
[225]BGH NJW 2005, 1108, 1110.

Die h. M. differenziert deswegen wie folgt:[226]

Ist der Reparaturaufwand höher als der Wiederbeschaffungsaufwand, kann der Gläubiger gem. § 249 Abs. 2 nur den niedrigeren Wiederbeschaffungsaufwand als Geldersatz fordern, wenn er den Schaden an seinem Fahrzeug nicht beheben lässt und stattdessen auf Basis eines Gutachtens oder eines Kostenvoranschlags lediglich fiktive Kosten ersetzt verlangt.[227] In diesem Fall hat der Geschädigte sein Interesse am Erhalt seines Vermögens in der ursprünglichen unversehrten Zusammensetzung nicht in die Tat umgesetzt, sodass sein Integritätsinteresse insoweit keines Schutzes bedarf. Dem Fall, dass das Fahrzeug überhaupt nicht repariert wird, stellt die Rspr. grundsätzlich den Fall gleich, dass der Geschädigte lediglich die Fahrbereitschaft des Fahrzeugs wieder herstellt, also keine vollständige und fachgerechte Reparatur zur Wiederherstellung des ursprünglich schadensfreien Zustands durchführt, wobei Vergleichsmaßstab hierfür das i. d. R. vorliegende Gutachten eines Sachverständigen zu den erforderlichen Reparaturmaßnahmen ist.[228] Aber selbst wenn der Geschädigte sein Fahrzeug zu höheren Reparaturkosten fachgerecht instand setzen lässt, kann er diese Kosten nur dann ersetzt verlangen, wenn er sein Integritätsinteresse durch einen längeren Gebrauch des reparierten Fahrzeugs realisiert. Der BGH geht von einer Nutzungsdauer von sechs Monaten aus; wird dieser Zeitraum unterschritten, kann der Geschädigte trotz Reparatur nur den geringeren Wiederbeschaffungsaufwand verlangen.[229] In Abgrenzung zu seiner Rspr. bezüglich der 130 %-Grenze (dazu sogleich) hat der BGH klargestellt, dass für die Berechnung des Wiederbeschaffungsaufwands der Restwert vom Wiederbeschaffungswert abzuziehen ist und dass bei bloß fiktiver Schadensberechnung, also wenn eine Ersatzbeschaffung tatsächlich nicht durchgeführt wird, gem. § 249 Abs. 2 S. 2 kein Anspruch auf die Mehrwertsteuer besteht.[230]

Übersteigt der Reparaturaufwand den Wiederbeschaffungswert und lässt der Geschädigte das Fahrzeug fachgerecht und vollständig instand setzen und nimmt er das reparierte Fahrzeug für einen längeren Zeitraum – i. d. R. sechs Monate – in Gebrauch, so kann der Geschädigte die Reparaturkosten einschließlich eines etwaigen Minderwerts ersetzt verlangen, wenn dieser Aufwand 130 % des Wiederbeschaffungswerts nicht übersteigt.[231] Folgendes Beispiel soll die Berechnung verdeutlichen:

BGH NJW 1992, 302: K nimmt B nach einem Verkehrsunfall auf Schadensersatz in Anspruch. Der Porsche des K wurde erheblich beschädigt. Laut Gutachten betragen die

---

[226]Vgl. Wellner, NJW 2012, 7 ff.
[227]BGH NJW 1992, 302, 304.
[228]BGH NJW 2005, 1108; NJW 2005, 1110; NJW 2012, 52 f.; NJW 2015, 2958.
[229]BGH NJW 2008, 437.
[230]BGH NJW 2005, 1110, 1111.
[231]Grundlegend BGH NJW 1992, 302.

F. Schadensausgleich durch Naturalrestitution gem. §§ 249, 250

Reparaturkosten 47.000 € und es verbleibt nach fachgerechter Reparatur ein merkantiler Minderwert von 2.500 €. Die Beschaffung eines gleichwertigen Porsches kostet 52.500 €. Der Restwert des beschädigten Porsches beträgt 15.000 €.

Der Reparaturaufwand beträgt 49.500 €, der Wiederbeschaffungsaufwand 37.500 €. Da der Reparaturaufwand den Wiederbeschaffungsaufwand erheblich übersteigt, kann K grundsätzlich nur den Wiederbeschaffungsaufwand von 37.500 € verlangen. Wenn die Reparatur die 130 %-Grenze nicht übersteigt, könnte K sein Fahrzeug auch reparieren lassen und von B den Reparaturaufwand von 49.500 € verlangen. Hier kommt K die Rspr. des BGH zugute, dass bei der Berechnung der „Opfergrenze" von 130 % der Restwert des Unfallfahrzeugs vom Wiederbeschaffungswert nicht abgezogen werden muss.[232] Damit liegen die Reparaturkosten einschließlich Minderwert im Beispielsfall sogar unterhalb des maßgeblichen Wiederbeschaffungswerts.

Lässt der Geschädigte sein Fahrzeug auf der Grundlage eines Gutachtens reparieren, dem zufolge der Integritätszuschlag von 30 % nicht überschritten wird, liegen die tatsächlichen Reparaturkosten dann jedoch jenseits der 130 %-Marke, kann der Geschädigte grundsätzlich die vollen Reparaturkosten ersetzt verlangen, weil das Werkstatt- und Prognoserisiko beim Schädiger liegt.[233]

Hiervon ist folgender Fall zu unterscheiden:

BGH NJW 1992, 305: K begehrt von B Ersatz seines restlichen Sachschadens aus einem Verkehrsunfall, bei dem sein Mercedes-Benz 380 SEL beschädigt worden ist. Laut Gutachten beträgt der Reparaturaufwand 15.000 €. Auf dieser Grundlage hat K sein Fahrzeug reparieren lassen. Ein gleichwertiges Ersatzfahrzeug hätte 10.500 € gekostet. Der Restwert des beschädigten Mercedes-Benz beträgt 2.000 €. B hat 8.500 € bezahlt. Kann K eine höhere Zahlung verlangen?

Die Reparaturkosten einschließlich Minderwert betragen 15.000 €. Der Wiederbeschaffungsaufwand beträgt 8500 €. K kann also nach dem Wirtschaftlichkeitsgebot keine weitere Zahlung verlangen, es sei denn, er könnte die Rspr. des BGH zur 130 %-Grenze für sich fruchtbar machen Die 130 %-Grenze wird bei einem Betrag größer als 13.650 € überschritten, sodass K jedenfalls keine 15.000 € verlangen kann. Fraglich ist jedoch, ob er zumindest den Betrag bis zur Opfergrenze von 130 % abschöpfen kann. Der BGH[234] erteilt diesem Ansinnen eine Absage:

> In Anbetracht der von der Bekl. vorprozessual erbrachten Zahlungen könnte deshalb die Revision nur dann Erfolg haben, wenn dem Geschädigten auch bei wirtschaftlich unvernünftiger Reparatur seines Fahrzeugs gegen den Schädiger ein Ersatzanspruch in Höhe von 130 % des Wiederbeschaffungswertes zustehen würde. Das ist aber nicht der Fall. Denn nicht schon die Tatsache, daß ein beschädigtes Kraftfahrzeug

---

[232] BGH NJW 1992, 302, 304 (letztlich handelt es sich um eine Praktikabilitätsüberlegung für das „Massenphänomen der Kraftfahrzeugunfälle").

[233] BGH NJW 1992, 302 304.

[234] BGH NJW 1992, 305, 306.

überhaupt repariert wird, macht die dadurch verursachten Kosten bis zu 30 % über dem Wiederbeschaffungswert zu dem „erforderlichen" Betrag i. S. von § 249 S. 2 BGB; ein den Wiederbeschaffungswert übersteigender „Integritätszuschlag" steht dem Geschädigten vielmehr nur dann zu, wenn die von ihm veranlaßte Instandsetzung wirtschaftlich sinnvoll ist. Die Reparaturkosten können also nicht in einen vom Schädiger auszugleichenden wirtschaftlich vernünftigen Teil und einen vom Geschädigten selbst zu tragenden wirtschaftlich unvernünftigen Teil aufgespalten werden. Anderenfalls würde ein Anreiz zu wirtschaftlich unsinnigen Reparaturen geschaffen, an deren Kosten sich der Schädiger zu beteiligen hätte, was zu einer dem Gebot der wirtschaftlichen Vernunft zuwiderlaufenden Aufblähung von Ersatzleistungen bei der Schadensregulierung im Kraftfahrzeugbereich und zu einer vom Zweck des Schadensausgleichs nicht gebotenen Belastung des Schädigers führen würde. Dem darf durch die Rechtsprechung nicht Vorschub geleistet werden.

Klarzustellen ist: Soweit K den (bereits bezahlten) Wiederbeschaffungsaufwand verlangen kann, ergibt sich dies nach der Rspr. nicht aus § 251 Abs. 2.[235] Dabei kann offen bleiben, ob die Reparaturkosten unverhältnismäßig i. S. v. § 251 Abs. 2 sind. Denn die Ersatzbeschaffung ist neben der Reparatur eine gleichwertige Form der Naturalrestitution und die hierfür erforderlichen Kosten sind nicht unverhältnismäßig.[236]

2.5.5 Umsatzsteuer
Ist eine Sache beschädigt worden, so kann der Gläubiger die Umsatzsteuer gem. § 249 Abs. 2 S. 2 nur insoweit ersetzt verlangen, als sie tatsächlich angefallen ist.[237] Damit kann die Umsatzsteuer vor allem in den Fällen nicht verlangt werden, in denen der Geschädigte aufgrund seiner Dispositionsfreiheit Reparatur- oder Ersatzbeschaffungskosten nur fiktiv auf Gutachtenbasis abrechnet, ohne die Restitutionsmaßnahme tatsächlich durchzuführen. Führt der Geschädigte eine Ersatzbeschaffung tatsächlich durch, kann die Umsatzsteuer auch dann nur verlangt werden, wenn sie tatsächlich anfällt, was bei einem Kauf von privat nicht der Fall ist.[238]

Über den Wortlaut hinaus ist die Vorschrift entsprechend anwendbar, wenn der Auftraggeber eines Werkvertrags einen Anspruch auf Schadensersatz statt der Leistung in Höhe der voraussichtlichen Mangelbeseitigungskosten geltend macht, wenn die Mängel nicht tatsächlich beseitigt werden.[239]

2.5.6 Heilungskosten
Bei der Verletzung von Personen unterfallen hauptsächlich die Heilbehandlungskosten dem zur Wiederherstellung der Gesundheit erforderlichen Betrag gem.

---

[235]BGH NJW 1992, 305, 306; a. A. das überwiegende Schrifttum, siehe unten G. II. 3.
[236]BGH NJW 1992, 305, 306.
[237]Ausführlich Huber, Das neue Schadensersatzrecht, § 1 Rn. 16 ff.
[238]BGH NJW 2013, 3719.
[239]BGH NJW 2010, 3085; NJW 2015, 1875; Palandt-Grüneberg § 249 Rn. 29.

§ 249 Abs. 2 S. 1. Da für die Heilbehandlungskosten regelmäßig ein Versicherer aufkommt, ist der Forderungsübergang gem. §§ 116 SGB X, 86 VVG zu beachten.

Zu den Heilbehandlungskosten des Geschädigten können ausnahmsweise auch Besuchskosten seiner nächsten Angehörigen gehören, wenn die Besuche medizinisch notwendig und die Aufwendungen unvermeidbar sind.[240] Häufigster Anwendungsfall ist die Verletzung von meist kleinen Kindern und die damit verbundenen Krankenhausbesuche der Eltern. Hier ist oft evident, dass die Besuche der Eltern für den Genesungsprozess und die hierfür ggf. erforderliche psychische Stabilität der Kinder medizinisch notwendig sind. Soweit infolge der notwendigen Besuchszeit ein Verdienstausfall eintritt, ist auch dieser als Schaden ersatzpflichtig.[241] Das Besondere an dieser Konstellation ist, dass der Verletzte als Anspruchsteller Aufwendungen Dritter als eigenen Schaden geltend machen kann. Dies widerspricht dem Dogma vom Gläubigerinteresse. Eine saubere dogmatische Begründung für diese Durchbrechung schadensersatzrechtlicher Grundsätze gibt es nicht. Der BGH gibt als Begründung an, dass „aufgrund wertender Betrachtung wegen ihrer engen Verbundenheit mit den Heilungskosten des Verletzten ausnahmsweise die Kosten für Besuche nächster Angehöriger am Krankenbett des Verletzten als dessen Gesundheitsschaden für erstattungsfähig angesehen" werden können.[242] Nach a. A. handelt es sich um eine „versteckte Analogiebildung zu §§ 844, 845".[243]

III. Geldersatz nach Fristsetzung gem. § 250

Gem. § 250 kann der Gläubiger auch dadurch zu einem Geldersatzanspruch kommen, dass er dem Ersatzpflichtigen eine angemessene Frist zur Herstellung setzt. Im Unterschied zu den Regelungen im neuen Schuldrecht hat der Gesetzgeber jedoch systemwidrig die aus dem alten Recht überkommene Voraussetzung beibehalten, der zufolge die Fristsetzung mit der Erklärung verbunden sein muss, dass nach Ablauf der Frist die Herstellung abgelehnt werde. Nach fruchtlosem Ablauf der Frist kann der Gläubiger Geldersatz verlangen. Gleichzeitig ist der Anspruch auf Herstellung ausgeschlossen.

Nach zutreffender h. M. bemisst sich die Höhe des Geldersatzes nach § 249 Abs. 2, also nach dem Restitutionsinteresse, und nicht nach § 251. § 250 soll nämlich die Möglichkeiten des Gläubigers, statt der Herstellung Geld zu verlangen, über die in § 249 Abs. 2 genannten Fälle der Körperverletzung und der Sachbeschädigung hinaus erweitern.[244]

---

[240] BGH NJW 1991, 2340; Staudinger-Schiemann Vorbem. zu §§ 249 ff., Rn. 56 und § 249 Rn. 239 ff.

[241] BGH NJW 1989, 766; NJW 1991, 2340.

[242] BGH NJW 1991, 2340.

[243] Staudinger-Schiemann § 249 Rn. 240; Larenz/Canaris SBT 2 § 83 I 1b.

[244] MüKo-Oetker § 250 Rn. 12; Palandt-Grüneberg § 250 Rn. 3; Brand, Schadensersatzrecht, § 5 Rn. 34; a. A. Larenz SAT § 28 II; Lange/Schiemann § 5 V 1.

Der Anwendungsbereich der Vorschrift ist jedoch schmal und auch nur dann eröffnet, wenn nicht bereits die zu leistende Naturalrestitution gem. § 249 Abs. 1 auf Zahlung von Geld gerichtet ist.[245] Nach § 250 kann der Geschädigte z. B. Geldersatz, also Zahlung an sich selbst verlangen, wenn sein Schaden in der Belastung mit einer Verbindlichkeit besteht und er dem Schädiger erfolglos eine Frist zur Freistellung gesetzt hat.

IV. Einzelfragen der Naturalrestitution

1. Ersatz des entgangenen Gewinns (§ 252)

Gem. § 252 S. 1 umfasst der zu ersetzende Schaden auch den entgangenen Gewinn. Die Vorschrift hat nur klarstellenden Charakter, da sich ihr Inhalt bereits aus § 249 Abs. 1 herleiten lässt. Denn zur Herstellung des Zustands, der bestehen würde, wenn der zum Ersatz verpflichtende Umstand nicht eingetreten wäre, gehören auch Vermögenszuwächse, die infolge des schädigenden Ereignisses nicht realisiert werden konnten.[246]

Der praktisch häufigste Fall des entgangenen Gewinns sind Verdienstausfallschäden, die dadurch entstehen, dass der Gläubiger in Folge einer Körper- oder Gesundheitsverletzung ganz oder teilweise, dauernd oder vorübergehend arbeitsunfähig wird.[247] Ein Gewinn entgeht auch in dem folgenden

> **Beispiel**
> A betreibt eine Druckerei, die sich auf die Herstellung hochwertiger Kopien spezialisiert hat, die für die Auftragsgeber des A kurzfristig verfügbar sein müssen. Damit bei technischen Störungen der Hochleistungskopierer die Aufträge erfüllt werden können, hat A mit B einen Wartungsvertrag abgeschlossen, in dem B zugesagt hat, innerhalb von 24 Stunden nach Anforderung durch A einen Servicemitarbeiter zur Behebung der Störung in den Betrieb des A zu entsenden. Als ein Kopierer wegen einer technischen Störung ausfällt, entsendet B erst eine Woche nach Anforderung durch A einen Servicemitarbeiter, der die Störung behebt. Da die funktionstüchtigen Kopierer des A ausgelastet sind, um die bestehenden Aufträge zu erfüllen, kann A die bei ihm neu eingehenden Aufträge nicht annehmen. Den Gewinn, den A bei Annahme der Aufträge hätte erzielen können, muss B gem. §§ 280 Abs. 1, 249 Abs. 1, 252 ersetzen.

Der Nachweis des entgangenen Gewinns ist zumeist mit erheblichen Schwierigkeiten verbunden. Der Gläubiger muss nämlich oft einen komplexen

---

[245] BGH NJW 2013, 450 für den Schadensersatzanspruch wegen fehlerhafter Anlageberatung.
[246] Brand, Schadensersatzrecht, § 5 Rn. 36.
[247] Ausführlich Staudinger-Schiemann § 252 Rn. 27 ff.

hypothetischen Kausalverlauf darlegen und beweisen. Das zeigt auch das obige Beispiel. Es mag für A noch einfach sein darzulegen, welches Entgelt er bei Annahme der Aufträge erhalten hätte. Zum Nachweis des entgangenen Gewinns muss A aber auch Angaben dazu machen, welche Kosten ihm bei Durchführung der Aufträge entstanden wären, also wie viel Personal und wie viel Kopierer er für welchen Zeitraum hätte einsetzen müssen, um die Aufträge auszuführen. Zahlt A für die Betriebsräume Miete, ist dieser Kostenfaktor anteilig auf die nicht angenommenen Aufträge umzulegen. A müsste auch die weiteren Kosten darlegen, die ihm bei Ausführung der Aufträge entstanden wären, wie zum Beispiel Verbrauch von Papier, Strom, Büromaterial, etc.

Angesichts der Beweisschwierigkeiten sieht § 252 S. 2 BGB zugunsten des Gläubigers eine Beweiserleichterung vor.[248] Die Vorschrift ergänzt insoweit die Möglichkeit der Schätzung gem. § 287 ZPO. Gem. § 252 S. 2 BGB genügt es, wenn der Gläubiger einen Sachverhalt darlegt, aus dem nach dem gewöhnlichen Lauf der Dinge oder nach den besonderen Umständen, insbesondere nach den getroffenen Anstalten und Vorkehrungen der Schluss gezogen werden kann, dass der geltend gemachte Gewinn wahrscheinlich eingetreten wäre. Wenn der Gläubiger die für dieses Wahrscheinlichkeitsurteil erforderlichen Tatsachen beweisen kann, hat der Schuldner den „wahrscheinlichen" Gewinn zu ersetzen, auch wenn sich der Richter im Prozess keine völlige Gewissheit darüber verschaffen kann, dass dieser Gewinn auch tatsächlich erzielt worden wäre. Die Bedeutung der Beweiserleichterung gem. § 252 S. 2 hat der BGH wie folgt zusammengefasst:

> Was die erstgenannte Vorschrift (Anm.: Gemeint ist § 252 S. 2) anbetrifft, so hat das Berufungsgericht nicht verkannt, dass sie keine volle Gewissheit der Gewinnerzielung erfordert, sondern sich mit bloßer Wahrscheinlichkeit begnügt; denn das wird im Urteil ausdrücklich hervorgehoben. Ebenso wenig ist übersehen worden, dass diese Wahrscheinlichkeit nicht bereits im Zeitpunkt des schadenstiftenden Ergebnisses vorzuliegen brauchte, es vielmehr auf den Standpunkt des nachträglichen Beurteilers ankommt. Um eine solche Wahrscheinlichkeitsprüfung durchführen zu können, benötigt jedoch der Richter als „Ausgangssituation" greifbare Tatsachen, da sich nur an Hand eines bestimmten Sachverhalts sagen lässt, wie die Dinge, wenn das als schadenstiftend bezeichnete Ereignis nicht eingetreten wäre, sich nach menschlicher Erfahrung weiterentwickelt haben würden. Diese tatsächliche Grundlage für die Beurteilung beizubringen, obliegt der Partei, die den Sachschadensersatzanspruch geltend macht; sie muss den Tatsachenstoff, aus dem sich nach dem gewöhnlichen Verlauf oder den besonderen Umständen des Falles ihre Gewinnerwartung herleitet, im Einzelnen darlegen und bei gegnerischem Bestreiten beweisen. Erst wenn das geschehen ist, kann die weitere – hypothetische – Entwicklung unter dem Gesichtspunkt der Wahrscheinlichkeit geprüft werden. Und nur im Falle eines für den Anspruchsteller *günstigen* Ergebnisses dieser Prüfung, d. h. wenn der Richter aufgrund jenes Sachverhalts zu der Überzeugung gelangt ist, dass nach dem mutmaßlichen Geschehensablauf der Gewinn mit Wahrscheinlichkeit erwartet werden kann, greift die von der Revision ins Feld geführte Vermutung ein, der erwartete Gewinn wäre auch tatsächlich gemacht worden, eine Vermutung, die der Anspruchsgegner dann seinerseits mit

---

[248] Heute ganz h. M., vgl. BGH NJW 1983, 758; Brand, Schadensersatzrecht, § 5 Rn. 41 ff.; Staudinger-Schiemann § 252 Rn. 3 ff. m. N. zur Gegenansicht.

dem Gegenbeweis entkräften kann, dass der Gewinn nach dem späteren Verlauf oder aus irgendwelchen anderen Gründen dennoch nicht gemacht worden wäre.[249]

Aus dem in § 252 S. 2 verwendeten Wort „gilt" kann nicht geschlossen werden, dass es sich bei der Beweiserleichterung um eine unwiderlegliche Vermutung bzw. um eine Fiktion handelt. Vielmehr steht dem Schädiger – wie sich auch aus dem vorstehenden Zitat ergibt – der Gegenbeweis offen.[250]

2. „neu für alt"

Wird eine gebrauchte Sache durch eine neue Sache ersetzt oder durch den Einbau von neuen Teilen repariert, kann dies dazu führen, dass der durch die Naturalrestitution hergestellte Zustand besser ist als der Zustand, der ohne das Schadensereignis bestünde. Dieses Ergebnis stünde mit dem schadensersatzrechtlichen Bereicherungsverbot in Widerspruch. Rechtsprechung und Schrifttum haben deswegen unter dem Stichwort „neu für alt" Kriterien entwickelt, um den Schadensersatzanspruch zu beschränken.[251] Macht der Geschädigte Geldersatz gem. § 249 Abs. 2 S. 1 geltend, ist die Werterhöhung als Abzugsposten zu berücksichtigen.[252] Erfolgt die Naturalherstellung gem. § 249 Abs. 1 durch den Schädiger, kann die Werterhöhung zwar mangels Gleichartigkeit zwischen Naturalherstellung und der durch sie verursachten Werterhöhung nicht durch „Verrechnung" ausgeglichen werden. In diesem Falle ist der Schadensersatzanspruch aber von vornherein dadurch eingeschränkt, dass er ein „Zuzahlungsgebot" des Geschädigten in Höhe der Wertverbesserung beinhaltet.[253]

Der Abzug „neu für alt" ist nicht nur Ausdruck des schadensersatzrechtlichen Bereicherungsverbots, sondern auch und vor allem der wirtschaftlichen Betrachtungsweise im Schadensrecht. Er setzt nämlich voraus, dass der geschuldete Herstellungserfolg auch dann möglich ist, wenn er nicht völlig mit dem Zustand identisch ist, der ohne das Schadensereignis bestünde. Es kommt auf die Herstellung eines wirtschaftlich vergleichbaren Zustands an und ein solcher Zustand kann grundsätzlich auch dann geschaffen werden, wenn er mit Wertverbesserungen verbunden ist.

Der Abzug „neu für alt" ist aber nur unter folgenden Voraussetzungen gerechtfertigt:[254] Die Naturalherstellung muss

- zu einer dauerhaften messbaren Vermögensmehrung führen,
- sich für den Geschädigten wirtschaftlich günstig auswirken,
- ihm zumutbar sein und

---

[249]BGH NJW 1964, 661, 662.
[250]Palandt/Grüneberg § 252 Rn. 4.
[251]Vgl. BGH NJW 1997, 520; MüKo-Oetker § 249 Rn. 348 ff.; Palandt-Grüneberg Vor § 249 Rn. 97 ff.; Lange/Schiemann § 6 V.
[252]BGH NJW 1996, 584; NJW 1997, 520.
[253]Staudinger-Schiemann § 249 Rn. 175.
[254]Palandt-Grüneberg Vor § 249 Rn. 98 ff.; Brand, Schadensersatzrecht, § 5 Rn. 29 ff.

- darf nicht gegen rechtliche Wertungen verstoßen.

Nach diesen Voraussetzungen ist ein Abzug „neu für alt" i. d. R. vorzunehmen, wenn die Naturalherstellung zu einer längeren Nutzungsdauer des Gegenstands führt.[255] Allerdings führt nicht jede Reparatur mit neuwertigen Ersatzteilen zu einem Abzug „neu für alt". Ein solcher Abzug ist beispielsweise nicht gerechtfertigt, wenn das ersetzte Teil die Gesamtnutzungsdauer der zu reparierenden Sache überstanden hätte.

Besondere Bedeutung kommt der Bedingung zu, dass der Abzug dem Geschädigten zumutbar sein muss. Insoweit ist nämlich zu berücksichtigen, dass der Geschädigte durch den Abzug gezwungen wird, Eigenmittel aufzuwenden, damit ein Zustand hergestellt wird, der mit dem hypothetisch schadensfreien Zustand wirtschaftlich vergleichbar ist. Unter Umständen kann sich der Geschädigte eine solche „Zuzahlung" nicht leisten. In diesen Fällen ist jedenfalls bei Gegenständen des täglichen Bedarfs davon auszugehen, dass ein Abzug „neu für alt" wegen Unzumutbarkeit ausscheidet.

G. Schadensausgleich durch Kompensation gem. § 251

I. Geldentschädigung nach dem Wertinteresse

Bereits oben unter E. III. wurde ausgeführt, dass die nach § 251 zu bemessende Geldentschädigung lediglich das Wertinteresse des Geschädigten schützt und welche Maßstäbe zur Berechnung der Schadenshöhe anzulegen sind. Die amtliche Überschrift „Schadensersatz in Geld ohne Fristsetzung" ist allerdings irreführend. Sie suggeriert einen systematischen Zusammenhang mit § 250, der die Überschrift „Schadensersatz in Geld nach Fristsetzung" trägt. Ein solcher Zusammenhang besteht jedoch nicht. § 250 gewährt Schadensersatz nach dem Restitutionsinteresse des Geschädigten, § 251 nach dem Wertinteresse des Geschädigten.

II. Die gesetzlichen Anwendungsfälle der Schadenskompensation

1. Unmöglichkeit der Herstellung (§ 251 Abs. 1 Alt. 1)

Ob die Herstellung unmöglich ist, hängt hauptsächlich davon ab, wie der geschuldete Herstellungserfolg bei wirtschaftlicher Betrachtungsweise definiert wird. Insoweit kann auf die Ausführungen unter E. II. 2 Bezug genommen werden. Unter Zugrundelegung dieses weiten Verständnisses der geschuldeten Herstellung

---

[255]Palandt-Grüneberg Vor § 249 Rn. 99.

kann mit der h. M. angenommen werden, dass die Unmöglichkeit den Anwendungsbereich des § 275 Abs. 1 umfasst, also anfängliche und nachträgliche, objektive und subjektive, tatsächliche und rechtliche Unmöglichkeit.[256]

Unmöglichkeit der Herstellung hat der BGH z. B. bei der Zerstörung eines aufwendig hergestellten Bastlerstücks angenommen.[257] Ob die Veräußerung der beschädigten Sache zur Unmöglichkeit führt, ist umstritten (s. o. F. II. 2.3.2).

2. Herstellung zur Entschädigung des Gläubigers nicht genügend (§ 251 Abs. 1 Alt. 2)

§ 251 Abs. 1 Alt. 2 sieht eine Kombination von Naturalrestitution und Schadenskompensation vor, so weit Naturalherstellung zur Entschädigung des Gläubigers nicht ausreichend ist. Der Hauptanwendungsbereich der Vorschrift umfasst die Fälle des merkantilen Minderwerts, also die Fälle, bei denen der Rechtsverkehr eine Sache trotz ordnungsgemäßer Reparatur niedriger bewertet als eine nicht mit einer „Schadensgeschichte" behaftete Sache. Dies spielt vor allem bei Verkehrsunfällen eine Rolle, da der Rechtsverkehr einem Fahrzeug, das Unfallschäden von hinreichendem Gewicht davon getragen hat, einen niedrigeren Wert beimisst als einem unfallfreien Fahrzeug.[258] Auch bei der Errichtung eines mangelhaften Bauwerks kann sich trotz erfolgter Mangelbeseitigung ein merkantiler Minderwert ergeben, wenn die maßgeblichen Verkehrskreise in die Qualität des Bauwerks ein geringeres Vertrauen haben, als wenn das Bauwerk von Anfang an mangelfrei ausgeführt worden wäre.[259] Das kommt z. B. in Betracht, wenn sich an einem neu errichteten Gebäude zahlreiche Risse zeigen, die zwar symptomatisch beseitigt werden, deren Ursache aber nicht geklärt werden kann.

3. Unverhältnismäßigkeit der Herstellung (§ 251 Abs. 2)

Ist die Herstellung nur mit unverhältnismäßigen Aufwendungen möglich, kann der Ersatzpflichtige den Gläubiger gem. § 251 Abs. 2 S. 1 in Geld entschädigen. § 251 Abs. 2 S. 1 bezieht sich sowohl auf die Herstellung in Natur gem. § 249 Abs. 1 als auch auf die Herstellung in Form des Geldersatzes gem. § 249 Abs. 2.[260] Die Vorschrift regelt eine Ersetzungsbefugnis des Schuldners.[261]

Ob die Herstellung nur mit unverhältnismäßigen Aufwendungen möglich ist, richtet sich nach einem Vergleich der Herstellungskosten mit dem gem. § 251 Abs. 2 geschuldeten Wertersatz.[262] Allerdings sind die Herstellungskosten nicht schon dann unverhältnismäßig, wenn sie den Betrag des Wertersatzes übersteigen.

---

[256] BGH NJW 1999, 3332; Palandt-Grüneberg § 249 Rn. 3.

[257] BGH NJW 1984, 2282.

[258] Palandt-Grüneberg § 251 Rn. 14.

[259] BGH NJW 2013, 525 Rn. 19.

[260] BGH NJW 1988, 1835, 1836.

[261] MüKo-Oetker § 251 Rn. 69.

[262] MüKo-Oetker § 251 Rn. 33; Palandt-Grüneberg § 251 Rn. 6; Brand, Schadensersatzrecht, § 6 Rn. 13.

Das würde dem Vorrang der Naturalrestitution widersprechen. Vielmehr betont die Rechtsprechung den Ausnahmecharakter der in § 251 Abs. 2 verankerten Befugnis des Schuldners, den Geschädigten auf das Wertinteresse verweisen zu dürfen.[263] Erforderlich ist eine umfassende Abwägung der beiderseitigen Interessen, wobei nach zutreffender h. M auch ein Verschulden des Schädigers[264] sowie immaterielle Interessen des Geschädigten zu berücksichtigen sind.[265] Das Prognoserisiko, ob die Naturalherstellung nicht zu unverhältnismäßigen Kosten führt, trägt der Schädiger.[266]

Übersteigen die Kosten der Reparatur eines unfallgeschädigten Kfz einschließlich eines etwaigen Minderwerts die Kosten für die Wiederbeschaffung eines vergleichbaren Fahrzeugs um mehr als 30 %, geht das überwiegende Schrifttum davon aus, dass es sich bei dem Reparaturaufwand um einen unverhältnismäßigen Herstellungsaufwand handelt. Der Geschädigte kann dann gem. § 251 Abs. 2 nur den Widerbeschaffungsaufwand ersetzt verlangen.[267] Die Rechtsprechung kommt zu dem gleichen Ergebnis, löst die Problematik aber allein im Rahmen der Naturalrestitution.[268]

Bei Personenschäden unterfallen die zur Wiederherstellung der Gesundheit erforderlichen Kosten nicht der Einschränkung des § 251 Abs. 2 S. 1.[269] Ausnahmsweise kann der Anspruch auf Ersatz von Heilungskosten nach der Rspr. gem. § 242 eingeschränkt sein, wenn es sich um eine kosmetische Operation zur Behandlung einer kaum erkennbaren Narbe handelt.[270]

Für die Heilbehandlung von Tieren stellt § 251 Abs. 2 S. 2 ausdrücklich klar, dass die hierfür erforderlichen Aufwendungen nicht bereits dann unverhältnismäßig sind, wenn sie den Wert des Tieres erheblich übersteigen.

4. Exkurs: Unverhältnismäßige Nacherfüllungskosten gem. §§ 439 Abs. 3, 635 Abs. 3

Mit § 251 Abs. 2 S. 1 vergleichbare Regelungen finden sich im Kaufrecht (§ 439 Abs. 3) und im Werkvertragsrecht (§ 635 Abs. 3). Hat der Verkäufer bzw. Werkunternehmer einen mangelhaften Vertragsgegenstand geleistet, kann er die Nacherfüllung verweigern, wenn sie nur mit unverhältnismäßigen Kosten möglich ist. In diesem Falle kann der Käufer bzw. Besteller statt der Nacherfüllung Schadensersatz verlangen, wenn der Schuldner die mangelhafte Leistung zu

---

[263] BGH NJW-RR 2003, 1021, 1022.

[264] BGH NJW 1970, 1180; NJW-RR 2003, 1021, 1022; Lange/Schiemann § 5 VII 1; Erman-Ebert § 251 Rn. 23; Palandt-Grüneberg § 251 Rn. 6; aA MüKo-Oetker § 251 Rn. 38.

[265] MüKo-Oetker § 251 Rn. 68.

[266] BGH NJW 2015 468 Rn. 48.

[267] Vgl. Brand, Schadensersatzrecht, § 6 Rn. 14 f.; MüKo-Oetker § 251 Rn. 42.

[268] Siehe im Einzelnen oben F. II. 2.5.4.

[269] BGH NJW 1975, 640, 641; MüKo-Oetker § 251 Rn. 49.

[270] BGH NJW 1975, 640; kritisch Brand, Schadensersatzrecht, § 6 Rn. 19.

vertreten hat. Es stellt sich dann die Frage, wie die Höhe des Schadens zu berechnen ist und ob hierfür die Kosten maßgeblich sein können, die zur Beseitigung des Mangels erforderlich sind.

> *BGH NJW 2013, 370:* K ist Eigentümer eines Grundstücks und hat B mit der Errichtung einer Doppelhaushälfte beauftragt. B hat in der Bodenplatte Warmwasserleitungen verlegt, ohne diese entsprechend der Energieeinsparverordnung (EnEV) ausreichend zu dämmen. Später verlangt K die Beseitigung des Mangels. Die Kosten hierfür belaufen sich auf rund € 44.000,00. Der mangelbedingte höhere Energieverbrauch führt lediglich zu Mehrkosten von ca. € 50,00. B verweigert die Mangelbeseitigung gem. § 635 Abs. 3. K verlangt von B Schadensersatz in Höhe von € 44.000,00.

Grundlage für den Schadensersatzanspruch sind §§ 631, 633, 634 Nr. 4, 636 i. V. m. §§ 280 Abs. 3, 281 Abs. 1. Das Werk ist gem. § 633 Abs. 2 mangelhaft, wenn es nicht der vereinbarten Beschaffenheit entspricht. Auch ohne ausdrückliche Regelung in dem Werkvertrag kann davon ausgegangen werden, dass K und B stillschweigend vereinbart haben, dass das Werk den gesetzlichen Anforderungen und damit auch der EnEV entspricht. Die unzureichende Dämmung der Warmwasserleitungen stellt deswegen einen Sachmangel dar. Da K dem B keine Frist zur Mangelbeseitigung gesetzt hat, ist der Schadensersatzanspruch nur dann begründet, wenn die nach § 281 Abs. 1 grundsätzlich erforderliche Fristsetzung gem. § 636 entbehrlich war, weil B die Nacherfüllung gem. § 635 Abs. 3 verweigert hat. Dies setzt voraus, dass B die Nacherfüllung zu Recht wegen unverhältnismäßiger Kosten verweigern durfte.[271] Unter Bezugnahme auf die vom Wortlaut her ähnliche Vorschrift des § 251 Abs. 2 S. 1 stellt der BGH fest, dass die für die Beurteilung der Unverhältnismäßigkeit im Sinne des § 251 Abs. 2 S. 1 maßgeblichen Kriterien denen entsprechen, die auch bei der nach § 635 Abs. 3 gebotenen Prüfung des unverhältnismäßigen Nacherfüllungsaufwands heranzuziehen sind, und bejaht auf dieser Grundlage die Unverhältnismäßigkeit und damit die Entbehrlichkeit der Fristsetzung.[272]

Wenn K demzufolge Schadensersatz verlangen kann, stellt sich die weitere Frage, ob er diesen Schaden – wie üblich – nach der Höhe der Mangelbeseitigungskosten berechnen kann. Dies verneint der BGH[273] unter Hinweis darauf, dass sonst ein Wertungswiderspruch zum Recht des B entstünde, die Mangelbeseitigung wegen unverhältnismäßiger Kosten zu verweigern. Auch der Umstand, dass der Schadensersatzanspruch außer der Mangelhaftigkeit des Werks zusätzlich ein Vertretenmüssen des Unternehmers voraussetzt, rechtfertigt nach Ansicht des BGH keine Berechnung des Schadens nach der Höhe der Mangelbeseitigungskosten. Der BGH begründet dies damit, dass ein etwaiges Vertretenmüssen des Unternehmers bereits bei der umfassenden Interessenabwägung zu berücksichtigen ist, ob der

---

[271]Palandt/Sprau § 636 Rn. 14. Zur Klarstellung: Die Frage, ob B zu Recht wegen unverhältnismäßiger Kosten die Mangelbeseitigung verweigert hat, könnte nur dann offen bleiben, wenn wegen des Hinzutretens weiterer Umstände zugleich die Voraussetzungen für eine ernsthafte und endgültige Leistungsverweigerung im Sinne von § 281 Abs. 2 vorlägen.
[272]BGH NJW 2013, 370 Rn. 12.
[273]BGH NJW 2013, 370 Rn. 12.

Nacherfüllungsaufwand in einem vernünftigen Verhältnis zu dem mit der Beseitigung des Mangels erzielbaren Erfolg steht und dem Unternehmer zumutbar ist. Wenn man aber schon bei der Interessenabwägung zu dem Ergebnis kommt, dass trotz eines Verschuldens des Unternehmers die Mangelbeseitigung verweigert werden darf, wäre es inkonsequent, den Unternehmer im Rahmen des Schadensersatzes doch auf die volle Höhe der Mangelbeseitigungskosten mit dem Argument haften zu lassen, der Schadensersatzanspruch setze im Verhältnis zum Anspruch auf Mangelbeseitigung zusätzlich ein Vertretenmüssen voraus.

Wenn der Schaden nicht nach der Höhe der Mangelbeseitigungskosten berechnet werden kann, stellt sich die Frage, wie der Schaden berechnet werden soll. Aus der entsprechenden Anwendung von § 251 Abs. 2 S. 1 ergibt sich, dass sich die Höhe des Schadens nach der mangelbedingten Minderung des Verkehrswerts richtet.[274] In dem vom BGH entschiedenen Fall hatte ein Sachverständiger aus den geringfügig höheren Heizkosten einen technischen Minderwert in Höhe von € 1000,00 festgestellt, sodass es nahe liegt anzunehmen, dass sich der von B zu leistende Schadensersatz auf diesen Betrag beschränkt.

Die vorzitierte Rechtsprechung gilt grundsätzlich auch im Kaufrecht, wenn die zur Mangelbeseitigung erforderlichen Kosten unverhältnismäßig i. S. v. § 439 Abs. 3 sind.[275] Daraus folgt zum einen, dass die Kriterien zur Bestimmung der unverhältnismäßigen Kosten gem. §§ 251 Abs. 2 S. 1, 439 Abs. 3 einander entsprechen, und zum anderen, dass sich der Schadensersatzanspruch dann, wenn der Verkäufer die Mangelbeseitigung wegen unverhältnismäßiger Kosten verweigert, in entsprechender Anwendung des § 251 Abs. 2 S. 1 auf den Ausgleich der mangelbedingten Verkehrswertminderung beschränkt. Der Ansicht, für die Schadensberechnung von den Mangelbeseitigungskosten auszugehen und diese auf einen angemessenen, nicht unverhältnismäßigen Betrag zu kürzen, hat der BGH eine Absage erteilt.[276]

Anders ist die Rechtslage nur bei dem europarechtlich beeinflussten Verbrauchsgüterkauf: Der Verkäufer kann dem Käufer bei an sich unverhältnismäßigen Kosten der Nacherfüllung die Einrede des § 439 Abs. 3 nicht entgegenhalten, wenn dies dazu führt, dass der Verkäufer überhaupt keine Nacherfüllung mehr schuldet, also weder in Form der Mangelbeseitigung noch in Form der Nachlieferung (absolute Unverhältnismäßigkeit der Nacherfüllung). Dies darf andererseits aber nicht dazu führen, dass der Verkäufer entgegen der gesetzlichen Wertung eine unverhältnismäßige Nacherfüllung erbringen muss. Deshalb ist der Verkäufer im Rahmen der Nacherfüllung berechtigt, den Käufer auf den Ersatz

---

[274]BGH NJW 2013, 370 Rn. 12 a. E.; s. auch oben E. III. 2.
[275]BGH NJW 2015, 468 Rn. 34 ff.
[276]BGH NJW 2015, 468 Rn. 37 ff.

von Nacherfüllungskosten zu verweisen, die der Verkäufer aber nicht in voller Höhe, sondern beschränkt auf einen angemessenen Betrag schuldet.[277]

III. Entgangene Gebrauchsvorteile

Wird eine Sache, z. B. ein Fahrzeug oder ein Hausgrundstück beschädigt und kann der Geschädigte die Sache vorübergehend nicht nutzen, ist umstritten, ob und inwieweit er für den entgangenen Gebrauchsvorteil eine Geldentschädigung verlangen kann.

BGH NJW 1987, 50: K ist Eigentümer eines komfortabel ausgestatteten Wohnhauses, das er selbst bewohnt. Unterhalb davon errichtete B Reihenhäuser auf einem steil abfallenden Hanggrundstück. Aufgrund unsachgemäßer Abgrabung des Hangs wurde die Standsicherheit des Anwesens des K gefährdet. Die Stadt untersagte dem K deswegen für einen Monat die Nutzung seines Wohnhauses.
Fall 1: K mietet für diesen Zeitraum in einem Hotel eine Wohnung für 3.000 € und verlangt von B insoweit Schadensersatz.
Fall 2: Statt sich in einem Hotel anzumieten, bezieht K seinen Campingbus und verlangt von B den für die Anmietung einer Hotelwohnung erforderlichen Geldbetrag von 3.000 €

Im Fall 1 kann K von B den Ersatz der Hotelkosten gem. § 249 Abs. 2 S. 1 verlangen, wenn dieser Betrag erforderlich ist, um den Zustand herzustellen, der ohne das schädigende Ereignis bestünde. Zwar würde K in diesem Falle nicht in einem Hotel, sondern in einem Wohnhaus leben. Schadensersatz in Form der Naturalherstellung erfordert ab keine vollständige Identität zwischen dem herzustellenden und dem hypothetisch ohne das Schadensereignis bestehenden Zustand, sondern nur eine wirtschaftliche Vergleichbarkeit beider Zustände. Das spricht dafür, von einer möglichen Naturalrestitution durch Anmietung einer Hotelwohnung auszugehen und nicht von einer Schadenskompensation wegen Unmöglichkeit gem. § 251 Abs. 1.[278]

Im Fall 2 dürfte an sich nichts anderes gelten. Da es sich um einen Fall der Naturalrestitution handelt und der Geschädigte aufgrund seiner Dispositionsfreiheit frei entscheiden kann, wie er den zur Herstellung erforderlichen Geldbetrag verwendet, dürfte es den Schädiger an sich nicht entlasten, dass K das Leben in seinem Campingbus vorgezogen hat. Gleichwohl geht der BGH

---

[277]So für die Aus- und Einbaukosten bei Lieferung mangelhafter Fliesen (wobei die durch den Ausbau zerstörten Fliesen im Wege der Nachlieferung zu ersetzen sind): BGH NJW 2012, 1073 ff.; sehr str., vgl. Bamberger/Roth-Faust § 439 Rn. 51 ff.; Jaensch NJW 2012, 1025 ff.; beim Verkauf zwischen Unternehmern oder zwischen Verbrauchern stellt sich diese spezielle Frage nicht, da der Ausbau der mangelhaften Sache und der Einbau der ersatzweie gelieferten Sache anders als beim Verbrauchsgüterkauf nicht von der Nachlieferungsverpflichtung des Verkäufers umfasst sind, siehe BGH NJW 2013, 220.

[278]Unter der Voraussetzung, dass die Wiedererlangung des Gebrauchsvorteils durch Miete eines wirtschaftlich vergleichbaren Objekts möglich und tatsächlich durchgeführt worden ist, geht die h. M. von einem Geldersatzanspruch gem. § 249 Abs. 2 S. 1 aus, vgl. BGH NJW 1987, 50, 52; NJW 2008, 2910; Lange/Schiemann § 6 VII 2; Brand, Schadensersatzrecht, § 6 Rn. 27.

G. Schadensausgleich durch Kompensation gem. § 251

davon aus, dass ein Anspruch auf Geldersatz in Höhe der Kosten, die durch die Anmietung einer Ersatzsache entstehen, nicht gegeben ist, weil es nicht um das Reparationsinteresse, sondern um das Kompensationsinteresse gehe.[279] Warum das so sein soll, begründet der BGH zwar nicht ausdrücklich. Offensichtlich geht er jedoch davon aus, dass die Herstellung eines gleichwertigen Gebrauchsvorteils als nicht nachholbar unmöglich i. S. v. § 251 Abs. 1 wird, wenn der Geschädigte keine Ersatzsache anmietet.[280] Die Höhe des zu leistenden Schadensersatzes richtet sich somit nach dem Wertinteresse des Geschädigten.

Um das Wertinteresse des Geschädigten festzustellen, muss nach der Differenzmethode die durch das Schadensereignis eingetretene Vermögenslage mit derjenigen verglichen werden, die sich ohne dieses Ereignis ergeben hätte. Bei dieser Vergleichsrechnung lässt sich jedoch kein Minus in der Vermögensbilanz feststellen:

> Zutreffend weist der Vorlagebeschluß darauf hin, daß in einer am Vermögensbestand ausgerichteten Differenzrechnung der zeitweise Verlust des Eigengebrauchs der Sache selbst nicht ausgewiesen ist. In dieser Rechnung schlägt sich die Entwertung der Sache für ihren Gebrauch, wenn keine Kosten für eine Ersatzsache entstehen, nur in einem Gewinnentgang bei verhindertem erwerbswirtschaftlichem Ersatz und in den durch den Sacheinsatz sonst abgewendeten Kosten und Verbindlichkeiten nieder.[281]

Angesichts dessen erscheint zweifelhaft, ob das Schadensrecht des BGB der Möglichkeit, einen Gegenstand zu nutzen, *als solcher* einen Vermögenswert beimisst oder ob es sich insoweit nur um einen Nichtvermögensschaden i. S. v. § 253 handelt. Auch gem. § 252 ist nicht die Gebrauchsmöglichkeit als solche geschützt, sondern nur der Gewinn, der dadurch entgeht, dass eine Sache nicht genutzt werden kann.[282] Steht in einem Betrieb die Produktion still, weil der Schuldner eine Maschine funktionsuntüchtig beschädigt hat, ist gem. § 252 für die Schadensberechnung nicht die Gebrauchsmöglichkeit der Maschine als solche maßgeblich, sondern der infolge des Produktionsstillstands entgangene Gewinn.

Nach Ansicht des BGH spricht dies jedoch nicht dagegen, den Entzug der Gebrauchsmöglichkeit als solches zumindest im nicht erwerbswirtschaftlichen Bereich privater Eigennutzung als Schaden zu bewerten: § 252 ordnet aus entstehungsgeschichtlichen Gründen den Ersatz des entgangenen Gewinns im erwerbswirtschaftlichen Bereich klarstellend an, schließt eine als Schaden zu bewertende Entziehung der Gebrauchsmöglichkeit beim eigenwirtschaftlichen Einsatz jedoch nicht aus.[283] Dass sich bei rein rechnerischer Saldierung kein Schaden ergebe, ist

---

[279] BGH NJW 1987, 50, 53.
[280] Kritisch Rauscher NJW 1986, 2011, 2013; ders. NJW 1987, 53; vgl. auch Medicus VersR 1981, 593.
[281] BGH NJW 1987, 50, 51; siehe auch Brand, Schadensersatzrecht, § 6 Rn. 22.
[282] MüKo-Oetker § 249 Rn. 66.
[283] BGH NJW 1987, 50, 52.

ebenfalls kein Ausschlusskriterium, da es Aufgabe rechtlicher Bewertung sei, ob einer Position Vermögenswert beizumessen sei:

> Das BGB hat für das Schadensrecht die Begriffe Vermögen und Vermögensschaden nicht festgelegt, sondern sie Wissenschaft und Praxis zur Ausbildung überlassen. (…) Indes hat sich in der Rechtsprechung des BGH die Erkenntnis durchgesetzt, daß die Differenzmethode als wertneutrale Rechenoperation nicht davon enthebt, am Schutzzweck der Haftung und an der Ausgleichsfunktion des Schadensersatzes die in die Differenzbilanz einzusetzenden Rechnungsposten wertend zu bestimmen. In diesem Sinn ist die Differenzmethode, die im übrigen ebenfalls nicht im Gesetz festgeschrieben ist, normativ eingebunden. Zwar drückt sich ein Vermögensschaden in der Differenzbilanz stets als Minderung von Aktiv- oder Vermehrung von Passivposten aus; es ist aber Aufgabe rechtlicher Bewertung, die Parameter der Bilanz für den Zweck des Schadensausgleichs mit festzulegen.
>
> Eine auf den Ausgleich von Vermögensschäden ausgerichtete Differenzrechnung kann nicht außer acht lassen, daß Wesen und Bedeutung des Vermögens sich nicht in dessen Bestand – dem „Haben" – erschöpfen, sondern daß sie auch die im Vermögen verkörperten Möglichkeiten für den Vermögensträger umfassen, es zur Verwirklichung seiner Lebensziele zu nutzen. Diese funktionale Zuweisung ist im vermögenswerten Recht mitgeschützt.
>
> Erfaßte bei einem deliktischen Eingriff in dieses Recht der Schadensausgleich für die Verkürzung der Nutzungsmöglichkeit – weil nur auf den Zufluß von Geld sehend – im wesentlichen nur Ausfälle im erwerbswirtschaftlichen Einsatz des Vermögens, so ginge er daran vorbei, daß das Vermögen nicht nur diesen Einsatz eröffnet, sondern daß auch sein eigenwirtschaftlicher Einsatz „Ertrag" bringende vermögensmäßige Aktivierung ist, deren Verkürzung in vergleichbarer Weise die wirtschaftliche Sphäre des Vermögensträgers betreffen kann, obschon sie sich nicht in einem Gewinnentgang ausdrückt. So ist auch für den privaten Benutzer sein Kraftfahrzeug nicht nur oft der gewichtigste Bestandteil seines Vermögens, sondern die Einsatzfähigkeit des Fahrzeugs ist häufig die Grundlage für die Wirtschaftlichkeit seiner hierauf zugeschnittenen Lebenshaltung, insbesondere wenn er als Berufstätiger auf das Kraftfahrzeug angewiesen ist. Umsomehr beruht die Entscheidung, den Wohnbedarf über ein Eigenheim zu decken, vorrangig auf Wirtschaftlichkeitserwägungen. Der Markt bewertet die Eignung derartiger Wirtschaftsgüter gerade auch für den eigenwirtschaftlichen Einsatz im Preis und registriert deren zeitweisen Verlust als zeitweise Entwertung der Sache. Korrespondiert diese, weil der Geschädigte auf die Sache angewiesen war, mit einer spürbaren Beschränkung in seiner eigenen Wirtschaftshaltung, so ist das nur für eine ausschließlich auf die monetäre Vermehrung oder Verminderung des Vermögens sehende Rechnung ohne Vermögensrelevanz. Von Wesen und Bestimmung des Vermögens her ist eine solche Betrachtungsweise nicht zwingend geboten.

Für den BGH ist also ausschlaggebend, dass der Erwerb und Einsatz bestimmter Wirtschaftsgüter auch bei einer nur eigenwirtschaftlichen Verwendung im Rahmen eines Privathaushalts unter Mitberücksichtigung wirtschaftlicher Gesichtspunkte erfolgt. Dieser Überlegung kann zugestimmt werden. Der BGH spricht zu Recht von „zentralen, im Gesamtvermögen verflochtenen Posten der eigenen Wirtschaftsführung".[284] So ist z. B. bei der Nutzung eines Kfz zu berücksichtigen, dass die hierdurch erzielte Mobilität i. d. R. nicht nur rein ideellen Interessen dient, sondern auch wirtschaftlich motiviert ist, um beispielsweise den Weg zur

---

[284] BGH NJW 1987, 50, 53.

Arbeitsstelle zurück zu legen. Und selbst soweit aus der Mobilität ein (Frei-) Zeitgewinn hervorgeht, dient die damit verbundene Möglichkeit der Erholung auch der Erhaltung der Arbeitskraft.[285] Aufgrund der wirtschaftlichen Betrachtungsweise im Schadensrecht ist es deswegen gerechtfertigt, den mit bestimmten Wirtschaftsgütern verbundenen Gebrauchsvorteilen Vermögenswert beizumessen, wenn folgende Voraussetzungen gegeben sind:[286]

- Es muss sich um ein Wirtschaftsgut handeln, dessen ständige Verfügbarkeit von zentraler Bedeutung für die eigenwirtschaftliche Lebenshaltung ist. Bei der Beurteilung dieser Frage kommt es auf eine typisierende Betrachtungsweise und nicht auf die konkreten Umstände des Betroffenen an.[287] Bei sog. Luxusgütern, die nur im Einzelfall zu einer individuellen Genussschmälerung[288] führen, ist diese Voraussetzung nicht gegeben. Die zentrale Bedeutung für die eigenwirtschaftliche Verwendung wird beispielsweise bejaht bei Kfz[289], Wohnhäusern und Wohnungen[290], verneint bei einem Freizeitzwecken dienenden Wohnmobil[291] oder einem Pelzmantel.[292] Der Ausfall eines DSL-Anschlusses[293] hat zentrale Bedeutung für die eigenwirtschaftliche Lebenshaltung, soweit dadurch die Nutzung des Telefons und der Zugang zum Internet entfällt, nicht jedoch, soweit dadurch die Möglichkeit zur Nutzung des Telefaxgeräts entfällt. Für die Feststellung eines Schadens kommt es nicht darauf an, dass sich das Wirtschaftsgut bereits im Vermögen des Geschädigten befindet (in diesem Falle spricht man vom „Entzug von Gebrauchsvorteilen"), sondern möglich ist auch, dass der Schädiger vertraglich zur Verschaffung des Wirtschaftsguts verpflichtet und mit der Überlassung in Verzug ist (dann spricht man vom „Vorenthalten von Gebrauchsvorteilen", was aber eine entsprechende Pflicht zur Verschaffung der Gebrauchsmöglichkeit voraussetzt).[294]

---

[285] BGH NJW-RR 2008, 1198.

[286] Die Voraussetzungen ergeben sich aus der Grundsatzentscheidung BGH NJW 1987, 50 und den darauf ergangenen Folgeentscheidungen des BGH. Bis zur Grundsatzentscheidung aus dem Jahre 1986 hat die Rspr. auf den sog. Kommerzialisierungsgedanken zurückgegriffen (s. MüKo-Oetker § 249 Rn. 41 ff.; Brand, Schadensersatzrecht, § 6 Rn. 23), der jedoch mit der genannten Entscheidung obsolet geworden ist. Ältere Entscheidungen sind deswegen kritisch zu lesen.

[287] BGH NJW 2013, 1072 Rn. 9.

[288] BGH NJW 2013, 1072 Rn. 10.

[289] BGH NJW 1966, 1260; NJW 1971, 1692.

[290] BGH NJW 1987, 50; NJW 1988, 251.

[291] BGH NJW-RR 2008, 1198.

[292] BGHZ 63, 393.

[293] BGH NJW 2013, 1072.

[294] BGH NJW 2014, 1374 Rn. 13 ff. zur i. d. R. terminlich gebundenen Verpflichtung des Bauträgers zur Überlassung einer herzustellenden Wohnung.

- Der Eingriff in das Wirtschaftsgut muss zu fühlbaren Beeinträchtigungen geführt haben, was einen entsprechenden Nutzungswillen und eine Nutzungsmöglichkeit voraussetzt. Kann der durch einen Verkehrsunfall Geschädigte verletzungsbedingt sein Kfz ohnehin nicht nutzen, steht ihm für die Zeit der Reparaturdauer kein Schadensersatz wegen Nutzungsentgangs zu.[295] An einer fühlbaren Beeinträchtigung fehlt es auch dann, wenn dem Geschädigten für die Dauer des Nutzungsentzugs ein gleichwertiger Ersatzgegenstand zur Verfügung steht, wobei die Gleichwertigkeit wiederum anhand einer objektivierten, typisierenden Betrachtungsweise zu erfolgen hat.[296]
- Hat der Geschädigte für die Beschaffung des Ersatzgegenstands Kosten aufgewandt, z. B. für einen Mietwagen, ist unklar, ob schon allein aufgrund des Vorhandenseins des Ersatzgegenstands keine fühlbare Beeinträchtigung mehr vorliegt, oder ob die fühlbare Beeinträchtigung nur dann entfällt, wenn dem Geschädigten auch die Kosten der vorübergehenden Ersatzbeschaffung ersetzt werden. I. d. R. dürfte es bereits an einem Schaden fehlen, wenn der Betroffene tatsächlich über einen gleichwertigen Ersatzgegenstand verfügt,[297] und hat der Geschädigte in diesem Fall kein Wahlrecht,[298] ob er seinen Schaden abstrakt nach den entgangenen Gebrauchsvorteilen berechnet oder konkret nach den entstandenen Kosten für die Ersatzbeschaffung. Voraussetzung hierfür ist aber, dass die Ersatzbeschaffungskosten ersatzfähig sind. Sind die Kosten für den beschafften Ersatzgegenstand nicht ersatzfähig, z. B. weil mit dem Mietwagen nur eine extrem geringe Fahrleistung absolviert wurde und deswegen die Anmietung unter Verstoß gegen das Wirtschaftlichkeitsgebot nicht erforderlich war, bleibt dem Geschädigten die Möglichkeit, seinen Schaden abstrakt nach dem Nutzungsausfall zu berechnen.[299] Der Entgang der Gebrauchsvorteile muss auf einem Eingriff in den Gegenstand beruhen. Nutzungsausfall wird nicht gewährt, wenn der Geschädigte z. B. aufgrund einer Körperverletzung an der Nutzung des (unversehrten) Gegenstands gehindert ist.[300]

In dem obigen, der Entscheidung BGH NJW 1987, 50 nachgebildeten Beispielsfall 2 kommt ein Schadensersatzanspruch wegen der entzogenen

---

[295]Staudinger-Schiemann § 251 Rn. 77.
[296]BGH NJW 2008, 913 Rn. 10 (Mietwagen); NJW 2013, 1072 Rn. 15 (Mobilfunkgerät statt wegen Ausfall des DSL-Anschlusses nicht nutzbaren Festnetztelefons); BGH NJW 2014, 1374 Rn. 16–20.
[297]Wohl a. A. BGH NJW 2013, 1072 Rn. 15.
[298]Solange der Geschädigte über keinen gleichwertigen Ersatzgegenstand verfügt, steht es ihm grundsätzlich frei, einen Ersatzgegenstand zu beschaffen und die konkreten Kosten hierfür geltend zu machen, oder auf eine Ersatzbeschaffung zu verzichten und den Nutzungsausfallschaden zu beanspruchen.
[299]BGH NJW 2013, 1149.
[300]Brand, Schadensersatzrecht, § 6 Rn. 24.

Gebrauchsvorteile am Wohnhaus in Betracht. Für die Höhe sind jedoch nicht die hypothetischen Mietkosten für eine Hotelwohnung zugrunde zu legen, da sich die Höhe des Schadens nicht nach § 249 Abs. 2, sondern nach § 251 bemisst.[301]

Für den in der Praxis wichtigen Kfz-Bereich werden in regelmäßigen Abständen aktualisierte Tabellen zur Höhe des Nutzungsentgangs herausgegeben, die von der Rspr. zur Berechnung der Schadenshöhe akzeptiert werden.[302]

Die Rechtsprechung zur Entschädigung eines vorübergehenden Nutzungsausfalls ist vor allem für den Bereich der eigenwirtschaftlichen Lebensführung von Bedeutung, da sich der bloße Nutzungsentzug nicht in einem entgangenen Gewinn oder einem Verdienstausfall manifestiert. Ob im erwerbswirtschaftlichen Bereich bei einem zeitweisen Entzug von Gebrauchsvorteilen der Grundsatz gilt „Ohne entgangenen Gewinn kein Schaden" ist strittig. In einem Obiter Dictum hat der BGH ausgeführt, dass er der Auffassung zuneigt, der zufolge eine Nutzungsausfallentschädigung auch für gewerblich genutzte Gegenstände in Betracht kommt:[303]

> Nach der Rechtsprechung des erkennenden Senats kommt eine Entschädigung für zeitweise entzogene Gebrauchsvorteile auch bei gewerblich genutzten Fahrzeugen, Behördenfahrzeugen oder Fahrzeugen gemeinnütziger Einrichtungen in Betracht, falls sich deren Gebrauchsentbehrung nicht unmittelbar in einer Minderung des Gewerbeertrags (entweder in entgangenen Einnahmen oder über die mit der Ersatzbeschaffung verbundenen Unkosten) niederschlägt. Wo das Fahrzeug unmittelbar zur Erbringung gewerblicher Leistungen dient, wie etwa bei einem Taxi oder Lkw, muss der Geschädigte den Ertragsentgang konkret berechnen. Wenn aber kein konkret bezifferbarer Verdienstentgang vorliegt, ist es dem Geschädigten grundsätzlich nicht verwehrt, an Stelle des Verdienstentgangs eine Nutzungsentschädigung zu verlangen, wenn deren Voraussetzungen vorliegen, also insbesondere ein fühlbarer wirtschaftlicher Nachteil für den Geschädigten eingetreten ist.[304]

H. Mitwirkendes Verschulden des Geschädigten gem. § 254

I. Grundlagen und Bedeutung

Hat bei der Entstehung des Schadens ein Verschulden des Geschädigten mitgewirkt, so hängt gem. § 254 Abs. 1 die Verpflichtung zum Schadensersatz sowie der Umfang des zu leistenden Ersatzes von den Umständen des Einzelfalls, insbesondere davon ab, inwieweit der Schaden vorwiegend von dem einen oder dem

---

[301] BGH NJW 1987, 50, 53 (dort auch zu möglichen Kriterien der Berechnung der Schadenshöhe).
[302] Palandt-Grüneberg § 249 Rn. 43 f.
[303] BGH NJW 2008, 913 Rn. 9 f., m. N. zum Streitstand.
[304] BGH NJW 2008, 913, Rn. 6 und Rn. 9 f. mit Nachweisen zum Streitstand.

anderen Teil verursacht worden ist. § 254 Abs. 2 stellt klar dass das Verschulden des Geschädigten auch darin bestehen kann, dass er den Schuldner nicht auf die Gefahr eines ungewöhnlich hohen Schadens aufmerksam gemacht hat, die der Schuldner weder kannte noch kennen musste, oder dass er es unterlassen hat, den Schaden abzuwenden oder zu mindern. § 254 macht insoweit eine Ausnahme vom Grundsatz der Totalreparation.

Nach h. M. ist § 254 eine Ausprägung des in § 242 verankerten Grundsatzes von Treu und Glauben, der

> auf der Überlegung (beruht), daß jemand, der diejenige Sorgfalt außer acht läßt, die nach Lage der Sache erforderlich erscheint, um sich selbst vor Schaden zu bewahren, auch den Verlust oder die Kürzung seiner Ansprüche hinnehmen muß, weil es im Verhältnis zwischen Schädiger und Geschädigtem unbillig erscheint, daß jemand für den von ihm erlittenen Schaden trotz eigener Mitverantwortung vollen Ersatz fordert.[305]

Das überwiegende Schrifttum steht diesem Begründungsansatz kritisch gegenüber und sieht in der Mitverantwortlichkeit des Geschädigten zu Recht ein Zurechnungsproblem.[306] Dass der Schaden (auch) dem Schuldner zurechenbar ist, ändert nichts an der Selbstverantwortung des Geschädigten. Es wäre ungerecht, den Schädiger mit der Begründung haften zu lassen, dass jede Person für ihr eigenes Verhalten grundsätzlich Verantwortung übernehmen muss, dem Geschädigten eine solche Verantwortung aber nicht abzuverlangen. So wie unter mehreren Schädigern im Rahmen einer Gesamtschuld der Schaden nach Verursachungsbeiträgen aufgeteilt wird, muss sich auch der Geschädigte seinen eigenen Beitrag an der Schadensentstehung auf den Schaden „anrechnen" lassen.[307]

II. Voraussetzungen

§ 254 legt die Voraussetzungen fest, nach denen zu beurteilen ist, ob und inwieweit dem Geschädigten der Schaden als eigenverantwortlich verursacht zugerechnet werden kann. Unter dem Gesichtspunkt der „Zurechnung nach Verantwortlichkeitsbereichen" macht es keinen wesentlichen Unterschied, ob die Frage der Zurechnung auf den Schuldner oder auf den Geschädigten selbst bezogen wird. Die für die Schadenszurechnung beim Schuldner entwickelten Kriterien sind deswegen auch auf den Geschädigten anzuwenden. Daraus folgt, dass ein mitwirkendes Verschulden des Geschädigten voraussetzt, dass es den Schaden

---

[305]BGH NJW 1997, 2234, 2235; NJW 2014, 2493 Rn. 8; Palandt-Grüneberg § 254 Rn. 1; Erman-Ebert § 254 Rn. 4; Brox/Walker SAT § 31 Rn. 36.
[306]Lange-Schiemann § 10 V 2; Staudinger-Schiemann § 254 Rn. 2 ff.; MüKo-Oetker § 254 Rn. 4; Larenz SAT § 31 I a; Brand, Schadensersatzrecht, § 9 Rn. 4 f.
[307]Vgl. MüKo-Oetker § 254 Rn. 1.

H. Mitwirkendes Verschulden des Geschädigten gem. § 254

äquivalent und adäquat verursacht hat und dass die Verhinderung des Schadens vom Schutzzweck des vom Gläubiger geforderten Verhaltens umfasst wird.[308] Dreh- und Angelpunkt der Schadenszurechnung gem. § 254 ist jedoch das „Mitverschulden", das die Übernahme der Schadensverantwortung durch den Geschädigten rechtfertigt und spiegelbildlich der Rechtsgut- bzw. Pflichtverletzung des Schädigers als Zurechnungsgrund entspricht.

1. Schadensrelevantes Verhalten des Geschädigten

§ 254 unterscheidet drei Alternativen, bei denen eine Anspruchskürzung wegen der Mitverantwortlichkeit des Geschädigten in Betracht kommt, nämlich das „Verschulden" des Geschädigten in Abs. 1 als allgemeiner Tatbestand und die Verletzung einer Warnpflicht sowie einer Schadensabwendungs- und Schadensminderungspflicht in Abs. 2 S. 1 als besondere Ausprägungen des Verschuldens.

1.1 „Verschulden" i. S. v. § 254 Abs. 1

Da es die Rechtsordnung dem einzelnen nicht verbietet, gegen seine eigenen Interessen zu handeln und sich selbst Schaden zuzufügen, ist es irreführend, wenn § 254 ein Verschulden des Geschädigten voraussetzt. Im Verhältnis zu seiner eigenen Rechts- und Vermögenssphäre trifft den Geschädigten keine Sorgfaltspflicht. Wenn der Geschädigte durch sein Verhalten den vom Schuldner bereits verursachten Schaden noch vergrößert, mag dies unvernünftig sein, Pflichten verletzt der Geschädigte dadurch aber nicht.

Nach h. M. sanktioniert § 254 ein „Verschulden gegen sich selbst", also eine Obliegenheitsverletzung, die sowohl auf einem positiven Tun als auch auf einem Unterlassen beruhen kann:

> § 254 BGB setzt voraus, dass bei der Entstehung des Schadens ein Verschulden des Geschädigten mitgewirkt hat. Dieses Verschulden bedeutet nicht die vorwerfbare Verletzung einer gegenüber einem anderen bestehenden Leistungspflicht, sondern ein Verschulden in eigener Angelegenheit. Es handelt sich um ein Verschulden gegen sich selbst, um die Verletzung einer im eigenen Interesse bestehenden Obliegenheit.[309]

Welche Anforderungen zur Schadensvorsorge und Schadensminderung an den Geschädigten zu stellen sind, richtet sich nicht nach seinen subjektiven Vorstellungen, sondern ist objektiv zu bestimmen. Maßstab ist die Sorgfalt, die ein ordentlicher und verständiger Mensch nach Lage der Sache anzuwenden pflegt, um sich vor Schaden zu bewahren.[310]

---

[308] BGH NJW-RR 2006, 965 Rn. 9.
[309] BGH NJW 2009, 582 Rn. 31; ebenso BGH NJW 1997, 2234, 2235; Palandt-Grüneberg § 254 Rn. 1; Brox/Walker SAT § 31 Rn. 37 ff.; zur Einordnung als Obliegenheitsverletzung kritisch Lange/Schiemann § 10 VI 1c; Brand, Schadensersatzrecht, § 9 Rn. 7.
[310] Vgl. BGH NJW 1979, 1363, 1364; NJW 1997, 2234, 2235.

> **Beispiele**
> Der Eigentümer eines Weges muss den Weg zwar in einem verkehrssicheren Zustand halten; wenn ein Fußgänger aber deshalb stürzt, weil er auf die Beschaffenheit des Weges nicht geachtet hat, trifft ihn ein Mitverschulden.[311]
> Wer einen anderen durch Beleidigung zu einer Tätlichkeit provoziert, handelt in Bezug auf die sich aus der Körperverletzung ergebenden Schäden schuldhaft i. S. v. § 254 Abs. 1.[312]

Das „Verschulden gegen sich selbst" setzt als Zurechnungsgrund grundsätzlich voraus, dass der Geschädigte seine Obliegenheiten entsprechend § 276 fahrlässig oder vorsätzlich verletzt hat[313] und dass er entsprechend §§ 827 f. zurechnungsfähig ist; ist dies nicht der Fall, kann auch § 829 entsprechend angewendet werden.[314]

Hat bei der Entstehung des Schadens eine Sach- oder Betriebsgefahr des Gläubigers mitgewirkt, ist diese – verschuldensunabhängig – ebenfalls zu berücksichtigen, und zwar gleichgültig, ob der Schuldner aus Gefährdungshaftung, Delikt oder Vertrag haftet.[315] Das spielt vor allem bei Verkehrsunfällen für die Zurechnung der Betriebsgefahr des eigenen Kfz des Geschädigten eine Rolle.

Haftet der Schädiger aus einem Tatbestand der Gefährdungshaftung, kommt es aufseiten des Geschädigten auf eine vorwerfbare Obliegenheitsverletzung nicht an, sondern es genügt die Mitverursachung des Schadens.[316]

Von § 254 Abs. 1 abzugrenzen sind die (uneinheitlichen) Fälle, die unter dem Stichwort „Handeln auf eigene Gefahr" diskutiert werden. Diese Fälle sind dadurch gekennzeichnet, dass sich der Geschädigte der drohenden Gefahr seiner Rechts- und Vermögensgüter bewusst und ohne triftigen Grund aussetzt.[317] In der Praxis haben vor allem Sachverhalte eine Rolle gespielt, bei denen sich der Fahrgast einem fahruntüchtigen Fahrer oder einem Fahrer ohne Fahrerlaubnis anvertraut hat oder bei denen sich der Geschädigte an einer gefährlichen Sportart beteiligt hat. Die frühere Rechtsprechung[318] hat über die Konstruktion des Handelns auf eigene Gefahr eine haftungsausschließende Einwilligung in die

---

[311] Vgl. Palandt-Grüneberg § 254 Rn. 26.
[312] Vgl. Palandt-Grüneberg § 254 Rn. 30.
[313] Erman-Ebert § 254 Rn. 24; MüKo-Oetker § 254 Rn. 35.
[314] Ganz h. M., vgl. Erman-Ebert § 254 Rn. 25 f.; Lange/Schiemann § 10 VI 3.
[315] Palandt-Grüneberg § 254 Rn. 10.
[316] Palandt-Grüneberg § 254 Rn. 9; Brand, Schadensersatzrecht, § 9 Rn. 17.
[317] BGH NJW 1961, 655, 656.
[318] BGH NJW 1951, 916.

H. Mitwirkendes Verschulden des Geschädigten gem. § 254

Rechtsgutverletzung angenommen. Der BGH hat diese Rechtsprechung aufgegeben[319] und löst die Fälle differenzierter.[320] Die Fälle der Mitfahrt in einem fremden Pkw ordnet er § 254 zu,[321] während er die Teilnahme an gefährlichen Sportarten an § 242 und dem Verbot des widersprüchlichen Verhaltens misst.[322]

1.2 Verletzung der Warnobliegenheit gem. § 254 Abs. 2 S. 1 Alt. 1

Der Einwand des Mitverschuldens kann gem. § 254 Abs. 2 S. 1 Alt. 1 auch dann erhoben werden, wenn der Geschädigte es unterlassen hat, den Schuldner auf die Gefahr eines außergewöhnlich hohen Schadens aufmerksam zu machen, die der Schuldner weder kannte noch kennen musste.

Maßgeblicher Grund für die Mitverantwortlichkeit des Geschädigten ist das zwischen ihm und dem Schuldner bestehende erhebliche Informationsgefälle. Die Voraussetzung, dass die Gefahr eines ungewöhnlich hohen Schadens besteht, bedarf in der Klausur deswegen der ausdrücklichen Feststellung. Mit Schäden, die mit der Rechtsgut- bzw. Pflichtverletzung des Schuldners typischerweise verbunden sind, muss der Schuldner rechnen, sodass es einer besonderen Belehrung nicht bedarf. Da es sich bei der Warnobliegenheit nur um einen Unterfall des § 254 Abs. 1 handelt, setzt auch § 254 Abs. 2 S. 1 Alt. 1 Verschulden entsprechend § 276 voraus, das sich sowohl auf das Drohen eines ungewöhnlich hohen Schadens als auch auf die Kenntnisse bzw. Kenntnismöglichkeiten des Schuldners beziehen muss.

> **Beispiel**
>
> A lässt auf seinem Grundstück ein Mehrfamilienhaus errichten. Er beauftragt B mit den Parkettverlegearbeiten. Der Parkettboden wölbt sich aus ungeklärter, aber von B zu vertretender Ursache auf und wird deswegen von A nicht abgenommen. B gerät mit der Beseitigung des Mangels in Verzug. Wegen der verzögerten Mangelbeseitigung nimmt der Kaufinteressent K von seiner Absicht zum Kauf einer Wohnung Abstand. K wäre bereit gewesen, statt des Verkehrswerts von 500.000 € einen Preis von 700.000 € zu zahlen. A kann die Wohnung später nur zum Verkehrswert verkaufen.

B ist dem A wegen Verzugs mit der Nacherfüllung gem. §§ 280 Abs. 1, 2, 286, 631, 633, 634 Nr. 1 zum Schadensersatz verpflichtet. Wenn A zumindest hätte erkennen können, dass K bereit war, zu einem erheblich über dem Verkehrswert liegenden Preis zu erwerben, drohte für A erkennbar ein ungewöhnlich hoher Schaden, falls die Verhandlungen mit K scheiterten. Da der mangelhafte Parkettboden ein Hindernis für den Vertragsschluss war, hätte A den B hierauf

---

[319] Grundlegend BGH NJW 1961, 655.
[320] Grundlegend BGHZ 34, 355.
[321] Vgl. BGH NJW 1961, 655; Staudinger-Schiemann § 254 Rn. 68.
[322] Dazu 2. Kap. A. II. 3.

hinweisen müssen. Hierbei hätte nicht ein allgemeiner Hinweis genügt, dass die mangelhaften Arbeiten die Verkaufsbemühungen des A erschweren. Vielmehr hätte A mit einem *konkreten* Hinweis den drohenden Schaden näher bezeichnen müssen.[323]

1.3 Unterlassene Schadensabwendung bzw. -minderung gem. § 254 Abs. 2 S. 1 Alt. 2

Der Einwand des Mitverschuldens ist ferner dann begründet, wenn der Geschädigte es gem. § 254 Abs. 2 S. 1 Alt. 2 unterlässt, Maßnahmen zu ergreifen, die den Schaden abgewendet oder wenigstens gemindert hätten. Auch bei dieser Alternative ist Voraussetzung, dass die Obliegenheitsverletzung dem Geschädigten im Sinne eines Verschuldens entsprechend § 276 vorwerfbar ist.

Im Rahmen von § 254 Abs. 2 S. 1 Alt. 2 kann der Geschädigte beispielsweise verpflichtet sein, ein Deckungsgeschäft vorzunehmen. Wenn A dem B die Lieferung von Baustoffen schuldet, A dann aber nicht liefert, kann B gehalten sein, sich bei einem Dritten ersatzweise Baustoffe zu besorgen, um seine Bauverpflichtung auf der Baustelle seines Auftraggebers erfüllen zu können und sich diesem gegenüber nicht schadensersatzpflichtig zu machen.

2. Äquivalente und adäquate Kausalität

Das Mitverschulden des Geschädigten ist nur dann zu berücksichtigen, wenn es für den eingetretenen Schaden äquivalent und adäquat kausal geworden ist.[324]

Im obigen Beispielsfall würde es bereits an der äquivalenten Kausalität fehlen, wenn B den Hinweis des A darauf, dass ein ungewöhnlich hoher Schaden droht, nicht beachtet hätte. Denn unter dieser Voraussetzung kann der gebotene Hinweis hinzugedacht werden, ohne dass der Erfolg in Gestalt des entgangenen Gewinns von 200.000 € entfiele.

3. Schutzzweck der Norm

Entsprechend der Haftung des Schuldners wird auch der Mitverschuldenseinwand gegenüber dem Geschädigten durch den Schutzzweck der Norm beschränkt, d. h., das Mitverschulden führt nur dann zu einer Haftungsteilung, wenn die vom Geschädigten missachtete Obliegenheit gerade auch den Zweck hatte, Schäden der eingetretenen Art zu verhindern.[325]

Beispiel nach BGH NJW 1978, 2503
Der Abschleppunternehmer A wurde von der Polizei beauftragt, das im Halteverbot abgestellte Fahrzeug des B abzuschleppen. Dabei wird das Fahrzeug des

---

[323]Vgl. Erman-Ebert § 254 Rn. 58; Staudinger-Schiemann § 254 Rn. 77.
[324]Im Einzelnen oben D. I. 1. II.
[325]BGH NJW 1978, 2503, NJW-RR 2006, 965, 966; MüKo-Oetker § 254 Rn. 33; Bamberger/Roth-Lorenz § 254 Rn. 14.

B aufgrund eines Verschuldens des A in einen Unfall verwickelt und erheblich beschädigt.

B hat zwar eine (auch) im eigenen Interesse zu beachtenden Obliegenheit verletzt, indem er sein Fahrzeug im Halteverbot abgestellt hat. Diese Obliegenheitsverletzung hat den Schaden äquivalent und adäquat verursacht. Die Obliegenheit, Fahrzeuge nicht im Halteverbot abzustellen, dient aber nicht dem Zweck, einen Schaden zu verhindern, der dadurch entsteht, dass ein Abschleppunternehmer beim Abschleppen des Fahrzeugs einen Verkehrsunfall verursacht.

4. Beweislast und Beweismaß

Immer wieder hebt der BGH Entscheidungen der Oberlandesgerichte auf, weil die Voraussetzungen des Mitverschuldenseinwands auf zu dünner Tatsachenbasis bejaht werden.

Nach ständiger Rechtsprechung des BGH können bei der Abwägung der beiderseitigen Verursachungsbeiträge nur Umstände zulasten des Geschädigten anspruchsmindernd berücksichtigt werden, wenn tatsächlich vom Gericht festgestellt ist, dass sie eingetreten und für die Entstehung des Schadens (mit)ursächlich geworden sind.[326] Für das Maß der Überzeugungsbildung des Gerichts gilt § 286 ZPO und nicht § 287 ZPO, und zwar sowohl im Hinblick auf die Mitverursachung als auch im Hinblick auf das Mitverschulden des Geschädigten.[327] Nur die Schadensschätzung als solche richtet sich nach dem herabgesetzten Beweismaß des § 287,[328] beim Mitverschuldensanteil also die Quote, mit der der Geschädigte seinen Schaden selbst tragen muss.

Die Beweislast für die Voraussetzungen des Mitverschuldenseinwands und für die Höhe des vom Geschädigten zu übernehmenden Haftungsanteils liegt beim Schädiger, auch wenn es sich um Umstände aus dem Verantwortungsbereich des Geschädigten handelt.[329]

Gesetzliche Verschuldensvermutungen sind im Rahmen der Schadensabwägung gem. § 254 nicht anwendbar, sodass sich die Gerichte auch in diesen Fällen positiv von den Umständen überzeugen müssen, die ein Mitverschulden des Geschädigten begründen sollen.[330] Ohnehin gelten die gesetzlichen Verschuldensvermutungen unmittelbar nur für die Haftungsbegründung des Schädigers. Eine analoge Anwendung auf das Mitverschulden des Geschädigten im Rahmen der Abwägung bei § 254 ist nicht gerechtfertigt, da beide Regelungskomplexe nicht miteinander vergleichbar sind. Nach dem Grundsatz der Totalreparation haftet der Schädiger für den Ersatz des gesamten von ihm zurechenbar verursachten Schadens

---

[326] BGH NJW 2013, 2018 Rn. 34.
[327] BGH NJW 2014, 217 Rn. 7; NJW 2014, 3300 Rn. 9.
[328] BGH NJW 2015 398 Rn. 41.
[329] Allg. M.; vgl. BGH NJW 2013, 2018 Rn. 34; Palandt-Grüneberg § 254 Rn. 72.
[330] BGH NJW 2012, 2425 zu § 832 und m. w. N. zum Streitstand.

unabhängig vom Verschuldensgrad. Wird ein Verschulden des Schädigers gleich welchen Grades gesetzlich vermutet, ist es für den Umfang der Haftung ohne Bedeutung, ob den Schädiger beispielsweise nur einfache oder grobe Fahrlässigkeit trifft. Bei der Berücksichtigung des Mitverschuldens des Geschädigten ist das jedoch anders, da die Haftungsbeteiligung des Geschädigten auch vom Ausmaß seines Verschuldens abhängt und deswegen eine vom Verschuldensgrad unabhängige Verschuldensvermutung unangebracht ist.

III. Rechtsfolge der Mitverantwortlichkeit

Hat bei der Entstehung des Schadens ein Mitverschulden des Geschädigten mitgewirkt, so hängt die Verpflichtung zum Ersatz sowie der Umfang des zu leistenden Ersatzes von einer Abwägung der Umstände, insbesondere von den jeweiligen Verursachungsbeiträgen ab. § 254 begründet eine rechtshindernde Einwendung, die von vornherein die Entstehung des Schadensersatzanspruchs ganz oder teilweise verhindert.[331]

Bei der Abwägung ist in erster Linie auf die beiderseitigen Verursachungsbeiträge und dabei auf den Grad der Wahrscheinlichkeit abzustellen, mit der sie den Schaden verursacht haben. Je höher der Grad der Wahrscheinlichkeit für den Schadenseintritt ist, umso höher fällt die Haftungsquote für denjenigen aus, der für den entsprechenden Verursachungsbeitrag verantwortlich ist.[332] Auch der Grad des Verschuldens ist bei der Abwägung zu berücksichtigen, hat aber nach h. M. eine geringere Bedeutung als die Gewichtung nach dem Grad der jeweiligen Verursachungsbeiträge.[333] Hat bei der Entstehung des Schadens eine Sach-, Betriebs- oder Tiergefahr mitgewirkt, ist diese ebenfalls zu berücksichtigen.[334] Andere als die genannten Umstände spielen bei der Haftungsabwägung grundsätzlich keine Rolle.[335]

Ergebnis der Abwägung kann sein, dass der Schädiger wegen des geringen Mitverschuldensanteils des Geschädigten zu vollem Ersatz verpflichtet bleibt, dass sich der Schadensersatzanspruch entsprechend der Haftungsquote des Geschädigten vermindert oder der Anspruch sogar vollständig entfällt. In der Praxis werden i. d. R. keine geringeren Quoten als 10 %–20 % gebildet.[336]

---

[331] Erman-Ebert § 254 Rn. 112.

[332] Vgl. BGH NJW 2002, 1263, 1264; Staudinger-Schiemann § 254 Rn. 113; Erman-Ebert § 254 Rn. 86.

[333] MüKo-Oetker § 254 Rn. 108, 110; Bamberger/Roth-Lorenz § 254 Rn. 53,; Erman-Ebert § 254 Rn. 87.

[334] Erman-Ebert § 254 Rn. 88.

[335] H. M., vgl. BGH NJW 1978 421, 422; NJW 2009, 582, 586; MüKo-Oetker § 254 Rn. 116; Palandt-Grüneberg § 254 Rn. 61.

[336] Palandt-Grüneberg § 254 Rn. 64.

IV. Verantwortlichkeit des Geschädigten für Dritte, § 254 Abs. 2 S. 2

Gem. § 254 Abs. 2 S. 2 findet die Vorschrift des § 278 entsprechende Anwendung. Bei systematischer Auslegung dieses Verweises bezieht sich die Anwendbarkeit von § 278 nur auf die in § 254 Abs. 2 S. 1 genannten Fälle des unterlassenen Warnhinweises und der unterlassenen Schadensabwendung bzw. -minderung. Da es sich hierbei jedoch nur um besonders hervorgehobene Unterfälle der allgemeineren Regelung des § 254 Abs. 1 handelt, entspricht es allgemeiner Ansicht, dass der Verweis auf § 278 auch für § 254 Abs. 1 gilt. § 254 Abs. 2 S. 2 ist deswegen so zu lesen, als würde es sich systematisch um einen eigenen Abs. 3 handeln.[337]

Umstritten ist, ob es sich bei § 254 Abs. 2 S. 2 um eine Rechtsgrund- oder um eine Rechtsfolgenverweisung auf § 278 handelt. Versteht man die Vorschrift mit der h. M.[338] als Rechtsgrundverweisung, kann § 278 nur angewendet werden, wenn zwischen dem Geschädigten und dem Schuldner bereits im Zeitpunkt des schädigenden Ereignisses eine vertragliche Beziehung oder eine sonstige rechtliche Sonderverbindung bestand. Ist eine solche Sonderverbindung nicht gegeben, ist der Geschädigte für das Verhalten seiner Gehilfen nur entsprechend § 831 mit der dort vorgesehenen Entlastungsmöglichkeit verantwortlich; bei juristischen Personen und gleichgestellten Verbänden wie der oHG, der KG oder der BGB-Gesellschaft ist das Mitverschulden ihrer Organe entsprechend § 31 ohne Entlastungsmöglichkeit zu berücksichtigen.[339] Nach der Gegenansicht setzt die entsprechende Anwendung des § 278 kein bestehendes Schuldverhältnis voraus, weil es sich nur um eine Rechtsfolgenverweisung handelt.[340] Nach dieser Ansicht würde der Geschädigte für das Fehlverhalten Dritter jedoch strenger „haften" als der Schuldner, was nicht sachgerecht ist.[341] Der h. M. ist deshalb zuzustimmen.

Die Unterschiede zeigen sich in den folgenden Fällen:

Beispiel

U beauftragt seinen Freund A, einen Gegenstand leihweise zu dem Kunden K zu bringen. A stolpert aus Unachtsamkeit auf einer von D der Allgemeinheit zur Verfügung gestellten Wegefläche, weil dort ein erheblich überstehender Pflasterstein vorhanden war. Der Gegenstand wird beschädigt.

---

[337] BGH NJW 2009, 582, 585; Palandt-Grüneberg § 254 Rn. 48.
[338] BGH NJW 1988, 2667, 2668; NJW 1992, 560, 563; MüKo-Oetker § 254 Rn. 127 ff.; Staudinger-Schiemann § 254 Rn. 99; Larenz SAT § 31 I d; Brand, Schadensersatzrecht, § 9 Rn. 34; ausführlich Lange/Schiemann § 10 XI.
[339] Bamberger/Roth-Lorenz § 254 Rn. 41; Palandt-Grüneberg § 254 Rn. 49.
[340] Gernhuber AcP 152 (1952/53), 69 ff.
[341] Zu diesem Argument der h. M. vgl. BGH NJW 1988, 2667, 2668; Brand, Schadensersatzrecht, § 9 Rn. 34.

U kann von D Schadensersatz gem. § 823 Abs. 1 wegen der Verletzung einer Verkehrssicherungspflicht verlangen. Das Verschulden des A muss sich U jedoch nicht entsprechend § 278 anspruchsmindernd anrechnen lassen, da im Zeitpunkt des Sturzes keine rechtliche Sonderbeziehung zwischen U und D bestand. Nach der Gegenansicht ist das Fehlen einer Sonderverbindung nicht erheblich, sodass der Schadensersatzanspruch um den Verschuldensanteil des A zu kürzen ist.

> *BGH NJW 1988, 2667:* Der zweijährige K erleidet auf einem öffentlichen, von B unterhaltenen Kinderspielplatz erhebliche Verletzungen an Kopf und Schultern, als er von einem unzureichend gesicherten Podest einer dort aufgestellten Rutsche zu Boden stürzt. Zu dem Unfall ist es auch deswegen gekommen, weil der Vater V des K für einen Augenblick unachtsam war. K verlangt von B ein Schmerzensgeld in Höhe von 15.000 €. B wendet ein Mitverschulden des V ein und zahlt deswegen nur 7.500 €. Kann K die Zahlung weiterer 7.500 € von B verlangen?

Anspruchsgrundlage für das Schmerzensgeld des K ist § 823 Abs. 1 i. V. m. § 253 Abs. 2. Der Anspruch des K könnte jedoch um den Verursachungsanteil des V gemindert sein. Das hängt davon ab, ob man § 254 Abs. 2 S. 2 als Rechtsgrundverweisung oder als Rechtsfolgenverweisung auf § 278 versteht. Handelt es sich um eine Rechtsgrundverweisung, müsste zwischen K und B im Zeitpunkt des Unfalls eine Sonderverbindung bestanden haben. Da eine solche nicht bestand, hat K Anspruch auf vollen Schadensausgleich. Nach der Gegenansicht verweist § 254 Abs. 2 S. 2 nur auf die Rechtsfolge des § 278, sodass der Schadensersatzanspruch um den Mitverschuldensanteil des V zu kürzen ist.

Sachverzeichnis

A
Abzug neu für alt, 390
Adäquanz, 282
Adäquanztheorie, 84, 400
  Bedeutung von Vorschäden, 401
Aids, 352
Alternativtäterschaft, 263
Alternativverhalten, rechtmäßiges, 403
Amtshaftung, 223
  Amtspflicht, drittbezogene, 225
  befreiende Schuldübernahme, 224
  Begriff des Urteils, 232
  Eigenhaftung des Beamten, 235
  Gerichtsverfahrensdauer, 234
  Konkurrenzen, 231, 238
  Rechtsmittel, vorrangige Einlegung, 229
  Schutzzweck, 230
  Subsidiaritätsklausel, 228
Anhänger (Kfz), 297
Anlage, 326
Anlagenhaftung, 318, 326
Anscheinsbeweis, 119
Anstiftung s. Teilnahme
Apfelschorf-Entscheidungen, 132, 140
Äquivalenztheorie, 84, 396
  Doppelkausalität, 398
Arbeitsmaschine, 295
Arbeitsplatz, 41
Arbeitsunfall, 366
Arglisteinrede, 280
Arzneimittel, 353
Arzneimittelgesetz, 352
Arzneimittelhaftung
  Arzneimittelbegriff, 353
  Auskunftsanspruch, 359
  Beweislast, 356
  Funktion der Haftung, 352
  Instruktion, 356
  Konkurrenzen, 361
Ärztlicher Heileingriff, 12
Atomgesetz, 323
Aufsichtspflichtverletzung, 195, 196
  aufsichtspflichtige Person, 195
  Internetnutzung, 197
Ausführung der Verrichtung, 190
Ausgleichsanspruch, nachbarrechtlicher, 313
Ausreißer, 336
Ausschlussfunktion, 35

B
Bahn, 308
Bandscheibenoperations-Fall, 192
Bauwerk, 202
  Grundstückbesitzerhaftung, 202
  Unterhaltungspflicht, 205
Beamter, 225
Beerdigungskosten, 216
Befreiende Schuldübernahme, 224
Begriff des Vermögensschaden, 8
Beihilfe s. Teilnahme
Beliehene, 225
Bereicherungsanspruch, deliktischer, 274
Bereicherungsverbot, schadensersatzrechtliches, 384, 390
Beschädigung einer Sache, 278
Besitz(recht), 36
Besitzer, Begriff, 204
Betriebsbezogener Eingriff, 74
Betriebsunternehmer, 310
Beweiserleichterung
  Anscheinsbeweis, 119
  Beweislastumkehr, 120
Beweislast, 118, 166, 173
  Grundlagen, 5
Beweislastumkehr
  Arzthaftung, 121

© Springer-Verlag Berlin Heidelberg 2017
M. Fuchs et al., *Delikts- und Schadensersatzrecht,* Springer-Lehrbuch,
DOI 10.1007/978-3-662-52665-1

Produzentenhaftung, 136
Billigkeitshaftung, 209
　Haftpflichtversicherung, 211
　Subsidiarität, 210
　Umstände der Billigkeit, 211
Blutprodukt, 352
Boykott, 81
Brasserie-du-Pêcheur-Entscheidung, 240

C
Constanze-Urteil, 71
Contergan-Fälle, 352

D
Defibrillator-Entscheidung, 339
Differenzhypothese, 379
Dispositionsfreiheit des Geschädigten, 419
Dogma vom Gläubigerinteresse, 385, 439
Domainname als sonstiges Recht, 35
Doppelkausalität, 398
Drittgerichtetheit, Amtspflicht, 225
Drittschäden, 215
Drittschadensliquidation, 386
　Durchführung, 387
　Fallgruppen, 387
　Voraussetzungen, 386

E
Effektivitätsgrundsatz, 244
Effet-utile, 239
Ehebruch, 38
Ehrenschutz, 47
Eigentumsbegriff, 5
Eigentumsverletzung, 20
　Funktionsbeeinträchtigung, 31
　Stoffgleichheit, 23
　Substanzverletzung, 21
　Weiterfresserschäden, 21
Eingriff, betriebsbezogener, 74
Einwilligung, rechtfertigende, 91
Energie, 311
Entgangene Dienste, 220
Entlastungsbeweis, 187, 207
　Aufsichtspflichtiger, 196
　dezentralisierter, 191
　Geschäftsherrenhaftung, 191
　Grundstückbesitzer, 204
　Nutztierhalterhaftung, 200
　Tierhüterhaftung, 202
Entschädigungsfonds, 307
Entstehungsgeschichte der §§ 823 ff., 2

Entwicklungsfehler, 132
Entwicklungsrisiken, 352
Entziehung einer Sache, 278
Enumerationsprinzip, 283
Erfolgsunrecht, 90
Erfüllungsgehilfe, 194
Erfüllungsschaden, 382
Europäisches Deliktsrecht, 10

F
Fabrikationsfehler, 127
Fahrlässigkeit, 98
　äußere Sorgfalt, 99
　innere Sorgfalt, 99
　objektiv-typisierender Maßstab, 99
　pflichtbewusster Durchschnittsbeamter, 228
Fahrlässigkeitsmaßstab, 5
Fahrzeugführer, Begriff, 206
Fahrzeugführerhaftung (Fahrerhaftung), 206
　Abgrenzung Halterhaftung, 206
　automatisierte Kfz, 207
　Begriff Fahrzeugführer, 206
　Entlastungsbeweis, 207
Fahrzeughalterhaftung, 293
　Anhänger, 297
　Arbeitsmaschine, 295
　Begriff des Halters, 302
　Betriebsbegriff, 294
　Kraftfahrzeughaftpflichtversicherung, 305
　Schadensumfang, 304
　Schutzzweck der Norm, 298
Familienplanung, 15
Fehler, potenzieller, 337
Fehlerbegriff, 334
　Entwicklungsfehler, 132
　Fabrikationsfehler, 127
　Instruktionsfehler, 127
　Konstruktionsfehler, 123
Feuerwirbel-Entscheidung, 130
Filesharingsoftware, 197
Fleet-Entscheidung, 33
Forderungsübergang, 363
Francovich-Entscheidung, 239
Freiheitsverletzung, 20
Funktionsbeeinträchtigung, 31

G
Gaszug-Entscheidung, 24
Gebäude, 203
Gebäudeteile, 203
Gebrauchsvorteile, entgangene, 448

Sachverzeichnis

Gefährdungshaftung, 281
 Enumerationsprinzip, 283
 Grundlagen, 6, 281
 Haftungsausschluss, 285
 Haftungshöchstgrenzen, 285
 Haftungsminderung, 285
 Höhere Gewalt, 301
 Konkurrenzen, 287
 Nichtvermögensschäden, 286
 rechtspolitische Begründung, 283
 spezifische Gefahr, 298
 Typen, 284
 Versicherungsschutz, 287
Generalklausel, 3, 35, 153, 173
Gentechnikgesetz, 324
Gepäckschaden, 317
Gesamtschuld, 267
 Abwägungsprinzip, 268
 Innenausgleich, 268
Geschädigter, Dispositionsfreiheit, 419
Geschäftsherrnhaftung, 187
 Entlastungsbeweis, 191
 vertragliche Überahme der Geschäftsherrnpflicht, 193
 widerrechtliche Schadenszufügung, 189
Geschäftsherrnpflicht, vertragliche Übernahme, 193
Gesundheitsverletzung, 12
Gewalt, höhere, 309
Gewässer, Einleiten von Stoffen, 318
Gewässerbenutzung, Recht, 322
Gewerbebetrieb, 74
 Begriff, 73
 Rahmenrecht, 77
 Recht, 70
 schädigende Werturteile, 81
Gewinn, entgangener, 440
Gläubigerbenachteiligung, 178
Gläubigerinteresse, Dogma, 385
Grundstücksbesitzerhaftung
 Begriff des Besitzers, 204
 Entlastungsbeweis, 204
 Fremdbesitzer, 204
Gutachten, gerichtlicher Sachverständiger, 237
Güterabwägung, 48
Gutglaubensschutz, 280

H

Haftpflichtgesetz, 307
 Betrieb der Bahn, 308
 Betriebsunternehmer, 310
 Funktion der Haftung, 307
 Haftungsausschluss, 309

 spezifische Gefahr, 308
 Wirkungshaftung, 311
 Zustandshaftung, 311
Haftpflichtversicherung, 211, 305
Haftung, 307
 negatorische s. Unterlassungs- und Beseitigungsanspruch
 Haftungsausschluss, 285, 309
 Haftungshöchstgrenze, 285, 324
 Haftungsminderung, 285
 Haftungsprivileg, 366
 Arbeitsunfall, 366
 Nutztierhalter, 199
 Richter, 232
Haftungsrecht, Kollektivierung, 6
Hagelschlag-Entscheidungen, 226
Halter
 Begriff, 302
 Fahrzeughalter, 302
 Tierhalter, 292
Halterhaftung s. Fahrzeughalterhaftung; s. Tierhalterhaftung
Handlungsfreiheit, 3, 4
Haustier, 199
Hebebühnen-Fall, 24
Heileingriff, ärztlicher, 12
Heißwasser-Untertischgerät-Entscheidung, 336
Herausforderungsfälle, 87
Hersteller, 341
Herzschrittmacher-Entscheidung, 337
Hochleistungsmagneten-Fall, 79
Höhere Gewalt, 301
Höllenfeuer-Fall, 77
Honda-Fall, 135
Hubschrauberunfall-Entscheidung, 282
Hufschmied, 292
Hühnerpest-Fall, 137
Hundkampf-Fall, 287

I

Identitätsschutz, 47
Importeur als Hersteller, 343
Informationelle Selbstbestimmung, 46
Innenausgleich, Gesamtschuldner, 268
Insolvenzantragspflicht, 161
Instruktionsfehler, 127
Internettauschbörse, 198

J

Juteplüsch-Fall, 70

K

Kausalität, 84
  Adäquanztheorie, 84
  Äquivalenzformel, 84
  Äquivalenztheorie, 396
  Doppelkausalität, 398
  haftungsausfüllende, 399
  haftungsbegründende, 84, 399
  hypothetische, 405
Kernenergie, 323
Kirschtaler-Entscheidung, 335
Klassenfahrt-Fall, 309
Köbler-Entscheidung, 241
Kollektivierung des Haftungsrechts, 6
Kompensationsfunktion des
  Schadensersatzrechts, 376
Kondensatoren-Fall, 28
Konstruktionsfehler, 123
Kontensperrung, 82
Körperverletzung
  abgetrenntes Körperteil, 14
  Abgrenzung zur Eigentumsverletzung, 13
  Abgrenzung zur Tötung, 256
  Begriff, 12
  Leibesfrucht, 14
  Verdacht, 13
  weite Auslegung, 13
Kraftfahrzeug, 294
Krankenhaushaftung, 193
Kreditgefährdung, 172
  Beweislast, 173
  Konkurrenzen, 173

L

Leben, 12
Legislatives Unrecht, 227, 240
Lehre vom Erfolgsunrecht, 90
Leserbrief-Entscheidung, 43
Liberalismus, 2
Lieferant als Hersteller, 344
Lkw-Unfall, 297
Lues-Fall, 14
Luftfahrzeug, 316
Luftfrachtführer, 317
Luftverkehrsgesetz, 315
Luxustiere, 288

M

Marlene-Dietrich-Urteil, 48
Medizinproduktegesetz, 157
Mehrheit von Schädigern, 261
  Alternativtäterschaft, 263
  Exzess eines Mittäters, 263
  gesamtschuldnerische Haftung, 267
  Mittäterschaft, 261
  Problembereiche, 261
  Teilnahme, 261
Meinungsfreiheit, 49
Mikroorganismen, 288
Mittäterschaft, 261
Mitverschulden, 453
Morpheus-Entscheidung, 197

N

Nasciturus, 14
Naturalrestitution, 407, 415
  Abrechnung auf Gutachtenbasis, 429
  bei aufklärungspflichtwidrig zustande
    gekommenem Vertrag, 417
  bei Belastung mit einer Verbindlichkeit, 417
  bei immateriellem Schaden, 418
  Besuchskosten als Teil der Heilungskosten, 439
  Dispositionsfreiheit des Geschädigten, 419, 429
  Ersatz (Wiederbeschaffung), 434
  Ersetzungsbefugnis des Gläubigers
    (Herstellung in Natur oder Geldersatz), 412, 428
  Funktion, 409
  Geldersatz nach Fristsetzung, 439
  Geldersatzanspruch, 418
  geschuldeter Herstellungserfolg, 409
  Maßstab für Erforderlichkeit der
    Herstellungskosten, 428
  neu für alt, 442
  Prognoserisiko, 432, 445
  Umsatzsteuer, 438
  Unmöglichkeit, 422
  Veräußerung der beschädigten Sache, 424
  Verweis auf günstigere
    Reparaturmöglichkeit, 431
  Voraussetzungen des Geldersatzanspruchs, 420
  Vorrang gegenüber Schadenskompensation, 415
  wirtschaftliche Betrachtungsweise, 410, 416, 422
  Wirtschaftlichkeitsgebot, 429, 434
  Zerstörung bei möglicher
    Ersatzbeschaffung, 422
  Zerstörung von Grundstücksbestandteilen, 420
Nuckelflaschen-Entscheidung, 127

Sachverzeichnis

Nutztier, 199
Nutztierhalterhaftung, 198
   Entlastungsbeweis, 200
   Haftungsprivilegierung, 199

O
Organisationsverschulden, 192
Organspende, 14

P
Papierreißwolf-Fall, 129
Persönlichkeitsrecht, 41
   Ehrenschutz, 47
   Güterabwägung, 48
   ideeller Schutzbereich, 48
   Identitätsschutz, 47
   immaterieller Schadensersatz, 56
   Informationelle Selbstbestimmung, 46
   Interessenabwägung, 48
   Leserbrief-Entscheidung, 43
   Marlene-Dietrich-Urteil, 48
   materieller Schadensersatz, 55, 59
   Meinungsfreiheit, 49
   postmortaler Schutz, 62
   Privatsphäre, 45
   Recht am eigenen Bild, 65
   Rechtsträger, 54
   Schmähkritik, 50
   Schutzbereiche, 45, 48
   sonstiges Recht, 43
   Tatsachenbehauptung, 50
   Tatsachenbehauptung mit Meinungsbezug, 50
   Unterlassung, 62
   Verdachtsberichterstattung, 51
   vermögenswerter Schutzbereich, 48
   Werturteil, 50
   Widerruf, 62
Pferdeboxen-Fall, 123
Pflegebetten-Entscheidung, 134, 339
Postmortaler Schutz, 62
Präventionsfunktion des Schadensersatzrechts, 376
Privatsphäre, 45
Produktbegriff, 334
Produktbeobachtungspflicht, 132
Produkthaftung
   Abgrenzung zur Produzentenhaftung (§ 823 Abs. 1), 350
   Beweislast, 346
   Fehlerbegriff, 334
   Funktion, 332
   Herstellerbegriff, 341
   Konkurrenzen, 347
   Produktbegriff, 334
   Schadensumfang, 347
   Sicherheitserwartungen, 335
   Verjährung, 349
Produkthaftungsgesetz, 332
Produkthatungsrichtlinie, 332
Produktsicherheitsgesetz, 156
Produzentenhaftung, 122
   Anspruchsverpflichteter, 141
   Befundsicherungspflicht, 139
   Beweislastumkehr, 136
   Fehlerkategorien, 123
   Verkehrssicherungspflicht, 123
Prüfungsaufbau, 12

Q
Quasi-Hersteller, 342

R
Recht am eigenen Bild, 65
Rechtfertigungsgrund, 90
Rechtsgüter, 4
Rechtsgutsverletzung
   Besitz, 36
   Domainname, 35
   Ehebruch, 38
   Familienrechte, 38
   Herrschaftsrechte, 36
   Recht am Arbeitsplatz, 41
   Recht am eingerichteten und ausgeübten Gewerbebetrieb, 70
   Sonstiges Recht, 35
Rechtsmittel, vorrangige Einlegung, 229
Rechtsvergleichung, 10
Rechtswidrigkeit
   Indizwirkung der Tatbestandsmäßigkeit, 89
   Kreditgefährdung, 172
   Rechtfertigungsgründe, 90
Reformbedarf, 9
Regress, 365
   Versicherer, 364
Reiter, 291
Reserveursachen, 405
Richterspruchprivileg, 232

S
Sachverständiger, gerichtlicher, 236, 237
Schaden
   Dauerschäden, 101
   Erfüllungsschaden, 382
   immaterieller, 56, 382

Kind als Schaden, 16
  materieller, 382
  mittelbarer (indirekter), 384
  unmittelbarer (direkter), 384
  Vertrauensschaden, 382
  vorgeburtliche Schädigung, 14
Schadensanlagen, 405
Schadensarten, 382
Schadensbegriff
  Differenzhypothese, 379
  natürlicher, 379
  normativer, 381
Schadensersatz
  Abwicklungsinteresse, 40
  Äquivalenzinteresse, 134
  immaterieller (s. auch Schmerzensgeld), 253
  Integritätsinteresse, 134
  Kausalität, haftungsausfüllende, 399
  Schutzzweck der Norm, 402
Schadensersatzanspruch, Struktur, 371
Schadensersatzrecht
  Funktion, 375
  Grundgedanken, 7
  Kompensationsfunktion, 376
  Präventionsfunktion, 376
Schadenskompensation, 407, 414
  Bemessungskriterien für Schadenshöhe, 414
  Funktion, 414
  Gebrauchsvorteile, entgangene, 448
  ungenügende Herstellung, 444
  Unmöglichkeit der Herstellung, 443
  Unverhältnismäßigkeit der Herstellung, 444
  Unverhältnismäßigkeit von Nacherfüllungskosten, 445
  Vorrang der Naturalrestitution, 415
Schadensverlagerung, Grundlagen, 7
Schadenszufügung, widerrechtliche, 189
Schadenszurechnung, 396
Schmähkritik, 50, 79
Schmerzen, 12
Schmerzensgeld, 253
  Ausgleichsfunktion, 254
  Funktion, 254
  Genugtuungsfunktion, 254
  Höhe, 257
  Körperverletzung, 256
  Präventivfunktion, 259
  Zweites Schadensrechtsänderungsgesetz, 253
Schneeglätte-Fälle, 109
Schockschaden, 19, 85

Schutz, postmortaler, 62
Schutzgesetz, 154
  Begriff, 154
  persönlicher Schutzbereich, 157
  sachlicher Schutzbereich, 159
Schutzrechtsverwarnung, 72, 80
Schutzzweck der Norm, Amtshaftung, 230
Schutzzwecklehre, 85, 402
Schwangerschaft
  Schmerzensgeld, 18
  ungewollte, 16
  unterbliebener Abbruch, 17
Schwimmerschalter-Fall, 22
Selbstbestimmung, informationelle, 46
Sicherheitserwartungen, 335
Sittenwidrigkeit, 175
Solidargemeinschaft, 7
Sorgfalt
  äußere, 99
  innere, 99
Soziale Sicherheit, 4
Sozialversicherungsleistung, 229
Sport, 90
Staatshaftung
  Beauftragung Privater, 231
  Beliehener, 225
  Konkurrenzen, 231
  legislatives Unrecht, 227, 240
  Verstöße gegen Unionsrecht, 239
Staatshaftungsanspruch, unionsrechtlicher
  Anspruchsgegner, 249
  Durchsetzung nach nationalem Recht, 244
  Effektivitätsgrundsatz, 244
  Haftungsgrundlage, 239
  judikatives Unrecht, 241
  legislatives Unrecht, 239
  Schadensumfang, 247
  Verjährung, 248
  Voraussetzungen, 239
  Vorrang des Primärrechtsschutzes, 244
Staatshaftungsgesetz, 223, 228
Stiftung Warentest, 78
Strafcharakter, 8
Straffunktion des Schadensersatzrechts, 378
Streik, 82
Strom, 344
Stromkabelfälle, 32
Subsidiarität, Amtshaftung, 228

T
Tatsachenbehauptung, 50, 168
  mit Meinungsbezug, 50
Technischer Defekt, 299

Sachverzeichnis

Teilnahme, 261
Tierarzt, 292
Tierbegriff, 288
Tiergefahr, 289
Tierhalter, Begriff, 292
Tierhalterhaftung, 288
    Beweislast, 292
    Tierbegriff, 288
    Tiergefahr, 289
    Tierhalterbegriff, 292
    Tierhüter, 201
Tierhüterhaftung, 201
    Begriff des Tierhüters, 201
    Entlastungsbeweis, 202
Totalreparation, 384
Tötung, 12, 216
    des Unterhaltsverpflichteten, 219
Transistoren-Fall, 29

U

Überwachungspflichten, 191
Ultimoverjährung, 272
Umwelteinwirkung, 326
Umwelthaftungsgesetz, 325
    Anlagenhaftung, 326
    bestimmungsgemäßer Betrieb, 327
    Ersatzpflichtige, 329
    Funktion der Haftungsregeln, 325
    Haftungsausschluss, 329
    Schadensumfang, 329
    Umwelteinwirkung, 326
Umweltschadensgesetz, 330
Unfall, Begriff iSd LuftVG, 316
Unrecht
    judikatives, 241
    legislatives, 227, 239
Unterhalt
    Haftung Arzneimittelhersteller, 15
    Haftung Arzt, 15
    Tötung des Unterhaltsverpflichteten, 216
    uneheliches Kind, 39
Unterhaltsverpflichteter, Tötung, 219
Unterlassungs- und Beseitigungsanspruch (negatorische Haftung)
    Abgrenzung zum Schadensersatzanspruch, 150
    Duldungspflicht, 148
    Funktion, 143
    quasinegatorischer, 145
    Rechts(guts)verletzung, drohende/gegenwärtige, 145
    Rechtswidrigkeit, 146
    Störer, 146
Unterlassungserklärung, vorbeugende, 80

Untersuchungskosten, 13
Urheberzweifel (Täterschaft), 264
Urteil, 232

V

Verjährung, 269
    Beginn, 270
    Hemmung, 274
    Höchstfristen, 272
    Konkurrenzen, 276
    Prinzip der sog. Ultimoverjährung, 272
Verkehrssicherungspflicht, 105, 123
    Bauwerke, 202
    Begriff, 105
    Entstehen, 107
    Funktion, 105
    Inhalt, 107
    Kategorienbildung, 110
    Mehrheit Verkehrspflichtiger, 115
    Organe juristischer Personen, 116
    persönlicher Schutzbereich, 111
    Produzentenhaftung, 123
    Schutzpflichtiger, 113
    systematische Einordnung, 106
Verletzungsverdacht, 13
Vermögensschaden, Begriff, 8
Verrichtungsgehilfe
    Abgrenzung zum Erfüllungsgehilfen, 194
    Begriff, 188
Verschulden
    Entlastungsbeweis, 187
    Fahrlässigkeit, 98
    Organisationsverschulden, 192
    Vorsatz, 98
Verschuldensfähigkeit, 91
Verschuldensformen, 98
Verschuldensprinzip, 2, 3
Verschuldensvermutung, 187
    Aufsichtspflichtverletzung, 196
    Grundstücksbesitzerhaftung, 204
Versicherer, Direktanspruch, 306
Versicherung, 363
Vertragsbruch, 184
Vertrauensschaden, 382
Verwendungsersatz, 279
Verzinsungspflicht, 279
Vorgeburtlicher Schaden, 14
Vorsatz, 98
    doppelter, 176
Vorteilsausgleichung, 219, 363, 389
    Abgrenzung neu für alt, 390
    Durchführung, 395
    Tötung des Unterhaltsverpflichteten, 219
    Voraussetzungen, 390

W
Warentest, 78, 170
Wasserhaushaltsgesetz, 318
Weiterfresserschäden, 21, 277, 333
Werke, 203
Werturteil, 50, 168
Wirkungshaftung, 311
Wohnwagengespann, Unfall, 297

Z
Zubehör, 136
Zufallshaftung, 278
Zurechenbarkeit der Rechtsgutsverletzung, 83
 Handlung, 83
 Kausalität, 84
 Schutzzweck der Norm, 85
Zurechnung, 1
 Gefährdungshaftung, 281
Zustandshaftung, 311
Zuweisungsfunktion, 35

The manufacturer's authorised representative in the EU is Springer Nature Customer Service Centre GmbH, Europaplatz 3, 69115 Heidelberg, Germany. If you have any concerns regarding our products, please contact ProductSafety@springernature.com

Printed and bound by CPI Group (UK) Ltd, Croydon, CR0 4YY
25/03/2026
02078194-0014